Sous la direction de

Jean-Pierre AUBRIT
Ancien élève de l'ENS
Agrégé de Lettres classiques

Bernard GENDREL
Ancien élève de l'ENS
Agrégé de Lettres modernes

Français 2de

LIVRE UNIQUE

NOUVEAU PROGRAMME

Jean-Pierre AUBRIT
Agrégé de Lettres classiques
Lycée Stanislas (Paris)

François BENHAMOU
Certifié de Lettres modernes
Lycée La Saulaie (Saint-Marcellin)

Gérald DUBOS
Agrégé de Lettres classiques
Lycée André Boulloche (Livry-Gargan)

Bernard GENDREL
Agrégé de Lettres modernes
Académie de Versailles

Cécile LE CORNEC
Agrégée de Lettres modernes
Lycée polyvalent Parc de Vilgenis (Massy)

Angélique LECLERCQ
Agrégée de Lettres modernes
Lycée de la Tourelle (Sarcelles)

Sylvain LEDDA
Agrégé de Lettres modernes
Maître de conférences (Université de Rouen)

Coralie NUTTENS
Agrégée de Lettres modernes
Lycée Stanislas (Paris)

Arnaud ROCHELOIS
Agrégé de Lettres modernes
Lycée Jean-Pierre Timbaud (Brétigny-sur-Orge)

Philippe YONG
Agrégé de Lettres classiques
Lycée Flora Tristan (Noisy-le-Grand)

éco responsable
Bordas

Direction éditoriale : Catherine Gaschignard
Édition : Claire Hennaut
Coordination artistique : Pierre Taillemite
Couverture : Nathalie Cagnat
Conception graphique et mise en page : Laurent Romano
Iconographie : Clémence Grillon et Danièle Portaz
Relecture : Sergine Greley et Joëlle Naïm
Fabrication : Jean-Philippe Dore
Photogravure : IGS

ISBN 978-2-04-732775-3

Avant-propos

Les objectifs du nouveau programme de Seconde

Les nouveaux programmes de Français pour la classe de 2de privilégient l'analyse des grands genres littéraires – le roman, le théâtre, la poésie et les genres de l'argumentation – du XVIIe au début du XXe siècle et l'étude des périodes et des mouvements culturels liés à ces genres. Ils invitent également à relier la littérature à ses origines antiques, mais aussi à l'Histoire des Arts. Ils insistent enfin sur les outils méthodologiques propres à construire la réflexion, à l'écrit comme à l'oral.

Comment ce nouveau manuel répond aux objectifs

Penser l'enseignement de la littérature à la fois dans son contexte artistique et culturel et en relation avec ses origines ; proposer un grand nombre de textes suffisamment divers pour offrir aux professeurs un vaste choix et faire entendre aux élèves ce que la littérature a encore et toujours à nous dire à travers le temps ; doter les élèves d'outils méthodologiques synthétiques et efficaces qui les aident à structurer leur pensée : tels sont les objectifs de ce manuel unique. Nous avons choisi de le construire en **3 grandes sections** :

- Une première section d'**Histoire littéraire et culturelle** développe les repères essentiels pour comprendre **les grandes œuvres dans leur contexte, du classicisme au surréalisme.** Ces pages sont systématiquement constituées d'une leçon et de documents – textes et œuvres d'art – qui illustrent et questionnent la période envisagée.
- La deuxième section, consacrée aux **Textes** et à leurs **Outils d'analyse**, est naturellement structurée par les quatre objets d'étude définis par le programme : le récit réaliste et naturaliste, la poésie des romantiques aux surréalistes, la comédie et la tragédie classiques, l'argumentation aux XVIIe et XVIIIe siècles. Chacune de ces quatre parties s'ouvre par une double page de **Repères** sur l'histoire du genre concerné et se clôt par les Outils d'analyse qui lui sont propres.

À l'intérieur des seize chapitres de cette section, les textes sont répartis de manière thématique et chronologique. Ils sont accompagnés d'un questionnaire progressif, allant de l'observation à l'interprétation. Une page intitulée **Vers l'œuvre complète** aide à aborder la lecture suivie d'une œuvre intégrale. Chaque chapitre développe une double page d'**Histoire des arts** ou de **Culture de l'Antiquité** qui met le chapitre en écho avec la peinture, la photographie, l'architecture, ou bien relie les textes à leur origine grecque et/ou latine.

À la fin de chaque chapitre, une page de **Synthèse** récapitule les notions essentielles mises en lumière par les extraits de textes. Une double page de **Prolongements** propose enfin une ouverture sur d'autres siècles, et plus spécialement sur le XXe siècle.

- La troisième section, consacrée à la **Méthode** et aux **compétences**, assure la transition avec les classes de collège : elle met en avant l'étude des faits de langue et l'aide à la préparation d'épreuves orales et écrites grâce à **44 fiches synthétiques accompagnées d'exercices progressifs.** Une place importante est donnée à l'étude de l'image.

Fournir aux élèves les repères historiques et esthétiques, leur permettre de construire un savoir littéraire sensible et structuré, mettre à leur portée des outils méthodologiques qui les aident dans leur expression écrite et orale : voilà notre constant souci dans la conception de ce nouveau manuel. Puissions-nous ainsi répondre aux attentes des professeurs comme des élèves.

Jean-Pierre Aubrit et Bernard Gendrel

Le manuel au fil des pages

Histoire littéraire et culturelle

- Une **ouverture historique** pour chaque siècle
- Des **textes** et des **documents** emblématiques pour donner les repères littéraires et culturels essentiels

Textes

- Les **textes questionnés** avec
  - un texte écho
  - un encadré « Histoire des arts »
  - des renvois à l'histoire littéraire et à la méthode

- Des **Repères** pour mettre en perspective le genre
- Une frise pour situer les œuvres dans le contexte historique

- Des pages **Histoire des Arts** pour présenter des œuvres patrimoniales
- Des pages **Culture de l'Antiquité** pour relier l'étude des textes à leur **origine antique**

- Des pages de **Prolongement** avec des textes qui **ouvrent vers le XXe siècle** et vers d'autres genres
- Une page pour aborder la **lecture d'une œuvre intégrale**
- Une page de **synthèse** pour récapituler les notions du chapitre

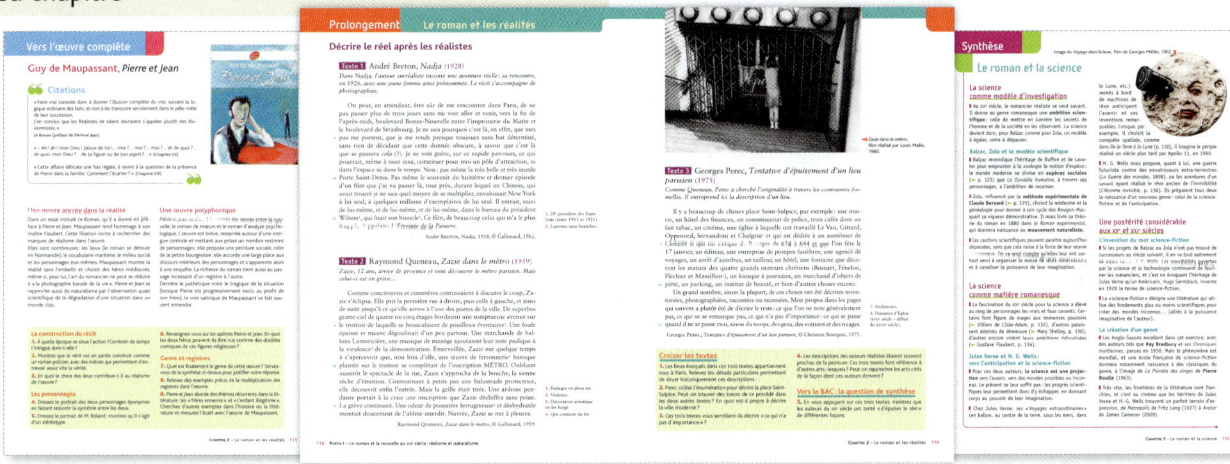

Méthode

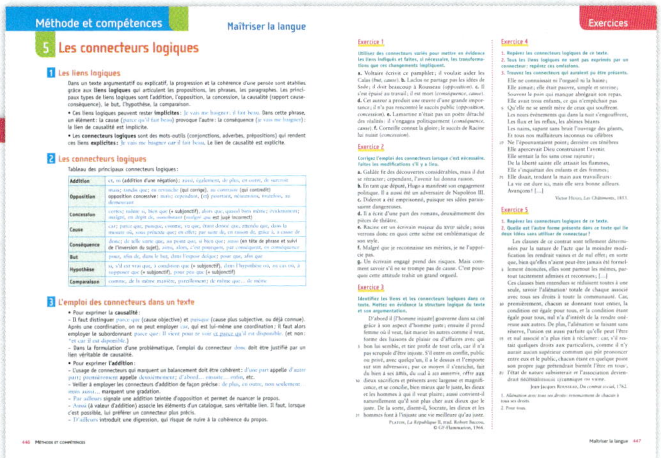

- Des **outils d'analyse** propres à chaque genre étudié
- **44 fiches Méthode** avec une leçon et des exercices progressifs

Histoire littéraire et culturelle

XVIe siècle XVIIe siècle XVIIIe siècle XIXe siècle XXe siècle

Partie I

Le roman et la nouvelle au XIXe siècle : réalisme et naturalisme

Sommaire

Partie IV

Genres et formes de l'argumentation aux XVIIe et XVIIIe siècles

Méthode et compétences

Maîtriser la langue

Travailler l'écrit

Caractériser le texte

Lire l'image

Se préparer à l'oral

Vers les exercices du baccalauréat

Vers le BAC : l'écriture d'invention

Vers le BAC : le commentaire

Vers le BAC : la dissertation

Vers le BAC : rédiger

Ressources

Outils d'analyse

Histoire des Arts

Culture de l'Antiquité

Léopold Survage (1879-1968), *Composition* (av. 1920),
huile sur toile, 46,5 cm × 38,3 cm, Béziers, musée des Beaux-Arts.

Histoire littéraire et culturelle

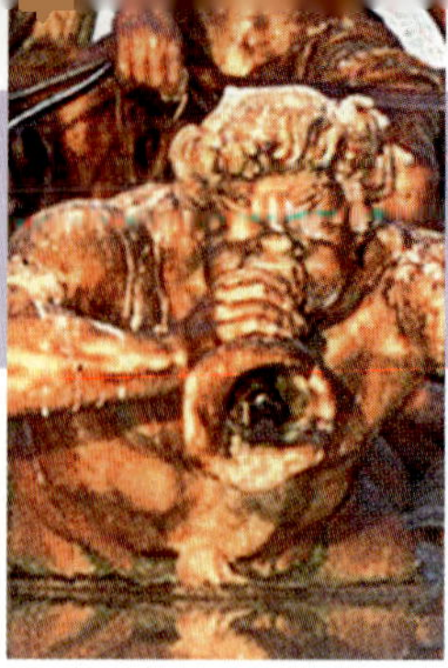

- **1589 :** Henri IV, roi de France
- **1593 :** Abjuration par le roi du protestantisme
- **1598 :** Édit de Nantes qui autorise le protestantisme en France
- **1610 :** Assassinat d'Henri IV. Début de la Régence de Marie de Médicis
- **1624 :** Richelieu entre au Conseil du roi Louis XIII
- **1643 :** Louis XIV devient roi. Régence d'Anne d'Autriche
- **1659 :** Traité des Pyrénées qui met fin à la guerre franco-espagnole (1635-1659)
- **1661 :** Mort de Mazarin. Louis XIV prend les rênes de l'État
- **1661-1668 :** Premiers travaux de Versailles dirigés par Le Vau, Le Brun et Le Nôtre
- **1669 :** Colbert développe une marine de combat
- **1683-1684 :** Guerre franco-espagnole
- **1685 :** Révocation de l'Édit de Nantes
- **1688-1697 :** Guerre de la Ligue d'Augsbourg
- **1702-1713 :** Guerre de Succession d'Espagne
- **1715 :** Mort de Louis XIV

Vers une monarchie absolue

Par son abjuration du protestantisme en 1593 et la signature de l'**Édit de Nantes** en 1598, le roi **Henri IV** met fin à des décennies de guerres civiles. Aidé de son ministre Sully, il ouvre la voie à une certaine prospérité économique, tant dans le domaine agricole que manufacturier. Louis XIII et son ministre, le cardinal de Richelieu, poursuivront cette œuvre, tout en essayant d'amoindrir la puissance des grands seigneurs et d'asseoir l'autorité royale.

Louis XIV devient roi en 1643, à l'âge de quatre ans. C'est la reine Anne d'Autriche qui assure la régence, aidée du cardinal Mazarin. **La Fronde** (1648-1653), qui marque la dernière révolte des grands seigneurs contre le gouvernement royal, impressionne durablement le roi qui n'aura de cesse de soumettre la noblesse. Le règne de Louis XIV est le plus long de l'histoire de France puisqu'il s'étend sur soixante-douze années. Le roi ne prend véritablement les rênes de l'État qu'à la mort de Mazarin en 1661.

En réunissant toute sa cour à Versailles dans un rôle de continuelle représentation et en confiant ses affaires à des ministres issus de la bourgeoisie (comme **Colbert**), il inaugure une nouvelle forme de monarchie.

L'absolutisme, s'il supprime les pouvoirs intermédiaires de la noblesse, n'est pas pour autant despotisme. Louis XIV ne se place pas au-dessus de l'État, il l'incarne (« L'État, c'est moi ») sans se substituer à lui.

Développement économique

La France se développe et s'enrichit au XVIIe siècle. Les politiques des ministres successifs (Sully, Richelieu, Mazarin, Colbert) permettent un important **développement manufacturier** : la Savonnerie (tapis), les Gobelins, Beauvais et Aubusson (tapisseries),

Bassin d'Apollon dans le parc du château de Versailles.

Hyacinthe Rigaud (1659-1743), *Louis XIV*, 1701, 277 cm × 194 cm, Paris, musée du Louvre.

Saint-Gobain (glaces et miroirs), Auxerre et Alençon (dentelles). **Colbert** cherche à **favoriser les exportations** et à réduire les importations. Pour cela, il améliore les routes françaises et permet la création de compagnies commerciales avec les colonies (**Compagnie des Indes orientales**).
Louis XIV passe la moitié de son règne dans des guerres qui permettent d'agrandir le territoire (Alsace, Flandres, Franche-Comté, Roussillon...) et de le défendre (fortifications de Vauban) mais cette politique pèse sur les finances publiques.

Une société contrastée

- Se développe avec la construction de Versailles tout un **système de cour** : la noblesse, qui perd son véritable pouvoir politique, se trouve soumise à la bonne volonté du roi. Celui-ci dispense des emplois et des fonctions, donne des pensions. L'aristocratie vit selon un principe de dépense, qui l'éloigne de plus en plus de la bourgeoisie et du peuple.
- Les ministres sont le plus souvent choisis parmi la **bourgeoisie**. Celle-ci en vient donc à détenir le **pouvoir politique et économique** (la noblesse ne peut faire du commerce sans déchoir). Le mariage avec des filles de riches bourgeois est ainsi recherché pour permettre aux nobles de maintenir leur train de vie.
- Le **peuple** souffre des **mauvaises récoltes** et des **impositions** de plus en plus lourdes. Des révoltes populaires (ou **jacqueries**) marquent les règnes de Louis XIII et de Louis XIV.
- La question religieuse, réglée en 1598 par Henri IV, est remise en question avec la politique de fermeté de Richelieu contre les protestants puis avec la révocation pure et simple de l'Édit de Nantes en 1685. Des centaines de milliers de protestants quittent le territoire pour l'Angleterre, l'Allemagne ou la Suisse.

D'après un dessin de **C. Le Brun** (1619-1690), *Colbert présente à Louis XIV les membres de l'Académie Royale des Sciences*, 1666, Paris, musée du Louvre.

La profusion baroque

Comme dans le reste de l'Europe, la première moitié du xviie siècle est dominée en France par le mouvement « baroque ». Le terme est hérité du portugais *barroco*, qui signifie « perle irrégulière ». Le baroque vise avant tout à émouvoir et se traduit, dans tous les arts, par le goût du mouvement exubérant et du trompe-l'œil.

La traduction d'un univers fluctuant

Le baroque traduit une perception troublée du monde, en proie à une double **crise de la culture et de la civilisation**. Les travaux de Copernic ont bouleversé la représentation d'un univers dont la Terre serait le centre. Les idéaux humanistes de la Renaissance se sont quant à eux effondrés dans la barbarie des Guerres de religion comme en témoignent *Les Tragiques* d'Agrippa d'Aubigné.

Le monde paraît alors précaire, instable et voué à l'inconstance. La **métamorphose** est l'emblème de ce monde en mouvement, où rien n'est plus jamais certain ni définitif. Or si rien n'est stable, il n'y a plus de vérité, tout est **illusion**, voire mensonge : c'est ce qu'expriment les trompe-l'œil aux plafonds des églises romaines, les motifs du travestissement et du rêve (*La vie est un songe*, proclame la pièce de Calderón), ou le procédé de la mise en abyme, exploité par les dramaturges avec le théâtre dans le théâtre (*Le Véritable Saint-Genest, comédien et martyr* de Rotrou, 1646). La peinture des **vanités** suggère de même que les biens de ce monde sont fugaces.

Le Bernin (1598-1680), *Apollon et Daphné*, Rome, galerie Borghèse.

Un art de l'opulence et du choc

En architecture comme en musique, en littérature comme dans les arts plastiques, cette conception du monde s'incarne dans quelques traits repérables. L'art baroque est **un art de la profusion** ornementale, de l'ostentation. Les arabesques et les volutes des bâtiments, des statues et des tableaux, la ligne brisée et le décentrement de la perspective trouvent en littérature leur écho dans l'hyperbole et dans l'ellipse. En poésie cette esthétique est illustrée par Théophile de Viau ou Saint-Amant.

Dans tous les cas, il s'agit de toucher l'homme au cœur, non à sa raison, de **privilégier l'émotion**. C'est d'ailleurs conforme au programme de la Contre-Réforme catholique qui, mettant en œuvre les recommandations du concile de Trente (1542-1560), entreprit de reconquérir les fidèles par une liturgie théâtrale accordée au style jésuite des nouvelles églises. Les tableaux de Rubens à la cathédrale d'Anvers ou les sculptures du Bernin à Rome répondent à cette demande.

La magie de la scène

Le spectacle est par excellence le lieu du jeu, c'est-à-dire de l'illusion et de la métamorphose, thèmes éminemment baroques. Sous l'influence de Richelieu, grand amateur de théâtre, les arts de la scène se perfectionnent. Grâce au savoir-faire des ingénieurs italiens, le spectacle s'enrichit d'une machinerie de plus en plus élaborée, qui permet des effets grandioses (apparitions, métamorphoses, orages et tempêtes, etc.) : ainsi la Médée de Corneille disparaît-elle dans les airs sur son char (► p. 196). Pleine de bruit et de fureur, la scène baroque devient le « **théâtre du monde** », multipliant les lieux, les temps et les péripéties.

Doc 1

L'éloge de l'inconstance

Je veux bâtir un temple à l'Inconstance ;
Tous amoureux y viendront adorer,
Et de leurs vœux jour et nuit l'honorer,
Ayant le cœur touché de repentance.

De plume molle en sera l'édifice,
En l'air fondé sur les ailes du vent,
L'autel de paille, où je viendrai souvent
Offrir mon cœur par un feint sacrifice.

Tout à l'entour je peindrai mainte image
D'erreur, d'oubli, et d'infidélité,
De fol désir, d'espoir, de vanité,
De fiction, et de penser volage.

Jacques Davy du Perron,
Le Temple de l'Inconstance, 1622.

Doc 2 Fragilité de la vie

Antonio de Pereda (1611-1678), *Allégorie du temps qui passe*, vers 1634, huile sur toile, 139,5 cm × 174 cm, Vienne, Kunsthistorisches museum.

Doc 3 Théâtralité de l'histoire

Peter Paul Rubens (1577-1640), *L'Arrivée de Marie de Médicis à Marseille*, 1622, huile sur toile, 394 cm × 295 cm, Paris, musée du Louvre.

Doc 4

Baroque et classicisme

[L]'œuvre classique exclut certains caractères essentiels au baroque, en premier lieu la métamorphose ; au lieu de se présenter comme l'unité mouvante d'un ensemble multiforme, l'œuvre classique réalise son unité en immobilisant toutes ses parties en fonction d'un centre fixe ; au lieu d'être animée par un mouvement qui se propage au-delà d'elle-même, elle se contient à l'intérieur de ses propres limites ; au lieu de faire éclater ou vaciller ses structures, elle les stabilise et les renforce ; au lieu d'inviter le spectateur à la mobilité et à l'inquiétude, elle le rassemble sur lui-même et le contraint au repos, le dénoue dans l'apaisement d'une contemplation silencieuse.

Jean Rousset, *La Littérature de l'âge baroque en France*, © Librairie José Corti, 1954.

Questions

1. Quelles caractéristiques du baroque le poème de Davy du Perron met-il en avant ?

2. Quels termes du texte de Jean Rousset peuvent s'appliquer à la peinture de Rubens ? Lesquels à la sculpture du Bernin ?

1650
1700

Louis XIV et les arts

Louis XIV monte sur le trône à l'âge de quatre ans (1643) mais n'exerce véritablement le pouvoir qu'à la mort de Mazarin en 1661. Il règne de manière absolue pendant cinquante-quatre ans et, en art comme en politique, impose sa marque à tout un siècle.

La monarchie absolue

En réaction à la révolte des princes qui eut lieu dans son enfance (**La Fronde**, 1648-1653) et en conformité avec la politique amorcée par Richelieu quelques années plus tôt, Louis XIV tente d'amoindrir le plus possible le pouvoir de la haute noblesse :
- il lui enlève les postes ministériels pour les donner à la bourgeoisie (Colbert, Louvois) ;
- il **centralise le pouvoir** et renforce l'administration ;
- il **contrôle les Grands** en les obligeant à résider à Versailles (devenu le lieu du gouvernement) et à servir la personne royale.

Cette politique a des conséquences importantes sur la culture car elle pousse le roi à vouloir contrôler les artistes : il ne supporte pas de voir **Fouquet**, son surintendant des finances, s'ériger en maître des arts. Il le fait emprisonner en 1661 et attire à lui **Le Vau** et **Le Nôtre** qui avaient présidé à la construction du château de Vaux-le-Vicomte.

En matière religieuse, Louis XIV continue le combat de Richelieu contre le **protestantisme**, poussant ainsi de nombreux Français à l'exil. Le **jansénisme**, proche par certains aspects du protestantisme et jugé hostile au pouvoir monarchique, est également combattu par le roi, même s'il attire à lui de grands noms de la littérature (**Pascal**, **Racine**) et de la peinture (**Philippe de Champaigne**).

Antoine Coysevox (1640-1720), *Louis XIV, roi de France et de Navarre*, vers 1679, château de Versailles.

Le mécénat royal

Louis XIV veut asseoir son prestige dans tous les domaines. Les **commandes architecturales** se succèdent (château de Marly, Pont Royal, Observatoire, Invalides...) mais c'est surtout l'agrandissement de **Versailles**, château chargé de représenter la puissance du roi, qui mobilise tous les grands artistes de l'époque : **Le Vau** puis **Mansart** pour le château, **Le Nôtre** pour les jardins, **Le Brun** pour les fresques, **Girardon** et **Coysevox** pour les sculptures. Le roi y réside à partir de 1682 mais y donne dès 1664 des fêtes fastueuses : les *Plaisirs de l'île enchantée* orchestrés par Molière et Lully présentent ainsi à la Cour les premiers travaux du château et des jardins.

Louis XIV pensionne aussi un grand nombre d'artistes. **Molière** obtient sa protection dès *Les Précieuses ridicules* (1659) et **Racine** dès *La Thébaïde* (1664). **Boileau** et Racine seront même nommés historiographes du roi (c'est-à-dire chargés d'écrire l'histoire officielle du règne).

Un désaveu a de graves conséquences, tant les arts sont contrôlés par le monarque : Molière, à la fin de sa vie se voit préférer **Lully** et meurt en semi-disgrâce ; **La Fontaine**, ancien protégé de Fouquet et auteur de contes licencieux, doit attendre 1684, malgré le succès de ses *Fables*, avant de pouvoir être élu à l'Académie française.
L'austérité religieuse qui marque la fin de la vie du roi infléchit aussi son rapport aux arts. C'est à la demande de Mme de Maintenon, deuxième épouse de Louis XIV, que Racine reprend la plume et écrit ses deux tragédies bibliques, *Esther* et *Athalie*.

Charles Le Brun (1619-1690),
Le Roi gouverne par lui-même,
voûte de la galerie des Glaces (détail),
châteaux de Versailles et de Trianon.

Les grands artistes soutenus par le roi

Écrivains et dramaturges

Molière
– *Tartuffe* (1664)
– *Le Bourgeois gentilhomme* (1670)

Jean Racine
– *Phèdre* (1677)
– *Athalie* (1691)

Nicolas Boileau
Art poétique (1674)

Architectes et jardiniers

André Le Nôtre
Jardins de Versailles (1662-1687)

Louis Le Vau et Jules Hardouin-Mansart
Château de Versailles (1661-1708)

Peintres et sculpteurs

Charles Le Brun
Plafond de la Galerie des Glaces (peinture, 1678-1684)

François Girardon
L'Enlèvement de Proserpine par Pluton (sculpture, 1680)

Antoine Coysevox
Allégorie de la Garonne, (sculpture, 1686)

Musicien

Jean-Baptiste Lully
– *Alceste* (opéra, 1674)
– *Armide* (opéra, 1686)

À retenir

Qu'est-ce que le mécénat ?

• **Mécène** (v. 70 av. J.-C. – v. 8 av. J.-C.) était, sous le règne d'Auguste, un protecteur des arts et des lettres (notamment de Virgile et d'Horace). Le nom, devenu commun, de « mécène » désigne toute personne soutenant financièrement un artiste pour lui permettre de vivre et de travailler.

• Au XVIIe siècle, le droit des artistes n'étant pas encore constitué, il s'agit pour chaque écrivain, peintre ou sculpteur, de trouver un **protecteur** qui lui verse régulièrement une **pension** (le Prince de Conti puis Monsieur, frère du roi, joueront ce rôle au début de la carrière de Molière).

• Pour asseoir son autorité, **Louis XIV** se doit d'être le plus grand mécène de son royaume. Jaloux des artistes que s'adjoint son surintendant Fouquet, comme Le Vau, Le Nôtre, Le Brun, La Fontaine, il n'aura de cesse de réunir les plus grands noms du temps pour réaliser un château digne du Roi Soleil.

1650
1700

Louis XIV et les arts

Doc 1

Versailles par Charles Perrault

Charles Perrault célèbre, dans Le Siècle de Louis le Grand, *la magnificence de Versailles et de ses jardins.*

Allons sans différer dans ces aimables lieux,
De tant de grands objets rassasier nos yeux.
Ce n'est pas un palais, c'est une ville entière,
Superbe en sa grandeur, superbe en sa matière;
Non, c'est plutôt un monde, où du grand univers
Se trouvent rassemblés les miracles divers.
Je vois de toutes parts les fleuves qui jaillissent,
Et qui forment des mers des ondes qu'ils vomissent,
Par un art incroyable, ils ont été forcés
De monter au sommet de ces lieux exhaussés;
Et leur eau, qui descend aux jardins qu'elle arrose,
Dans cent riches palais en passant se repose.
Que leur peut opposer toute l'antiquité,
Pour égaler leur pompe et leur variété?

Charles Perrault, *Le Siècle de Louis le Grand*, 1687.

Doc 3

Louis XIV dans un ballet de Lully

Gouache du costume pour « la guerre » créé pour Louis XIV (1664), musée Carnavalet, Paris.

Doc 2

Versailles par Saint-Simon

Le duc de Saint-Simon décrit, dans ses Mémoires, *le dégoût mêlé d'admiration qu'il éprouve à Versailles.*

Il se plut à tyranniser la nature, à la dompter à force d'art et de trésors. Il y bâtit tout l'un après l'autre, sans dessin général; le beau et le vilain furent cousus ensemble, le vaste et l'étranglé. Son appartement et celui de la reine y ont les dernières incommodités, avec les vues de cabinets et de tout ce qui est derrière les plus obscures, les plus enfermées, les plus puantes. Les jardins dont la magnificence étonne; mais dont le plus léger usage rebute, sont d'aussi mauvais goût. On n'y est conduit dans la fraîcheur de l'ombre que par une vaste zone torride, au bout de laquelle il n'y a plus, où que ce soit, qu'à monter et à descendre; et avec la colline, qui est fort courte, se terminent les jardins. La recoupe[1] y brûle les pieds, mais sans cette recoupe on y enfoncerait ici dans les sables, et là dans la plus noire fange. La violence qui y a été faite partout à la nature repousse et dégoûte, malgré soi. L'abondance des eaux forcées et ramassées de toutes parts les rend vertes, épaisses, bourbeuses; elles répandent une humidité malsaine et sensible, une odeur qui l'est encore plus. Leurs effets, qu'il faut pourtant beaucoup ménager, sont incomparables; mais de ce tout, il résulte qu'on admire et qu'on fuit.

Duc de Saint-Simon, *Mémoires*, 1858 (posth.).

1. Éclats de pierres dont on se servait pour affermir les allées des jardins.

Doc 4 Le château, le grand bassin et les jardins de Versailles

Questions

1. Expliquez en quoi les opinions de Perrault et de Saint-Simon sur Versailles diffèrent. Saint-Simon est-il seulement critique à l'égard des réalisations de Louis XIV ?
2. Le document 4 vous semble-t-il rendre plutôt justice à Perrault ou à Saint-Simon ?
3. Observez bien les quatre documents. En quoi l'implication de Louis XIV dans les arts vous paraît-elle politique ?

1650
1700

L'harmonie classique

Le terme « classique » désigne d'abord, au XVIIe siècle, les auteurs anciens, grecs ou latins, qui font autorité et qu'il est bon d'imiter. Puis il désigne les écrivains français qui ont imité ces mêmes Anciens, tout en défendant une esthétique de la clarté et de l'harmonie.

Une réaction au baroque

Les artistes de la génération baroque au style exubérant sont rejetés, ainsi que les précieux et les maniéristes, accusés d'obscurcir leurs sujets par toutes sortes d'artifices. **Malherbe** impose, dès le début du siècle, des règles poétiques strictes pour atteindre une harmonie parfaite (► doc. 1, p. 30).

Guez de Balzac et après lui **Vaugelas** mettent l'accent sur le bon usage de la langue : pour combattre l'emphase et atteindre le vrai il faut avant tout s'exprimer clairement. En 1635, sous l'impulsion de Richelieu, est créée l'Académie française. Gardienne des règles du langage, elle s'érige vite en juge des arts et des lettres (notamment lors de la querelle du *Cid*).

Poussin et **Le Lorrain**, par leur goût de la symétrie et de l'Antiquité, annoncent l'évolution de l'art pictural français.

La domination classique

C'est avec le **règne de Louis XIV** que le classicisme va résolument s'affirmer. Dans la tragédie, genre noble par excellence, la **règle des trois unités,** mise à l'honneur par **Chapelain** dès 1630, s'impose. Corneille infléchit de plus en plus son style (*Horace*, 1640), mais c'est Racine qui devient le véritable représentant de la tragédie classique : le sommet du genre est atteint en 1677 avec *Phèdre*.

Les prosateurs, eux aussi, ciselent la langue et s'inspirent des modèles antiques, que ce soit **La Bruyère** dans ses *Caractères* ou **La Rochefoucauld** dans ses *Maximes*. Le roman se débarrasse avec **Mme de La Fayette** des exubérances baroques.

L'architecture avec **Le Vau** et **Mansart**, l'art des jardins avec **Le Nôtre**, la sculpture avec **Girardon**, la peinture avec **Le Brun, Mignard** ou **Champaigne** exaltent cet âge d'or du classicisme où l'imitation de la nature passe par le respect de règles précises faites d'ordonnance rigoureuse et de symétrie.

▲ **François Girardon** (1628-1715), *Apollon servi par les Nymphes*, 1670, jardins du château de Versailles.

La Querelle des Anciens et des Modernes

Si les classiques se réfèrent à l'Antiquité et en imitent les modèles, c'est parce que les Anciens ont su atteindre la nature universelle : Homère, Virgile ou Horace sont lus au XVIIe siècle parce qu'ils ont encore quelque chose à dire aux hommes de ce temps. Les monuments et sculptures de l'Antiquité possèdent, quant à eux, une beauté qui en fait des objets d'admiration depuis des siècles.

La Querelle qui commence dès les années 1650 se cristallise en 1687 lorsque Perrault, partisan des Modernes, lit devant l'Académie son poème intitulé *Le Siècle de Louis le Grand*, éloge du règne de Louis XIV (mis au même rang que le règne d'Auguste). Pour les **Modernes**, la littérature peut égaler, voire dépasser, la littérature antique. Telle n'est pas l'idée de **Boileau** et de tous les défenseurs des **Anciens**. La polémique s'envenime et ne s'achèvera qu'en 1694 avec la réconciliation de Boileau et de Perrault.

Claude Le Lorrain (1600-1682), *Embarquement de Sainte Paule à Ostie, le port de Rome*, 1637-1639, Madrid, musée du Prado.

À retenir

Qu'est-ce que le classicisme ?

- **L'imitation de la nature universelle et intemporelle** (« Que la nature soit votre étude unique », Boileau, *Art Poétique*, III).
- **Le respect du vraisemblable** (les querelles autour du *Cid* ou de la *Princesse de Clèves* posent avant tout la question de la vraisemblance des situations).
- **L'imitation des Anciens**, qui ont su, par leurs œuvres, atteindre le vrai (Homère, Sophocle, Eschyle, Virgile, Horace sont mis à l'honneur).
- **Le respect des règles strictes** de composition, car l'harmonie et la clarté sont gages de vérité (au théâtre, s'imposent les unités de lieu, de temps et d'action ; en poésie, l'alternance rime masculine – rime féminine, le respect de la césure, la proscription de l'enjambement et du hiatus, etc.)

Les grandes œuvres du classicisme

Peintures

Nicolas Poussin
Les Bergers d'Arcadie (v. 1640)

Claude Le Lorrain
Ulysse remet Chryséis à son père (1644)

Philippe de Champaigne
La Cène (1652)

Architecture et sculpture

Jules-Hardouin Mansart
Église Saint-Louis-des-Invalides (1676-1706)

François Girardon
Apollon servi par les nymphes (1670)

Littérature

Pierre Corneille
– *Horace* (1640)
– *Cinna* (1642)
– *Polyeucte* (1643)
– *Rodogune* (1645)

François de La Rochefoucauld
Maximes (1665)

Molière
– *Les Précieuses ridicules* (1659)
– *Dom Juan* (1665)
– *Le Misanthrope* (1666)
– *Tartuffe* (1669)
– *Les Fourberies de Scapin* (1671)
– *Le malade imaginaire* (1673)

Jean Racine
– *Andromaque* (1667)
– *Britannicus* (1669)
– *Bérénice* (1670)
– *Iphigénie* (1674)
– *Phèdre* (1677)

Jean de la Fontaine
Fables (1668-1693)

Blaise Pascal
Pensées (1670, posth.)

Mme de La Fayette
La Princesse de Clèves (1678)

Jean de La Bruyère
Les Caractères (1688)

L'harmonie classique

Doc 1 — Malherbe vu par Boileau

Dans son Art poétique, *Boileau célèbre la figure du poète Malherbe après la période baroque.*

Enfin Malherbe vint, et, le premier en France,
Fit sentir dans les vers une juste cadence,
D'un mot mis en sa place enseigna le pouvoir,
Et réduisit la Muse aux règles du devoir.
Par ce sage écrivain la langue réparée
N'offrit plus rien de rude à l'oreille épurée.
Les stances avec grâce apprirent à tomber,
Et le vers sur le vers n'osa plus enjamber.
Tout reconnut ses lois ; et ce guide fidèle
Aux auteurs de ce temps sert encor de modèle.
Marchez donc sur ses pas ; aimez sa pureté ;
Et de son tour heureux imitez la clarté.

BOILEAU, *L'Art poétique*, chant I, 1674.

Doc 2 — L'imitation des Anciens

Dans Les Caractères, *La Bruyère montre son attachement aux Anciens, véritables modèles en matière d'art.*

On a dû faire du style ce qu'on a fait de l'architecture. On a entièrement abandonné l'ordre gothique, que la barbarie avait introduit pour les palais et pour les temples ; on a rappelé le dorique, l'ionique et le corinthien : ce qu'on ne voyait plus que dans les ruines de l'ancienne Rome et de la vieille Grèce, devenu moderne, éclate dans nos portiques et dans nos péristyles. De même, on ne saurait en écrivant rencontrer le parfait, et s'il se peut, surpasser les anciens que par leur imitation. Combien de siècles se sont écoulés avant que les hommes, dans les sciences et dans les arts, aient pu revenir au goût des anciens et reprendre enfin le simple et le naturel !

LA BRUYÈRE, *Les Caractères*,
« Des ouvrages de l'esprit », 1688.

Doc 3 — Poussin ou la sérénité classique

Nicolas Poussin (1596-1665),
Les Bergers d'Arcadie, v. 1640, Paris, musée du Louvre.

Doc 4 Mansart, église Saint-Louis-des-Invalides

La construction de l'Hôtel des Invalides fut décidée en 1670 par Louis XIV pour recevoir les invalides des armées royales. L'église achevée en 1706, reste l'un des chefs-d'œuvre de Mansart.

Questions

1. Peut-on retrouver dans ce que dit Boileau de Malherbe (doc 1) les qualités antiques célébrées par La Bruyère ?

2. Faites une recherche sur le « dorique », l'« ionique » et le « corinthien » (doc 2). En quoi le document 4 illustre-t-il bien le texte de La Bruyère ?

3. Dans quelle mesure peut-on voir dans le tableau de Poussin (doc 3) un manifeste du classicisme ?

- **1715 :** Régence de Philippe d'Orléans
- **1716-1720 :** Système financier de Law
- **1723 :** Louis XV prend les rênes du pouvoir. Ministère Fleury
- **1744-1758 :** Guerre coloniale avec l'Angleterre
- **1756 :** Début de la guerre de Sept ans
- **1763 :** Traité de Paris. La France perd une grande partie de ses territoires coloniaux (notamment au Canada).
- **1766 :** La Lorraine devient française.
- **1768 :** La Corse devient française.
- **1774 :** Accession de Louis XVI au trône de France
- **1783 :** Les traités de Paris et de Versailles mettent fin à la guerre d'Indépendance américaine. La France récupère certaines de ses colonies.
- **1789 :** Réunion des États généraux. Prise de la Bastille. Début de la Révolution
- **1791 :** Fuite du roi à Varennes
- **1792 :** Abolition de la monarchie
- **1793 :** Exécution de Louis XVI
- **1794 :** Grande Terreur. Robespierre est finalement arrêté et guillotiné.
- **1795-1799 :** Le Directoire
- **1799 :** Coup d'État du 18 brumaire (9 novembre). Arrivée au pouvoir de Napoléon Bonaparte

De la monarchie de droit divin à la Révolution

Le XVIIIe siècle débute véritablement en 1715, à la mort de Louis XIV. Après huit ans de Régence, Louis XV, Louis XVI et leurs ministres successifs vont tenter de maintenir la puissance économique de la France et de **réformer l'État**.

Maupeou, notamment, parvient en 1771 à moderniser le pouvoir judiciaire. Mais un peu plus tard, **Turgot** et **Necker**, face à l'opposition des privilégiés, doivent renoncer à réformer les finances publiques.

Alors que l'État peine à se réformer, les **idées nouvelles** se répandent : séparation des pouvoirs (législatif, exécutif, judiciaire) prônée par Montesquieu dans *L'Esprit des lois*, éloge de la monarchie constitutionnelle anglaise par Voltaire (*Lettres philosophiques*), invention du concept de « souveraineté » par Rousseau (*Du contrat social*).

L'adhésion aux idées des Lumières jusque dans les cercles du pouvoir, l'exemple de la **Révolution américaine** (soutenue d'ailleurs par Louis XVI), la réunion des **États généraux** à un moment où la famine guette le pays : ces trois facteurs expliquent en partie 1789. Si, dans un premier temps, Louis XVI reste sur le trône, il ne sait pas négocier le tournant d'une monarchie constitutionnelle : la République est proclamée et le roi exécuté.

La **Révolution** est vue d'abord, par certains nobles eux-mêmes, comme la possibilité de mettre en pratique les théories politiques libérales ; mais les avancées égalitaires de 1789 (*Déclaration des droits de l'homme et du citoyen*, abolition des privilèges) vont être occultées par la **Terreur** et la guerre. Après la chute de Robespierre (juillet 1794), la **République** semble fragilisée : le **Directoire** laisse la place au **Consulat** et au pouvoir personnel de Bonaparte.

Anicet Lemonnier (1743-1824), *Une soirée chez Madame Geoffrin en 1755*, 1812, 129 cm × 196 cm, Rouen, musée des Beaux-Arts.

Une économie florissante mais entravée

Même s'il se conclut par une faillite qui ruine nombre d'épargnants, le système de **Law** (1716-1720), qui émet le premier du papier-monnaie, suscite une forte **relance de l'économie**.

Sous la Régence, les contacts économiques et culturels avec la Hollande et l'Angleterre se font plus importants, l'économie française se relève, la **colonisation** de la Louisiane s'étend. Le cardinal Fleury, ministre de Louis XV de 1726 à 1743, poursuit cette politique de paix et de prospérité relatives. Sucre, café et coton sont importés des colonies.

Toutefois le traité de Paris en 1763 réduit les possessions étrangères de la France et freine l'ouverture sur le monde. Par ailleurs, le fardeau de la dette et le poids d'une noblesse oisive sont un **frein au dynamisme** économique : contrairement à l'Angleterre, dont le système politique valorise l'initiative individuelle, la France n'entre pas dans la révolution industrielle.

Jean-François Hue (1751-1823), (détail), 1793, *Vue du port de Brest au XVIIIe siècle,* Paris, musée du Louvre.

Une société contestataire

À la veille de la Révolution, la France est le **pays le plus peuplé d'Europe** (28 millions d'habitants). La Lorraine et la Corse sont rattachées au royaume. L'**alphabétisation** progresse.
La **bourgeoisie**, économiquement entreprenante, joue un rôle croissant dans les affaires du royaume. Mais si ses valeurs (exaltant le travail et le mérite personnel) s'imposent dans la société, elles sont encore méprisées au sommet de l'État.

Les mécontentements sociaux s'accumulent. Les **paysans** s'en prennent aux privilèges féodaux ou ecclésiastiques ; les **nobles** critiquent le pouvoir royal et l'abaissement progressif de leurs prérogatives ; la **petite bourgeoisie**, quant à elle, ne se trouve pas employée et rémunérée à la mesure de ses compétences.

Jean-Baptiste Lesueur (1749-1826), *Plantation d'un arbre de la liberté*, v. 1791, gouache, Paris, Musée Carnavalet.

L'esprit libertin

Le libertinage qualifie à la fois la liberté de penser en matière religieuse et la liberté des mœurs. Ces deux acceptions étroitement liées caractérisent la revendication de la première moitié du XVIIIe siècle qui, dans tous les domaines, prône une conduite affranchie des règles et des préjugés.

« Le joli temps » d'un art de vivre

Les dernières années du règne de Louis XIV sont marquées par un moralisme austère, symbolisé par l'influente seconde épouse du roi, Mme de Maintenon. Aussi la mort de Louis XIV, en 1715, après 72 ans de règne, apparaît-elle comme une libération. En attendant la majorité du futur Louis XV, qui n'a que 5 ans, un Régent est nommé, **Philippe d'Orléans**, qui incarne le libertinage au double sens du terme. Un de ses premiers actes est de rappeler les Comédiens-Italiens que Mme de Maintenon avait fait bannir en 1697, coupables de l'avoir raillée.

Ce « joli temps de la Régence » (1715-1723) crée un art de vivre qui caractérisera le règne de Louis XV. La société veut rompre avec le faste et la solennité du Grand siècle : on aménage les appartements à la recherche de l'intimité et du confort. Avec ses volutes galbées et ses motifs végétaux, le **style rocaille** ou rococo exprime, dans la peinture (François Boucher), la sculpture et le mobilier (Boule), cette aspiration à une frivolité sensuelle. En inventant le genre de la « **fête galante** », Watteau traduit l'esprit raffiné de cette époque.

Antoine Watteau (1684-1721), *Les Deux Cousines* (détail), Paris, musée du Louvre.

Liberté des corps et des cœurs

La littérature est bien sûr animée de ce souffle nouveau. Au théâtre, Marivaux, s'appuyant sur le jeu spontané des Comédiens-Italiens, conçoit un nouveau langage pour dire les incertitudes du désir amoureux (*Le Jeu de l'amour et du hasard*, 1730, *Les Fausses Confidences*, 1737). Mais il peut également se faire l'analyste aigu de questions plus sociales (*L'Île des esclaves*, 1725).

L'essor du **roman** exprime lui aussi la liberté des mœurs et de l'observation. *Gil Blas de Santillane* de Lesage (1715-1735) ou *Le Paysan parvenu* de Marivaux (1734-1735) portent un regard critique et humoriste sur la société que traversent leurs héros picaresques. *Manon Lescaut* de l'abbé **Prévost** (1731) et *Les Égarements du cœur et de l'esprit* de Crébillon (1736-1738) dessinent avec lucidité le parcours de leurs personnages dans une société gouvernée par le plaisir et les stratégies libertines.

L'aube des Lumières

Dès la fin du XVIIe siècle, un nouvel esprit critique se fait jour. En témoignent l'*Histoire des oracles* (1687) de Fontenelle et l'énorme *Dictionnaire historique et critique* (1695-1697) de Pierre Bayle, qui dénoncent l'obscurantisme de la pensée religieuse. Montesquieu, avec les ***Lettres persanes*** (1721), porte plus loin cette destruction des préjugés : en nous faisant regarder notre monde par les yeux de voyageurs étrangers, il nous oblige à relativiser et mettre en doute nos certitudes. Voltaire, exilé en Angleterre de 1726 à 1728, à la suite de démêlés avec un aristocrate, y découvre un régime de liberté dans tous les domaines ; les ***Lettres philosophiques*** qu'il tire de cette expérience (1734) proposent le modèle d'une société moderne et laïque. En dépit de la censure politique et religieuse, une vie intellectuelle et mondaine brillante, animée par des femmes remarquables (comme Mme Geoffrin ou Mme du Deffand), permet la diffusion de ces idées nouvelles.

Doc 1

L'insolence d'un regard étranger

Dans ce roman épistolaire, Montesquieu nous fait voir la société européenne à travers le regard libre et sans préjugés de voyageurs persans.

Le pape est le chef des chrétiens. C'est une vieille idole qu'on encense par habitude. Il était autrefois redoutable aux princes même: car il les déposait aussi facilement que nos magnifiques sultans déposent les rois d'Irimette et de Géorgie[1]. Mais on ne le craint plus. Il se dit successeur d'un des premiers chrétiens, qu'on appelle *saint Pierre*, et c'est certainement une riche succession: car il a des trésors immenses et un grand pays sous sa domination.
[T]u sauras que la religion chrétienne est chargée d'une infinité de pratiques très difficiles, et, comme on a jugé qu'il est moins aisé de remplir ses devoirs que d'avoir des évêques qui en dispensent, on a pris ce dernier parti pour l'utilité publique. De sorte que si l'on ne veut pas faire le rahmazan[2]; si on ne veut pas s'assujettir aux formalités des mariages; si on veut rompre ses vœux; si on veut se marier contre les défenses de la loi; quelquefois même, si on veut revenir contre son serment: on va à l'Évêque ou au Pape, qui donne aussitôt la dispense.

Montesquieu, *Les Lettres persanes*, xxi, 1721.

1. Deux États du Caucase qui dépendaient de la Perse.
2. Ramadan, période de jeûne chez les musulmans. Rica, qui écrit à son ami Ibben, désigne bien sûr ainsi le Carême chrétien.

Doc 2

L'éloge du luxe

Dans Le Mondain, *Voltaire fait l'éloge du luxe et de la civilisation. Il détaille ici la journée d'un « honnête homme ».*

Il court au bain: les parfums les plus doux
Rendent sa peau plus fraîche et plus polie.
Le plaisir presse; il vole au rendez-vous
Chez Camargo[1], chez Gaussin[2], chez Julie;
Il est comblé d'amour et de faveurs.
Il faut se rendre à ce palais magique[3]
Où les beaux vers, la danse, la musique,
L'art de tromper les yeux par les couleurs,
L'art plus heureux de séduire les cœurs,
De cent plaisirs font un plaisir unique.
Il va siffler quelque opéra nouveau
Ou, malgré lui, court admirer Rameau.
Allons souper. Que ces brillants services,
Que ces ragoûts ont pour moi de délices!
Qu'un cuisinier est un mortel divin!
Chloris, Églé, me versent de leur main
D'un vin d'Aï[4] dont la mousse pressée
De la bouteille avec force élancée,
Comme un éclair fait voler le bouchon;
Il part, on rit; il frappe le plafond.
De ce vin frais l'écume pétillante
De nos Français est l'image brillante.
Le lendemain donne d'autres désirs,
D'autres soupers, et de nouveaux plaisirs.

Voltaire, *Le Mondain*, 1736.

1. Danseuse à l'Opéra. 2. Actrice à la Comédie-Française. 3. L'Opéra. 4. Vin de Champagne.

Doc 3

L'intimité raffinée de Boucher

François Boucher (1703-1770),
Dame attachant sa jarretière, et sa servante, 1742,
huile sur toile, 52,5 cm × 66,5 cm, Madrid, coll. Thyssen-Bornemisza.

Questions

1. En quoi consiste l'insolence du texte de Montesquieu ?
2. Par quels procédés Voltaire nous fait-il partager l'ivresse d'une vie vouée au plaisir ?
3. Observez le mobilier et les accessoires proposés par le tableau de Boucher: comment créent-ils un espace intime et sensuel ?
4. Quel genre de scène le tableau de Boucher nous offre-t-il ? Quelle position le spectateur y occupe-t-il ?

L'apogée des Lumières

Si la première moitié du XVIIIe siècle a vu naître les Lumières, la seconde consacre leur triomphe avec la publication de l'*Encyclopédie* et la gloire conquise par les philosophes, figures emblématiques du débat intellectuel et politique.

Le mouvement des idées

▌*Aufklärung* en Allemagne, *Illuminismo* en Italie, *Enlightenment* en Angleterre : ce que l'on nomme *Lumières* en France est un mouvement européen. Il traduit, sur presque tout le continent chrétien, la remise en cause d'un ordre ancien au profit de l'individu, contre les pouvoirs qui entravent son épanouissement. La recherche du bonheur de l'homme a remplacé celle de son salut : les Lumières traduisent une perspective laïque.

▌Il ne faut pas croire toutefois que ce mouvement parle d'une seule voix. Entre le matérialisme athée de Diderot, le déisme de Voltaire et le sentiment profondément religieux de Rousseau, le fossé est grand. De même, la rupture éclatante de Rousseau avec les encyclopédistes sur la moralité des spectacles traduit une opposition fondamentale sur la nature de la civilisation.

▲ **Jean Huber** (1721-1786), *Déjeuner entre philosophes*, Oxford, 1772, Voltaire Foundation.

L'aventure de l'*Encyclopédie*

▌Publiée entre 1751 et 1772 sous la direction de Diderot et d'Alembert, l'*Encyclopédie* symbolise l'esprit des Lumières. Avec 27 volumes (17 d'articles et 10 de planches illustrées) conçus par 178 rédacteurs, c'est le « tableau général des efforts de l'esprit humain dans tous les domaines et dans tous les siècles » (Diderot). Vaste « cartographie » des connaissances reliées entre elles par un système de renvois, l'*Encyclopédie* manifeste la volonté de délivrer l'homme des préjugés et de lui donner les moyens de maîtriser son destin sur terre. La place importante accordée aux techniques et aux métiers traduit la foi dans le progrès.
L'entreprise rencontre bien des obstacles : le découragement de ses promoteurs, tel d'Alembert qui abandonne la codirection en 1758 ; la censure à plusieurs reprises, chaque fois contournée grâce à certains appuis au sein même du pouvoir (Mme de Pompadour et Malesherbes) ; l'opposition féroce des « antiphilosophes », au premier rang desquels les Jésuites. Mais le soutien du public, qui souscrit massivement, assure finalement le succès du projet.

Les intellectuels et les pouvoirs

▌Si la situation matérielle des écrivains reste précaire au XVIIIe siècle, leur prestige et leur influence sont une nouveauté marquante. Les philosophes font progresser l'esprit critique et lancent les idées qui suggèreront aux « despotes éclairés » certaines réformes politiques : ainsi celles de Turgot, ministre entre 1774 et 1776, inspirées par les théories des physiocrates qui veulent rationaliser l'agriculture. Ils interviennent même directement dans la sphère publique : Voltaire obtient en 1765 la réhabilitation du protestant Jean Calas, injustement condamné à mort ; Diderot conseille la tsarine russe Catherine II entre 1773 et 1774.

▌Mais cette autorité nouvelle n'exclut pas la répression. La censure préalable contraint tout écrivain à obtenir une autorisation de publication (le privilège). Cette approbation n'empêche pas que le livre puisse être ensuite condamné par la Sorbonne, l'Église ou le Parlement (ainsi *Émile* de Rousseau), sans parler de l'emprisonnement des auteurs. C'est pourquoi nombre d'œuvres sont imprimées à l'étranger. Toutefois, l'action de Malesherbes, directeur du Livre et soutien actif des Encyclopédistes, contribuera à libéraliser la censure sous la Révolution.

Léonard Defrance (1735-1805), *À l'égide de Minerve*, (détail), 64,5 cm × 85,5 cm, Dijon, musée des Beaux-Arts.

À retenir

Qu'est-ce que les Lumières ?

• **La liberté d'examen et de critique** : on refuse de se soumettre à des dogmes religieux ou à une autorité fondée seulement sur la tradition.

• **Le primat de la raison et de l'expérience** : le rationalisme prôné par les Lumières n'est pas une abstraction ; il s'appuie sur l'observation concrète et la pratique.

• **Le développement et la diffusion des connaissances** : seul le savoir rend les hommes libres en leur permettant de maîtriser leur destin.

• **Le combat pour la liberté de conscience et d'opinion** : la tolérance n'est plus une vertu passive, mais l'affirmation d'un principe politique, sur lequel doit se fonder la société.

• **La séparation du temporel et du spirituel**, du théologique et du politique : l'idée républicaine de **laïcité** est ainsi en germe.

• **L'affirmation de l'universalité du genre humain** : c'est sur la base de cette conviction qu'émerge la notion neuve des **droits de l'homme**.

Les philosophes des Lumières

Charles de Montesquieu
L'Esprit des lois (1748)

Voltaire
– *Zadig ou La Destinée* (1748)
– *Traité sur la tolérance* (1763)
– *Dictionnaire philosophique portatif* (1764)

Jean-Jacques Rousseau
– *Discours sur l'origine de l'inégalité* (1755)
– *Du contrat social* (1762)
– *Émile ou De l'éducation* (1762)

Denis Diderot
– *Le Neveu de Rameau* (1762-1777)
– *Le Rêve de d'Alembert* (1769)
– *Supplément au Voyage de Bougainville* (1772)

Autres grandes figures des Lumières

Les savants

- **Benjamin Franklin** (1706-1790), Américain, autodidacte et inventeur
- **Georges-Louis de Buffon** (1707-1788), naturaliste

- **Jean d'Alembert** (1717-1783), mathématicien et physicien
- **Antoine-Laurent de Lavoisier** (1743-1794), père de la chimie moderne

- **Jean-Antoine de Condorcet** (1743-1794), mathématicien et économiste.

Les protecteurs

- **Mme Geoffrin** (1699-1777), salonnière et bienfaitrice des philosophes
- **Helvétius** (1715-1771), mécène et collaborateur de l'*Encyclopédie*
- **Mme de Pompadour** (1721-1764), favorite de Louis XV
- **Guillaume de Malesherbes** (1721-1794), directeur de la Librairie en 1750
- **Julie de Lespinasse** (1732-1776), salonnière et amie de d'Alembert

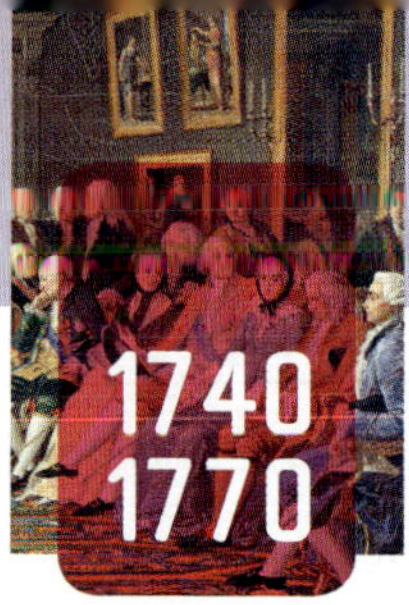

L'apogée des Lumières

Doc 1 Une définition des Lumières

Alors que les encyclopédistes ont déjà produit l'essentiel de leur œuvre, le philosophe allemand Emmanuel Kant donne cette définition des Lumières dans un article publié par un journal de Berlin.

Les Lumières se définissent comme la sortie de l'homme hors de l'état de minorité, où il se maintient par sa propre faute. La minorité est l'incapacité de se servir de son entendement sans être dirigé par un autre. Elle est due à notre propre faute quand elle résulte non pas d'un manque d'entendement, mais d'un manque de résolution et de courage pour s'en servir sans être dirigé par un autre. *Sapere aude !* [1] Aie le courage de te servir de ton *propre* entendement ! Voilà la devise des Lumières.

Emmanuel Kant, *Réponse à la question « Qu'est-ce que les Lumières ? »* (1784), sous la direction de F. Alquié, © Gallimard, 1985.

1. *Ose savoir !* Maxime empruntée au poète latin Horace.

Doc 2 Le portrait du philosophe

*Avant d'être publié dans l'*Encyclopédie *en 1765 (et attribué à Voltaire), ce texte de César Dumarsais parut anonymement en 1743 à Amsterdam. Il est considéré comme une des premières expressions de l'esprit philosophique.*

Les autres hommes sont déterminés à agir sans sentir, ni connaître les causes qui les font mouvoir, sans même songer qu'il y en ait. Le philosophe au contraire démêle les causes autant qu'il est en lui, et souvent même les prévient, et se livre à elles avec connaissance : c'est une horloge qui se monte, pour ainsi dire, quelquefois elle-même. Ainsi il évite les objets qui peuvent lui causer des sentiments qui ne conviennent ni au bien-être, ni à l'être raisonnable, et cherche ceux qui peuvent exciter en lui des affections convenables à l'état où il se trouve. […] Les autres hommes sont emportés par leurs passions, sans que les actions qu'ils font soient précédées de la réflexion : ce sont des hommes qui marchent dans les ténèbres ; au lieu que le philosophe dans ses passions mêmes, n'agit qu'après la réflexion ; il marche la nuit, mais il est précédé d'un flambeau.

César Dumarsais, *Le Philosophe*, 1743.

Doc 3 La protectrice des Lumières

Maurice Quentin de La Tour (1704-1788), *La Marquise de Pompadour*, 1748-1755, 177 cm × 130 cm, Paris, musée du Louvre.

Doc 4 Le but de l'*Encyclopédie*

*À l'occasion de la publication du huitième volume de l'*Encyclopédie*, Diderot redéfinit le but de cette vaste entreprise de connaissance.*

Puisse l'instruction générale s'avancer d'un pas si rapide que dans vingt ans d'ici il y ait à peine en mille de nos pages une seule ligne qui ne soit populaire ! C'est aux maîtres du monde à hâter cette heureuse révolution. Ce sont eux qui étendent ou qui resserrent la sphère des Lumières. Heureux le temps où ils auront tous compris que leur sécurité consiste à commander à des hommes instruits ! Les grands attentats n'ont jamais été commis que par des fanatiques aveuglés.

Denis Diderot, *Encyclopédie*, Avertissement du 8e volume, 1758.

Doc 5 Une planche de l'*Encyclopédie*

À travers les dix volumes de planches auxquelles Diderot tenait beaucoup (« tout y est action et vivant »), l'Encyclopédie *affirme sa volonté de promouvoir les sciences et les techniques, et valorise le travail par lequel l'homme se rend maître de la nature.*

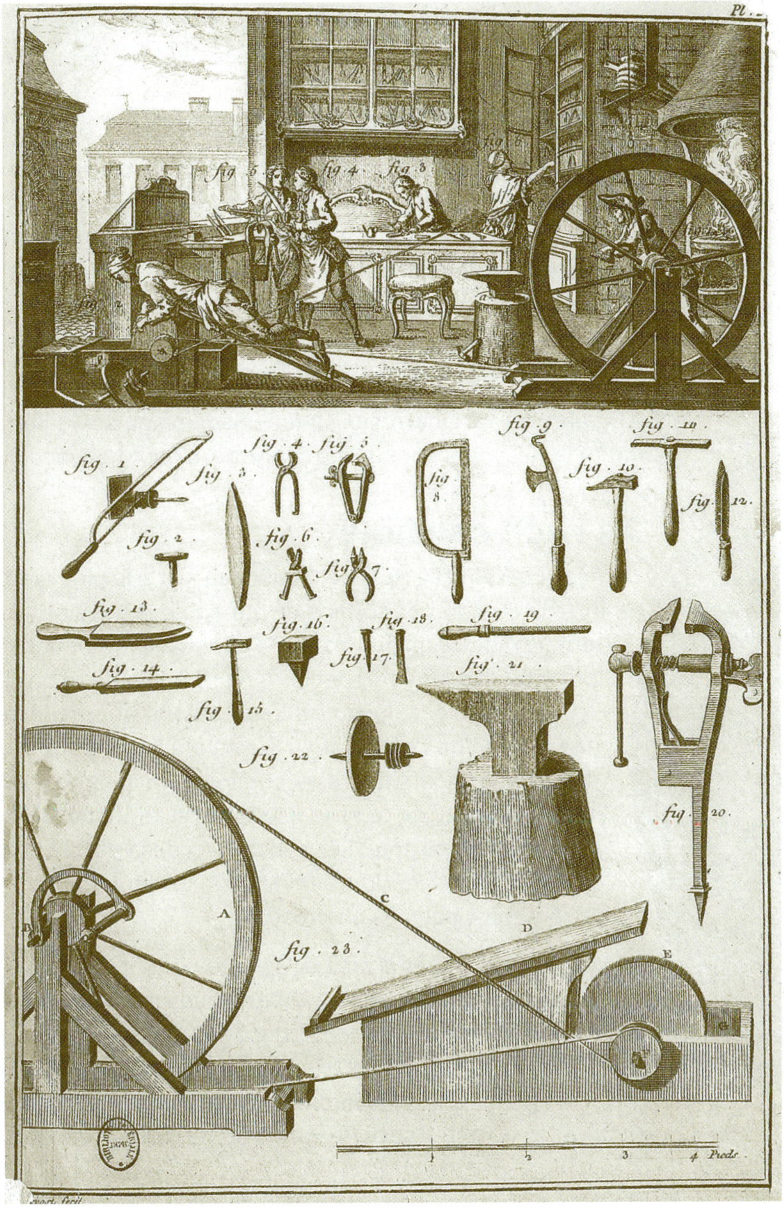

Planche extraite de l'*Encyclopédie* de Diderot et d'Alembert (1751-1780) : « Coutelier », gravure, Paris, BnF.

Questions

1. Repérez et analysez le champ lexical de la lumière dans les textes de Dumarsais et Diderot (documents 2 et 4). Quelle image donne-t-il au mouvement des Lumières tel que Kant le définit (document 1) ?

2. Dans quelle mesure ces trois documents montrent-ils les Lumières comme un mouvement optimiste et résolu ?

3. Observez, sur le portrait de la Marquise de Pompadour (document 3), l'attitude du sujet et les divers accessoires. Dans quel rôle est-elle représentée par le peintre ?

4. Décrivez la planche de l'*Encyclopédie* (document 5). À quoi correspondent les trois plans horizontaux ? Quel aspect différent de l'activité humaine chaque plan valorise-t-il ?

Sensibilité et vertu

Dans les années 1760, alors que la raison philosophique semble à son sommet, un certain infléchissement se fait sentir en peinture et en littérature : les artistes cherchent à toucher la sensibilité de leur public, allant parfois jusqu'à dévoiler la leur.

L'avènement du drame bourgeois

C'est au théâtre, et plus particulièrement dans le « **drame bourgeois** » théorisé par le philosophe Denis **Diderot** que s'exprime une sensibilité nouvelle, un goût pour l'émotion démonstrative : les situations représentées doivent **toucher le spectateur** jusqu'aux larmes. Pour y parvenir, Diderot transforme la dramaturgie classique : il recourt à la **prose**, peint les **conditions sociales** des personnages plutôt que leurs caractères, met en scène des **tableaux émouvants** qui exaltent la vertu : le peintre **Greuze** devient, avec ses scènes de genre moralisantes, un modèle théâtral.

Après Diderot, des dramaturges comme **Sedaine** ou Louis-Sébastien **Mercier** prennent la relève et leur succès confirme le goût nouveau du public.

Jean-Honoré Fragonard (1732-1806), *Paul et Virginie*, gravure sur cuivre, 1788, coll. part.

Le récit sensible

Avec ***La Nouvelle Héloïse***, **Rousseau** signe le plus grand triomphe de librairie du XVIIIe siècle. Dans ce roman de la passion amoureuse, l'auteur se montre un grand artiste dans la peinture des sentiments. Le procédé du roman épistolaire accroît l'impression d'intimité avec les personnages. Avec ***Les Confessions*** et ***Les Rêveries d'un promeneur solitaire*** Rousseau quitte le roman pour l'autobiographie. En proie à l'hostilité – plus ou moins imaginaire – du monde extérieur, il se penche sur sa vie passée et tente de livrer à la postérité son véritable portrait. Les évocations de la **nature** et des **paysages**, déjà vives dans *La Nouvelle Héloïse*, deviennent dans *Les Rêveries*, de véritables **poèmes en prose**.

Rousseau n'est pas le seul, à l'époque, à montrer ce type de sensibilité. Les peintres **Vernet** et **Hubert Robert**, loués par Diderot dans ses *Salons*, ouvrent, eux aussi, la voie à un certain goût préromantique pour la nature et ses ruines. Parmi les poètes, seul **André Chénier** trouve un style vraiment nouveau. À la fin du siècle, **Bernardin de Saint-Pierre**, avec *Paul et Virginie*, se présente comme le véritable successeur du sentimentalisme rousseauiste.

La sensibilité à l'épreuve de la Révolution

Cette sensibilité, propre aux dernières décennies du XVIIIe siècle, trouve à s'exprimer dans le bouleversement révolutionnaire de 1789. Aux ruines des anciens empires représentées par les peintres succèdent les ruines de la monarchie française. Les émigrés comme Chateaubriand ou les révolutionnaires repentis comme André Chénier disent l'âme blessée par la violence et le sang.

Arrêté le 7 mars 1794 par les Jacobins, André Chénier rejoint en prison le peintre Hubert Robert. Les deux artistes continuent l'un à dessiner, l'autre à écrire. Avant d'être guillotiné, Chénier rédige certains de ses poèmes les plus poignants, mêlant tout à la fois l'élégie et la satire (*Iambes*). Cette figure du poète martyr sera célébrée au début du siècle suivant par les romantiques.

Joseph Vernet (1714-1789), *Tempête avec naufrage d'un vaisseau*, 1777, huile sur toile, 305 cm × 198 cm Avignon, musée Calvet.

Les grandes œuvres de la sensibilité

Littérature

- **Diderot**
  – *Le Père de famille* (1758, théâtre)
  – *Salons* (1759-1781, critique d'art)

- **Jean-Jacques Rousseau**
  – *Julie ou la Nouvelle Héloïse* (1761, roman)
  – *Les Rêveries du promeneur solitaire* (1780, posth., autobiographie)
  – *Les Confessions* (1782, posth., autobiographie)
- **Michel Jean Sedaine**
  Le Philosophe sans le savoir (1765, théâtre)
- **Jacques Cazotte**
  Le Diable amoureux (1772, roman)

- **Nicolas Restif de la Bretonne**
  – *La Vie de mon père* (1779)
  – *les Nuits de Paris* (1788-1794)
- **Louis-Sébastien Mercier**
  Le Tableau de Paris (1781-1790)
- **Bernardin de Saint-Pierre**
  Paul et Virginie (1787, roman)
- **André Chénier**
  – *Élégies* (1785-1789)
  – *Iambes* (1794)

- **François René de Chateaubriand**
  Essai sur les révolutions (1793-1797)

Peinture

- **Jean-Baptiste Greuze**
  – *L'Accordée de village* (1761)
  – *Le Fils ingrat* et *Le Fils puni* (1778)
- **Claude Joseph Vernet**
  Paysage de montagne avec tempête (1775)
- **Hubert Robert**
  – *Vue imaginaire de la Grande*
  – *Galerie du Louvre en ruines* (1796)
  – *La Distribution du lait à la prison Saint-Lazare* (1794)
  – *Ruines romaines avec le Colisée* (1798)

À retenir

Qu'est-ce que le préromantisme ?

Sous la notion controversée de préromantisme, on a l'habitude de rassembler un certain nombre d'œuvres du XVIIIe siècle annonciatrices du romantisme. On y remarque :

- **Un fort investissement du moi**, que ce soit par le biais de l'autobiographie (Rousseau) ou de la critique d'art (Diderot).
- **Une exaltation de la sensibilité** plutôt que de la raison (Rousseau, *La Nouvelle Héloïse*). Chez les illuministes (opposés à la philosophie matérialiste), cela se traduit par un **goût du mystérieux et du diabolique** (Cazotte).
- **Une mise en valeur de la nature, des paysages** et des sentiments qu'ils produisent sur le spectateur (tableaux de Vernet ou d'Hubert Robert).
- **La mise au point d'une prose poétique** capable de dire les émotions (Rousseau, Volney).

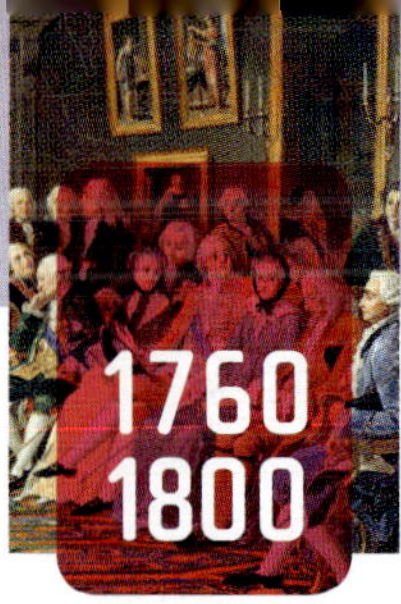

Sensibilité et vertu

Doc 1

La poésie des ruines

Lors du Salon *de 1767, Diderot s'enthousiasme devant une toile d'Hubert Robert.*

Les idées que les ruines réveillent en moi sont grandes. Tout s'anéantit, tout périt, tout passe. Il n'y a que le monde qui reste. Il n'y a que le temps qui dure. Qu'il est vieux ce monde ! Je marche entre deux éternités. De quelque part que je jette les yeux, les objets qui m'entourent m'annoncent une fin et me résignent à celle qui m'attend. Qu'est-ce que mon existence éphémère, en comparaison de celle du rocher qui s'affaisse, de ce vallon qui se creuse, de cette forêt qui chancelle, de ces masses suspendues au-dessus de ma tête et qui s'ébranlent ? Je vois le marbre des tombeaux tomber en poussière, et je ne veux pas mourir. Et j'envie un faible tissu de fibres et de chair à une loi générale qui s'exécute sur le bronze. Un torrent entraîne les nations les unes sur les autres au fond d'un abîme commun ; moi, moi seul, je prétends m'arrêter sur le bord et fendre le flot qui coule à mes côtés. Si le lieu d'une ruine est périlleux, je frémis. Si je m'y promets le secret et la sécurité, je suis plus libre, plus seul, plus à moi, plus près de moi. C'est là que j'appelle mon ami. C'est là que je regrette mon amie. C'est là que nous jouirons de nous, sans trouble, sans témoins, sans importuns, sans jaloux. C'est là que je sonde mon cœur. C'est là que j'interroge le sien, que je m'alarme et me rassure.

Denis Diderot, *Salon*, 1767.

Jean-Jacques Rousseau herborisant à Ermenonville, dessin à la plume, 24 cm × 36 cm, Paris, BnF.

Doc 2

La poésie de la nature

Réfugié sur l'île Saint-Pierre, Rousseau s'adonne à sa passion de la promenade.

Quand le soir approchait je descendais des cimes de l'île et j'allais volontiers m'asseoir au bord du lac sur la grève dans quelque asile caché ; là le bruit des vagues et l'agitation de l'eau fixant mes sens et chassant de mon âme toute autre agitation la plongeaient dans une rêverie délicieuse où la nuit me surprenait souvent sans que je m'en fusse aperçu. Le flux et reflux de cette eau, son bruit continu mais renflé par intervalles frappant sans relâche mon oreille et mes yeux, suppléaient aux mouvements internes que la rêverie éteignait en moi et suffisaient pour me faire sentir avec plaisir mon existence sans prendre la peine de penser. De temps à autre naissait quelque faible et courte réflexion sur l'instabilité des choses de ce monde dont la surface des eaux m'offrait l'image : mais bientôt ces impressions légères s'effaçaient dans l'uniformité du mouvement continu qui me berçait, et qui sans aucun concours actif de mon âme ne laissait pas de m'attacher au point qu'appelé par l'heure et par le signal convenu je ne pouvais m'arracher de là sans effort.

Jean-Jacques Rousseau, *Les Rêveries du promeneur solitaire*, 5e promenade, 1776-1778.

Doc 3 Le goût des ruines

En 1793, le musée du Louvre ouvre ses portes. Hubert Robert est associé à l'entreprise et obtient en 1795 la responsabilité des tableaux. En 1796 il peint d'un côté un Projet d'aménagement de la Grande Galerie du Louvre *où l'on voit, rassemblés, tous les chefs-d'œuvre du musée, et de l'autre la* Vue imaginaire de la Grande Galerie du Louvre en ruines *où il représente une Galerie fictive, victime du passage du temps.*

Doc 4 La poésie assassinée

Emprisonné par les Jacobins, Chénier livre dans ses derniers vers le portrait sans concession de ses juges.

Le remords est, dit-on, l'enfer où tout s'expie.
Quel remords agite le flanc,
Tourmente le sommeil du tribunal impie
Qui mange, boit, rote du sang ?
Car qui peut noblement de leur bande perverse
Rendre les attentats fameux ?
Ces monstres sont impurs ; la lance qui les perce
Sort impure, infecte comme eux.

André CHÉNIER, *Iambes*, 1794.

Hubert Robert (1733-1808), *Vue imaginaire de la Grande Galerie du Louvre en ruines*, 1796, huile sur toile, 114 cm × 146 cm, Paris, musée du Louvre.

Questions

1. Quels points communs trouvez-vous entre les documents 1, 2 et 3 ?
2. Comment contemplation et réflexion se mêlent-elles chez Diderot (doc 1) et Rousseau (doc 2) ?
3. En quoi le document 4 illustre-t-il la sensibilité outragée ?
4. Qu'y a-t-il de paradoxal dans le sujet du tableau d'Hubert Robert (doc 3) ? Quelles réflexions cela inspire-t-il ?

- **18 brumaire An VIII** (9 nov. 1799) : coup d'État de Napoléon Bonaparte
- **1815** : défaite de Waterloo. Exil de Napoléon Ier à St Hélène
- **1815-1830** : Seconde Restauration : Louis XVIII jusqu'en 1824 puis Charles X
- **27-29 juillet 1830** : Révolution de Juillet (les « Trois Glorieuses »)
- **1830-1848** : Monarchie de Juillet. Règne de Louis-Philippe Ier
- **1848** : Révolution de février
- **1848-1851** : IIe République. Instauration du suffrage universel
- **1852-1870** : Second Empire. Règne de Napoléon III
- **1870-1871** : Guerre contre la Prusse. Chute de Napoléon III. IIIe République (1870-1940)
- **Mai 1871** : Commune de Paris

Instabilité politique

Le XIXe siècle s'ouvre sur le coup d'État de **Napoléon Bonaparte**, le 18 brumaire an VIII (9 novembre 1799), et sur son couronnement (2 décembre 1804). Le pays vit alors au rythme des conquêtes et des guerres, jusqu'à la défaite de Waterloo (18 juin 1815) qui anéantit **l'Empire**.

La Restauration (1815-1830) voit le retour des frères de Louis XVI, Louis XVIII et Charles X, et de l'aristocratie d'Ancien Régime. Charles X est chassé du trône par la **Révolution de Juillet** (27 juillet 1830) au profit de son cousin, Louis-Philippe d'Orléans.

La **Monarchie de Juillet** donne toute sa place au système parlementaire. Ce sont les Premiers ministres bourgeois, issus de la Chambre, qui gouvernent le pays. La montée des inégalités et l'interdiction des réunions politiques conduisent à une nouvelle **révolution en février 1848**.

La IIe **République** demeure très fragile et le peuple se trouve finalement lésé. Le Président élu, **Louis-Napoléon Bonaparte**, neveu de l'Empereur, confisque le pouvoir lors du coup d'État du 2 décembre 1851 et prend le nom de Napoléon III.

Le **Second Empire** marque une période de prospérité industrielle et commerciale. Le régime peine néanmoins à trouver sa légitimité politique. La guerre de 1870 contre la Prusse et la défaite de la France signent sa fin.

La IIIe **République** naît dans le sang puisque le nouveau gouvernement réprime l'insurrection populaire de la **Commune de Paris** (18 mars-28 mai 1871). Après des débuts chaotiques, La République s'installe néanmoins de manière durable.

Hippolyte Lecomte (1781-1857), *Combat de rue de Rohan le 29 juillet 1830*, (détail), 1831, Paris, musée Carnavalet.

siècle

Le siècle des révolutions

La révolution industrielle

Après l'Angleterre, la France entre dans une nouvelle ère économique.

- Suite aux innovations techniques et notamment au développement de la **machine à vapeur**, la France s'industrialise. Les mines de charbon sont exploitées pour produire une nouvelle énergie. Les **industries métallurgiques et textiles** peuvent prendre leur essor.
- Toujours plus rapides et nombreux, les **transports** (bateau et surtout **chemin de fer**) permettent de sortir certaines provinces de leur isolement.
- Les villes se développent et attirent de plus en plus de travailleurs. Des plans d'**urbanisme** se mettent en place, comme ceux d'**Haussmann** à Paris (1853-1870).
- La France reste néanmoins un pays essentiellement agricole.

Lionel Walden (1861-1933), *Les docks de Cardiff*, 1894, 127 cm × 193 cm, Paris, musée d'Orsay.

Des mutations sociales et culturelles

- Le XIXe siècle voit l'ascension de la **bourgeoisie**. Détenant le pouvoir économique et politique, le monde financier et industriel devient la nouvelle aristocratie. Le **positivisme** développé par Auguste Comte, qui magnifie le progrès et la science, est la philosophie de cette classe entreprenante.
- Le développement de l'industrie provoque aussi la constitution d'un **prolétariat** pauvre et sans protection sociale. **Socialistes et marxistes** se font les défenseurs de cette classe oubliée.
- Les artistes sont les témoins et parfois les acteurs des ces mutations sociales et politiques – soit en défendant la liberté comme les **romantiques**, soit en représentant la société contemporaine comme les **réalistes**. Les **Parnassiens** et les **symbolistes** réagiront à cet engagement en se réfugiant dans la magie de l'art.

Gustave Caillebotte (1848-1894), *Le Pont de l'Europe* (détail), 1876, 125 cm × 180 cm, Genève, musée du Petit Palais.

Le romantisme

Le siècle s'ouvre sur une promesse de paix avec le Consulat (1799-1804), mais bien vite les guerres impériales (1804-1815) bouleversent à nouveau la France et l'Europe. Il faut attendre la Restauration (1815-1830) puis la Monarchie de Juillet (1830-1848) pour voir s'élever une nouvelle littérature, en rupture avec le passé.

L'essor du romantisme

L'adjectif « romantique », employé à la fin du XVIIIe siècle pour désigner un paysage pittoresque, est utilisé, dans les premières années du XIXe siècle, en opposition à « classique ». Dans toute l'Europe, le terme accompagne une redécouverte de la littérature médiévale et des passés nationaux.

En France, dès les années 1800, on peut percevoir les premières manifestations de la sensibilité romantique. Portés par un grand idéal et déçus devant la réalité qui leur est proposée, les écrivains s'enferment dans leur solitude et dans leurs méditations, poursuivant sur un mode mélancolique les « rêveries » rousseauistes (*René* de Chateaubriand en 1802, *Oberman* de Senancour en 1804).

Caspar David Friedrich (1774-1840), *Falaises de craie sur l'île de Rügen*, v. 1818, huile sur toile, 90,5 cm × 71 cm, Winterthur, Museum Oskar Reinhart am Stadtgarten.

Le triomphe du mouvement romantique

En 1820, un ouvrage poétique marque le début véritable du romantisme français : ***Les Méditations poétiques*** de **Lamartine**. S'y exprime un lyrisme nouveau, débarrassé des artifices propres à la poésie du XVIIIe siècle et rendant compte des sentiments du poète face à la nature ou au temps qui passe.

L'influence de l'Écossais Walter Scott pousse les écrivains français vers **le roman historique** : Vigny avec *Cinq-Mars* (1826), Mérimée avec *Chronique du règne de Charles IX* (1829).

Au théâtre, ce sont Hugo (*Cromwell*, 1827) et Dumas (*Henri III et sa cour*, 1829) qui commencent à renverser les codes établis, et à s'opposer à Racine au nom de Shakespeare : le **drame romantique** défend notamment le mélange du grotesque et du sublime. Le 25 février 1830, lors de la première représentation du drame *Hernani*, de Hugo, les jeunes romantiques s'opposent aux tenants du classicisme : c'est la fameuse « **bataille d'Hernani** ».

Dans le sillage de ces jeunes auteurs, des musiciens comme Berlioz ou Chopin bouleversent les formes traditionnelles de la sonate et de la symphonie.

En peinture, les œuvres de Géricault et de Delacroix marquent la naissance d'une nouvelle manière de peindre, en rupture avec le néoclassicisme du Premier Empire : couleurs et mouvements sont exploités pour traduire au mieux émotions et sentiments.

Survie et épuisement du romantisme

Si les Romantiques connaissent la consécration dans les années 1830, le mouvement perdure jusqu'au milieu du XIXe siècle. Nerval écrit ses grandes œuvres dans les années 1850 ; Liszt est à cette époque au faîte de sa gloire ; Hugo publie jusqu'à sa mort en 1885. Des poètes comme Baudelaire (*Les Fleurs du Mal*, 1857), des romanciers comme Barbey d'Aurevilly (*Les Diaboliques*, 1874) ou des dramaturges comme Edmond Rostand (*Cyrano de Bergerac*, 1897) perpétuent l'héritage romantique jusqu'au seuil du XXe siècle.

Eugène Delacroix (1798-1863), *Femmes d'Alger dans leur appartement* (détail), 1834, huile sur toile, 180 cm × 229 cm, Paris, musée du Louvre.

Les grandes œuvres du romantisme

Alphonse de Lamartine
Méditations poétiques (poèmes, 1820)

Victor Hugo
– *Hernani* (drame, 1830)
– *Notre-Dame de Paris* (roman historique, 1831)
– *Les Contemplations* (poèmes, 1856)

Alfred de Musset
– *Lorenzaccio* (drame, 1834)
– *Les Nuits* (poèmes, 1835-1837)

Alfred de Vigny
– *Chatterton* (drame, 1835)
– *Les Destinées* (poèmes, 1844)

Gérard de Nerval
– *Les Filles du feu* (nouvelles, 1854)
– *Les Chimères* (poèmes, 1854)

À retenir

Qu'est-ce que le romantisme ?

• **L'exaltation du « moi »**, l'évocation lyrique de sentiments ou d'émotions : « Je n'imitais plus personne, je m'exprimais moi-même pour moi-même. » (Lamartine)

• **Le rejet des règles classiques** avec, en littérature, la transformation de l'alexandrin, la mise en valeur de la prose, l'abandon des unités de temps, de lieu et d'action : « J'ai disloqué ce grand niais d'alexandrin. » (Victor Hugo)

• **Un goût pour le passé et l'histoire** : des historiens comme Michelet ou des romanciers comme Hugo se passionnent pour le Moyen Âge.

• **Un goût pour l'exotisme** et plus particulièrement pour l'Orient : Lamartine puis Nerval publient leur *Voyage en Orient*, Victor Hugo intitule l'un de ses premiers recueils *Les Orientales*, Delacroix peint *Les Femmes d'Alger*.

• **Une attirance pour le mystère et le sacré** : chez les poètes catholiques, comme Lamartine, cela s'exprime par des méditations religieuses ; chez les « Romantiques noirs », comme Charles Nodier ou Aloysius Bertrand, on observe en revanche une fascination pour le monde de la nuit et du mal.

Le romantisme dans les autres arts

En peinture

Théodore Géricault
Le Radeau de la Méduse (1817-1818)

Eugène Delacroix
– *La Mort de Sardanapale* (1827-1828)
– *Les Massacres de Scio* (1824-1826)

Caspar David Friedrich
– *Voyageurs au-dessus d'une mer de nuages* (1818-1820)
– *Les Trois Âges de l'homme* (1835)

En musique

Hector Berlioz
La Symphonie fantastique (1830)

Frédéric Chopin
Polonaises (1830-1846)

Robert Schumann
Fantaisie (1835-1836)

Franz Liszt
Mazeppa (1851)

1800
1848

Le romantisme

Luigi Trecourt (1808-1890), *Lord Byron sur la côte Hellène* (détail), 1850, Pavie, Collections civiques d'Art moderne.

Doc 1

Le mal du siècle

*La grande sensibilité héritée de Rousseau, l'opposition entre le monde idéal et la réalité (puis celle entre la gloire napoléonienne et le monde affadi de la Restauration) conduisent l'écrivain à ressentir **mélancolie et insatisfaction.***

« Il me manquait quelque chose pour remplir l'abîme de mon existence : je descendais dans la vallée, je m'élevais sur la montagne, appelant de toute la force de mes désirs l'idéal objet d'une flamme future ; je l'embrassais dans les vents ; je croyais l'entendre dans les gémissements du fleuve ; tout était ce fantôme imaginaire, et les astres dans les cieux, et le principe même de vie dans l'univers. »

Chateaubriand, René, 1802.

« Alors s'assit sur un monde en ruines une jeunesse soucieuse. Tous ces enfants étaient des gouttes d'un sang brûlant qui avait inondé la terre ; ils étaient nés au sein de la guerre, pour la guerre. Ils avaient rêvé pendant quinze ans des neiges de Moscou et du soleil des Pyramides ; on les avait trempés dans le mépris de la vie comme de jeunes épées. Ils n'étaient pas sortis de leurs villes, mais on leur avait dit que par chaque barrière de ces villes on allait à une capitale d'Europe. Ils avaient dans la tête tout un monde ; ils regardaient la terre, le ciel, les rues et les chemins ; tout cela était vide, et les cloches de leurs paroisses résonnaient seules dans le lointain. »

Alfred de Musset, *Confession d'un enfant du siècle*, 1836.

Doc 2

La bataille d'*Hernani*

Arborant un gilet rouge resté fameux, Théophile Gautier fut, en 1830, au premier rang des défenseurs d'Hernani. Il revient en 1872 sur l'opposition entre les jeunes – et chevelus – romantiques et les partisans – à perruque – du classicisme.

« On s'est plu à représenter dans les petits journaux et les polémiques du temps ces jeunes hommes, tous de bonne famille, instruits, bien élevés, fous d'art et de poésie, ceux-ci écrivains, ceux-là peintres, les uns musiciens, les autres sculpteurs ou architectes, quelques-uns critiques et occupés à un titre quelconque de choses littéraires, comme un ramassis de truands sordides. Ce n'étaient pas les Huns d'Attila qui campaient devant le Théâtre-Français, malpropres, farouches, hérissés, stupides ; mais bien les chevaliers de l'avenir, les champions de l'idée, les défenseurs de l'art libre ; et ils étaient beaux, libres et jeunes. Oui, ils avaient des cheveux – on ne peut naître avec des perruques – et ils en avaient beaucoup qui retombaient en boucles souples et brillantes, car ils étaient bien peignés. Quelques-uns portaient de fines moustaches et quelques autres des barbes entières. Cela est vrai, mais cela seyait fort bien à leurs têtes spirituelles, hardies et fières, que les maîtres de la Renaissance eussent aimé à prendre pour modèles. »

Théophile Gautier, « Première d'*Hernani* », 1872.

Doc 3 Un tableau romantique : *La Mort de Sardanapale* de Delacroix

Sardanapale est un roi assyrien, qui, selon la légende, décida de ne laisser aucun de ses biens à l'ennemi : il fit incendier sa ville et tuer ses femmes avant de mettre lui-même fin à ses jours. Cette histoire inspira, entre autres, le poète anglais Byron et le peintre français Delacroix.

Eugène Delacroix (1798-1863), *La Mort de Sardanapale*, 1827, huile sur toile, 395 cm × 495 cm, Paris, musée du Louvre.

Questions

1. Comparez les deux citations de Chateaubriand et de Musset (doc 1). Quelles similitudes et quelles différences pouvez-vous noter ? En quoi le portrait de Byron illustre-t-il ces deux textes ?

2. En quoi le passage de Gautier (doc 2) vous semble-t-il révélateur de l'opposition entre « classiques » et « romantiques » ? Commentez notamment les images employées.

3. En quoi le tableau de Delacroix (doc 3) répond-il, selon vous, aux différents traits du mouvement romantique évoqués page 47 ?

4. Observez et décrivez les mouvements et les couleurs de ce tableau. Quels effets provoquent-ils sur le spectateur ?

5. En quoi la structure du tableau – et notamment le travail des diagonales – accroît-elle l'émotion du spectateur évoqués pages 46-47 ?

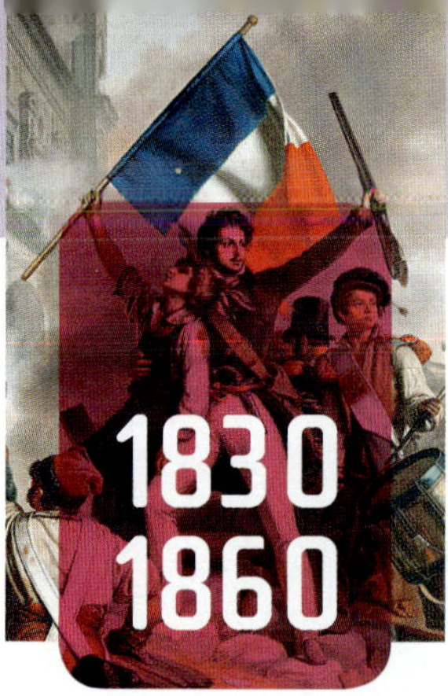

Naissance du réalisme

Le terme « réalisme » naît véritablement, en art, dans les années 1850, avec le peintre Courbet et le romancier Champfleury. Mais le mot est tout de suite appliqué aux deux grands romanciers de la génération précédente : Balzac et Stendhal.
Les guerres impériales (1804-1815) bouleversent à nouveau la France et l'Europe. Il faut attendre la Restauration (1815-1830) puis la Monarchie de Juillet (1830-1848) pour voir s'élever une nouvelle littérature, en rupture avec le passé.

Le réalisme sous la Monarchie de Juillet

▌Même si le mot n'existe pas encore, on peut déceler à partir des années 1830, une forte tendance « réaliste ». L'originalité de **Balzac**, **Stendhal** ou **George Sand** est de faire naître leurs intrigues des bouleversements issus de la **Révolution française** et de tenter de décrypter les **nouvelles « espèces » sociales** qui sont apparues.

▌L'**urbanisation** croissante de la France conduit romanciers et dessinateurs à explorer le monde des villes et tout particulièrement le monde parisien.

▌Le développement des **sciences naturelles** (Cuvier, Geoffroy Saint-Hilaire) n'est pas pour rien dans la tendance « réaliste » du roman français, de même que le développement de la **lithographie** et de la **caricature** : Gavarni, Daumier, Monnier se font les dessinateurs de leur époque avant l'arrivée de la **photographie** en 1839.

▲ **Honoré Daumier** (1808-1879), *Après l'audience*, Lyon, musée des Beaux-Arts.

L'école réaliste

▌Le terme « réalisme » est employé en 1855 par référence à la peinture de **Gustave Courbet**. Celui-ci, rejetant l'académisme et le romantisme, cherche à peindre les hommes de son temps (v. *L'Enterrement à Ornans*, 1849 ; *L'Atelier du peintre*, 1855).

▌**Jean-François Millet** (*L'Angélus*, 1859) ou **Rosa Bonheur** (*Labourage nivernais*, 1849), par leurs représentations de la vie paysanne, sont proches des réalistes.

▌**Champfleury**, grand défenseur de Courbet, reprend le terme de « réalisme » à son compte et rassemble un groupe de romanciers qui tentera de poursuivre, sans réel succès, l'œuvre balzacienne. C'est en marge du mouvement, avec des auteurs comme Flaubert ou les frères Goncourt, que vont naître des œuvres d'envergure.

▌**Dickens** en Angleterre, **Tourgueniev** en Russie prennent aussi la voie d'un réalisme social qui connaîtra son véritable essor, en Europe, à la génération suivante.

Le réalisme « artiste »

▌**Gustave Flaubert** refuse l'étiquette de réaliste, mais c'est bien un roman réaliste, aux prises avec la société et les réalités de son temps, qu'il livre en 1857 avec ***Madame Bovary***. Suivront *L'Éducation sentimentale* (1869) et *Un Cœur simple* (1877). Flaubert cherche avant tout à produire une **œuvre d'art**, ce qui explique l'écriture lente de ses romans et ses corrections constantes.

▌Les **frères Goncourt**, eux aussi, se distinguent des réalistes dans leur perception très esthétique du roman. Ils explorent certes les couches populaires de la société mais proposent une « **écriture artiste** », loin des facilités de style de certains disciples de Champfleury.

Jean-François Millet (1814-1875), *La Lessiveuse*, 1860, huile sur toile, 44 cm × 33 cm, Paris, musée du Louvre.

À retenir

Qu'est-ce que le réalisme ?

• Un intérêt pour le **monde matériel** et notamment les **lieux** (villes, rues, maisons, intérieurs) et l'**apparence extérieure des personnages** (physique, vêtements, coiffure).

• Une attention portée à l'**aspect social** des situations et des personnages. Le réalisme des années 1850 aura d'ailleurs tendance à s'intéresser aux **classes populaires**, laissées de côté par la littérature traditionnelle.

• Un goût pour la **description** et le **portrait**, pouvant aller chez Balzac jusqu'à l'excès de détails.

• Un **rejet des intrigues romanesques** faites de hasards et de coïncidences.

• Une fascination pour les **méthodes scientifiques**.

Les grandes œuvres du réalisme

Balzac
- *Le Père Goriot* (1835)
- *Illusions perdues* (1837-1843)
- *La Cousine Bette* (1846)

Stendhal
- *Le Rouge et le Noir* (1830)
- *Lucien Leuwen* (1834-1835)

George Sand
Le Meunier d'Angibault (1845)

Gustave Flaubert
- *Madame Bovary* (1857)
- *L'Éducation sentimentale* (1869)
- *Bouvard et Pécuchet* (1881)

Jules et Edmond de Goncourt
Germinie Lacerteux (1865)

Le réalisme en peinture

Gustave Courbet
- *L'Enterrement à Ornans* (1849)
- *L'Atelier du peintre* (1855)

Rosa Bonheur
Labourage nivernais (1849)

Jean-François Millet
L'Angélus (1859)

Honoré Daumier
Le Wagon de troisième classe (1864)

Théodore Rousseau
Le Paysage après la pluie (1852)

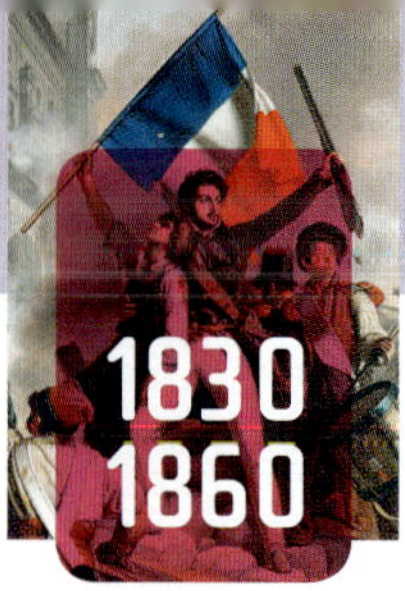

Naissance du réalisme

Auguste Rodin (1840-1917), *Honoré de Balzac*, sculpture en bronze (1897), 106 cm, États-Unis, Philadelphie, Rodin Museum.

Doc 1

L'entreprise balzacienne

Dans son « Avant Propos », Balzac révèle quelle est son ambition en écrivant La Comédie humaine.

« La Société française allait être l'historien, je ne devais être que le secrétaire. En dressant l'inventaire des vices et des vertus, en rassemblant les principaux faits des passions, en peignant les caractères, en choisissant les événements principaux de la Société, en composant des types par la réunion des traits de plusieurs caractères homogènes, peut-être pouvais-je arriver à écrire l'histoire oubliée par tant d'historiens, celle des mœurs. Avec beaucoup de patience et de courage, je réaliserais, sur la France au dix-neuvième siècle, ce livre que nous regrettons tous, que Rome, Athènes, Tyr, Memphis, la Perse, l'Inde ne nous ont malheureusement pas laissé sur leurs civilisations. »

Balzac, « Avant propos » à *La Comédie humaine*, 1842.

Doc 2

Peindre le monde paysan

Édouard-Louis Dubufe (1822-1829), *Portrait de Rosa Bonheur*, (1822-1899), 130 cm × 98 cm, châteaux de Versailles et du Trianon.

Doc 3

Le roman « vrai » des Goncourt

Voici la préface de Germinie Lacerteux, *roman qui met en scène une femme de ménage alcoolique.*

« Il nous faut demander pardon au public de lui donner ce livre, et l'avertir de ce qu'il y trouvera.
Le public aime les romans faux : ce roman est un roman vrai.
Il aime les livres qui font semblant d'aller dans le monde : ce livre vient de la rue.
Il aime les petites œuvres polissonnes, les mémoires de filles, les confessions d'alcôves, les saletés érotiques, le scandale qui se retrousse dans une image aux devantures des libraires : ce qu'il va lire est sévère et pur. Qu'il ne s'attende point à la photographie décolletée du Plaisir : l'étude qui suit est la clinique de l'Amour.
Le public aime encore les lectures anodines et consolantes, les aventures qui finissent bien, les imaginations qui ne dérangent ni sa digestion ni sa sérénité : ce livre, avec sa triste et violente distraction, est fait pour contrarier ses habitudes et nuire à son hygiène. »

Edmond et Jules de Goncourt, *Germinie Lacerteux*, 1865.

Doc 4 La recherche du vrai

Gustave Courbet décrit ainsi, en 1855, sa manière de peindre : « Être à même de traduire les mœurs, les idées, l'aspect de mon époque, selon mon appréciation ; être non seulement un peintre, mais encore un homme ; en un mot, faire de l'art vivant, tel est mon but. »

▲ **Gustave Courbet** (1819-1877), *La Rencontre ou « Bonjour Monsieur Courbet »*, 1854, huile sur toile, 149 cm × 155 cm, Montpellier, musée Fabre.

Questions

1. Lisez les documents 1 et 3. Quels points communs peut-on déceler entre Balzac et les Goncourt ?
2. La recherche du vrai, d'après ces documents, nie-t-elle tout travail artistique du romancier ?
3. Observez le tableau de Courbet (doc 4). À quelles classes sociales appartiennent les trois personnages ? À quels détails le voyez-vous ?
4. Trouvez-vous que le propos de Courbet cité en introduction permet de mieux comprendre le tableau ? Pourquoi ?
5. L'art de Courbet est-il, selon vous, identique à celui de Balzac et des Goncourt ? Justifiez votre réponse par l'étude des documents 1 et 3.
6. Observez la situation et l'attitude de la peintre Rosa Bonheur sur cette toile peinte par Dubufe, portraitiste célèbre en son temps. Que voulait manifester Rosa Bonheur, en se faisant ainsi représenter ?

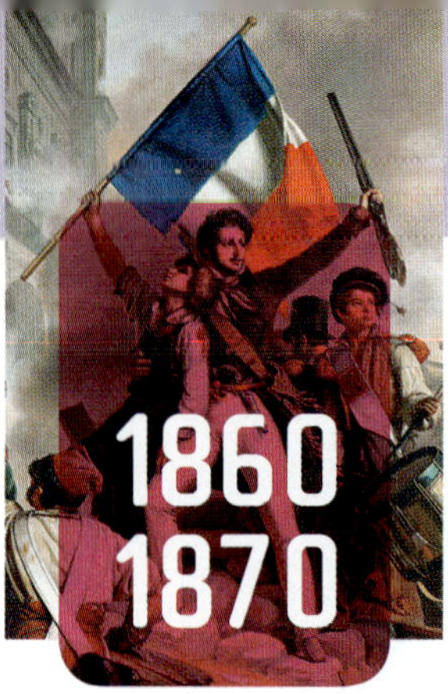

L'art au-dessus de tout

Sous le Second Empire (1851-1870), les écrivains s'éloignent résolument de la politique. Le poète, notamment, s'enferme de plus en plus dans son univers personnel, jusqu'à faire de l'art la valeur suprême.

Baudelaire et la modernité du beau

C'est en 1857 que paraît un recueil aux accents nouveaux dans le monde littéraire : *Les Fleurs du Mal*.

Charles Baudelaire est un héritier, dans ses thèmes et ses angoisses, du romantisme de la génération précédente : il ne cesse d'opposer l'ennui qui le ronge (***spleen***) et l'**idéal** auquel il aspire ; mais il dépasse cette tension en mettant toute sa confiance dans les **pouvoirs de l'art**. La grande perfection formelle (composition, rimes, rythme) et l'éloge constant du travail du poète annoncent ainsi les œuvres à venir du Parnasse.

Gustave Courbet (1819-1877), *Portrait de Beaudelaire*, (détail) 1848, Montpelier, musée Fabre.

L'une des grandes originalités de Baudelaire est son attention constante à la **modernité**. Paris notamment, ses immeubles, ses cheminées, ses habitants font leur entrée dans le monde poétique. La peinture très vive des « vices » a valu à Baudelaire un procès et une condamnation pour immoralité.

Cette modernité transparaît stylistiquement dans l'entreprise du Spleen de Paris, qui donne ses lettres de noblesse au **poème en prose**.

Baudelaire est aussi un grand amateur d'art. Il s'inspire des toiles fiévreuses de Delacroix et célèbre les « magies liquides ou aériennes » des ciels d'Eugène Boudin.

Le Parnasse

C'est aussi en 1857 que paraît un poème qui va devenir l'étendard de toute une génération : « L'Art » de **Théophile Gautier**. L'ancien poète romantique y exalte le travail de la forme pour atteindre à l'**immortalité de l'art**.
Dans les années 1860, un certain nombre de poètes vont se regrouper autour d'une figure, **Leconte de Lisle**, et d'une revue *Le Parnasse contemporain*. **Théodore de Banville**, **José-Maria de Heredia**, Catulle Mendès ou Sully Prudhomme sont parmi les meilleurs représentants de ce mouvement. Ils appellent
– à l'**impersonnalité**, contre le lyrisme exubérant du romantisme,
– **au travail de la forme** contre les facilités et licences poétiques,
– à la **distance** par rapport aux réalités du monde contre l'engagement (notamment politique).

Toutes ces contraintes poussent le poète parnassien à puiser ses sujets non dans le monde contemporain mais dans l'**histoire antique** (*Poèmes antiques* de Leconte de Lisle) ou l'**ailleurs exotique** (*Poèmes barbares*).

Le Parnasse fut un mouvement strictement littéraire, mais les peintures académiques et antiquisantes d'un Jean-Léon Gérôme, la quête d'une perfection formelle chez Ingres ou les sculptures animalières d'un Barye sont très proches, dans leurs thèmes, d'un Heredia ou d'un Leconte de Lisle.

Doc 1

Baudelaire vu par Barbey d'Aurevilly

Voici un extrait de l'article élogieux que Barbey d'Aurevilly écrivit en 1857 à la parution des Fleurs du Mal.

Figurez-vous cette langue, plus plastique encore que poétique, maniée et taillée comme le bronze et la pierre […]; puis […] supposez tous les piments, tous les alcools, tous les poisons, minéraux, végétaux, animaux, et ceux-là les plus riches et les plus abondants, si on pouvait les voir, qui se tirent du cœur de l'homme, et vous avez la poésie de M. Baudelaire, cette poésie sinistre et violente, déchirante et meurtrière dont rien n'approche dans les plus noirs ouvrages de ce temps qui se sent mourir. Cela est, dans sa férocité intime, d'un ton inconnu en littérature.

Doc 2

Leconte de Lisle vu par Sainte-Beuve

Le critique Sainte-Beuve réagit dans un article en 1862 à la parution des Poèmes barbares.

Doué d'une harmonie pleine et d'un vaste pinceau, en possession d'une sorte de sérénité et d'impassibilité native ou acquise, désoccupé ou guéri de passions pour lui-même, il voyage à travers le monde de l'histoire et les diverses contrées, il revêt indifféremment et presque également bien les formes les plus diverses; il exprime avec vigueur et relief les manifestations les plus variées de l'histoire, de la nature et de la vie.

Jean Auguste Dominique Ingres (1780-1867), *Le Bain turc*, 1862, Paris, musée du Louvre.

Antoine Louis Barye (1795-1875), *Lion attaquant un cheval*, Paris, musée du Louvre.

Questions

1. Quels traits du Parnasse et du romantisme peut-on déceler dans la présentation de Baudelaire par Barbey d'Aurevilly ?

2. Quels éléments baudelairiens retrouve-t-on chez Leconte de Lisle ? Par quels traits se différencie-t-il ?

3. Faites une recherche sur Ingres. En quoi les Parnassiens ont-ils pu se reconnaître dans sa conception de l'art, telle qu'elle est notamment reflétée par ce tableau ?

4. La sculpture de Barye vous paraît-elle plus proche de l'esthétique de Baudelaire ou du Parnasse ?

Zola et le naturalisme

Après le premier réalisme de Balzac continué par Flaubert, naît un deuxième réalisme : le naturalisme. Le terme désigne tout à la fois une volonté d'imiter au plus près la nature et de décrire scientifiquement le monde social.

Autour d'Émile Zola

Le **groupe naturaliste** c'est avant tout un homme, **Émile Zola** (1840-1902), qui par l'ampleur de son cycle romanesque, *Les Rougon-Macquart*, prétend rivaliser avec Balzac et sa *Comédie humaine*. Le premier des vingt romans de cette somme, *La Fortune des Rougon*, est publié en 1871, le dernier, *Le Docteur Pascal*, en 1893. Toutes les couches de la société y sont représentées, du ministre du Second Empire aux mineurs du Nord.

L'acte de naissance du mouvement peut être daté de l'année 1880, qui voit la parution du *Roman expérimental*, essai théorique de Zola, et des ***Soirées de Médan***, recueil de nouvelles de Zola, **Guy de Maupassant**, **Joris-Karl Huysmans**, Léon Hennique, Paul Alexis et Henry Céard. À côté de ces auteurs, on peut citer aussi **Alphonse Daudet** ou Octave Mirbeau.

L'opposition à ce réalisme radical ne se fait guère attendre. Les thèmes abordés, empruntés le plus souvent à la **vie populaire et quotidienne**, apparaissent comme autant d'affronts au beau et à l'ordre moral et social. Zola est célébré comme un novateur par les uns et dénoncé comme un pornographe par les autres.

Les naturalistes et la peinture

Le naturalisme, contrairement au réalisme, est un mouvement essentiellement littéraire. Néanmoins, des liens très forts unirent certains naturalistes à des peintres. Deux artistes surtout se détachent : **Cézanne**, l'ami d'enfance de Zola, avec qui la rupture est consommée lors de la parution de *L'Œuvre* (roman qui décrit la vie et l'échec artistique d'un peintre qui se suicide) et surtout **Manet**, dont Zola se fera le défenseur avant son évolution impressionniste.

Caricature d'Émile Zola par le dessinateur espagnol **Manuel Luque**, 1894.

Zola seul sur tous les fronts

Le 18 août 1887, après la publication de *La Terre*, paraît dans le *Figaro* un *Manifeste* rédigé par cinq disciples de Zola qui critiquent « l'immondice » dans laquelle, selon eux, se vautre son œuvre. Huysmans, l'auteur des *Sœurs Vatard*, s'éloigne aussi du maître et s'oriente vers le symbolisme et la mystique chrétienne.

Malgré ces défections et ces critiques, Zola poursuit sa tâche (cycle des *Trois Villes* et des *Quatre Évangiles*). Son combat pour la vérité prend une nouvelle dimension, lorsqu'avec courage il prend position en 1898 pour la défense du capitaine Dreyfus, faussement accusé d'espionnage et de trahison. Publié le 13 janvier dans *L'Aurore*, « **J'accuse** » relance l'**Affaire Dreyfus** et fait de Zola l'un des premiers « intellectuels » à intervenir dans le débat public. Insulté et calomnié par une partie de la presse, il est même contraint à l'exil jusqu'en 1899, et paie sans doute de sa vie son engagement.

Édouart Manet (1832-1883), *Portrait d'Émile Zola*, 1868, huile sur toile, 146,5 cm × 114 cm, Paris, musée d'Orsay.

À retenir

Qu'est-ce que le naturalisme ?

• Le naturalisme reprend les traits principaux du roman réaliste :
– l'importance du **milieu social et historique**,
– l'attention portée au **monde matériel et quotidien**,
– l'usage de la **description** et du **portrait**.

• Il ajoute :
– un **aspect physiologique**, qui se traduit notamment par l'importance qu'il accorde à l'organisme humain et à l'**hérédité**;
un aspect **expérimental** : Zola plonge des personnages dont la parenté est connue du lecteur, dans un milieu précis et regarde comment ils réagissent. Appliquant à la littérature les théories scientifiques de Claude Bernard, il nomme ce roman « **expérimental** ».

Les grandes œuvres du naturalisme

Émile Zola
– *Le Ventre de Paris* (1873)
– *L'Assommoir* (1877)
– *Nana* (1880)
– *Au Bonheur des Dames* (1883)
– *Germinal* (1885)
– *La Bête humaine* (1890)

Joris-Karl Huysmans
Les Sœurs Vatard (1879)

Guy de Maupassant,
– *La Maison Tellier* (nouvelles, 1881)
– *Une vie* (1883)
– *Bel-Ami* (1885)
– *Pierre et Jean* (1888)

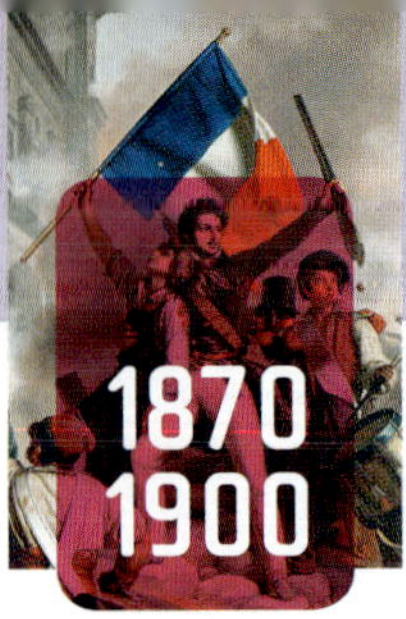

Zola et le naturalisme

Doc 1

Le roman expérimental

Dans Le Roman expérimental, *Zola établit à partir des essais scientifiques de Claude Bernard, une théorie du roman comme « expérimentation ». Il voit en Balzac un précurseur.*

« Eh bien ! en revenant au roman, nous voyons également que le romancier est fait d'un observateur et d'un expérimentateur. [...] Je prendrai comme exemple la figure du baron Hulot dans *La Cousine Bette*, de Balzac. Le fait général observé par Balzac est le ravage que le tempérament amoureux d'un homme amène chez lui, dans sa famille et dans la société. Dès qu'il a eu choisi son sujet, il est parti des faits observés, puis il a institué son expérience en soumettant Hulot à une série d'épreuves, en le faisant passer par certains milieux, pour montrer le fonctionnement du mécanisme de sa passion. Il est donc évident qu'il n'y a pas seulement là observation, mais qu'il y a aussi expérimentation, puisque Balzac ne s'en tient pas strictement en photographe aux faits recueillis par lui, puisqu'il intervient d'une façon directe pour placer son personnage dans des conditions dont il reste le maître. Le problème est de savoir ce que telle passion, agissant dans tel milieu et dans telles circonstances, produira au point de vue de l'individu et de la société ; et un roman expérimental, *La Cousine Bette* par exemple, est simplement le procès-verbal de l'expérience, que le romancier répète sous les yeux du public. »

Émile Zola,
Le Roman expérimental, 1880.

Doc 2

Zola photographe

Photographie d'**Émile Zola**. Exposition universelle de 1900.
Depuis l'escalier de la Tour, vue plongeante sur les jardins du Champ de Mars et le Palais de l'Electricité.

Doc 3

« L'acte d'un poète »

La première moitié du XXe siècle méprise l'œuvre de Zola, dont on raille les prétentions scientifiques. Quand on la redécouvre après 1950, c'est pour souligner d'autres qualités.

Les Rougon-Macquart offrent de la société française un tableau qui, plus systématique même que celui de Balzac, constitue dans l'ensemble un bon document d'histoire. Mais cette fidélité au réel est moins due à un examen minutieux des faits qu'à la sûreté et à l'ampleur d'une sorte de vision qui habitait le romancier. Elle ne lui offrit pas seulement le spectacle d'une société ; elle lui révéla surtout et de mieux en mieux la présence des forces de Vie et de Mort, l'action de la Fécondité, et des grands mythes de la Catastrophe et de l'Espérance. S'agit-il même d'une vision ? Bien plutôt de l'acte d'un poète qui, d'un geste rude, parfois brutal, mais souverain, ordonne l'ensemble d'un monde. La lecture de l'œuvre pouvait suffire à nous révéler l'efficacité de cet acte. L'étude de la méthode de travail nous fait mieux savoir quelles exigences il traduit.

Guy Robert, « Le document au service de la création poétique », 1953.

Doc 4 *Chez le père Lathuille* par Manet

Chez le père Lathuille *est l'une des dernières œuvres de Manet. Le titre reprend le nom d'un restaurant de l'avenue de Clichy que le peintre avait l'habitude de fréquenter. Cette toile donne l'occasion à Zola de saluer encore une fois le génie de Manet.*

Édouart Manet (1832-1883), *Chez le Père Lathuille*, 1879, huile sur toile, 92 cm × 112 cm, Tournai (Belgique), musée des Beaux-Arts.

Doc 5

Le « naturalisme » de Manet

Monsieur Edouard Manet a été un des infatigables ouvriers du naturalisme, et il demeure, aujourd'hui, le talent le plus net, celui qui a montré la personnalité la plus fine, dans l'étude sincère de la nature. Il y a, au Salon de cette année, une scène de plein air, Chez le père Lathuille, deux figures à une table de cabaret, d'une gaieté et d'une délicatesse de tons charmantes. Voici quatorze ans que j'ai été un des premiers à défendre M. Manet contre les attaques imbéciles de la presse et du public. Depuis ce temps, il a beaucoup travaillé, luttant toujours, s'imposant aux hommes d'intelligence par ses rares qualités d'artiste, la sincérité de ses efforts, l'originalité si claire et si distinguée de sa couleur, la naïveté même qu'il a toujours eue devant la nature.

Émile Zola, *Le Naturalisme au Salon* (1880)

Questions

1. Distinguez et résumez les deux étapes de l'écriture romanesque selon Zola (doc 1). Dans quelle mesure le romancier se fait-il scientifique ?
2. À quelles qualités le critique Guy Robert est-il sensible dans l'œuvre de Zola ? Cette lecture est-elle incompatible avec le projet de Zola ?
3. Observez le tableau de Manet : pourquoi Zola peut-il le rattacher au naturalisme ?
4. Selon vous le peintre fait-il ici œuvre d'expérimentateur (doc 1) ou de poète (doc 3) ?

Le symbolisme

En réaction au formalisme du Parnasse et au matérialisme du naturalisme, le symbolisme postule que le monde est rempli de signes (symboles) qui tendent vers une réalité supérieure. C'est au poète ou à l'artiste de révéler cette autre dimension.

Du Parnasse au symbolisme

- Le symbolisme est fortement lié, à ses débuts, au Parnasse, mais l'inquiétude métaphysique héritée de **Baudelaire** pousse les poètes à rechercher autre chose que la simple beauté formelle. L'art n'a pas seulement le pouvoir de dire les choses, il a la capacité d'aller au-delà pour communiquer la part de **mystère** qui entoure le monde.

- Cette recherche de l'**inconnu**, **Rimbaud** la pratiquera, dans un parcours fulgurant, jusqu'à l'épuisement même de toute poésie (*Une saison en enfer*, *Illuminations*).

- **Verlaine**, son compagnon, la vivra sur un mode plus **musical** et mélancolique (*Fêtes galantes*, *Romances sans paroles*) mais non moins désespéré. Le compositeur **Gabriel Fauré** mettra en musique certaines de ses œuvres.

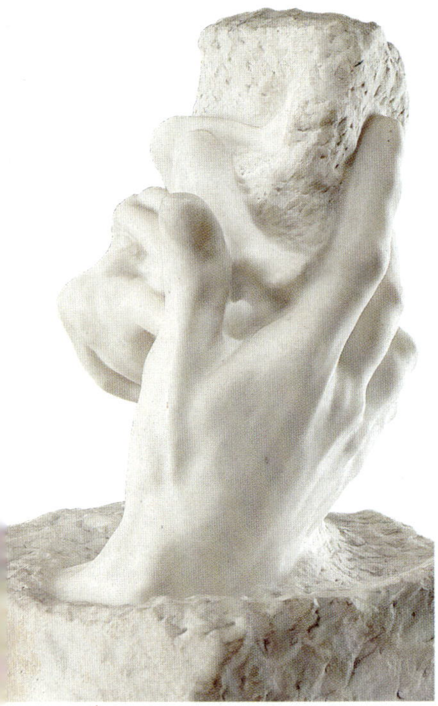

Auguste Rodin (1840-1917), *La Main de Dieu* (vers 1902), New York, The Metropolitan Museum of Art.

Autour de Mallarmé

- C'est autour de **Mallarmé** et de ses « soirées » de la rue de Rome que va se constituer, à proprement parler, le groupe symboliste. On retrouve, au fil des années, Jean Moréas (auteur du *Manifeste du symbolisme*), Georges Rodenbach, Maurice Maeterlinck, Henri de Régnier, Francis Vielé-Griffin.

- Mallarmé, après une phase baudelairienne, évolue vers une recherche sans concession de l'**absolu de l'art**. Dans un style souvent **hermétique**, il tente de saisir l'essence des choses. Son dernier livre *Un coup de dés jamais n'abolira le hasard* (1897), par l'importance qu'il donne au blanc de la page et par la déconstruction qu'il opère du langage poétique, est une expérience extrême qui conduit à l'extinction de toute parole.

- À côté de cet art économe, d'autres poétiques se font jour. Certains, comme Laforgue ou Verhaeren, expérimentent le **vers libre**, qui s'affranchit du vers traditionnel et permet une plus grande prise sur la complexité du réel.

- Notons que le symbolisme brille aussi sur la scène théâtrale avec **Maurice Maeterlinck** (*Pelléas et Mélisande*, 1892) ou Paul Claudel (*Tête d'or*, 1890) et, dans le roman, avec Georges Rodenbach (*Bruges-la-Morte*, 1892) ou un repenti du naturalisme, **Joris-Karl Huysmans** (*À Rebours*, 1884).

Art pictural, art musical

- Le symbolisme est un art de la « correspondance » : les poèmes ne cessent, dans leur technique, de renvoyer au monde de la peinture et de la musique. On parle, à propos de Verlaine, tout à la fois d'une harmonie musicale et d'un impressionnisme pictural.

- Dans ces conditions, il était normal que la peinture soit elle-même touchée par ce mouvement. **Gustave Moreau** en est peut-être l'artiste le plus proche, proposant des toiles oniriques, à la limite du fantastique. Odilon Redon, Puvis de Chavannes ou **Gauguin** en sont d'autres représentants. **Maurice Denis**, influencé par le recueil *Sagesse* de Verlaine, peindra en 1889 sa *Montée au Calvaire*.

- En musique, c'est Claude **Debussy** qui s'impose comme le maître incontesté, lui qui compose *Prélude à l'après-midi d'un faune* à partir d'un poème de Mallarmé et l'opéra *Pelléas et Mélisande* à partir d'une pièce de Maeterlinck.

▲ **Edvard Munch** (1863-1944), *Filles sur pont*, 1903, huile sur toile, 83 cm × 73 cm, Moscou, musée Pouchkine.

▲ **Nijinsky** (1840-1917), dans l'*« Après-midi d'un faune »*, 1912, aquarelle de Léon Bakst, Paris, bibliothèque-musée de l'Opéra.

Les grandes œuvres du symbolisme

Paul Verlaine
– *Fêtes galantes* (1869)
– *Romances sans paroles* (1874)

Arthur Rimbaud
– *Une saison en enfer* (1873)
– *Illuminations* (1874-76)

Stéphane Mallarmé
– *L'Après-midi d'un faune* (1876)
– *Poésies* (1887)

Maurice Maeterlinck
Pelléas et Mélisande (1892, théâtre)

Le symbolisme dans les autres arts

En musique

Gabriel Fauré
La Bonne Chanson (1870)

Claude Debussy
– *Prélude à l'après-midi d'un faune* (1894)
– *Pelléas et Mélisande* (1902)

En peinture

Gustave Moreau
– *Salomé dansant devant Hérode* (1876)
– *Galatée* (1881)

Paul Gauguin
– *Arearea (Joyeusetés,1892)*
– *D'où venons-nous ? Que sommes nous ? Où allons-nous ?* (1897-98)

À retenir

Qu'est-ce que le symbolisme ?

• Un **dépassement de la simple matérialité du monde**. Le réel est composé de signes et de symboles qui renvoient à une autre dimension de l'être.

• Un **art de la suggestion** qui permet de pallier les manques inévitables de la représentation réaliste. Il s'agit pour les poètes et les peintres de donner une idée de l'ineffable et de l'invisible.

• Un **travail musical** de la langue pour faire dire aux mots plus qu'ils ne disent et ouvrir sur le mystère et l'inconnu. Le vers libre est souvent préféré, pour ses possibles modulations, au vers classique.

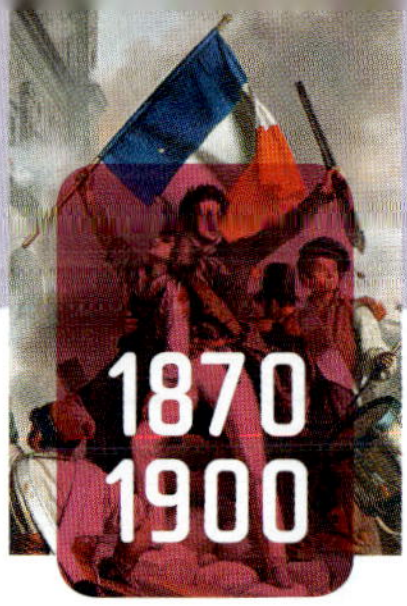

Le symbolisme

Doc 1

La Lettre du voyant Rimbaud

En 1871, Arthur Rimbaud expose dans une lettre à Paul Demeny ses conceptions poétiques.

Je dis qu'il faut être voyant, se faire voyant.
Le Poète se fait voyant par un long, immense et raisonné dérèglement de tous les sens. Toutes les formes d'amour, de souffrance, de folie; il cherche lui-même, il épuise en lui tous les poisons, pour n'en garder que les quintessences. Ineffable torture où il a besoin de toute la foi, de toute la force surhumaine, où il devient entre tous le grand malade, le grand criminel, le grand maudit, – et le suprême Savant! – Car il arrive à l'inconnu! Puisqu'il a cultivé son âme, déjà riche, plus qu'aucun! Il arrive à l'inconnu, et quand, affolé, il finirait par perdre l'intelligence de ses visions, il les a vues! Qu'il crève dans son bondissement par les choses inouïes et innombrables: viendront d'autres horribles travailleurs; ils commenceront par les horizons où l'autre s'est affaissé!

Henri Fantin-Latour (1836-1904), *Un coin de table* (détail) 1872, huile sur toile, Paris, musée d'Orsay.

Doc 2

Verlaine vu par Huysmans

Dans le roman À Rebours, *Huysmans commente, par l'entremise de son héros Des Esseintes, les vers de Verlaine.*

Mais sa personnalité résidait surtout en ceci: qu'il avait pu exprimer de vagues et délicieuses confidences, à mi-voix, au crépuscule. Seul, il avait pu laisser deviner certains au-delà troublants d'âme, des chuchotements si bas de pensées, des aveux si murmurés, si interrompus, que l'oreille qui les percevait demeurait hésitante, coulant à l'âme des langueurs avivées par le mystère de ce souffle plus deviné que senti. Tout l'accent de Verlaine était dans ces adorables vers des *Fêtes galantes*: *Le soir tombait, un soir équivoque d'automne,/Les belles se pendant rêveuses à nos bras,/Dirent alors des mots si spécieux tout bas,/Que notre âme depuis ce temps tremble et s'étonne.*
Ce n'était plus l'horizon immense ouvert par les inoubliables portes de Baudelaire, c'était, sous un clair de lune, une fente entrebâillée sur un champ plus restreint et plus intime

Joris-Karl Huysmans, *À Rebours*, 1884.

Doc 3

Mallarmé par lui-même

Cette réponse de Mallarmé au journaliste Jules Huret contribua à définir et à diffuser l'esthétique symboliste et consacra le poète en chef de cette école littéraire.

[L]es Parnassiens [...] traitent encore leurs sujets à la façon des vieux philosophes et des vieux rhéteurs, en présentant les objets directement. Je pense qu'il faut, au contraire, qu'il n'y ait qu'allusion. La contemplation des objets, l'image s'envolant des rêveries suscitées par eux, sont le chant: les Parnassiens, eux, prennent la chose entièrement et la montrent: par là ils manquent de mystère; ils retirent aux esprits cette joie délicieuse de croire qu'ils créent. *Nommer* un objet, c'est supprimer les trois quarts de la jouissance du poème qui est faite de deviner peu à peu: le *suggérer*, voilà le rêve. C'est le parfait usage de ce mystère qui constitue le symbole: évoquer petit à petit un objet pour montrer un état d'âme, ou, inversement, choisir un objet et en dégager un état d'âme, par une série de déchiffrements. [...] Il doit y avoir toujours énigme en poésie, et c'est le but de la littérature – il n'y en a pas d'autres – d'*évoquer* les objets.

Stéphane Mallarmé, Réponses à Jules Huret, *Enquête sur l'évolution littéraire*, 1891.

Doc 4 *Les Muses* de Maurice Denis

Avec ce tableau Maurice Denis revisite le mythe antique des neuf muses inspiratrices des arts et en donne une version moderne. Cela n'empêche pas le spectateur de ressentir devant la toile une impression de mystère et de sacré.

Maurice Denis (1870-1943), *Les Muses*, 1893, huile sur toile, 171,5 cm × 137,5 cm, Paris, musée d'Orsay.

Questions

1. Voyez-vous une similitude entre la quête de Rimbaud (doc 1), celle de Verlaine (doc 2) et celle de Mallarmé (doc 3) ?

2. Quelles caractéristiques du tableau de Maurice Denis vous permettent de le rattacher au symbolisme ?

3. Le tableau de Maurice Denis vous semble-t-il plus proche de l'esthétique de Rimbaud, de Verlaine ou de Mallarmé ? Justifiez votre réponse.

- **1914 :** Début de la Première Guerre mondiale
- **1917 :** Les États-Unis entrent en guerre Révolution d'octobre en Russie. Les bolcheviks prennent le pouvoir
- **1918 :** Capitulation de l'Allemagne. Armistice (11 novembre)
- **1929 :** Krach boursier à New York (24 octobre)
- **1934 :** Manifestations des ligues d'extrême-droite (6 février)
- **1936 :** Victoire du Front populaire aux élections. Léon Blum président du Conseil
- **1939 :** La France et l'Angleterre déclarent la guerre à l'Allemagne après l'annexion de la Pologne.
- **1940 :** Occupation de la France. Régime de Vichy en France (maréchal Pétain), France libre à Londres (général de Gaulle)
- **1942 :** Rafle du Vél'd'Hiv' (16-17 juillet)
- **1943 :** Création de la milice
- **1944 :** Débarquement allié en Normandie
- **1945 :** Capitulation de l'Allemagne. Armistice (8 mai)

Deux guerres mondiales

Après la période d'insouciance de la **Belle Époque**, la France entre en guerre contre l'Allemagne en 1914. Pendant quatre ans la ligne de front ne bougera quasiment pas et les soldats connaîtront l'horreur des **tranchées**. En 1917, la Russie devient le premier État communiste. L'influence du parti communiste en France sera, dès lors, de plus en plus importante.

En 1918, les États tentent de reconstruire la paix. Mais, en redessinant la carte de l'Europe, le traité de Versailles échoue à assurer la stabilité géopolitique du vieux continent. La **crise économique**, qui part des États-Unis en **1929**, favorise l'émergence du **fascisme** en Italie, du **nazisme** en Allemagne, du **franquisme** en Espagne et des **ligues d'extrême-droite** en France.

La guerre est déclarée en septembre 1939, mais la France n'est envahie par les troupes allemandes qu'en **juin 1940** : après « la drôle de guerre », c'est **« la débâcle »**. Commencent quatre années d'occupation qui seront marquées par la politique de **collaboration** du nouveau régime : l'État français suspend les libertés publiques et mène une **politique antisémite** (80 000 juifs français ou réfugiés en France meurent en **déportation**).

Des foyers de résistance commencent à émerger. Ils seront unifiés en 1943 par **Jean Moulin**, à la demande du **général de Gaulle**. L'action de ce dernier, à Londres, pendant toutes les années de guerre, permet de ranger la France au nombre des vainqueurs alliés contre l'Allemagne nazie. La direction du gouvernement provisoire est confiée à de Gaulle en 1944. La République est rétablie.

D'une guerre à l'autre

Les transformations de la France

- La France, qui compte encore 50 % de ruraux avant 1914 **s'industrialise** de plus en plus.
- Dans un contexte de crises économiques successives, un nouveau prolétariat apparaît et les syndicats se renforcent. L'avant comme l'après-guerre de 14 sont le théâtre de nombreux conflits sociaux. L'arrivée au pouvoir du **Front populaire** en 1936 permet des avancées dans la législation du travail : **semaine de quarante heures, congés payés, hausse des salaires**, etc.
- Les années 30 constituent **l'apogée de l'empire colonial** français, d'autant que la Société des Nations confie à la France des mandats au Liban et en Syrie. L'exposition coloniale de 1931 montre cette prédominance française.

Fernand Léger (1881-1955), *Les Loisirs*, 1949, huile sur toile, 113 cm × 140 cm, Paris, Centre Georges Pompidou.

Les révolutions techniques

- Les communications se développent pendant toute cette période. La **radio (TSF)** fait son apparition au début du siècle mais ne prend son essor véritablement qu'après la guerre de 14-18. Elle jouera un rôle primordial dans la coordination de la Résistance française durant la Seconde Guerre mondiale et dans le contournement de la censure allemande.

Gaspard Maillol, *Jour d'armistice, Paris le 11 novembre 1918*, aquarelle, Paris, musée des Deux Guerres Mondiales.

- Le **cinéma**, inventé par les frères Lumière, connaît aussi une grande expansion. D'abord muet, il devient parlant en 1929. La télévision, mise au point dès 1935, n'entrera vraiment dans la vie quotidienne des Français qu'après la Seconde Guerre mondiale.
- Les moteurs se perfectionnent. **Voitures, avions, motos** deviennent de plus en plus performants. Ils constitueront, avec les **blindés**, un élément clé de l'armement.
- En médecine le **vaccin antituberculeux** de Calmette et Guérin (1921) et les premiers **antibiotiques** d'Alexander Fleming (1928) permettent une avancée considérable dans les soins. Les recherches sur la **radioactivité** des Curie et des Joliot-Curie ouvrent aussi de grandes possibilités en science et en médecine. Elles déboucheront néanmoins, aussi, sur la conception de la bombe atomique.

Belle Époque et Années folles

La « Belle Époque » désigne les années florissantes qui précèdent la guerre de 14-18 et les « Années folles » celles qui la suivent.

La Belle Époque

En littérature, cette période est marquée par la continuité avec le siècle précédent. Des poètes comme Paul **Claudel** (*Cinq grandes odes*, 1911) Charles **Péguy** (*La Tapisserie de Notre-Dame*, 1913) ou Paul **Valéry** (*La Jeune Parque*, 1917) prolongent à leur manière la poésie symboliste. Certains romanciers restent dans le sillage du naturalisme (Octave **Mirbeau**, *Le Journal d'une femme de chambre*, 1900), d'autres prônent une ironie voltairienne (Anatole **France**) ou un romantisme nationaliste (Maurice **Barrès**). Seul Marcel **Proust**, qui publie en 1913 *Du côté de chez Swann,* entreprend une œuvre stylistiquement originale. C'est dans les arts plastiques que les mutations sont le plus sensibles. L'« **Art nouveau** » privilégie les lignes courbes et les motifs végétaux ; il se répand partout : en peinture avec **Mucha**, en architecture avec **Guimard**, dans le mobilier avec **Majorelle**, dans la verrerie et la bijouterie avec **Lalique**, etc.

Kees Van Dongen (1877-1968), *L'Actrice Paulette Pax*, 1928, Paris, Centre Georges Pompidou.

Le traumatisme de la Grande Guerre

La guerre de 14-18 porte un coup d'arrêt brutal à cette période d'insouciance. Le conflit s'enlise. Les morts se comptent en millions et le monde littéraire n'est pas épargné : le poète Charles **Péguy** et le romancier **Alain-Fournier** (*Le Grand Meaulnes*, 1913) font partie des premières victimes. **Apollinaire** meurt en 1918 de la grippe espagnole, affaibli par une blessure à la tête. Blaise **Cendrars**, autre poète de la modernité, est amputé du bras droit en 1915. Henri **Barbusse** et Roland **Dorgelès** restent les grands témoins de la guerre avec leurs romans *Le Feu* (1916) et *Les Croix de bois* (1919).

Les Années folles

Le retour de la paix en 1918 entraîne une effervescence artistique. La vie littéraire est animée par la *Nouvelle Revue française* (**NRF**), fondée avant guerre par André **Gide** (*Si le grain ne meurt*, 1926). Les romanciers proposent soit de grandes fresques (*Les Thibaud* de Roger **Martin du Gard**, 1922-1940 ; *Les Hommes de bonne volonté* de Jules **Romains**, 1932-1946), soit des romans psychologiques souvent teintés d'inquiétude religieuse (*Sous le soleil de Satan* de Georges **Bernanos**, 1926 ; *Le Nœud de vipères* de François **Mauriac**, 1935). Mais l'œuvre la plus novatrice sur le plan stylistique reste certainement le *Voyage au bout de la nuit* de **Céline** (1935). Au théâtre, Paul **Claudel** (*Le Pain dur*, 1918) et Jean **Giraudoux** (*Amphitryon 38*, 1929) dominent la scène.

Par réaction à l'atrocité de la Grande Guerre, un certain nombre d'artistes décident de rompre radicalement avec l'art passé. Ce sont les **surréalistes**, qui comptent parmi les écrivains et les peintres les plus créatifs de la période.

Dans les arts plastiques, le style « **Art déco** » succède à l'« Art nouveau » : les lignes se font plus géométriques, les ornementations plus rares, le béton se généralise. Les architectes **Le Corbusier** et **Mallet-Stevens**, la peintre Tamara de **Lempicka**, le décorateur Jean **Dunand** en sont les représentants. Les Années folles sont aussi marquées par le développement du ***music-hall*** et l'introduction de musiques venues des États-Unis, comme le **charleston** et le **jazz**.

Doc 1 La guerre vue par R. Dorgelès

Engagé volontaire en 1914, Dorgelès livra avec ce roman autobiographique un des témoignages les plus émouvants sur la vie des « poilus » dans les tranchées. À la fin du livre, il dit un dernier adieu à ses camarades de combat.

Certains soirs comme celui-ci, quand, las d'avoir écrit, je laisse tomber ma tête dans mes deux mains, je vous sens tous présents, mes camarades. Vous vous êtes tous levés de vos tombes précaires, vous m'entourez, et, dans une étrange confusion, je ne distingue plus ceux que j'ai connus là-bas de ceux que j'ai créés pour en faire les humbles héros d'un livre. Ceux-ci ont pris les souffrances des autres, comme pour les soulager, ils ont pris leur visage, leurs voix, et ils se ressemblent si bien, avec leurs douleurs mêlées, que mes souvenirs s'égarent et que parfois, je cherche dans mon cœur désolé, à reconnaître un camarade disparu, qu'une ombre toute semblable m'a caché.

Roland Dorgelès, *Les Croix de bois*, © Gallimard, 1919.

Pablo Picasso (1881-1973), *Profil d'Apollinaire à la tête bandée*, 1916, crayon, Paris, BnF.

Doc 2 L'architecture d'avant-garde

Robert Mallet-Stevens (1886-1945), villa Paul Poiret, 1924-1925, Mézy-sur-Seine.

Doc 3 Les nuits parisiennes vues par L.-P. Fargue

Léon-Paul Fargue raconte dans Le Piéton de Paris *la naissance d'un haut lieu des nuits parisiennes, le bar-restaurant-dancing « Le Bœuf sur le toit ».*

Si j'avais à écrire une histoire de France d'après-guerre, je ferais une place à part au « Bœuf sur le toit », sorte d'académie du snobisme qui donne en outre la clef d'une foule de liaisons, de contrats et de mouvements, tant littéraires que politiques ou sexuels. […]

L'endroit faisait jeune. La gaieté y fusait de toutes parts, juteuse, nouvelle, centripète, et Paris de rappliquer.

Un Tout-Paris qui ne dédaignait pas de mettre la main à la pâte. Tour à tour, un peintre, un poète allaient prendre possession du jazz. Les femmes qui lançaient les modes d'alors dansaient comme chez elles, le maquillage franc, le corps secrètement disponible.

Léon-Paul Fargue, *Le Piéton de Paris*, © Gallimard, 1932.

Questions

1. Le document 1 vous permet-il de mieux comprendre la légèreté du document 3 ?

2. Percevez-vous de l'ironie dans l'extrait du *Piéton de Paris* ? À quels endroits ?

3. Quelle image les documents 2 et 3 donnent-ils des Années folles ?

La révolution surréaliste

Forgé par Apollinaire, le mot « surréalisme » est revendiqué en 1922 par André Breton pour définir une révolution artistique et littéraire dont il est le théoricien et l'animateur.

Du dadaïsme à l'émancipation (1916-1922)

Le surréalisme résulte de la **faillite d'une civilisation** qui a sombré dans la Première Guerre mondiale : faillite des valeurs morales et des institutions qui ont entraîné cette catastrophe, faillite de la science qui y a contribué, faillite de l'art même qui n'a pu l'empêcher. Dès 1916 le **mouvement Dada**, animé depuis Zurich par le Roumain Tristan **Tzara**, use du scandale et de la dérision généralisée pour saper l'ordre social.

À Paris, en 1919, André **Breton**, Louis **Aragon** et Philippe **Soupault** fondent une revue d'avant-garde, *Littérature*, à laquelle s'associent le poète Paul **Eluard** et le peintre Max **Ernst**. Ils invitent Tzara à les rejoindre au début de 1920. Tous ont fait la guerre et tous partagent la volonté subversive du fondateur de Dada. Mais s'ils admirent son énergie entraînante, ils récusent bientôt son nihilisme gratuit : Breton, qui s'impose comme leur chef de file, veut structurer cette révolte et lui donner un contenu plus politique. En 1922, le divorce avec Dada est consommé.

L'âge d'or du mouvement (1922-1929)

Le groupe de *Littérature* se réunit chez Breton pour des séances de **sommeil hypnotique**, autour de René **Crevel** et Robert **Desnos**. Cette technique s'ajoute à l'expérience de **l'écriture automatique** pour donner accès aux richesses de l'inconscient. Entre 1922 et 1924, le groupe s'étoffe de plusieurs écrivains (Roger **Vitrac**, Michel **Leiris**, Antonin **Artaud**) et peintres (André **Masson**, Joan **Miró**).

Giorgio De Chirico (1888-1978), *Le Grand Métaphysicien*, 1924, Berlin, SMPK, Nationalgalerie.

En **1924** un scandale et un ouvrage signent la naissance officielle du surréalisme. À l'occasion des funérailles nationales d'Anatole France, Breton et ses amis diffusent un violent pamphlet, ***Un cadavre***, contre ce symbole de la respectabilité littéraire. Le même mois d'octobre, Breton publie le **premier *Manifeste du surréalisme***, où il définit les principes d'une entreprise d'émancipation de l'homme.
La première **exposition surréaliste** réunit en novembre 1925 les peintres majeurs du mouvement, à commencer par **De Chirico**, le précurseur. Ces années sont aussi celles du virage politique : dénonciation du colonialisme, rapprochement avec le **parti communiste** auquel le groupe adhère collectivement en 1927, sous l'impulsion de Breton. Cela provoque les premières dissensions et les **premières exclusions** (Artaud, Soupault, Vitrac).

Radicalisation et éclatement (1929-1940)

Dans les années 30, le groupe se renouvelle avec René **Char**, Salvador **Dalí**, René **Magritte**, Hans **Bellmer**, Victor **Brauner** : l'intérêt pour les déviances de tous ordres (amour, folie, crime) radicalise le discours surréaliste contre l'ordre moral et social. Breton est d'ailleurs de plus en plus intransigeant sur la pureté doctrinale. En 1929, la publication du **second *Manifeste*** est pour lui l'occasion de jeter l'anathème sur de récents exclus comme Desnos. Ceux-ci répliquent avec une violente ironie.

Mais le groupe éclate sur la question des **rapports avec le communisme**. Allergique à tout art officiel, fût-il soviétique, Breton prend ses distances avec le PCF ; il rompt alors avec son compagnon des débuts, Aragon, qui y milite avec ferveur. L'Occupation achèvera de disperser les surréalistes, entre ceux qui mettent leur plume au service de la Résistance (Eluard, Aragon) et ceux qui refusent ce « déshonneur des poètes » (Benjamin **Péret**).

Max Ernst (1891-1976), *Le Rendez-vous des amis*, 1922, Cologne, Museum Ludwig.

À retenir

Qu'est-ce que le surréalisme ?

• **Le refus de la logique rationnelle** qui asservit l'imaginaire et mutile les capacités créatrices de l'esprit.

• **L'exaltation du rêve et de l'inconscient**, voire de la folie. L'amour fou et l'esprit d'enfance ont aussi cette vertu d'éveil.

• Le recours à toutes les **techniques** qui permettent de libérer « le fonctionnement réel de la pensée » (Breton) : sommeils hypnotiques, écriture automatique, etc.

• L'attention portée au **hasard,** au **choc**, à la surprise, qui seuls font surgir la « beauté convulsive » prônée par Breton.

• La volonté d'**abolir les frontières** entre les nations, les arts, les genres et les hiérarchies esthétiques (dialogue avec les formes mineures du feuilleton, de la chanson, du mélodrame).

• L'ambition de **vivre la poésie**, et non seulement de l'écrire : reprenant le mot d'ordre de Rimbaud « changer la vie », le surréalisme se veut action, « cri de l'esprit » (Artaud).

• Un **mouvement révolutionnaire** : les surréalistes multiplient les provocations contre les institutions et la morale bourgeoise.

Le surréalisme dans les arts

Peinture

- **Joan Miró**
  Intérieur hollandais (1928)
- **René Magritte**
  La Reproduction interdite (1937)
- **Salvador Dalí**
  Prémonition de la guerre civile (1936)
- **Max Ernst**
  La Mariée mise à nu (1940)

Photographie

- **Man Ray**
  Le Violon d'Ingres (1924)

Cinéma

- **Luis Buñuel et Salvador Dalí**
  Un chien andalou (1929)

Sculpture

- **Hans Bellmer**
  La Poupée (1934)

Le surréalisme en littérature

- **André Breton**
  – *Nadja* (1928, récit)
  – *L'Amour fou* (1937, poésie)

- **Philippe Soupault**
  (avec André Breton)
  – *Les Champs magnétiques* (1919, poésie)
  – *Westwego* (1922, poésie)
- **Louis Aragon**
  – *Le Paysan de Paris* (1926, poésie)
  – *Le Traité du style* (1936, poésie)

- **Paul Eluard**
  Capitale de la douleur (1926, poésie)
- **Roger Vitrac**
  Victor ou Les Enfants au pouvoir (1928, théâtre)

- **Max Ernst**
  La Femme 100 têtes (1929, roman-collage)
- **Robert Desnos**
  – *Corps et biens* (1930, poésie)
  – *Fortunes* (1942, poésie)
- **René Char**
  Le Marteau sans maître (1934, poésie)

- **Antonin Artaud**
  Le Théâtre et son double (1938, essai)

La révolution surréaliste

Doc 1

L'écriture automatique

Dans le Manifeste du surréalisme, *Breton énonce les principes et les règles du mouvement, mais il explique aussi d'une manière très concrète comment les mettre en œuvre, comme ici, par exemple, en donnant le mode d'emploi de l'écriture automatique.*

Secrets de l'art magique surréaliste
Composition surréaliste écrite,
ou premier ou dernier jet

Faites-vous apporter de quoi écrire, après vous être établi en un lieu aussi favorable que possible à la concentration de votre esprit sur lui-même. Placez-vous dans l'état le plus passif, ou réceptif, que vous pourrez. Faites abstraction de votre génie, de vos talents et de ceux de tous les autres. Dites-vous bien que la littérature est un des plus tristes chemins qui mènent à tout. Écrivez vite sans sujet préconçu, assez vite pour ne pas retenir et ne pas être tenté de vous relire. La première phrase viendra toute seule, tant il est vrai qu'à chaque seconde il est une phrase étrangère à notre pensée consciente qui ne demande qu'à s'extérioriser. Il est assez difficile de se prononcer sur le cas de la phrase suivante ; elle participe sans doute à la fois de notre activité consciente et de l'autre, si l'on admet que le fait d'avoir écrit la première entraîne un minimum de perception. Peu doit vous importer d'ailleurs ; c'est en cela que réside, pour la grande part, l'intérêt du jeu surréaliste. Toujours est-il que la ponctuation s'oppose sans doute à la continuité absolue de la coulée qui nous occupe, bien qu'elle paraisse aussi nécessaire que la distribution des nœuds sur une corde vibrante. Continuez autant qu'il vous plaira. Fiez-vous au caractère inépuisable du murmure.

André Breton, *Manifeste du surréalisme*, © Gallimard, 1924.

Doc 2

Dissidence surréaliste

Dans le Second Manifeste du surréalisme *(1930), Breton rompit violemment avec plusieurs surréalistes de la première heure. Parmi eux, Robert Desnos, dont voici la réponse.*

Je ne partage pas les idées de Breton, ce prêtre qui ne rit pas, qui ne sait pas ce que c'est que rire tant l'envie le dévore. Incapable de faire du théâtre, il le condamne en bloc. Bourgeois plus que personne, il a le mot de Révolution à la bouche non parce qu'il lui vient du cœur, mais parce que le morceau est trop dur à avaler pour son faible gosier, que son estomac fragile le vomit. Breton est le type du personnage qui vit sur l'idée de révolution et non sur l'acte. Aux premiers troubles, il partira à Coblence[1].

[…] Une phrase, une seule proposition de Lautréamont l'a frappé : le droit de se contredire, et je vous garantis qu'il s'en est servi.

Ce droit humain et légitime s'est transformé chez lui en droit à l'hypocrisie, à la restriction mentale. Jésuite[2] ! De là à exploiter le surréel, à oser dire qu'il existe, il n'y a que le pas du mensonge à l'abus de confiance.

Robert Desnos, *Troisième Manifeste du surréalisme*, © Gallimard, 1930.

1. Ville allemande où émigrèrent les aristocrates français durant la Révolution. 2. Injure, par allusion à l'habileté intellectuelle attribuée aux jésuites.

Doc 3

Transposition de Miró

▲ **Joan Miró** (1893-1928), *Intérieur hollandais I*, 1928, New York, The Museum of Art.

Doc 4 Les montres molles de Dalí

La Persistance de la mémoire *est une œuvre majeure de la période durant laquelle Dalí appartint au groupe surréaliste (1929-1934). Dans un paysage côtier de sa Catalogne natale, le peintre a installé une série de « montres molles » qui lui furent inspirées, affirma-t-il, par un camembert particulièrement coulant dont, ce soir-là, il avait fait son dîner…*

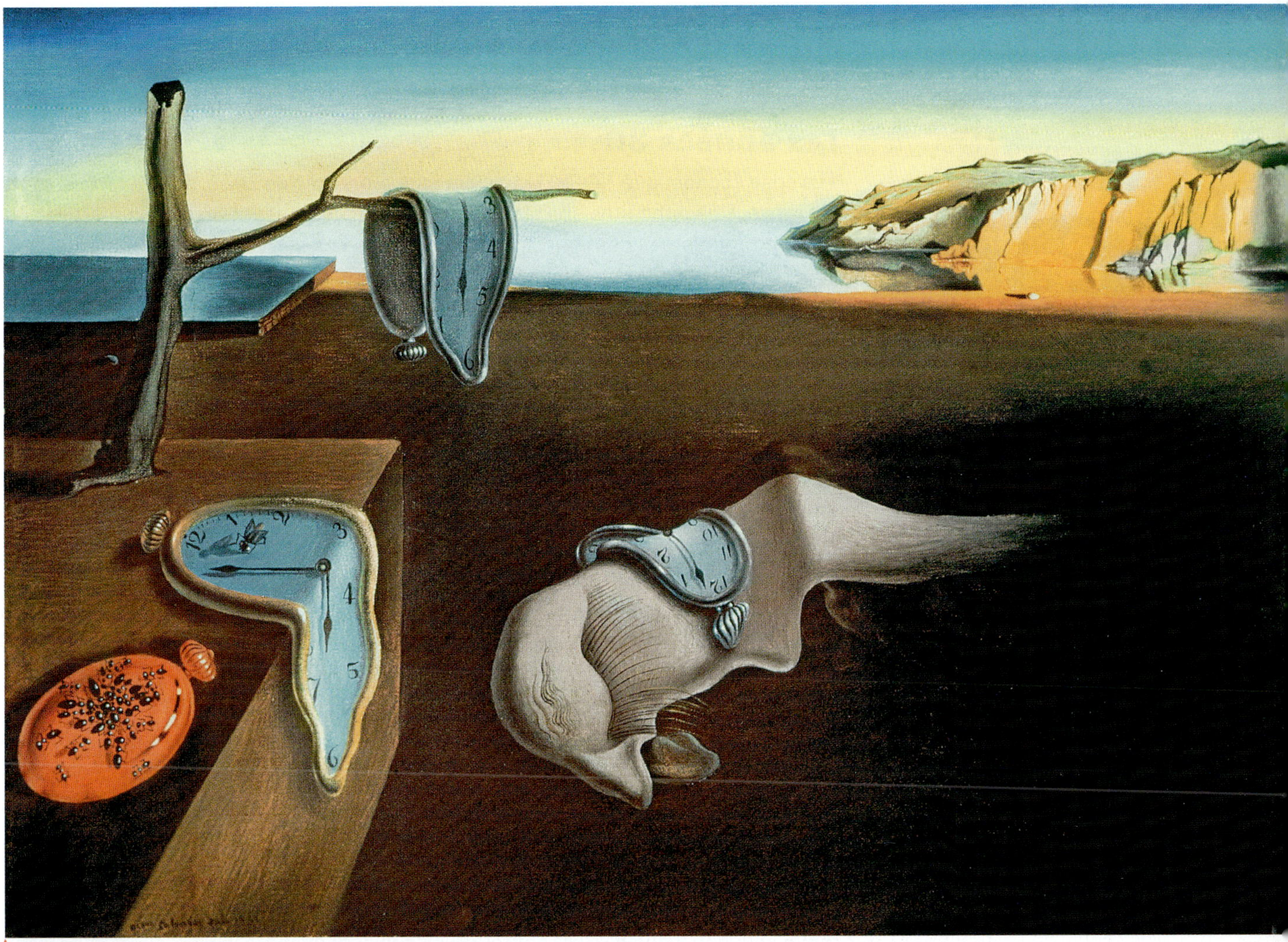

Salvador Dalí, *La Persistance de la mémoire*, 1931, huile sur toile, 61 cm × 83 cm, New York, The Museum of Modern Art.

Questions

1. Rapprochez le texte de Breton de l'extrait de *Poisson soluble*, p. 000. Dans quelle mesure en donne-t-il la clé ?
2. Sur quoi porte la querelle entre Desnos et Breton, d'après le document 2 ?
3. Observez le tableau de Dalí. Que peut signifier la mollesse de ces montres ? Quelle atmosphère la lumière suggère-t-elle ?
4. Quelles parentés pouvez-vous établir entre les toiles de Miró et de Dalí ? En quoi sont-elles toutes deux surréalistes ?

Le temps des engagements

La montée des tensions au niveau international (arrivée au pouvoir des fascistes et des nazis, guerre d'Espagne) et national (crise économique, ligues d'extrême-droite, Front populaire) conduit les artistes à s'engager en politique.

Les années 30

La **crise économique**, liée au krach financier américain de 1929, atteint tardivement la France. Des difficultés sociales se font jour et conduisent au développement du parti communiste et des ligues d'extrême-droite. Les surréalistes, à commencer par André **Breton** et Louis **Aragon** (*Hourrah l'Oural*, 1934) adhèrent au PCF Des romanciers comme Paul **Nizan** (*La Conspiration*, 1938) ou André **Malraux** (*La Condition humaine*, 1933) se rendent en URSS. André **Gide**, d'abord favorable à la révolution communiste, dénonce bien vite le totalitarisme soviétique (*Retour de l'URSS*, 1936)

De l'autre côté, **l'Action française**, mouvement politique monarchiste fondée par Charles Maurras, continue à exercer une grande influence sur les milieux littéraires. Néanmoins, sa condamnation par l'Église et des crises internes éloignent d'elle quelques grandes figures comme le romancier Georges **Bernanos** (*Le Journal d'un curé de campagne*, 1936).

En 1936, la guerre d'Espagne cristallise les luttes d'opinion. Alors que certains s'engagent physiquement dans le conflit aux côtés des républicains (Malraux, *L'Espoir*, 1937), d'autres prennent position lors de réunions publiques (Gide, François Mauriac) ou dans des **pamphlets** (Bernanos, *Les Grands Cimetières sous la lune*, 1938). Le peintre **Picasso** montre dans *Guernica* (1937) l'horreur des violences perpétrées par les alliés du général Franco.

André Malraux pendant la guerre d'Espagne en 1936.

Collaboration et Résistance

L'invasion de la France par les troupes allemandes en 1940 pose à nouveau aux écrivains et aux artistes la question de l'engagement. Certains intellectuels voient dans la défaite de 1940 le signe de la faillite du régime républicain et l'occasion d'instaurer un nouveau pouvoir : c'est pourquoi ils se rallient au maréchal Pétain et acceptent la **collaboration** avec le régime hitlérien. D'aucuns vont même, comme Pierre **Drieu la Rochelle**, Robert **Brasillach** ou Louis-Ferdinand **Céline**, jusqu'à défendre des thèses fascistes et antisémites et appeler à la victoire de l'Allemagne en Europe.

Tandis que la majeure partie du monde littéraire et artistique reste dans une neutralité prudente (Paris connaît même une brillante vie théâtrale entre 1940 et 1944), une minorité entre en **résistance**. Des artistes de tous bords intègrent les réseaux et publient en secret des textes militants : des hommes de gauche (Paul **Eluard**, Louis **Aragon**, René **Char**, Jean **Cassou**) ou de droite (Antoine de **Saint-Exupéry**, **Joseph Kessel**, Maurice **Druon**), des chrétiens (Jean **Cayrol**, Pierre **Emmanuel**, François **Mauriac**). En 1943, Pierre **Seghers** édite clandestinement une anthologie (*L'Honneur des poètes*) appelant à la lutte contre l'occupant.

À la libération, **l'épuration** touche le monde artistique : Drieu la Rochelle se suicide, Robert Brasillach est exécuté, Céline restera en exil jusqu'en 1951. Les intellectuels se rangent en grande partie du côté des communistes (comme Jean-Paul **Sartre**), tandis que certains gardent une fidélité sans faille au général de Gaulle (André Malraux, François Mauriac).

Doc 1

La désillusion communiste par André Gide

Rallié au PCF depuis le début des années 30, Gide était revenu désenchanté d'un voyage officiel en URSS et en avait témoigné dans Retour de l'URSS *Un an plus tard, il répondait aux vives critiques suscitées par cet essai.*

Certes, j'admire la constance de votre confiance, de votre amour (je le dis sans ironie) ; mais tout de même, camarades, vous commencez d'être inquiets, avouez-le ; et vous vous demandez avec une angoisse grandissante (devant les procès de Moscou, par exemple) : jusqu'où nous faudra-t-il approuver ? Tôt ou tard, vos yeux s'ouvriront ; ils seront bien forcés de s'ouvrir. Alors vous vous demanderez, vous les honnêtes : comment avons-nous pu les maintenir fermés si longtemps ?

Du reste les mieux renseignés des honnêtes ne contestent guère mes assertions. Ils se contentent de chercher et de fournir des explications. Oui, des explications qui soient du même coup des justifications d'un déplorable état de choses. [...]

Retouches à mon « Retour de l'URSS », © Gallimard, 1937.

Doc 2

La Résistance poétique vue par Paul Eluard

Paul Eluard écrit en 1943 la préface du recueil collectif intitulé L'Honneur des poètes.

Whitman animé par son peuple, Hugo appelant aux armes, Rimbaud aspiré par la Commune, Maïakovski exalté, exaltant, c'est vers l'action que les poètes à la vue immense sont, un jour ou l'autre, entraînés. Leur pouvoir sur les mots étant absolu, leur poésie ne saurait jamais être diminuée par le contact plus ou moins rude du monde extérieur. La lutte ne peut que leur rendre des forces. [...] Devant le péril aujourd'hui couru par l'homme, des poètes nous sont venus de tous les points de l'horizon français. Une fois de plus la poésie mise au défi se regroupe, retrouve un sens précis à sa violence latente, crie, accuse, espère.

L'Honneur des poètes, © Gallimard, 1943.

Doc 3

Liberté, j'écris ton nom : Eluard et Léger

▲ **Paul Eluard** (1895-1952) et **Fernand Léger** (1881-1955), *Poésie et Vérité*, illustration du poème « Liberté j'écris ton nom », gouache, 18 cm × 24 cm, Paris, Bibliothèque nationale de France.

Questions

1. En quoi ces trois documents traitent-ils de l'honneur ?

2. D'après ces documents, quelles armes peut déployer l'essayiste (André Gide), le poète (Paul Eluard) ou le peintre (Fernand Léger) ?

3. Faites une recherche sur les poètes évoqués par Eluard. En quoi furent-ils eux aussi des poètes d'action ?

Fernand Léger (1881-1955), « Après le déluge », 1949, lithographie pour *Les Illuminations* d'Arthur Rimbaud, Paris, BNF.

Textes et outils d'analyse

Partie I

Edgar Degas (1834-1917),
Le Bureau de coton à la Nouvelle-Orléans, 1873,
huile sur toile, 73 cm × 92 cm, Pau, musée des Beaux-Arts.

Le roman et la nouvelle au XIXe siècle : réalisme et naturalisme

Repères

Le roman et la nouvelle au XIXᵉ siècle : réalisme et naturalisme

Le roman avant le réalisme

● Héritier de l'**épopée** et des **récits grecs et latins** de l'Antiquité comme le *Satiricon* de Pétrone, le roman désigne d'abord au XIIᵉ siècle un récit en **langue romane** et en vers. À la fin du Moyen Âge, la prose commence à s'imposer et deux tendances se font jour : une **tendance idéaliste** qui peuple le roman de chevaliers et de bergers amoureux, et une **tendance comique** qui n'interdit pas la trivialité, comme dans les récits de Rabelais.

● Le roman ou la nouvelle se tournent de plus en plus vers des intrigues **vraisemblables** (*La Princesse de Clèves* de Mme de La Fayette, 1678) et prennent en compte les **réalités quotidiennes** (*Les Illustres françaises* de Challe, 1713 ; *Gil Blas de Santillane* de Lesage, 1715-1735 ; *Manon Lescaut* de l'abbé Prévost, 1731), mais c'est véritablement au XIXᵉ siècle que se met en place une esthétique réaliste.

Le roman réaliste et naturaliste

● Balzac et Stendhal, dans les années 1830, observent avec acuité la société issue de la Révolution et des guerres napoléoniennes. Sans abandonner l'étude psychologique d'individualités d'exception, ces auteurs montrent leurs personnages aux prises avec le **monde social et matériel** qui les entoure. C'est le cas également de dessinateurs comme Gavarni, Monnier ou Daumier qui collaborent à l'illustration de *La Comédie humaine*.

Honoré Daumier (1808-1879), *Sculpture de l'avocat Dupin aîné*, 1832, 15,2 cm × 9,2 cm, musée d'Orsay, Paris.

Monarchie de Juillet | IIᵉ République

1830 — 1835 — 1840 — 1845 — 1850

1830-1848
Règne de Louis-Philippe

● **1830** : Stendhal, *Le Rouge et le Noir*
● **1830-1848** : Balzac publie la cinquantaine de romans de *La Comédie humaine*.
● **1839** : Naissance du « daguerréotype », ancêtre de la photographie

1848-1852
IIᵉ République

1852-1870
Second Empire

1848 : Révolution de février
● **1849-1850** : Courbet peint *Un enterrement à Ornans*.

Révolution de 1848

Napoléon III

- Le « **réalisme** » n'apparaît véritablement comme **mouvement** que dans les années 1856-1857, lorsque s'organise la défense du peintre Courbet. Champfleury en devient le chef de file et explore, dans la continuité des romans balzaciens, les ridicules de la vie de province. Flaubert, souvent associé au mouvement, reste en fait en marge de toutes les écoles, même si une partie de son œuvre dénote bien un souci d'observation réaliste.

- Le **naturalisme** renchérit sur l'aspect scientifique donné au roman. Inspiré par la méthode du médecin et physiologiste Claude Bernard, Émile Zola se fait « expérimentateur » et décrit les réactions de personnages dotés d'une lourde **hérédité**, dans un milieu social donné. Autour de lui se crée un groupe de fidèles, d'où émerge la figure de Guy de Maupassant. Celui-ci, offrira, en l'espace de dix ans, une œuvre tour à tour réaliste ou **fantastique**, montrant que l'observation précise du réel peut ouvrir la porte aux songes les plus effrayants.

Edgar Degas (1834-1917), *Repasseuse à contre-jour*, 1876-1887, National Gallery of Art, Washington.

Le roman après le réalisme

Le réalisme continue à influencer le genre romanesque et la plupart des auteurs doivent se positionner par rapport à lui : certains l'acceptent en tant que tel et brossent de grandes **fresques familiales** à l'exemple de Zola (*Les Thibault* de Roger Martin du Gard, 1920-1940), d'autres le transforment de l'intérieur, portant une attention particulière au **style** et au **langage** (*À la recherche du temps perdu* de Marcel Proust, 1913-1922 ; *Voyage au bout de la nuit* de Céline, 1932), d'autres enfin le rejettent comme une **forme dépassée** (c'est le cas du Nouveau Roman des années 1950-1960).

Second Empire | **IIIe République**

1860 — 1870

- **1856-1857 :** Revue *Le Réalisme*, fondée par Duranty et Champfleury
- **1857 :** Flaubert, *Madame Bovary*
- **1865 :** Edmond et Jules de Goncourt, *Germinie Lacerteux*
- **1869 :** Flaubert, *L'Éducation sentimentale*

1870-1871
Début de la IIIe République

1870 : Guerre contre la Prusse
1871 : Chute de Napoléon III

- **1871-1893 :** Zola publie les 20 romans des *Rougon-Macquart*.
- **1879-1886 :** *Jacques Vingtras*, trilogie romanesque autobiographique de Jules Vallès (*L'Enfant, Le Bachelier, L'Insurgé*)
- **1880 :** Publication des *Soirées de Médan*, recueil de nouvelles naturalistes. *Le Roman expérimental*, essai de Zola
- **1880-1890 :** Maupassant publie ses 5 romans et ses quelque 300 contes et nouvelles.

Adolphe Thiers

Roman et société

1

Gustave Caillebotte (1848-1894), *Jeune Homme à la fenêtre,* 1875, coll. particulière.

Histoire des Arts

Gustave Caillebotte, mécène des artistes impressionnistes, et peintre lui-même, affectionne la représentation du quotidien urbain. Dans ce tableau, la grande précision du décor haussmannien et la présentation du personnage dos au spectateur accroissent le sentiment de solitude.

Au XIXe siècle, le roman s'éloigne résolument du monde idéalisé qui pouvait encore être le sien au XVIIIe siècle. Les écrivains essaient d'être au plus près des réalités de leur temps et décrivent avec précision les bouleversements sociaux hérités de la Révolution. Ils portent sur la société un regard sans concession, où le souci d'objectivité n'exclut pas l'ironie mordante. Le tableau peut même parfois tourner au réquisitoire.

La société bouleversée par l'Histoire

Balzac
1799-1850

Biographie, p. 554

Histoire littéraire
Le réalisme, p. 50

Texte 1 Illusions perdues (1836)

Invité dans le salon aristocratique de Naïs de Bargeton, Lucien Chardon vient de lire une ode de sa composition à la gloire de la maîtresse de maison. Les habitués du salon – tous désignés ici par leur prénom ou son diminutif – réagissent aigrement à l'intrusion dans leur monde de ce fils d'un simple pharmacien.

Quoique la politesse voulût que l'on trouvât ostensiblement l'ode ravissante à cause de madame de Bargeton, les femmes, furieuses de ne pas avoir de poète à leur service pour les traiter d'anges, se levèrent comme ennuyées, en murmurant d'un air glacial : très-bien, joli, parfait.

– Si vous m'aimez, vous ne complimenterez ni l'auteur ni son ange, dit Lolotte à son cher Adrien d'un air despotique auquel il dut obéir.

– Après tout, c'est des phrases, dit Zéphirine à Francis, et l'amour est une poésie en action.

– Vous avez dit là, Zizine, une chose que je pensais, mais que je n'aurais pas aussi finement exprimée, repartit Stanislas en s'épluchant de la tête aux pieds par un regard caressant.

– Je ne sais pas ce que je donnerais, dit Amélie à du Châtelet, pour voir rabaisser la fierté de Naïs qui se fait traiter d'archange, comme si elle était plus que nous, et qui nous encanaille[1] avec le fils d'un apothicaire[2] et d'une garde-malade[3], dont la sœur[4] est une grisette[5], et qui travaille chez un imprimeur.

– Puisque le père vendait des biscuits contre les vers, dit Jacques, il aurait dû en faire manger à son fils.

– Il continue le métier de son père, car ce qu'il vient de nous donner me semble de la drogue, dit Stanislas en prenant une de ses poses les plus agaçantes. Drogue pour drogue, j'aime mieux autre chose.

En un moment chacun s'entendit pour humilier Lucien par quelque mot d'ironie aristocratique. Lili, la femme pieuse, y vit une action charitable en disant qu'il était temps d'éclairer Naïs, bien près de faire une folie. Francis, le diplomate, se chargea de mener à bien cette sotte conspiration à laquelle tous ces petits esprits s'intéressèrent comme au dénouement d'un drame, et dans laquelle ils virent une aventure à raconter le lendemain.

Honoré de BALZAC, *Illusions perdues*, 1836.

1. Dévalorise socialement.
2. Pharmacien.
3. En dépit de ses origines aristocratiques, la mère de Lucien travaille à l'hôpital pour survivre.
4. Eve Chardon. Elle se mariera au meilleur ami de son frère Lucien, l'imprimeur David Séchard.
5. Type de la petite couturière vertueuse.

Questions

Observer et analyser

1. Relevez et expliquez les différentes réactions des personnages à la lecture du poème de Lucien.
2. Dans quel registre s'expriment ces réactions ? Quelle expression du texte le définit parfaitement ?
3. Commentez la plaisanterie de Jacques, reprise par Stanislas. D'où vient le sentiment général de mépris à l'égard de Lucien ?
4. De quel côté semble se ranger le narrateur ? Vous justifierez votre réponse en vous appuyant sur une étude des différents modalisateurs.
5. À partir de vos réponses précédentes, expliquez pourquoi ce texte possède une dimension théâtrale.

Vers le BAC : le sujet d'invention

6. À la manière de Balzac, écrivez la suite du dialogue qui opposera, d'un côté, Lucien, soutenu par Mme de Bargeton et, de l'autre, les habitués du salon.

Zola
1840-1902

Biographie, p. 567

Histoire littéraire
Le naturalisme, p. 56

Outils d'analyse
Les discours rapportés, p. 170

Texte 2 La Fortune des Rougon (1870)

Premier volume de la série des Rougon-Macquart, La Fortune des Rougon *raconte comment Pierre Rougon, rallié au parti conservateur, tira profit du coup d'État de Louis-Napoléon Bonaparte, le 2 décembre 1851, pour établir sa fortune personnelle. Caché une bonne partie de la nuit chez sa mère alors que grondait l'émeute républicaine, il réussit à se faire passer pour le sauveur de Plassans en arrêtant au petit matin les insurgés encore endormis.*

Il était dix heures. Plassans[1], éveillé, courait les rues, ahuri de la rumeur qui montait. Ceux qui avaient vu ou entendu la bande insurrectionnelle[2] racontaient des histoires à dormir debout, se contredisaient, avançaient des suppositions atroces. Mais le plus grand nombre ne savait même pas ce dont il s'agissait ; ceux-là demeuraient aux extrémités de la ville, et ils écoutaient, bouche béante, comme un conte de nourrice, cette histoire de plusieurs milliers de bandits envahissant les rues et disparaissant avant le jour, ainsi qu'une armée de fantômes. Les plus sceptiques disaient : « Allons donc ! » Cependant certains détails étaient précis. Plassans finit par être convaincu qu'un épouvantable malheur avait passé sur lui pendant son sommeil, sans le toucher. Cette catastrophe mal définie empruntait aux ombres de la nuit, aux contradictions des divers renseignements, un caractère vague, une horreur insondable qui faisaient frissonner les plus braves. Qui donc avait détourné la foudre ? Cela tenait du prodige. On parlait de sauveurs inconnus, d'une petite bande d'hommes qui avaient coupé la tête de l'hydre[3], mais sans détails, comme d'une chose à peine croyable, lorsque les habitués du salon jaune[4] se répandirent dans les rues, semant les nouvelles, refaisant devant chaque porte le même récit.

1. Ville imaginaire où Zola situe l'action, inspirée d'Aix-en-Provence et de Lorgues dans le Var.
2. Les insurgés républicains qui refusent le coup d'État du 2 décembre 1851.
3. Serpent fabuleux à sept têtes.
4. Salon politique animé par les époux Rougon, regroupant à Plassans toutes les forces hostiles à la République.

Honoré Daumier (1808-1848), *L'Émeute* (vers 1848), Washington, coll. Phillips.

Ce fut une traînée de poudre. En quelques minutes, d'un bout à l'autre de la ville, l'histoire courut. Le nom de Rougon[5] vola de bouche en bouche, avec des exclamations de surprise dans la ville neuve, des cris d'éloge dans le vieux quartier. L'idée qu'ils étaient sans sous-préfet, sans maire, sans directeur des postes, sans receveur particulier[6], sans autorités d'aucune sorte, consterna d'abord les habitants. Ils restaient stupéfaits d'avoir pu achever leur somme et de s'être réveillés comme à l'ordinaire, en dehors de tout gouvernement établi. La première stupeur passée, ils se jetèrent avec abandon dans les bras des libérateurs. Les quelques républicains haussaient les épaules; mais les petits détaillants, les petits rentiers, les conservateurs de toute espèce bénissaient ces héros modestes dont les ténèbres avaient caché les exploits. Quand on sut que Rougon avait arrêté son propre frère[7], l'admiration ne connut plus de bornes; on parla de Brutus[8]; cette indiscrétion qu'il redoutait tourna à sa gloire. À cette heure d'effroi mal dissipé, la reconnaissance fut unanime. On acceptait le sauveur Rougon sans le discuter.

– Songez donc, disaient les poltrons, ils n'étaient que quarante et un!

Ce chiffre de quarante et un bouleversa la ville. C'est ainsi que naquit à Plassans la légende des quarante et un bourgeois faisant mordre la poussière à trois mille insurgés.

Il n'y eut que quelques esprits envieux de la ville neuve, des avocats sans causes, d'anciens militaires, honteux d'avoir dormi cette nuit-là, qui élevèrent certains doutes. En somme, les insurgés étaient peut-être partis tout seuls. Il n'y avait aucune preuve de combat, ni cadavres, ni taches de sang. Vraiment ces messieurs avaient eu la besogne facile.

– Mais la glace, la glace! répétaient les fanatiques. Vous ne pouvez pas nier que la glace de M. le maire soit cassée[9]. Allez donc la voir.

Et, en effet, jusqu'à la nuit, il y eut une procession d'individus qui, sous mille prétextes, pénétrèrent dans le cabinet, dont Rougon laissait, d'ailleurs, la porte grande ouverte; ils se plantaient devant la glace, dans laquelle la balle avait fait un trou rond, d'où partaient de larges cassures; puis tous murmuraient la même phrase:

– Fichtre! la balle avait une fière force! Et ils s'en allaient, convaincus.

Émile Zola, *La Fortune des Rougon*, chapitre 5, 1870.

5. Ici Pierre Rougon.
6. Percepteur.
7. Antoine Macquart, en fait son demi-frère.
8. Par fidélité à la République, Brutus assassina son père adoptif César en 44 av. J.-C.
9. Dans la bagarre confuse pour récupérer le bureau du maire, le fusil de Rougon est parti tout seul, brisant la grande glace.

Questions

Observer et analyser

1. Qu'apprend-on sur les événements qui se sont déroulés au cours de la nuit?

2. Relevez le champ lexical de la rumeur. Comment se répand-elle à la fois dans l'espace et dans le temps? Qu'est-ce qui favorise son amplification?

3. Relevez les expressions qui appartiennent au registre épique. Comment sont-elles exploitées par le narrateur?

4. À qui Rougon est-il comparé? Comment le texte fait-il percevoir le regard ironique du narrateur?

5. Observez comment sont rapportés, dans la fin du texte, les propos des deux partis opposés (l. 34-50). Que traduit cette différence de traitement?

Contexte et perspectives

6. En vous aidant des pages 44-45, faites une brève généalogie des événements qui bouleversèrent la France entre février 1848 et le 2 décembre 1851. Si la série des *Rougon-Macquart* s'ouvre sur le coup d'État du 2 décembre 1851, sur quel événement s'achève-t-elle?

Vers le BAC : le commentaire

7. Rédigez une partie de commentaire composé qui aurait pour titre « La naissance d'une légende », et comme sous parties: 1/des circonstances favorables à la diffusion de la rumeur; 2/du scepticisme à l'enthousiasme; 3/la construction de la légende.

Vallès
1832-1885

Biographie, p. 566

Outils d'analyse
Les discours rapportés, p. 170

Méthode
Les niveaux de langue, p. 450

Texte 3 L'Insurgé (1885)

Après avoir raconté son enfance et ses études dans L'Enfant *et* Le Bachelier, *Vallès transpose dans le troisième volume de sa trilogie, son expérience de journaliste et sa participation à La Commune, à travers les aventures de son héros Jacques Vingtras. Signe précurseur de la chute de l'Empire, l'assassinat de Victor Noir, le 20 janvier 1870, par le prince Pierre Bonaparte, cousin de Napoléon III, entraîne un vaste mouvement de protestation qui rassemble un cortège de 200 000 personnes hostiles à l'empereur.*

« En avant ! »

Ce sont cinq ou six porte-lorgnons[1] qui se sont mis au premier rang, jeunes gens à l'air réfléchi.

Rigault[2] est le seul évaporé de la bande, et encore aurait-il la mine sérieuse s'il ne hérissait pas exprès son poil, s'il n'avait pas éraillé et hiroutisé[3] sa voix, et adopté, pour traduire son opinion sur le clergé, l'aristocratie, la magistrature, l'armée, la Sorbonne, le geste du toutou qui, la patte en l'air, déshonore les monuments.

Breuillé, Granger, Dacosta[4], eux, ressemblent à des professeurs de sciences dont les yeux se sont brûlés sur les livres.

Les traditionnels de la colonne se demandent pourquoi ces binoclards « s'érigent en chefs ? »

Ils ne rappellent ni Saint-Just, ni Desmoulins, ni les Montagnards[5], ni les Girondins[6] ! Avec cela, on les entend qui traitent de sots et de traîtres les députassiers[7] de la Gauche !

De qui relèvent-ils ?... Ce sont les hommes de Blanqui[8].

De tous côtés, par petits groupes, ou en bataillon comme nous, Paris monte vers Neuilly[9]. On marche au pas dès qu'on est cent, on se donne le bras dès qu'on est quatre.

Ce sont des morceaux d'armée qui se cherchent, des lambeaux de République qui se sont recollés dans le sang du mort. C'est la bête que Prudhomme[10] appelle l'hydre[11] de l'anarchie qui sort ses mille têtes, liées au tronc d'une même idée, avec des braises de colère luisant au fond des orbites.

Les langues ne sifflent pas ; le chiffon rouge ne remue guère. On n'a rien à se dire, car on sait ce qu'on veut.

Les cœurs sont gonflés d'un espoir de lutte – les poches sont gonflées aussi.

Si l'on fouillait cette cohue, on trouverait sur elle tout l'attirail des établis, toute la ferraille des cuisines : le couteau, le foret, le tranchet, la lime[12], coiffés d'un bouchon, mais prêts à sortir du liège pour piquer la chair des mouchards. Que l'on en découvre un... on le saigne !

Et gare aux sergots[13] ! S'ils dégainent, on ébréchera les outils de travail contre les outils de tuerie !

Les oisifs aussi ont leur affaire ; des crosses de pistolets riches suent sous des mains fiévreuses et gantées.

Parfois, un de ces museaux affilés en dague[14], la gueule d'un de ces revolvers sort d'un paletot ou d'une redingote mal fermée. Mais personne n'y prend garde. Au contraire, on indique, avec un sourire orgueilleux, que soi aussi l'on est en mesure, et en goût de répondre à la police – même à la troupe.

1. Jeunes gens à lunettes.
2. Journaliste socialiste.
3. Jean Hiroux était un criminel à la barbe hirsute et à la voix criarde.
4. Journalistes socialistes.
5. Montagnards : parti le plus radical pendant la Révolution française. Saint-Just et Desmoulins en furent membres.
6. Girondins : parti modéré pendant la Révolution française.
7. Députés (péjoratif).
8. Socialiste révolutionnaire (1805-1881) ; il participa, entre autres, à la Révolution de 1848.
9. Ville de Victor Noir.
10. Type caricatural du bourgeois conformiste.
11. Serpent fabuleux à plusieurs têtes.
12. Instruments tranchants en acier.
13. Sergents (argotique).
14. Poignard effilé.

Muette la police ! invisible la troupe !

C'est bien là ce qui me fait réfléchir ! Qui sait si, tout à l'heure, nous ne serons pas pris en écharpe par une fusillade partie d'une maison aux portes closes, aux volets fermés, dès le premier cri contre l'Empire que jettera un ardent ou un vendu !

Jules VALLÈS, *L'Insurgé*, chapitre 15, 1885.

Texte écho André Malraux, *L'Espoir* (1937)

En 1936 éclate la guerre civile espagnole qui oppose, d'un côté, l'armée soutenue par l'extrême-droite et, de l'autre, le gouvernement républicain, soutenu par les socialistes et les anarchistes. Le début de L'Espoir *décrit les premières journées de la guerre, notamment à Barcelone où les anarchistes lancent un assaut dans le centre-ville.*

Ils coururent, sans bruit : presque tous portaient des espadrilles. Ils s'embusquèrent sous les portes d'une rue perpendiculaire au Diagonal : quartier riche, belles portes profondes. Les arbres du boulevard étaient des buissons d'oiseaux. Chacun voyait en face de lui, de l'autre côté de la rue, un camarade immobile, revolver au bout du bras.

La rue vide s'emplit peu à peu du bruit régulier des pas. Un anarchiste tomba : on venait de tirer sur lui d'une fenêtre. Laquelle ? La troupe était à cinquante mètres. Des croisées, comme on devait bien voir toutes les portes du trottoir opposé ! Immobiles sous tous les porches de la rue vide qui s'emplissait du piétinement régulier de la troupe, les anarchistes attendaient qu'on les abattît des fenêtres comme au tir forain.

Salve de patrouille. Les balles passèrent comme un vol de sauterelles ; la patrouille repartit. Dès que le gros de la troupe passa devant la rue, des coups de revolvers partirent de toutes les portes.

André MALRAUX, *L'Espoir*, , Première Partie, 1937.

Questions

Observer et analyser

1. Précisez quels sont les deux partis qui s'opposent dans cet extrait, les noms qui les désignent, les idées politiques de chacun et les armes qu'ils utilisent. Dans quel camp se situe le narrateur ?

2. En vous appuyant sur le champ lexical de la lutte et de la détermination, vous montrerez comment l'auteur réussit à transcrire la violence contenue des insurgés.

3. Quel est le principal niveau de langue utilisé dans ce passage ? Pour illustrer votre réponse vous relèverez le type de phrases le plus fréquemment utilisé.

4. Relevez quelques traces du registre épique. Sa présence est-elle contradictoire avec le registre mis en évidence par la question précédente ?

5. Quel est le but de cette marche ? Qu'est-ce qui accentue la tension dramatique de l'extrait ?

Contexte et perspectives

6. À partir d'une biographie de Vallès, reprenez les différentes étapes de son engagement révolutionnaire.

7. En quoi le texte de Malraux vous paraît-il proche et différent de celui de Vallès ? Décrit-il le même moment de lutte ?

Vers le BAC : le sujet d'invention

8. Imaginez que la manifestation dégénère et poursuivez le récit à la manière de Vallès.

Le tableau de la société

Balzac
1799-1850

Biographie, p. 554

Histoire littéraire
Le réalisme, p. 50

Outils d'analyse
La description et le portrait, p. 162

Texte 4 La Duchesse de Langeais (1834)

Après avoir longuement décrit le décor géographique et le cadre historique de l'intrigue, Balzac offre au lecteur un portrait détaillé de la duchesse de Langeais dont les ambiguïtés reflètent les contradictions de la noblesse sous la Restauration.

Au commencement de la vie éphémère que mena le faubourg Saint-Germain pendant la Restauration, et à laquelle, si les considérations précédentes sont vraies, il ne sut pas donner de consistance, une jeune femme fut passagèrement le type le plus complet de la nature à la fois supérieure et faible, grande et petite, de sa caste. C'était une femme artificiellement instruite, réellement ignorante ; pleine de sentiments élevés, mais manquant d'une pensée qui les coordonnât ; dépensant les plus riches trésors de l'âme à obéir aux convenances ; prête à braver la société, mais hésitant et arrivant à l'artifice par suite de ses scrupules ; ayant plus d'entêtement que de caractère, plus d'engouement que d'enthousiasme, plus de tête que de cœur ; souverainement femme et souverainement coquette, Parisienne surtout ; aimant l'éclat, les fêtes ne réfléchissant pas, ou réfléchissant trop tard ; d'une imprudence qui arrivait presque à de la poésie ; insolente à ravir, mais humble au fond du cœur ; affichant la force comme un roseau bien droit, mais, comme ce roseau, prête à fléchir sous une main puissante ; parlant beaucoup de la religion, mais ne l'aimant pas, et cependant prête à l'accepter comme un dénoûment. Comment expliquer une créature véritablement multiple, susceptible d'héroïsme, et oubliant d'être héroïque pour dire une méchanceté ; jeune et suave, moins vieille de cœur que vieillie par les maximes de ceux qui l'entouraient, et comprenant leur philosophie égoïste sans l'avoir appliquée ; ayant tous les vices du courtisan et toutes les noblesses de la femme adolescente ; se défiant de tout, et néanmoins se laissant parfois aller à tout croire ? Ne serait-ce pas toujours un portrait inachevé que celui de cette femme en qui les teintes les plus chatoyantes se heurtaient, mais en produisant une confusion poétique, parce qu'il y avait une lumière divine, un éclat de jeunesse qui donnait à ces traits confus une sorte d'ensemble ? La grâce lui servait d'unité.

Honoré de Balzac, *La Duchesse de Langeais*, chapitre 2, 1834.

Questions

Observer et analyser

1. La duchesse est qualifiée de « multiple ». Faites un relevé précis des antithèses, paradoxes et accumulations : montrez le caractère insaisissable de ce personnage.

2. Comment se traduisent sur le plan syntaxique les difficultés de l'auteur à cerner le portrait de la duchesse ?

3. Relevez le champ lexical de l'artifice. De quel type la duchesse est-elle l'incarnation ? Quelle classe sociale représente-t-elle ?

4. Quel vous semble être le point de vue de l'auteur sur ce personnage ? Justifiez votre réponse.

5. En définitive, quelle image le lecteur retient-il de ce portrait ? Pourquoi selon vous, l'auteur présente-t-il un « portrait inachevé » (l. 24) de la duchesse ?

Vers le BAC : la dissertation

6. En vous aidant de ce texte et d'autres textes du chapitre, vous rédigerez un paragraphe défendant l'idée que le roman est un miroir de la société.

Honoré de Balzac, *La Duchesse de Langeais*

Citations

« Elle voulut que cet homme ne fût à aucune femme, et n'imagina pas d'être à lui. » (chapitre 2)

« – J'aurai pour maîtresse madame de Langeais. Quand un homme vierge de cœur, et pour qui l'amour devient une religion, conçoit une semblable pensée, il ne sait pas dans quel enfer il vient de mettre le pied. » (chapitre 2)

Un épisode de l'*Histoire des Treize*

La Duchesse de Langeais s'inscrit dans un petit cycle de trois romans, *Histoire des Treize*, qui compte en outre *Ferragus* (1833) et *La Fille aux yeux d'or* (1835). Les Treize forment une société secrète toute puissante : « Il y eut donc dans Paris treize frères qui s'appartenaient et se méconnaissaient tous dans le monde ; mais qui se retrouvaient réunis, le soir, comme des conspirateurs, ne se cachant aucune pensée [...], ayant les pieds dans tous les salons, les mains dans tous les coffres-forts, les coudes dans la rue, leurs têtes sur tous les oreillers. » Parmi ces « treize rois inconnus » dont parle Balzac figurent Ferragus, Montriveau et de Marsay, les héros des trois romans. Beaucoup d'épisodes de *La Duchesse de Langeais* ne peuvent se comprendre que grâce à cet arrière-fond romanesque.

Une œuvre à la croisée des genres

La Duchesse de Langeais se rapproche, par bien des côtés du **roman noir** venu d'Angleterre (descriptions fantomatiques et terrifiantes, goût de l'énigme et du secret), et du **roman d'aventures** (équipée pour enlever la duchesse). Mais au-delà du **romanesque**, Balzac offre, à travers ses portraits psychologiques et sociaux, un véritable **roman réaliste** qui rend compte des chocs et bouleversements vécus par la France au début du XIXe siècle. La lutte entre la duchesse et Montriveau n'est pas seulement le résultat d'un jeu de séduction. Elle est le reflet du fossé qui s'est creusé entre une aristocratie rétablie dans ses droits d'avant 1789, et la génération de la Révolution et de l'Empire, qui ne peut accepter ni comprendre aucun retour en arrière.

Des personnages énigmatiques

1. Faites une fiche d'identité de la duchesse.

2. Comment rencontre-t-elle Armand de Montriveau ? Quel rôle joue le récit qu'il lui raconte dans leur rapprochement ?

3. Après avoir donné une définition de la coquette, vous montrerez en quoi la duchesse en est le prototype. De quel personnage de Molière peut-on la rapprocher ?

4. Qu'apprenons-nous sur le passé d'Armand de Montriveau ? Dans quelle mesure illustre-t-il la génération romantique ?

5. Comment se manifeste son exaspération grandissante ? Comment s'exprime sa vengeance au chapitre 3 ?

6. Ce personnage vous est-il sympathique ou antipathique ? Justifiez votre réponse avec précision.

7. Qu'est-ce qui rend cette histoire d'amour impossible ? Vous relèverez les obstacles liés à la société, au tempérament des personnages, à la fatalité, à leur conception de l'amour, à la religion.

Structure et registres

8. En observant les lieux et les moments, dites quels chapitres peuvent-être rapprochés deux à deux. En quoi cette structure est-elle originale ?

9. À qui est dédié le roman ? Quel rôle la musique joue-t-elle dans le chapitre 1 ?

10. Quels épisodes du livre relèvent du romantisme noir ?

11. Après avoir donné la définition du réalisme, vous montrerez dans quelle mesure le début du chapitre 2 en reprend la plupart des caractéristiques.

12. Quelle est la tonalité dominante du dernier chapitre ?

Flaubert
1821-1880

Biographie, p. 558

Texte 5 L'Éducation sentimentale (1869)

Récemment reçu bachelier, Frédéric Moreau, avant de partir à Paris faire son droit, rentre dans sa ville natale de Nogent-sur-Seine, où il retrouve son ami Charles Deslauriers. Ensemble ils évoquent l'avenir. Deslauriers est le plus exalté. Nous sommes en septembre 1840. Le gouvernement de Thiers, premier ministre du roi Louis-Philippe, est de plus en plus contesté.

« Ces bonnes gens qui dorment tranquilles, c'est drôle ! Patience ! un nouveau 89 se prépare ! On est las de constitutions, de chartes[1], de subtilités, de mensonges ! Ah ! si j'avais un journal ou une tribune, comme je vous secouerais tout cela ! Mais, pour entreprendre n'importe quoi, il faut de l'argent ! Quelle malédiction que d'être le fils d'un cabaretier et de perdre sa jeunesse à la quête de son pain ! »

Il baissa la tête, se mordit les lèvres, et il grelottait sous son vêtement mince.

Frédéric lui jeta la moitié de son manteau sur les épaules. Ils s'en enveloppèrent tous deux ; et, se tenant par la taille, ils marchaient dessous, côte à côte.

« Comment veux-tu que je vive là-bas, sans toi ? » disait Frédéric. L'amertume de son ami avait ramené sa tristesse. « J'aurais fait quelque chose avec une femme qui m'eût aimé… Pourquoi ris-tu ? L'amour est la pâture[2] et comme l'atmosphère du génie. Les émotions extraordinaires produisent les œuvres sublimes. Quant à chercher celle qu'il me faudrait, j'y renonce ! D'ailleurs, si jamais je la trouve, elle me repoussera. Je suis de la race des déshérités, et je m'éteindrai avec un trésor qui était de strass[3] ou de diamant, je n'en sais rien. »

1. Ensembles de lois.
2. Nourriture.
3. Fausses pierres précieuses, verroterie.

Louis Léopold Boilly (1761-1845), *Louis Boilly et Simon Chenard*, Lille, Palais des Beaux-Arts.

L'ombre de quelqu'un s'allongea sur les pavés, en même temps qu'ils entendirent ces mots :

— « Serviteur, messieurs ! »

Celui qui les prononçait était un petit homme, habillé d'une ample redingote brune, et coiffé d'une casquette laissant paraître sous la visière un nez pointu.

— « M. Roque ? » dit Frédéric.

— « Lui-même ! » reprit la voix.

Le Nogentais justifia sa présence en contant qu'il revenait d'inspecter ses pièges à loup, dans son jardin, au bord de l'eau.

— « Et vous voilà de retour dans nos pays ? Très bien ! j'ai appris cela par ma fillette. La santé est toujours bonne, j'espère ? Vous ne partez pas encore ? »

Et il s'en alla, rebuté, sans doute, par l'accueil de Frédéric.

Mme Moreau, en effet, ne le fréquentait pas ; le père Roque vivait en concubinage avec sa bonne, et on le considérait fort peu, bien qu'il fût le croupier d'élections[4], le régisseur de M. Dambreuse.

— « Le banquier qui demeure rue d'Anjou[5] ? » reprit Deslauriers. « Sais-tu ce que tu devrais faire, mon brave ? »

Isidore les interrompit encore une fois. Il avait ordre de ramener Frédéric, définitivement. Madame s'inquiétait, de son absence.

— « Bien, bien ! on y va », dit Deslauriers ; « il ne découchera pas. »

Et, le domestique étant parti :

— « Tu devrais prier ce vieux de t'introduire chez les Dambreuse ; rien n'est utile comme de fréquenter une maison riche ! Puisque tu as un habit noir et des gants blancs, profites-en ! Il faut que tu ailles dans ce monde-là ! Tu m'y mèneras plus tard. Un homme à millions, pense donc ! Arrange-toi pour lui plaire, et à sa femme aussi. Deviens son amant ! »

Frédéric se récriait[6].

« Mais je te dis là des choses classiques, il me semble ? Rappelle-toi Rastignac[7] dans la Comédie humaine ! Tu réussiras, j'en suis sûr ! »

Gustave FLAUBERT, *L'Éducation sentimentale*, chapitre 2, 1869.

4. Agent électoral d'un candidat, souvent chargé d'acheter le vote des électeurs.

5. Rue de Paris, dans le quartier de la rive droite où se concentrait alors la puissance financière.

6. Protestait vivement.

7. Héros du roman de Balzac *Le Père Goriot*.

Histoire littéraire
Le réalisme, p. 50

Questions

Observer et analyser

1. Qu'est-ce qui rapproche Frédéric et Deslauriers ?

2. En vous appuyant précisément sur le texte, vous direz ce que l'on apprend de leurs origines sociales et de leurs ambitions. Dans quelle mesure les notations vestimentaires sont-elles significatives ?

3. En quoi les projets de Frédéric et de Deslauriers sont-ils opposés ? Que révèlent-ils de leur caractère ? Vous pouvez présenter votre réponse sous forme de tableau.

4. Par quels moyens Flaubert donne-t-il du dynamisme à son dialogue ?

5. Quels sentiments traversent les deux amis dans cet extrait ? Comment sont-ils exprimés ?

Contexte et perspectives

6. En mentionnant Rastignac dans *La Comédie humaine*, à quel type de personnage Deslauriers fait-il allusion ?

7. La prophétie de Deslauriers rappelle le défi de Rastignac, à la fin du *Père Goriot*. Comparez les dernières lignes de ce roman et celles de *L'Éducation sentimentale* : que peut-on en conclure sur l'époque dans laquelle se déroule chacune des deux œuvres ?

Vers le BAC : la dissertation

8. Pensez-vous que le romancier puisse susciter l'intérêt du lecteur en mettant en scène des héros médiocres ou ordinaires ? Vous vous appuierez sur vos lectures personnelles et sur des textes du chapitre pour répondre à cette question.

Maupassant
1850-1893

Biographie, p. 561

Texte 6 Bel-Ami (1885)

Le roman décrit l'irrésistible ascension de Georges Duroy, grâce à son insertion dans le milieu du journalisme et à son pouvoir de séduction auprès des femmes. Avant de rejoindre une maîtresse avec laquelle il s'était brouillé, Duroy se promène près de l'Arc de triomphe, prenant plaisir à observer « trottant ou galopant, hommes et femmes, les riches du monde ».

Georges Stein, *Cavaliers et attelages sur l'avenue du bois à Paris, vers 1900*, Paris, musée Carnavalet.

Puis il prononça tout haut : « Tas d'hypocrites ! » et chercha de l'œil les cavaliers sur qui couraient les plus grosses histoires.

Il en vit beaucoup soupçonnés de tricher au jeu, pour qui les cercles, en tout cas, étaient la grande ressource, la seule ressource, ressource suspecte à coup sûr.

D'autres, fort célèbres, vivaient uniquement des rentes de leurs femmes, c'était connu ; d'autres, des rentes de leurs maîtresses, on l'affirmait. Beaucoup avaient payé leurs dettes (acte honorable), sans qu'on eût jamais deviné d'où leur était venu l'argent nécessaire (mystère bien louche). Il vit des hommes de finance dont l'immense fortune avait un vol pour origine, et qu'on recevait partout, dans les plus nobles maisons, puis des hommes si respectés que les petits bourgeois se découvraient sur leur passage, mais dont les tripotages effrontés, dans les grandes entreprises nationales, n'étaient un mystère pour aucun de ceux qui savaient les dessous du monde.

Tous avaient l'air hautain, la lèvre fière, l'œil insolent, ceux à favoris et ceux à moustaches.

Duroy riait toujours, répétant : « C'est du propre, tas de crapules, tas d'escarpes[1] ! »

Mais une voiture passa, découverte, basse et charmante, traînée au grand trot par deux minces chevaux blancs dont la crinière et la queue voltigeaient, et conduite par une petite jeune femme blonde, une courtisane connue qui avait deux grooms[2] assis derrière elle. Duroy s'arrêta, avec une envie de saluer et d'applaudir cette parvenue de l'amour qui étalait avec audace dans cette promenade et à cette heure des hypocrites aristocrates, le luxe crâne[3] gagné sur ses draps. Il sentait peut-être vaguement qu'il y avait quelque chose de commun entre eux, un lien de nature,

1. Bandits.
2. Jeunes employés en livrée.
3. Arrogant.

qu'ils étaient de même race, de même âme, et que son succès aurait des procédés audacieux de même ordre.

Il revint plus doucement, le cœur chaud de satisfaction, et il arriva, un peu avant l'heure, à la porte de son ancienne maîtresse.

Elle le reçut, les lèvres tendues, comme si aucune rupture n'avait eu lieu, et elle oublia même, pendant quelques instants, la sage prudence qu'elle opposait, chez elle, à leurs caresses.

Guy de Maupassant, *Bel-Ami*, I, chapitre 6, 1885.

Histoire littéraire
Le naturalisme, p. 56

Outils d'analyse
Les points de vue, p. 158

Texte écho Marcel Proust, *Le Côté de Guermantes* (1921-1922)

Accompagnant sa grand-mère aux toilettes publiques des Champs-Élysées, le jeune Marcel reçoit les confidences de la gardienne du lieu, surnommée la « marquise ».

« Et puis, dit-elle, je choisis mes clients, je ne reçois pas tout le monde dans ce que j'appelle mes salons. Est-ce que ça n'a pas l'air d'un salon, avec mes fleurs ? Comme j'ai des clients très aimables, toujours l'un ou l'autre veut m'apporter une petite branche de beau lilas, de jasmin, ou des roses, ma fleur préférée.

[...] À ce moment une femme mal vêtue entra précipitamment. Mais elle ne faisait pas partie du monde de la "marquise", car celle-ci, avec une férocité de snob, lui dit sèchement :

– Il n'y a rien de libre, Madame.

– Est-ce que ce sera long ? demanda la pauvre dame, rouge sous ses fleurs jaunes.

– Ah ! Madame, je vous conseille d'aller ailleurs, car, vous voyez, il y a encore ces deux messieurs qui attendent, dit-elle en nous montrant moi et le garde, et je n'ai qu'un cabinet, les autres sont en réparation...

Ça a une tête de mauvais payeur, dit la "marquise". Ce n'est pas le genre d'ici, ça n'a pas de propreté, pas de respect, il aurait fallu que ce soit moi qui passe une heure à nettoyer pour Madame. Je ne regrette pas ses deux sous. »

Marcel Proust, *Le Côté de Guermantes*, 1921-1922.

Questions

Observer et analyser

1. De la ligne 3 à la ligne 13, puis de la ligne 16 à la ligne 23, sur qui Duroy arrête-t-il successivement son regard ?

2. D'où vient la fortune des hommes qu'il observe ? D'où vient l'argent de la femme qu'il croise ?

3. À l'aide d'un relevé des figures d'opposition (antithèses et paradoxes), vous montrerez l'impunité dont bénéficient les hommes décrits par Duroy.

4. Quel est le point de vue de Duroy à l'égard de ces deux catégories d'individus ? Comment ses pensées sont-elles retranscrites ?

5. Quels sont les points communs de Duroy avec la courtisane qu'il aperçoit ?

6. Pourquoi Maupassant utilise-t-il le discours direct dans le dernier paragraphe ? Quel effet recherche-t-il ?

Contexte et perspectives

7. En vous appuyant sur l'extrait de Maupassant et celui de Proust (texte écho), vous montrerez comment les deux auteurs font des Champs-Élysées un observatoire idéal de la diversité sociale parisienne.

Vers le BAC : le commentaire

8. Vous rédigerez un paragraphe qui analysera la vivacité du passage, liée à la variation des discours utilisés et aux différentes manières dont les pensées de Georges Duroy sont retranscrites.

Histoire des Arts

Auguste Renoir, témoin de la société de son temps

À retenir

Le mouvement impressionniste

▮ En 1874, des peintres écartés du Salon officiel se regroupent et exposent leurs œuvres dans les ateliers parisiens du photographe Nadar. S'opposant aux grandes compositions historiques ou mythologiques, ces peintres cherchent à rendre le **spectacle mouvant du monde** à travers des **touches discontinues**. Ils peignent **en plein air** et s'appliquent à rendre les reflets de **l'eau** et plus généralement les variations de **la lumière** qui dissolvent formes et contours.

▮ C'est le journaliste Louis Leroy qui les baptise, en voulant ironiser sur le titre du tableau de Monet ***Impression, Soleil levant***. Les « impressionnistes » revendiquent alors ce nom, bravant les sarcasmes et l'incompréhension du public devant leurs toiles jugées inachevées ou bâclées. Parmi les plus importants citons Monet, Pissarro, Renoir, Degas, Sisley, Caillebotte, Berthe Morisot...

L'impressionnisme et la représentation de la société

▮ Les impressionnistes se sont portés naturellement vers le paysage, qui se prête à tous les jeux de lumière, mais ils n'ont pas ignoré pour autant **la société**. Manet, le maître dont ils se réclament tous, a d'ailleurs fait scandale avec sa peinture non-conformiste de la bourgeoisie. Plus tard Renoir ou Caillebotte se sont plu à peindre des scènes, souvent en extérieur, mariant la technique impressionniste avec des thématiques plus réalistes, comme les cafés et les bals parisiens, les promenades en canots ou les guinguettes au bord de l'eau.

▼ *Autoportrait*, 1876.

Auguste Renoir (1841-1919)
Proche de Courbet, Manet et Monet, il rejoint le groupe impressionniste tout en gardant une touche plus fondue, moins divisée. À partir de 1881, il s'éloigne de l'impressionnisme, revenant à une composition plus classique.

À propos ...

...des personnages représentés

Renoir a réuni, sur la terrasse de l'auberge du père Fournaise qui se trouve sur les bords de Seine à Chatou, des connaissances venues de milieux très différents. On peut ainsi distinguer entre autres :
- au premier plan : à gauche, Aline Charigot qui joue avec un chien (et qui deviendra sa femme) et debout à ses côtés, le fils du propriétaire ; à droite, assis portant un canotier, le peintre Gustave Caillebotte (premier mécène des impressionnistes) ;
- au fond : le modèle de Renoir, Angèle, en train de boire ; derrière elle, le financier Ephrussi coiffé d'un chapeau haut de forme, en train de parler avec le poète Jules Laforgue.

Auguste Renoir (1841-1919), *Le Déjeuner des canotiers*, 1880-1881, huile sur toile, 130 cm × 173 cm, Washington, Collection Phillips.

Pour lire le tableau

Observer la composition

Le tableau s'organise autour de la table défaite, à la fin du repas. Laissant vide le centre de la toile, il dispose les personnages dans un désordre apparent, chacun semblant vaquer à ses occupations.

Observer la touche du pinceau

Le peintre alterne des touches fines et précises (représentation des mets au premier plan) avec des traits flous et fondus (décor de l'arrière- plan). L'atmosphère joyeuse est rendue par des couleurs claires et les jeux de lumière.

Observer les personnages

Renoir peint ici son idéal féminin : corps enrobés, expressions joyeuses, visages enfantins. Les bras nus des canotiers disent la liberté des corps.

Questions

1. Un critique écrit que « l'œuvre de Renoir est débordante d'une humeur contagieuse ». En quoi ce tableau illustre-t-il ce propos ?

2. Dans quelle mesure ce tableau reprend-il les caractéristiques de l'impressionnisme ?

3. En quoi *Le Déjeuner des canotiers* nous offre-t-il un document social intéressant ?

Écrire

4. En filmant la nouvelle de Maupassant, *Une partie de campagne*, le cinéaste Jean Renoir, fils du peintre Auguste Renoir, garda à l'esprit les toiles de son père. À votre tour, imaginez à partir de ce tableau une scène qui fasse dialoguer les personnages représentés.

Le procès de la société

Stendhal
1783-1842

Biographie, p. 566

Histoire littéraire
Le réalisme, p. 50

Outils d'analyse
Les types d'argument, p. 432

Texte 7 Le Rouge et le Noir (1830)

Julien Sorel, fils de charpentier, est condamné à mort pour avoir tiré sur son ancienne maîtresse, Mme de Rénal, au cours d'une messe, dans l'église de Verrières. Il passe alors en jugement et improvise un discours devant les jurés donnant à son crime passionnel une explication sociale.

« Messieurs les jurés,

« L'horreur du mépris, que je croyais pouvoir braver au moment de la mort, me fait prendre la parole. Messieurs, je n'ai point l'honneur d'appartenir à votre classe, vous voyez en moi un paysan qui s'est révolté contre la bassesse de sa fortune.

« Je ne vous demande aucune grâce, continua Julien en affermissant sa voix. Je ne me fais point illusion, la mort m'attend : elle sera juste. J'ai pu attenter aux jours de la femme la plus digne de tous les respects, de tous les hommages. Mme de Rênal avait été pour moi comme une mère. Mon crime est atroce, et il fut *prémédité*. J'ai donc mérité la mort, messieurs les jurés. Quand je serais[1] moins coupable, je vois des hommes qui, sans s'arrêter à ce que ma jeunesse peut mériter de pitié, voudront punir en moi et décourager à jamais cette classe de jeunes gens qui, nés dans une classe inférieure, et en quelque sorte opprimés par la pauvreté, ont le bonheur de se procurer une bonne éducation, et l'audace de se mêler à ce que l'orgueil des gens riches appelle la société.

« Voilà mon crime, messieurs, et il sera puni avec d'autant plus de sévérité, que, dans le fait, je ne suis point jugé par mes pairs. Je ne vois point sur les bancs des jurés quelque paysan enrichi, mais uniquement des bourgeois indignés… »

Pendant vingt minutes, Julien parla sur ce ton ; il dit tout ce qu'il avait sur le cœur ; l'avocat général, qui aspirait aux faveurs de l'aristocratie, bondissait sur son siège ; mais malgré le tour un peu abstrait que Julien avait donné à la discussion, toutes les femmes fondaient en larmes. Mme Derville[2] elle-même avait son mouchoir sur ses yeux. Avant de finir, Julien revint à la préméditation, à son repentir, au respect, à l'adoration filiale et sans bornes que, dans les temps plus heureux, il avait pour Mme de Rênal… Mme Derville jeta un cri et s'évanouit.

STENDHAL, *Le Rouge et le Noir*, tome second, chapitre XLI, « Le jugement », 1830.

1. Même si j'étais.
2. Cousine de Mme de Rênal.

Questions

Observer et analyser

1. En vous appuyant sur le vocabulaire, les images et les effets de contraste, montrez comment, au début de son discours, Julien assume pleinement son crime.

2. Quel rôle joue la répétition du verbe « voir » ?

3. Quels sont les deux registres du discours de Julien ? À quel moment passe-t-on de l'un à l'autre ?

4. Julien se fait progressivement le porte-parole d'un certain groupe social : lequel ? Appuyez-vous sur le texte pour justifier votre réponse.

5. Le mot « crime » apparaît à deux reprises dans son discours (l. 10 et 17). S'agit-il du même sens ?

6. Quel public est touché par le discours de Julien ? Pourquoi Stendhal a-t-il fait ce choix ?

Vers le BAC : l'entretien à l'oral

7. Vous comparerez ce discours de revendication sociale avec celui que tient Georges Duroy chez Maupassant, p. 90.

Hugo
1802-1885

Biographie, p. 559

Texte 8 Les Misérables (1862)

En 1796, le paysan Jean Valjean est condamné à cinq ans de bagne pour avoir volé un pain et cassé un carreau pour nourrir ses neveux. Il n'en sort que 19 ans plus tard, en 1815, après plusieurs tentatives d'évasion qui repoussent à chaque fois sa peine. Tout juste libéré, l'ancien forçat finit par trouver l'hospitalité chez l'évêque de Digne, après avoir été rejeté par tous les aubergistes. Il médite alors sur son passé, son crime et son châtiment.

Il se constitua tribunal.

Il commença par se juger lui-même.

Il reconnut qu'il n'était pas un innocent injustement puni. Il s'avoua qu'il avait commis une action extrême et blâmable; qu'on ne lui eût peut-être pas refusé ce pain s'il l'avait demandé; que dans tous les cas il eût mieux valu l'attendre, soit de la pitié, soit du travail; que ce n'est pas tout à fait une raison sans réplique de dire: peut-on attendre quand on a faim? que d'abord il est très rare qu'on meure littéralement de faim; ensuite que, malheureusement ou heureusement, l'homme est ainsi fait qu'il peut souffrir longtemps et beaucoup, moralement et physiquement, sans mourir; qu'il fallait donc de la patience; que cela eût mieux valu même pour ces pauvres petits enfants; que c'était un acte de folie, à lui, malheureux homme chétif, de prendre violemment au collet[1] la société tout entière et de se figurer qu'on sort de la misère par le vol; que c'était, dans tous les cas, une mauvaise porte pour sortir de la misère que celle par où l'on entre dans l'infamie; enfin qu'il avait eu tort.

Puis il se demanda:

S'il était le seul qui avait eu tort dans sa fatale histoire? Si d'abord ce n'était pas une chose grave qu'il eût, lui travailleur, manqué de travail, lui laborieux, manqué de pain. Si, ensuite, la faute commise et avouée, le châtiment n'avait pas été féroce et outré. S'il n'y avait pas plus d'abus de la part de la loi dans la peine qu'il n'y avait eu d'abus de la part du coupable dans la faute. S'il n'y avait pas excès de poids dans un des plateaux de la balance, celui où est l'expiation[2]. Si la surcharge de la peine n'était point l'effacement du délit, et n'arrivait pas à ce résultat de retourner la situation, de remplacer la faute du délinquant par la faute de la répression, de faire du coupable la victime et du débiteur le créancier, et de mettre définitivement le droit du côté de celui-là même qui l'avait violé. Si cette peine, compliquée des aggravations successives pour les tentatives d'évasion, ne finissait pas par être une sorte d'attentat du plus fort sur le plus faible, un crime de la société sur l'individu, un crime qui recommençait tous les jours, un crime qui durait dix-neuf ans.

1. Attraper par le col.
2. Châtiment subi pour une faute ou un crime.

Théodore Géricault, *Portrait d'homme*, 1819, coll. privée.

Il se demanda si la société humaine pouvait avoir le droit de faire également subir à ses membres, dans un cas son imprévoyance déraisonnable, et dans l'autre cas sa prévoyance impitoyable, et de saisir à jamais un pauvre homme entre un défaut et un excès, défaut de travail, excès de châtiment.

S'il n'était pas exorbitant que la société traitât ainsi précisément ses membres les plus mal dotés dans la répartition de biens que fait le hasard, et par conséquent les plus dignes de ménagements.

Ces questions faites et résolues, il jugea la société et la condamna.

Il la condamna à sa haine.

Il la fit responsable du sort qu'il subissait, et se dit qu'il n'hésiterait peut-être pas à lui en demander compte un jour. Il se déclara à lui-même qu'il n'y avait pas équilibre entre le dommage qu'il avait causé et le dommage qu'on lui causait; il conclut enfin que son châtiment n'était pas, à la vérité, une injustice, mais qu'à coup sûr c'était une iniquité.

La colère peut être folle et absurde; on peut être irrité à tort; on n'est indigné que lorsqu'on a raison au fond par quelque côté. Jean Valjean se sentait indigné.

Et puis, la société humaine ne lui avait fait que du mal. Jamais il n'avait vu d'elle que ce visage courroucé qu'elle appelle sa justice et qu'elle montre à ceux qu'elle frappe. Les hommes ne l'avaient touché que pour le meurtrir. Tout contact avec eux lui avait été un coup. Jamais, depuis son enfance, depuis sa mère, depuis sa sœur, jamais il n'avait rencontré une parole amie, un regard bienveillant. De souffrance en souffrance il arriva peu à peu à cette conviction que la vie était une guerre; et que dans cette guerre il était le vaincu. Il n'avait d'autre arme que sa haine.

Victor Hugo, *Les Misérables*, tome I, livre II, chapitre 7, 1862.

Histoire littéraire
Le romantisme, p. 46

Outils d'analyse
Les types d'argument, p. 432

Questions

Observer et analyser

1. Dans quelle mesure ce texte se rapproche-t-il d'un monologue? Comment les pensées de Jean Valjean sont-elles introduites?

2. Mettez en relief la construction binaire du texte en donnant, d'une part, un titre à chacune des parties et en comparant, d'autre part, le début et la fin du texte: quel renversement constatez-vous?

3. Relevez le champ lexical de la culpabilité en indiquant s'il désigne Jean Valjean ou la société. Quelle impression en ressort pour le lecteur?

4. Quelle nouvelle dimension le dernier paragraphe apporte-t-il au réquisitoire de Jean Valjean? Quelle tonalité lui confère-t-il?

5. Donnez trois figures de style qui vous semblent caractéristiques de l'écriture de Victor Hugo, en les illustrant avec des exemples tirés du texte.

Contexte et perspectives

6. Comparez sous forme de tableau les réquisitoires de Julien Sorel (► p. 94) et de Jean Valjean: circonstances et motifs du crime, registre utilisé, lucidité du personnage, renversement de l'accusation.

7. Quelles furent les évolutions politiques de Victor Hugo? Quelle position transparaît dans ce passage des *Misérables*?

Vers le BAC : la dissertation

8. Dans son épigraphe des *Misérables*, Hugo écrivait: «Tant qu'il y aura sur la terre ignorance et misère, des livres de la nature de celui-ci pourront ne pas être inutiles.» Dans quelle mesure le roman est-il apte à dénoncer les injustices sociales? Vous répondrez à cette question dans un paragraphe argumenté et illustré par des exemples tirés de ce chapitre.

Synthèse

Roman et société au XIXe siècle

Une société en mutation

▮ Les romanciers du XIXe siècle témoignent dans leurs œuvres des **bouleversements sociaux** liés aux soubresauts de l'Histoire : de la Révolution française qui renversa la société d'Ancien Régime à l'installation durable de la République qui mit en place une société plus démocratique.

▮ Balzac décrit une **société aristocratique repliée sur elle-même** sous la Restauration (1815-1830) (► *Illusions perdues*, p. 81) ;

▮ Maupassant brosse le tableau d'une **bourgeoisie décomplexée** au lendemain du second Empire, soumise non plus à la loi de la naissance mais à celle de l'**argent** (► *Bel-Ami*, p. 94) ;

▮ Zola (dans *Germinal*) et Vallès (► *L'Insurgé*, p. 84) se font l'écho des **révoltes ouvrières** et de l'émergence d'une classe prolétarienne.

Le roman, miroir de la société

L'histoire des mœurs

▮ Les romanciers s'appliquent à **retranscrire fidèlement** les mutations sociales de leur temps :

– Selon la formule célèbre de Stendhal, le roman devient « **un miroir promené le long d'un chemin** » par l'écrivain qui capte le réel.

– De la même manière, Balzac dans la préface de *La Comédie humaine* se compare à un **« secrétaire »**, qui enregistre les évolutions de la société et entreprend d'écrire **l'histoire des mœurs.**

– Zola renforce encore le souci d'objectivité en ajoutant une **dimension scientifique** au réalisme : le **naturalisme** applique à la littérature la méthode expérimentale de Claude Bernard et **le déterminisme du milieu et de l'hérédité**, mis en lumière par Darwin.

Un monde romanesque

▮ Ils choisissent des **personnages emblématiques** pour illustrer la complexité et la diversité sociale :

– Balzac compose des **types** qui réunissent des traits récurrents de certains caractères (comme le type de la coquette dans *La Duchesse de Langeais*) et fait évoluer ses personnages dans **des cadres variés** (scènes de la vie parisienne, de la vie de campagne...).

– Zola choisit, lui, de se concentrer sur **une seule famille** : les Rougon-Macquart, qu'il décrit sur **plusieurs générations** (du coup d'État de Louis-Napoléon Bonaparte à la chute du second Empire) et dans **différents milieux** (ouvrier, bourgeois...).

Une vision propre à chaque écrivain

Critique de la société

▮ Le souci d'objectivité n'empêche pas les écrivains d'exprimer leur opinion personnelle. Qu'ils soient engagés dans la vie politique – comme Hugo, qui fut député puis sénateur – ou qu'ils soient plus distants, ils proposent tous dans leurs romans une certaine vision de la société : une œuvre d'art est « un coin de la création vue à travers un tempérament » (Zola).

Stendhal et Hugo dénoncent **l'immobilisme social** (► *Le Rouge et le Noir*, p. 94, *Les Misérables*, p. 95) ; Flaubert fait part de sa **désillusion** avec l'échec de Frédéric Moreau (► *L'Éducation sentimentale*, p. 88) ; Zola brosse **une satire virulente** du second Empire à travers l'ascension opportuniste des Rougon (► *La Fortune des Rougon*, p. 82).

Le travail du style

▮ Le style des auteurs évolue et se fait de plus en plus attentif au langage des classes populaires : l'écriture de Vallès ou celle de Zola préfigurent le **style oral** des romans de Céline. La restitution du monde ouvrier, jusque dans sa manière de parler (► Huysmans, *Les Sœurs Vatard*, p. 116) devient un nouvel enjeu pour le romancier, et ouvre plus largement le roman sur la société.

Edgar Degas, *Portrait à la bourse*, 1878-1879, Paris, musée d'Orsay.

Le monde ouvrier, un nouvel enjeu romanesque

Texte 1 Émile Zola, *Germinal* (1885)

L'auteur décrit le supplice des mineurs dans l'enfer du Voreux, nom symbolique de la mine, qui tel un ogre dévore les hommes, parmi lesquels Maheu.

La roche, au-dessus de lui, à quelques centimètres de son visage, ruisselait d'eau, de grosses gouttes continues et rapides, tombant sur une sorte de rythme entêté, toujours à la même place. Il avait beau tordre le cou, renverser la nuque : elles battaient sa face, s'écrasaient, claquaient sans relâche. Au bout d'un quart d'heure, il était trempé, couvert de sueur lui-même, fumant d'une chaude buée de lessive. Ce matin-là, une goutte, s'acharnant dans son œil, le faisait jurer. Il ne voulait pas lâcher son havage[1], il donnait de grands coups, qui le secouaient violemment entre les deux roches, ainsi qu'un puceron pris entre deux feuillets d'un livre, sous la menace d'un aplatissement complet.

Pas une parole n'était échangée. Ils tapaient tous, on n'entendait que ces coups irréguliers, voilés et comme lointains. Les bruits prenaient une sonorité rauque, sans un écho dans l'air mort. Et il semblait que les ténèbres fussent d'un noir inconnu, épaissi par les poussières volantes du charbon, alourdi par des gaz qui pesaient sur les yeux. Les mèches des lampes, sous leurs chapeaux de toile métallique, n'y mettaient que des points rougeâtres. On ne distinguait rien, la taille s'ouvrait, montait ainsi qu'une large cheminée, plate et oblique, où la suie de dix hivers aurait amassé une nuit profonde. Des formes spectrales s'y agitaient, les lueurs perdues laissaient entrevoir une rondeur de hanche, un bras noueux, une tête violente, barbouillée comme pour un crime. Parfois, en se détachant, luisaient des blocs de houille, des pans et des arêtes, brusquement allumés d'un reflet de cristal.

Émile Zola, *Germinal*, 1885.

1. Travail consistant à pratiquer de profondes entailles.

Texte 2 Céline, *Voyage au bout de la nuit* (1932)

Bardamu, le héros narrateur du roman, est à Détroit, aux États-Unis, après avoir été confronté aux horreurs de la Première Guerre et aux réalités de l'exploitation coloniale en Afrique. Il passe une visite médicale afin de se faire embaucher dans une usine automobile.

À poil qu'on nous a mis pour commencer, bien entendu. La visite ça se passait dans une sorte de laboratoire. Nous défilions lentement. « Vous êtes bien mal foutu, qu'a constaté l'infirmier en me regardant d'abord, mais ça fait rien. »

Et moi qui avais eu peur qu'ils me refusent au boulot à cause des fièvres d'Afrique, rien qu'en s'en apercevant si par hasard ils me tâtaient les foies ! Mais au contraire, ils semblaient l'air bien content de trouver des moches et des infirmes dans notre arrivage.

Louis-Ferdinand Céline, *Voyage au bout de la nuit*, illustration de Jacques Tardi.

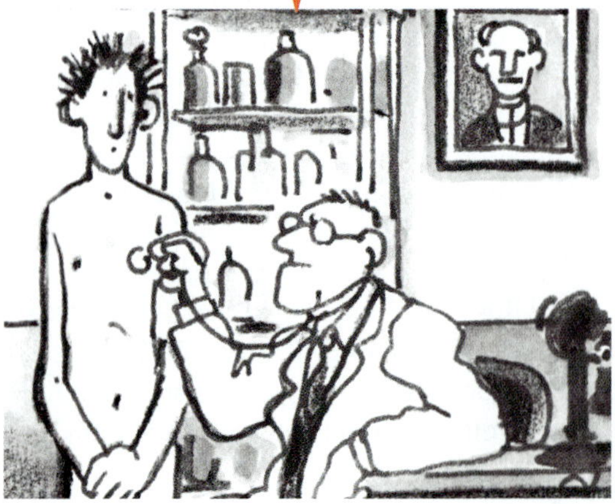

« Pour ce que vous ferez ici, ça n'a pas d'importance comment que vous êtes foutu ! m'a rassuré le médecin examinateur, tout de suite.

– Tant mieux que j'ai répondu moi, mais vous savez, monsieur, j'ai de l'instruction et même j'ai entrepris autrefois des études médicales... »

Du coup, il m'a regardé avec un sale œil. J'ai senti que je venais de gaffer une fois de plus, et à mon détriment.

« Ça ne vous servira à rien ici vos études, mon garçon ! Vous n'êtes pas venu ici pour penser, mais pour faire les gestes qu'on vous commandera d'exécuter... Nous n'avons pas besoin d'imaginatifs dans notre usine. C'est de chimpanzés dont nous avons besoin... Un conseil encore. Ne nous parlez plus jamais de votre intelligence ! On pensera pour vous mon ami ! Tenez-vous-le pour dit. »

Louis-Ferdinand CÉLINE, *Voyage au bout de la nuit*, © Gallimard, 1932.

Texte 3 François Bon, *Sortie d'usine* (1982)

Dans Sortie d'usine, *François Bon s'intéresse aux heures qui séparent l'ouvrier de la fin de sa journée, au cycle infernal du temps qui rythme son quotidien jusqu'à la sortie définitive, non pas celle de l'usine mais celle de la vie.*

Mais c'est ainsi pour chacun qu'il y a des jours avec et des jours sans, un peu mal au crâne ou pas mais rien ne passe, on regarde la pendule et pas même dix minutes de filées depuis le dernier regard, quand on a fait pourtant l'effort de ne se retourner qu'après cela ou cela. Et d'autres jours qui ronronnent malgré tout, puis la masse des entre-deux, la traversée inégale et lente avec au fond quand même ce rassurant du temps, celui du sablier, son inéluctable imprononcé qu'on n'ose à soi-même se dire parce qu'on sait bien que cela ne la raccourcira pas, mais que ça finira bien par finir, puisqu'il en est ainsi depuis si longtemps, que soi-même on a si souvent répété cet ennui, qu'il en est ainsi : c'est la fin de mois une durée qui mesure le travail et détermine la paye il ne faut pas cracher sur le bifteck, le cycle a son inertie qui fait s'engrener la semaine, si dure à avaler qu'elle soit. Et c'est l'usine elle-même qui au soir vous rejette, la vie est là comme à attendre, il y a des lumières, une musique au troquet où sur le chemin de la gare on prend un demi ensemble, puis qu'on se l'est enfoncée, la journée, et qu'il y a encore ces douze minutes avant le train.

François BON, *Sortie d'usine*,© Minuit, 1982.

Croiser les textes

1. Quel point de vue est adopté dans chacun des extraits ?

2. De quelle manière chacun des extraits insiste-t-il sur l'aspect mécanique du travail ouvrier ? Quelle critique économique et sociale se profile derrière ces trois passages ?

3. Caractérisez le registre et le style de chacun de ces textes. Comment les auteurs dépassent-ils ainsi l'aspect documentaire de leur sujet ?

Vers le BAC : la question de corpus

4. En quoi ces textes donnent-ils une vision réaliste du monde ouvrier ?

Le roman et les réalités

2

Claude Monet (1840-1926), *Les Déchargeurs de charbon* (1875), Paris, musée d'Orsay.

Histoire des Arts

Artiste lié au mouvement impressionniste, Claude Monet peint ici une scène du quotidien : des travailleurs à l'ouvrage sur les berges de la Seine. Le paysage n'a rien de bucolique mais représente au contraire une France transformée par la révolution industrielle.

Lorsqu'il s'affirme au milieu du XIXe siècle comme genre littéraire dominant, le roman réaliste veut être un miroir de la vie. Tout est désormais digne d'être dit et le roman ose s'aventurer dans le quotidien, y compris dans ce qu'il a de plus banal ou parfois même de plus abject. La réalité, ou plus exactement les réalités innombrables, individuelles et collectives, deviennent donc romanesques. La place qu'il donne à la ville, au quotidien et aux réalités langagières assure au roman sa modernité.

Le roman et la ville

Balzac
1799-1850

► Biographie, p. 554

Texte 1 La Fille aux yeux d'or (1835)

La Fille aux yeux d'or *clôt le triptyque de l'*Histoire des Treize *après* Ferragus *et* La Duchesse de Langeais *(► p. 86). Ce bref roman donne dès l'incipit que voici, l'occasion d'un panorama très réaliste de la société parisienne.*

Un des spectacles où se rencontre le plus d'épouvantement est certes l'aspect général de la population parisienne, peuple horrible à voir, hâve[1], jaune, tanné[2]. Paris n'est-il pas un vaste champ incessamment remué par une tempête d'intérêts sous laquelle tourbillonne une moisson d'hommes que la mort fauche plus souvent qu'ailleurs et qui renaissent toujours aussi serrés, dont les visages contournés[3], tordus, rendent par tous les pores l'esprit, les désirs, les poisons dont sont engrossés leurs cerveaux; non pas des visages, mais bien des masques: masques de faiblesse, masques de force, masques de misère, masques de joie, masques d'hypocrisie; tous exténués, tous empreints des signes ineffaçables d'une haletante avidité ? Que veulent-ils ? De l'or, ou du plaisir ?

Quelques observations sur l'âme de Paris peuvent expliquer les causes de sa physionomie cadavéreuse qui n'a que deux âges, ou la jeunesse ou la caducité[4]: jeunesse blafarde et sans couleur, caducité fardée qui veut paraître jeune. En voyant ce peuple exhumé, les étrangers, qui ne sont pas tenus de réfléchir, éprouvent tout d'abord un mouvement de dégoût pour cette capitale, vaste atelier de jouissances, d'où bientôt eux-mêmes ils ne peuvent sortir, et restent à s'y déformer volontiers. Peu de mots suffiront pour justifier physiologiquement[6] la teinte presque infernale des figures parisiennes, car ce n'est pas seulement par plaisanterie que Paris a été nommé un enfer. Tenez ce mot pour vrai. Là, tout fume, tout brûle, tout brille, tout bouillonne, tout flambe, s'évapore, s'éteint, se rallume, étincelle, pétille et se consume. Jamais vie en aucun pays ne fut plus ardente, ni plus cuisante.

Honoré de Balzac, *La Fille aux yeux d'or*, 1835.

1. Amaigri et pâli.
2. Qui a l'aspect du cuir.
3. Déformés.
4. Vieillesse.
5. Du point de vue du fonctionnement de l'organisme.

Histoire littéraire
Le réalisme, p. 50

Outils d'analyse
La description, p. 162

Questions

Observer et analyser

1. Relevez les champs lexicaux de la vue et des couleurs. En quoi peut-on parler de description picturale ?

2. L'énumération est une figure de style qui revient souvent dans cette page. Repérez-là. Quel effet produit-elle ?

3. Relevez le vocabulaire du spectacle. Quel jugement moral son emploi implique-t-il ?

4. Comment l'image de l'Enfer est-elle progressivement construite ?

Contexte et perspectives

5. Le peintre Delacroix a été le dédicataire de ce roman. Cherchez une reproduction de son tableau *Dante et Virgile aux Enfers* : quels traits communs voyez-vous à cette page et à cette toile ?

Vers le BAC : le commentaire

6. En vous aidant de vos précédentes réponses, montrez que le texte oscille entre réalisme et fantastique.

Stendhal
1783-1842

Biographie, p. 556

Texte 2 Lucien Leuwen (écrit en 1834, publié en 1894)

Écrit quatre ans après Le Rouge et le Noir, Lucien Leuwen *est resté inachevé, ce qui explique sa date de parution tardive. Le héros éponyme, chassé de l'École polytechnique dans les années 1830, s'engage dans l'armée et gagne Nancy avec son régiment. La ville lui semble horrible jusqu'à ce qu'il aperçoive, derrière une persienne entrouverte, une jeune femme blonde. Il s'agit de Mme de Chasteller : il en tombera amoureux.*

Nancy, cette ville si forte, chef-d'œuvre de Vauban[1] parut abominable à Lucien. La saleté, la pauvreté semblaient s'en disputer tous les aspects, et les physionomies des habitants répondaient parfaitement à la tristesse des bâtiments. Lucien ne vit partout que des figures d'usuriers, des physionomies mesquines[2], pointues, hargneuses[3]. « Ces gens ne pensent qu'à l'argent et aux moyens d'en amasser, dit-il avec dégoût. Tel est, sans doute, le caractère et l'aspect de cette Amérique que les libéraux nous vantent si fort. »

Ce jeune Parisien, accoutumé aux figures polies de son pays était navré. Les rues étroites, mal pavées, remplies d'angles et de recoins, n'avaient rien de remarquable qu'une malpropreté abominable ; au milieu coulait un ruisseau d'eau boueuse, qui lui parut une décoction[4] d'ardoise.

Le cheval du lancier qui marchait à la droite de Lucien fit un écart qui couvrit de cette eau noire et puante la rosse[5] que le lieutenant-colonel lui avait fait donner. Notre héros remarqua que ce petit accident était un grand sujet de joie pour ceux de ses nouveaux camarades qui avaient été à portée de le voir. La vue de ces sourires qui voulaient être malins coupa les ailes à l'imagination de Lucien : il devint méchant.

1. Architecte militaire de Louis XIV, connu pour ses fortifications.
2. Des visages bornés.
3. Agressives.
4. Liquide provenant d'une macération.
5. Mauvais cheval.

Théodore Géricault (1791-1824), *Lancier rouge de la garde impériale* (1815), Paris, collection privée.

« Avant tout, se dit-il, je dois me souvenir que ceci n'est pas le bivouac[6] : il n'y a point d'ennemi à un quart de lieue d'ici ; et d'ailleurs, tout ce qui a moins de quarante ans, parmi ces messieurs, n'a pas vu l'ennemi plus que moi. Donc, des habitudes mesquines, filles de l'ennui. Ce ne sont plus ici les jeunes officiers pleins de bravoure, d'étourderie et de gaieté, que l'on voit au *Gymnase*[7] ; ce sont de pauvres ennuyés qui ne seraient pas fâchés de s'égayer à mes dépens ; ils seront mal pour moi, jusqu'à ce que j'aie eu quelque duel, et il vaut mieux l'engager tout de suite, pour arriver plus tôt à la paix. Mais ce gros lieutenant-colonel pourra-t-il être mon témoin ? J'en doute, son grade s'y oppose ; il doit l'exemple de l'ordre… Où trouver un témoin ? »

Lucien leva les yeux et vit une grande maison, moins mesquine que celles devant lesquelles le régiment avait passé jusque-là ; au milieu d'un grand mur blanc, il y avait une persienne peinte en vert perroquet. « Quel choix de couleurs voyantes ont ces marauds[8] de provinciaux ! »

Lucien se complaisait dans cette idée peu polie lorsqu'il vit la persienne vert perroquet s'entrouvrir un peu ; c'était une jeune femme blonde qui avait des cheveux magnifiques et l'air dédaigneux : elle venait voir défiler le régiment. Toutes les idées tristes de Lucien s'envolèrent à l'aspect de cette jolie figure ; son âme en fut ranimée. Les murs écorchés et sales des maisons de Nancy, la boue noire, l'esprit envieux et jaloux de ses camarades, les duels nécessaires, le méchant pavé sur lequel glissait la rosse qu'on lui avait donnée, peut-être exprès, tout disparut. Un embarras sous une voûte, au bout de la rue, avait forcé le régiment à s'arrêter. La jeune femme ferma sa croisée et regarda, à demi cachée par le rideau de mousseline brodée de sa fenêtre. Elle pouvait avoir vingt-quatre ou vingt-cinq ans. Lucien trouva dans ses yeux une expression singulière ; était-ce de l'ironie, de la haine, ou tout simplement de la jeunesse et une certaine disposition à s'amuser de tout ?

Le second escadron[9], dont Lucien faisait partie, se remit en mouvement tout à coup ; Lucien les yeux fixés sur la fenêtre vert perroquet, donna un coup d'éperon à son cheval, qui glissa, tomba et le jeta par terre.

STENDHAL, *Lucien Leuwen*, première partie, chapitre IV, écrit en 1834, publié en 1894.

6. Campement provisoire en plein air de troupes en campagnes.
7. Nom d'un théâtre parisien.
8. Coquins.
9. Régiment de cavaliers.

Histoire littéraire
Le réalisme, p. 50

Outils d'analyse
La structure du récit, p. 166
Les points de vue, p. 158

Questions

Observer et analyser

1. Selon quel point de vue nous est présentée la ville ? Repérez les indices de la focalisation. Quel rôle l'emploi du discours direct y joue-t-il ?

2. Quel adjectif revient à plusieurs reprises ? Observez les mots auxquels il se rapporte. Dans quelle mesure son emploi résume-t-il les sentiments de Lucien à l'égard de Nancy ?

3. Analysez l'enchaînement des idées dans la réflexion de Lucien, l. 19-29. Qu'apprend-on ainsi sur son caractère ?

4. À quel moment du texte la vision du personnage change-t-elle ? Comment le contraste est-il souligné ?

5. Qu'appelle-t-on la « chute » d'un texte ? En quoi peut-on parler d'effet de chute à la fin du passage ?

Contexte et perspectives

6. Paris ou Province ? Quels sont les points communs entre la description de Paris par Balzac à la page précédente (► p. 101) et cette description de Nancy ?

Vers le BAC : la dissertation

7. Rédigez un court paragraphe pour expliquer en quoi le principe même du réalisme justifie la description minutieuse de la ville.

Flaubert
1821-1880

Biographie, p. 558

Histoire littéraire
Le réalisme, p. 50

Outils d'analyse
La description, p. 162
Les points de vue, p. 158

Texte 3 Madame Bovary (1857)

Considéré comme une atteinte à la morale publique et religieuse, Madame Bovary *fit scandale à sa parution. Le roman raconte l'histoire d'Emma Bovary qui, mariée à un époux médiocre, constate le cruel décalage entre ses rêves (en partie issus de ses lectures) et la réalité étriquée de sa province normande. Pour échapper à son quotidien, elle prendra des amants : Rodolphe puis Léon. C'est pour aller retrouver ce dernier qu'elle est amenée à monter souvent dans l'Hirondelle, une diligence qui relie Yonville à Rouen.*

L'*Hirondelle* partait au petit trot, et, durant trois quarts de lieue[1], s'arrêtait de place en place pour prendre des voyageurs, qui la guettaient debout, au bord du chemin, devant la barrière des cours. Ceux qui avaient prévenu la veille se faisaient attendre ; quelques-uns même étaient encore au lit dans leur maison ; Hivert[2] appelait, criait, sacrait[3], puis il descendait de son siège et allait frapper de grands coups contre les portes. Le vent soufflait par les vasistas[4] fêlés.

Cependant les quatre banquettes se garnissaient, la voiture roulait, les pommiers à la file se succédaient ; et la route, entre ses deux longs fossés pleins d'eau jaune, allait continuellement se rétrécissant vers l'horizon.

Emma la connaissait d'un bout à l'autre ; elle savait qu'après un herbage il y avait un poteau, ensuite un orme, une grange ou une cahute de cantonnier ; quelquefois même, afin de se faire des surprises, elle fermait les yeux. Mais elle ne perdait jamais le sentiment net de la distance à parcourir.

Enfin, les maisons de briques se rapprochaient, la terre résonnait sous les roues, *l'Hirondelle* glissait entre des jardins où l'on apercevait, par une claire-voie, des statues, un vignot[5], des ifs taillés et une escarpolette[6]. Puis, d'un seul coup d'œil, la ville apparaissait.

Descendant tout en amphithéâtre et noyée dans le brouillard, elle s'élargissait au-delà des ponts, confusément. La pleine campagne remontait ensuite d'un mouvement monotone, jusqu'à toucher au loin la base indécise du ciel pâle. Ainsi vu d'en haut, le paysage tout entier avait l'air immobile comme une peinture ; les navires à l'ancre se tassaient dans un coin ; le fleuve arrondissait sa courbe au pied des collines vertes, et les îles, de forme oblongue, semblaient sur l'eau de grands poissons noirs arrêtés. Les cheminées des usines poussaient d'immenses panaches bruns qui s'envolaient par le bout. On entendait le ronflement des fonderies avec le carillon[7] clair des églises qui se dressaient dans la brume. Les arbres des boulevards, sans feuilles, faisaient des broussailles violettes au milieu des maisons, et les toits, tout reluisants de pluie, miroitaient inégalement, selon la hauteur des quartiers. Parfois un coup de vent emportait les nuages vers la côte Sainte-Catherine, comme des flots aériens qui se brisaient en silence contre une falaise.

Quelque chose de vertigineux se dégageait pour elle de ces existences amassées, et son cœur s'en gonflait abondamment, comme si les cent vingt mille âmes qui palpitaient là lui eussent envoyé toutes à la fois la vapeur des passions qu'elle leur supposait. Son amour s'agrandissait devant l'espace, et s'emplissait de tumulte aux bourdonnements vagues qui montaient. Elle le reversait au-dehors, sur les places, sur les promenades, sur les rues, et la vieille cité normande s'étalait à ses yeux comme une capitale

1. Unité de longueur (environ 4 km).
2. Nom du conducteur de la diligence.
3. Jurait.
4. Parties de la fenêtre ou de la porte du véhicule qui peuvent s'ouvrir.
5. Petite butte surmontée d'une treille.
6. Une balançoire.
7. Son produit par les cloches des églises.

démesurée, comme une Babylone[8] où elle entrait. Elle se penchait des deux mains par le vasistas, en humant la brise; les trois chevaux galopaient, les pierres grinçaient dans la boue, la diligence se balançait, et Hivert, de loin, hélait les carrioles sur la route, tandis que les bourgeois qui avaient passé la nuit au bois Guillaume[9] descendaient la côte tranquillement, dans leur petite voiture de famille.

Gustave FLAUBERT, *Madame Bovary*, 1857.

8. Ancienne ville de Mésopotamie, symbole de débauche dans la Bible.
9. Lieu aux environs de Rouen.

Camille Pissaro (1830-1903), *Le Grand Pont de Rouen* (1896), Pittsburgh, musée d'art Carnegie.

Histoire des Arts

L'artiste impressionniste Camille Pissarro, connu pour ses paysages, trouve dans la peinture de Rouen la possibilité de rendre compte à la fois de l'aspect paisible des bords de Seine et de l'activité fluviale et industrielle de la ville. Un autre impressionniste, Claude Monet, séjournera aussi dans la ville normande.

Questions

Observer et analyser

1. Repérez les trois moments du récit. Montrez que le point de vue change au fil du texte: vers quelle focalisation va-t-on?

2. Comment s'opposent les deux évocations de Rouen dans les deux derniers paragraphes? Étudiez le changement dans le point de vue, dans le rythme des phrases et dans le ton du texte.

3. À quoi le paysage est-il comparé dans l'avant-dernier paragraphe? Qu'est-ce qui justifie cette comparaison? Comment Flaubert fait-il jouer les sons et les couleurs dans sa description?

4. Montrez comment les sentiments d'Emma contaminent ce qu'elle voit et ce qui l'entoure dans le dernier paragraphe?

5. Comment la comparaison entre Rouen et Babylone se justifie-t-elle? Que dit-elle des sentiments qui animent Emma?

Contexte et perspectives

6. Observez le tableau de Pissaro. Le traitement des couleurs et des formes vous semble-t-il pouvoir être rapproché de la description offerte par l'avant-dernier paragraphe?

Vers le BAC: l'écriture d'invention

7. Décrivez le paysage de votre trajet vers un lieu familier de votre choix (habitation, lycée...) en essayant à la fois de rendre compte de l'idée de mouvement et de proposer un véritable « tableau ».

Les réalités quotidiennes

E. de Goncourt
1822-1896

J. de Goncourt
1830-1870

Biographie, p. 559

Histoire littéraire
Le naturalisme, p. 56

Outils d'analyse
Le portrait, p. 162
Les points de vue, p. 158

Méthode
Les niveaux de langue, p. 450

Texte 4 Germinie Lacerteux (1865)

Les frères Jules et Edmond Goncourt sont considérés comme les précurseurs du naturalisme. Dans Germinie Lacerteux, *œuvre inspirée d'un fait divers, ils peignent la déchéance et la souffrance d'une femme malmenée par la vie. Elle forme un duo singulier avec Mlle de Varandeuil, une vieille célibataire qui la prend à son service et s'attache progressivement à elle.*

Voilà, mademoiselle !... Regardez-moi, dit Germinie.

C'était à quelques mois de là. Elle avait demandé à sa maîtresse la permission d'aller ce soir-là au bal de noce de la sœur de son épicier qui l'avait prise pour demoiselle d'honneur, et elle venait se faire voir en grande toilette dans sa robe de mousseline décolletée.

Mademoiselle leva la tête du vieux volume, imprimé gros, où elle lisait, ôta ses lunettes, les mit dans le livre pour marquer la page, et fit :

– Toi, ma bigote[1], toi, au bal ! Sais-tu, ma fille... ça me paraît tout farce ! Toi et le rigodon[2]... Ma foi, il ne te manque plus que d'avoir envie de te marier ! Une chienne d'envie !... Mais si tu te maries, je te préviens : je ne te garde pas... oust ! Je n'ai pas envie de devenir la bonne de tes mioches !... Approche un peu... Oh ! oh ! mais... sac à papier ! mademoiselle Montre-tout ! On est bien coquette, je trouve, depuis quelque temps...

– Mais non, mademoiselle, essaya de dire Germinie.

– Avec cela que chez vous autres, reprit Mlle de Varandeuil en suivant son idée, les hommes sont de jolis cadets[3] ! Ils te grugeront[4] ce que tu as... sans compter les tapes... Mais le mariage... je suis sûre que ça te trotte la cervelle, cette histoire-là, de te marier quand tu vois les autres... C'est ça qui te donne cette frimousse-là, je parie ? Bon Dieu de Dieu ! Maintenant tourne un peu qu'on te voie, dit Mlle de Varandeuil avec son ton de caresse brusque ; et, mettant ses deux mains maigres aux deux bras de son fauteuil, croisant ses deux jambes l'une sur l'autre, et remuant le bout de son pied, elle se mit à inspecter Germinie et sa toilette.

– Que diable ! dit-elle au bout de quelques instants d'attention muette, comment, c'est toi ?... Je n'ai donc jamais mis mes yeux pour te regarder... Bon Dieu, oui !... Ah ! mais... ah ! mais... Elle mâchonna encore quelques vagues exclamations entre ses dents.

– Où diantre[5] as-tu pris ce museau de chatte amoureuse ? fit-elle à la fin ; et elle se mit à la regarder.

Germinie était laide. Ses cheveux, d'un châtain foncé et qui paraissaient noirs, frisottaient et se tortillaient en ondes revêches, en petites mèches dures et rebelles, échappées et soulevées sur sa tête malgré la pommade de ses bandeaux lissés. Son front petit, poli[6], bombé, s'avançait de l'ombre d'orbites profondes où s'enfonçaient et se cavaient[7] presque maladivement ses yeux, de petits yeux éveillés, scintillants et ravivés par un clignement de petite fille qui mouillait et allumait leur rire. Ces yeux on ne les voyait ni bruns ni bleus : ils étaient d'un gris indéfinissable et changeant, d'un gris qui n'était pas une couleur, mais une lumière. L'émotion y passait dans le feu de la fièvre, le plaisir dans l'éclair d'une

1. Personne attachée à la religion de façon bornée.
2. Danse populaire.
3. Gentilshommes officiers.
4. Escroqueront.
5. Juron.
6. Lisse et brillant.
7. Se creusaient un trou.

Joseph Paul Meslé,
À la cuisine (1888), Rennes,
musée des Beaux-Arts.

sorte d'ivresse, la passion dans une phosphorescence[8]. Son nez court, relevé, largement troué, avec les narines ouvertes et respirantes, était de ces nez dont le peuple dit qu'il pleut dedans : sur l'une de ses ailes, à l'angle de l'œil, une grosse veine bleue se gonflait. La carrure de tête de la race lorraine se retrouvait dans ses pommettes larges, fortes, accusées, semées d'une volée de grains de petite vérole. La plus grande disgrâce de ce visage était la trop large distance entre le nez et la bouche. Cette disproportion donnait un caractère presque simiesque[9] au bas de la tête, où une grande bouche, aux dents blanches, aux lèvres pleines, plates et comme écrasées, souriait d'un sourire étrange et vaguement irritant.

Edmond et Jules de Goncourt, *Germinie Lacerteux*, 1865.

8. Rayonnement qui semble émaner d'un objet.
9. De singe.

Questions

Observer et analyser

1. Délimitez et résumez les deux parties de cet extrait. Précisez notamment les changements de points de vue.

2. Relevez les éléments descriptifs des deux parties. Sont-ils similaires ? Quel est l'effet produit ?

3. Observez les discours directs. Le ton et le vocabulaire sont-ils semblables à ceux du narrateur dans la deuxième partie ? Pourquoi un tel choix de la part des frères Goncourt ?

4. Observez la répartition de la parole dans le dialogue. Que dit-elle du rapport entre les deux femmes ?

5. Relevez dans le discours de Germinie et de Mlle de Varandeuil des indices de leurs positions sociales respectives. Décelez-vous aussi des indices de leurs sentiments ?

Contexte et perspectives

6. Comparez ce personnage avec celui de Félicité dans *Un cœur simple* de Flaubert (► p. 140). Quelles sont les similitudes ?

Vers le BAC : l'écriture d'invention

7. Vous imaginerez le portrait de Mlle de Varandeuil. Inspirez-vous du portrait de Germinie pour le rédiger à la façon des Goncourt.

Zola
1840-1902

Biographie, p. 567

Texte 5 L'Assommoir (1877)

L'Assommoir est le septième volume de la série Les Rougon-Macquart. *Selon Zola, c'est « une œuvre de vérité, le premier roman sur le peuple, qui ne mente pas et qui ait l'odeur du peuple ». Il y décrit les ravages causés par la misère et l'alcoolisme. Gervaise Macquart, l'héroïne, quittée par Lantier, s'est mariée avec Coupeau mais celui-ci a un accident qui l'empêche de travailler et plonge peu à peu le couple dans la misère. Ce qui n'empêche pas Gervaise de préparer un festin pour sa fête.*

Le lendemain dimanche, dès trois heures, maman Coupeau[1] alluma les deux fourneaux de la maison et un troisième fourneau en terre emprunté aux Boche[2]. À trois heures et demie, le pot-au-feu bouillait dans une grosse marmite, prêtée par le restaurant d'à côté, la marmite du ménage ayant semblé trop petite. On avait décidé d'accommoder la veille la blanquette de veau[3] et l'épinée[4] de cochon, parce que ces plats-là sont meilleurs réchauffés; seulement, on ne lierait[5] la sauce de la blanquette qu'au moment de se mettre à table. Il resterait encore bien assez de besogne pour le lundi, le potage, les pois au lard, l'oie rôtie. La chambre du fond était tout éclairée par les trois brasiers; des roux[6] graillonnaient[7] dans les poêlons, avec une fumée forte de farine brûlée; tandis que la grosse marmite soufflait des jets de vapeur comme une chaudière, les flancs secoués par des glouglous graves et profonds. Maman Coupeau et Gervaise, un tablier blanc noué devant elles, emplissaient la pièce de leur hâte à éplucher du persil, à courir après le poivre et le sel, à tourner la viande avec la mouvette[8] de bois. Elles avaient mis Coupeau dehors pour débarrasser le plancher. Mais elles eurent quand même du monde sur le dos toute

1. La mère de Coupeau.
2. Des voisins.
3. Veau en sauce blanche.
4. Morceau du dos, échine.
5. Épaissirait.
6. Préparations pour la sauce à base de farine et de beurre.
7. Prenaient une odeur de graisse brûlée.
8. Cuillère servant à remuer.

Michel Honoré Bounieu (1740-1814), *Les Apprêts du pot-au-feu*, Paris, musée du Louvre.

l'après-midi. Ça sentait si bon la cuisine, dans la maison, que les voisines descendirent les unes après les autres, entrèrent sous des prétextes, uniquement pour savoir ce qui cuisait; et elles se plantaient là, en attendant que la blanchisseuse[9] fût forcée de lever les couvercles. Puis, vers cinq heures, Virginie[10] parut; elle avait encore vu Lantier[11]; décidément, on ne mettait plus les pieds dans la rue sans le rencontrer. Madame Boche, elle aussi, venait de l'apercevoir au coin du trottoir, avançant la tête d'un air sournois. Alors, Gervaise, qui justement allait acheter un sou d'oignons brûlés pour le pot-au-feu, fut prise d'un tremblement et n'osa plus sortir; d'autant plus que la concierge et la couturière l'effrayaient beaucoup en racontant des histoires terribles, des hommes attendant des femmes avec des couteaux et des pistolets cachés sous leur redingote. Dame, oui! On lisait ça tous les jours dans les journaux; quand un de ces gredins-là enrage de retrouver une ancienne heureuse[12], il devient capable de tout. Virginie offrit obligeamment de courir chercher les oignons brûlés. Il fallait s'aider entre femmes, on ne pouvait pas laisser massacrer cette pauvre petite. Lorsqu'elle revint, elle dit que Lantier n'était plus là; il avait dû filer, en se sachant découvert. La conversation, autour des poêlons[13], n'en roula pas moins sur lui jusqu'au soir. Madame Boche ayant conseillé d'instruire Coupeau, Gervaise montra une grande frayeur et la supplia de ne jamais lâcher un mot de ces choses. Ah bien! Ce serait du propre! Son mari devait déjà se douter de l'affaire, car depuis quelques jours, en se couchant, il jurait et donnait des coups de poing dans le mur. Elle en restait les mains tremblantes, à l'idée que deux hommes se mangeraient pour elle; elle connaissait Coupeau, il était jaloux à tomber sur Lantier avec ses cisailles. Et pendant que, toutes quatre, elles s'enfonçaient dans ce drame, les sauces, sur les fourneaux garnis de cendre, mijotaient doucement; la blanquette et l'épinée, quand maman Coupeau les découvrait, avaient un petit bruit, un frémissement discret; le pot-au-feu gardait son ronflement de chantre[14] endormi le ventre au soleil. Elles finirent par se tremper chacune une soupe dans une tasse, pour goûter le bouillon.

Émile Zola, *L'Assommoir*, 1877.

9. Gervaise.
10. Une voisine.
11. L'ancien amant de Gervaise.
12. Fiancée.
13. Casserole à fond plat.
14. Chanteur dans un service religieux.

Histoire littéraire
Le naturalisme, p. 56

Outils d'analyse
La description, p. 162
Les discours rapportés, p. 170

Méthode
Les figures de style, p. 480

Questions

Observer et analyser

1. Dressez la liste des mets préparés. Le nombre des plats vous semble-t-il cohérent avec ce que vous connaissez de la situation de Gervaise? Qu'apprend-on ainsi sur le caractère de ce personnage?

2. Un certain nombre de figures de style sont employées pour désigner la nourriture. Relevez-en quelques-unes. D'où vient le caractère parfois humoristique de cette description?

3. Comment sont rapportés les discours des personnages? Quel est l'effet produit?

4. La préparation du repas est en partie gâchée par un événement: de quoi s'agit-il? Comment l'univers culinaire parvient-il à donner un reflet des sentiments des personnages?

Contexte et perspectives

5. Cherchez quels étaient le salaire et le menu type d'une famille ouvrière au XIXe siècle. Vous mesurerez l'écart avec ce festin.

Vers le BAC: la dissertation

6. Dans le roman réaliste, peut-on dire que les scènes du quotidien nous en apprennent autant sur les personnages que leur portrait physique et psychologique? Vous répondrez à cette question de façon organisée en introduisant des exemples.

Maupassant
1850-1893

Biographie, p. 561

Histoire littéraire
Le naturalisme, p. 56

Texte 6 Pierre et Jean (1888)

Pierre et Jean sont deux frères dont le roman montre la rivalité; mais c'est à Jean que tout réussit. Il conquiert une veuve, Mme Rosémilly, et la demande en mariage se fait… les pieds dans l'eau, en pleine partie de pêche!

Ah! que vous êtes ennuyeux, disait la jeune femme; mon cher, il ne faut jamais faire deux choses à la fois.

Il répondit:

– Je n'en fais qu'une. Je vous aime.

Elle se redressa, et d'un ton sérieux:

– Voyons, qu'est-ce qui vous prend depuis dix minutes, avez-vous perdu la tête?

– Non, je n'ai pas perdu la tête. Je vous aime, et j'ose, enfin, vous le dire.

Ils étaient debout maintenant dans la mare salée qui les mouillait jusqu'aux mollets, et les mains ruisselantes appuyées sur leurs filets, ils se regardaient au fond des yeux.

Elle reprit, d'un ton plaisant et contrarié:

– Que vous êtes malavisé[1] de me parler de ça en ce moment! Ne pouviez-vous attendre un autre jour et ne pas me gâter ma pêche?

Il murmura:

– Pardon, mais je ne pouvais plus me taire. Je vous aime depuis longtemps. Aujourd'hui vous m'avez grisé à me faire perdre la raison.

Alors, tout à coup, elle sembla en prendre son parti, se résigner à parler d'affaires et à renoncer aux plaisirs.

– Asseyons-nous sur ce rocher, dit-elle, nous pourrons causer tranquillement.

Ils grimpèrent sur un roc un peu haut, et lorsqu'ils y furent installés côte à côte, les pieds pendants, en plein soleil, elle reprit:

– Mon cher ami, vous n'êtes plus un enfant et je ne suis pas une jeune fille. Nous savons fort bien l'un et l'autre de quoi il s'agit, et nous pouvons peser toutes les conséquences de nos actes. Si vous vous décidez aujourd'hui à me déclarer votre amour, je suppose naturellement que vous désirez m'épouser.

Il ne s'attendait guère à cet exposé net de la situation, et il répondit niaisement:

– Mais oui.

Guy de Maupassant, *Pierre et Jean*, 1888.

1. Malhabile.

Questions

Observer et analyser

1. Cette scène comporte deux moments distincts. Délimitez-les et résumez-les.

2. Comment l'amour est-il exprimé? Par quel personnage? En quoi la situation des deux personnages rend-elle comique cette expression de l'amour?

3. Relevez le champ lexical de la raison. Quel personnage l'utilise? Y a-t-il ici quelque chose de surprenant?

4. A quoi voit-on que Maupassant tourne en dérision les clichés romantiques sur l'amour-passion?

Contexte et perspectives

5. Dans un siècle où la bourgeoisie prend le pouvoir, en quoi peut-on parler ici d'une représentation satirique du mariage?

Vers le BAC: l'invention

6. Prolongez le dialogue en respectant la position des personnages et le ton du passage.

Vers l'œuvre complète

Guy de Maupassant, *Pierre et Jean*

Citations

« Faire vrai consiste donc à donner l'illusion complète du vrai, suivant la logique ordinaire des faits, et non à les transcrire servilement dans le pêle-mêle de leur succession.
J'en conclus que les Réalistes de talent devraient s'appeler plutôt des Illusionnistes. »
Le Roman (préface de *Pierre et Jean*)

« – Ah ! ah ! mon Dieu ! Jaloux de toi !... moi ?... moi ?... moi ?... et de quoi ?... de quoi, mon Dieu ?... de ta figure ou de ton esprit ?... » (Chapitre VII)

« Cette affaire délicate une fois réglée, il revint à la question de la présence de Pierre dans la famille. Comment l'écarter ? » (Chapitre VIII)

Une œuvre ancrée dans la réalité

Dans un essai intitulé *Le Roman*, qu'il a donné en préface à *Pierre et Jean*, Maupassant rend hommage à son maître Flaubert. Cette filiation incite à rechercher des marques de réalisme dans l'œuvre.
Elles sont nombreuses : les lieux (le roman se déroule en Normandie), le vocabulaire maritime, le milieu social et les personnages eux-mêmes. Maupassant montre la réalité sans l'embellir et choisit des héros médiocres, même si, pour lui, l'art du romancier ne peut se réduire à « la photographie banale de la vie ». *Pierre et Jean* se rapproche aussi du naturalisme par l'observation quasi scientifique de la dégradation d'une situation dans un monde clos.

Une œuvre polyphonique

Pierre et Jean se situe à la croisée des genres entre la nouvelle, le roman de mœurs et le roman d'analyse psychologique. L'œuvre est brève, resserrée autour d'une intrigue centrale et mettant aux prises un nombre restreint de personnages ; elle propose une peinture sociale, celle de la petite bourgeoisie ; elle accorde une large place aux discours intérieurs des personnages et s'apparente alors à une enquête. La richesse du roman tient aussi au passage incessant d'un registre à l'autre.
Derrière le pathétique voire le tragique de la situation (lorsque Pierre est progressivement exclu au profit de son frère), la voix satirique de Maupassant se fait souvent entendre.

La construction du récit

1. À quelle époque se situe l'action ?Combien de temps l'intrigue dure-t-elle ?

2. Montrez que le récit est en partie construit comme un roman policier, avec des indices qui permettent d'entrevoir assez vite la vérité.

3. En quoi le choix des lieux contribue-t-il au réalisme de l'œuvre ?

Les personnages

4. Dressez le portrait des deux personnages éponymes en faisant ressortir la symétrie entre les deux.

5. Dressez le portrait de M. Roland : montrez qu'il s'agit d'un stéréotype.

6. Renseignez-vous sur les apôtres Pierre et Jean. En quoi les deux héros peuvent-ils être vus comme des doubles comiques de ces figures religieuses ?

Genre et registres

7. Quel est finalement le genre de cette œuvre ? Servez-vous de la synthèse ci-dessus pour justifier votre réponse.

8. Relevez des exemples précis de la multiplication des registres dans l'œuvre.

9. *Pierre et Jean* aborde des thèmes récurrents dans la littérature : les « frères ennemis » et « l'enfant illégitime ». Cherchez d'autres exemples dans l'histoire ou la littérature et mesurez l'écart avec l'œuvre de Maupassant.

Courbet : l'irruption du réalisme

À retenir

Courbet, le réalisme et la peinture

▌Sous la Restauration et la Monarchie de Juillet, des dessinateurs ou des peintres, comme Daumier, Monnier ou Gavarni s'intéressent à **la société qui les entoure**, mais leur visée caricaturale empêche toute saisie objective.

▌Le réalisme en peinture naît donc véritablement avec **Gustave Courbet** (1819-1877). Si ce dernier n'a pas accepté d'emblée le terme, il assume cependant très vite cette esthétique picturale. Il déclare que « la peinture est un art essentiellement concret et ne peut consister que dans la représentation des choses réelles et existantes ».

▌À la même époque que Courbet, **Jean-François Millet** (1814-1875) tente lui aussi de saisir **le réalisme du quotidien**. Son inspiration est avant tout rurale (*Des Glaneuses*, 1857 ; *L'Angélus*, 1859).

Une rupture dans l'histoire de la peinture

▌Le tableau *Un Enterrement à Ornans*, perçu comme **un manifeste du réalisme**, fit aussitôt scandale. Pour peindre ces 46 personnages, tous habitants d'Ornans (la plupart ont été identifiés), Courbet choisit un format exceptionnel, habituellement réservé aux sujets historiques. Le titre d'origine (*Tableau des figures humaines, historique d'un enterrement à Ornans*) souligne sa volonté d'élever une scène rurale à une hauteur historique.

▌Un problème se pose pour l'interprétation du tableau : qui enterre-t-on ? Un personnage réel ou bien un symbole ? la religion, l'idéal ou, pourquoi pas, la République, en ces temps troublés qui suivent la Révolution de 1848 ?

Gustave Courbet (1819-1877)
Né à Ornans, Courbet s'inspire de scènes de sa ville natale pour lancer le mouvement réaliste en peinture (*L'Après-dîner à Ornans*, 1849). Son engagement politique lors de la Commune lui vaut la ruine et la prison. Réfugié en Suisse, il refusera jusqu'à sa mort de revenir en France.

L'Homme à la pipe, autoportrait peint vers 1849.

Gustave Courbet, *Un Enterrement à Ornans*, 1849-1850, huile sur toile, 668 cm × 315 cm, Paris, musée d'Orsay.

Pour lire le tableau

Observer la composition
Le tableau est organisé comme une frise construite de façon géométrique : de gauche à droite, les officiants, les hommes et les femmes.

Observer la matière picturale
La toile est au préalable enduite d'un fond sombre, ce qui lui donne cette lumière particulière en accord avec la cérémonie funèbre.

Observer le cadre
Le peintre a choisi un décor inédit : Ornans (Franche-Comté), dont il est originaire. Le cimetière est à l'extérieur de la ville.

Questions

1. Pourquoi la grande taille de cette toile a-t-elle choqué à l'époque ?
2. Relevez les signes des différentes classes sociales qui se côtoient. Perçoit-on une hiérarchie entre elles ?
3. Observez les visages des personnages : comprenez-vous ceux qui ont dénoncé la laideur des personnages et la trivialité de l'ensemble ? Pourquoi ?
4. Que voit-on au tout premier plan du tableau ? Que pensez-vous de ce détail ?

Comparez

5. Cherchez une reproduction du *Sacre de l'Empereur* de Jacques Louis David (1808). Quelles sont les différences essentielles entre ce tableau et *Un Enterrement à Ornans* ?

Les réalités du langage

Zola
1840-1902

Biographie, p. 567

Texte 7 La Terre (1887)

Roman extrêmement sombre et violent, La Terre *dresse le portrait du monde paysan du XIX*e *siècle à travers l'histoire de la famille Fouan. Lorsque le père Fouan partage ses biens entre ses enfants (Hyacinthe, dit « Jésus-Christ », Fanny et Buteau), ceux-ci se déchirent. Buteau interpelle ici son frère.*

Grand cochon, tu n'as pas honte de boire ainsi l'argent que tu voles à notre père !

L'autre le prit à la rigolade.

– Ah ! tu causes, Cadet !... C'est donc que tu es à jeun, pour dire des couillonnades pareilles !

– Je dis que tu es un salop, que tu finiras au bagne... D'abord, c'est toi qui as fait mourir notre mère de chagrin...

L'ivrogne tapa sa cuiller, déchaîna une tempête de feu dans le saladier, en étouffant de rire.

– Bon, bon, va toujours... C'est moi pour sûr, si ce n'est pas toi.

– Et je dis encore que des mangeurs de ton espèce, ça ne mérite pas que le blé pousse... Quand on pense que notre terre, oui ! toute cette terre que nos vieux ont eu tant de peine à nous laisser, tu l'as engagée[1], fichue à d'autres !... Sale canaille, qu'as-tu fait de la terre ?

Du coup, Jésus-Christ s'anima. Son punch[2] s'éteignait, il se carra[3], se renversa sur sa chaise, en voyant que tous les buveurs se taisaient et écoutaient, pour juger.

– La terre, gueula-t-il, mais elle se fout de toi, la terre ! Tu es son esclave, elle te prend ton plaisir, tes forces, ta vie, imbécile ! et elle ne te fait seulement pas riche !... Tandis que moi, qui la méprise, les bras croisés, qui me contente de lui allonger des coups de botte, eh bien ! moi, tu vois, je suis rentier, je m'arrose !... Ah ! bougre de jean-jean[4] !

Les paysans rirent encore, pendant que Buteau, surpris par la rudesse de cette attaque, se contentait de bégayer :

– Propre à rien ! gâcheur de besogne, qui ne travaille pas et qui s'en vante !

La terre, en voilà une blague ! continua Jésus-Christ, lancé. Vrai ! tu es rouillé, si tu en es toujours à cette blague-là... Est-ce que ça existe, la terre ? Elle est à moi, elle est à toi, elle n'est à personne. Est-ce qu'elle n'était pas au vieux ? Et n'a-t-il pas dû la couper pour nous la donner ? et toi, ne la couperas-tu pas, pour tes petits ?... Alors, quoi ? Ça va, ça vient, ça augmente, ça diminue, ça diminue surtout ; car te voilà un gros monsieur, avec tes six arpents[5], lorsque le père en avait dix-neuf... Moi, ça m'a dégoûté, c'était trop petit,

1. Donnée en gage.
2. Boisson à base de rhum que l'on peut faire flamber.
3. Prit une attitude d'importance.
4. Niais.
5. Mesure de surface agraire (entre 20 et 50 ares).

Giovanni Fattori, *Labourage* (1882), Milan, collection privée.

j'ai bouffé tout. Et puis, j'aime les placements solides, et la terre, vois-tu, Cadet, ça craque ! Je ne foutrais pas un liard[6] dessus, ça sent la sale affaire, une fichue catastrophe qui va tous vous nettoyer… La banqueroute ! tous des jobards[7] !

Émile Zola, *La Terre*, 1887.

6. Pas un centime (ancienne monnaie).
7. Niais, naïfs.

Texte écho Céline, *Voyage au bout de la nuit* (1932)

Histoire littéraire
Le naturalisme, p. 56

Méthode
Les niveaux de langue, p. 450

Dans Voyage au bout de la nuit, *Céline accorde une place importante à l'argot parce que, pour lui, l'émotion ne peut pas être transmise par l'écriture dite classique : face à cette « langue morte », l'argot serait du côté de la vie. Le héros narrateur, Bardamu, rêve d'Amérique, contrairement à ses compagnons du moment.*

« Va ! qu'ils m'ont dit. Va ! Mais on te prévient encore : T'as pas des bons goûts pour un pouilleux ! C'est ta fièvre qui te rend dingo ! T'en reviendras de ton Amérique et dans un état pire que nous ! C'est tes goûts qui te perdront ! Tu veux apprendre ? T'en sais déjà bien trop pour ta condition ! »

J'avais beau leur répondre que j'avais des amis dans l'endroit et qui m'attendaient. Je bafouillais.

« Des amis ? qu'ils faisaient comme ça eux, des amis ? mais ils se foutent bien de ta gueule tes amis ! Il y a longtemps qu'ils t'ont oublié tes amis !…

– Mais je veux voir des Américains moi ! que j'avais beau insister. Et même qu'ils ont des femmes comme il y en a pas ailleurs !…

– Mais rentre donc avec nous eh bille ! qu'ils me répondaient. C'est pas la peine d'y aller qu'on te dit ! Tu vas te rendre malade pire que t'es ! On va te renseigner tout de suite nous autres sur ce que c'est que les Américains ! C'est tout millionnaire ou tout charogne ! Y'a pas de milieu ! Toi tu les verras sûrement pas les millionnaires dans l'état que t'arrives ! Mais pour la charogne, tu peux compter qu'ils vont t'en faire bouffer ! Là tu peux être tranquille ! Et pas plus tard que tout de suite !… »

Voilà comment qu'ils m'ont traité les copains.

Louis-Ferdinand Céline, *Voyage au bout de la nuit*, 1932, © Gallimard, 1952.

Questions

Observer et analyser

1. Quel niveau de langue domine dans le texte de Zola ? Justifiez votre réponse en vous appuyant sur un relevé précis.

2. Observez la ponctuation du dialogue. Que nous indique-t-elle sur l'état d'esprit des personnages et sur leurs relations ?

3. À quel moment le texte bascule-t-il ? Qui semble alors prendre le dessus ? Vous relèverez des indices montrant ce nouveau rapport de force.

4. Quels reproches Buteau adresse-t-il à son frère ? Reformulez les arguments par lesquels ce dernier lui répond. Montrez que deux conceptions du travail et de la vie s'opposent dans ce dialogue.

5. Quel rôle les autres personnages jouent-ils dans la scène ? Quelles armes rhétoriques l'ivrogne emploie-t-il ?

Contexte et perspectives

6. En quoi la mise en scène du langage est-elle réaliste dans cet extrait ?

7. Comparez la restitution du langage oral dans les textes de Zola et de Céline.

Vers le BAC : la dissertation

8. En vous appuyant sur ces deux textes, rédigez un paragraphe montrant que le roman peut avoir une valeur documentaire.

Huysmans
1848-1907

Biographie, p. 560

Texte 8 Les Sœurs Vatard (1879)

Ce roman, dédié à Émile Zola, raconte la morne existence de Céline et Désirée, ouvrières dans un atelier de reliure, qui vivent avec un père retraité et une mère invalide. Elles sont ici dans un café où elles ont rejoint Anatole, le compagnon de Céline, et son ami Colombel.

La porte s'ouvrit et deux hommes entrèrent. Ils avaient arboré des costumes de dimanche, des costumes à prendre sur le bras des bourgeoises, à aller faire la vendange du campêche[1] chez les mastroquets[2]. Ils avaient des tape-à-l'œil[3] flambant neufs, des pantalons à raies avec des pièces entre les cuisses, des redingotes échouées et radoubées[4] au Temple[5], des cravates en corde. […]

– Ah, ça, dit Colombel, où donc allez-vous aujourd'hui, vous êtes d'un rupin[6] ?

– On va trimballer sa blonde, mon vieux ; nous irons lichoter un rigolboche[7] à la place Pinel, puis dame, après cela, nous verrons.

– Tiens, mais c'est une idée, s'exclama Anatole, si nous allions manger une friture quelconque et des escargots ? – Ça va-t-il, Céline ? – Colombel et ta sœur viendraient avec nous. – Mais les femmes refusèrent ; il fallait qu'elles rentrassent pour préparer le manger du père et puis elles étaient trop fatiguées, ce serait pour une autre fois. – Oui, il n'y a pas plan[8], murmurait Céline, c'eût pourtant été gentil, et elle s'accouda, contemplant, pensive, le tourniquet[9] vissé au mur, voyant, dans le couple en papier peint[10] qui s'embrassait sous une tonnelle, la joie des parties fines, les matelotes[11] lentement mangées, les morceaux où l'on mord, à la même place, les glorias[12] bus à deux dans la même tasse, puis l'un des ouvriers fit virevolter la mécanique[13] et la campagne se brouilla et s'éclaircit à nouveau quand le tournoiement prit fin, et Céline restait là, songeant à ces promenades où l'on batifole, à ces retours le long de la Seine où l'on se dévisage avec des airs alanguis et où les bouches s'oublient de temps à autre dans les fourrés, à toute cette allégresse enfin qui se termine en disputes dès que l'on a franchi le mur de l'enceinte !

– Ah ! çà, voyons, dit Anatole, quand tu resteras là à faire ta Marie-je-m'embête, ça n'avancera à rien. Venez-vous, oui ou non ?

Joris-Karl Huysmans, *Les Sœurs Vatard*, 1879.

1. Vin médiocre.
2. Débits de boissons, ou leurs tenanciers.
3. Chapeaux mous.
4. Raccommodées (se dit d'un filet de pêche).
5. Quartier de Paris.
6. Riche et élégant.
7. Boire un verre qui amène la bonne humeur.
8. Il n'y a pas moyen.
9. Appareil tournant sur un axe.
10. Motif représenté sur le papier peint du mur.
11. Préparations de poisson au vin rouge.
12. Cafés sucrés mélangés d'eau de vie.
13. Le tourniquet.

Questions

Observer et analyser

1. Quels champs lexicaux dominent le passage ? Que nous apprennent-ils sur les préoccupations des personnages ?

2. Repérez diverses formes de discours rapportés. Quel est l'effet recherché par le romancier ?

3. Récapitulez tous les indices qui nous renseignent sur l'origine sociale des personnages de cette scène.

4. Qu'observe Céline ? À quoi rêve-t-elle ? Peut-on parler de rêveries romanesques ?

5. Observez les éléments matériels dont use le narrateur pour mettre en scène cette rêverie. Ces pensées contrastent-elles avec la situation ? Quel effet cela produit-il sur le lecteur ?

Vers le BAC : l'entretien à l'oral

6. Comparez le personnage de Céline aux autres personnages féminins évoqués dans le chapitre. Quelle image de la femme apparaît à travers ces textes réalistes ?

Synthèse

Le roman et les réalités

Au XIXe siècle, le roman réaliste ou naturaliste forme le projet de représenter la réalité telle qu'elle est. Il emprunte alors ses sujets au monde moderne – villes, machines, objets techniques, etc. –, décrit la vie quotidienne et s'intéresse plus particulièrement au destin des gens ordinaires. Il présente des personnages en lien étroit avec leur milieu, et rend compte de leurs mœurs et de leur langage. Peindre ces réalités multiples, telle est la grande ambition du roman réaliste.

Les réalités du roman au XIXe siècle

Le monde moderne

Balzac déclare qu'il veut être le « secrétaire et l'historien de son temps ». Pour les romanciers du XIXe siècle, c'est la ville qui incarne la modernité. C'est un cadre privilégié qui renferme de multiples réalités, liées, notamment, aux catégories sociales qui se côtoient dans leur diversité, et au monde du travail, de la boutique à l'atelier.

Capitale à la fois fascinante et repoussante (► p. 101) Paris devient l'emblème mythique de cette modernité. Lieu de misère, la ville est en même temps vivante et, par là même, attrayante.

Les mœurs du XIXe siècle

Le roman réaliste tente de décrire les comportements des différentes couches de la société. Historien des mœurs de son temps, il en saisit la dimension matérielle, presque organique, comme la nourriture (► p. 108).

Mais son travail l'amène aussi à révéler des univers désenchantés où l'écart entre le rêve et la réalité est immense : les personnages ne maîtrisent pas leur destin et ils en souffrent. Le monde des petites gens est ainsi évoqué de manière très sombre. Germinie Lacerteux (► p. 106) et Gervaise Macquart (► p. 108) connaissent une lente descente aux enfers, les personnages de *Pierre et Jean* s'asphyxient dans leur monde petit-bourgeois (► p. 110).

Les réalités du langage

Le langage des personnages permet de rendre compte de leur milieu social : les écrivains s'appliquent à rendre cet « effet de réel ». Si Balzac s'intéresse à l'argot dès 1834 (il publiera un *Essai sur l'argot*), Zola et Huysmans font entendre le parler pittoresque des ouvriers parisiens (► p.108 et 116) ou celui du monde paysan (► p. 114). Après la publication de *L'Assommoir*, Mallarmé loue Zola pour son « admirable tentative linguistique » qui ne se limite pas aux propos rapportés mais imprègne le style même du récit. Les romans de cette période acquièrent ainsi, parfois, une dimension documentaire.

Comment le roman rend-il compte des réalités ?

La description et le portrait

Dans les descriptions, les références géographiques et historiques sont clairement identifiables. « *All is true* », prévient Balzac en tête du *Père Goriot*, avant de nous décrire longuement le lieu pourtant fictif qu'est la pension Vauquer. De même, les romanciers réalistes abandonnent les portraits stéréotypés offerts par les romans antérieurs et s'attachent à saisir les éléments physiques et moraux qui caractérisent leurs personnages comme des individus.

Mais la grande caractéristique des textes réalistes est leur dimension picturale. Nombre de textes proposent des vues panoramiques composées à la façon d'un tableau coloré. C'est par exemple le cas des descriptions de Paris chez Balzac dans *Ferragus* ou *La Fille aux yeux d'or* (► p. 101) ou de Rouen chez Flaubert dans *Madame Bovary* (► p. 104).

Le jeu sur les points de vue

Le roman réaliste joue particulièrement sur les différentes manières dont le narrateur perçoit la réalité. Si la présence d'un narrateur omniscient se prête à l'observation « objective » de la société, la focalisation interne permet de donner le point de vue subjectif d'un personnage. Flaubert montre comment Emma Bovary, par exemple, projette sa passion sur ce qui l'entoure (► p. 104), tout comme Lucien Leuwen projette ses sentiments chez Stendhal (► p. 102).

La voix forte des personnages

Le romancier peut même s'effacer derrière la voix de ses personnages. Chez les frères Goncourt, Mlle de Varandeuil dresse le portrait de Germinie avant que le narrateur ne reprenne la parole (► p. 106). Chez Zola, les personnages de *La Terre* existent fortement dans leurs dialogues, qui sont de vrais portraits (► p. 114), et la description de la scène de cuisine dans *L'Assommoir* est contaminée par les mots de Gervaise et de ses amies (► p. 108).

Décrire le réel après les réalistes

Texte 1 André Breton, *Nadja* (1928)

Dans Nadja, *l'auteur surréaliste raconte une aventure réelle : sa rencontre, en 1926, avec une jeune femme ainsi prénommée. Le récit s'accompagne de photographies.*

On peut, en attendant, être sûr de me rencontrer dans Paris, de ne pas passer plus de trois jours sans me voir aller et venir, vers la fin de l'après-midi, boulevard Bonne-Nouvelle entre l'imprimerie du *Matin* et le boulevard de Strasbourg. Je ne sais pourquoi c'est là, en effet, que mes pas me portent, que je me rends presque toujours sans but déterminé, sans rien de décidant que cette donnée obscure, à savoir que c'est là que se passera *cela* (?). Je ne vois guère, sur ce rapide parcours, ce qui pourrait, même à mon insu, constituer pour moi un pôle d'attraction, ni dans l'espace ni dans le temps. Non : pas même la très belle et très inutile Porte Saint-Denis. Pas même le souvenir du huitième et dernier épisode d'un film que j'ai vu passer là, tout près, durant lequel un Chinois, qui avait trouvé je ne sais quel moyen de se multiplier, envahissait New York à lui seul, à quelques millions d'exemplaires de lui seul. Il entrait, suivi de lui-même, et de lui-même, et de lui-même, dans le bureau du président Wilson[1], qui ôtait son binocle[2]. Ce film, de beaucoup celui qui m'a le plus frappé, s'appelait : *L'Étreinte de la Pieuvre.*

André BRETON, *Nadja*, 1928, © Gallimard, 1962.

1. 28e président des États-Unis (entre 1913 et 1921).
2. Lunettes sans branches.

Texte 2 Raymond Queneau, *Zazie dans le métro* (1959)

Zazie, 12 ans, arrive de province et veut découvrir le métro parisien. Mais celui-ci est en grève…

Comme concitoyens et commères continuaient à discuter le coup, Zazie s'éclipsa. Elle prit la première rue à droite, puis celle à gauche, et ainsi de suite jusqu'à ce qu'elle arrive à l'une des portes de la ville. De superbes gratte-ciel de quatre ou cinq étages bordaient une somptueuse avenue sur le trottoir de laquelle se bousculaient de pouilleux éventaires[1]. Une foule épaisse et mauve dégoulinait d'un peu partout. Une marchande de ballons Lamoricière, une musique de manège ajoutaient leur note pudique à la virulence[2] de la démonstration. Émerveillée, Zazie mit quelque temps à s'apercevoir que, non loin d'elle, une œuvre de ferronnerie[3] baroque plantée sur le trottoir se complétait de l'inscription MÉTRO. Oubliant aussitôt le spectacle de la rue, Zazie s'approcha de la bouche, la sienne sèche d'émotion. Contournant à petits pas une balustrade protectrice, elle découvrit enfin l'entrée. Mais la grille était tirée. Une ardoise pendante portait à la craie une inscription que Zazie déchiffra sans peine. La grève continuait. Une odeur de poussière ferrugineuse[4] et déshydratée montait doucement de l'abîme interdit. Navrée, Zazie se mit à pleurer.

Raymond QUENEAU, *Zazie dans le métro*, © Gallimard, 1959.

1. Étalages en plein air.
2. Violence.
3. Décoration artistique en fer forgé.
4. Qui contient du fer.

Zazie dans le métro, film réalisé par Louis Malle, 1960.

Texte 3 Georges Perec, *Tentative d'épuisement d'un lieu parisien* (1975)

Comme Queneau, Perec a cherché l'originalité à travers les contraintes formelles. Il entreprend ici la description d'un lieu.

Il y a beaucoup de choses place Saint-Sulpice, par exemple : une mairie, un hôtel des finances, un commissariat de police, trois cafés dont un fait tabac, un cinéma, une église à laquelle ont travaillé Le Vau, Gittard, Oppenord, Servandoni et Chalgrin[1] et qui est dédiée à un aumônier de Clotaire II qui fut évêque de Bourges de 624 à 644 et que l'on fête le 17 janvier, un éditeur, une entreprise de pompes funèbres, une agence de voyages, un arrêt d'autobus, un tailleur, un hôtel, une fontaine que décorent les statues des quatre grands orateurs chrétiens (Bossuet, Fénelon, Fléchier et Massillon[2]), un kiosque à journaux, un marchand d'objets de piété, un parking, un institut de beauté, et bien d'autres choses encore.

Un grand nombre, sinon la plupart, de ces choses ont été décrites inventoriées, photographiées, racontées ou recensées. Mon propos dans les pages qui suivent a plutôt été de décrire le reste : ce que l'on ne note généralement pas, ce qui ne se remarque pas, ce qui n'a pas d'importance : ce qui se passe quand il ne se passe rien, sinon du temps, des gens, des voitures et des nuages.

Georges Perec, *Tentative d'épuisement d'un lieu parisien*, © Christian Bourgois, 1975.

1. Architectes.
2. Hommes d'Église (XVIIe siècle – début du XVIIIe siècle).

Croiser les textes

1. Les lieux évoqués dans ces trois textes appartiennent tous à Paris. Relevez les détails particuliers permettant de situer historiquement ces descriptions.

2. Perec utilise l'énumération pour décrire la place Saint-Sulpice. Peut-on trouver des traces de ce procédé dans les deux autres textes ? En quoi est-il propre à décrire la ville moderne ?

3. Ces trois textes vous semblent-ils décrire « ce qui n'a pas d'importance » ?

4. Les descriptions des auteurs réalistes étaient souvent proches de la peinture. Ces trois textes font référence à d'autres arts : lesquels ? Peut-on rapprocher les arts cités de la façon dont ces auteurs écrivent ?

Vers le BAC : la question de synthèse

5. En vous appuyant sur ces trois textes, montrez que les auteurs du XXe siècle ont tenté « d'épuiser le réel » de différentes façons.

Le roman et la science

3

Adolphe J. Baptiste Callot, *Louis Pasteur* (1822-1895) *étudiant la fermentation du jus de raisins*, (vers 1880), Dole, Maison natale de Pasteur.

Au XIXe siècle, les liens qui unissent roman et science sont très féconds. Une double relation se crée entre progrès scientifique et invention romanesque. D'un côté les savants inspirent de nouvelles méthodes de travail et de composition aux romanciers, de l'autre le roman fait de la science un objet romanesque, susceptible d'enthousiasme ou de désapprobation.

L'ambition scientifique du roman, de Balzac à Zola

Balzac
1799-1850

Biographie, p. 554

Texte 1 La Comédie humaine (1842)

Dans La Comédie humaine, *vaste ensemble romanesque, Balzac se donne une ambition démesurée : faire le portrait d'une société tout entière et de ses acteurs. Il expose ce projet dans un avant-propos, qui dresse un parallèle entre monde humain et monde animal.*

Je vis que, sous ce rapport, la Société ressemblait à la Nature. La Société ne fait-elle pas de l'homme, suivant les milieux où son action se déploie, autant d'hommes différents qu'il y a de variétés en zoologie ? Les différences entre un soldat, un ouvrier, un administrateur, un avocat, un oisif, un savant, un homme d'État, un commerçant, un marin, un poète, un pauvre, un prêtre, sont, quoique plus difficiles à saisir, aussi considérables que celles qui distinguent le loup, le lion, l'âne, le corbeau, le requin, le veau marin, la brebis, etc. Il a donc existé, il existera donc de tout temps des Espèces Sociales comme il y a des Espèces Zoologiques. Si Buffon[1] a fait un magnifique ouvrage en essayant de représenter dans un livre l'ensemble de la zoologie, n'y avait-il pas une œuvre de ce genre à faire pour la société ? Mais la Nature a posé, pour les variétés animales, des bornes entre lesquelles la Société ne devait pas se tenir. Quand Buffon peignait le lion, il achevait la lionne en quelques phrases ; tandis que dans la Société la femme ne se trouve pas toujours être la femelle du mâle. Il peut y avoir deux êtres parfaitement dissemblables dans un ménage. La femme d'un marchand est quelquefois digne d'être celle d'un prince, et souvent celle d'un prince ne vaut pas celle d'un artiste. L'État Social a des hasards que ne se permet pas la Nature, car il est la Nature plus la Société. La description des Espèces Sociales était donc au moins double de celle des Espèces Animales, à ne considérer que les deux sexes. Enfin, entre les animaux, il y a peu de drames, la confusion ne s'y met guère ; ils courent sus[2] les uns aux autres, voilà tout. Les hommes courent bien aussi les uns sur les autres ; mais leur plus ou moins d'intelligence rend le combat autrement compliqué.

Honoré de BALZAC, *Avant-propos* de *La Comédie humaine* [extrait], 1842.

1. Grand naturaliste français du XVIIIe siècle. 2. Ils livrent poursuite.

Histoire littéraire
Le réalisme, p. 50

Outils d'analyse
La description et le portrait, p. 162
Les discours rapportés, p. 170

Méthode
Les registres, p. 476

Questions

Observer et analyser

1. Dans la deuxième phrase du texte (l. 1-3), expliquez quel lien existe, selon Balzac, entre société et zoologie.

2. Comment comprenez-vous l'expression « Espèces Sociales » employée ligne 9 ?

3. Quel parallèle l'auteur établit-il entre son projet et l'*Histoire naturelle* de Buffon ?

4. Balzac parle ensuite d'une différence fondamentale entre hommes et animaux : laquelle ? Pourquoi la société est-elle plus complexe à décrire que la nature ?

Contexte et perspectives

5. Renseignez-vous sur Buffon et Geoffroy Saint-Hilaire. Dans quelle mesure Balzac se fait-il l'héritier de ces deux savants ?

Vers le BAC : le sujet d'invention

6. Rédigez un court texte où vous mettrez en scène un personnage, en développant un parallèle étroit avec un comportement animal. Vous éviterez la caricature.

Balzac
1799-1850

Biographie, p. 554

Texte 2 L'Illustre Gaudissart (1833)

Influencé par Lavater et sa physiognomonie (méthode consistant à déduire le caractère d'une personne de ses traits physiques), Balzac se plaît à dresser de longs portraits de ses héros. C'est le cas de Gaudissart, le commis-voyageur habile de La Comédie humaine, *capable de vendre n'importe quoi à n'importe qui.*

Il existe à Paris un incomparable Voyageur[1], le parangon[2] de son espèce, un homme qui possède au plus haut degré toutes les conditions inhérentes à la nature de ses succès. Dans sa parole se rencontre à la fois du vitriol[3] et de la glu : de la glu, pour appréhender, entortiller sa victime et se la rendre adhérente ; du vitriol, pour en dissoudre les calculs les plus durs. *Sa partie*[4] était le *chapeau* ; mais son talent et l'art avec lequel il savait engluer les gens lui avaient acquis une si grande célébrité commerciale, que les négociants de l'*Article-Paris*[5] lui faisaient tous la cour afin d'obtenir qu'il daignât se charger de leurs commissions[6]. Aussi, quand, au retour de ses marches triomphales, il séjournait à Paris, était-il perpétuellement en noces et festins ; en province, les correspondants le choyaient ; à Paris, les grosses maisons le caressaient. Bienvenu, fêté, nourri partout ; pour lui, déjeuner ou dîner seul était une débauche, un plaisir. Il menait une vie de

1. Représentant de commerce.
2. Modèle.
3. Acide sulfurique.
4. Sa spécialité.
5. Les commerçants parisiens.
6. Opérations commerciales.

Honoré Daumier (1808-1879), lithographie, (série des *Robert Macaire*), publiée dans *Le Charivari*, 1838.

souverain, ou mieux de journaliste. Mais n'était-il pas le vivant feuilleton du commerce parisien ? Il se nommait Gaudissart, et sa renommée, son crédit, les éloges dont il était accablé, lui avaient valu le surnom d'*illustre*. Partout où ce garçon entrait, dans un comptoir[7] comme dans une auberge, dans un salon comme dans une diligence, dans une mansarde comme chez un banquier, chacun de dire en le voyant : – Ah ! voilà l'illustre Gaudissart. Jamais nom ne fut plus en harmonie avec la tournure, les manières, la physionomie, la voix, le langage d'aucun homme. Tout souriait au Voyageur et le Voyageur souriait à tout. *Similia similibus*[8] il était pour l'homéopathie[9]. Calembours, gros rire, figure monacale, teint de cordelier[10], enveloppe rabelaisienne ; vêtement, corps, esprit, figure s'accordaient pour mettre de la gaudisserie[11], de la gaudriole en toute sa personne. Rond en affaires, bon homme, rigoleur, vous eussiez reconnu en lui l'homme aimable de la grisette[12], qui grimpe avec élégance sur l'impériale d'une voiture, donne la main à la dame embarrassée pour descendre du coupé, plaisante en voyant le foulard du postillon, et lui vend un chapeau ; sourit à la servante ; la prend ou par la taille ou par les sentiments ; imite à table le gouglou d'une bouteille en se donnant des chiquenaudes[13] sur une joue tendue ; sait faire partir de la bière en insufflant l'air entre ses lèvres ; tape de grands coups de couteau sur les verres à vin de Champagne sans les casser, et dit aux autres : – Faites-en autant ! qui *gouaille*[14] les voyageurs timides, dément les gens instruits, règne à table et y gobe les meilleurs morceaux. Homme fort d'ailleurs, il pouvait quitter à temps toutes ses plaisanteries, et semblait profond au moment où, jetant le bout de son cigare, il disait en regardant une ville : – Je vais voir ce que ces gens-là ont dans le ventre ! Gaudissart devenait alors le plus fin, le plus habile des ambassadeurs. Il savait entrer en administrateur chez le sous-préfet, en capitaliste chez le banquier, en homme religieux et monarchique chez le royaliste, en bourgeois chez le bourgeois ; enfin il était partout ce qu'il devait être, laissait Gaudissart à la porte et le reprenait en sortant.

Honoré de BALZAC, *L'Illustre Gaudissart*, 1833.

7. Un commerce ou une banque.
8. *Similia similibus* (*curantur*) : les semblables (se guérissent) par les semblables, principe de l'homéopathie.
9. Méthode thérapeutique visant à provoquer, par l'administration de petites doses de médicaments, les symptômes de la maladie que l'on veut combattre.
10. Moine d'un ordre religieux.
11. Plaisanterie.
12. Jeune ouvrière ou couturière, généralement vertueuse.
13. Petites tapes amicales.
14. Se moque de.

Histoire littéraire
Le réalisme, p. 50

Outils d'analyse
Le portrait, p. 162

Méthode
Les registres, p. 476

Questions

Observer et analyser

1. On peut rapprocher le nom de Gaudissart du verbe latin *gaudere*, « se réjouir ». Observez et décrivez comment cette étymologie influence tout le texte. Montrez que son physique et son caractère sont liés à ce nom.

2. Observez la manière dont sont décrites les relations de Gaudissart avec la société. À partir de cette observation, déterminez la structure du texte.

3. Quelle figure de style domine la deuxième moitié du portrait (l. 23-43) ? Que traduit-elle du personnage ?

4. Relevez les traces du registre héroïque. Quel rôle jouent-elles dans ce portrait ?

5. Peut-on parler d'un personnage comique ? Relevez précisément – et expliquez – les passages du texte qui vous font rire.

Contexte et perspectives

6. Renseignez-vous sur la physiognomonie. Peut-on voir son influence sur Balzac dans ce portrait ?

7. Renseignez-vous sur Daumier et la caricature. Balzac ne nous livre-t-il pas ici un portrait caricatural ?

Vers le BAC : la dissertation

8. Vous rédigerez un paragraphe de dissertation dans lequel vous montrerez à l'aide de ce portrait que Balzac réalise son projet de « description des Espèces Sociales » (► p. 121).

Zola
1840-1902

Biographie, p. 567

Histoire littéraire
Le naturalisme, p. 56

Histoire des Arts

Bazille, proche de Renoir et de Monet, a peint sa famille dans le décor en plein air de leur propriété familiale (lui-même à l'extrême-gauche du tableau). La grande qualité de la toile réside dans le traitement de la lumière et dans les jeux de contrastes (ombre/soleil, vêtements clairs/vêtements sombres).

Texte 3 La Fortune des Rougon (1871)

Tout comme La Comédie humaine, *les vingt volumes des* Rougon-Macquart *constituent une longue suite romanesque. Zola y conte l'histoire d'une famille, sur quatre générations.* La Fortune des Rougon *inaugure ce cycle : dans une courte préface, l'auteur prend la parole pour nous exposer son projet.*

Je veux expliquer comment une famille, un petit groupe d'êtres, se comporte dans une société, en s'épanouissant pour donner naissance à dix, à vingt individus, qui paraissent, au premier coup d'œil, profondément dissemblables, mais que l'analyse montre intimement liés les uns aux autres. L'hérédité a ses lois, comme la pesanteur.

Je tâcherai de trouver et de suivre, en résolvant la double question des tempéraments et des milieux, le fil qui conduit mathématiquement d'un homme à un autre homme. Et quand je tiendrai tous les fils, quand j'aurai entre les mains tout un groupe social, je ferai voir ce groupe à l'œuvre, comme acteur d'une époque historique, je le créerai agissant dans la complexité de ses efforts, j'analyserai à la fois la somme de volonté de chacun de ses membres et la poussée générale de l'ensemble.

Les Rougon-Macquart, le groupe, la famille que je me propose d'étudier, a pour caractéristique le débordement des appétits, le large soulèvement de notre âge, qui se rue aux jouissances. Physiologiquement, ils sont la lente succession des accidents nerveux et sanguins qui se déclarent dans une race,

Frédéric Bazille (1841-1870), *Réunion de famille*, 1867, Paris, Musée d'Orsay.

à la suite d'une première lésion organique[1], et qui déterminent, selon les milieux, chez chacun des individus de cette race, les sentiments, les désirs, les passions, toutes les manifestations humaines, naturelles et instinctives, dont les produits prennent les noms convenus de vertus et de vices. Historiquement, ils partent du peuple, ils s'irradient[2] dans toute la société contemporaine, ils montent à toutes les situations, par cette impulsion essentiellement moderne que reçoivent les basses classes en marche à travers le corps social, et ils racontent ainsi le Second Empire, à l'aide de leurs drames individuels, du guet-apens du coup d'État à la trahison de Sedan[3]. [...]

Cette œuvre, qui formera plusieurs épisodes, est donc, dans ma pensée, l'histoire naturelle et sociale d'une famille sous le Second Empire. Et le premier épisode: *La Fortune des Rougon*, doit s'appeler de son titre scientifique: *Les Origines*.

Émile Zola, *La Fortune des Rougon*, Préface (extrait), 1871.

1. Blessure, traumatisme.
2. Se répandent.
3. Ces deux épisodes marquent le début et la fin du règne de Napoléon III (1851-1870).

Texte écho Claude Bernard, *Introduction à l'étude de la médecine expérimentale* (1865)

Claude Bernard (1813-1878) est considéré comme l'un des grands médecins français du XIXe siècle. On lui doit notamment l'invention d'une médecine fondée sur l'expérience comme source de toute connaissance médicale.

Le savant complet est celui qui embrasse à la fois la théorie et la pratique expérimentale. 1° Il constate un fait; 2° à propos de ce fait, une idée naît dans son esprit; 3° en vue de cette idée, il raisonne, institue une expérience, en imagine et en réalise les conditions matérielles. 4° De cette expérience résultent de nouveaux phénomènes qu'il faut observer, et ainsi de suite. L'esprit du savant se trouve en quelque sorte toujours placé entre deux observations: l'une qui sert de point de départ au raisonnement, et l'autre qui lui sert de conclusion. [...] L'observateur et l'expérimentateur répondraient donc à des phases différentes de la recherche expérimentale. L'observateur ne raisonne plus, il constate ; l'expérimentateur, au contraire, raisonne et se fonde sur les faits acquis pour en imaginer et en provoquer rationnellement d'autres. Mais [...] il semble impossible dans la pratique de les séparer, puisque nous voyons que nécessairement le même investigateur est alternativement observateur et expérimentateur.

Questions

Observer et analyser

1. Ce texte est une préface: rappelez le rôle de ce type de texte et montrez que Zola se conforme à ce modèle.

2. Expliquez en termes simples le travail que Zola souhaite mener sur les Rougon-Macquart.

3. Comment comprenez-vous l'expression « histoire naturelle et sociale d'une famille » (l. 28) ?

4. Étudiez le champ lexical de la science dans le texte: à quels domaines scientifiques l'auteur fait-il référence ? Quel rôle donne-t-il à la science dans son projet romanesque ?

Contexte et perspectives

5. Comparez les méthodes de Zola et de Claude Bernard (voir texte écho): en quoi sont-elles proches ?

6. Recherchez le sens du mot « déterminisme »: pourquoi s'applique-t-il très bien au projet de Zola ?

Vers le BAC: la dissertation

7. Zola justifie l'appui du romancier sur la science. Quelle est alors, selon vous, la part qui, chez lui, reste à l'imagination ?

Zola
1840-1902

Biographie, p. 567

Histoire littéraire
Le naturalisme, p. 56

Outils d'analyse
Le portrait, p. 162

Texte 4 Le Docteur Pascal (1893)

Le Docteur Pascal *vient clore le cycle des* Rougon-Macquart. *Zola y met en scène un médecin qui, comme lui, cherche à percer les mystères de cette famille. Il décrit ici Charles, ultime descendant direct d'Adélaïde (dite la Tante Dide), née quatre générations avant lui.*

Charles, à quinze ans, en paraissait à peine douze, et il en était resté à l'intelligence balbutiante d'un enfant de cinq ans. D'une extraordinaire ressemblance avec sa trisaïeule[1], Tante Dide, la folle des Tulettes[2], il avait une grâce élancée et fine, pareil à un de ces petits rois exsangues[3] qui finissent une race, couronnés de longs cheveux pâles, légers comme de la soie.

Ses grands yeux clairs étaient vides, sa beauté inquiétante avait une ombre de mort. Et ni cerveau ni cœur, rien qu'un petit chien vicieux, qui se frottait aux gens, pour se caresser. Son arrière-grand-mère Félicité, gagnée par cette beauté où elle affectait de reconnaître son sang, l'avait d'abord mis au collège, le prenant à sa charge ; mais il s'en était fait chasser au bout de six mois, sous l'accusation de vices inavouables. Trois fois, elle s'était entêtée, l'avait changé de pensionnat, pour aboutir toujours au même renvoi honteux. Alors, comme il ne voulait, comme il ne pouvait absolument rien apprendre, et comme il pourrissait tout, il avait fallu le garder, on se l'était passé des uns aux autres, dans la famille. Le docteur Pascal, attendri, songeant à une guérison, n'avait abandonné cette cure impossible qu'après l'avoir eu chez lui pendant près d'un an, inquiet du contact pour Clotilde[4]. Et, maintenant, lorsque Charles n'était pas chez sa mère, où il ne vivait presque plus, on le trouvait chez Félicité ou chez quelque autre parent, coquettement mis, comblé de joujoux, vivant en petit dauphin[5] efféminé d'une antique race déchue.

Émile Zola, *Le Docteur Pascal*, chapitre 3, 1893.

1. Arrière-arrière grand-mère.
2. Asile d'aliénés près d'Aix-en-Provence.
3. Épuisés, sans vitalité.
4. La nièce du Dr Pascal, qui vit chez lui.
5. Héritier du trône.

Carolus-Duran, (1838-1917) *André Germain enfant*, 1888, Paris, musée d'Orsay.

L'arbre généalogique des Rougon-Macquart

Sentant qu'il parvient à la fin de son projet romanesque, Zola demande à un médecin, Georges Pouchet, de dessiner pour lui l'arbre généalogique complet de la famille : il sera publié en 1893, pour accompagner le dernier volume des Rougon-Macquart, Le Docteur Pascal.

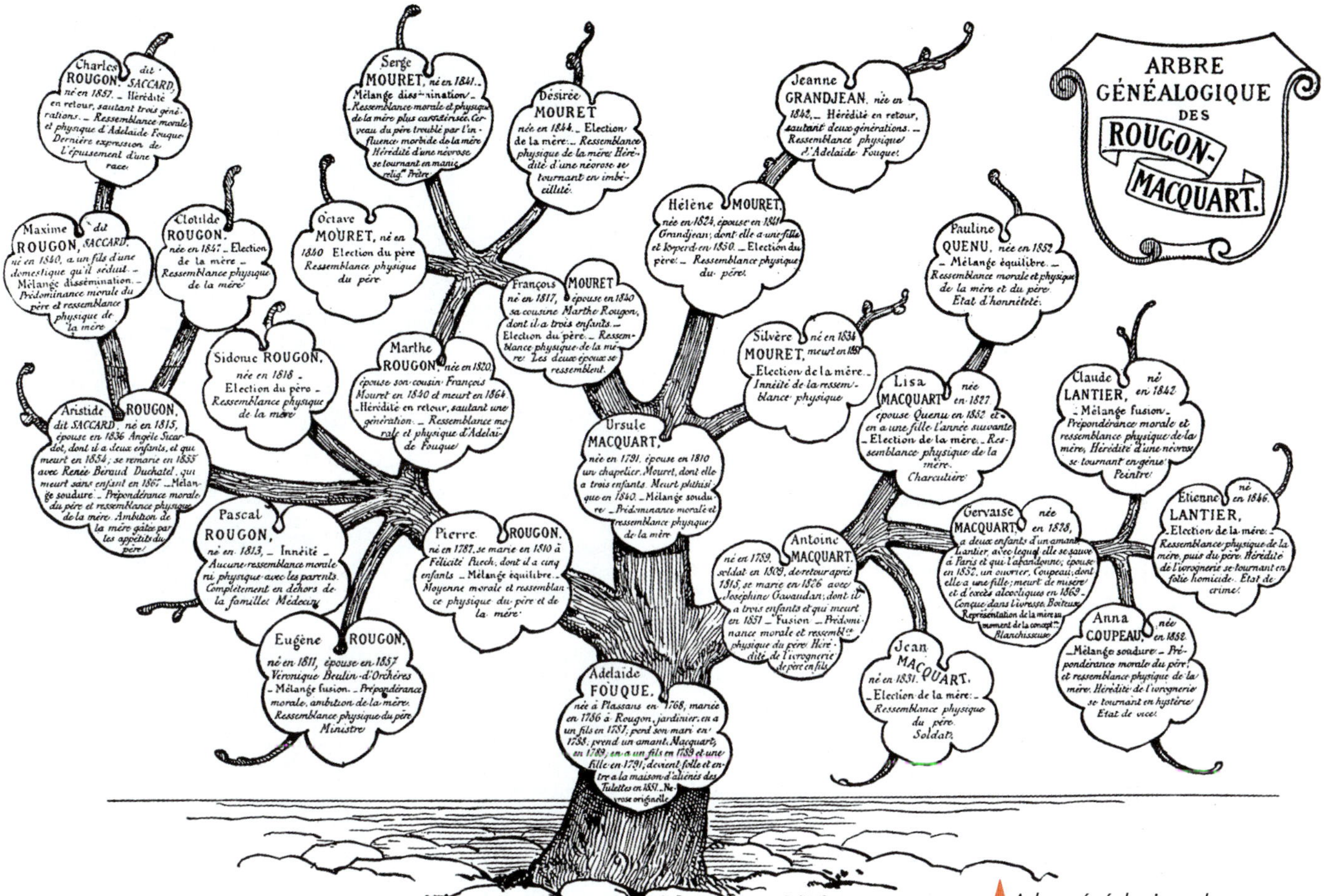

Arbre généalogique des Rougon-Macquart, 1893, (18,4 × 22,3 cm), Paris, BNF.

Questions

Observer et analyser

1. Repérez dans le texte une métaphore animale désignant Charles : quel effet produit-elle ?

2. Pourquoi peut-on dire de ce portrait qu'il est paradoxal ? Tentez d'énoncer les paradoxes qui le parcourent.

3. Dans la préface de *La Fortune des Rougon*, Zola déclare : « L'hérédité a ses lois, comme la pesanteur ». De quelles lois de l'hérédité Charles est-il le malheureux exemple ?

Contexte et perspectives

4. Sur l'arbre généalogique des Rougon-Macquart, repérez tout d'abord Charles. Observant cet arbre, le docteur Pascal constate la dégénérescence de sa famille : « Ce sont là les rameaux derniers de l'Arbre, les dernières tiges pâles où la sève puissante des grosses branches ne semble pas pouvoir monter. Le ver était dans le tronc, il est à présent dans le fruit et le dévore… » Comment comprenez-vous cette métaphore ?

Vers le BAC : l'entretien à l'oral

5. Comparez ce portrait avec celui de Gaudissart (► p. 122). Quelles ressemblances et quelles différences notez-vous entre la manière de Balzac et celle de Zola ?

La photographie au XIXe siècle : le réel « capturé »

À retenir

Naissance de la photographie à l'aube du cinéma

- En 1826, après dix ans de recherches, le Français **Nicéphore Niepce** parvient à prendre le premier cliché photographique. Avec l'aide de son associé **Louis Daguerre**, il perfectionne peu à peu sa technique, mais meurt en 1833, juste avant qu'elle ne devienne une industrie en développant tous ses usages modernes : portraits de famille, reportages, archives et documents, cartes postales, etc.
- Les usages scientifiques de cette invention se développent dans la deuxième moitié du siècle. **Étienne-Jules Marey** parvient à **décomposer le mouvement** à l'aide d'images photographiques prises en succession rapide, entre douze et vingt images par seconde. Ce procédé sera nommé chronophotographie, et préfigure le cinématographe.

Pour ou contre le « vrai » photographique

- L'histoire de l'art étant en grande partie celle de l'imitation, la photographie apparaît à beaucoup comme l'aboutissement d'un parcours de plusieurs siècles. Elle surpasse pour eux la peinture, sujette à la subjectivité de l'artiste : là, ni fantaisie ni supercherie, la vérité nue.
- À l'opposé, de nombreux artistes voient en la photographie un adversaire absolu des arts : Baudelaire la décrit comme la déesse d'un stupide culte du Vrai, d'une idolâtrie de la nature qui tue toute beauté. Il se laisse cependant volontiers photographier par son ami Nadar. Et Champfleury, chef de file des réalistes, défend l'*interprétation* artistique contre la *reproduction* mécanique du daguerréotype.

Charles Baudelaire par Nadar, 1855.

À propos ...

...de Nadar, portraitiste de son époque

D'abord écrivain puis caricaturiste et photographe, Félix Tournachon dit **Nadar** (1820-1910) édite à partir de 1854 le *Panthéon Nadar*, une revue périodique pour laquelle il photographie ses contemporains : Baudelaire (un intime), Dumas, Hugo, Gautier, Nerval, Delacroix... L'intense vérité psychologique de ces portraits fait sa gloire. Vingt ans plus tard, il imagine d'accompagner ses clichés d'un entretien avec son modèle, créant l'interview photographique moderne.

Étienne-Jules Marey, *Saut à la perche*, Chronophotographie, 1887.

Pour lire la photographie

Observer le cadre et la composition
Le choix du cadrage, ici horizontal, est significatif, de même que la forme générale du cadre : le format panoramique permet une vision globale du mouvement, tout en isolant ses étapes successives.

Observer le rendu du mouvement
Deux choix sont possibles : restituer la vitesse grâce au flou de mouvement, ou figer le mouvement pour le décomposer. C'est le choix fait par Marey. Il met ainsi en évidence la complexité des forces et actions en jeu lors d'un saut à la perche.

Honoré Daumier (1808-1879), *Nadar élevant la photographie à la hauteur de l'art* (1862), estampe, Paris, BnF.

Questions

1. Faites une recherche sur le dispositif mis en place par Marey pour prendre son cliché.

2. Quelles qualités de l'image photographique fixe sont exploitées par Marey ? Que permet ici la photographie, que ne peuvent donner le dessin ou la peinture ?

3. Au vu des photographies de Nadar et de Marey, établissez les raisons qui font de la photographie un art.

Écrire

4. Baudelaire voyait dans la photographie « le refuge de tous les peintres manqués ». Rédigez un paragraphe qui réfute cette opinion.

La science comme objet romanesque

Verne
1828-1905

Biographie, p. 566

Texte 5 De la Terre à la Lune (1865)

Dans ce roman, Jules Verne préfigure la conquête spatiale : le Gun Club de Baltimore, société spécialisée dans la conception d'armes et de canons, organise un vaste concours mondial. Son objet : créer un projectile creux capable d'envoyer des hommes sur la Lune. Aux États-Unis, l'enthousiasme est général...

« Les trains de projectiles pour la Lune », gravure de Stéphane Pannemaker dans *De la Terre à la Lune*, de Jules Verne, 1866.

Bref, il ne fut plus permis, même au moins lettré des Yankees[1], d'ignorer un seul des faits relatifs à son satellite, ni à la plus bornée des vieilles mistress[2] d'admettre encore de superstitieuses erreurs à son endroit. La science leur arrivait sous toutes les formes ; elle les pénétrait par les yeux et les oreilles ; impossible d'être un âne... en astronomie.

Jusqu'alors, bien des gens ignoraient comment on avait pu calculer la distance qui sépare la Lune de la Terre. On profita de la circonstance pour leur apprendre que cette distance s'obtenait par la mesure de la parallaxe de la Lune. Si le mot parallaxe semblait les étonner, on leur disait que c'était l'angle formé par deux lignes droites menées de chaque extrémité du rayon terrestre jusqu'à la Lune. Doutaient-ils de la perfection de

1. Américains de la côte Est.
2. Dames âgées du sud des États-Unis.

cette méthode, on leur prouvait immédiatement que, non seulement cette distance moyenne était bien de deux cent trente-quatre mille trois cent quarante-sept milles (94,330 lieues[3]), mais encore que les astronomes ne se trompaient pas de soixante-dix milles (30 lieues).

À ceux qui n'étaient pas familiarisés avec les mouvements de la Lune, les journaux démontraient quotidiennement qu'elle possède deux mouvements distincts, le premier dit de rotation sur un axe, le second dit de révolution autour de la Terre, s'accomplissant tous les deux dans un temps égal, soit vingt-sept jours et un tiers. (C'est la durée de la révolution sidérale, c'est-à-dire le temps que la Lune met à revenir à une même étoile.)

Le mouvement de rotation est celui qui crée le jour et la nuit à la surface de la Lune; seulement il n'y a qu'un jour, il n'y a qu'une nuit par mois lunaire, et ils durent chacun trois cent cinquante-quatre heures et un tiers. Mais, heureusement pour elle, la face tournée vers le globe terrestre est éclairée par lui avec une intensité égale à la lumière de quatorze Lunes. Quant à l'autre face, toujours invisible, elle a naturellement trois cent cinquante-quatre heures d'une nuit absolue, tempérée seulement par cette « pâle clarté qui tombe des étoiles »[4]. Ce phénomène est uniquement dû à cette particularité que les mouvements de rotation et de révolution s'accomplissent dans un temps rigoureusement égal, phénomène commun, suivant Cassini et Herschell[5], aux satellites de Jupiter, et très probablement à tous les autres satellites.

Quelques esprits bien disposés, mais un peu rétifs[6], ne comprenaient pas tout d'abord que, si la Lune montrait invariablement la même face à la Terre pendant sa révolution, c'est que, dans le même laps de temps, elle faisait un tour sur elle-même. À ceux-là on disait: « Allez dans votre salle à manger, et tournez autour de la table de manière à toujours en regarder le centre; quand votre promenade circulaire sera achevée, vous aurez fait un tour sur vous-même, puisque votre œil aura parcouru successivement tous les points de la salle. Eh bien! la salle, c'est le Ciel, la table, c'est la Terre, et la Lune, c'est vous! » Et ils s'en allaient enchantés de la comparaison.

Jules VERNE, *De la Terre à la Lune*, chapitre VI, 1865.

3. Une lieue: 4 kms environ.
4. Allusion à un vers célèbre du *Cid* (IV, 3) de Corneille: « Cette obscure clarté qui tombe des étoiles ».
5. Astronomes célèbres du XVIIIe siècle.
6. Récalcitrants, difficiles à persuader.

Histoire littéraire
Le réalisme, p. 50

Outils d'analyse
La description et le portrait, p. 162
Les registres, p. 476

Méthode
Les discours rapportés, p. 170

Questions

Observer et analyser

1. Ce texte est-il avant tout de nature narrative, descriptive ou explicative? Justifiez votre réponse.

2. Repérez dans le texte les définitions des termes « parallaxe », « révolution sidérale »: dans quel but Jules Verne les inclut-il dans son texte? À qui sont-elles destinées?

3. Réalisez l'expérience proposée par l'auteur dans le dernier paragraphe du texte: qu'apporte-t-elle au lecteur?

4. Quelle est la tonalité du premier paragraphe? Qu'apporte-t-elle au propos scientifique exposé ensuite?

Contexte et perspectives

5. Faites une recherche biographique sur Jules Verne: avait-il une formation scientifique?

6. Recherchez les définitions des termes « vulgarisation » et « anticipation »: montrez qu'ils rendent bien compte du projet de Jules Verne dans ce texte.

Vers le BAC: le commentaire

7. Vous rédigerez sous forme de paragraphes argumentés une partie de commentaire sur le thème: « De la Terre à la Lune, la vulgarisation scientifique par le roman. »

Villiers de L'Isle-Adam
1838-1889

Biographie, p. 567

Histoire littéraire
Le symbolisme, p. 60

Texte 6 L'Ève future (1886)

L'auteur met en scène dans ce roman un scientifique réel, Thomas Edison, pionnier américain des recherches sur l'électricité. Il le transforme en un savant capable de créer un être artificiel. Lord Ewald, jeune ami anglais de l'inventeur, contemple ici avec fascination une main plus vraie que nature.

« La lourdeur ! le modelé ! la carnation[1] même !.... continuait-il avec une vague stupeur. – N'est-ce pas, en vérité, de la chair que je touche en ce moment ? La mienne en a tressailli, sur ma parole !

– Oh ! c'est mieux ! – dit simplement Edison. La chair se fane et vieillit : ceci est un composé de substances exquises, élaborées par la chimie, de manière à confondre la suffisance[2] de la « Nature ». – (Et, entre nous, la Nature est une grande dame à laquelle je voudrais bien être présenté, car tout le monde en parle et personne ne l'a jamais vue !) – Cette *copie*, disons-nous, de la Nature, – pour me servir de ce mot empirique[3], – enterrera l'original sans cesser de paraître vivante et jeune. Cela périra par un coup de tonnerre avant de vieillir. C'est de la *chair artificielle*, et je puis vous expliquer comment on la produit ; du reste, lisez Berthelot[4].

– Hein ? vous dites ?

– Je dis : c'est de la chair-artificielle, – et je crois être le seul qui puisse en fabriquer d'aussi perfectionnée ! répéta l'électricien.

Lord Ewald, hors d'état d'exprimer le trouble où ces mots avaient jeté ses réflexions, examina de nouveau le bras irréel.

– Mais, demanda-t-il enfin, cette nacre fluide, ce lourd éclat charnel, cette *vie* intense !... Comment avez-vous réalisé le prodige de cette inquiétante illusion ?

– Oh ! ce côté de la question n'est rien ! répondit Edison en souriant. Tout simplement avec l'aide du Soleil.

– Du Soleil !... murmura lord Ewald.

– Oui. Le Soleil nous a laissé surprendre, en partie, le secret de ses vibrations !... dit Edison.

[...] Ceci est le bras d'une Andréide[5] de ma façon, mue pour la première fois par ce surprenant agent vital que nous appelons l'Électricité, qui lui donne, comme vous voyez, tout le fondu, tout le moelleux, toute l'*illusion* de la Vie ! »

VILLIERS DE L'ISLE-ADAM, *L'Ève future*, 1886.

1. Teint.
2. Dévoiler la prétention.
3. Commun et pratique.
4. Chimiste français du XIXe siècle.
5. Ou androïde : machine d'apparence humaine.

Questions

Observer et analyser

1. En étudiant ses réactions, vous montrerez que Lord Ewald relaie les interrogations du lecteur dans ce texte.
2. Quels éléments du texte montrent qu'Edison se trouve ici en position de supériorité ?
3. Pourquoi Edison se moque-t-il de la « Nature » dans ce texte ?
4. Que pensez-vous de l'explication scientifique donnée par le savant dans ce texte ?

Contexte et perspectives

5. Faites une recherche biographique sur Thomas Edison : le personnage du roman est-il proche de la réalité ?
6. Recherchez la définition du terme « positivisme » : vous montrerez qu'Edison tient ici un discours positiviste.

Vers le BAC : le commentaire

7. Construisez une introduction de commentaire contenant la présentation de l'auteur et de l'œuvre, la situation de l'extrait, la problématique et l'annonce de plan.

Villiers de l'Isle-Adam, *L'Ève future*

Citations

« Ah, qui m'ôtera cette âme de ce corps ! – c'est à croire à quelque inadvertance d'un créateur ! Je ne pensais pas que mon cœur méritât d'être attaché au pilori de cette curiosité ! – Demandais-je tant de beauté, au prix de tant de misère ? Non. » (Livre I, chapitre XVIII)

« Mais, entreprendre la création d'un tel être, murmura Lord Ewald, pensif, il me semble que ce serait tenter… *Dieu.*
– Aussi ne vous ai-je pas dit d'accepter ! répondit à voix basse, et très simplement, Edison.
– Lui insufflerez-vous une intelligence ?
– *Une* intelligence ? non : l'INTELLIGENCE, oui. » (Livre II, chapitre V)

Une vie d'écrivain au XIXe siècle

Poète, dramaturge, romancier, nouvelliste, Jean-Marie-Mathias-Philippe-Auguste de **Villiers de L'Isle-Adam (1838-1889)** est un personnage singulier. Jeune aristocrate breton issu d'une famille bientôt désargentée, sûr de son génie, il rejoint Paris à 17 ans pour révolutionner le théâtre et prendre ainsi la place de… Victor Hugo. Le sort en décidera autrement : lorsque paraît *L'Ève future* en 1886, il est l'auteur connu des *Contes cruels* (1883), mais ses écrits ne l'ont jamais enrichi. Ses pièces n'ont quant à elles jamais rencontré le succès, et c'est dans le dénuement qu'il meurt d'un cancer en 1889.
Il laisse des écrits marqués par l'influence du symbolisme et la quête jamais reniée de l'idéal, dont les qualités ne furent, de son vivant, reconnues que dans le cercle restreint de ses amis écrivains, Mallarmé et Huysmans en tête.

Un roman entre science et science-fiction

À l'image de *Frankenstein*, de Mary Shelley (1818), *L'Ève future* met en scène un scientifique à la poursuite d'un rêve : créer un être artificiel à l'apparence humaine. Mais si la créature du docteur Frankenstein confine au genre fantastique, on a plus souvent rapproché *L'Ève future* des récits d'anticipation propres à la science-fiction. Lord Ewald, jeune aristocrate anglais, est éperdument amoureux d'une femme sublime, mais… sotte : son ami Thomas Edison va lui proposer d'en créer de toutes pièces une parfaite réplique, dotée d'une intelligence supérieure. Le discours scientifique – dont l'exactitude laisse très souvent à désirer – envahit donc ce texte, et prend une dimension poétique et religieuse : l'inventeur devient un sorcier dont les armes seraient l'électricité et la chimie, son laboratoire un temple dédié au progrès.

À l'origine du texte : des mythes fondateurs

1. Faites une recherche sur les mythes de Prométhée et de Faust : en quoi ont-ils influencé l'écriture de *L'Ève future* ?

2. Cherchez la définition du terme grec « *hubris* » : quel lien y a-t-il entre l'*hubris* et l'intrigue du roman ?

Le discours scientifique dans l'œuvre

3. Lisez l'avis au lecteur : pourquoi l'auteur qualifie-t-il son personnage de sorcier plutôt que de scientifique ?

4. Relisez le chapitre consacré à la photographie (livre I, chapitre X) : pourquoi Edison regrette-t-il que cette invention soit venue si « tard » ? Quel rôle donne-t-il à la photographie ?

5. Grâce au livre V, faites la liste des innovations permettant au savant de reproduire l'apparence d'une femme réelle.

Les personnages : entre science et idéal

6. Cherchez une définition du terme « dandy » et montrez que Lord Ewald en est une bonne illustration.

7. Selon Edison, pourquoi la science et l'artificiel sont-ils supérieurs à la nature ?

8. Pourquoi la fusion des personnages d'Hadaly et d'Alicia Clary formerait-elle l'idéal féminin de Lord Ewald ?

Un dénouement ambigu

9. Comment interprétez-vous le coup de théâtre final ?

10. Quel sens donnez-vous au message final de Lord Ewald : « Ami, c'est de Hadaly seule que je suis inconsolable – et je ne prends le deuil que de cette ombre. – Adieu. »

Flaubert
1821-1880

Biographie, p. 558

Texte 7 Bouvard et Pécuchet (1880)

Les deux héros de ce roman inachevé se rencontrent à Paris. À la faveur d'un héritage, ils s'installent tous deux à la campagne pour réaliser leur rêve : devenir des savants. Ils se livrent dès lors à toutes sortes d'expérimentations, qui échouent lamentablement. Dans cet extrait, ils tentent de percer les secrets de la chaleur animale : Bouvard sert de cobaye.

Des savants prétendent que la chaleur animale se développe par les contractions musculaires, et qu'il est possible en agitant le thorax et les membres pelviens[1] de hausser la température d'un bain tiède.

Bouvard alla chercher leur baignoire – et quand tout fut prêt, il s'y plongea, muni d'un thermomètre.

Les ruines de la distillerie balayées vers le fond de l'appartement dessinaient dans l'ombre un vague monticule. On entendait par intervalles le grignotement des souris ; une vieille odeur de plantes aromatiques s'exhalait – et se trouvant là fort bien ils causaient avec sérénité.

Cependant Bouvard sentait un peu de fraîcheur.

– « Agite tes membres ! », dit Pécuchet.

Il les agita, sans rien changer au thermomètre ; – « c'est froid, décidément. »

– « Je n'ai pas chaud, non plus », reprit Pécuchet, saisi lui-même par un frisson, « mais agite tes membres pelviens ! agite-les ! »

Bouvard ouvrit les cuisses, se tordait les flancs, balançait son ventre, soufflait comme un cachalot ; – puis regardait le thermomètre, qui baissait toujours.

– « Je n'y comprends rien ! Je me remue, pourtant ! »

– « Pas assez ! »

Et il reprenait sa gymnastique.

Elle avait duré trois heures, quand une fois encore il empoigna le tube.

– « Comment ! douze degrés ! – Ah ! bonsoir ! Je me retire ! »

Un chien entra, moitié dogue moitié braque, le poil jaune, galeux, la langue pendante.

Que faire ? pas de sonnettes ! et leur domestique était sourde. Ils grelottaient mais n'osaient bouger, dans la peur d'être mordus.

Gustave FLAUBERT, *Bouvard et Pécuchet,* chapitre 3, 1880.

1. Du bassin.

« Bains et électrothérapie », extraite de "La grande Bibliothèque illustrée Bilz"»,1901, Leipzig, coll. part.

Questions

Observer et analyser

1. Dans le premier paragraphe, pourquoi Flaubert emploie-t-il le verbe « prétendre » ?

2. Décrivez le but de l'expérience et l'ordre dans lequel elle est menée : qu'a-t-elle de scientifique ?

3. Lisez avec attention les dialogues et montrez que Bouvard et Pécuchet « jouent » aux savants.

4. Quelle tonalité la situation finale de l'extrait prend-elle ?

Contexte et perspectives

5. En vous appuyant sur le texte de Claude Bernard (p. 125), montrez que Flaubert propose une satire des faux savants.

Vers le BAC : le sujet d'invention

6. Vous transposerez le texte sous forme d'une scène théâtrale comique. Vous veillerez à respecter les règles d'écriture et de présentation du genre théâtral.

Synthèse

Le roman et la science

Image du *Voyage dans la lune*, film de Georges Méliès, 1902.

La science comme modèle d'investigation

▮ Au XIXe siècle, le romancier réaliste se veut savant. Il donne au genre romanesque une **ambition scientifique** : celle de mettre en lumière les secrets de l'homme et de la société en les observant. La science devient donc, pour Balzac comme pour Zola, un modèle à égaler, voire à dépasser.

Balzac, Zola et le modèle scientifique

▮ Balzac revendique l'héritage de Buffon et de Lavater pour emprunter à la zoologie la notion d'espèce : le monde moderne se divise en **espèces sociales** (► p. 121) que *La Comédie humaine*, à travers ses personnages, a l'ambition de recenser.

▮ Zola, influencé par la **méthode expérimentale de Claude Bernard** (► p. 125), choisit la médecine et la généalogie pour donner à son cycle des Rougon-Macquart sa vigueur démonstrative. Il nous livre sa théorie du roman en 1880 dans *le Roman expérimental*, qui donnera naissance au **mouvement naturaliste**.

▮ Ces cautions scientifiques peuvent paraître aujourd'hui dépassées, sans que cela nuise à la force de leur œuvre romanesque. On se rend compte qu'elles leur ont surtout servi à organiser la masse de leurs observations et à canaliser la puissance de leur imagination.

La science comme matière romanesque

▮ La fascination du XIXe siècle pour la science a élevé au rang de personnages les vrais et faux savants. Certains font figure de mages aux immenses pouvoirs (► Villiers de L'Isle-Adam, p. 132), d'autres paraissent atteints de démesure (► Mary Shelley, p. 136), d'autres encore voient leurs ambitions ridiculisées (► Gustave Flaubert, p. 134).

Jules Verne et H. G. Wells : vers l'anticipation et la science-fiction

▮ Pour ces deux auteurs, **la science est une projection** vers l'avenir, vers des mondes possibles ou inconnus. Le présent ne leur suffit pas : les progrès scientifiques leur permettent donc d'y échapper, en donnant corps au pouvoir de leur imagination.

▮ Chez Jules Verne, ses « Voyages extraordinaires » (en ballon, au centre de la terre, sous les mers, dans la Lune, etc.) menés à bord de machines de rêve anticipent l'avenir et ses inventions remarquables. Lorsque, par exemple, il choisit la conquête spatiale, comme dans *De la Terre à la Lune* (p. 130), il imagine le périple réalisé un siècle plus tard par Apollo 11, en 1969.

▮ H. G. Wells nous propose, quant à lui, une guerre futuriste contre des envahisseurs extra-terrestres (*La Guerre des mondes*, 1898), ou les aventures d'un savant ayant réalisé le rêve ancien de l'invisibilité (*L'Homme invisible*, p. 136). Ils préparent tous deux la naissance d'un nouveau genre : celui de la science-fiction et de l'anticipation.

Une postérité considérable aux XXe et XXIe siècles

L'invention du mot science-fiction

▮ Si les projets de Balzac ou Zola n'ont pas trouvé de successeurs au siècle suivant, il en va tout autrement de Jules Verne et de Wells. Les possibilités ouvertes par la science et la technologie continuent de fasciner les romanciers, et c'est en évoquant l'héritage de Jules Verne qu'un Américain, Hugo Gernsback, invente en 1929 le terme de science-fiction.

▮ La « science-fiction » désigne une littérature qui utilise des fondements plus ou moins scientifiques pour créer des mondes inconnus… (alliés à la puissance imaginative de l'auteur).

La création d'un genre

▮ Les Anglo-Saxons excellent dans cet exercice, avec des auteurs tels que **Ray Bradbury** et ses *Chroniques martiennes*, parues en 1950. Mais le phénomène est mondial, et une école française de science-fiction donnera notamment naissance à des classiques du genre, à l'image de *La Planète des singes* de **Pierre Boulle** (1963).

▮ Très vite, les frontières de la littérature sont franchies, et c'est au cinéma que les héritiers de Jules Verne et H.-G. Wells trouvent un parfait terrain d'expression, de *Metropolis* de Fritz Lang (1927) à *Avatar* de James Cameron (2009).

Êtres et mondes artificiels aux XIXe et XXe siècles

Texte 1 Mary Shelley, *Frankenstein* (1818)

Victor Frankenstein, médecin et chimiste, se lance un défi : « animer la matière inerte », donner vie à un être créé de toute pièce. Prélevant son matériau sur des cadavres, il assemble donc sa créature, qui s'anime ici sous ses yeux.

Comment décrire mon émotion devant cette catastrophe et dépeindre le misérable que j'avais réussi à créer après tant de soins. Ses membres étaient à sa taille et j'avais essayé de le rendre beau. Beau ! Mon dieu ! ... Sa peau jaune recouvrait à peine ses muscles et ses veines. Ses cheveux étaient pourtant abondants et d'un noir brillant. Ses dents étaient blanches comme des perles, mais ces splendeurs contrastaient d'une façon plus horrible encore avec ses yeux larmoyants et sans couleur, son visage ridé, le trait noir qui formait ses lèvres. J'avais travaillé durement pendant presque deux ans dans le seul but de donner la vie à un corps inanimé. Je m'étais privé de repos et de soins. Je l'avais désiré avec une ardeur sans borne, mais maintenant que c'était fini, la beauté du rêve s'évanouissait. Mon cœur se remplit de dégoût et d'une horreur indicible. Ne pouvant supporter la vue de l'être que j'avais créé je me précipitai hors de la pièce et pendant longtemps je marchai de long en large dans ma chambre sans pouvoir me calmer.

Mary Shelley, *Frankenstein*, 1818, chapitre 5, trad. H. Betjeman, © UGE, 1964.

Affiche du film *Frankenstein*, de **James Whale**, réalisé en 1931.

Texte 2 H. G. Wells, *L'Homme invisible* (1896)

Dans ce roman, H. G. Wells donne corps à un autre rêve : celui de l'invisibilité. L'Homme invisible répond ici à une question cruciale : comment rendre la chair et le sang transparents ?

En réalité, l'organisme tout entier d'un homme – à l'exception des cellules rouges de son sang et des pigments foncés de ses cheveux – est fait de tissu transparent, incolore : tant il faut peu de chose pour nous rendre visible les uns aux autres ! Pour la plus grande part, les fibres d'un être vivant ne sont pas plus opaques que l'eau. [...] Vous connaissez la matière colorante du sang : elle est rouge. Eh bien, on peut la rendre blanche, incolore, sans troubler ses fonctions normales. »

Kemp poussa un cri de surprise et d'incrédulité. L'homme invisible se leva et se mit à arpenter le cabinet.

– « Oh ! vous pouvez vous récrier ! Je me rappelle ce jour-là. Il était tard, le soir (dans la journée, on était assommé par des élèves sots et paresseux) ; je travaillais là quelquefois jusqu'à l'aurore. La lumière se fit tout à coup dans mon esprit, complète et splendide. J'étais seul. Le laboratoire était tranquille, éclairé en silence par ses hautes lampes éclatantes… On pouvait rendre transparent un tissu, un animal ! Exception faite des pigments, on pouvait le rendre invisible ! « Je pourrais devenir invisible ! » me dis-je à moi-même.

H. G. WELLS, *L'Homme invisible*, 1896, chapitre 19, trad. A. Laurent, © Gallimard, 1947.

Texte 3 A. Bioy Casares, *L'Invention de Morel* (1940)

L'auteur argentin de ce court roman imagine une île sur laquelle s'exile un homme poursuivi. Elle est habitée, mais les membres de son étrange société ne remarquent jamais le nouveau venu : ils ne sont en réalité que des projections enregistrées, invention démoniaque du docteur Morel. Amoureux de Faustine, l'une de ces images, le narrateur trouve une solution…

Lorsque je me suis senti prêt, j'ai ouvert les récepteurs d'activité simultanée. Sept journées ont été enregistrées. J'ai bien joué : un spectateur peu averti peut croire que je ne suis pas un intrus. C'est là le résultat naturel d'une laborieuse préparation : quinze jours d'études et de répétitions ininterrompues. Infatigablement, j'ai répété chacun de mes actes. J'ai étudié ce que dit Faustine, ses questions et ses réponses ; plusieurs fois, j'intercale habilement quelque phrase dans les siennes ; on dirait que Faustine me répond. Je ne reste pas toujours derrière elle ; je connais ses mouvements et parfois la précède. J'espère que dans l'ensemble nous donnons l'impression d'être des amis inséparables, de nous entendre sans avoir besoin de nous parler.

Longtemps, j'ai été troublé par l'espoir de supprimer l'image de Morel. Je sais qu'une telle espérance est vaine. Cependant, en écrivant ces lignes, j'éprouve le même ardent désir, le même trouble. J'étais vexé par la dépendance des images (en particulier, de Morel avec Faustine). Maintenant, plus : je suis entré dans cet univers ; on ne peut plus supprimer l'image de Faustine sans que la mienne disparaisse.

Adolpho BIOY CASARES, *L'Invention de Morel*, 1940, trad. A. Pierhal, © R. Laffont, 1949.

Croiser les textes

1. Comparez les réactions de Victor Frankenstein et de l'homme invisible face à leur création : comment les comprenez-vous ?

2. Montrez qu'une même foi en la science unit les discours des textes de H. G. Wells et A. Bioy Casares.

3. Sur quelles sciences et technologies ces trois textes s'appuient-ils ? Sont-ils selon vous scientifiquement crédibles ?

4. Un de ces textes est proche de *l'Ève future* de Villiers de l'Isle-Adam (► p. 132) : lequel ? Justifiez votre réponse.

Vers le BAC : la question de corpus

5. Ces textes consacrent-ils la victoire de la science sur la nature ? Vous répondrez à cette question en comparant entre eux tous les textes.

La nouvelle entre réalisme et fantastique

4

Jean Béraud (1849-1936), *L'Attente, rue de Chateaubriand, à Paris*, huile sur toile (56 cm × 39,5 cm), Paris, musée d'Orsay.

Largement diffusée par les journaux avant d'être éditée en recueils, la nouvelle connaît un véritable « âge d'or » au XIXe siècle. Racontant une histoire à la fois véridique et surprenante, elle est liée à l'un des courants majeurs du siècle, le réalisme. Mais elle est aussi une des expressions privilégiées du fantastique. Des auteurs comme Maupassant passent avec dextérité d'un registre à l'autre, comme l'envers et l'endroit d'une même réalité que les nouvellistes ont traquée tout au long du XIXe siècle.

La brutalité du réel

Mérimée
1803-1870

Biographie, p. 562

Histoire littéraire
Le réalisme, p. 50

Texte 1 Carmen (1845)

José Navarro, le héros de cette nouvelle de Mérimée, raconte comment sa vie a basculé lorsqu'il a rencontré la libre et fascinante Carmen, une bohémienne. Par amour pour elle, il est devenu une sorte de brigand. Il la presse de questions lorsqu'elle le délaisse.

« Tu aimes donc Lucas ?[1], lui demandai-je.

– Oui, je l'ai aimé, comme toi, un instant, moins que toi peut-être. À présent, je n'aime plus rien, et je me hais pour t'avoir aimé. »

Je me jetai à ses pieds, je lui pris les mains, je les arrosai de mes larmes. Je lui rappelai tous les moments de bonheur que nous avions passés ensemble. Je lui offris de rester brigand pour lui plaire. Tout, monsieur, tout ! je lui offris tout, pourvu qu'elle voulût m'aimer encore !

Elle me dit :

« T'aimer encore, c'est impossible. Vivre avec toi, je ne le veux pas. »

La fureur me possédait. Je tirai mon couteau. J'aurais voulu qu'elle eût peur et me demandât grâce, mais cette femme était un démon.

« Pour la dernière fois, m'écriai-je, veux-tu rester avec moi ?

– Non ! Non ! Non ! » dit-elle en frappant du pied.

Et elle tira de son doigt une bague que je lui avais donnée, et la jeta dans les broussailles.

Je la frappais deux fois. C'était le couteau du Borgne[2] que j'avais pris, ayant cassé le mien. Elle tomba au second coup sans crier. Je crois encore voir son grand œil noir me regarder fixement ; puis il devint trouble et se ferma. Je restai anéanti une bonne heure devant ce cadavre. Puis, je me rappelai que Carmen m'avait dit souvent qu'elle aimerait à être enterrée dans un bois. Je lui creusai une fosse avec mon couteau, et je l'y déposai. Je cherchai longtemps sa bague et je la trouvai à la fin. Je la mis dans la fosse auprès d'elle avec une petite croix. Peut-être ai-je eu tort. Ensuite je montai sur mon cheval, je galopai jusqu'à Cordoue[3], et au premier corps de garde je me fis connaître. J'ai dit que j'avais tué Carmen ; mais je n'ai pas voulu dire où était son corps.

Prosper Mérimée, *Carmen*, chap. III, 1845.

1. Un torero avec lequel Carmen a une aventure.
2. Garcia, surnommé Le Borgne, était le mari de Carmen. José Navarro l'a tué car il voulait Carmen pour lui seul.
3. Ville d'Andalousie, en Espagne.

Questions

Observer et analyser

1. Observez les dialogues. Quelles différences permettent-ils d'établir entre José et Carmen ?
2. À quel moment le récit bascule-t-il ? Quelle tonalité prend-il alors ?
3. Pourquoi l'acte de José Navarro peut-il sembler paradoxal ?
4. Caractérisez le rythme du passage. Quel effet est ainsi produit sur le lecteur ?

Contexte et perspectives

5. Qu'est-ce qu'une femme fatale ? En quoi peut-on dire dans cet extrait que Carmen en est une ?

Vers le BAC : le sujet d'invention

6. Vous réécrirez le début de cet extrait (jusqu'à la mort du personnage) en adoptant le point de vue de Carmen. Nous aurons ainsi les pensées intérieures du personnage.

Flaubert
1821-1880

Biographie, p. 558

Texte 2 « Un cœur simple » (1877)

Félicité est servante dans une ferme de Normandie, lorsqu'elle rencontre Théodore, qui lui offre le mariage. Mais peu avant les noces, un des amis de Théodore vient lui annoncer qu'elle ne verra plus jamais son fiancé : celui-ci a épousé une vieille femme riche afin de payer la somme qui lui permettra d'échapper au service militaire.

Ce fut un chagrin désordonné. Elle se jeta par terre, poussa des cris, appela le bon Dieu et gémit toute seule dans la campagne jusqu'au soleil levant. Puis elle revint à la ferme, déclara son intention d'en partir ; et, au bout du mois, ayant reçu ses comptes, elle enferma tout son petit bagage dans un mouchoir, et se rendit à Pont-l'Évêque[1].

Devant l'auberge, elle questionna une bourgeoise en capeline[2] de veuve, et qui précisément cherchait une cuisinière. La jeune fille ne savait pas grand-chose, mais paraissait avoir tant de bonne volonté et si peu d'exigences, que Mme Aubain finit par dire :

« Soit, je vous accepte ! »

Félicité, un quart d'heure après, était installée chez elle.

D'abord elle y vécut dans une sorte de tremblement que lui causaient « le genre de la maison » et le souvenir de « Monsieur », planant sur tout ! Paul et Virginie[3], l'un âgé de sept ans, l'autre de quatre à peine, lui semblaient formés d'une matière précieuse ; elle les portait sur son dos comme un cheval, et Mme Aubain lui défendit de les baiser à chaque minute, ce qui la mortifia[4]. Cependant elle se trouvait heureuse. La douceur du milieu avait fondu sa tristesse.

Tous les jeudis, des habitués venaient faire une partie de boston[5]. Félicité préparait d'avance les cartes et les chaufferettes[6]. Ils arrivaient à huit heures bien juste, et se retiraient avant le coup de onze.

Chaque lundi matin, le brocanteur qui logeait sous l'allée étalait par terre ses ferrailles. Puis la ville se remplissait d'un bourdonnement de voix, où se mêlaient des hennissements de chevaux, des bêlements d'agneaux, des grognements de cochon, avec le bruit sec des carrioles dans la rue.

Gustave FLAUBERT, « Un cœur simple » dans *Trois contes*, 1877.

Paul Cézanne (1839-1906)
Jeune paysanne, dessin au crayon (vers 1873), Philadelphie, Philadelphia Museum of Art.

1. Ville de Normandie. 2. Coiffe. 3. *Paul et Virginie* est le titre d'une œuvre de Bernardin de Saint Pierre (1787). 4. Ce qui la fit souffrir. 5. Jeu de cartes. 6. Boîtes remplies de cendres chaudes utilisées pour se chauffer les pieds.

Questions

Observer et analyser

1. Quel registre domine le début du texte, situé juste après le départ de Théodore ? Quelles en sont les marques ?

2. Quels sont les éléments du texte qui notent la différence de classe sociale entre Félicité et Mme Aubain ?

3. Sur quoi le bonheur de Félicité repose-t-il dans la seconde partie du texte ?

4. Sa vie dans sa nouvelle famille semble bien réglée. Comment cette régularité est-elle exprimée ?

Contexte et perspectives

5. Si l'on se réfère à la définition du réalisme (► p. 51), en quoi ce texte est-il réaliste ?

Vers le BAC : la dissertation

6. Selon vous, Flaubert parvient-il dans ce passage à « apitoyer, faire pleurer les âmes sensibles », comme il en avait le projet ? (voir p. 141) Vous répondrez de façon argumentée sans oublier de citer le texte.

Gustave Flaubert, *Un cœur simple*

Citations

« Pendant un demi-siècle, les bourgeoises de Pont-l'Évêque envièrent à Mme Aubain sa servante Félicité. » Première phrase d'*Un cœur simple*.

« L'histoire d'*Un cœur simple* est tout bonnement le récit d'une vie obscure, celle d'une pauvre fille de campagne, dévote mais mystique, dévouée sans exaltation et tendre comme du pain frais. Elle aime successivement un homme, les enfants de sa maîtresse, un neveu, un vieillard qu'elle soigne, puis son perroquet ; quand le perroquet est mort, elle le fait empailler et, en mourant à son tour, elle confond le perroquet avec le Saint-Esprit. Cela n'est nullement ironique comme vous le supposez, mais au contraire très sérieux et très triste. Je veux apitoyer, faire pleurer les âmes sensibles, en étant une moi-même. » FLAUBERT, Lettre à Madame Roger des Genettes, 1876.

Le réalisme d'*Un cœur simple*

Un cœur simple fait partie des *Trois Contes*, la dernière œuvre achevée par Flaubert. Dans cette nouvelle, il associe les souvenirs de son enfance normande, certains détails autobiographiques et de minutieuses recherches sur le terrain, à Pont-l'Évêque notamment, ou dans des ouvrages de médecine. Il gardera même sur sa table de travail, pendant la rédaction de l'œuvre, un perroquet empaillé, modèle de « Loulou » (le perroquet de Félicité). Le réel est donc omniprésent ici : les lieux, les événements historiques, la bourgeoisie provinciale, les paysans, la vie religieuse, l'éducation...

Félicité ?

Ce personnage dont le prénom suggère le bonheur est une héroïne bien énigmatique. Est-elle d'ailleurs une véritable héroïne (elle sauve Mme Aubain et ses enfants d'un taureau mais n'a pas conscience de l'héroïsme de son acte), ou est-elle une femme très simple, presque proche de l'animal (qui se rapproche en définitive de son perroquet) ?
Toujours est-il qu'elle est caractérisée par sa sincérité, dans une vie rythmée par les séparations et les malheurs. Bien loin du bonheur annoncé, finalement...
En se plaçant de son point de vue, Flaubert nous fait vivre de l'intérieur ce « récit d'une vie obscure ».

Le temps et le rythme du récit

1. Quand le récit commence-t-il ? Combien de temps dure-t-il ? Quels sont les événements historiques marquants en France pendant la durée de l'œuvre ?

2. Quel rythme Flaubert donne-t-il à son récit ? Relevez les principales ellipses dans l'œuvre.

Les personnages

3. Dressez le portrait du personnage principal puis de sa maîtresse, Mme Aubain. Comparez ces deux femmes.

4. Après avoir un temps envisagé comme titre *Le Perroquet*, Flaubert a finalement choisi *Un cœur simple*. Comment comprenez-vous ce titre ?

Genre et registres

5. Qu'est-ce qui lie cette œuvre au genre de la nouvelle ? Qu'est-ce qui l'en éloigne et lui confère un statut particulier ? Vous pouvez vous aider de la synthèse de la page 155.

6. Quel registre domine l'œuvre, selon vous ? Justifiez votre réponse.

Perspective

7. La réalisatrice Marion Laine a proposé en 2008 une adaptation de cette nouvelle au cinéma. Après voir vu le film, vous vous demanderez si la Félicité jouée par Sandrine Bonnaire correspond à celle que vous aviez imaginée. Quelles sont les différences ? Les ressemblances ? Auriez-vous fait les mêmes choix que la réalisatrice ?

Les Soirées de Médan

Lors de dîners littéraires chez Zola, à Médan, naquit l'idée d'un recueil de nouvelles, toutes d'auteurs différents, autour de la guerre de 1870. Le titre retenu fut *Les Soirées de Médan*. *Après la bataille* et *Boule de Suif* en font partie. Zola se chargea de rédiger la préface de ce qui fut considéré comme un « manifeste naturaliste ».

Alexis
1847-1901

Histoire littéraire
Le naturalisme, p. 56

Outils d'analyse
Le portrait, p. 162

Texte 3 « Après la bataille » (1880)

Blessé au pied gauche, un fantassin français se traîne sur la route, loin du champ de bataille.

Non seulement sa souffrance physique était très grande ; mais, avec la mobilité de sa physionomie[1], à certains longs frissons qui le secouaient tout entier, on était sûr que ce petit corps grêle et chétif[2], à organisation[3] nerveuse, éprouvait toute sensation, agréable ou pénible, physique ou morale, d'une façon excessive. Un mince cache-nez, noir, de laine très fine, était noué autour de son cou. Bleuies par le froid, ses jolies mains qui, à l'ordinaire, étaient sans doute très blanches, avaient des engelures aux doigts comme celles d'un enfant. Bien qu'il eût vingt-huit ans sonnés, il n'en paraissait pas vingt. Il portait sa moustache naissante. De rares poils de barbe blonde, qu'il n'avait pas dû raser depuis trois mois, couvraient un menton un peu long, au bas des joues blêmes, pâlies encore par la perte de sang. Sa capote, son pantalon rouge, la guêtre[4] et le soulier chaussant son pied resté valide, tout cela se trouvait trop large. Malgré ces délicates apparences, le jeune blessé n'avait pas jeté son sac, dont le poids écrasait ses chétives épaules. Et tant bien que mal, sautant sur un pied plutôt qu'il ne marchait, s'arrêtant tous les deux ou trois sauts pour ramasser à nouveau ses forces, il avançait toujours. Mais il arriva un moment où, malgré l'énergie de sa volonté, il lui fut impossible d'aller plus loin. Il n'eut que le temps de gagner au bord de la route une borne, au pied de laquelle il laissa choir[5] son sac et il s'assit sur le sac. Maintenant la nuit était noire, le brouillard plus épais. Le dos appuyé à la borne, il écouta. Plus rien. Pas un bruit humain ; pas même un aboiement lointain de chien, ni un cri de chouette [...].

Paul Alexis, « Après la bataille » dans *Les Soirées de Médan*, 1880.

1. Traits du visage.
2. Excessivement fin et faible.
3. Manière dont le corps est organisé, constitution.
4. Sorte d'enveloppe qui recouvre le haut de la chaussure.
5. Tomber.

Questions

Observer et analyser

1. Quel registre domine le texte ? Justifiez votre réponse.

2. Sur quelles caractéristiques physiques du personnage le narrateur insiste-t-il ? Appuyez votre réponse sur un relevé précis du texte. Quel semble être le but de l'auteur ?

3. Quelles sont les caractéristiques morales du personnage ?

4. La description est riche en couleurs. Lesquelles ? Commentez ces choix chromatiques.

Contexte et perspectives

5. Cherchez des informations sur la guerre de 1870. Quel était alors le régime politique en France ? Qui cette guerre opposait-elle ? Qui l'emporta ?

Vers le BAC : le sujet d'invention

6. Vous venez de lire le portrait d'un personnage confronté à la brutalité du réel. À votre tour, composez le portrait d'un personnage placé dans une situation défavorable. Vous emploierez le registre pathétique.

Maupassant
1850-1893

Biographie, p. 561

Histoire littéraire
Le naturalisme, p. 56

Outils d'analyse
Le portrait, p. 162

Texte 4 « Boule de suif » (1880)

Les Prussiens sont entrés dans Rouen et occupent la ville. Dix voyageurs profitent d'une diligence pour gagner Dieppe d'où ils comptent rallier la ville du Havre, qui n'est pas occupée. Parmi eux, de riches commerçants, deux bonnes sœurs et… Boule de suif.

La femme, une de celles appelées galantes[1], était célèbre par son embonpoint précoce qui lui avait valu le surnom de Boule de suif[2]. Petite, ronde de partout, grasse à lard, avec des doigts bouffis, étranglés aux phalanges, pareils à des chapelets de courtes saucisses[3]; avec une peau luisante et tendue, une gorge énorme qui saillait[4] sous sa robe, elle restait cependant appétissante et courue, tant sa fraîcheur faisait plaisir à voir. Sa figure était une pomme rouge, un bouton de pivoine prêt à fleurir; et là-dedans s'ouvraient, en haut, deux yeux noirs magnifiques, ombragés de grands cils qui mettaient une ombre dedans; en bas, une bouche charmante, étroite, humide pour le baiser, meublée de quenottes[5] luisantes et microscopiques.

Elle était de plus, disait-on, pleine de qualités inappréciables.

Aussitôt qu'elle fut reconnue, des chuchotements coururent parmi les femmes honnêtes, et les mots de « prostituée », de « honte publique » furent chuchotés si haut qu'elle leva la tête. Alors elle promena sur ses voisins un regard tellement provocant et hardi qu'un grand silence aussitôt régna, et tout le monde baissa les yeux à l'exception de Loiseau, qui la guettait d'un air émoustillé[6].

Mais bientôt la conversation reprit entre les trois dames que la présence de cette fille avait rendues subitement amies, presque intimes. Elles devaient faire, leur semblait-il, comme un faisceau[7] de leurs dignités d'épouses en face de cette vendue sans vergogne[8]; car l'amour légal le prend toujours de haut avec son libre confrère.

Guy de Maupassant, « Boule de suif », dans *Les Soirées de Médan*, 1880.

1. Une « femme galante » fait commerce de ses charmes.
2. Boule de Graisse.
3. Séries de saucisses liées entre elles.
4. Dépassait de.
5. Petites dents.
6. Excité.
7. Une union.
8. Sans avoir honte.

Ricard Canals i Llambi, *La toilette* (détail), 1903, Barcelone, musée national d'Art de Catalogne.

Questions

Observer et analyser

1. Pour dresser le portrait du personnage, quelles métaphores le texte multiplie-t-il ? Relevez-les. Quelle est l'intention de Maupassant en employant ces images ?

2. Quel regard le narrateur semble-t-il porter sur Boule de suif ? Ce regard est-il partagé par les autres personnages ? Justifiez votre réponse.

3. « L'amour légal le prend toujours de haut avec son libre confrère. » Que veut dire Maupassant ?

4. De quelle manière le réel est-il assez brutal dans ce texte ?

Vers le BAC : l'entretien à l'oral

5. Cherchez d'autres œuvres dont le personnage principal est, comme Boule de Suif, affublé d'un surnom qui devient le titre du livre.

Le corps fantastique

Gautier
1811-1872

Biographie, p. 559

Histoire littéraire
Le romantisme, p. 46

Outils d'analyse
Structure du récit, p. 166

Texte 5 Le Pied de momie (1840)

À la recherche d'un serre-papier, le narrateur jette son dévolu, dans une boutique, sur un pied qu'il croit en métal. C'est en fait un pied de momie, celui d'Hermonthis, la fille d'un pharaon. Interloqué par l'objet et malgré les avertissements du vendeur, il l'achète. Il va ensuite partager un dîner bien arrosé avec des amis avant de rentrer chez lui, de poser le pied sur sa table, puis de se coucher.

Je regardais dans ma chambre avec un sentiment d'attente que rien ne justifiait; les meubles étaient parfaitement en place, la lampe brûlait sur la console[1], doucement estampée[2] par la blancheur laiteuse de son globe de cristal dépoli[3]; les aquarelles miroitaient sous leur verre de Bohême[4]; les rideaux pendaient languissamment: tout avait l'air endormi et tranquille. Cependant, au bout de quelques instants, cet intérieur si calme parut se troubler, les boiseries craquaient furtivement; la bûche enfouie sous la cendre lançait tout à coup un jet de gaz bleu, et les disques des patères[5] semblaient des yeux de métal attentifs comme moi aux choses qui allaient se passer.

Ma vue se porta par hasard vers la table sur laquelle j'avais posé le pied de la princesse Hermonthis.

Au lieu d'être immobile comme il convient à un pied embaumé depuis quatre mille ans, il s'agitait, se contractait et sautillait sur les papiers comme une grenouille effarée[6]: on l'aurait cru en contact avec une pile voltaïque[7]; j'entendais fort distinctement le bruit sec que produisait son petit talon, dur comme un sabot de gazelle.

J'étais assez mécontent de mon acquisition, aimant les serre-papiers sédentaires[8] et trouvant peu naturel de voir les pieds se promener sans jambes, et je commençais à éprouver quelque chose qui ressemblait fort à de la frayeur.

Tout à coup je vis remuer le pli d'un de mes rideaux, et j'entendis un piétinement comme d'une personne qui sauterait à cloche-pied. Je dois avouer que j'eus chaud et froid alternativement; que je sentis un vent

1. Table à deux pieds, adossée à un mur.
2. Mise en relief.
3. Translucide.
4. Verre de grande qualité.
5. Pièce de métal servant de porte-manteaux.
6. Effrayée.
7. La première pile électrique inventée par Volta au début du XIXe siècle.
8. Qui restent au même endroit.

Égyptologue à l'étude, gravure, 1833, coll. part.

inconnu me souffler dans le dos, et que mes cheveux firent sauter, en se redressant, ma coiffure de nuit à deux ou trois pas.

Les rideaux s'entrouvrirent, et je vis s'avancer la figure la plus étrange qu'on puisse imaginer.

C'était une jeune fille, café au lait très foncé, comme la bayadère Amani[9], d'une beauté parfaite et rappelant le type égyptien le plus pur ; elle avait des yeux taillés en amande avec des coins relevés et des sourcils tellement noirs qu'ils paraissaient bleus, son nez était d'une coupe délicate, presque grecque pour la finesse, et l'on aurait pu la prendre pour une statue de bronze de Corinthe[10], si la proéminence des pommettes et l'épanouissement un peu africain de la bouche n'eussent fait reconnaître, à n'en pas douter, la race hiéroglyphique[11] des bords du Nil.

Ses bras minces et tournés en fuseau[12], comme ceux des très jeunes filles, étaient cerclés d'espèces d'emprises de métal et de tours de verroterie[13] ; ses cheveux étaient nattés en cordelettes, et sur sa poitrine pendait une idole en pâte verte que son fouet à sept branches faisait reconnaître pour l'Isis, conductrice des âmes ; une plaque d'or scintillait à son front, et quelques traces de fard perçaient sous les teintes de cuivre de ses joues.

Quant à son costume il était très étrange.

Figurez-vous un pagne de bandelettes chamarrées[14] d'hiéroglyphes noirs et rouges, empesés de bitume et qui semblaient appartenir à une momie fraîchement démaillotée.

Par un de ces sauts de pensée si fréquents dans les rêves, j'entendis la voix fausse et enrouée du marchand de bric-à-brac, qui répétait, comme un refrain monotone, la phrase qu'il avait dite dans sa boutique avec une intonation si énigmatique :

« Le vieux Pharaon ne sera pas content ; il aimait beaucoup sa fille, ce cher homme. »

Théophile Gautier, *Le Pied de momie*, 1840.

9. Danseuse indienne.
10. Ville de Grèce.
11. Représentés sur les bas-reliefs égyptiens.
12. En forme de fuseau (se rétrécissant au poignet et à l'épaule).
13. Petits bijoux en verre coloré.
14. Bariolées.

Statuette de la déesse Selket (détail), XVIIIe dynastie (1549-1295 av. J.-C.), Le Caire, musée égyptien.

Questions

Observer et analyser

1. Malgré la situation, le narrateur fait preuve d'un certain humour. À quel(s) endroit(s) du texte ?

2. On pourrait douter de la véracité de l'anecdote, mais le narrateur multiplie les détails réalistes et les marques de sincérité. Relevez ces éléments.

3. À quoi le pied est-il successivement comparé ?

4. Le portrait de la jeune fille est détaillé. Par quels champs lexicaux le narrateur nous aide-t-il à nous représenter son image ?

5. Un mot dans le texte peut nous permettre d'émettre une hypothèse sur ce qui arrive au narrateur. Quel est ce mot ? Peut-on alors faire le lien avec le tableau de Füssli (► p. 146) ?

Contexte et perspectives

6. À partir de cet extrait, pouvez-vous proposer votre propre définition du registre fantastique ? Confrontez-la à d'autres définitions comme celle de Todorov (► p. 155). Arrivez-vous au même résultat ?

Vers le BAC : le sujet d'invention

7. Que va-t-il se passer ? Écrivez la suite de cette nouvelle en conservant la narration à la première personne et les références à l'Égypte.

Rêves et cauchemars dans la peinture fantastique

À retenir

Une nouvelle perception du rêve

▌Le rêve, jusqu'alors perçu comme une manifestation du surnaturel, comme un signe prémonitoire (et souvent néfaste), commence à devenir, à la fin du XVIIIe siècle, un objet d'étude scientifique et médicale.

▌Sensibles aux manifestations du mystère, les romantiques rompent avec l'esprit rationaliste des penseurs des Lumières, qui y voyaient un produit déréglé de l'imagination, sans vérité ni intérêt. Pour Nerval, « le rêve est une seconde vie [...] où le *moi*, sous une autre forme, continue l'œuvre de l'existence » (*Aurélia*). En exaltant le rêve comme **source d'inspiration**, les écrivains et les poètes préparent et annoncent les recherches de Freud sur l'inconscient.

Une inspiration picturale renouvelée

▌Ainsi réhabilité, le rêve offre à l'imagination des peintres tout un répertoire de thèmes et de formes pittoresques.

▌Pour Francisco Goya, « le sommeil de la raison engendre des monstres » qu'il représente dans les figures grotesques et effrayantes de ses *Caprices* (1799). L'intérêt constant de Füssli pour le monde du rêve se nourrit de sa lecture de Shakespeare, avec ses spectres, ses sorcières et ses elfes (*Richard III visité par les fantômes*, 1798). En marge de son œuvre littéraire, Hugo poursuit son ambition de « rendre visible l'invisible » dans ses encres et ses lavis.

▌Dans sa lignée, les peintres symbolistes (Puvis de Chavannes, Moreau, Redon), puis surréalistes (Chirico, Dali, Miro) voient dans la transcription du monde onirique le moyen de déchiffrer l'énigme de l'homme.

À propos ...

...des anges et des démons en peinture

La peinture donne à voir l'extrême diversité des créatures fantasmagoriques qui hantent les songes. Un siècle après Füssli, le peintre symboliste Pierre Puvis de Chavannes explore le côté rassurant des rêves : « Il voit dans son sommeil l'Amour, la Gloire et la Richesse lui apparaître », signale le livret qui accompagne le tableau lors de sa première exposition. On est alors bien loin de la figure démoniaque de l'incube qui abuse de la femme endormie.

Pierre Puvis de Chavannes (1824-1898), *Le Rêve*, 1883, 82 cm × 102 cm, Paris, musée d'Orsay.

Johann Heinrich Füssli (1741-1825), *Le Cauchemar* (1781), huile sur toile, 101,6 cm × 127 cm, Detroit, Institute of Fine Arts.

Pour lire le tableau

Observer la composition

Le tableau joue sur des contrastes : dans le jeu des couleurs, dans les effets de lumière, dans la position des personnages.

Observer le cadre

Le peintre a choisi l'intimité d'une alcôve où s'invitent des créatures inattendues.

Prendre en compte le titre

Cauchemar est un composé de *cauchier* (« presser ») et de *mare* (« fantôme»). Par ailleurs, *mare* signifie « jument » en anglais (le titre anglais est *Nightmare*).

Questions

1. Trois créatures apparaissent ici : décrivez-les.
2. Comment interprétez-vous le contraste des couleurs ?
3. Quelles hypothèses peut-on faire sur l'état de la jeune femme ?
4. En quoi ce tableau se situe-t-il à la fois dans le réel et dans l'imaginaire ?

Comparez

5. Comparez la représentation du monde de la nuit dans chacun des tableaux.
6. Dans quelle mesure Puvis de Chavannes adopte-t-il, pour retranscrire le monde du rêve, une esthétique et un point de vue opposés à ceux de Füssli ?

Daudet
1840-1897

Biographie, p. 557

Outils d'analyse
Structure du récit, p. 166

Texte intégral

Texte 6 « L'homme à la cervelle d'or » (1869)

Dédiée « à la dame qui demande des histoires gaies », cette nouvelle, d'abord parue séparément, a ensuite été intégrée au recueil Les Lettres de mon moulin. *Le personnage principal reçoit à la naissance un don qui va se révéler bien embarrassant. On retrouve ici l'atmosphère plus sombre de nombreux textes de Daudet.*

Constantin Brancusi (1876-1957), *Muse endormie*, 1910, Paris, musée national d'Art moderne.

En lisant votre lettre, madame, j'ai eu comme un remords. Je m'en suis voulu de la couleur un peu trop demi-deuil de mes historiettes, et je m'étais promis de vous offrir aujourd'hui quelque chose de joyeux, de follement joyeux.

Pourquoi serais-je triste, après tout ? Je vis à mille lieues des brouillards parisiens, sur une colline lumineuse, dans le pays des tambourins et du vin muscat. Autour de chez moi tout n'est que soleil et musique ; j'ai des orchestres de culs-blancs[1], des orphéons[2] de mésanges ; le matin, les courlis[3] qui font : « Coureli ! coureli ! », à midi, les cigales ; puis les pâtres[4] qui jouent du fifre[5], et les belles filles brunes qu'on entend rire dans les vignes… En vérité, l'endroit est mal choisi pour broyer du noir ; je devrais plutôt expédier aux dames des poèmes couleur de rose et des pleins paniers de contes galants.

Eh bien, non ! Je suis encore trop près de Paris. Tous les jours, jusque dans mes pins, il m'envoie les éclaboussures de ses tristesses… À l'heure même où j'écris ces lignes, je viens d'apprendre la mort misérable du pauvre Charles Barbara[6] ; et mon moulin en est tout en deuil. Adieu les courlis et les cigales !

Je n'ai plus le cœur à rien de gai… Voilà pourquoi, madame, au lieu du joli conte badin[7] que je m'étais promis de vous faire, vous n'aurez encore aujourd'hui qu'une légende mélancolique.

Il était une fois un homme qui avait une cervelle d'or ; oui, madame, une cervelle toute en or. Lorsqu'il vint au monde, les médecins pensaient que cet enfant ne vivrait pas, tant sa tête était lourde et son crâne démesuré. Il vécut cependant et grandit au soleil comme un beau plant d'olivier ; seulement sa grosse tête l'entraînait toujours, et c'était pitié de le voir se cogner à tous les meubles en marchant… Il tombait souvent.

1. Oiseaux au croupion blanc, tels le pétrel ou le chevalier.
2. Fanfares.
3. Petits échassiers des marécages.
4. Bergers.
5. Petite flûte.
6. Auteur de romans et de contes sombres et fantastiques, cet ami de Daudet se suicida après la mort de sa femme.
7. Récit gai et léger.

Un jour, il roula du haut d'un perron et vint donner du front contre un degré[8] de marbre, où son crâne sonna comme un lingot. On le crut mort, mais en le relevant, on ne lui trouva qu'une légère blessure, avec deux ou trois gouttelettes d'or caillées dans ses cheveux blonds. C'est ainsi que les parents apprirent que l'enfant avait une cervelle en or.

La chose fut tenue secrète ; le pauvre petit lui-même ne se douta de rien. De temps en temps, il demandait pourquoi on ne le laissait plus courir devant la porte avec les garçonnets de la rue.

– On vous volerait, mon beau trésor ! lui répondait sa mère...

Alors le petit avait grand-peur d'être volé ; il retournait jouer tout seul, sans rien dire, et se trimbalait lourdement d'une salle à l'autre...

À dix-huit ans seulement, ses parents lui révélèrent le don monstrueux qu'il tenait du destin ; et, comme ils l'avaient élevé et nourri jusque-là, ils lui demandèrent en retour un peu de son or. L'enfant n'hésita pas ; sur l'heure même – comment ? Par quels moyens ? La légende ne l'a pas dit –, il s'arracha du crâne un morceau d'or massif, un morceau gros comme une noix, qu'il jeta fièrement sur les genoux de sa mère... Puis, tout ébloui des richesses qu'il portait dans la tête, fou de désirs, ivre de sa puissance, il quitta la maison paternelle et s'en alla par le monde en gaspillant son trésor.

Du train dont il menait sa vie, royalement, et semant l'or sans compter, on aurait dit que sa cervelle était inépuisable... Elle s'épuisait cependant, et à mesure on pouvait voir les yeux s'éteindre, la joue devenir plus creuse. Un jour enfin, au matin d'une débauche folle, le malheureux, resté seul parmi les débris du festin et les lustres qui pâlissaient, s'épouvanta de l'énorme brèche qu'il avait déjà faite à son lingot : il était temps de s'arrêter.

Dès lors, ce fut une existence nouvelle. L'homme à la cervelle d'or s'en alla vivre, à l'écart, du travail de ses mains, soupçonneux et craintif comme un avare, fuyant les tentations, tâchant d'oublier lui-même ces fatales richesses auxquelles il ne voulait plus toucher... Par malheur un ami l'avait suivi dans sa solitude, et cet ami connaissait son secret.

Une nuit, le pauvre homme fut réveillé en sursaut par une douleur à la tête, une effroyable douleur ; il se dressa éperdu, et vit, dans un rayon de lune, l'ami qui fuyait en cachant quelque chose sous son manteau...

Encore un peu de cervelle qu'on lui emportait !....

À quelque temps de là, l'homme à la cervelle d'or devint amoureux, et cette fois tout fut fini... Il aimait du meilleur de son âme une petite femme blonde, qui l'aimait bien aussi, mais qui préférait encore les pompons, les plumes blanches et les jolis glands mordorés[9] battant le long des bottines.

Entre les mains de cette mignonne créature – moitié oiseau, moitié poupée –, les piécettes d'or fondaient que c'était un plaisir. Elle avait tous les caprices ; et lui ne savait jamais dire non ; même, de peur de la peiner, il lui cacha jusqu'au bout le triste secret de sa fortune.

– Nous sommes donc bien riches ? disait-elle.

Le pauvre homme lui répondait :

– Oh ! Oui... bien riches !

Et il souriait avec amour au petit oiseau bleu qui lui mangeait le crâne innocemment. Quelquefois cependant la peur le prenait, il avait des envies

8. Marche d'escalier.
9. D'un brun chaud aux reflets dorés.

10. Fleurs jaunes souvent employées dans la confection des couronnes funéraires.

11. S'appuyait.

d'être avare ; mais alors la petite femme venait vers lui en sautillant, et lui disait :

– Mon mari, qui êtes si riche ! Achetez-moi quelque chose de bien cher…

Et il lui achetait quelque chose de bien cher.

Cela dura ainsi pendant deux ans ; puis, un matin, la petite femme mourut, sans qu'on sût pourquoi, comme un oiseau… Le trésor touchait à sa fin ; avec ce qui lui restait, le veuf fit faire à sa chère morte un bel enterrement. Cloches à toute volée, lourds carrosses tendus de noir, chevaux empanachés, larmes d'argent dans le velours, rien ne lui parut trop beau. Que lui importait son or maintenant ?…. Il en donna pour l'église, pour les porteurs, pour les revendeuses d'immortelles[10] : il en donna partout sans marchandises… Aussi, en sortant du cimetière, il ne lui restait presque plus rien de cette cervelle merveilleuse, à peine quelques parcelles aux parois du crâne.

Alors on le vit s'en aller dans les rues, l'air égaré, les mains en avant, trébuchant comme un homme ivre. Le soir, à l'heure où les bazars s'illuminent, il s'arrêta devant une large vitrine dans laquelle tout un fouillis d'étoiles et de parures reluisait aux lumières, et resta là longtemps à regarder deux bottines de satin bleu bordées de duvet de cygne. « Je sais quelqu'un à qui ces bottines feraient bien plaisir », se disait-il en souriant ; et, ne se souvenant déjà plus que la petite femme était morte, il entra pour les acheter. Du fond de son arrière-boutique, la marchande entendit un grand cri ; elle accourut et recula de peur en voyant un homme debout, qui s'accotait[11] au comptoir et il regardait douloureusement d'un air hébété. Il tenait d'une main les bottines bleues à bordure de cygne, et présentait l'autre main toute sanglante, avec des raclures d'or au bout des ongles.

Telle est, madame, la légende de l'homme à la cervelle d'or.

Odilon Redon (1840-1916), *Visage derrière les barreaux*, 1880, coll. part.

Malgré ses airs de conte fantastique, cette légende est vraie d'un bout à l'autre… Il y a par le monde de pauvres gens qui sont condamnés à vivre avec leur cerveau, et payent en bel or fin, avec leur moelle et leur substance, les moindres choses de la vie. C'est pour eux une douleur de chaque jour; et puis, quand ils sont las de souffrir…

Alphonse DAUDET, « L'homme à la cervelle d'or », dans *Lettres de mon moulin*, 1869.

Texte écho Buzzati, « Le veston ensorcelé » (1966)

Le narrateur a reçu d'un tailleur un étrange veston : à chaque fois qu'il plonge la main dans sa poche, il y trouve des billets de banque. Malheureusement, il découvre la provenance de ces billets…

Je ne comprenais pas si je vivais un rêve, si j'étais heureux ou si au contraire je suffoquais sous le poids d'une trop grande fatalité. En chemin, à travers mon imperméable je palpais continuellement l'endroit de la poche magique. Chaque fois je soupirais de soulagement. Sous l'étoffe le réconfortant froissement du papier-monnaie me répondait.

Mais une singulière coïncidence refroidit mon délire joyeux. Sur les journaux du matin de gros titres ; l'annonce d'un cambriolage survenu la veille occupait presque toute la première page. La camionnette blindée d'une banque qui, après avoir fait le tour des succursales, allait transporter au siège central les versements de la journée, avait été arrêtée et dévalisée rue Palmanova par quatre bandits. Comme les gens accouraient, un des gangsters, pour protéger sa fuite, s'était mis à tirer. Un des passants avait été tué. Mais c'est surtout le montant du butin qui me frappa : exactement cinquante millions (comme les miens).

Pouvait-il exister un rapport entre ma richesse soudaine et le hold-up de ces bandits survenu presque en même temps ? Cela semblait ridicule de le penser. Et je ne suis pas superstitieux. Toutefois l'événement me laissa très perplexe.

Dino BUZZATI, « Le Veston ensorcelé », dans *Le K* (1966), trad. Jacqueline Remillet, © Robert Laffont, 1967.

Questions

Observer et analyser

1. Comment l'introduction (l. 1-16) justifie-t-elle le récit que va faire Daudet ?

2. Comment le récit est-il construit ? Faites-en le schéma narratif.

3. Quelle métaphore revient pour désigner « la petite femme » ? En quoi peut-on considérer que « l'homme à la cervelle d'or » et elle sont deux personnages opposés ?

4. Quel est le registre dominant à la fin du texte ? Quelles en sont les marques ?

5. Alphonse Daudet présente sa « légende » comme « vraie ». Quel est le paradoxe de cette déclaration ? Comment explique-t-il qu'un homme puisse retirer de l'or de sa tête ?

6. Quelle leçon peut-on tirer de ce texte ? Qui « l'homme à la cervelle d'or » pourrait-il représenter ?

Contexte et perspectives

7. Quels parallèles peut-on relever entre « L'homme à la cervelle d'or » de Daudet et le texte de Buzzati, « Le veston ensorcelé » ?

Vers le BAC : la dissertation

8. Quel peut être l'intérêt, pour un écrivain, de recourir à la fiction pour faire passer une leçon ? Votre réponse sera argumentée et s'appuiera sur des exemples précis.

Maupassant
1850-1893

Biographie, p. 561

Outils d'analyse
La structure du récit, p. 166

Méthode
La modalisation, p. 452

Texte 7 « La Main » (1885)

Au milieu d'un cercle de femmes captivées par le surnaturel, M. Bermutier, juge d'instruction, raconte une affaire à laquelle il a été confronté lorsqu'il exerçait à Ajaccio. Tout commence avec l'installation près de chez lui d'un mystérieux Anglais, sir John Rowell, au sujet duquel circulent les rumeurs les plus folles. Lorsque Bermutier réussit enfin à se faire inviter chez lui, il fait une étrange découverte.

Son salon était tendu de noir, de soie noire brodée d'or. De grandes fleurs jaunes couraient sur l'étoffe sombre, brillaient comme du feu.

Il annonça :

« C'été une drap japonaise. »

Mais, au milieu du plus large panneau, une chose étrange me tira l'œil. Sur un carré de velours rouge, un objet noir se détachait. Je m'approchai : c'était une main, une main d'homme. Non pas une main de squelette, blanche et propre, mais une main noire desséchée, avec les ongles jaunes, les muscles à nu et des traces de sang ancien, de sang pareil à une crasse, sur les os coupés net, comme d'un coup de hache, vers le milieu de l'avant-bras.

Autour du poignet, une énorme chaîne de fer, rivée, soudée à ce membre malpropre, l'attachait au mur par un anneau assez fort pour tenir un éléphant en laisse.

Je demandai :

« Qu'est-ce que cela ? »

L'Anglais répondit tranquillement :

« C'été ma meilleur ennemi. Il vené d'Amérique. Il avé été fendu avec le sabre et arraché la peau avec une caillou coupante, et séché dans le soleil pendant huit jours. Aoh, très bonne pour moi, cette. »

Je touchai ce débris humain qui avait dû appartenir à un colosse. Les doigts, démesurément longs, étaient attachés par des tendons énormes que retenaient des lanières de peau par places. Cette main était affreuse à voir, écorchée ainsi, elle faisait penser naturellement à quelque vengeance de sauvage.

Je dis :

– Cet homme devait être très fort.

L'Anglais prononça avec douceur :

– Aoh yes ; mais je été plus fort que lui. J'avé mis cette chaîne pour le tenir.

Je crus qu'il plaisantait. Je dis :

– Cette chaîne maintenant est bien inutile, la main ne se sauvera pas.

Sir John Rowell reprit gravement :

– Elle voulé toujours s'en aller. Cette chaîne été nécessaire.

D'un coup d'œil rapide, j'interrogeai son visage, me demandant :

« Est-ce un fou, ou un mauvais plaisant ? »

Mais la figure demeurait impénétrable, tranquille et bienveillante. Je parlai d'autre chose et j'admirai les fusils.

Je remarquai cependant que trois revolvers chargés étaient posés sur les meubles, comme si cet homme eût vécu dans la crainte constante d'une attaque.

Je revins plusieurs fois chez lui. Puis je n'y allai plus. On s'était accoutumé à sa présence ; il était devenu indifférent à tous.

Une année entière s'écoula. Or, un matin, vers la fin de novembre, mon domestique me réveilla en m'annonçant que sir John Rowell avait été assassiné dans la nuit.

Une demi-heure plus tard, je pénétrais dans la maison de l'Anglais avec le commissaire central et le capitaine de gendarmerie. Le valet, éperdu et désespéré, pleurait devant la porte. Je soupçonnai d'abord cet homme, mais il était innocent.

On ne put jamais trouver le coupable.

En entrant dans le salon de sir John, j'aperçus du premier coup d'œil le cadavre étendu sur le dos, au milieu de la pièce.

Le gilet était déchiré, une manche arrachée pendait, tout annonçait qu'une lutte terrible avait eu lieu.

L'Anglais était mort étranglé ! Sa figure noire et gonflée, effrayante, semblait exprimer une épouvante abominable ; il tenait entre ses dents serrées quelque chose ; et le cou, percé de cinq trous qu'on aurait dits faits avec des pointes de fer, était couvert de sang.

Un médecin nous rejoignit. Il examina longtemps les traces des doigts dans la chair et prononça ces étranges paroles :

« On dirait qu'il a été étranglé par un squelette. »

Un frisson me passa dans le dos, et je jetai les yeux sur le mur, à la place où j'avais vu jadis l'horrible main d'écorché. Elle n'y était plus. La chaîne, brisée, pendait.

Guy de Maupassant, « La Main » dans *Les Contes du jour et de la nuit*, 1885.

Questions

Observer et analyser

1. Comment le récit est-il construit ? Mettez en évidence les étapes du schéma narratif.

2. Quels sont les procédés utilisés pour ancrer le texte dans le réel ?

3. Quel est l'intérêt de mettre en scène des « professionnels » (un juge d'instruction, un médecin) ?

4. Comment la main est-elle décrite ? Quel sentiment cette description vise-t-elle à susciter chez le lecteur ? Ce sentiment est-il évoqué par le narrateur dans la suite du texte ?

5. Relevez les modalisateurs dans la phrase qui décrit le cadavre de l'Anglais (l. 54-57). Qu'indiquent-ils ?

Contexte et perspectives

6. Lisez p. 155 la définition que Tzvetan Todorov donne du fantastique. Montrez que cette définition s'applique bien à cette nouvelle.

Vers le BAC : l'invention

7. Après avoir lu les récits de Gautier, Daudet, Buzzati et Maupassant, écrivez un récit fantastique qui mette en scène une partie du corps humain. Vous emploierez la focalisation interne et vous maintiendrez le plus longtemps possible l'hésitation propre au fantastique.

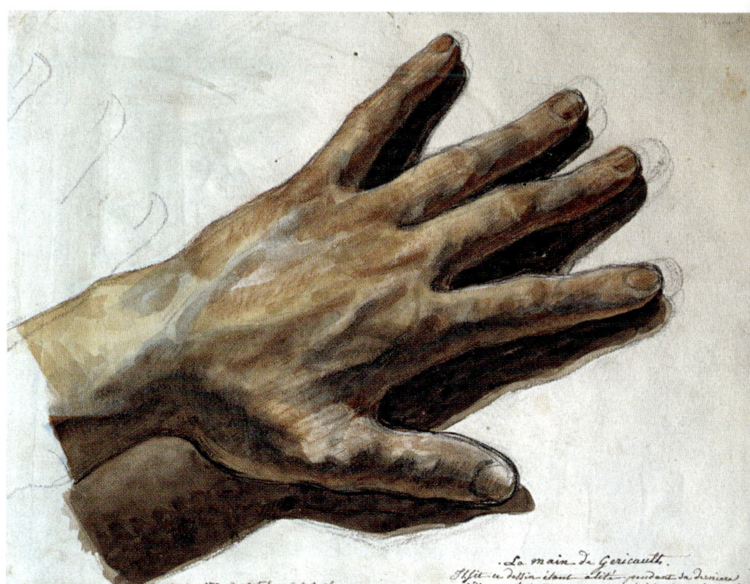

Théodore Géricault (1791-1824), *Main de Géricault*, Paris, musée du Louvre.

Barbey d'Aurevilly
1808-1889

Biographie, p. 555

Outils d'analyse
Le portrait, p. 162
Les points de vue, p. 158

Texte 8 « Le Bonheur dans le crime » (1874)

Le narrateur se promène avec un ami, le docteur Torty, au Jardin des Plantes à Paris. Près de la ménagerie, ils assistent à une scène insolite : un face à face entre une panthère et une femme au profil de reine.

Quant à ses yeux, je n'en pouvais juger, fixés qu'ils étaient sur la panthère, laquelle, sans doute, en recevait une impression magnétique et désagréable, car, immobile déjà, elle sembla s'enfoncer de plus en plus dans cette immobilité rigide, à mesure que la femme, venue pour la voir, la regardait ; et – comme les chats à la lumière qui les éblouit – sans que sa tête bougeât d'une ligne, sans que la fine extrémité de sa moustache, seulement, frémît, la panthère, après avoir clignoté quelque temps, et comme n'en pouvant pas supporter davantage, rentra lentement, sous les coulisses tirées de ses paupières, les deux étoiles vertes de ses regards. Elle se claquemurait[1].

– Eh ! eh ! panthère contre panthère ! – fit le docteur à mon oreille ; – mais le satin est plus fort que le velours.

Le satin, c'était la femme, qui avait une robe de cette étoffe miroitante – une robe à longue traîne. Et il avait vu juste, le docteur ! Noire, souple, d'articulation aussi puissante, aussi royale d'attitude, – dans son espèce, d'une beauté égale, et d'un charme encore plus inquiétant, – la femme, l'inconnue, était comme une panthère humaine, dressée devant la panthère animale qu'elle éclipsait ; et la bête venait de le sentir, sans doute, quand elle avait fermé les yeux. Mais la femme – si c'en était une – ne se contenta pas de ce triomphe. Elle manqua de générosité. Elle voulut que sa rivale la vît qui l'humiliait, et rouvrît les yeux[2] pour la voir. Aussi, défaisant sans mot dire les douze boutons du gant violet qui moulait son magnifique avant-bras, elle ôta ce gant, et, passant audacieusement sa main entre les barreaux de la cage, elle en fouetta le museau court de la panthère, qui ne fit qu'un mouvement... mais quel mouvement !... et d'un coup de dents, rapide comme l'éclair !... Un cri partit du groupe où nous étions. Nous avions cru le poignet emporté : ce n'était que le gant.

Barbey d'Aurevilly, « Le Bonheur dans le crime » dans *Les Diaboliques*, 1874.

1. Se renfermait sur elle-même.
2. Elle voulut que sa rivale la voie en train de l'humilier et qu'elle rouvre les yeux.

Questions

Observer et analyser

1. Quelle est le point de vue adopté ici ? Quel est l'intérêt de ce choix ? (► p. 158)

2. Relevez les adjectifs qui qualifient la femme. Quelle impression générale s'en dégage ?

3. Étudiez la description de la femme et de la panthère. Que constate-t-on ?

4. Qu'est-ce qui donne à ce passage une tonalité fantastique ?

Contexte et perspectives

5. Dans la suite du récit, le docteur nous instruit sur le passé de cette femme dont il est le médecin. Lisez ensuite l'ensemble de la nouvelle puis cherchez dans notre passage les éléments qui concordent avec ce passé.

Vers le BAC : le commentaire

6. Rédigez le commentaire organisé de ce passage à partir du parcours de lecture suivant : 1° La proximité entre la femme et la panthère 2° La dramatisation du récit 3° La construction d'un personnage mystérieux et fascinant.

Synthèse

La nouvelle au XIXe siècle

▮ Le mot « nouvelle » vient du latin tardif *novella* qui signifie « annonce d'un événement inédit ». Dans le domaine littéraire, il désigne le « **récit d'un événement présenté comme réel et surprenant** ».

Le genre de la nouvelle

Bref historique

▮ *Les Cents Nouvelles nouvelles* (anonyme, XVe siècle) forment le premier ensemble de nouvelles françaises, influencées aussi bien par les fabliaux du Moyen Âge que par le *Décaméron* de Boccace (vers 1350). Premier recueil du genre en Europe, cette œuvre a inspiré *L'Heptaméron* de Marguerite de Navarre (1558), recueil inachevé constitué de 72 nouvelles.

▮ Le genre se développe progressivement jusqu'au XIXe siècle, véritable âge d'or où les plus grands écrivains publient des nouvelles, de Balzac à Zola. Certains se spécialisent même dans ce genre, comme Mérimée.

Caractéristiques du genre

▮ D'une nouvelle à l'autre, on retrouve des caractéristiques communes :
- la **brièveté**, même si elle est parfois relative ;
- le **resserrement** autour d'une intrigue centrale, d'un lieu unique et d'une temporalité restreinte ;
- le choix d'un **événement particulièrement marquant**, propre à tenir en haleine le lecteur ;
- une même **structure**, souvent réductible au schéma narratif : situation initiale/élément perturbateur/péripéties/élément de résolution/situation finale ;
- la **chute**, souvent surprenante, qui clôt la nouvelle (► *Continuité des parcs*, p. 156).

L'ancrage réaliste

La nouvelle et la presse

▮ Au XIXe siècle, la nouvelle s'appuie le plus souvent sur le réel ou sur des faits qui pourraient être réels. C'est dans la presse, qui connaît alors un essor considérable, que sont publiées la plupart des nouvelles.

▮ C'est dans la **presse** aussi, avec ses faits divers et ses articles, que les nouvellistes puisent souvent leur inspiration. Certains, comme Maupassant, sont d'ailleurs aussi chroniqueurs (de journaux).

La réalité pour matière

▮ Les nouvellistes privilégient le destin de petites gens (► *Un Cœur simple*, p. 140, *Boule de suif*, p. 143), et offrent des récits qui pourraient être des **faits divers** (► *Carmen*, p. 139) ou qui évoquent des **réalités historiques** du siècle (la guerre de 1870 dans *Après la bataille*, p. 142). À travers ses 300 nouvelles, Maupassant explore tous les milieux, de la paysannerie normande aux salons parisiens.

La brutalité du réel

▮ Cette matière quotidienne, les auteurs réalistes ou naturalistes **ne cherchent pas à l'embellir**. Non seulement la nouvelle réaliste donne l'apparence de la vérité et exclut les invraisemblances, mais elle confronte le lecteur à la brutalité du réel : les auteurs proposent souvent des « histoires atroces qui font frémir » (Barbey d'Aurevilly).

L'intrusion du fantastique

Une inquiétante familiarité

▮ Dans la nouvelle du XIXe siècle, le lien entre réalisme et fantastique est très étroit, car le surnaturel est ancré dans le réel. Tout part en effet généralement d'une situation familière au sein de laquelle surgit un événement inquiétant. Le lecteur suit alors le récit d'un narrateur-personnage qui raconte à la première personne ce qui lui est arrivé (► *Le Pied de momie*, p. 144), ou le récit d'un observateur extérieur qui assiste à un événement étrange (► *Le Bonheur est dans le crime*, p. 154). Dans les deux cas, le narrateur n'est pas omniscient : le doute s'installe et le lecteur partage ce trouble.

L'hésitation angoissante

▮ Pour le chercheur Tzvetan Todorov, le fantastique est « **l'hésitation éprouvée par un être qui ne connaît que les lois naturelles face à un événement en apparence surnaturel** » (*Introduction à la littérature fantastique*). Cette hésitation, entre une interprétation rationnelle des faits et une interprétation irrationnelle de la situation (► *Le Pied de momie*, *La Main* p. 152), devient celle du lecteur qui, en proie à l'angoisse, ne peut définitivement trancher entre le naturel et le surnaturel.

Des significations multiples

▮ Des **thèmes** sont **récurrents** : apparitions, doubles, objets animés, lieux insolites et menaçants... Confronté à ce dérèglement de la réalité, le lecteur s'interroge sur la visée de ces nouvelles fantastiques : simple divertissement, réaction face au conservatisme de l'époque, exploration de nos zones d'ombre, allégorie (► *l'Homme à la cervelle d'or*, p. 148)...

Une nouvelle du XXe siècle

Texte intégral

Julio Cortázar, « Continuité des parcs » (1956)

Écrivain argentin, Julio Cortázar met en place dans ses nouvelles des ambiances troubles où les lois du réel sont perturbées par l'intrusion de l'irrationnel. L'écrivain français Roger Caillois le fit connaître en France en publiant un de ses récits dans son Anthologie du fantastique *en 1958, avant de publier une traduction de cette nouvelle en 1964.*

René Magritte (1898-1967), *L'Heureux Donateur*, 1966, Bruxelles, musée d'Ixelles.

Il avait commencé à lire le roman quelques jours auparavant. Il l'abandonna à cause d'affaires urgentes et l'ouvrit de nouveau dans le train, en retournant à sa propriété. Il se laissait lentement intéresser par l'intrigue et le caractère des personnages. Ce soir-là, après avoir écrit une lettre à son fondé de pouvoirs[1] et discuté avec l'intendant une question de métayage[2], il reprit sa lecture dans la tranquillité du studio[3], d'où la vue s'étendait sur le parc planté de chênes. Installé dans son fauteuil favori, le dos à la porte pour ne pas être gêné par une irritante possibilité de dérangements divers, il laissait sa main gauche caresser de temps en temps le velours vert. Il se mit à lire les derniers chapitres. Sa mémoire retenait sans effort les noms et l'apparence des héros. L'illusion romanesque le prit presque aussitôt. Il jouissait du plaisir presque pervers de s'éloigner petit à petit, ligne après ligne, de ce qui l'entourait, tout en demeurant conscient que sa tête reposait commodément sur le velours du dossier élevé, que les cigarettes restaient à portée de sa main et qu'au-delà des grandes fenêtres le souffle du crépuscule semblait danser sous les chênes.

1. Personne chargée d'agir en son nom.
2. Location d'exploitation agricole.
3. Bureau.

Phrase après phrase, absorbé par la sordide[4] alternative où se débattaient les protagonistes, il se laissait prendre aux images qui s'organisaient et acquéraient progressivement couleur et vie. Il fut ainsi témoin de la dernière rencontre dans la cabane parmi la broussaille. La femme entra la première, méfiante. Puis vint l'homme, le visage griffé par les épines d'une branche. Admirablement, elle étanchait de ses baisers le sang des égratignures. Lui, se dérobait aux caresses. Il n'était pas venu pour répéter le cérémonial d'une passion clandestine protégée par un monde de feuilles sèches et de sentiers furtifs. Le poignard devenait tiède au contact de sa poitrine. Dessous, au rythme du cœur, battait la liberté convoitée. Un dialogue haletant se déroulait au long des pages comme un fleuve de reptiles, et l'on sentait que tout était décidé depuis toujours. Jusqu'à[5] ces caresses qui enveloppaient le corps de l'amant comme pour le retenir et le dissuader, dessinaient abominablement les contours de l'autre corps, qu'il était nécessaire d'abattre. Rien n'avait été oublié: alibis, hasards, erreurs possibles. À partir de cette heure, chaque instant avait son usage minutieusement calculé. La double et implacable répétition était à peine interrompue le temps qu'une main frôle une joue. Il commençait à faire nuit.

Sans se regarder, étroitement liés à la tâche qui les attendait, ils se séparèrent à la porte de la cabane. Elle devait suivre le sentier qui allait vers le nord. Sur le sentier opposé, il se retourna un instant pour la voir courir, les cheveux dénoués. À son tour, il se mit à courir, se courbant sous les arbres et les haies. À la fin, il distingua dans la brume mauve du crépuscule l'allée qui conduisait à la maison. Les chiens ne devaient pas aboyer et ils n'aboyèrent pas. À cette heure, l'intendant ne devait pas être là et il n'était pas là. Il monta les trois marches du perron et entra. À travers le sang qui bourdonnait dans ses oreilles, lui parvenaient encore les paroles de la femme. D'abord une salle bleue, puis un corridor, puis un escalier avec un tapis. En haut, deux portes. Personne dans la première pièce, personne dans la seconde. La porte du salon, et alors, le poignard en main, les lumières des grandes baies, le dossier élevé du fauteuil de velours vert et, dépassant le fauteuil, la tête de l'homme en train de lire un roman.

Julio Cortázar, « Continuité des parcs » (1956),
dans *Fin d'un jeu*, trad. Laure Bataillon, © Gallimard, 1964.

4. Ignoble.
5. Même.

Observer et analyser

1. Vous résumerez la nouvelle. Que s'est-il passé ?

2. Y a-t-il un meurtre ? Si oui, qui est l'assassin, qui est la victime et quel serait le mobile ?

3. Quels sont les éléments qui permettent d'établir un parallèle entre le début et la fin de la nouvelle ?

4. Quels sont les deux univers qui se rejoignent ici ? Comment l'auteur entretient-il la confusion entre ces univers ?

5. Comment la chute est-elle préparée ? Peut-on, après coup, relever des indices tout au long du texte ?

6. Pouvez-vous expliquer le titre de la nouvelle ?

Contexte et perspectives

7. Cherchez des exemples d'œuvres littéraires ou cinématographiques qui abolissent les frontières entre la fiction et la réalité. Quel est l'effet recherché pour le lecteur ou le spectateur ?

Vers le BAC : la dissertation

8. Vous avez lu dans cette séquence un certain nombre de nouvelles fantastiques. À quoi tient, selon vous, l'attrait du fantastique sur les lecteurs ? Vous répondrez de façon argumentée en prenant appui sur des exemples précis.

Les points de vue dans le texte narratif

Prenons une situation élémentaire :
Un homme et une femme marchent sur une plage ; l'homme sourit.

Un narrateur a plusieurs manières de raconter à la troisième personne cette situation : cela dépend de la façon dont il perçoit les événements racontés, tout comme la vue d'un paysage varie en fonction de l'endroit d'où l'on observe.

1 Le point de vue omniscient (focalisation zéro)

Voici une mise en récit de la situation proposée ci-dessus :
« Paul et Marie marchaient sur la plage. Paul était heureux. Il ne savait pas que Marie l'était autant. »

• Le narrateur partage avec le lecteur une information que Paul ignore. Il semble tout savoir : pensées, motivations des personnages, détails connus d'un seul personnage, ignorés des autres, connaissance d'actions dans des endroits différents, d'actions passées et même futures, etc. Cette connaissance approfondie des personnages et de l'action permet de reconnaître **le point de vue omniscient du narrateur**.

Le narrateur, comme en surplomb, voit tout et n'adopte pas de point de vue particulier : on parle de « focalisation zéro ».

2 Le point de vue interne (focalisation interne)

Voici une autre manière de raconter l'histoire :
« Paul et Marie marchaient sur la plage. Paul était heureux. Que pouvait ressentir Marie ? Il ne parvenait pas à le savoir. »

La phrase interrogative et sa réponse immédiate indiquent que les événements sont vus à travers le regard de Paul et qu'il ne sait pas tout de Marie. À égalité, le personnage de Paul et le lecteur ignorent le sentiment du personnage féminin et le narrateur ne comble pas le manque d'informations. Limitée à ce que le personnage sait ou non, l'information n'est plus aussi complète que dans la situation précédente : **le narrateur a adopté un point de vue interne**.

• Le narrateur adopte un point de vue dit « de l'intérieur », subjectif : on parle de « focalisation interne ».

3 Le point de vue externe (focalisation externe)

Enfin, on peut encore raconter la situation ainsi :
« Un homme marchait le long de la plage. Il souriait. Une femme l'accompagnait. »

Le narrateur est très peu informé sur les personnages : il raconte seulement les faits, selon ce qu'il voit et entend. Simple témoin ou observateur, **le narrateur propose un point de vue externe**. Le lecteur en sait autant que lui, mais **moins** que les personnages.

• Le narrateur adopte un point de vue « extérieur », comme un observateur objectif : on parle dans ce cas de « focalisation externe ».

4 Les variations du point de vue

• Les faits ne se racontent pas d'eux-mêmes : se poser la question du point de vue, c'est se demander qui voit, qui régule l'information du récit. À partir des mêmes faits, plusieurs narrateurs proposeront au lecteur des récits différents, en adoptant ou non le point de vue d'un personnage, proposant ainsi une certaine vision de l'histoire, tout comme la vue d'un paysage varie en fonction de l'endroit d'observation.

• Le choix du point de vue narratif implique toujours une signification : c'est l'intérêt de son étude. Attention : d'une phrase à l'autre ou d'un paragraphe à l'autre de la narration, le narrateur peut changer d'angle de vision, adopter une perspective différente.

Identifier le point de vue

Exercice 1

Raymonde prêta l'oreille. De nouveau et par deux fois le bruit se fit entendre, assez net pour qu'on pût le détacher de tous les bruits confus qui formaient le grand silence nocturne, mais si faible qu'elle n'aurait su dire s'il était proche ou lointain, s'il se produisait entre les murs du vaste château, ou dehors, parmi les retraites ténébreuses du parc.

Doucement elle se leva. Sa fenêtre était entrouverte, elle en écarta les battants. La clarté de la lune reposait sur un calme paysage de pelouses et de bosquets où les ruines éparses de l'ancienne abbaye se découpaient en silhouettes tragiques, colonnes tronquées, ogives incomplètes, ébauches de portiques et lambeaux d'arcs-boutants.

Et soudain le même bruit… C'était vers sa gauche et au dessus de l'étage qu'elle habitait, par conséquent dans les salons qui occupaient l'aile occidentale du château.

[…]

Un homme près du bassin s'éloignait d'un pas rapide. Il portait sous le bras un objet d'assez grande dimension dont elle ne put discerner la nature, et qui, en ballottant sur sa jambe, contrariait sa marche.

Maurice LEBLANC, *L'Aiguille creuse*,
© Leblanc et Librairie générale française, 1909.

1. **Quels indices montrent que le narrateur adopte ici le point de vue de la jeune fille ?**

2. **Les points de suspension entre crochets indiquent qu'un passage rapportant la réaction de la jeune fille a été supprimé. Rétablissez ce passage en respectant le point de vue interne adopté depuis le début.**

3. **Pourquoi utiliser ce point de vue dans un roman policier ?**

Exercice 2

Dans les premiers jours du mois d'octobre 1815, une heure environ avant le coucher du soleil, un homme qui voyageait à pied entrait dans la petite ville de Digne. Les rares habitants qui se trouvaient en ce moment à leur fenêtre ou sur le seuil de leur maison regardaient ce voyageur avec une sorte d'inquiétude. Il était difficile de rencontrer un passant d'un aspect plus misérable. C'était un homme de moyenne taille, trapu et robuste, dans la force de l'âge. Il pouvait avoir quarante-six ou quarante huit ans. Une casquette à visière de cuir rabattue cachait en partie son visage brûlé par le soleil et le hâle et ruisselant de sueur. Sa chemise de grosse toile jaune, rattachée au col par une petite ancre d'argent, laissait voir sa poitrine velue ; il avait une cravate tordue en corde, un pantalon de coutil bleu, usé et râpé, blanc à un genou, troué à l'autre, une vieille blouse grise en haillons, rapiécée à l'un des coudes d'un morceau de drap vert cousu avec de la ficelle, sur le dos un sac de soldat fort plein, bien bouclé et tout neuf, à la main un énorme bâton noueux, les pieds sans bas dans des souliers ferrés, la tête tondue et la barbe longue.

La sueur, la chaleur, le voyage à pied, la poussière, ajoutaient je ne sais quoi de sordide à cet ensemble délabré.

Victor HUGO, *Les Misérables*, 1862.

1. **Quel est le thème de cet extrait ? Quelle forme de discours domine ?**

2. **Le narrateur adopte-t-il un point de vue pour raconter l'arrivée du personnage ?**

3. **Selon vous, où cet extrait est-il situé dans le roman ? Pourquoi ?**

Exercice 3

Gustave Caillebotte (1848-94), *Boulevard Haussmann, effet de neige*, 1880-81, coll. privée.

Quel point de vue le peintre adopte-t-il ici ? Rédigez un paragraphe décrivant la scène selon cette focalisation.

Exercice 4

Comme il faisait une chaleur de trente-trois degrés, le boulevard Bourdon se trouvait absolument désert. Plus bas le canal Saint-Martin, fermé par les deux écluses, étalait en ligne droite son eau couleur d'encre. Il y avait au milieu, un bateau plein de bois, et sur la berge deux rangs de barriques. Au-delà du canal, entre les maisons que séparent des chantiers, le grand ciel pur se découpait en plaques d'outremer, et sous la réverbération du soleil, les façades blanches, les toits d'ardoises, les quais de granit éblouissaient. Une rumeur confuse montait du loin dans l'atmosphère tiède ; et tout semblait engourdi par le désœuvrement du dimanche et la tristesse des jours d'été.

Deux hommes parurent.

L'un venait de la Bastille, l'autre du Jardin des Plantes. Le plus grand, vêtu de toile, marchait le chapeau en arrière, le gilet déboutonné et sa cravate à la main. Le plus petit, dont le corps disparaissait dans une redingote marron, baissait la tête sous une casquette à visière pointue.

Quand ils furent arrivés au milieu du boulevard, ils s'assirent à la même minute, sur le même banc. Pour s'essuyer le front, ils retirèrent leurs coiffures, que chacun posa près de soi ; et le petit homme aperçut écrit dans le chapeau de son voisin : Bouvard ; pendant que celui-ci distinguait aisément dans la casquette du particulier en redingote le mot : Pécuchet.

Gustave FLAUBERT, *Bouvard et Pécuchet*, 1881.

1. Quel est le thème de cet extrait ? Quelle forme de discours domine ?
2. Quel point de vue le narrateur adopte-t-il pour raconter l'arrivée des personnages ?
3. Selon vous, où cet extrait est-il situé dans le roman ? Pourquoi ?

Repérer un changement de focalisation

Exercice 5

Suzanne et Joseph étaient nés dans les deux premières années de leur arrivée à la colonie. Après la naissance de Suzanne, la mère abandonna l'enseignement d'État. Elle ne donna plus que des leçons particulières de français. Son mari avait été nommé directeur d'une école indigène et, disait-elle, ils avaient vécu très largement malgré la charge de leurs enfants. Ces années-là furent sans conteste les meilleures de sa vie, des années de bonheur. Du moins c'était ce qu'elle disait. Elle s'en souvenait comme d'une terre lointaine et rêvée, d'une île. Elle en parlait de moins en moins à mesure qu'elle vieillissait, mais quand elle en parlait c'était toujours avec le même acharnement. Alors, à chaque fois, elle découvrait pour eux de nouvelles perfections à cette perfection, une nouvelle qualité à son mari, un nouvel aspect de l'aisance qu'ils connaissaient alors, et qui tendaient à devenir une opulence dont Joseph et Suzanne doutaient un peu.

Marguerite DURAS, *Un barrage contre le Pacifique*,
© Gallimard, 1950.

1. Relevez les indices qui montrent que le narrateur en sait beaucoup sur les personnages dont il raconte l'histoire.
2. Qu'ont en commun les expressions soulignées ? Vous semblent-elles en contradiction avec le savoir du narrateur ?

Exercice 6

Julien Sorel, fils d'un charpentier, a été engagé comme précepteur des enfants de Monsieur et Madame de Rênal. Il se présente chez Madame de Rênal.

Avec la vivacité et la grâce qui lui étaient naturelles quand elle était loin des regards des hommes, Mme de Rênal sortait par la porte-fenêtre du salon qui donnait sur le jardin, quand elle aperçut près de la porte d'entrée la figure d'un jeune paysan presque encore enfant, extrêmement pâle et qui venait de pleurer. Il était en chemise bien blanche, et avait sous le bras une veste fort propre de ratine[1] violette.

Le teint de ce petit paysan était si blanc, ses yeux si doux, que l'esprit un peu romanesque de Mme de Rênal eut d'abord l'idée que ce pouvait être une jeune fille déguisée, qui venait demander quelque grâce à M. le maire. Elle eut pitié de cette pauvre créature, arrêtée à la porte d'entrée, et qui évidemment n'osait pas lever la main jusqu'à la sonnette. Mme de Rênal s'approcha, distraite un instant de l'amer chagrin que lui donnait l'arrivée du précepteur. Julien, tourné vers la porte, ne la voyait pas s'avancer. Il tressaillit quand une voix douce dit tout près de son oreille :

– Que voulez-vous ici, mon enfant ?

Julien se tourna vivement, et, frappé du regard si rempli de grâce de Mme de Rênal, il oublia une partie de sa timidité. Bientôt, étonné de sa beauté, il oublia tout, même ce qu'il venait faire. Mme de Rênal avait répété sa question.

– Je viens pour être précepteur, madame, lui dit-il enfin, tout honteux de ses larmes qu'il essuyait de son mieux.

Mme de Rênal resta interdite, ils étaient fort près l'un de l'autre à se regarder. Julien n'avait jamais vu un être aussi bien vêtu et surtout une femme avec un teint si éblouissant, lui parler d'un air doux. Mme de Rênal regardait les grosses larmes qui s'étaient arrêtées sur les joues si pâles d'abord et maintenant si roses de ce jeune paysan. Bientôt elle se mit à rire, avec toute la gaieté folle d'une jeune fille, elle se moquait d'elle-même et ne pouvait se figurer tout son bonheur.

STENDHAL, *Le Rouge et le Noir*, 1830.

1. Tissu de laine épais.

1. Pour raconter cette scène de rencontre, quels sont les points de vue successifs que le narrateur adopte ?
2. Pourquoi ce choix rend-il le récit réaliste ?

Exercice 7

Dans sa nouvelle « Le malentendu », *Alphonse Daudet raconte la mésalliance d'un poète et d'une femme appartenant à la bourgeoisie, en donnant deux versions de l'histoire, celle de l'épouse, puis celle de son mari.*

VERSION DE LA FEMME

Qu'est-ce qu'il a ? De quoi m'en veut-il ? Je n'y comprends rien. J'ai pourtant tout fait pour le rendre heureux… Mon Dieu ! Je ne dis pas qu'au lieu d'un poète je n'aurais pas mieux aimé épouser un notaire, un avoué, quelque chose de plus posé, de moins en l'air comme profession ; mais enfin, tel qu'il était, il me plaisait. Je le trouvais un peu exalté, mais gentil tout de même, bien élevé ; puis il avait quelque fortune, et je pensais qu'une fois marié, sa poésie ne l'empêcherait pas de chercher une bonne place, ce qui nous mettrait tout à fait à l'aise.

Lui aussi dans ce temps-là me trouvait à son idée. Quand il venait me voir chez ma tante, à la campagne, il n'avait pas assez de paroles pour admirer l'ordre et l'arrangement de notre petit logis, tenu comme un couvent. « C'est amusant !... » disait-il. Il riait, m'appelait de toutes sortes de noms pris dans des poèmes, des romans qu'il avait lus. Cela me choquait un peu, je l'avoue ; je l'aurais voulu plus sérieux. Mais ce n'est que quand nous avons été mariés, installés à Paris, que j'ai senti la différence de nos deux natures. Moi qui rêvais un petit intérieur bien tenu, clair et propret, je l'ai vu tout de suite encombrer notre appartement de meubles inutiles, passés de mode, perdus de poussière, avec des tapisseries fanées, et si anciennes... Pour tout, ç'a été la même chose. Concevez-vous qu'il m'a fait mettre au grenier une très jolie pendule Empire, qui me venait de ma tante, et des tableaux magnifiquement encadrés, donnés par des amies de pension. Il trouvait tout cela hideux. J'en suis encore à me demander pourquoi.

Version du mari

J'avais pensé à tout, pris toutes mes précautions. Je ne voulais pas d'une Parisienne, parce que les Parisiennes me faisaient peur. Je ne voulais pas d'une femme riche qui m'apporterait avec elle tout un train d'exigences. Je craignais aussi la famille, ce terrible enlacement d'affections bourgeoises, accapareuses, qui vous emprisonnent, vous rapetissent, vous étouffent. Ma femme était bien ce que je rêvais. Je me disais : « Elle me devra tout. » Quelle joie de former cet esprit naïf aux belles choses, d'initier cette âme pure à mes enthousiasmes, à mes espérances, de donner la vie à cette statue !

C'est qu'elle avait l'air, en effet, d'une statue avec ses grands yeux sérieux et calmes, son profil grec si régulier, ses traits légèrement arrêtés et sévères, mais adoucis par le flou des jeunes visages, ce duvet nuancé de rose, l'ombre des cheveux soulevés. Joignez à cela un petit accent provincial qui faisait ma joie, que j'écoutais les yeux fermés comme un souvenir d'heureuse enfance, l'écho d'une vie tranquille dans un coin bien loin, bien ignoré ! Et dire que maintenant cet accent-là m'est devenu insupportable !... Mais alors j'avais la foi.

J'aimais, j'étais heureux, disposé à l'être encore plus. Plein d'ardeur au travail, j'avais, sitôt marié, commencé un nouveau poème, et le soir je lui lisais les vers de la journée. Je voulais la faire entrer complètement dans mon existence. Les premières fois, elle me disait : « C'est gentil... » et je lui étais reconnaissant de cette approbation enfantine, espérant qu'à la longue elle comprendrait mieux ce qui faisait ma vie. La malheureuse ! comme j'ai dû l'assommer ! Après lui avoir lu mes vers, je les lui expliquais, cherchant dans ses beaux yeux étonnés la lueur attendue, croyant l'y voir toujours. Je l'obligeais à me donner son avis et je glissais sur les sottises pour retenir seulement ce que le hasard lui inspirait de bon. J'aurais tant désiré en faire ma vraie femme, la femme d'un artiste !

Alphonse Daudet, *Les Femmes d'artistes*, 1874.

1. Lisez attentivement chaque extrait, en tenant compte de l'identité du narrateur mentionnée par chaque titre.

2. La phrase « ce n'est que quand nous avons été mariés [...] que j'ai senti la différence de nos natures » (la femme, l. 19-21) vous semble-t-elle pertinente pour décrire la relation des personnages au moment où chacun raconte son histoire, telle qu'il l'a vécue ? Justifiez votre réponse.

Vers l'écriture d'invention

Exercice 8

Boitelle est une nouvelle de Maupassant. *Au XIXe siècle, Antoine Boitelle a rencontré une jeune fille noire pendant son service militaire au Havre. Lors d'une permission, il revient à la campagne chez ses parents, pour la leur présenter. Le repas est fini...*

Alors Antoine rejoignit sa mère et la retenant en arrière :

« Eh ben, ma mé, quéque t'en dis ?

– Mon pauv'e gars, vrai, alle est trop noire. Seulement un p'tieu moins je ne m'opposerais pas, mais c'est trop. On dirait, Satan ! »

Il n'insista point, sachant que la vieille s'obstinait toujours mais il sentait en son cœur entrer un orage de chagrin. Il cherchait ce qu'il fallait faire, ce qu'il pourrait inventer, surpris d'ailleurs qu'elle ne les eût pas conquis déjà comme elle l'avait séduit lui-même. Et ils s'en allaient tous les quatre à pas lents à travers les blés, redevenus peu à peu silencieux. Quand on longeait une clôture, les fermiers apparaissaient à la barrière, les gamins grimpaient sur les talus, tout le monde se précipitait au chemin pour voir passer la « noire » que le fils Boitelle avait ramenée. On apercevait au loin des gens qui couraient à travers les champs comme on accourt quand on bat le tambour des annonces de phénomènes vivants. Le père et la mère Boitelle effarés de cette curiosité semée par la campagne à leur approche, hâtaient le pas, côte à côte, précédant de loin leur fils à qui sa compagne demandait ce que les parents pensaient d'elle. Il répondit en hésitant qu'ils n'étaient pas encore décidés. Mais sur la place du village ce fut une sortie en masse de toutes les maisons en émoi, et devant l'attroupement grossissant, les vieux Boitelle prirent la fuite et regagnèrent leur logis, tandis qu'Antoine soulevé de colère, sa bonne amie au bras, s'avançait avec majesté sous les yeux élargis par l'ébahissement.

Il comprenait que c'était fini, qu'il n'y avait plus d'espoir, qu'il n'épouserait pas sa négresse ; elle aussi le comprenait ; et ils se mirent à pleurer tous les deux en approchant de la ferme.

Guy de Maupassant, *Boitelle*, 1889.

1. Identifiez dans cet extrait les variations du point de vue du narrateur. Expliquez-en les effets.

2. Insérez dans le texte un passage narratif. Votre récit, à la troisième personne, développera les impressions et les réactions de la jeune fille face aux autres personnages et à un monde qu'elle comprend difficilement.

La description et le portrait

Décrire, c'est «donner à voir» quelque chose. La description – d'un lieu, d'un objet, d'une scène, etc. – s'attache donc surtout à ce qui est perceptible visuellement. Quand elle concerne un personnage, on parle alors de **portrait**.

1 Caractéristiques de la description et du portrait

• La description et le portrait ont en général recours à :
– un **lexique** spécifique, faisant appel à la vue et aux autres sens ;
– une **syntaxe** particulière : des expansions du nom qui permettent de caractériser l'élément décrit ou de le localiser ;
– des **temps** propres : le présent ou l'imparfait dans un contexte passé ;
– des **verbes d'état** (*être, demeurer,* se *trouver, sembler, paraître, devenir, rester, avoir l'air,* etc.) ; leur organisation (l'ordre temporel ou spatial, le mouvement du regard) peut donner aussi des indications particulières.

• Le portrait ne se limite pas toujours à ce qui est d'ordre visuel : au **portrait physique** répond le **portrait moral**.

2 Le choix du point de vue

Le point de vue du narrateur conditionne le ton de la description ou du portrait. Le narrateur peut être **omniscient**, ou du moins extérieur à la scène et donner alors une impression de neutralité objective ; il peut aussi adopter **le point de vue d'un personnage**, ce qui donnera au contraire une impression de subjectivité (► p. 158, «Le point de vue dans le texte narratif»).

3 Les fonctions de la description et du portrait

La description et le portrait remplissent plusieurs fonctions, qui peuvent se croiser entre elles :

• une fonction **esthétique** :
la description et le portrait sont les lieux privilégiés où l'auteur exprime sa virtuosité, notamment linguistique et stylistique ;

• une fonction **informative** ou documentaire :
la description apporte des éléments essentiels à un récit et à tout texte documentaire, un guide touristique, par exemple ;

• une fonction **réaliste** :
la description et le portrait servent à renforcer la vraisemblance d'un récit, à l'ancrer dans la réalité sociale ou historique ;

• une fonction **narrative** :
la description et le portrait peuvent jouer un rôle dans le récit, notamment dans son rythme (ils peuvent ainsi ralentir l'action à un moment particulièrement important) ;

• une fonction **argumentative** :
la description et le portrait peuvent être porteurs d'un jugement de valeur : l'éloge avec le panégyrique, ou le blâme avec la caricature ;

• une fonction **symbolique** :
la description et le portrait peuvent révéler une dimension cachée de l'objet, du lieu ou de l'être évoqués.

Étudier une description

Exercice 1

Cette première pièce exhale une odeur sans nom dans la langue, et qu'il faudrait appeler *l'odeur de pension*. Elle sent le renfermé, le moisi, le rance; elle donne froid, elle est humide au nez, elle pénètre les vêtements; elle a le goût d'une salle où l'on a dîné; elle pue le service, l'office, l'hospice. Peut-être pourrait-elle se décrire si l'on inventait un procédé pour évaluer les quantités élémentaires et nauséabondes qu'y jettent les atmosphères catarrhales[1] et *sui generis*[2] de chaque pensionnaire, jeune ou vieux. Eh bien! Malgré ces plates horreurs, si vous le compariez à la salle à manger, qui lui est contiguë, vous trouveriez ce salon élégant et parfumé comme doit l'être un boudoir.

Honoré de BALZAC, *Le Père Goriot*, 1835.

1. D'infections. 2. De son propre genre.

1. Quel est le temps verbal choisi pour la description?
2. Quel champ lexical domine?
3. Cette description vous semble-t-elle objective?

Exercice 2

Ils venaient de s'arrêter aux deux tiers de la montée, à un endroit renommé pour la vue, où l'on conduit tous les voyageurs. On dominait l'immense vallée, longue et large, que le fleuve clair parcourait d'un bout à l'autre, avec de grandes ondulations. On le voyait venir de là-bas, taché par des îles nombreuses et décrivant une courbe avant de traverser Rouen. Puis la ville apparaissait sur la rive droite, un peu noyée dans la brume matinale, avec des éclats de soleil sur ses toits, et ses mille clochers légers, pointus ou trapus, frêles et travaillés comme des bijoux géants, ses tours carrées ou rondes coiffées de couronnes héraldiques, ses beffrois, ses clochetons, tout le peuple gothique des sommets d'églises que dominait la flèche aiguë de la cathédrale, surprenante aiguille de bronze, laide, étrange et démesurée, la plus haute qui soit au monde. Mais en face, de l'autre côté du fleuve, s'élevaient rondes et renflées à leur faîte, les minces cheminées d'usines du vaste faubourg de Saint-Sever.

Guy de MAUPASSANT, *Bel-Ami*, 1885.

1. Comment la description est-elle organisée ici?
2. Analysez la construction et le rythme de l'avant-dernière phrase.
3. Quelle dimension spatiale cette phrase met-elle en relief? Par quel moyen?
4. Observez la différence de longueur des deux dernières phrases. Comment l'interprétez-vous?

Étudier un portrait

Exercice 3

Je dois commencer par vous parler d'un personnage que vous ne pouvez pas connaître. Il s'agit d'un usurier. Saisirez-vous bien cette figure pâle et blafarde, à laquelle je voudrais que l'académie me permît de donner le nom de face *lunaire*, elle ressemblait à du vermeil dédoré? Les cheveux de mon usurier étaient plats, soigneusement peignés et d'un gris cendré. Les traits de son visage, impassible autant que celui de Talleyrand, paraissaient avoir été coulés en bronze. Jaunes comme ceux d'une fouine, ses petits yeux n'avaient presque point de cils et craignaient la lumière; mais l'abat-jour d'une vieille casquette les en garantissait. Son nez pointu était si grêlé dans le bout que vous l'eussiez comparé à une vrille.

Honoré de BALZAC, *Gobseck*, 1830.

1. Quelles sont les couleurs qui apparaissent dans le texte? Quel est le teint du personnage?
2. Comment le portrait est-il organisé?
3. Comment le narrateur sollicite-t-il l'attention du lecteur?

Exercice 4

On lui avait à jamais appliqué le rire sur le visage. C'était un rire automatique, et d'autant plus irrésistible qu'il était pétrifié. Personne ne se dérobait à ce rictus. Deux convulsions de la bouche sont communicatives, le rire et le bâillement. Par la vertu de la mystérieuse opération probablement subie par Gwynplaine enfant, toutes les parties de son visage contribuaient à ce rictus, toute sa physionomie y aboutissait, comme une roue se concentre sur le moyeu; toutes ses émotions, quelles qu'elles fussent, augmentaient cette étrange figure de joie, disons mieux, l'aggravaient.

Victor HUGO, *L'homme qui rit*, 1869.

1. Relevez le lexique qui caractérise le visage de Gwynplaine. Par quels procédés les caractéristiques physiques sont-elles amplifiées?
2. Quel est le résultat pour le lecteur? Que ressent-on à la lecture de ce portrait?

Les fonctions de la description

Exercice 5

Au restaurant, le narrateur examine avec attention son hors-d'œuvre.

Un quartier de tomate en vérité sans défaut, découpé à la machine dans un fruit de symétrie parfaite.

La chair périphérique, compacte et homogène, d'un beau rouge de chimie, est régulièrement épaisse entre une bande de peau luisante et la loge où sont rangés les pépins jaunes, bien calibrés, maintenus en place par une mince couche de gelée verdâtre le long d'un renflement du cœur. Celui-ci, d'un rose atténué, légèrement granuleux, débute, du côté de la dépression inférieure, par un faisceau de veines blanches dont l'un se prolonge jusque vers les pépins – d'une façon peut-être un peu incertaine.

Tout en haut, un accident à peine visible s'est produit : un coin de pelure, décollé de la chair sur un millimètre ou deux, se soulève.

Alain Robbe-Grillet, *Les Gommes*, © Minuit, 1953.

1. À quels domaines scientifiques cette description fait-elle appel ?

2. Quel est le ton de ce texte ?

3. Quelle(s) fonction(s) de la description pouvez-vous en déduire pour ce texte ?

Exercice 6

Venues du plus brouillé de l'horizon, les lames avançaient les unes derrière les autres, roulant, déferlant, se creusant, portant des crêtes blanches que le vent fauchait au passage, ainsi qu'au rempart de la terre. Là, elles se levaient une dernière fois très haut, suspendues un instant comme gelées, et l'on voyait le large creux couleur de métal où étincelaient des paillettes ; puis elles se rabattaient brièvement, avec un claquement de couvercle ; le déferlement commençait très loin au bout de la baie, et se rapprochait, ébranlant sourdement le socle de la terre au passage, jusqu'à atteindre le point du littoral où se trouvait Besson...

J.-M. G. Le Clézio, *Le Déluge*, © Gallimard, 1966.

1. Relevez le vocabulaire relatif aux sensations.

2. Quelle(s) fonction(s) de la description pouvez-vous en déduire pour ce texte ?

Exercice 7

Julien, debout sur son grand rocher, regardait le ciel embrasé par un soleil d'août. Les cigales chantaient dans le champ au-dessous du rocher ; quand elles se taisaient tout était silence autour de lui. Il voyait à ses pieds vingt lieues de pays. Quelque épervier parti des grandes roches au-dessus de sa tête était aperçu par lui, de temps à autre, décrivant en silence ses cercles immenses. L'œil de Julien suivait machinalement l'oiseau de proie. Ses mouvements tranquilles et puissants le frappaient, il enviait cette force, il enviait cet isolement.

Stendhal, *Le Rouge et le Noir*, 1830.

1. Quelle relation pouvez-vous établir entre le personnage et le paysage ?

2. Quelle(s) fonction(s) de la description pouvez-vous en déduire pour ce texte ?

Exercice 8

Nous avions l'habitude, en entrant en classe, de jeter nos casquettes par terre, afin d'avoir ensuite nos mains plus libres ; il fallait, dès le seuil de la porte, les lancer sous le banc, de façon à frapper contre la muraille en faisant beaucoup de poussière ; c'était là le *genre*.

Mais, soit qu'il n'eût pas remarqué cette manœuvre ou qu'il n'eût osé s'y soumettre, la prière était finie que le *nouveau* tenait encore sa casquette sur ses deux genoux. C'était une de ces coiffures d'ordre composite, où l'on retrouve les éléments du bonnet à poil, du chapska, du chapeau rond, de la casquette de loutre et du bonnet de coton, une de ces pauvres choses, enfin, dont la laideur muette a des profondeurs d'expression comme le visage d'un imbécile. Ovoïde et renflée de baleines, elle commençait par trois boudins circulaires ; puis s'alternaient, séparés par une bande rouge, des losanges de velours et de poils de lapin ; venait ensuite une façon de sac qui se terminait par un polygone cartonné, couvert d'une broderie en soutache compliquée, et d'où pendait, au bout d'un long cordon trop mince, un petit croisillon de fils d'or, en manière de gland. Elle était neuve ; la visière brillait.

– Levez-vous, dit le professeur.

Il se leva ; sa casquette tomba. Toute la classe se mit à rire.

Gustave Flaubert, *Madame Bovary*, 1857.

1. Quelles sont les caractéristiques principales de cette casquette ? Résumez-les en trois adjectifs qui la qualifieront.

2. Repérez la comparaison au centre de cette description. À qui renvoie-t-elle ?

3. Quel rôle la casquette joue-t-elle dans l'accueil de ce nouvel élève ?

4. Quelle(s) fonction(s) de la description pouvez-vous en déduire pour ce texte ?

Les fonctions du portrait

Exercice 9

Il [=Condorcet] a reçu de la nature le plus grand esprit, le plus grand talent et la plus belle âme ; son talent aurait suffi pour le rendre célèbre, et son esprit pour le faire rechercher ; mais son âme lui fait des amis de tous ceux qui le connaissent un peu particulièrement. Je ne m'étendrai pas sur son talent ; la réputation dont il jouit en Europe ne me laisse rien à dire sur un genre de mérite qui a si peu de juges, et qui cependant assure la célébrité à tout ce qu'ils apprécient et qu'ils admirent. À l'égard de son esprit, on pourrait lui donner un attribut qu'on n'accorde qu'à Dieu :

Doc. A
Marie Jean Antoine Nicolas de Caritat, marquis de Condorcet, Paris, BnF.

il est infini et présent sinon partout, du moins à tout; il est profond et subtil, il est fort et il est fin, il est clair et précis, et il est juste et délié; il a la facilité et la grâce de celui de Voltaire, le piquant de celui de Fontenelle, le sel de celui de Pascal, la profondeur et la perspicacité de celui de Newton; il joint enfin aux connaissances les plus étendues, les lumières les plus profondes, et le goût le plus exquis et le plus sûr.

Julie de Lespinasse, *Correspondance*, 1774.

1. Quelles sont les marques de l'éloge dans ce portrait ?

2. Cherchez qui sont les personnes citées: en quoi cela renforce-t-il l'éloge ?

3. Le portrait de Julie de Lespinasse n'est que moral. Rédigez-en le pendant physique en vous inspirant du tableau p. 164.

Exercice 10

Monsieur Prudhomme

Il est grave: il est maire et père de famille.
Son faux col engloutit son oreille. Ses yeux
Dans un rêve sans fin flottent insoucieux,
Et le printemps en fleur sur ses pantoufles brille.

Que lui fait l'astre d'or, que lui fait la charmille
Où l'oiseau chante à l'ombre, et que lui font les cieux,
Et les prés verts et les gazons silencieux ?
Monsieur Prudhomme songe à marier sa fille.

Avec monsieur Machin, un jeune homme cossu[1],
Il est juste-milieu[2], botaniste et pansu[3].
Quant aux faiseurs de vers, ces vauriens, ces maroufles,

Ces fainéants barbus, mal peignés, il les a
Plus en horreur que son éternel coryza[4],
Et le printemps en fleur brille sur ses pantoufles.

Paul Verlaine, *Poèmes saturniens*, 1866.

1. Riche. 2. Modéré, politiquement. 3. Il a du ventre. 4. Rhume.

1. Deux portraits sont placés face à face dans ce poème: lesquels ?

2. Quelle est leur fonction ?

3. Quelle semble ici être la position de Verlaine ?

Fonction du portrait dans l'image

Exercice 11

Le petit Sartre revient de chez le coiffeur...

Il y eut des cris mais pas d'embrassements et ma mère s'enferma dans sa chambre pour pleurer: on avait troqué sa fillette contre un garçonnet. Il y avait pis: tant qu'elles voltigeaient autour de mes oreilles, mes belles anglaises lui avaient permis de refuser l'évidence de ma laideur. Déjà, pourtant, mon œil droit entrait dans le crépuscule. Il fallut qu'elle s'avouât la vérité. Mon grand-père semblait lui-même tout interdit: on lui avait confié sa petite merveille, il avait rendu un crapaud; c'était saper à la base ses futurs émerveillements.

Jean-Paul Sartre, *Les Mots*, © Gallimard, 1964.

Doc. B

Sartre enfant.

Doc. C

Sartre jeune homme.

1. Comparez les documents A, B et C. Peut-on dire que les images illustrent le texte ?

2. Comment qualifieriez-vous le regard de Sartre sur lui-même ?

Vers le commentaire

Exercice 12

Gnathon ne vit que pour soi, et tous les hommes ensemble sont à son égard comme s'ils n'étaient point. Non content de remplir à une table la première place, il occupe lui seul celle de deux autres; il oublie que le repas est pour lui et pour toute la compagnie; il se rend maître du plat, et fait son propre de[1] chaque service: il ne s'attache à aucun des mets, qu'il n'ait achevé d'essayer de tous; il voudrait pouvoir les savourer tous, tout à la fois. Il ne se sert à table que de ses mains; il manie les viandes, les remanie, démembre, déchire, et en use de manière qu'il faut que les conviés, s'ils veulent manger, mangent ses restes. Il ne leur épargne aucune de ces malpropretés dégoûtantes, capables d'ôter l'appétit aux plus affamés; le jus et les sauces lui dégouttent du menton et de la barbe; s'il enlève un ragoût de dessus un plat, il le répand en chemin dans un autre plat et sur la nappe; on le suit à la trace. Il mange haut[2] et avec grand bruit; il roule les yeux en mangeant; la table est pour lui un râtelier[3]; il écure ses dents, et il continue à manger.

Jean de La Bruyère, *Les Caractères*, 1688-1696.

1. Prend pour lui.
2. En se faisant remarquer.
3. Ce qui se place au-dessus de la mangeoire des animaux et contient le foin.

Vous commenterez cet extrait des *Caractères* de La Bruyère en montrant comment le portrait de Gnathon permet à l'auteur de faire œuvre de moraliste.

La structure du récit

Tout récit possède un ordre permettant d'en organiser l'action. Il s'agit pour l'auteur de **créer un parcours de lecture** – plus ou moins complexe – qui nous guidera du début à la fin de son texte, à travers plusieurs étapes. Il ne faut pas penser que ce parcours soit toujours simple (début-milieu-fin) : l'auteur peut jouer sur les attentes de son lecteur et lui proposer une structure déroutante.

1 Les grandes étapes du récit : le schéma narratif

Dans une majorité de récits, il est possible de distinguer **cinq grandes étapes** qui donnent à l'intrigue sa structure.

a. La situation initiale

C'est un état stable qui permet à l'auteur de présenter les personnages et de plonger le lecteur dans le cadre spatio-temporel qu'il a créé. Sous le terme d'incipit, on désigne plus généralement l'ouverture d'un récit, lieu stratégique du texte indispensable à sa compréhension.
Dans *Le Petit Chaperon rouge*, la mère demande à sa fillette d'aller porter une galette à sa mère-grand, de l'autre côté du bois.

b. L'élément perturbateur

C'est un événement qui rompt l'équilibre de départ et permet à l'intrigue de débuter. Sans lui, la situation initiale se poursuivrait à l'infini.
Dans le même conte, l'héroïne rencontre un loup dans la forêt, dont elle ne se méfie pas.

c. Les péripéties

Ce terme désigne une série d'actions au cœur du récit : le loup mange la grand-mère et s'apprête à faire de même avec la fillette.

d. L'élément de résolution

Un récit ne peut être une série d'actions sans fin. L'élément de résolution met un terme aux péripéties. Dans le même conte, un chasseur intervient.

e. La situation finale

Elle aussi est stable. L'action est parvenue à son terme, le sort des personnages est réglé. On utilise aussi le terme de dénouement, emprunté au théâtre, pour désigner cet état final, autre lieu stratégique du texte.
Le loup est tué, le petit chaperon rouge apprend à se méfier des beaux parleurs dangereux.

2 Une structure parfois plus complexe

Tous les récits n'ont pas une structure simple et les événements racontés ne se sont pas toujours présentés dans un ordre chronologique. On peut avoir affaire à :

- **un récit-cadre** : il encadre le récit principal en l'introduisant puis en tirant de sa situation finale une conclusion.
- **plusieurs fils narratifs** : l'intrigue prend alors des directions différentes, elle suit le destin de plusieurs personnages. Ces fils s'entrecroisent et se rejoignent le plus souvent au dénouement.
- **des ellipses temporelles** : le fil du récit en est alors rompu. Le lecteur doit tenter de reconstituer les événements manquants.
- **un récit non chronologique** : on parle d'analepse en cas de retour en arrière, ou de prolepse lorsque le futur de l'action est dévoilé.

Étudier le schéma narratif

Exercice 1

Professeur de lycée, André Agoustin (55 ans) vit depuis plus de dix ans au deuxième étage d'un immeuble, cité La Coupiane à la Valette, près de Toulon. Mercredi soir, il lisait tranquillement en compagnie de sa femme lorsque, vers minuit, il entend des bruits bizarres près de la porte. Des cliquetis, comme si quelqu'un voulait crocheter la serrure. Il n'hésite pas une seconde, saisit sa carabine 22 long rifle, l'arme, s'approche. Comme quelqu'un essaie encore d'introduire une clef, il ouvre la porte brutalement. Et il reçoit un coup de poing. André Agoustin tire par réflexe et atteint le « cambrioleur » dans l'abdomen. Celui qu'il croyait être un voleur est, en réalité, son voisin. Franck Delourme habite le même appartement situé juste au-dessus au troisième étage. Le jeune homme s'est tout simplement trompé de niveau. André Agoustin, effondré, comprend immédiatement sa méprise. Il se penche, Franck est mort. Les deux hommes se connaissaient bien et il n'y avait jamais eu le moindre différend entre eux. Le meurtrier a été placé en garde à vue.

Le Parisien, 7 décembre 1990.

Quelle est la nature de ce texte ? Établissez le schéma narratif de ce récit en distinguant ses 5 étapes.

Exercice 2

Les deux chaumières étaient côte à côte, au pied d'une colline, proches d'une petite ville de bains. Les deux paysans besognaient dur sur la terre inféconde pour élever tous leurs petits. Chaque ménage en avait quatre. Devant les deux portes voisines, toute la marmaille grouillait du matin au soir. Les deux aînés avaient six ans et les deux cadets quinze mois environ ; les mariages, et ensuite les naissances, s'étaient produits à peu près simultanément dans l'une et l'autre maison. [...]

Par un après-midi du mois d'août, une légère voiture s'arrêta brusquement devant les deux chaumières, et une jeune femme, qui conduisait elle-même, dit au monsieur assis à côté d'elle :

– Oh ! regarde, Henri, ce tas d'enfants ! Sont-ils jolis, comme ça, à grouiller dans la poussière !

L'homme ne répondit rien, accoutumé à ces admirations qui étaient une douleur et presque un reproche pour lui.

La jeune femme reprit :

– Il faut que je les embrasse ! Oh ! comme je voudrais en avoir un, celui-là, le tout petit.

Guy de Maupassant, *Aux champs*, 1882.

1. Dans cet extrait, où situez-vous l'élément perturbateur ?
2. Observez les temps verbaux : comment l'auteur signale-t-il le passage de la situation initiale à l'élément perturbateur ?
3. Quelle suite imaginer à ce récit d'après les indices donnés ?

Exercice 3

Dans cette fable, un loup affamé rencontre un chien de garde, qui lui vante les douceurs de la vie domestique et lui propose de se joindre à lui.

[...] Le loup reprit : « Que me faudra-t-il faire ?
– Presque rien, dit le chien : donner la chasse aux gens
Portant bâtons et mendiants ;
Flatter ceux du logis, à son maître complaire :
Moyennant quoi votre salaire
Sera force reliefs de toutes les façons :
Os de poulets, os de pigeons,
Sans parler de mainte caresse. »
Le loup déjà se forge une félicité
Qui le fait pleurer de tendresse
Chemin faisant, il vit le cou du chien pelé.
« Qu'est-ce là ? lui dit-il. – Rien. – Quoi ? rien ?
– Peu de chose.
Mais encor ? – Le collier dont je suis attaché
De ce que vous voyez est peut-être la cause.
– Attaché ? dit le loup : vous ne courez donc pas
Où vous voulez ? – Pas toujours ; mais qu'importe ? –
Il importe si bien, que de tous vos repas
Je ne veux en aucune sorte,
Et ne voudrais pas même à ce prix un trésor. »
Cela dit, maître loup s'enfuit, et court encor.

Jean de La Fontaine, « Le loup et le chien » [extrait], *Fables*, 1668.

1. Situez l'élément de résolution dans ce texte.
2. Pourquoi peut-on dire qu'il fait basculer le récit vers la situation finale ?
3. Quel sens donnez-vous à celle-ci ?

Étudier incipit et dénouement

Exercice 4

Quand la caissière lui eut rendu la monnaie de sa pièce de cent sous, Georges Duroy sortit du restaurant.

Comme il portait beau, par nature et par pose d'ancien sous-officier, il cambra sa taille, frisa sa moustache d'un geste militaire et familier, et jeta sur les dîneurs attardés un regard rapide et circulaire, un de ces regards de joli garçon, qui s'étendent comme des coups d'épervier.

Les femmes avaient levé la tête vers lui, trois petites ouvrières, une maîtresse de musique entre deux âges, mal peignée, négligée, coiffée d'un chapeau toujours poussiéreux et vêtue toujours d'une robe de travers, et deux bourgeoises avec leurs maris, habituées de cette gargote à prix fixe.

Lorsqu'il fut sur le trottoir, il demeura un instant immobile, se demandant ce qu'il allait faire. On était au 28 juin, et il lui restait juste en poche trois francs quarante pour finir le mois.

Guy de Maupassant, *Bel-Ami*, 1885.

1. À quels indices comprend-on qu'il s'agit ici d'une première page de roman ?

2. Quelles informations sur le cadre spatio-temporel cet incipit contient-il ?

3. Que comprenez-vous du personnage et de sa situation ?

Exercice 5

Lorsqu'il parvint sur le seuil, il aperçut la foule amassée, une foule noire, bruissante, venue là pour lui, pour lui Georges Du Roy. Le peuple de Paris le contemplait et l'enviait.
Puis, relevant les yeux, il découvrit là-bas, derrière la place de la Concorde, la Chambre des députés. Et il lui sembla qu'il allait faire un bond du portique de la Madeleine au portique du Palais-Bourbon.
Il descendit avec lenteur les marches du haut perron entre deux haies de spectateurs. Mais il ne les voyait point; sa pensée maintenant revenait en arrière, et devant ses yeux éblouis par l'éclatant soleil flottait l'image de Mme de Marelle rajustant en face de la glace les petits cheveux frisés de ses tempes, toujours défaits au sortir du lit.

Guy de MAUPASSANT, *Bel-Ami*, 1885.

1. Observez le nom du personnage : comment comprenez-vous le changement opéré ?

2. Quelle évolution le personnage a-t-il connu entre l'incipit (exercice 4) et le dénouement ?

3. En comparant les deux textes, vous tenterez de comprendre par quel moyen le personnage a réussi.

Exercice 6

Comment s'étaient-ils rencontrés ? Par hasard, comme tout le monde. Comment s'appelaient-ils ? Que vous importe ? D'où venaient-ils ? Du lieu le plus prochain. Où allaient-ils ? Est-ce que l'on sait où l'on va ? Que disaient-ils ? Le maître ne disait rien; et Jacques disait que son capitaine disait que tout ce qui nous arrive de bien et de mal ici-bas était écrit là-haut.

Denis DIDEROT, *Jacques le Fataliste et son maître*, 1780.

Tu vas commencer le nouveau roman d'Italo Calvino, *Si par une nuit d'hiver un voyageur*. Détends-toi. Concentre-toi. Écarte de toi toute autre pensée. Laisse le monde qui t'entoure s'estomper dans le vague. La porte, il vaut mieux la fermer; de l'autre côté, la télévision est toujours allumée. Dis-le tout de suite aux autres : « Non, je ne veux pas regarder la télévision ! » Parle plus fort s'ils ne t'entendent pas : « Je lis ! Je ne veux pas être dérangé. » Avec tout ce chahut, ils ne t'ont peut-être pas entendu : dis-le plus fort, crie : « Je commence le nouveau roman d'Italo Calvino ! » Ou, si tu préfères, ne dis rien; espérons qu'ils te laisseront en paix.

Italo CALVINO, *Si par une nuit d'hiver un voyageur*, © Éditions du Seuil, 1981.

1. Qu'est-ce qui fait l'originalité de ces deux incipits ? En quoi sont-ils même provocateurs ?

2. À quel type de récit le lecteur de ces deux romans peut-il s'attendre ?

Exercice 7

Le voyage sera longtemps agréable. Vers midi, ils se dirigeront d'un pas nonchalant, vers le wagon-restaurant. Ils s'installeront près d'une vitre, en tête à tête. Ils commanderont deux whiskies. Ils se regarderont, une dernière fois, avec un sourire complice. Le linge glacé, les couverts massifs, marqués aux armes des wagons-lits, les assiettes épaisses écussonnées sembleront le prélude d'un festin somptueux. Mais le repas qu'on leur servira sera franchement insipide[1].

Georges PEREC, *Les Choses*, © Julliard, 1965.

1. Insipide : sans saveur.

1. Expliquez pourquoi ce dénouement est très inhabituel.

2. Que comprenez-vous des personnages du roman à la lecture de ce paragraphe ? Tentez notamment d'expliquer le sens de la dernière phrase.

Étudier la structure temporelle

Exercice 8

La nuit tiède descendait lentement.
Les femmes étaient restées dans le salon de la villa. Les hommes, assis ou à cheval sur les chaises du jardin, fumaient, devant la porte, en cercle autour d'une table ronde chargée de tasses et de petits verres.
Leurs cigares brillaient comme des yeux, dans l'ombre épaissie de minute en minute. On venait de raconter un affreux accident arrivé la veille : deux hommes et trois femmes noyés sous les yeux des invités, en face, dans la rivière.
Le général de G… prononça :
– Oui, ces choses-là sont émouvantes, mais elles ne sont pas horribles.
L'horrible, ce vieux mot, veut dire beaucoup plus que terrible. Un affreux accident comme celui-là émeut, bouleverse, effare : il n'affole pas. […] Tenez, voici deux exemples personnels qui m'ont fait comprendre ce qu'on peut entendre par l'Horreur.
C'était pendant la guerre de 1870. Nous nous retirions vers Pont-Audemer, après avoir traversé Rouen. L'armée, vingt mille hommes environ, vingt mille hommes de déroute, débandés, démoralisés, épuisés, allait se reformer au Havre.
La terre était couverte de neige. La nuit tombait. On n'avait rien mangé depuis la veille. On fuyait vite, les Prussiens n'étant pas loin.

Guy de MAUPASSANT, *L'Horrible*, 1884.

1. Combien de récits ce texte contient-il ? Justifiez.

2. Quel changement de cadre spatio-temporel vous permet de situer le début du récit principal ?

3. Quels sont les deux types de narrateur employés dans le récit-cadre, puis dans le récit principal ?

Exercice 9

Rosanette avala deux tartes à la crème. Le sucre en poudre faisait des moustaches au coin de sa bouche. De temps à autre, pour l'essuyer, elle tirait son mouchoir de son manchon ; et sa figure ressemblait, sous sa capote de soie verte, à une rose épanouie entre ses feuilles.

Ils se remirent en marche ; dans la rue de la Paix, elle s'arrêta, devant la boutique d'un orfèvre, à considérer un bracelet ; Frédéric voulut lui en faire cadeau.

– Non, dit-elle, garde ton argent.

Il fut blessé de cette parole.

– Qu'a donc le mimi ? On est triste ?

Et, la conversation s'étant renouée, il en vint, comme d'habitude, à des protestations d'amour.

– Tu sais bien que c'est impossible !

– Pourquoi ?

– Ah ! Parce que...

Ils allaient côte à côte, elle appuyée sur son bras, et les volants de sa robe lui battaient contre les jambes. Alors, il se rappela un crépuscule d'hiver, où, sur le même trottoir, Mme Arnoux marchait ainsi à son côté ; et ce souvenir l'absorba tellement, qu'il ne s'apercevait plus de Rosanette et n'y songeait pas.

Gustave FLAUBERT, *l'Éducation sentimentale*, 1869.

1. Repérez l'analepse présente dans ce texte.

2. Qu'indique-t-elle de l'état d'esprit du personnage ?

3. Quels événements antérieurs à cette page nous permet-elle de reconstituer ?

Exercice 10

Bien des années plus tard, face au peloton d'exécution, le colonel Aureliano Buendia devait se rappeler ce lointain après-midi au cours duquel son père l'avait emmené découvrir la glace. Macondo était alors un village de vingt maisons en glaise et en roseaux, construites au bord d'une rivière dont les eaux diaphanes roulaient sur un lit de pierres polies, blanches, énormes comme des œufs préhistoriques. Le monde était si récent que beaucoup de choses n'avaient pas encore de nom et pour les mentionner, il fallait les désigner du doigt.

Gabriel Garcia MARQUEZ,
Cent ans de solitude, © Gallimard, 1967.

1. L'auteur choisit-il ici de respecter l'ordre chronologique ? Justifiez votre réponse.

2. Situez avec précision la prolepse. A-t-elle un lien logique avec le reste de l'extrait ?

3. Quel effet l'auteur recherche-t-il en utilisant cette prolepse ?

Exercice 11

Il voyagea.

Il connut la mélancolie des paquebots, les froids réveils sous la tente, l'étourdissement des paysages et des ruines, l'amertume des sympathies interrompues.

Il revint.

Il fréquenta le monde, et il eut d'autres amours encore. Mais le souvenir continuel du premier les lui rendait insipides ; et puis la véhémence du désir, la fleur même de la sensation était perdue. Ses ambitions d'esprit avaient également diminué. Des années passèrent ; et il supportait le désœuvrement de son intelligence et l'inertie de son cœur.

Gustave FLAUBERT, *l'Éducation sentimentale*, 1869.

1. Comment les ellipses sont-elles signalées dans ce texte ?

2. Quelle durée cette page couvre-t-elle ? Quel effet cela a-t-il sur la vitesse du récit ?

3. Pourquoi, selon vous, l'auteur choisit-il de ne pas raconter cette période de la vie du héros ?

Vers le commentaire

Exercice 12

Ce récit est une nouvelle donnée dans son intégralité.

Le jour se levait. Il était assis dans sa voiture garée le long du trottoir. Ses doigts tripotaient les stries du volant et ses yeux flânaient sur les inscriptions du tableau de bord. Il savait que le totalisateur kilométrique était hors d'usage et il connaissait par cœur le chiffre qu'il affichait depuis des années. Il alluma une cigarette et entrouvrit la glace pour que la fumée puisse s'échapper de l'habitacle. Il était seul dans cette ville et avait devant lui la perspective de jours et de mois absolument vides. Il allait louer une chambre dans un motel pas trop cher de la périphérie et tenter d'y prendre quelques habitudes. Avant de démarrer, il sortit de sa poche la lettre que lui avait écrite son fils deux jours avant qu'il ne meure dans un accident de la route. Il la relut en entier, calmement, jusqu'aux derniers mots qui disaient : « Bientôt, vous aurez de mes nouvelles. »

Il eut envie d'un café et de bien d'autres choses. Ses doigts lissèrent ses paupières comme pour en chasser tous les plis. Le manque de sommeil rendait ses membres douloureux. Il jeta sa cigarette, tourna la clé du démarreur et enclencha une vitesse. Lorsque sa voiture dépassa le carrefour, la lumière du soleil inonda l'habitacle.

Jean-Paul DUBOIS, *Vous aurez de mes nouvelles*,
© Robert Laffont, 1991.

1. Répondez d'abord brièvement aux questions suivantes :

a. Ce récit suit-il le schéma narratif classique ? Quelles étapes manquent ?

b. Repérez l'analepse. Quel intérêt a-t-elle ?

c. Repérez la prolepse. À quel moment du récit intervient-elle ?

2. Sur la base de ces réponses, rédigez ensuite un paragraphe dans lequel vous montrerez comment l'auteur utilise la structure du récit pour nous sensibiliser au drame qu'il raconte.

Les discours rapportés

Lorsqu'un locuteur reprend la parole – écrite ou orale – d'autrui dans son propre énoncé, on emploie le terme de discours rapporté. Plusieurs choix s'offrent à un locuteur lorsqu'il intègre des paroles extérieures à son propre discours : les retranscrire sans modification aucune, ou les transformer à des degrés divers. Ces choix définissent plusieurs types de discours rapporté.

1 Le discours direct

Elle lui avait dit : « *Vous n'êtes pas confortable comme cela, attendez, moi je vais bien vous arranger.* » (Proust, *Un amour de Swann*)

– Les propos tenus sont séparés du reste de l'énoncé par des guillemets, et retranscrits tels qu'ils ont été prononcés.
– Ils sont introduits par un verbe de parole.
– Les voix du narrateur et du personnage féminin ne se mélangent pas.

Il s'agit du **discours direct, qui ne modifie en rien le discours d'origine**.

2 Le discours indirect

M. de Charlus déclarait, sans en penser un seul mot, et pour les taquiner, qu'*une fois mariés, il ne les reverrait plus et les laisserait voler de leurs propres ailes.* (Proust, *La Prisonnière*)

– Les propos du personnage sont rapportés sans guillemets.
– Ils sont inclus dans une proposition subordonnée dépendant d'un verbe de parole.
– L'énonciation du discours dépend maintenant de celle du récit : cela modifie les temps et les personnes du discours d'origine (« une fois mariés, je ne vous reverrai plus et je vous laisserai voler de vos propres ailes »).

Il s'agit du **discours indirect, qui modifie le discours d'origine**, changeant non seulement les temps et les personnes, mais toutes les marques de l'énonciation (interrogation, exclamation, modalisateurs, marques affectives).

3 Le discours indirect libre

Il ne lui fit aucun reproche. Elle, toute remuée, était partagée entre la pitié et le mépris. *Ce pauvre homme, qu'une vilaine femme trompait si indignement !* Elle avait envie de se jeter à son cou pour le consoler. (Zola, *Nana*)

– Les propos du personnage, à la troisième phrase, sont rapportés sans guillemets.
– Ils sont annoncés par l'indication d'un discours ou d'un jugement, mais ne sont pas subordonnés au récit ; ils ne sont pas signalés non plus par des signes typographiques (tirets, guillemets).
– Le système des temps et des personnes dépend de l'énoncé qui précède ; mais le point d'exclamation rappelle l'origine orale du propos.

Il s'agit d'un exemple de **discours indirect libre, système mixte** entre la logique grammaticale du discours indirect et la fidélité au ton du discours direct. Il est utilisé surtout pour rapporter des pensées ou des propos vagues ou indistincts.

4 Le discours narrativisé

Il annonça à sa famille *son départ pour l'Alaska.*

Ici, les paroles ne sont plus retranscrites : nous connaissons le contenu global du message sans savoir sous quelle forme il a été prononcé. Ce **discours totalement intégré dans l'énoncé** se nomme **discours narrativisé.**

Discours direct et indirect

Exercice 1

C'est alors qu'après avoir tenu conciliabule les autres garçons s'approchèrent:

« Tu as un beau fusil, dit Max, le fils de l'ingénieur Weiss. Fais voir. »

Dolfi sans le lâcher laissa l'autre l'examiner.

« Pas mal », reconnut Max avec l'autorité d'un expert. Il portait en bandoulière une carabine à air comprimé qui coûtait au moins vingt fois plus que le fusil. Dolfi en fut très flatté.

« Avec ce fusil, toi aussi tu peux faire la guerre, dit Walter en baissant les paupières avec condescendance.

– Mais oui, avec ce fusil, tu peux être capitaine », dit un troisième.

Dino Buzzati, « Pauvre petit garçon », *Le K*, © Laffont, 1967.

1. Repérez dans ce texte les passages au discours direct. Vous indiquerez quel verbe de parole les signale.

2. Réécrivez le texte en utilisant le discours indirect. Vous veillerez à effectuer tous les changements nécessaires de personnes et de temps.

Exercice 2

Madame de Clèves connut bien que c'était le duc de Nemours, comme ce l'était en effet. Sans se tourner de son côté, elle s'avança avec précipitation vers Madame la Dauphine, et lui dit tout bas qu'il fallait bien se garder de lui parler de cette aventure; qu'il l'avait confiée au vidame de Chartres; et que ce serait une chose capable de les brouiller. Madame la Dauphine lui répondit, en riant, qu'elle était trop prudente, et se retourna vers Monsieur de Nemours. Il était paré pour l'assemblée du soir, et, prenant la parole avec cette grâce qui lui était si naturelle:

– Je crois, Madame, dit-il, que je puis penser sans témérité, que vous parliez de moi quand je suis entré, que vous aviez dessein de me demander quelque chose, et que madame de Clèves s'y oppose.

Madame de La Fayette, *La Princesse de Clèves*, 1678.

1. Repérez dans ce texte les passages au discours indirect. Comment les distingue-t-on du discours direct final?

2. Réécrivez le texte en transformant le discours indirect en discours direct. Vous veillerez à effectuer tous les changements nécessaires de personnes et de temps.

Exercice 3

Honoré, un paysan, a engagé une vieille femme, la Rapet, pour veiller sa mère moribonde. Dans leur dialogue, Maupassant restitue l'accent normand.

À la nuit tombante, Honoré rentra. S'étant approché du lit, il vit que sa mère vivait encore, et il demanda: « Ça va-t-il? » comme il faisait autrefois quand elle était indisposée.

Puis il renvoya la Rapet en lui recommandant:

– D'main, cinq heures, sans faute.

Elle répondit:

– D'main, cinq heures.

Elle arriva, en effet, au jour levant.

Honoré, avant de se rendre aux terres, mangeait sa soupe, qu'il avait faite lui-même.

La garde demanda:

– Eh ben, vot'mé a-t-all'passé?

Il répondit, avec un pli malin au coin des yeux:

– All'va plutôt mieux.

Et il s'en alla.

Guy de Maupassant, *Le Diable*, 1886.

1. En repérant les verbes introducteurs, identifiez les passages au discours direct.

2. Transposez-les au discours indirect. Vous veillerez à effectuer tous les changements nécessaires de personnes et de temps.

3. En plus de ces changements nécessaires de personnes et de temps, à quelles autres modifications avez-vous dû procéder?

Le discours indirect libre

Exercice 4

La nef, tranchant les vagues profondes, emportait Iseut. Mais, plus elle s'éloignait de la terre d'Irlande, plus tristement la jeune fille se lamentait. Assise sous la tente où elle s'était renfermée avec Brangien sa servante, elle pleurait en souvenir de son pays. Où ces étrangers l'entraînaient-ils? Vers qui? Vers quelle destinée? Quand Tristan s'approchait d'elle et voulait l'apaiser par de douces paroles, elle s'irritait, le repoussait, et la haine gonflait son cœur. Il était venu, lui, le ravisseur, lui, le meurtrier du Morholt; il l'avait arrachée par ses ruses à sa mère et à son pays; il n'avait pas daigné la garder pour lui-même, et voici qu'il l'emportait, comme sa proie, sur les flots, vers la terre ennemie! « Chétive! disait-elle, maudite soit la mer qui me porte! Mieux aimerais-je mourir sur la terre où je suis née que vivre là-bas! »

Le Roman de Tristan et Iseut, (XIIe s.) renouvelé par J. Bédier, 1900, © UGE, 1981.

1. Identifiez les passages au discours indirect libre. Par quels mots sont-ils chaque fois annoncés?

2. Réécrivez ces passages au discours direct.

3. Quel effet le passage au discours direct à la fin du texte produit-il?

4. Réécrivez-le au discours indirect libre.

Exercice 5

« Ah bien! merci, cria Coupeau qui retourna le verre d'anisette vidé par sa femme, tu vous pompes joliment ça! voyez donc, la coterie, ça ne lanterne guère.

– Madame redouble? » demanda Bec-Salé, dit Boit-sans-Soif.

Non, elle en avait assez. Elle hésitait pourtant. L'anisette lui barbouillait le cœur. Elle aurait plutôt pris quelque chose de raide pour se guérir l'estomac. Et elle jetait des regards obliques sur la machine à soûler, derrière elle. Cette sacrée marmite, ronde comme un ventre de chaudronnière grasse, avec son nez qui s'allongeait et se tortillait, lui soufflait un frisson dans les épaules, une peur mêlée d'un désir. Oui, on aurait dit la fressure[1] de métal d'une grande gueuse, de quelque sorcière qui lâchait goutte à goutte le feu de ses entrailles. Une jolie source de poison, une opération qu'on aurait dû enterrer dans une cave, tant elle était effrontée et abominable !

Émile ZOLA, *L'Assommoir*, 1877.

1. Les tripes.

1. Combien de formes de discours rapporté identifiez-vous ici ? Donnez un exemple de chaque forme rencontrée.

2. Repérez les passages au discours indirect libre : à quels indices les reconnaît-on ?

3. Réécrivez-les au discours direct.

Exercice 6

Puis il laissa tomber la coupe et conta son histoire. On le nommait Spendius. Les Carthaginois l'avaient pris à la bataille des Égineuses, et parlant grec, ligure et punique, il remercia encore une fois les Mercenaires ; il leur baisait les mains ; enfin, il les félicita du banquet, tout en s'étonnant de n'y pas apercevoir les coupes de la Légion sacrée. Ces coupes, portant une vigne en émeraude sur chacune de leurs six faces en or, appartenaient à une milice exclusivement composée des jeunes patriciens, les plus hauts de taille. C'était un privilège, presque un honneur sacerdotal ; aussi rien dans les trésors de la République n'était plus convoité des Mercenaires. Ils détestaient la Légion à cause de cela, et on en avait vu qui risquaient leur vie pour l'inconcevable plaisir d'y boire. Donc ils commandèrent d'aller chercher les coupes. Elles étaient en dépôt chez les Syssites, compagnies de commerçants qui mangeaient en commun. Les esclaves revinrent. À cette heure, tous les membres des Syssites dormaient.

– « Qu'on les réveille ! » répondirent les Mercenaires.

Gustave FLAUBERT, *Salammbô*, 1862.

1. Repérez les phrases au discours indirect libre.

2. Réécrivez-les en les transposant au discours direct.

Exercice 7

Lui, qu'une gêne gagnait à présent, l'avait examinée d'un regard oblique. Elle ne devait pas être trop mal, et jeune à coup sûr, vingt ans au plus. Cela achevait de le mettre en méfiance, malgré un doute inconscient qui le prenait, une sensation vague qu'elle ne mentait peut-être pas absolument. En tout cas, elle avait beau être maligne, elle se trompait, si elle croyait le tenir. Il exagéra son allure bourrue, il dit d'une grosse voix :

« Hein ? couchons-nous, ça nous séchera. »

Une angoisse la fit se lever. Elle aussi l'examinait, sans le regarder en face, et ce garçon maigre, aux articulations noueuses, à la forte tête barbue, redoublait sa peur, comme s'il était sorti d'un conte de brigands, avec son chapeau de feutre noir et son vieux paletot marron, verdi par les pluies.

Émile Zola, *L'Œuvre*, 1886.

1. Repérez les phrases au discours indirect libre.

2. Vous les réécrirez ensuite en les transposant au discours direct.

Exercice 8

Et le brigadier s'avança en demandant :

– Qu'est-ce que vous faites ici ?

L'homme répliqua tranquillement :

– Je me repose.

– D'où venez-vous ?

– S'il fallait vous dire tous les pays où j'ai passé, j'en aurais pour plus d'une heure.

– Où allez-vous ?

– À Ville-Avaray.

– Où c'est-il ça ?

– Dans la Manche.

– C'est votre pays ?

– C'est mon pays.

– Pourquoi en êtes-vous parti ?

– Pour chercher du travail.

Le brigadier se retourna vers son gendarme, et, du ton colère d'un homme que la même supercherie finit par exaspérer :

– Ils disent tous ça, ces bougres-là. Mais je la connais, moi.

Puis il reprit :

– Vous avez des papiers ?

– Oui, j'en ai.

– Donnez-les.

Randel prit dans sa poche ses papiers, ses certificats, de pauvres papiers usés et sales qui s'en allaient en morceaux, et les tendit au soldat.

Guy de MAUPASSANT, *Le Vagabond*, 1887.

Réécrivez ce dialogue en passant régulièrement du discours indirect au discours indirect libre.

Distinguer les discours rapportés

Exercice 9

Vers le commencement de cet hiver, Frédéric et Deslauriers causaient au coin du feu, réconciliés encore une fois, par la fatalité de leur nature qui les faisait toujours se rejoindre et s'aimer.

L'un expliqua sommairement sa brouille avec Mme Dambreuse, laquelle s'était remariée à un Anglais.

L'autre, sans dire comment il avait épousé Mlle Roque, conta que sa femme, un beau jour, s'était enfuie avec un chanteur. Pour se laver un peu du ridicule, il s'était compromis dans sa préfecture par des excès de zèle gouvernemental. On l'avait destitué. Il avait été, ensuite, chef de colonisation en Algérie, secrétaire d'un pacha, gérant d'un journal, courtier d'annonces, pour être finalement employé au contentieux dans une compagnie industrielle.

Quant à Frédéric, ayant mangé les deux tiers de sa fortune, il vivait en petit bourgeois.

Puis, ils s'informèrent mutuellement de leurs amis.

Martinon était maintenant sénateur.

Hussonnet occupait une haute place, où il se trouvait avoir sous sa main tous les théâtres et toute la presse.

Cisy, enfoncé dans la religion et père de huit enfants, habitait le château de ses aïeux.

Gustave FLAUBERT, *L'Éducation sentimentale*, 1869.

1. Quelles formes de discours rapporté sont présentes dans ce texte ?

2. Tentez, pour chacune d'entre elles, d'expliquer leur emploi.

Exercice 10

Lol V. Stein est née ici, à S. Tahla, et elle y a vécu une grande partie de sa jeunesse. Son père était professeur à l'Université. Elle a un frère plus âgé qu'elle de neuf ans – je ne l'ai jamais vu – on dit qu'il vit à Paris. Ses parents sont morts.

Je n'ai rien entendu dire sur l'enfance de Lol V. Stein qui m'ait frappé, même par Tatiana Karl, sa meilleure amie durant leurs années de collège.

Elles dansaient toutes les deux, le jeudi, dans le préau vide. Elles ne voulaient pas sortir en rang avec les autres, elles préféraient rester au collège. Elles, on les laissait faire, dit Tatiana, elles étaient charmantes, elles savaient mieux que les autres demander cette faveur, on la leur accordait. On danse, Tatiana ? Une radio dans un immeuble voisin jouait des danses démodées – une émission-souvenir – dont elles se contentaient. Les surveillantes envolées, seules dans le grand préau où ce jour-là, entre les danses, on entendait le bruit des rues, allez Tatiana, allez viens, on danse Tatiana, viens. C'est ce que je sais.

Marguerite DURAS, *Le Ravissement de Lol V. Stein*, © Gallimard, 1964.

1. Repérez tout d'abord les passages appartenant au discours rapporté.

2. Est-il possible de les classer selon les catégories présentes dans la leçon ? Pourquoi ?

3. Quelles libertés la romancière prend-elle avec les règles du discours rapporté ?

Exercice 11

La conversation roula d'abord sur les différentes espèces de tabac, puis, tout naturellement, sur les femmes. Le monsieur en bottes rouges donna des conseils au jeune homme ; il exposait des théories, narrait des anecdotes, se citait lui-même en exemple, débitait tout cela d'un ton paterne[1], avec une ingénuité de corruption divertissante. Il était républicain ; il avait voyagé, il connaissait l'intérieur des théâtres, des restaurants, des journaux, et tous les artistes célèbres, qu'il appelait familièrement par leurs prénoms ; Frédéric lui confia bientôt ses projets ; il les encouragea.

Gustave FLAUBERT, *L'Éducation sentimentale*, 1869.

1. Doucereux.

1. Connaît-on le contenu exact des paroles tenues dans cet extrait ? Pourquoi ?

2. Faites la liste des critères permettant d'identifier ici le discours narrativisé.

Vers le commentaire

Exercice 12

Georges Duroy soupçonne que son épouse Madeleine a jadis trompé son premier mari, Forestier, dont Georges était l'ami.

Georges cria au cocher : « Retournons. » Et la voiture s'en revint, croisant les autres, qui allaient au pas, et dont les grosses lanternes brillaient comme des yeux dans la nuit du Bois.

Comme elle avait dit cela d'une étrange façon ! Du Roy se demandait : « Est-ce un aveu ? » Et cette presque certitude qu'elle avait trompé son premier mari l'affolait de colère à présent. Il avait envie de la battre, de l'étrangler, de lui arracher les cheveux ! Oh ! si elle lui eût répondu : « Mais, mon chéri, si j'avais dû le tromper, c'est avec toi que je l'aurais fait. » Comme il l'aurait embrassée, étreinte, adorée ! Il demeurait immobile, les bras croisés, les yeux au ciel, l'esprit trop agité pour réfléchir encore. Il sentait seulement en lui fermenter cette rancune et grossir cette colère qui couvent au cœur de tous les mâles devant les caprices du désir féminin. Il sentait pour la première fois cette angoisse confuse de l'époux qui soupçonne ! Il était jaloux enfin, jaloux pour le mort, jaloux pour le compte de Forestier ! jaloux d'une étrange et poignante façon, où entrait subitement de la haine contre Madeleine. Puisqu'elle avait trompé l'autre, comment pourrait-il avoir confiance en elle, lui ?

Puis, peu à peu, une espèce de calme se fit en son esprit, et se roidissant contre sa souffrance, il pensa : « Toutes les femmes sont des filles, il faut s'en servir et ne rien leur donner de soi. »

Guy de MAUPASSANT, *Bel-Ami*, 1885.

1. Identifiez toutes les formes de paroles ou de pensées rapportées.

2. Rédigez un paragraphe dans lequel vous étudierez la façon dont Maupassant les combine dans son récit et le profit qu'il en tire.

Partie II

Thésée, opéra de Jean-Baptiste Lully (1632-1687), poème de Philippe Quinault. Mise en scène J.-L. Martinoty, Paris, Théâtre des Champs-Élysées, 2008.

Tragédie et comédie au XVIIe siècle : le classicisme

Repères

Tragédie et comédie au XVIIe siècle : le classicisme

Le théâtre avant le classicisme

- Le théâtre prend son essor en Grèce au Ve siècle avant notre ère. Les Grecs **Eschyle**, **Sophocle** et **Euripide**, puis le Romain **Sénèque** (Ier siècle) donnent leurs lettres de noblesse à une tragédie centrée autour de la destinée (*Œdipe*) et du monstrueux (*Médée*, *Phèdre*). La comédie, quant à elle, est orientée dès l'origine soit vers la satire sociale et politique (**Aristophane**), soit vers le comique de situation (**Ménandre** et après lui les Latins **Plaute** et **Térence**).

- Le Moyen Âge marque une période d'effacement de la tradition antique au profit des **miracles** et **mystères**, inspirés des vies de saints ou des scènes du Nouveau Testament. Ces pièces devenues trop profanes sont finalement interdites à Paris en 1548. La tragédie peut alors renaître avec des auteurs comme Étienne **Jodelle** ou Robert **Garnier**.

Le théâtre classique

- Le XVIIe siècle connaît une importante activité théâtrale liée à la multiplication des troupes et des salles de théâtre dans la capitale : à la seule troupe royale de **l'Hôtel de Bourgogne** viennent s'ajouter celle du **théâtre du Marais**, celle des **Comédiens italiens** et celle de l'**Illustre Théâtre** de Molière. Après une période baroque mêlant volontiers les genres (**tragi-comédies** de **Rotrou** ou Corneille), l'**Académie française** appelle au respect d'un certain nombre de règles. Dans

Nicolas Mignard (1606-1668), *Portrait de Molière dans le rôle de César dans « La Mort de Pompée » de Corneille*, 1656, Peinture, Collections Comédie-Française.

Régence | Louis XIII | Régence

1610 — 1620 — 1630 — 1640 — 1650

1610 : Mort d'Henri IV
Régence de Marie de Médicis

1617-1643
Règne de Louis XIII

1643-1651
Régence d'Anne d'Autriche

Richelieu

- **1634** : Ouverture du théâtre du Marais
- **1635** : Création de l'Académie française par Richelieu
- **1636** : Corneille, *L'Illusion comique*, *Le Cid*
- **1637** : *Sentiments de l'Académie sur* Le Cid
- **1640** : Corneille, *Horace*

1644 : Molière fonde l'Illustre-Théâtre
1645 : Installation des Comédiens italiens Hôtel du Petit-Bourbon

- **1646** : Rotrou, *Le Véritable Saint Genest*
- **1657** : L'abbé d'Aubignac publie sa *Pratique du théâtre*
- **1659** : Molière, *Les Précieuses ridicules*

la lignée du théâtre antique et par référence à la *Poétique* d'Aristote, elle impose l'unité de temps, de lieu et d'action. **Corneille** s'oriente vers un théâtre plus resserré (*Horace*, *Cinna*) ; mais le représentant le plus parfait du classicisme reste certainement Jean **Racine** qui fait montre de naturel et de finesse psychologique dans les sujets mythologiques (*Andromaque*, *Phèdre*), historiques (*Britannicus*, *Bérénice*) ou religieux (*Esther*, *Athalie*).

Lekain et Brizard dans *Britannicus*, gouache de **J. L. Fesch** (1697-1778), Collections de la Comédie-Française.

• Corneille et Racine s'essaieront aussi à la comédie avec *Le Menteur* ou *Les Plaideurs* ; mais c'est **Molière** qui s'impose comme le grand auteur comique de la période. Son premier grand succès, *Les Précieuses ridicules*, montre un talent satirique qui ne se démentira pas (*Les Femmes savantes*, *Le Bourgeois gentilhomme*), mais il sait aussi construire des intrigues subtiles et efficaces (*L'École des maris*, *L'École des femmes*). Jetant un regard acéré sur la société de son temps et sur la condition humaine, il livre avec *Tartuffe*, *Le Misanthrope* et *Dom Juan* ses pièces les plus fortes.

Le théâtre après le classicisme

• Au XVIIIe siècle, la tragédie française ne sait pas prendre ses distances avec les grandes figures de Corneille et Racine. Seule la comédie trouve un renouvellement avec les jeux de séduction de **Marivaux** (*Les Fausses confidences*) ou les pièces à teneur sociale de **Beaumarchais** (*Le Mariage de Figaro*).

• C'est le drame romantique qui apportera, au début du XIXe siècle, le plus grand bouleversement littéraire avec Victor **Hugo** ou Alfred de **Musset**. Le genre théâtral ne se pense plus en termes de tragédie ou de comédie mais en terme de « **drame** » pouvant mêler les deux tonalités. **Claudel** poursuivra cette voie dans ses pièces (et notamment dans son *Soulier de Satin*). Les conflits mondiaux du XXe siècle orienteront le genre vers le questionnement philosophique (**Sartre, Camus**) et la représentation de l'**absurde** (**Beckett, Ionesco**).

Louis XIV

1670 — 1680 — 1690 — 1700 — 1710

1651-1715
Règne de Louis XIV

1661 : Début du règne personnel de Louis XIV
• 1662 : Molière, *L'École des femmes*
• 1664 : Molière, *Tartuffe*
• 1665 : Molière *Dom Juan*
• 1666 : Molière, *Le Misanthrope*
• 1667 : Racine, *Andromaque*
• 1669 : Racine, *Britannicus*

1673 : Fusion du théâtre du Marais avec L'Illustre-Théâtre de Molière
• 1674 : Boileau, *Art poétique*
• 1676 : Racine, *Phèdre*
1680 : Fusion de la troupe royale de l'Hôtel de Bourgogne et de Molière : naissance de la Comédie-Française

• 1684 : Début de la querelle des Anciens et des Modernes
1688-1697 : Guerre de la Ligue d'Augsbourg
1701-1713 : Guerre de succession d'Espagne

Louis XIV

L'héritage du théâtre antique

5

Phèdre, de **Racine**, mise en scène de Patrice Chéreau, avec Pascal Greggory et Éric Ruf, Paris, Théâtre de l'Odéon, 2003.

Le XVIIe siècle puise dans le théâtre antique, remis à l'honneur par de nouvelles traductions, un vaste répertoire de thèmes, de situations, mais aussi de personnages. La comédie latine lui lègue des types, définis et résumés par un trait saillant : le vieillard irascible, le jeune homme amoureux et prodigue, le serviteur ingénieux et/ou poltron, le soldat fanfaron. La tragédie grecque et romaine l'enrichit de figures légendaires, porteuses d'un destin, voire d'une malédiction.

Types comiques

Corneille
1606-1684

Biographie, p. 557

Texte 1 L'Illusion comique (1639)

Cette œuvre de Corneille est un hommage à la scène et aux jeux de l'illusion « comique », c'est-à-dire théâtrale. Tous les personnages s'y dédoublent entre divers rôles ou identités, tel le héros, Clindor, qui court l'aventure depuis que son père l'a chassé. Sous le nom de La Montagne, il s'est engagé au service de Matamore[1], vieux soldat fanfaron qui courtise Isabelle. La naïveté de Matamore offre aux deux jeunes gens un paravent commode pour mener à bien leurs amours.

MATAMORE

Choisissez en quels lieux il vous plaît de régner :
Ce bras tout aussitôt vous conquête[2] un empire.
J'en jure par lui-même, et cela, c'est tout dire.

ISABELLE

Ne prodiguez pas tant ce bras toujours vainqueur :
Je ne veux point régner que dessus votre cœur ;
Toute l'ambition que me donne ma flamme,
C'est d'avoir pour sujets les désirs de votre âme.

MATAMORE

Ils vous sont tout acquis, et pour vous faire voir
Que vous avez sur eux un absolu pouvoir,
Je n'écouterai plus cette humeur de conquête,
Et laissant tous les rois leurs couronnes en tête,
J'en prendrai seulement deux ou trois pour valets,
Qui viendront à genoux vous rendre mes poulets[3].

ISABELLE

L'éclat de tels suivants attirerait l'envie
Sur le rare bonheur où je coule ma vie ;
Le commerce discret de nos affections[4]
N'a besoin que de lui[5] pour ces commissions.

MATAMORE

Vous avez, Dieu me sauve, un esprit à ma mode ;
Vous trouvez comme moi la grandeur incommode.
Les sceptres les plus beaux n'ont rien pour moi d'exquis,
Je les rends aussitôt que je les ai conquis,
Et me suis vu charmer quantité de princesses
Sans que jamais mon cœur acceptât ces maîtresses.

ISABELLE

Certes en ce point seul je manque un peu de foi[6].
Que vous ayez quitté des princesses pour moi !
Qu'elles n'aient pu blesser[7] un cœur dont je dispose !

MATAMORE

Je crois que La Montagne[8] en saura quelque chose.
Viens çà : lorsqu'en la Chine, en ce fameux tournoi,

Le soldat fanfaron, statuette grecque (IIIe siècle av. J.-C.), Berlin, musée des Antiquités.

1. Le « tueur de Maures » en espagnol.
2. Conquiert.
3. Mes messages d'amour.
4. Nos discrètes relations sentimentales.
5. Isabelle désigne Clindor.
6. J'ai du mal à croire.
7. Attendrir.
8. Clindor.

Pierre Corneille, *l'Illusion comique*, mise en scène de Marion Bierry, avec Bernard Ballet, Stéphane Bierry et Élizabeth Vitali, Paris, Théâtre de Poche Montparnasse, 2006.

Je donnai dans la vue[9] aux deux filles du roi,
Sus-tu rien de leur flamme et de la jalousie
Dont pour moi toutes deux avaient l'âme saisie ?

CLINDOR

Par vos mépris enfin l'une et l'autre[10] mourut.
J'étais lors en Égypte, où le bruit en courut,
Et ce fut en ce temps que la peur de vos armes
Fit nager le grand Caire[11] en un fleuve de larmes :
Vous veniez d'assommer dix Géants en un jour,
Vous aviez désolé les pays d'alentour,
Rasé quinze châteaux, aplani deux montagnes,
Fait passer par le feu villes, bourgs et campagnes,
Et défait vers Damas cent mille combattants.

MATAMORE

Que tu remarques bien et les lieux et les temps !
Je l'avais oublié.

ISABELLE

Des faits si pleins de gloire
Vous peuvent-ils ainsi sortir de la mémoire ?

MATAMORE

Trop pleine des lauriers remportés sur les rois,
Je ne la charge point de ces menus exploits.

Pierre CORNEILLE, *L'Illusion comique* (1639), acte II, scène 4, v. 416-460.

9. Je me montrai.
10. L'une puis l'autre.
11. La capitale de l'Égypte.

L'héritage antique Plaute, *Le soldat fanfaron* (IIIe siècle av. J.-C.)

Matamore est l'incarnation, au XVIIe *siècle, du soldat fanfaron que l'on rencontre dans la comédie antique. Ce type comique apparaît dans plusieurs pièces de Plaute.*

PYRGOPOLINICE[1]. – Te souviens-tu ?

ARTOTROGUS[2]. – Oui, cent cinquante hommes en Cilicie[3], cent en Scytholatronie[4], trente Sardes, soixante Macédoniens, périrent sous tes coups en un seul jour.

PYRGOPOLINICE. – Combien cela fait-il de morts ?

ARTOTROGUS. – Sept mille.

PYRGOPOLINICE. – Ce doit être cela ; tu comptes bien.

ARTOTROGUS. – Je n'ai pas besoin de tenir registre pour m'en souvenir.

PYRGOPOLINICE. – Par Pollux[5], ta mémoire est excellente.

ARTOTROGUS (*à part*). – Les bons morceaux me la rafraîchissent.

PYRGOPOLINICE. – Tant que tu te comporteras comme jusqu'à ce jour, tu seras sans arrêt bien nourri ; je t'admettrai toujours à ma table.

ARTOTROGUS. – Hein ! Et en Cappadoce[6], si ton glaive ne s'était pas émoussé, n'aurais-tu pas tué d'un seul coup cinq cents ennemis ?

PYRGOPOLINICE. – Mauvais soldats, s'ils avaient échappé !

ARTOTROGUS. – Et pourquoi te dirais-je ce qui est connu de l'univers, que Pyrgopolinice efface tout ce qui existe sur la terre par sa bravoure, sa beauté, sa force invincible ? Toutes les femmes t'adorent, et elles n'ont pas tort, vraiment ; tu es si magnifique !... Par exemple, celles qui me prirent hier par mon manteau.

PYRGOPOLINICE. – Que t'ont-elles dit hier ?

ARTOTROGUS. – N'est-ce point Achille[7] qui est avec toi ? demandait l'une d'elles. Non, répondis-je, c'est son frère. Ah ! oui, par Castor[8], s'écrie l'autre avec un mouvement de tête ; qu'il me semble beau ! qu'il a l'air noble ! Regarde, comme sa chevelure tombe avec grâce ! Heureuses les femmes qui ont place dans son lit ! »

PLAUTE, *Le Soldat fanfaron*, trad. H. Clouard, © éditions Garnier, 1936, acte I, scène1.

1. En grec, « le vainqueur des villes et des tours ».
2. En grec, « le mangeur de pain », qui incarne le type du parasite.
3. Ancienne province romaine d'Asie Mineure, aujourd'hui en Turquie.
4. Nom de pays fantaisiste, formé à partir du nom du peuple Scythe et du mot latin *latro* : voleur.
5. Fils de Zeus. Juron familier en latin.
6. Région d'Asie Mineure.
7. Le plus vaillant des héros de la mythologie grecque.
8. Voir note 5.

Questions

Observer et analyser

1. Observez les deux champs lexicaux qui dominent dans le récit des exploits de Matamore. Quel double portrait de lui cette scène nous livre-t-elle ? Montrez que ces deux facettes procèdent de la même logique.

2. Relevez les expressions du registre épique. Quels indices révèlent la parodie ? Quels personnages se font les doubles de l'auteur dans cette entreprise ?

3. Quel double jeu Isabelle joue-t-elle avec Matamore ?

4. Comment Clindor accomplit-il son service auprès de Matamore ? En quoi est-il habile ?

5. D'où vient le comique de la scène ? De quelle nature est le plaisir que le spectateur y prend ?

Contexte et perspectives

6. Quelle innovation Corneille apporte-t-il à la scène de Plaute ? Quel élément ne retient-il pas, en revanche ? En quoi les relations entre le fanfaron et son flatteur en sont-elles modifiées ?

7. Observez la photographie de la mise en scène de Marion Bierry. Où se tient Clindor ? En quoi ce choix est-il intéressant ?

Vers le BAC : le commentaire

8. Rédigez un paragraphe argumenté dans lequel vous montrerez que Matamore est un personnage de théâtre au sens le plus fort du terme.

Rotrou
1609-1650

Biographie, p. 564

Texte 2 Les Deux Sosies (1636)

*Auteur prolifique, contemporain de Corneille et protégé par Richelieu, Jean de Rotrou cherche souvent ses modèles dans l'Antiquité. Il s'inspire ici de l'*Amphitryon *du dramaturge romain Plaute. Le dieu Mercure y seconde Jupiter en usurpant les traits et l'identité du valet Sosie, qu'il tourmente et terrifie. À l'ouverture de l'acte V, il le chasse des cuisines en le frappant.*

SOSIE
Je suis mort ! Au secours ! Épargne-moi, de grâce,
Sosie, hélas ! Ta main sur toi-même se lasse,
Tu frappes sur Sosie, arrête, épargne-toi !

MERCURE
Ce passe-temps me plaît, j'aime à frapper sur moi.

SOSIE
Trêve, au nom de Mercure, à ta valeur extrême,
Je renonce à mon nom, je renonce à moi-même,
S'il est vrai que Sosie aime de s'outrager[1],
Je ne suis plus Sosie, épargne un étranger.

MERCURE
Entrer effrontément, et jusqu'à la cuisine,
C'est bien haïr ta vie et chercher ta ruine.
La cuisine, mon centre et mon appartement,
Mon unique séjour, mon ciel, mon élément,
Traître, je t'y rencontre, et ta mine affamée
Vient, des mets qu'on y dresse, escroquer la fumée.
Respecte-la, profane[2], et n'y rentre jamais,
Qu'assuré d'en sortir en qualité de mets[3],
Et de laisser la vie, où[4] tu cherches à vivre.

SOSIE
Quel chemin, quel dessein, quel conseil dois-je suivre,
Sosie infortuné ?[5]

MERCURE
Sosie ?

SOSIE
Arrête, non ;
Battu, froissé, meurtri, ces titres sont mon nom,
Puisque je n'ai tendons, muscles, veines, artères,
Où ce nom ne se lise en sanglants caractères.

Jean ROTROU, *Les Deux Sosies* (1636), acte V, scène 1, v. 1487-1508.

1. Aime à se maltraiter.
2. Qui n'est pas initié aux mystères religieux.
3. Sans être assuré d'en sortir sous forme de nourriture.
4. À l'endroit même où.
5. Il s'adresse à lui-même.

Molière, *Amphitryon*, mise en scène de Bérangère Jannelle, avec Olivier Balazuc et Ismael Ruggiero, Paris, Théâtre des Abbesses, 2010.

Culture de l'Antiquité
Figures mythologiques, p. 186

Histoire littéraire
Le baroque, p. 22

Méthode
Les registres, p. 476

L'héritage antique Plaute, *Amphitryon* (IIIe siècle av. J.-C.)

*On trouve déjà mention du mythe d'Amphitryon chez Homère. Plaute en propose une version burlesque, la plus ancienne que nous ayons conservée au théâtre. La scène à la porte des cuisines, que nous offrent Rotrou puis Molière (**► p. 184**), n'a pas son équivalent chez lui. Mais la pièce latine mettait déjà aux prises Sosie et son double.*

SOSIE. – Il n'empêche, j'appartiens à cette maison, je le proclame.
MERCURE. – Fais gaffe, tu vas être rossé si tu ne décampes pas vite fait !
SOSIE. – Hein ? tu prétends m'interdire la maison, quand j'arrive de l'étranger ?
MERCURE. – C'est ici ta maison ?
SOSIE. – Je te dis que oui.
MERCURE. – Qui donc est ton maître ?
SOSIE. – Amphitryon, pour l'heure général des Thébains, mari d'Alcmène.
MERCURE. – Quoi ? quel est ton nom ?
SOSIE. – Les Thébains m'appellent Sosie, fils de Dave.
MERCURE. – Ô comble du culot ! Tu es arrivé avec une mixture de mensonges, un tissu de fourberies ! Tant pis pour toi !
SOSIE. – Non, non, je viens avec un tissu de laine, pas de mensonges.
MERCURE. – Et tu mens encore : tu viens avec tes pieds, pas avec un tissu.
SOSIE. – Oui, c'est sûr.
MERCURE. – Alors c'est sûr, sois rossé pour tes mensonges.
SOSIE. – Non, par Pollux, je ne veux pas ! Ça, c'est sûr.
MERCURE. – Mais, c'est sûr, tu le seras malgré toi. C'est sûr et c'est certain, ce n'est pas douteux. *(Il le bat)*
SOSIE. – Grâce ! je t'en conjure !
MERCURE. – Oses-tu dire que tu es Sosie, alors que c'est moi ?
SOSIE. – Je suis mort !
MERCURE. – C'est rien à côté de ce qui va venir. A qui es-tu maintenant ?
SOSIE. – À toi, puisque tu m'as fait tien avec tes poings.

PLAUTE (IIIe s. av. J.-C.), *Amphitryon*, trad. J.-P. Aubrit, acte I, scène1.

Questions

Observer et analyser

1. Observez le rythme des phrases dans les répliques de Sosie. Qu'en déduisez-vous sur son état d'esprit ?

2. Comparez ce rythme à celui de la seconde réplique de Mercure (v. 9-17). Qu'en concluez-vous sur le rapport de forces entre les deux personnages ?

3. Dans la seconde réplique de Mercure (v. 9-17), étudiez le champ lexical de la vie et celui de la religion. À quoi voit-on alors que le dieu joue avec le pauvre Sosie ?

4. En vous aidant de vos réponses précédentes, précisez quels sont les éléments comiques les plus efficaces de la scène.

Contexte et perspectives

5. Dans la scène de Plaute ci-dessus, Sosie est-il seulement une victime ? De quelle qualité fait-il preuve ?

6. Rotrou, au début des *Deux Sosies*, et Molière, au début de son *Amphitryon*, ont imité tous deux d'assez près la scène de Plaute. Comment, dans la scène originale de l'expulsion des cuisines (► pp. 182 et 184), renouvellent-ils la situation léguée par Plaute ?

Vers le BAC : l'invention

7. Imaginez la suite de la réponse de Sosie en respectant le ton et le style de l'extrait des *Deux Sosies*.

Molière
1622-1673

► Biographie, p. 562

Culture de l'Antiquité
Figures mythologiques, p. 187

Histoire littéraire
Le classicisme, p. 28

Texte 3 Amphitryon (1668)

Trente ans après Les Deux Sosies, *de Jean de Rotrou, Molière à son tour s'empare du mythe d'Amphitryon. Dans cette scène imitée de son prédécesseur, Sosie se réjouit de pouvoir enfin aller dîner, lorsque survient Mercure qui a pris son apparence.*

MERCURE
Arrête. Quoi ! tu viens ici mettre ton nez,
Impudent fleureur[1] de cuisine ?

SOSIE
Ah ! de grâce, tout doux !

MERCURE
Ah ! vous y retournez !
Je vous ajusterai l'échine[2].

SOSIE
Hélas ! brave et généreux moi,
Modère-toi, je t'en supplie.
Sosie, épargne un peu Sosie,
Et ne te plais point tant à frapper dessus toi.

MERCURE
Qui de t'appeler de ce nom
A pu te donner la licence[3] ?
Ne t'en ai-je pas fait une expresse défense[4],
Sous peine d'essuyer mille coups de bâton ?

SOSIE
C'est un nom que tous deux nous pouvons à la fois
Posséder sous un même maître.
Pour Sosie, en tous lieux on sait me reconnaître ;
Je souffre[5] bien que tu le sois ;
Souffre aussi que je le puisse être.

MOLIÈRE, *Amphitryon* (1668), acte III, scène 6, v. 1750-1766.

1. Qui hume les odeurs.
2. Corrigerai le dos
3. La permission.
4. Une interdiction absolue.
5. Je tolère.

Questions

Observer et analyser

1. Observez l'alternance des répliques et la conduite du dialogue. Comment jugez-vous le rapport de forces entre les deux personnages ?
2. Étudiez le jeu sur « le moi » et le « toi », et sur le nom de Sosie. Montrez que Molière en fait l'objet d'un débat argumenté entre Mercure et Sosie.
3. Montrez que Molière en fait aussi la source principale du comique de la scène.
4. Établissez le schéma des mètres et des rimes. Quelles ressources Molière tire-t-il de cette versification libre ?

Contexte et perspectives

5. Pour cette scène, Molière suit de près Rotrou (► p. 182). Où se situe son originalité ?

Vers le BAC : la dissertation

6. En vous appuyant sur les trois versions d'Amphitryon proposées ici, rédigez un paragraphe dans lequel vous montrerez que l'imitation n'est pas obligatoirement servile.

Vers l'œuvre complète

Molière, *Amphitryon*

Citations

SOSIE, *à Mercure.*
Tes coups n'ont point en moi fait de métamorphose.
Et tout le changement que je trouve à la chose,
C'est d'être Sosie battu. (I, 2, v. 380-382)

ALCMÈNE, *à Amphitryon.*
D'où vous vient à ce mot une rougeur si grande ?
Ai-je fait quelque mal de coucher avec vous ? (II, 3, v. 1027-1028)

Une pièce originale chez Molière

Après l'interdiction de la seconde version du *Tartuffe*, le 6 août 1667, Molière doit trouver une nouvelle pièce. Malade, il déserte la scène plusieurs mois. Il profite de cette retraite pour s'atteler à un sujet d'un genre nouveau pour lui : une variation sur le vieux mythe d'Amphitryon.
C'est la première fois qu'il puise chez le dramaturge latin Plaute, qu'une nouvelle traduction avait remis à l'honneur (il y prendra l'année suivante le sujet de *L'Avare*). Il se souvient aussi de Rotrou : sa pièce *Les Deux Sosies*, créée trente ans auparavant, avait connu un succès durable. Il se lance alors dans l'écriture raffinée d'une comédie brillante, en vers mêlés pour la première et seule fois de sa carrière. Le 13 janvier 1668, jour de ses 46 ans, le succès est au rendez-vous.

Toute la gamme du comique

Si Molière suit d'assez près la trame de son modèle latin, il change totalement l'atmosphère de la pièce, mi-héroïque, mi-burlesque, pour y faire paraître toute la gamme comique.
Descendus sur terre, les Olympiens y sont ramenés au niveau de l'humanité ordinaire. Jupiter est un amant que Molière transforme en un séducteur galant qui nous amuse ; et si le dieu fait sentir son pouvoir à Amphitryon, c'est de façon ludique, et non en tonnant.
À l'autre bout de l'échelle humaine, Molière a développé le burlesque en amplifiant le rôle de Sosie. Outre ses défauts propres aux valets de comédie, il le dote d'une verve éblouissante. Il a même créé pour lui une épouse, Cléanthis, pour former un contrepoint parodique au couple des maîtres.

L'action

1. Relevez ce qui, dans le Prologue, contribue à l'exposition du sujet. Quels sont les autres intérêts de cette scène d'ouverture ?
2. Montrez la double unité de lieu et de temps. Quel en est l'intérêt dramatique ?
3. Pourquoi peut-on dire de Sosie qu'il est le meneur de jeu dans cette pièce ?

Le comique burlesque

4. Recherchez la définition précise du « burlesque ». Quelles sont ses manifestations les plus voyantes ?
5. Quels traditionnels défauts des valets de comédie Molière a-t-il attribué à Sosie ? Pourquoi le personnage est-il malgré tout sympathique ?
6. Relevez les effets de symétrie entre les scènes des maîtres et celle des valets. Quel effet en est tiré ?
7. Le thème du double structure toute la pièce. Pourquoi est-il source de comique ? À quelle condition pourrait-il devenir inquiétant ?

Une comédie raffinée

8. On a parlé de « ballet » à propos de la première scène entre Mercure et Sosie (I, 2). Comment comprenez-vous ce mot ?
9. En quoi *Amphitryon* est-il une grande comédie amoureuse ?
10. Quel effet général l'usage des vers irréguliers produit-il ? En quoi contribue-t-il à l'atmosphère poétique de la pièce ?

Figures mythologiques

À retenir

Le monde mythologique des héros

▮ Les héros sont apparentés aux dieux, même s'ils agissent dans le monde des hommes auquel ils appartiennent. Presque tous, à des degrés divers, descendent de Jupiter, en droite filiation comme Hélène ou Clytemnestre, ou plus lointainement comme Thésée, Agamemnon, Amphitryon, et même le roi des Troyens Priam. Et la barbare Médée partage avec Phèdre le même aïeul, le Soleil.

▮ *L'Iliade* et *L'Odyssée* d'Homère (VIIIe siècle av. J.-C.) offrent souvent le premier récit de leurs aventures, sans cesse enrichi par les poètes et les dramaturges, au gré des variantes locales et des inspirations personnelles. « Il n'existe pas de version vraie du mythe. Un mythe se compose de l'ensemble de ses variantes. » (Claude Lévi-Strauss)

Héros mythologiques et tragédie

▮ Même si la première tragédie antique, *Les Perses* d'Eschyle, commémore un événement récent (la victoire des Grecs à Salamine contre l'Empire perse huit ans plus tôt, en 480 av. J.-C.), toutes les autres tragédies sont fondées sur les grandes figures des héros mythologiques. La tragédie ne fait intervenir les dieux que marginalement, souvent à la fin pour trancher une situation insoluble (c'est le *deus ex machina*, la divinité qui descend du ciel sur une machine).

▮ À mi-chemin entre le monde des dieux et celui des hommes, les héros expriment sur la scène les conflits qui mettent l'être humain aux prises avec son destin ou la loi de la cité. Leur démesure agit comme un effet de loupe sur les enjeux politiques et moraux qu'ils incarnent.

Phèdre : la passion tragique ▲

Camée en sardoine (Ier siècle av. J.-C.), 3 cm × 4,1 cm, Naples, musée archéologique.

Épouse de Thésée, Phèdre éprouve pour son beau-fils Hippolyte une **passion incestueuse** (même si l'inceste reste symbolique) et sans espoir, car le jeune homme s'est voué au culte exclusif de Diane, c'est-à-dire à la chasse et à la chasteté.

Par sa composition et ses couleurs, ce camée montre l'impossible rencontre entre eux : à droite, Phèdre, en rouge, se raccroche à sa nourrice Œnone ; à gauche, Hippolyte, attendu par un compagnon, est occupé à flatter le cou de son chien.

Médée : la mère infanticide ▶

Médée tuant son fils, détail d'amphore, IVe siècle av. J.-C., musée du Louvre.

Par amour, Médée, la magicienne de Colchide, trahit les siens pour permettre à Jason de dérober la Toison d'or, et s'enfuit avec lui à Corinthe. Mais il la répudie pour épouser la fille du roi Créon. Elle envoie alors à sa rivale une robe empoisonnée qui la consume, puis elle égorge les deux enfants qu'elle a eus de Jason. Chez Euripide, **l'infanticide** est l'acte d'une désespérée ; dans la version de Sénèque, il est le fruit d'une vengeance dictée par la haine.

Amphitryon : le mari trompé

Jupiter ayant pris l'apparence d'Amphitryon, vase en céramique (IVe siècle av. J.-C.), Rome, Musée du Vatican.

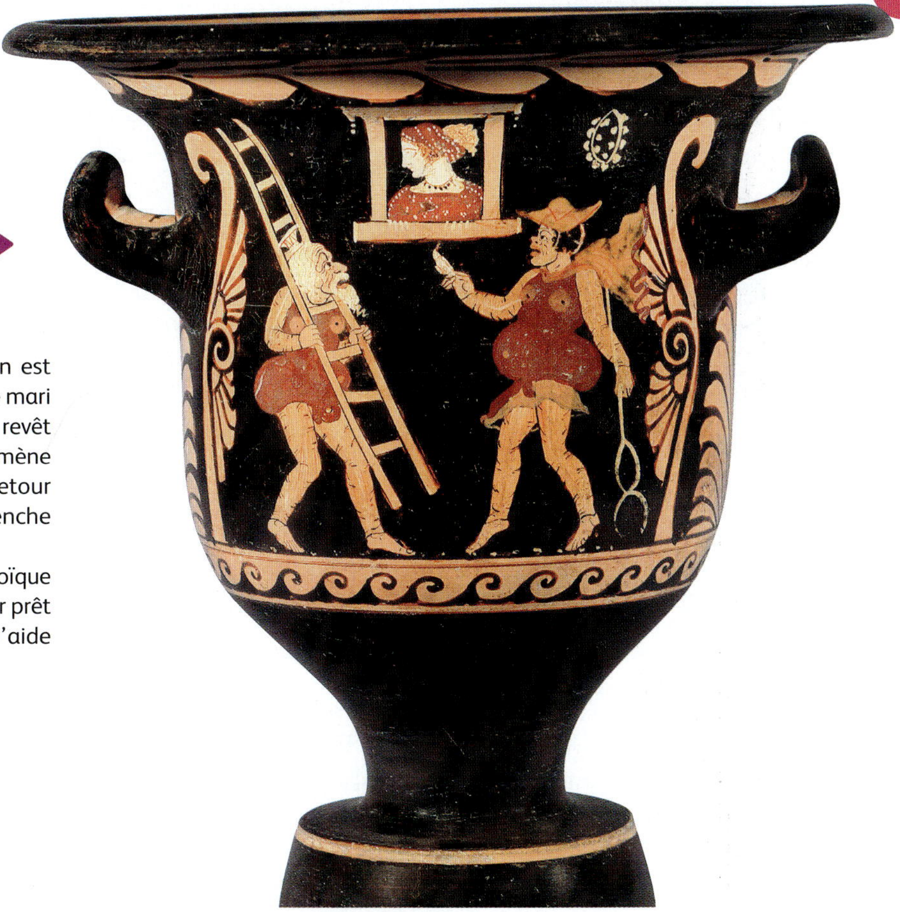

Prestigieux général thébain, Amphitryon est resté célèbre pour son rôle peu glorieux de mari trompé. Tandis qu'il est à la guerre, Jupiter revêt sa forme pour abuser sa fidèle épouse Alcmène et la rendre mère du futur Hercule. Le retour inopiné d'Amphitryon cette nuit-là déclenche une cascade de quiproquos.

La dimension burlesque de ce mythe héroïque est évidente sur ce vase qui montre Jupiter prêt à grimper à la fenêtre d'Alcmène, avec l'aide de Mercure.

Iphigénie : le sacrifice de la fille

Le sacrifice d'Iphigénie, fresque de Pompéi (Ier siècle av. J.-C.), Naples, musée archéologique.

Iphigénie est la fille d'Agamemnon, chef de l'expédition grecque contre Troie. Prétendant la marier avec Achille, son père la fait venir dans le port d'Aulis, où les vents défavorables bloquent la flotte. Il veut en réalité l'offrir à Diane qui a exigé ce sacrifice afin de permettre le départ. Au dernier moment, la déesse lui substituera une biche : c'est ce que préfigure le haut de cette fresque, tandis qu'Agamemnon, à gauche, se détourne du spectacle de sa fille conduite à l'autel par le grand prêtre Calchas.

Figures tragiques

Racine
1639-1699

Biographie, p. 564

Histoire littéraire
Le classicisme, p. 28

Outils d'analyse
Le langage théâtral, p. 256

Culture de l'Antiquité
Figures mythologiques, p. 186

Texte 4 Phèdre (1677)

Phèdre, fille du roi de Crète Minos et de Pasiphaé, est la femme de Thésée, roi d'Athènes. Avant de l'épouser, celui-ci avait osé pénétrer dans le labyrinthe de la capitale crétoise pour y tuer le Minotaure, fruit monstrueux des amours de Pasiphaé avec un taureau ; éprise du jeune héros grec, Ariane, la sœur de Phèdre, avait donné à Thésée un fil pour qu'il retrouve son chemin. Alors que son mari court le monde, Phèdre se meurt d'amour pour son beau-fils Hyppolyte. Quand elle apprend la (fausse) nouvelle de la mort de son époux, elle avoue sa passion à Hyppolyte, dans un discours fiévreux et ambigu.

HIPPOLYTE

Je vois de votre amour l'effet prodigieux :
Tout mort qu'il est, Thésée est présent à vos yeux ;
Toujours de son amour votre âme est embrasée.

PHÈDRE

Oui, prince, je languis, je brûle pour Thésée :
Je l'aime, non point tel que l'ont vu les enfers,
Volage adorateur de mille objets divers,
Qui va du dieu des morts déshonorer la couche[1] ;
Mais fidèle, mais fier, et même un peu farouche,
Charmant, jeune, traînant tous les cœurs après soi,
Tel qu'on dépeint nos dieux, ou tel que je vous voi[2].
Il avait votre port, vos yeux, votre langage ;
Cette noble pudeur colorait son visage,
Lorsque de notre Crète il traversa les flots,
Digne sujet des vœux des filles de Minos[3].
Que faisiez-vous alors ? Pourquoi, sans Hippolyte,
Des héros de la Grèce assembla-t-il l'élite ?
Pourquoi, trop jeune encor, ne pûtes-vous alors
Entrer dans le vaisseau qui le mit sur nos bords ?
Par vous aurait péri le monstre de la Crète[4],
Malgré tous les détours de sa vaste retraite[5] :
Pour en développer l'embarras incertain[6],
Ma sœur du fil fatal eût armé votre main.
Mais non : dans ce dessein je l'aurais devancée ;
L'amour m'en eût d'abord inspiré la pensée.
C'est moi, Prince, c'est moi, dont l'utile secours
Vous eût du Labyrinthe enseigné les détours.
Que de soins m'eût coûtés cette tête charmante !
Un fil n'eût point assez rassuré votre amante[7] :
Compagne du péril qu'il vous fallait chercher,
Moi-même devant vous j'aurais voulu marcher ;
Et Phèdre au Labyrinthe avec vous descendue
Se serait avec vous retrouvée ou perdue.

1. Allusion au projet d'enlèvement de Proserpine, déesse des Enfers.
2. Vois (licence poétique).
3. Ariane et Phèdre.
4. Le Minotaure.
5. Évocation du labyrinthe.
6. Pour vous faire sortir de cette situation difficile.
7. La femme qui vous aime.

Jean Racine, *Phèdre*,
mise en scène de Patrice Chéreau,
avec Dominique Blanc et Éric Ruf,
Paris, Théâtre de l'Odéon, 2003.

HIPPOLYTE

Dieux ! qu'est-ce que j'entends ? Madame, oubliez-vous
Que Thésée est mon père, et qu'il est votre époux ?

PHÈDRE

Et sur quoi jugez-vous que j'en perds la mémoire,
Prince ? Aurais-je perdu tout le soin de ma gloire[8] ?

HIPPOLYTE

Madame, pardonnez : j'avoue, en rougissant,
Que j'accusais à tort un discours innocent.
Ma honte ne peut plus soutenir votre vue ;
Et je vais…

PHÈDRE

Ah, cruel ! tu m'as trop entendue[9] !
Je t'en ai dit assez pour te tirer d'erreur.
Eh bien ! connais donc Phèdre et toute sa fureur :
J'aime ! Ne pense pas qu'au moment que je t'aime,
Innocente à mes yeux, je m'approuve moi-même ;
Ni que du fol amour qui trouble ma raison
Ma lâche complaisance ait nourri le poison ;
Objet infortuné des vengeances célestes,
Je m'abhorre[10] encor plus que tu ne me détestes.
Les Dieux m'en sont témoins, ces Dieux qui dans mon flanc
Ont allumé le feu fatal à tout mon sang ;
Ces Dieux qui se sont fait une gloire cruelle
De séduire le cœur d'une faible mortelle.
[…]
Venge-toi, punis-moi d'un odieux amour :
Digne fils du héros qui t'a donné le jour,
Délivre l'univers d'un monstre qui t'irrite.
La veuve de Thésée ose aimer Hippolyte !
Crois-moi, ce monstre affreux ne doit point t'échapper ;
Voilà mon cœur : c'est là que ta main doit frapper.

Jean RACINE, *Phèdre* (1677), acte II, scène 5, v. 631-682, 699-704.

8. Le souci de mon honneur.
9. Comprise.
10. Je me fais horreur.

L'héritage antique Sénèque, *Phèdre* (environ 50 ap. J.-C.)

Racine, dans sa préface, revendique hautement l'influence d'Euripide, à qui en effet il emprunte très directement certaines scènes. Mais ce n'est pas toujours le cas. Chez le tragique grec, par exemple, l'aveu à Hippolyte est fait par la nourrice, et Phèdre n'est ensuite qu'un témoin de la réaction du jeune homme. Car, sans l'avouer, Racine trouve assez souvent son inspiration chez le latin Sénèque qui, à côté de son œuvre philosophique, a laissé plusieurs tragédies.

HIPPOLYTE. – Assurément, c'est ton chaste amour pour Thésée qui te fait ainsi délirer ?

PHÈDRE. – Oui, Hippolyte : j'aime le visage de Thésée, ce visage d'autrefois, qu'il arborait jadis dans sa jeunesse, à l'époque où la première barbe marquait ses joues pures, quand il vit la demeure obscure du monstre de Gnosse[1] et qu'il ramassa le fil le long de sa route sinueuse. Comme il resplendissait alors ! Il avait serré sa chevelure dans des rubans, une pudeur rougissante colorait ses traits délicats ; il y avait dans ses bras souples des muscles vigoureux : c'était le visage de ta chère Phœbé[2], ou celui de mon cher Phœbus[3], c'était le tien, plutôt, – tel, oh oui, tel il était quand il plut à son ennemie[4], c'est ainsi qu'il portait sa tête altière. En toi plus encore brille une grâce sans apprêt : il y a en toi tout ton père, et pourtant une part de ta farouche mère entre dans ta beauté, à un degré égal : sur tes traits grecs on voit la rudesse scythe[5]. Si tu avais pénétré les eaux crétoises avec ton père, c'est pour toi que notre sœur aurait plutôt tissé son fil. Ô toi, ma sœur, où que tu resplendisses dans la voûte étoilée[6], je t'invoque pour une cause identique : une seule maison a séduit les deux sœurs, – pour toi ce fut le père, pour moi le fils. Mais voici que, suppliante, gît à terre, tombée à ses genoux, l'héritière d'une maison royale. Nulle souillure jusqu'ici ne m'avait éclaboussée, j'étais chaste et innocente : c'est pour toi seul que je change. Je me suis résolue à m'abaisser aux prières : ce jour mettra fin à mon tourment ou à ma vie. Prends pitié d'une amante !

HIPPOLYTE. – Grand souverain des dieux[7], tu entends ces horreurs sans réagir ? Tu les vois sans réagir ? Quand donc ta main cruelle enverra-t-elle la foudre, si maintenant le temps reste serein ? Que le ciel tout entier s'ébranle et s'effondre, et qu'il cache le jour sous de noires nuées ! Que les astres refoulés rebroussent chemin et prennent des cours obliques ! Et toi, chef des astres, Titan rayonnant[8], tu contemples ce sacrilège de ta lignée ? Dérobe la lumière et fuis dans les ténèbres ! Pourquoi, maître des dieux et des hommes[7], ta main est-elle vide ? Pourquoi ta triple flamme n'a-t-elle pas embrasé l'univers ? Tonne sur moi, pénètre-moi, que ton feu rapide me transperce et me consume : je suis coupable, j'ai mérité de mourir : j'ai plu à ma belle-mère ! Me voilà donc jugé digne d'adultère ? Il n'y a donc que moi qui t'ai semblé une occasion facile pour un tel crime ? C'est mon intransigeance qui m'a valu cela ? Ô race féminine dont l'esprit criminel triomphe de tout ! Tu es pire que ta mère qui a engendré un monstre, toi qui as osé un forfait plus grand encore ! Elle ne s'est souillée que par l'adultère, et pourtant l'infamante difformité de sa progéniture[9] a montré sa faute longtemps restée secrète, et avec son visage bestial, l'enfant équivoque a dénoncé le crime de sa mère. C'est ce ventre qui t'a portée ! Ô trois

1. Capitale de la Crète, où était enfermé le Minotaure.
2. Diane, déesse de la chasse et de la Lune à laquelle Hippolyte s'est consacré.
3. Apollon, frère de Diane, dieu du Soleil et père de Pasiphaé, la mère de Phèdre.
4. Ariane (Athènes et la Crète étaient ennemies).
5. À l'emplacement du Caucase, la Scythie était la sauvage patrie des Amazones, et donc de la mère d'Hippolyte.
6. Abandonnée par Thésée, Ariane devint une constellation après sa mort.
7. Jupiter, maître du tonnerre et de la foudre.
8. Le Soleil.
9. Le Minotaure avait une tête de taureau sur un corps d'homme.

et quatre fois bienheureux, le sort destiné aux mortels que la haine et la perfidie ont consumés, ont détruits, ont destinés au trépas ! Mon père, je t'envie : ce forfait qui m'accable est plus grand, oui, plus grand que celui de ta belle-mère de Colchide[10].

PHÈDRE. – Je connais bien les destins de notre maison : nos désirs sont abominables. Mais je ne suis pas maîtresse de moi. Je te suivrais à travers les flammes, à travers la mer démente, les rochers et les fleuves que le courant entraîne : où que tu portes tes pas, ma folie m'y mènera. Pour la seconde fois, cruel, je me précipite à tes genoux.

HIPPOLYTE. – Arrière, écarte de mon corps chaste ces caresses impudiques ! Mais quoi ? elle se jette dans mes bras ! Je dégaine mon épée, un châtiment mérité l'attend. Voici que de ma main gauche j'ai tordu ses cheveux et courbé sa tête[11] impudique : jamais sang n'a été donné plus justement à tes autels, ô déesse qui brandis l'arc !

PHÈDRE. – Hippolyte, tu combles maintenant mes vœux : tu me guéris de mon délire. Mourir de tes mains en sauvant ma vertu, voilà qui dépasse mes vœux.

HIPPOLYTE. – Va-t'en, et vis, tu ne dois rien obtenir de moi. Cette épée que tu as touchée doit quitter mon flanc chaste. [...]

SÉNÈQUE, *Phèdre*, v. 645-714, traduction de Jean-Pierre Aubrit.

Illustration de *Phèdre*, de **Jean Racine**, par Johann Ludwig Fesch (1697-1778).

10. Allusion à Médée (► p. 186), qui avait aussi épousé Egée, le père de Thésée.
11. Geste rituel du sacrificateur.

Questions

Observer et analyser

Phèdre de Racine, p. 188-189

1. Qu'apprend-on de Thésée dans la première tirade de Phèdre ?

2. Quel personnage se superpose à Thésée dans le discours de Phèdre ? par quels moyens ?

3. Observez le jeu des temps et des modes. Est-on toujours dans un simple récit évoquant le passé ?

4. Observez les pronoms personnels dans l'ensemble du texte. Qu'indiquent-ils des sentiments de Phèdre ?

5. Pourquoi Phèdre avoue-t-elle finalement son amour ? Malgré la première tirade peut-on parler d'un aveu soudain ?

6. À partir du vers 40, relevez les termes par lesquels Phèdre évoque son amour. Comment apparaît-il ? Et elle-même à quoi se compare-t-elle ? Quel destin assigne-t-elle alors à Hippolyte ?

Contexte et perspectives

7. Relevez les parentés et les différences entre la version de Racine et celle de Sénèque, dans la conduite du dialogue et dans les caractères des personnages. Comment apparaît le personnage d'Hippolyte dans les deux extraits ?

8. Allez lire le même passage dans l'*Hippolyte* d'Euripide. Quels effets différents sont procurés au spectateur par le changement de configuration de la scène ?

Vers le BAC : le commentaire

9. Vous rédigerez un paragraphe dans lequel vous montrerez que le discours de Phèdre est un mélange de lucidité et d'hallucinations.

Racine
1639-1699

Biographie, p. 564

Histoire littéraire
Le classicisme, p. 28

Outils d'analyse
Structure du récit, p. 166
Éléments de dramaturgie, p. 260

Culture de l'Antiquité
Figures mythologiques, p. 187

Texte 5 Iphigénie (1674)

La flotte grecque est rassemblée dans le port d'Aulis pour aller guerroyer contre Troie et y reprendre Hélène, l'épouse du roi Ménélas. Mais l'absence de vent empêche le départ : c'est l'œuvre de Diane, déesse de la chasse, qui réclame à Agamemnon, le chef de l'expédition, le sacrifice d'« une fille du sang d'Hélène » appelée Iphigénie. Il reconnaît dans ce nom sa propre fille, nièce d'Hélène. Le héros Achille, amoureux d'Iphigénie, s'oppose violemment à ce sacrifice, auquel poussent au contraire l'armée grecque, par intérêt militaire, et Ériphile, par jalousie car elle est amoureuse d'Achille. La mort dans l'âme, Agamemnon a consenti à faire immoler sa fille, quand au dernier moment se produit un miracle, qu'Ulysse raconte ici.

ULYSSE

Jamais jour n'a paru si mortel à la Grèce.
Déjà de tout le camp la Discorde maîtresse
Avait sur tous les yeux mis son bandeau fatal,
Et donné du combat le funeste signal.
De ce spectacle affreux votre fille[1] alarmée
Voyait pour elle Achille, et contre elle l'armée.
Mais, quoique seul pour elle, Achille furieux
Epouvantait l'armée et partageait les dieux.
Déjà de traits en l'air[2] s'élevait un nuage ;
Déjà coulait le sang, prémices[3] du carnage.
Entre les deux partis Calchas[4] s'est avancé,
L'œil farouche, l'air sombre et le poil[5] hérissé,
Terrible, et plein du dieu qui l'agitait sans doute :
« *Vous, Achille,* a-t-il dit, *et vous, Grecs, qu'on m'écoute.*
Le Dieu qui maintenant vous parle par ma voix
M'explique son oracle, et m'instruit de son choix.
Un autre sang d'Hélène, une autre Iphigénie
Sur ce bord immolée y doit laisser sa vie.
Thésée[6] avec Hélène uni secrètement
Fit succéder l'hymen[7] à son enlèvement.
Une fille en sortit, que sa mère a celée[8] ;
Du nom d'Iphigénie elle fut appelée.
Je vis moi-même alors ce fruit de leurs amours ;
D'un sinistre avenir je menaçai ses jours.
Sous un nom emprunté[9] sa noire destinée
Et ses propres fureurs ici l'ont amenée.
Elle me voit, m'entend, elle est devant vos yeux,
Et c'est elle, en un mot, que demandent les Dieux. »
Ainsi parle Calchas. Tout le camp immobile
L'écoute avec frayeur, et regarde Ériphile.
Elle était à l'autel, et peut-être en son cœur
Du fatal sacrifice accusait la lenteur.
Elle-même tantôt, d'une course subite,
Était venue aux Grecs annoncer votre fuite.
On admire[10] en secret sa naissance et son sort.
Mais, puisque Troie enfin est le prix de sa mort,
L'armée à haute voix se déclare contre elle,

1. Ulysse s'adresse à Clytemnestre, la mère d'Iphigénie.
2. De lances en l'air.
3. Premières marques.
4. Devin et sacrificateur.
5. Les cheveux et la barbe.
6. Héros légendaire ; il enleva quelque temps Hélène, alors dans sa prime jeunesse.
7. L'union.
8. Cachée.
9. Un faux nom (c'est-à-dire Eriphile).
10. On s'étonne de.

Et prononce à Calchas sa sentence mortelle.
Déjà pour la saisir Calchas lève le bras :
« Arrête, a-t-elle dit, et ne m'approche pas.
Le sang de ces héros dont tu me fais descendre
Sans tes profanes mains saura bien se répandre. »
Furieuse[11], elle vole, et sur l'autel prochain[12],
Prend le sacré couteau[13], le plonge dans son sein.
À peine son sang coule et fait rougir la terre,
Les dieux font sur l'autel entendre le tonnerre,
Les vents agitent l'air d'heureux frémissements,
Et la mer leur répond par ses mugissements.
La rive au loin gémit, blanchissante d'écume.
La flamme du bûcher d'elle-même s'allume.
Le ciel brille d'éclairs, s'entr'ouvre, et parmi nous
Jette une sainte horreur[14] qui nous rassure tous.
Le soldat étonné[15] dit que dans une nue
Jusque sur le bûcher Diane[16] est descendue,
Et croit que, s'élevant au travers de ses feux,
Elle portait au ciel notre encens et nos vœux.
Tout s'empresse, tout part. La seule Iphigénie
Dans ce commun bonheur pleure son ennemie.

Jean Racine, *Iphigénie* (1674), acte V, scène 6, v. 1733-1790.

11. Egarée, folle.
12. Proche.
13. Le couteau sacré du sacrifice.
14. Une crainte sacrée.
15. Frappé de stupeur.
16. Déesse de la chasse et de la lune.

Jean Racine, *Iphigénie*, mise en scène de Yannis Kokkos, avec Loïc Brabant, Valérie Dreville, Nathalie Nerval et Martine Chevallier, Paris, Comédie Française, 1991.

L'héritage antique Euripide, *Iphigénie à Aulis* (405 av. J.-C.)

Les tragédiens du XVIIe siècle ont souvent puisé leur inspiration chez Euripide, le troisième des grands auteurs tragiques athéniens du Ve siècle av. J.-C. Déjà, dans son ultime tragédie, celui-ci avait permis à Iphigénie d'être sauvée, mais par un moyen différent. Voici, fait par un messager, le récit de ce prodige.

LE MESSAGER. – Au moment où Agamemnon voit sa fille s'avancer dans le bois pour y être immolée, il gémit, détourne la tête, et, pour cacher ses larmes, se voile le visage. Mais elle, s'approchant de son père, lui dit : « Mon père, me voici ; je viens de mon plein gré, pour ma patrie et pour toute l'Hellade[1], m'offrir comme victime : conduisez-moi à l'autel de la déesse, puisqu'elle le veut ainsi. Puisse, grâce à moi, la fortune vous sourire, assurer la victoire à vos armes, et vous ramener au pays natal ! Que nul Argien[2] ne porte donc la main sur moi : je présenterai ma gorge en silence, et mon cœur ne faiblira pas. » Elle dit, et tous, en l'écoutant, admirent sa grande âme et sa vaillance. Debout au milieu de l'assemblée, Talthybios[3], qui est chargé de cet office, commande à l'armée le recueillement et le silence. Le devin Calchas tire le glaive tranchant et le place dans la corbeille d'or au milieu des grains sacrés ; puis il couronne le front de la jeune fille. Le fils de Pelée[3] prend la corbeille en même temps que l'eau lustrale[4] ; il en arrose l'autel, dont il fait le tour, et s'écrie : « Fille de Zeus, divine chasseresse[5], toi qui roules dans la nuit ton astre brillant[6], reçois ce sacrifice que t'offrent les Grecs alliés et le roi Agamemnon ; reçois le sang pur qui jaillira de la gorge de cette belle vierge, et accorde à nos vaisseaux une heureuse traversée, à nos armes la ruine de Troie ! » Les Atrides et toute l'armée restent immobiles, les yeux baissés vers la terre. Le prêtre saisit le glaive, dit une prière, et examine l'endroit de la gorge où il doit frapper à coup sûr. Et moi, j'avais le cœur serré d'une poignante angoisse, j'étais là, baissant la tête. Soudain, ô miracle ! chacun entend distinctement le bruit du coup, et personne ne voit où a disparu la jeune fille. Le prêtre pousse un cri, que répète l'armée entière, au spectacle inattendu d'un prodige accompli par quelque dieu : on le voit, et l'on ne peut y croire. Sur le sol est étendue, palpitante, une biche de grande taille, d'une remarquable beauté, dont le sang arrosait à flots l'autel de la déesse.

EURIPIDE, *Iphigénie à Aulis*, traduction de G. Hinstin, 1923, v. 1548-1589.

1. La Grèce.
2. Habitant d'Argos.
3. Il s'agit d'Achille.
4. Purificatrice.
5. Il s'agit d'Artémis.
6. Artémis était la déesse de la lune.

Questions

Observer et analyser

Iphigénie de Racine, p. 192-193

1. Indiquez clairement les étapes du récit d'Ulysse. À quel moment a lieu le retournement de situation ?

2. Quels éléments du texte indiquent que nous sommes dans un récit ?

3. Observez la manière dont les voix s'entremêlent (narrateur, prêtre, personnage). Quel effet cela provoque-t-il sur le spectateur ?

4. En quoi les vers 43-58 font-ils voir la scène à l'auditeur de ce récit ? Soyez notamment attentifs aux effets visuels et sonores.

Contexte et perspectives

5. Racine s'est beaucoup inspiré d'Euripide. Déterminez précisément les emprunts et les décalages.

6. Selon vous, pourquoi Racine, voulant sauver son héroïne, a-t-il préféré inventer le personnage d'Ériphile au lieu de suivre la solution d'Euripide ? En quoi se conforme-t-il ainsi à l'esthétique classique ?

Vers le BAC : le sujet d'invention

7. Rédigez un nouveau récit du sacrifice d'Iphigénie en vous démarquant de Racine, de même que celui-ci s'est démarqué d'Euripide.

Synthèse

L'imitation des Anciens

La nature humaine éternelle

▌Les écrivains du XVIIe siècle cherchent à être au plus près de la nature humaine dans ce qu'elle a d'universel et d'intemporel. Or, selon eux, ce sont les **Anciens** qui ont le mieux réussi à saisir cette nature. Leur survie et leur fécondité à travers les siècles en témoignent : si leurs œuvres sont parvenues jusqu'à nous, c'est qu'au-delà des différences historiques, elles ont saisi la permanence de l'homme.

L'héritage antique

Tragédie et comédie antiques

▌Les héros tragiques légués par l'Antiquité proviennent en grande partie des œuvres d'**Eschyle, Sophocle et Euripide**, les trois poètes qui ont assuré l'essor et l'apogée de la tragédie au Ve siècle av. J.-C. à Athènes. À Rome, le latin **Sénèque** assure la transmission de ces grandes figures dont il accentue la violence et le pathétique. Ses pièces ont joué un grand rôle dans la formation de la tragédie moderne.

▌Du côté de la comédie, il ne reste de l'œuvre du grec **Ménandre** (fin du IVe siècle av. J.-C.) que six pièces. Son héritage nous a été transmis par les auteurs romains **Plaute** (IIIe-IIe siècle av. J.-C.) et **Térence** (IIe siècle av. J.-C.), qui ont légué à la comédie italienne puis française ses types et ses situations.

De l'Antiquité au XVIIe siècle

▌Comiques ou tragiques, ces **personnages** du théâtre antique offrent aux dramaturges classiques une matière où ils puisent abondamment pour nourrir leur œuvre en toute liberté. Les auteurs comiques **transposent** ainsi les personnages de Plaute et de Térence dans la société du XVIIe siècle.

▌Quant aux héros et héroïnes tragiques, ils restent plongés dans le monde, légendaire ou historique, de l'Antiquité. Mais la distance du mythe accroît la force de leur destinée et n'empêche pas les **résonances contemporaines** : les affres de Titus (► p. 204) laissent deviner le drame de Louis XIV, contraint de renoncer à Marie de Mancini.

Types comiques

Des personnages simples

▌Un ***type*** est un personnage dont tous les faits et gestes peuvent être rapportés à une seule cause, psychologique ou sociale : Matamore est tout entier défini par sa mythomanie vantarde, comme Harpagon par son avarice. Le type devient facilement un personnage comique dont on peut se moquer, puisqu'il ne possède pas la souplesse de caractère que l'on rencontre généralement dans la vie.

Des personnages en interaction

▌Si son aspect mécanique suscite la dérision, le type fait naître le rire de sa confrontation avec d'autres personnages et des réponses inadéquates qu'il apporte aux situations, tels Sosie, **l'esclave peureux,** dans *Amphitryon* (► p. 184) ou Matamore**, le fanfaron**, dans *L'Illusion comique* (► p. 178). Quand la cause dominante d'un caractère est l'intelligence ou l'habileté (comme Scapin, modèle du **serviteur ingénieux**), le personnage ne fait pas rire de lui mais des autres qui se trouvent pris au piège de ses stratagèmes.

Figures tragiques

Des personnages complexes

▌Le **héros** ou l'**héroïne tragique** ne sont absolument pas des *types* comme la plupart des personnages comiques. Ils sont souvent au contraire des personnages très **complexes** dont les motivations ont besoin d'être éclaircies dans de longues **tirades**.

Des héros majestueux

▌Le héros tragique peut être issu de la **mythologie grecque ou romaine**. Cette origine légendaire ne signifie pas un abandon total à la fantaisie du dramaturge. Au contraire, les auteurs grecs, latins ou français sont justement attentifs à expliquer les situations et à les rendre **exemplaires** : la passion amoureuse telle que la vit Phèdre est une représentation des ravages de la passion chez l'homme.

▌Le héros tragique peut aussi être issu de l'**histoire antique**, plus rarement de l'histoire proche. Ce sont toujours des rois et des princes qui sont représentés. La distance temporelle et sociale accroît le caractère majestueux mais aussi tragique : la chute d'un roi ou d'un Empire est un enjeu majeur.

Des figures du malheur

▌Ces figures sont entraînées inexorablement vers le **dénouement** du drame, souvent mues par des puissances ou des sentiments qui les dépassent. La **mort du héros** signe en général la fin de la tragédie, même si quelquefois Corneille ou Racine sauvent leurs personnages au dernier moment (► p. 192).

Les avatars modernes d'un mythe tragique : Médée

Médée, la magicienne barbare, a suivi Jason en Grèce, après lui avoir permis de dérober la Toison d'or. Mais au bout de quelques années, celui-ci veut la renvoyer pour épouser Créüse, fille d'un roi. Ivre de vengeance, Médée envoie une robe empoisonnée à Créüse, égorge les deux enfants qu'elle a eus de Jason et disparaît sur un char ailé. *(► p. 186).*
Le sujet a été traité dans l'Antiquité chez les Grecs par Euripide (Ve siècle av. J.-C.) et chez les Romains par Sénèque (Ier siècle après J.-C.). Voici trois versions « modernes » de l'épilogue : celle de Corneille au XVIIe siècle et celle de deux dramaturges du XXe siècle, Jean Anouilh (1910-1987) et Max Rouquette (1908-2005).

Médée, mise en scène de Jean-Louis Martinelli, avec Odile Sankara, Nanterre, Théâtre des Amandiers, 2009.

Texte 1 Pierre Corneille, *Médée* (1635)

JASON

Ah ! c'est trop en souffrir ; il faut qu'un prompt supplice
De tant de cruautés à la fin te punisse.
Sus, sus, brisons la porte, enfonçons la maison ;
Que des bourreaux soudain m'en fassent la raison[1].
Ta tête répondra de tant de barbaries.

MÉDÉE, *en l'air dans un char tiré par deux dragons.*

Que sert de t'emporter à ces vaines furies[2] ?
Épargne, cher époux, des efforts que tu perds ;
Vois les chemins de l'air qui me sont tous ouverts ;
C'est par là que je fuis, et que je t'abandonne
Pour courir à l'exil que ton change[3] m'ordonne.
Suis-moi, Jason, et trouve en ces lieux désolés[4]
Des postillons[5] pareils à mes dragons ailés.

Pierre CORNEILLE, *Médée*, 1635, acte V, scène 6 (extrait).

1. M'en rendent maître.
2. Ces fureurs inutiles.
3. Tes changements.
4. Déserts.
5. Cochers.

Texte 2 Jean Anouilh, *Médée* (1947)

Des flammes ont jailli de partout, elles entourent la roulotte. Jason entre rapidement à la tête des hommes armés.

JASON. – Éteignez ce feu ! Saisissez-vous d'elle !

Médée, *paraît à la fenêtre de la roulotte et crie.* – N'approche pas, Jason ! Interdis-leur de faire un pas !

JASON, *s'arrête.* – Où sont les enfants ?

MÉDÉE. – Demande-le-toi une seconde encore que je regarde bien tes yeux. *(Elle lui crie.)* Ils sont morts, Jason ! Ils sont morts égorgés tous les deux, et avant que tu aies pu faire un pas ce même fer va me frapper. Désormais j'ai recouvré mon sceptre, mon frère, mon père et la toison du bélier d'or est rendue à la Colchide : j'ai retrouvé ma patrie et la virginité que tu m'avais ravies ! Je suis Médée, enfin, pour toujours ! Regarde-moi avant de rester seul dans ce monde raisonnable, regarde-moi bien, Jason ! Je t'ai touché avec ces deux mains-là, je les ai posées sur ton front brûlant pour qu'elles soient fraîches et d'autres fois brûlantes sur ta peau. Je t'ai fait pleurer, je t'ai fait aimer. Regarde-les, ton petit frère et ta femme, c'est moi. C'est moi ! C'est l'horrible Médée ! Et essaie maintenant de l'oublier !

(Elle se frappe et s'écroule dans les flammes qui redoublent et enveloppent la roulotte. Jason arrête d'un geste les hommes qui allaient bondir et dit simplement.)

JASON. – Oui, je t'oublierai. Oui, je vivrai et malgré la trace sanglante de ton passage à côté de moi, je referai demain avec patience mon pauvre échafaudage d'homme sous l'œil indifférent des dieux.

Jean ANOUILH, *Médée* © La Table Ronde, 1947.

Texte 3 Max Rouquette, *Médée* (1992)

Médée se dresse comme un serpent, devant la couverture rouge, le bras tendu.

MÉDÉE. – Lâche tes chiens ! Appelle la ville entière ! Pour autant que tu ouvres les yeux, ils ne seront jamais assez grands ouverts. Tu veux les enfants ?… Je te les laisse !… Prends-les !… Les voici !… *(Elle écarte brusquement la couverture et montre les corps des enfants étendus l'un sur l'autre.)* Fais-en des rois !…

Adieu, Jason ! Je te laisse, en présent, le baiser de Créüse : jusqu'à plus de cent ans, puisse ta bouche ne conserver le goût de cendre.

Adieu !

Elle passe derrière la couverture retombée.

JASON *(après un silence)*. – Où sont les dieux ?… Où sont les dieux ?… *(Puis soudain.)*

Saisissez-la !… bouclez-tout !… il faut la prendre, morte ou vive !… *(Les miliciens enlèvent la couverture : il n'y a plus rien derrière que les corps des deux enfants.)* Où est-elle ? *(Les miliciens courent de tous côtés. Rien.)* Où est-elle ? *(Jason secoue le Vieux.)* Où est-elle ?

LE VIEUX *(comme tiré d'un songe)*. – … Il m'a semblé la voir voler dans le ciel, sur un char de feu que traînaient des dragons crachant des flammes…

Les miliciens haussent les épaules.

JASON. – Cherchez partout !

LA VIEILLE. – Cherchez ! Cherchez ! Remuez la terre et le ciel, vous ne la trouverez jamais… Médée sans fin… Médée éternelle…

Max ROUQUETTE, *Médée* © L'Avant-Scène Théâtre, 1992.

Croiser les textes

1. Comparez les différents espaces imaginés par les trois auteurs. Comment chacun conditionne-t-il le dialogue entre Médée et Jason ?

2. Comparez les réactions de Jason dans les trois textes.

3. Trouvez et analysez dans chaque texte un exemple d'ironie grinçante. En quoi ce registre contribue-t-il au tragique ?

4. Comment chaque auteur résout-il la difficulté scénique de faire disparaître Médée ?

Vers le BAC : la question de corpus

5. Comment expliquer la fascination des dramaturges pour le personnage de Médée, spécialement à notre époque ?

La tragédie classique

6

Bérénice de **Racine**, mise en scène de Lambert Wilson, avec C. Bouquet, Paris, Théâtre des Bouffes du Nord, 2008.

Le XVIIe siècle marque l'épanouissement sur les scènes françaises de la tragédie héritée de l'Antiquité. Les dramaturges adaptent les œuvres antiques aux règles du classicisme et transposent les mythes et les héros pour mieux refléter les interrogations et les vicissitudes de l'époque. Au travers de la mise en scène des conflits de pouvoir et de sentiments, ils actualisent ainsi la tragédie et en renouvellent totalement le genre.

L'individu et le pouvoir

Corneille
1606-1684

Biographie, p. 557

Histoire littéraire
Le classicisme, p. 557

Méthode
La langue du XVIIe siècle, p. 454

Texte 1 Horace (1640)

Rome et Albe, cités sœurs et voisines, sont en guerre, mais au final le conflit se réduira à un combat entre les champions de chaque ville : Horace et ses deux frères pour Rome, Curiace et ses deux frères pour Albe. Les deux hommes, unis par des liens familiaux, viennent d'apprendre la nouvelle, et Curiace répond ici à Horace.

CURIACE

Pour moi, je l'ose dire, et vous l'avez pu voir,
Je n'ai point consulté[1] pour suivre mon devoir ;
Notre longue amitié, l'amour, ni l'alliance,
N'ont pu mettre un moment mon esprit en balance[2] ;
Et puisque par ce choix Albe montre en effet
Qu'elle m'estime autant que Rome vous a fait[3],
Je crois faire pour elle autant que vous pour Rome.
J'ai le cœur aussi bon, mais enfin je suis homme.
Je vois que votre honneur demande tout mon sang,
Que tout le mien consiste à vous percer le flanc,
Près d'épouser la sœur, qu'il faut tuer le frère,
Et que pour mon pays j'ai le sort si contraire.
Encor qu'à mon devoir je coure sans terreur,
Mon cœur s'en effarouche, et j'en frémis d'horreur ;
J'ai pitié de moi-même et jette un œil d'envie
Sur ceux dont notre guerre a consumé la vie,
Sans souhait toutefois de pouvoir reculer.
Ce triste et fier[4] honneur m'émeut sans m'ébranler.
J'aime ce qu'il me donne, et je plains[5] ce qu'il m'ôte ;
Et si Rome demande une vertu plus haute,
Je rends grâces aux dieux de n'être pas Romain,
Pour conserver encor quelque chose d'humain.

Pierre CORNEILLE, *Horace* (1640), acte II, scène 3, v. 461-482.

1. Réfléchi, médité.
2. Faire hésiter mon esprit.
3. Vous a estimé.
4. Cruel.
5. Je regrette.

Questions

Observer et analyser

1. Relisez l'ensemble des vers 7 à 12 et reprenez les informations données : quel lien unit Horace et Curiace ? Quel conflit les sépare ?

2. Repérez toutes les formes d'opposition présentes du vers 15 au vers 18 et identifiez-les (rythme, figures de style). Précisez la nature du conflit qui divise en lui-même le personnage de Curiace.

3. Relevez les passages où Curiace évoque son devoir. Comment le caractérise-t-il ?

4. Observez les rimes des vers 7-8 et 21-22. Quelle valeur Curiace défend-il contre Horace ?

Contexte et perspectives

5. Recherchez l'étymologie latine de la « vertu » (v. 20), et expliquez le lien entre cette qualité et celle du « cœur » dont il est question ici (v. 8). Quelle qualité Curiace lui préfère-t-il dans cet extrait ?

Vers le BAC : le commentaire

6. Reprenez toutes les formes du conflit qui s'expriment dans ce texte à travers ces deux personnages ; puis rédigez une synthèse, de façon organisée et progressive, en trois paragraphes.

Tristan L'Hermite
1601-1655

Biographie, p. 566

Culture de l'Antiquité
Romains de la tragédie, p. 206

Buste de Néron, Ier siècle apr. J.-C., Florence, Galerie des Offices.

Texte 2 La Mort de Sénèque (1645)

Poète, romancier, dramaturge, Tristan L'Hermite s'est essayé avec bonheur à tous les genres, comme le montre sa tragédie La Mort de Sénèque. *Sabine, femme de Néron, s'entretient avec lui au début de la pièce au sujet de Sénèque, ancien maître à penser de l'empereur qui a su profiter de ses faveurs.*

SABINE
C'est un petit César qui parle dans mon sein[1],
Et qui te donne avis que cet homme perfide,
Si tu ne le préviens[2], sera ton parricide.

NÉRON
Sabine, c'est sans doute une éponge à presser[3] ;
Mais pour le perdre mieux il faut le caresser,
Il faut lui tendre un piège avec tant d'artifice
Qu'on lui puisse imputer[4] notre propre malice[5] ;
D'un filet si subtil il faut l'envelopper
Qu'il s'y perde lui-même en pensant échapper,
Et que les gens de bien déçus[6] par l'apparence,
En le voyant périr blâment son imprudence ;
Rencontrant un écueil[7] en un port apparent,
Ce grand Maître apprendra qu'il est fort ignorant.

SABINE
Pourquoi dans ce dessein prendre une voie oblique ?

NÉRON
De peur de nous charger de la haine publique,
L'envie avec cent yeux nous regarde de près,
Il ne faut pas agir pour repâtir[8] après.
Ma haine en cet endroit doit être circonspecte[9],
Tu sais l'humeur du peuple, il faut qu'on la respecte.

Tristan L'HERMITE, *La Mort de Sénèque* (1645), acte I, scène 1, v.124-142, 1645.

1. Elle est enceinte. 2. Si tu ne le devances pas.
3. À presser… pour en éliminer l'humeur, c'est-à-dire le mal.
4. Attribuer. 5. Méchanceté perverse. 6. Trompés. 7. Obstacle dangereux.
8. Souffrir à nouveau. 9. Prudente.

Questions

Observer et analyser

1. Quel est le projet de Néron ? En quoi le mot « malice » (v.7) convient-il tout particulièrement à l'empereur et à son plan ?

2. Quel rôle Sabine joue-t-elle dans l'élaboration de ce projet ?

3. Sachant que Sénèque fut le précepteur de Néron (son « maître », v. 13), comment comprenez-vous le mot « parricide » (v. 3) ? Précisez la nature de la relation entre Néron et Sénèque.

4. Analysez et expliquez les images suivantes : « une éponge à presser » (v. 4) et « l'envie avec cent yeux nous regarde de près » (v.16). Quelle représentation du pouvoir et de l'exercice politique s'exprime ici ?

Contexte et perspectives

5. Chercher le sens exact du terme « machiavélique ». En quoi Néron peut-il faire figure de prince machiavélique ?

Vers le BAC : la dissertation

6. Pour Corneille, la proximité du bourreau et de la victime excite particulièrement la pitié. Vous rédigerez un paragraphe développant cette idée en vous appuyant, entre autres, sur l'extrait de *La Mort de Sénèque*.

Corneille
1606-1684

Biographie, p. 557

Méthode
La langue du XVIIe siècle, p. 454

Texte 3 Rodogune (1645)

Cléopâtre, reine de Syrie, veut la mort de sa prisonnière Rodogune, une princesse parthe qui fut sa rivale. Elle annonce à ses deux fils jumeaux Séleucus et Antiochus qu'elle abdiquera au profit de celui qui lui apportera la tête de Rodogune : en échange elle le consacrera comme l'aîné. Mais les deux frères sont amoureux de la princesse et refusent ce marché. Pour les y pousser, elle cherche à les dresser l'un contre l'autre, y compris en usant de ruse comme ici.

CLÉOPÂTRE
Savez-vous, Séleucus, que je me suis vengée ?

SÉLEUCUS
Pauvre princesse, hélas !

CLÉOPÂTRE
Vous déplorez son sort !
Quoi ! L'aimiez-vous ?

SÉLEUCUS
Assez pour regretter sa mort.

CLÉOPÂTRE
Vous lui pouvez servir encor d'amant[1] fidèle :
Si j'ai su me venger, ce n'a pas été d'elle.

SÉLEUCUS
Ô ciel ! Et de qui donc, Madame ?

1. Amoureux.

Rodogune de **Corneille**, mise en scène de Francis Sourbié, avec N. Alari et P. Weissert, Paris, Vingtième théâtre, 2000.

Cléopâtre

C'est de vous,
Ingrat, qui n'aspirez qu'à vous voir son époux,
De vous, qui l'adorez en dépit d'une mère,
De vous, qui dédaignez de servir ma colère,
De vous, de qui l'amour, rebelle à mes désirs,
S'oppose à ma vengeance, et détruit mes plaisirs.

Séleucus

De moi ?

Cléopâtre

De toi, perfide[2] ! Ignore, dissimule
Le mal que tu dois craindre et le feu qui te brûle,
Et si, pour l'ignorer, tu crois t'en garantir,
Du moins, en l'apprenant, commence à le sentir !
Le trône était à toi par le droit de naissance :
Rodogune avec lui tombait en ta puissance,
Tu devais l'épouser, tu devais être roi !
Mais comme ce secret n'est connu que de moi,
Je puis, comme je veux, tourner le droit d'aînesse,
Et donne à ton rival ton sceptre et ta maîtresse.

Séleucus

À mon frère ?

Cléopâtre

C'est lui que j'ai nommé l'aîné.

Pierre Corneille, *Rodogune* (1645), acte IV, scène 6, v. 395-422.

2. Déloyal.

Questions

Observer et analyser

1. Déterminez quels sont les deux moments de ce dialogue. Donnez-leur un titre.

2. Observez le jeu sur les pronoms personnels. Comment Cléopâtre les utilise-t-elle dans son discours et dans quel but ?

3. Relevez tous les procédés (vocabulaire, figures de style, types de phrases) qui permettent l'expression de la colère.

4. Le verbe « dissimuler » est employé par Cléopâtre (v. 12). En quoi cette scène est-elle de bout en bout une scène de dissimulation ?

5. Relevez le champ lexical de l'amour. Qui l'emploie ici ? En quoi est-ce paradoxal ?

Vers le BAC : l'entretien à l'oral

6. Comparez la figure de Cléopâtre avec celle de l'empereur Auguste dans *Cinna* (acte IV, scène 2). Quelles sont les différences, notamment dans le traitement du thème du pouvoir ?

Rodogune de **Corneille**, mise en scène de Francis Sourbié, avec N. Alari, Paris, Vingtième théâtre, 2000.

Vers l'œuvre complète

Pierre Corneille, *Rodogune*

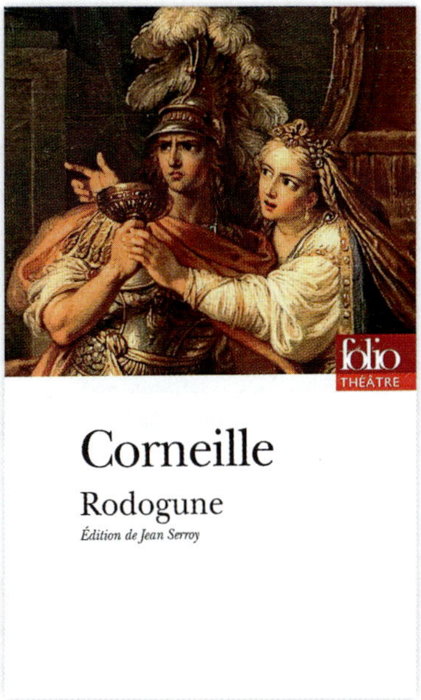

Citations

CLÉOPÂTRE. « Point d'aîné, point de roi qu'en m'apportant sa tête,
Et puisque mon seul choix vous y peut élever,
Pour jouir de mon crime, il le faut achever. » (acte II, scène 4, v. 672-674)

RODOGUNE. « C'est à vous de choisir mon amour, ou ma haine,
J'aime les fils du Roi, je hais ceux de la Reine,
Réglez-vous là-dessus, et sans plus me presser
Voyez auquel des deux vous voulez renoncer. »
(acte III, scène 4, v.1023-1026)

Pierre Corneille, le théâtre au fil du siècle

L'œuvre de Pierre Corneille (1606-1684) s'étend sur tout le XVIIe siècle. Dans ses pièces, qui le plus souvent mettent en scène les jeux et les enjeux du pouvoir, on retrouve des échos aux événements politiques majeurs de son époque : les règnes de Louis XIII et de Louis XIV, les figures de Richelieu et de Mazarin, l'épisode de la Fronde. Mais son œuvre reflète aussi toute la diversité du genre théâtral : auteur de nombreuses comédies (*L'Illusion comique*, 1636) et tragédies (*Horace*, 1640), Corneille explore toutes les ressources de l'art dramatique : tragi-comédie (*Le Cid*, 1636), tragédie chrétienne (*Polyeucte*, 1642), comédie héroïque (*Tite et Bérénice*, 1670), tragédie-ballet (*Psyché*, 1671, en collaboration avec Molière). À travers cette somme, c'est toute l'histoire du théâtre au XVIIe siècle qui se donne à lire.

Rodogune, un titre en trompe-l'œil

L'action de *Rodogune, Princesse des Parthes*, se situe en Syrie. L'auteur s'inspire d'un épisode historique pour mettre en scène la reine Cléopâtre, veuve de Démétrius Nicanor et ses deux fils jumeaux, Antiochus et Séleucus. Quand la pièce commence, Cléopâtre vient de tuer son mari pour garder le pouvoir et parce qu'il avait épousé en secondes noces Rodogune. Elle s'apprête à poursuivre sa vengeance contre sa rivale en se servant de ses deux fils. Le titre est donc trompeur car il détourne l'attention du spectateur de Cléopâtre, la véritable héroïne de la pièce. Corneille l'aurait choisi pour éviter la confusion avec la célèbre reine d'Égypte. Cette œuvre, une des plus sombres du répertoire de Corneille, connut un vif succès et fut représentée pas moins de quatre-vingt-deux fois à son époque.

Une tragédie classique

1. Dressez la liste des personnages principaux de la pièce et, en vous aidant du schéma actantiel, précisez les liens et les conflits existant entre eux.

2. Quels indices prouvent que Corneille respecte bien l'unité de lieu et de temps ? Relevez précisément toutes les citations se rapportant au moment où l'action se passe : de quel jour s'agit-il ?

3. Relisez le dernier acte de la pièce : à quoi reconnaissez-vous un dénouement de tragédie ? Comment Corneille respecte-t-il la règle des bienséances ?

La figure du double

4. Quels sont les deux motifs qui poussent Cléopâtre à agir ? Entre quels partis Antiochus et Séleucus doivent-ils choisir ? Appuyez-vous sur vos réponses pour identifier les deux thèmes dominants de l'œuvre.

5. Observez la présence respective de Rodogune et de Cléopâtre sur la scène. Que pouvez-vous en déduire sur le couple formé par ces deux personnages féminins ?

6. Comparez la fin de l'acte II et celle de l'acte III : dans quelle situation se retrouvent à chaque fois les deux frères ? Quels effets de symétrie et d'opposition dans l'action voyez-vous ?

Cléopâtre ou l'héroïsme en question

7. En quoi Cléopâtre est-elle la véritable héroïne ?

8. Corneille évoque à propos de Cléopâtre la figure de Médée (► p. 186). Faites des recherches sur ce personnage mythologique et expliquez ce rapprochement. Quel type d'héroïsme découvrez-vous ici ?

9. Observez le comportement de Cléopâtre lors du dénouement ? Comment se traduit là sa démesure d'héroïne tragique ?

Racine
1639-1699

Biographie, p. 564

Histoire littéraire
Le classicisme, p. 28

Culture de l'Antiquité
Romains de la tragédie, p. 206

Texte 4 Bérénice (1670)

Titus, empereur romain, est amoureux de Bérénice, reine de Palestine. Mais le Sénat de Rome refuse une reine étrangère sur le trône impérial et Titus, déchiré entre son amour et son devoir, annonce à Bérénice qu'il a choisi d'assumer sa charge impériale.

TITUS

Je sais tous les tourments où ce dessein[1] me livre,
Je sens bien que sans vous je ne saurais plus vivre,
Que mon cœur de moi-même est prêt à s'éloigner,
Mais il ne s'agit plus de vivre, il faut régner.

BÉRÉNICE

Eh bien ! régnez, cruel, contentez votre gloire :
Je ne dispute plus[2]. J'attendais, pour vous croire,
Que cette même bouche, après mille serments
D'un amour qui devait unir tous nos moments,
Cette bouche, à mes yeux s'avouant infidèle,
M'ordonnât elle-même une absence éternelle.
Moi-même j'ai voulu vous entendre en ce lieu.
Je n'écoute plus rien, et pour jamais : adieu...

1. Projet.
2. Je ne discute plus.

Bérénice de Racine, mise en scène de Jacques Lassalle, avec N. Nell et J.-F. Sivadier, Paris, Théâtre de l'Est parisien, 1990.

Pour jamais ! Ah, Seigneur ! songez-vous en vous-même
Combien ce mot cruel est affreux quand on aime ?
Dans un mois, dans un an, comment souffrirons-nous[3],
Seigneur, que tant de mers me séparent de vous ?
Que le jour recommence et que le jour finisse,
Sans que jamais Titus puisse voir Bérénice,
Sans que de tout le jour je puisse voir Titus ?
Mais quelle est mon erreur, et que de soins perdus !
L'ingrat, de mon départ consolé par avance,
Daignera-t-il compter les jours de mon absence ?
Ces jours si longs pour moi lui sembleront trop courts.

TITUS
Je n'aurai pas, Madame, à compter tant de jours.
J'espère que bientôt la triste Renommée
Vous fera confesser que vous étiez aimée.
Vous verrez que Titus n'a pu, sans expirer...

BÉRÉNICE
Ah Seigneur! S'il est vrai, pourquoi nous séparer ?
Je ne vous parle point d'un heureux hyménée[4] ;
Rome à ne plus vous voir m'a-t-elle condamnée ?
Pourquoi m'enviez-vous[5] l'air que vous respirez ?

TITUS
Hélas ! vous pouvez tout, Madame : demeurez,
Je n'y résiste point. Mais je sens ma faiblesse :
Il faudra vous combattre et vous craindre sans cesse,
Et sans cesse veiller à retenir mes pas,
Que vers vous à toute heure entraînent vos appas[6].
Que dis-je ? En ce moment mon cœur, hors de lui même,
S'oublie, et se souvient seulement qu'il vous aime.

Jean RACINE, *Bérénice* (1670), acte IV, scène 5, v. 1099-1136.

3. Supporterons-nous.
4. Mariage.
5. Voulez-vous m'enlever.
6. Charmes.

Questions

Observer et analyser

1. Quelle est la position de Titus au début de l'extrait et quelle est-elle à la fin ? Qu'en déduisez-vous sur le personnage de Titus et sur la force de persuasion du discours de Bérénice ?

2. Observez la tirade de Bérénice, v. 5-23. Quels sentiments successifs la reine montre-t-elle ? Quels types de phrase les signalent ?

3. Relevez l'expression du temps dans cet extrait. En quoi manifeste-t-elle une perception tragique du destin ?

4. Comment le pouvoir apparaît-il dans cet extrait ? À quel type de vocabulaire est-il associé ?

5. Relevez le champ lexical de l'amour. Comment en vient-il à contaminer tout le dialogue ?

Contexte et perspectives

6. « Il renvoya sur-le-champ Bérénice, malgré lui, malgré elle. » C'est ainsi que l'historien romain Suétone résume le drame de Titus et Bérénice. L'extrait ci-dessus vous semble-t-il bien correspondre à cette phrase ?

Vers le Bac : le commentaire

7. On a parlé d'un « entr'acte lyrique » à propos des vers 13-19. Rédigez un paragraphe dans lequel vous montrerez comment les rythmes et les sonorités de ces vers traduisent le sentiment de Bérénice.

Romains de la tragédie

Sénèque (4 av. J.-C.-65 ap. J.-C.)

Buste en bronze présumé de Sénèque (Ier siècle av. J.-C.), h : 33 cm, Naples, musée archéologique.

Brillant philosophe stoïcien, auteur tragique, Sénèque devient en 50 précepteur de Néron, puis son conseiller les cinq premières années de son règne. Il est alors d'une puissance et d'une richesse considérables. Mais son élève prometteur lui échappe. Désabusé, Sénèque se réfugie dans la réflexion, et se suicide sur ordre de Néron.

À retenir

Les sources historiques

- Les dramaturges du XVIIe siècle ont largement puisé chez les historiens latins : dans l'*Histoire romaine* de **Tite-Live**, consacrée à la période républicaine ; dans les *Histoires* et les *Annales* où **Tacite** (« le plus grand peintre de l'Antiquité », dit Racine) raconte l'histoire de l'Empire jusqu'à la mort de Domitien (96) ; ou encore dans la *Vie des douze Césars* où **Suétone** brosse le portrait souvent piquant et anecdotique des douze premiers empereurs.

Des exemples de vertu ou de folie

- Les auteurs tragiques y trouvent des exemples de vertu et d'héroïsme. Après une carrière « baroque » qui culmine avec *Le Cid*, **Corneille** emprunte à l'histoire légendaire de Rome le sujet de sa première tragédie classique, *Horace* (1640), où s'affrontent bonheur privé et raison d'État. D'autres exemples d'héroïsme, plus stoïciens, lui seront fournis par la Rome impériale (*Cinna*, 1641), mais aussi par les nations soumises à Rome, comme dans *Sophonisbe* (1663) qui exalte le farouche patriotisme de son héroïne numide.
- Le monde romain procure aussi quelques beaux spécimens de monstres. C'est l'occasion de méditer sur l'ivresse et la folie du pouvoir politique, de la Cléopâtre de Corneille (*Rodogune*, 1645) au Néron de **Tristan L'Hermite** (*La Mort de Sénèque*, 1644) ou de **Racine** (*Britannicus*, 1669).

Bérénice (née en 28)

Buste en bronze dit de Bérénice (Ier siècle av. J.-C.), Naples, musée archéologique.

Princesse juive, Bérénice prend le parti de Rome quand éclate la grande révolte de la Judée en 66. C'est là qu'elle rencontre Titus, envoyé pour rétablir l'ordre : ils tombent amoureux. Mais leur liaison, déjà contrariée par Vespasien, le père de Titus devenu empereur en 69, ne peut être admise quand Titus accède au trône : elle doit définitivement quitter Rome.

▲ **Néron** (37-68)

Tête en bronze de Néron (Ier siècle av. J.-C.), h : 35 cm, Paris, musée du Louvre.

Bien que descendant d'Auguste, Néron n'aurait pas dû succéder à son beau-père l'empereur Claude. Mais sa mère Agrippine écarte l'héritier légitime Britannicus. Son règne, entamé sous les meilleurs auspices, bascule en 59 quand il fait assassiner sa mère : les écarts et les scandales s'enchaînent alors jusqu'à sa destitution par le Sénat et son suicide.

◀ **Auguste** (63 av. J.-C.-14 ap. J.-C.)

Sculpture en marbre d'Auguste (vers 30 av. J.-C.), h : 2,17 m, Rome, musée national romain.

Après l'assassinat de son oncle Jules César et la guerre civile qui a suivi, Octave se hisse au pouvoir en éliminant Marc-Antoine, d'abord allié puis rival. Inaugurant un nouveau régime, le Principat, il restaure la paix et la prospérité dans une nation épuisée par trois guerres civiles en soixante ans. Il devient alors Auguste, le Vénérable.

La force du destin

Corneille
1606-1684

Biographie, p. 557

Histoire littéraire
Le classicisme, p. 28

Outils d'analyse
Les types d'argument, p. 432

Méthode
La langue du XVIIe siècle, p. 454

Texte 5 Polyeucte (1643)

Polyeucte est représenté en 1643, deux ans après Cinna. Corneille relève le défi d'écrire une tragédie chrétienne, inspirée du martyre de saint Polyeucte, jeune cavalier arménien, condamné à mort vers 250 pour avoir brisé des idoles païennes. Si le héros accepte son destin, ce n'est pas le cas de sa femme Pauline.

PAULINE

Voilà de vos chrétiens les ridicules songes ;
Voilà jusqu'à quel point vous charment leurs mensonges ;
Tout votre sang est peu pour un bonheur si doux !
Mais pour en disposer, ce sang est-il à vous ?
Vous n'avez pas la vie ainsi qu'un héritage ;
Le jour qui vous la donne en même temps l'engage :
Vous la devez au prince, au public, à l'État.

POLYEUCTE

Je la voudrais pour eux perdre dans un combat ;
Je sais quel en est l'heur, et quelle en est la gloire.
Des aïeux de Décie on vante la mémoire ;
Et ce nom, précieux encore à vos Romains,
Au bout de six cents ans lui met l'Empire aux mains.
Je dois ma vie au peuple, au prince, à sa couronne,
Mais je la dois bien plus au Dieu qui me la donne.
Si mourir pour son prince est un illustre sort,
Quand on meurt pour son Dieu, quelle sera la mort !

PAULINE

Quel dieu !

POLYEUCTE

Tout beau, Pauline : il entend vos paroles,
Et ce n'est pas un dieu comme vos dieux frivoles,
Insensibles et sourds, impuissants, mutilés,
De bois, de marbre, ou d'or, comme vous les voulez,
C'est le Dieu des chrétiens, c'est le mien, c'est le vôtre,
Et la terre et le ciel n'en connaissent point d'autre.

PAULINE

Adorez-le dans l'âme, et n'en témoignez rien.

POLYEUCTE

Que je sois tout ensemble idolâtre et chrétien !

PAULINE

Ne feignez qu'un moment, laissez partir Sévère[1],
Et donnez lieu d'agir[2] aux bontés de mon père.

1. Envoyé de l'empereur, jadis amoureux de Pauline.
2. Donnez libre cours.

Fresque représentant Theotecnus, Ve siècle, Naples, catacombes de San Gennaro.

POLYEUCTE

Les bontés de mon Dieu sont bien plus à chérir :
Il m'ôte des périls que j'aurais pu courir,
Et, sans me laisser lieu de tourner en arrière,
Sa faveur me couronne entrant dans la carrière[3] ;
Du premier coup de vent il me conduit au port,
Et, sortant du baptême, il m'envoie à la mort.
Si vous pouviez comprendre, et le peu qu'est la vie,
Et de quelles douceurs cette mort est suivie…
Mais que sert de parler de ces trésors cachés
À des esprits que Dieu n'a pas encor touchés ?

3. La profession militaire.

Pierre CORNEILLE, *Polyeucte* (1643), acte IV, scène 3, v. 1211-1234.

Questions

Observer et analyser

1. Relevez toutes les occurrences du mot « Dieu ». À quels autres dieux s'oppose-t-il ?

2. En vous appuyant sur le vocabulaire employé, dites pourquoi Polyeucte renie la religion polythéiste.

3. Relevez tous les éléments par lesquels Polyeucte proclame sa foi.

4. Quelle gradation observez-vous dans la première réplique ? En quoi cela donne-t-il à tout le texte une tonalité épique ?

5. Comment Pauline et Polyeucte conçoivent-ils la mort ? Pour lequel des deux est-elle vraiment tragique ?

Contexte et perspectives

6. Corneille est connu pour être un dramaturge du choix et de la volonté. Comment ces deux notions s'expriment-elles dans ce passage ?

Vers le BAC : la dissertation

7. En vous appuyant sur cet extrait, vous rédigerez un paragraphe dans lequel vous montrerez que le héros chrétien ne vit pas sa tragédie comme une tragédie.

Racine
1639-1699

Biographie, p. 564

Andromaque (1667)

Dans sa pièce Andromaque, *Racine met en scène les suites de l'épisode de la guerre de Troie. Andromaque est ainsi la veuve d'Hector, et la captive troyenne du camp des Grecs, et de Pyrrhus en particulier. L'action commence avec l'arrivée d'Oreste, fils d'Agamemnon, chez les Grecs, sur le rivage de l'Épire où règne Pyrrhus.*
Voici deux extraits, tirés du début et de la fin de la pièce.

Histoire littéraire
Le classicisme, p. 28

Outils d'analyse
Éléments de dramaturgie, p. 260

Méthode
La langue du XVIIe siècle, p. 454

Texte 6 [Acte I, scène 1]

ORESTE

Oui, puisque je retrouve un ami si fidèle,
Ma fortune[1] va prendre une face nouvelle ;
Et déjà son courroux[2] semble s'être adouci,
Depuis qu'elle a pris soin de nous rejoindre[3] ici.
Qui l'eût dit, qu'un rivage à mes vœux si funeste,
Présenterait d'abord Pylade aux yeux d'Oreste ?
Qu'après plus de six mois que je t'avais perdu,
À la cour de Pyrrhus tu me serais rendu ?

PYLADE

J'en rends grâces au ciel qui, m'arrêtant sans cesse,
Semblait m'avoir fermé le chemin de la Grèce,
Depuis le jour fatal que[4] la fureur des eaux,
Presque aux yeux de l'Épire écarta nos vaisseaux.
Combien dans cet exil, ai-je souffert d'alarmes[5] ?

1. Destin.
2. Colère.
3. Nous réunir.
4. Le jour fatal où.
5. De vives inquiétudes.

Andromaque de **Racine**, mise en scène de Muriel Mayette, avec C. Hervieu-Léger et S. Varupenne, Paris, Comédie-Française, 2010.

Combien à vos malheurs ai-je donné de larmes ?
Craignant toujours pour vous quelque nouveau danger
Que ma triste amitié ne pouvait partager.
Surtout je redoutais cette mélancolie
Où j'ai vu si longtemps votre âme ensevelie.
Je craignais que le ciel, par un cruel secours,
Ne vous offrît la mort, que vous cherchiez toujours.
Mais je vous vois, Seigneur, et si j'ose le dire,
Un destin plus heureux vous conduit en Épire :
Le pompeux appareil[6] qui suit ici vos pas
N'est point d'un malheureux qui cherche le trépas.

ORESTE

Hélas ! qui peut savoir le destin qui m'amène ?
L'amour me fait ici chercher une inhumaine[7]
Mais qui sait ce qu'il doit ordonner de mon sort,
Et si je viens chercher, ou la vie, ou la mort ?

Jean RACINE, *Andromaque* (1667), acte I, scène 1, v.1-28.

6. Équipage d'Oreste, qui arrive en ambassadeur.
7. Il s'agit d'Hermione, la fiancée de Pyrrhus.

Texte 7 [Acte V, scène 5]

ORESTE

Grâce aux dieux ! Mon malheur passe[1] mon espérance.
Oui, je te loue, ô ciel, de ta persévérance.
Appliqué sans relâche au soin de me punir,
Au comble des douleurs tu m'as fait parvenir.
Ta haine a pris plaisir à former ma misère,
J'étais né pour servir d'exemple à ta colère,
Pour être du malheur un modèle accompli ;
Hé bien, je meurs content, et mon sort est rempli.
Où sont ces deux amants[2] ? Pour couronner ma joie,
Dans leur sang, dans le mien, il faut que je me noie :
L'un et l'autre en mourant je les veux regarder.
Réunissons trois cœurs, qui n'ont pu s'accorder…
Mais quelle épaisse nuit tout à coup m'environne ?
De quel côté sortir ? D'où vient que je frissonne ?
Quelle horreur me saisit ! Grâce au ciel, j'entrevoi[3]…
Dieux ! quels ruisseaux de sang coulent autour de moi !

PYLADE

Ah ! Seigneur !

ORESTE

Quoi ! Pyrrhus, je te rencontre encore ?
Trouverai-je partout un rival que j'abhorre[4] ?
Percé de tant de coups, comment t'es-tu sauvé ?
Tiens, tiens, voilà le coup que je t'ai réservé.
Mais que vois-je ? À mes yeux Hermione l'embrasse[5] !
Elle vient l'arracher au coup qui le menace ?
Dieux ! quels affreux regards elle jette sur moi !
Quels démons, quels serpents traîne-t-elle après soi ?
Hé bien ! filles d'enfer[6], vos mains sont-elles prêtes ?

A. Fromager dans le rôle d'Oreste, mise en scène de Jean-Louis Martinelli, Théâtre des Amandiers, 2003.

1. Dépasse.
2. Il s'agit d'Hermione et de Pyrrhus.
3. Orthographe pour la rime.
4. Que je déteste.
5. Le serre dans ses bras.
6. Il s'agit des Érinyes, groupe de déesses vengeresses.

7. Tout le cortège de ce qui les accompagne.

Pour qui sont ces serpents qui sifflent sur vos têtes ?
À qui destinez-vous l'appareil[7] qui vous suit ?
Venez-vous m'enlever dans l'éternelle nuit ?
Venez, à vos fureurs Oreste s'abandonne.
Mais non, retirez-vous, laissez faire Hermione ;
L'ingrate mieux que vous saura me déchirer,
Et je lui porte enfin mon cœur à dévorer.

Jean Racine, *Andromaque* (1667), acte V, scène 5, v.1613-1644.

Mise en scène de Muriel Mayette, avec C. Hervieu-Léger et S. Varupenne, Paris, Comédie-Française, 2010.

Questions

Observer et analyser

1. Reprenez toutes les caractéristiques qui font d'Oreste et de Pylade des personnages de tragédie (► synthèse p. 213). À quel univers appartiennent-ils ? Quel est leur rang ? Comment s'expriment-ils ?

2. Relisez le texte 6 et repérez les éléments d'exposition de l'intrigue qui sont fournis. Puis comparez avec le texte 7 : que s'est-il passé entre le début et la fin de la pièce ? Quelle caractéristique de la tragédie reconnaissez-vous ?

3. Relevez sur l'ensemble des deux textes tous les mots qui font référence au destin. Qu'est-ce que cela révèle sur l'univers de la tragédie et sur la vision du monde qu'elle propose ?

4. Quel champ lexical, spécifique au registre tragique, domine dans ces deux extraits ? Fournissez un relevé précis et précisez l'effet sur le spectateur.

Contexte et perspectives

5. Recherchez la définition du héros tragique. Pourquoi Oreste en est-il un bon exemple ?

6. Documentez-vous sur les Atrides et dessinez leur arbre généalogique. Pourquoi l'histoire de cette famille est-elle tragique ?

VERS LE BAC : le commentaire

7. L'une des fonctions de la tragédie consiste, selon Aristote, à susciter chez le spectateur les sentiments d'horreur et de pitié. Montrez comment Racine y parvient ici dans le spectacle qu'il donne d'Oreste.

Synthèse

La tragédie au XVIIe siècle

Les principes fondateurs

▌Les auteurs de tragédies du XVIIe siècle s'inspirent des principes édictés par **Aristote** dans sa *Poétique* (IVe s. av. J.-C.). Selon ce philosophe grec, la tragédie est un **genre noble** destiné à élever et instruire son auditoire par le sérieux et la gravité du spectacle qui lui est donné à voir.

La terreur et la pitié

Le spectateur doit pouvoir ressentir à la fois de la **terreur** et de la **pitié** : il se délivrera ainsi de son excès de passion (c'est la catharsis) et, par l'identification (la mimésis), se livrera d'autant mieux ensuite à la réflexion (Oreste dans *Andromaque*).

Un conflit radical

Tous les personnages sont confrontés dans les tragédies à un **conflit** insurmontable, qui naît du heurt des volontés individuelles, ou plus souvent d'une opposition entre le **devoir** et le **sentiment**. Ce conflit brise avec violence les liens les plus forts entre parents et enfants (► *Rodogune*, p. 201), entre amis (► *La Mort de Sénèque*, p. 200), entre amants (► *Bérénice*, p. 204). Poussé à bout, le conflit prend la forme du **dilemme**, situation inextricable où il faut faire un choix alors même que tout choix semble impossible.

Le modèle de la tragédie

C'est le **mythe d'Œdipe** qui est à l'origine du modèle de la tragédie : celui-ci tue son père, épouse sa mère puis se crève les yeux ; à chaque fois c'est parce qu'il croit, dans son orgueil d'homme, pouvoir détourner la force du destin qu'un malheur proprement extraordinaire s'abat sur lui.

Les caractéristiques de la tragédie

On distingue la tragédie de la comédie en se fondant sur trois critères :

Des personnages d'exception

À l'inverse de la comédie, la tragédie fait toujours intervenir des personnages qui occupent un haut rang. C'est pourquoi on y croise surtout des souverains (Cléopâtre, Bérénice, Néron, Titus, Auguste) ou des personnages mythologiques (Andromaque, Oreste, Phèdre). Cette supériorité est aussi d'ordre moral (c'est même son héroïsme qui fait la noblesse de Polyeucte), dans le bien comme dans le mal : héros ou monstre, le personnage tragique échappe à l'humanité commune.

Un langage soutenu

En accord avec leur rang et leur stature, ces personnages s'expriment d'une **manière noble et soutenue** : sont bannies les trivialités, bien sûr, mais aussi les banalités du quotidien. Confrontés à des situations graves et extrêmes, ils ne peuvent s'entretenir que d'enjeux élevés.

L'issue de la pièce

Enfin, dans une tragédie le spectacle du malheur l'emporte généralement, et souvent la **mort** conclut la pièce, même si Corneille et Racine ont aussi proposé des tragédies à fin heureuse (*Cinna*, *Iphigénie*...), ou du moins sans cadavre (*Bérénice*).

Les formes de la fatalité

▌La fatalité est le propre du tragique car c'est l'expression d'un **déterminisme** et donc ce qui représente le mieux la force du destin. Suivant les textes, elle peut revêtir différentes formes.

La loi de la naissance

À l'origine, la volonté des dieux condamne le héros qui connaît donc dès sa naissance un sort néfaste (c'est le cas d'Oreste par exemple dans *Andromaque*). Puis, ce **malheur de l'origine** se transforme et se décline différemment : c'est la fatalité de naître à Rome pour Titus par exemple (► *Bérénice*, p. 204).

La loi de la cité

Mais la fatalité politique occupe aussi une grande place dans l'œuvre des dramaturges de cette époque. Pour représenter l'exercice du pouvoir, les auteurs puisent dans l'histoire antique, grecque ou romaine, ou dans l'exotisme de l'Orient (► *Rodogune*, p. 201). Par la transposition dans un autre temps et en un autre lieu, ils représentent ainsi les drames qui se jouent en France au XVIIe siècle et qui touchent à l'impératif de la **raison d'État** (► *Horace*, p. 199 ; *Bérénice*, p.000) ou à l'**avidité des ambitions** (► *La mort de Sénèque*, p. 200 ; *Rodogune*, p. 201).

La loi du sentiment

Enfin c'est souvent aussi la force du sentiment qui enchaîne les personnages et les prive de liberté : le personnage est pris au piège de la **passion amoureuse** (► *Phèdre*, p. 188). Lorsque cette **passion** est **contrariée** – par la naissance ou par le devoir –, cela constitue l'un des ressorts essentiels du tragique et de la tragédie (► *Bérénice*, p. 204).

Un autre tragique : Shakespeare

Shakespeare
(1564-1616)

Biographie, p. 565

William Shakespeare est le plus grand dramaturge anglais, auteur d'une œuvre considérable (plus de trente-sept pièces) qui aborde tous les genres. Dans ses tragédies, souvent inspirées de l'histoire nationale, la violence côtoie le fantastique, la poésie s'unit au sordide. Le classicisme français ignora totalement ce théâtre « plein de bruit et de fureur » (*Macbeth*, acte V, scène 5), et au XVIIIe siècle, Voltaire raillait encore « l'histrion barbare ». Ce sont les romantiques qui réhabilitèrent la puissance de cette œuvre. Ils s'en réclamèrent pour écrire leurs drames, contre les règles et les formes sclérosées du classicisme.

Texte 1 Richard III (1593)

Incarnation du Mal, Richard s'est hissé sur le trône d'Angleterre à force de traîtrises et d'assassinats. L'heure est venue de payer : une série de spectres lui apparaît pendant son sommeil, la nuit précédant la bataille où il sera défait, tandis que sous une autre tente dort son rival, le comte de Richmond, futur Henry VII.

(*Les ombres des deux jeunes princes sortent de terre.*)

LES OMBRES, *à Richard.* – Rêve de tes neveux étouffés dans la Tour. Que nous soyons dans ton sein, Richard, un plomb qui t'entraîne à ta ruine, à l'infamie et à la mort ! Les âmes de tes neveux viennent te le souhaiter. Désespère et meurs ! (*À Richmond.*) Dors, Richmond, dors en paix, et réveille-toi dans la joie. Que les bons anges te gardent du sanglier ! Vis et sois le père d'une race heureuse de rois ! Les malheureux enfants d'Édouard font des vœux pour ta prospérité !

(*L'ombre de la reine Anne sort de terre.*)

L'OMBRE, *à Richard.* – C'est ta femme, Richard, la malheureuse Anne, ta femme, qui ne goûta jamais près de toi une heure d'un tranquille sommeil ; c'est elle qui remplit ton sommeil de trouble. Pense à moi demain dans la bataille, et que ton épée tombe émoussée. Désespère et meurs ! (*À Richmond.*) Et toi, âme paisible, dors d'un paisible sommeil ; rêve de succès et d'une heureuse victoire. La femme de ton adversaire prie pour toi !

(*L'ombre de Buckingham sort de terre.*)

L'OMBRE, *à Richard.* – C'est moi qui le premier t'aidai à monter sur le trône ; c'est moi qui le dernier éprouvai ta tyrannie. Oh ! pense à Buckingham dans la bataille, et meurs dans les terreurs de tes forfaits. Rêve, rêve de faits sanglants et de mort, de défaite, de désespoir, et dans le désespoir rends ton dernier soupir ! (*À Richmond.*) J'ai péri pour t'avoir voulu seconder, avant que je pusse te prêter mon appui. Mais que ton cœur s'affermisse et ne sois point effrayé : Dieu et les bons anges combattent pour Richmond, et Richard va tomber de toute la hauteur de son orgueil.

(*Les ombres disparaissent.*)
(*Le roi Richard sort en sursaut de son rêve.*)

LE ROI RICHARD. – Donnez-moi un autre cheval.– Bandez mes plaies.– Jésus, aie pitié de moi ! – Mais doucement, ce n'est qu'un rêve. Ô lâche conscience, comme tu me tourmentes !

William SHAKESPEARE, *Richard III* (1593), acte V, scène 3, trad. F. Guizot, 1821.

Texte 2 Othello (1604)

Général maure au service de la République de Venise, Othello est haï secrètement par son second, Iago qui, pour lui nuire, l'a persuadé que son épouse Desdémone le trompe avec Cassio. Après avoir fait tuer celui-ci, Othello, ivre de jalousie, questionne la jeune femme.

Dessin du costume d'Othello de Paul Lormier, 1846, Paris, Bibliothèque-musée de l'Opéra.

OTHELLO. – Confesse franchement ton crime ; car tu aurais beau en nier sous serment tous les chefs, tu n'écarterais pas, tu n'étoufferais pas la forte conviction dont je gémis. Tu vas mourir.

DESDÉMONE. – Alors, que le Seigneur ait pitié de moi !

OTHELLO. – Amen ! encore une fois.

DESDÉMONE. – Et vous aussi, ayez pitié ! Jamais je ne vous ai offensé de ma vie. Jamais je n'ai aimé Cassio que de cette ordinaire affection à laquelle le ciel m'autorisait. Jamais je ne lui ai donné de gage.

OTHELLO. – Par le ciel ! j'ai vu mon mouchoir à sa main. Ô femme parjure, tu pétrifies mon cœur, en voulant me faire voir dans l'action que j'ai résolue un meurtre, et non plus un sacrifice ! J'ai vu le mouchoir !

DESDÉMONE. – Alors, c'est qu'il l'a trouvé. Je ne le lui ai jamais donné. Faites-le venir, et qu'il avoue la vérité !

OTHELLO. – Il a avoué.

DESDÉMONE. – Quoi, monseigneur ?

OTHELLO. – Qu'il t'avait eue.

DESDÉMONE. – Quoi ! illégitimement ?

OTHELLO. – Oui.

DESDÉMONE. – Il ne le répétera pas.

OTHELLO. – Non ! sa bouche est close ; l'honnête Iago y a mis bon ordre.

DESDÉMONE. – Oh ! ma frayeur devine ! Quoi ! il est mort !

OTHELLO. – Quand il aurait eu autant de vies que de cheveux, ma grande vengeance aurait eu de la rancune pour elles toutes.

DESDÉMONE. – Hélas ! il est trahi, et je suis perdue !

OTHELLO. – Fi donc, prostituée ! tu pleures pour lui devant ma face !

DESDÉMONE. – Oh ! bannissez-moi, monseigneur, mais ne me tuez pas.

OTHELLO. – À bas, prostituée !

DESDÉMONE. – Tuez-moi demain ! Laissez-moi vivre cette nuit !

OTHELLO. – Non ! Si vous vous débattez…

DESDÉMONE. – Rien qu'une demi-heure !

OTHELLO. – À l'exécution pas de sursis !

DESDÉMONE. – Rien que le temps de dire une prière !

OTHELLO. – Il est trop tard ! *(Il l'étouffe.)*

William SHAKESPEARE, *Othello* (1604), trad. F. V. Hugo (1821), acte V, scène 2.

Croiser les textes

1. Quels éléments, bannis du classicisme français, sont ici représentés ?

2. Comment s'exprime la fatalité tragique dans les deux textes ?

3. Quelles caractéristiques syntaxiques et stylistiques donnent aux deux textes leur vivacité ?

4. « Jésus, aie pitié de moi », disent Richard et Desdémone. Montrez que cette phrase tirée de l'Évangile, résonne différemment dans *Richard III* et *Othello*.

Vers le BAC : la question de corpus

5. Quelle représentation du pouvoir ces deux textes donnent-ils ?

Le destin tragique au XXe siècle

Texte 1

Vingt-trois siècles après le grec Sophocle, et à la suite de tant d'autres dramaturges, Cocteau s'empare du mythe d'Œdipe. Au début de sa pièce, il donne la parole à « La Voix ». Ce rôle peut rappeler le Chœur de la tragédie antique, personnage collectif qui y représente la voix de la Cité.

▲ *La Machine infernale* de Cocteau, mise en scène de l'auteur, avec J. Moreau et J. Marais, Paris, Théâtre des Bouffes-Parisiens, 1954.

LA VOIX

Comme s'élancera le jeune Siegfried[1], Œdipe se hâte. La curiosité, l'ambition le dévorent. La rencontre a lieu. De quelle nature, cette rencontre ? Mystère. Toujours est-il que le jeune Œdipe entre à Thèbes en vainqueur et qu'il épouse la reine. Et voilà l'inceste.

Pour que les dieux s'amusent beaucoup, il importe que leur victime tombe de haut. des années s'écoulent, prospères. Deux filles, deux fils compliquent les noces monstrueuses. Le peuple aime son roi. Mais la peste éclate… Les dieux accusent un criminel anonyme d'infecter le pays et ils exigent qu'on le chasse. De recherche en recherche et comme enivré de malheur, Œdipe arrive au pied du mur. Le piège se ferme. Lumière est faite. Avec son écharpe rouge, Jocaste se pend. Avec la broche d'or de la femme pendue, Œdipe se crève les yeux.

Regarde, spectateur, remontée à bloc, de telle sorte que le ressort se déroule avec lenteur tout le long d'une vie humaine, une des plus parfaites machines construites par les dieux infernaux pour l'anéantissement mathématique d'un mortel.

Jean COCTEAU, *La Machine infernale*, acte I, © Grasset & Fasquelle, 1934.

1. Héros de la mythologie germanique.

Texte 2

Giraudoux reprend dans cette œuvre le mythe d'Électre, la fille de Clytemnestre et d'Agamemnon, qui poussera son frère Oreste à venger le meurtre de leur père en tuant leur mère. Il invente un personnage, le jardinier à qui Électre est promise au début de la pièce, et qui prend ici la parole.

LAMENTO[1] DU JARDINIER

Moi, je ne suis plus dans le jeu. C'est pour cela que je suis libre de venir vous dire ce que la pièce ne pourra vous dire. Dans de pareilles histoires, ils ne vont pas s'interrompre de se tuer et de se mordre pour venir vous raconter que la vie n'a qu'un but, aimer. Ce serait même disgracieux de voir le parricide[2] s'arrêter, le poignard levé, et vous faire l'éloge de l'amour. Cela paraît artificiel. Beaucoup ne le croiraient pas. Mais moi

1. Plainte chantée (terme musical).
2. Meurtrier de son père ou de sa mère.

qui suis là, dans cet abandon, cette désolation, je ne vois vraiment pas ce que j'ai d'autre à faire ! Et je parle impartialement. Jamais je ne me résoudrai à épouser une autre qu'Électre, et jamais je n'aurai Électre. Je suis créé pour vivre jour et nuit avec une femme, et toujours je vivrai seul.

Jean GIRAUDOUX, *Électre* (1937), « Entracte », © Jean-Pierre Giraudoux, 1991.

Texte 3

Après le départ d'Œdipe, ses deux fils se sont entretués pour le pouvoir. Leur sœur Antigone refuse que l'un d'eux soit privé de sépulture au prétexte qu'il s'était allié avec l'ennemi : sa désobéissance lui vaudra la mort. En 1944 Anouilh reprend ce mythe illustré par Sophocle au Ve *s. av. J.-C. ; après qu'Antigone a accompli son geste fatal, il donne la parole à un personnage qu'il nomme le Chœur.*

LE CHŒUR

Et voilà. Maintenant le ressort est bandé. Cela n'a plus qu'à se dérouler tout seul. C'est cela qui est commode dans la tragédie. On donne le petit coup de pouce pour que cela démarre, rien, un regard pendant une seconde à une fille qui passe et lève les bras dans une rue, une envie d'honneur un beau matin, au réveil, comme quelque chose qui se mange, une question de trop qu'on se pose un soir… C'est tout. Après, on n'a plus qu'à laisser faire. On est tranquille. Cela roule tout seul. C'est minutieux, bien huilé depuis toujours. La mort, la trahison, le désespoir sont là, tout prêts, et les éclats, et les orages, et les silences, tous les silences : le silence quand le bras du bourreau se lève à la fin, le silence au commencement quand les deux amants sont nus l'un en face de l'autre pour la première fois sans oser bouger tout de suite, dans la chambre sombre, le silence quand les cris de la foule éclatent autour du vainqueur – et on dirait un film dont le son s'est enrayé, toutes ces bouches ouvertes dont il ne sort rien, toute cette clameur qui n'est qu'une image, et le vainqueur, déjà vaincu, seul au milieu de son silence…

C'est propre, la tragédie. C'est reposant, c'est sûr…

Jean ANOUILH, *Antigone* (1944), © La Table Ronde, 1946.

Croiser les textes

1. Pourquoi les personnages qui donnent leur nom aux pièces sont-ils bien des personnages de tragédie ?
2. Comment la présence de la mort et du malheur se manifeste-t-elle dans ces trois textes ? Procédez à un relevé lexical rigoureux.
3. Par quelles images le destin est-il représenté ?
4. Dans chaque extrait, quelle est la fonction des trois personnages qui prennent la parole ?
5. Quel ton et quel niveau de langue caractérisent ce corpus ? Vous paraissent-ils familiers ? Vous éloignent-ils ou vous rapprochent-ils de l'univers de la tragédie ?

Vers le BAC : la question de corpus

6. Montrez comment Cocteau, Giraudoux et Anouilh reprennent à la fois des éléments de la tragédie classique et les renouvellent d'une manière originale.

La comédie classique

7

Les Précieuses ridicules de **Molière**, mise en scène de Jean-Luc Boutté, avec T. Hancisse et I. Gardien, Paris, Comédie-Française, 1993.

La comédie a pour but premier de divertir le public. Mais elle est également un genre subversif qui permet de montrer les défauts des hommes et les abus de la société : « châtier les mœurs par le rire », tel est l'un des principes qu'elle affiche au XVIIe siècle. À mesure qu'on avance dans le siècle, son propos se fait plus sérieux et dénonce certains travers, au risque de se heurter à la censure. Maître incontesté de la comédie, Molière a profondément renouvelé un genre dans lequel Corneille et Racine se sont également illustrés.

La comédie d'intrigue

Corneille
1606-1684

► Biographie, p. 557

Texte 1 La Veuve (1633)

La Veuve ou *Le traître trahi* *est la troisième pièce de Pierre Corneille. Cette comédie met en scène les stratagèmes d'Alcidon pour tromper ses amis, Philiste et Célidan, et s'assurer les faveurs de la jeune veuve Clarice, pourtant unie à Philiste par un amour réciproque. Alcidon vient de faire enlever la jeune femme avec l'aide de la nourrice, qui a feint l'évanouissement pour empêcher sa maîtresse de fuir.*

LA NOURRICE, *seule*.

Sortons de pâmoison[1], reprenons la parole;
Il nous faut à grands cris jouer un autre rôle.
Ou je n'y connais rien, ou j'ai bien pris mon temps:
Ils n'en seront pas tous également contents;
Et Philiste demain, cette nouvelle sue,
Sera de belle humeur, ou je suis fort déçue[2].
Mais par où vont nos gens ? Voyons, qu'en sûreté
Je fasse aller après par un autre côté.
À présent il est temps que ma voix s'évertue[3].
Aux armes ! aux voleurs ! on m'égorge, on me tue,
On enlève Madame ! Amis, secourez-nous !
À la force ! aux brigands ! au meurtre ! Accourez tous,
Doraste, Polymas, Listor !

POLYMAS

Qu'as-tu, nourrice ?

LA NOURRICE

Des voleurs...

POLYMAS

Qu'ont-ils fait ?

LA NOURRICE

Ils ont ravi Clarice.

Pierre CORNEILLE, *La Veuve* (1633), acte III, scène 10, vers 1147-1160.

1. Évanouissement.
2. Ou je serai très étonnée.
3. Se fasse entendre.

Questions

Observer et analyser

1. À qui la nourrice s'adresse-t-elle successivement dans ce texte ? En fonction de votre réponse, délimitez et définissez les différents moments de ce texte.

2. Observez le rythme du texte. À quel moment note-t-on une accélération et pourquoi ?

3. Résumez les divers stratagèmes de la nourrice dont ce texte fait mention. En quoi cela nous renseigne-t-il sur le personnage ?

4. Relevez dans l'extrait le vocabulaire du théâtre. Que met-il en relief ?

Contexte et perspectives

5. Recherchez ce qu'est une comédie d'intrigue (► p. 235). En quoi cet extrait vous semble-t-il représentatif du genre ?

Vers le BAC : le sujet d'invention

6. Inventez le récit de l'enlèvement de Clarice que la nourrice raconte à Polymas, Doraste et Listor. Ce récit sera en prose ou en vers.

Molière
1622-1673

Biographie, p. 562

Histoire littéraire
Le classicisme, p. 28

Outils d'analyse
Le langage théâtral, p. 256

Texte 2 L'École des maris (1661)

Molière, dans L'École des maris, *met en scène deux frères, Sganarelle et Ariste, qui s'opposent sur l'éducation des deux jeunes filles dont ils sont les tuteurs. Sganarelle veut imposer ses vues à Isabelle et l'épouser, mais la jeune femme aime Valère. Enfermée chez elle par Sganarelle, elle va se servir de lui pour informer le jeune homme de l'intérêt qu'elle lui porte, en feignant de s'emporter contre un prétendu projet d'enlèvement.*

ISABELLE

Pour moi, je vous le di[1],
Si vous n'éclatez fort contre un trait[2] si hardi,
Et ne trouvez bientôt moyen de me défaire
Des persécutions d'un pareil téméraire,
J'abandonnerai tout, et renonce à l'ennui
De souffrir[3] les affronts que je reçois de lui.

SGANARELLE

Ne t'afflige point tant ; va, ma petite femme,
Je m'en vais le trouver et lui chanter sa gamme[4].

ISABELLE

Dites-lui bien au moins qu'il le nierait en vain,
Que c'est de bonne part qu'on m'a dit son dessein[5],
Et qu'après cet avis, quoi qu'il puisse entreprendre,
J'ose le défier de me pouvoir surprendre,
Enfin que sans plus perdre et soupirs et moments,
Il doit savoir pour vous quels sont mes sentiments,
Et que si d'un malheur il ne veut être cause,
Il ne se fasse pas deux fois dire une chose.

L'École des maris de **Molière**, mise en scène de Thierry Hancisse, avec C. Zahonero et J. Pouly, Paris, Comédie-Française, 1999.

SGANARELLE
Je dirai ce qu'il faut.

ISABELLE
Mais tout cela d'un ton
Qui marque que mon cœur lui parle tout de bon.

SGANARELLE
Va, je n'oublierai rien, je t'en donne assurance.

ISABELLE
J'attends votre retour avec impatience.
Hâtez-le, s'il vous plaît, de tout votre pouvoir :
Je languis quand je suis un moment sans vous voir.

SGANARELLE
Va, pouponne[6], mon cœur, je reviens tout à l'heure.
Est-il une personne et plus sage et meilleure ?
Ah ! Que je suis heureux ! Et que j'ai de plaisir
De trouver une femme au gré de mon désir !
Oui, voilà comme il faut que les femmes soient faites,
Et non comme j'en sais[7], de ces franches coquettes,
Qui s'en laissent conter[8], et font dans tout Paris
Montrer au bout du doigt[9] leurs honnêtes maris.
Holà ! Notre galant aux belles entreprises !

MOLIÈRE, *L'École des maris* (1661), acte II, scène 7, v. 653-683.

1. Orthographe pour la rime.
2. Si vous ne réagissez pas violemment contre une attaque.
3. Au tourment de supporter.
4. Le blâmer comme il le mérite.
5. Projet.
6. Il s'agit d'un terme d'affection.
7. Comme j'en connais.
8. Se laissent séduire.
9. Et rendent ridicules.

Questions

Observer et analyser

1. Que veut obtenir précisément Isabelle dans cette scène ?

2. Relevez les occurrences du verbe « dire ». En quoi est-ce révélateur du stratagème d'Isabelle ?

3. Relevez le champ lexical de l'affront. À quel endroit se concentre-t-il ? Dans quel but ?

4. La deuxième réplique d'Isabelle (v. 9-16) vous semble-t-elle similaire, dans le ton, à la première ? Quelle signification peut-elle avoir pour Sganarelle d'une part, et pour Valère d'autre part ?

5. Quel portrait d'Isabelle Sganarelle nous dresse-t-il dans sa dernière réplique ? Pourquoi ce propos est-il comique pour le lecteur ou le spectateur ?

Contextes et perspectives

6. Renseignez-vous sur la figure théâtrale du barbon. En quoi Sganarelle s'y rattache-t-il dans cet extrait ?

Vers le BAC : le commentaire

7. Vous rédigerez un paragraphe dans lequel vous montrerez l'ambiguïté du passage (situation, personnages, discours) et le plaisir qu'y prend le spectateur.

La comédie de mœurs

Molière
1622-1673

Biographie, p. 562

Histoire littéraire
Le classicisme, p. 28

Outils d'analyse
Le langage théâtral, p. 256

Méthode
Les registres, p. 476

Texte 3 Les Précieuses ridicules (1659)

Dès le début du XVIIe siècle, la préciosité littéraire envahit les salons parisiens où beaux sentiments et vocabulaire recherché sont mis en valeur. Dans Les Précieuses ridicules, *Molière tourne en dérision les femmes qui se piquent de préciosité. Magdelon est venue s'installer à Paris avec son père Gorgibus et sa cousine Cathos. Les deux jeunes femmes espèrent briller dans le beau monde des lettres, mais le père veut les marier à deux bons bourgeois.*

GORGIBUS. – Il est bien nécessaire, vraiment, de faire tant de dépense pour vous graisser le museau[1] ! Dites-moi un peu ce que vous avez fait à ces messieurs, que je les vois sortir avec tant de froideur ? Vous avais-je pas commandé de les recevoir comme des personnes que je voulais vous donner pour maris ?

MAGDELON. – Et quelle estime, mon père, voulez-vous que nous fassions du procédé irrégulier de ces gens-là ?

CATHOS. – Le moyen, mon oncle, qu'une fille un peu raisonnable se pût accommoder[2] de leur personne ?

GORGIBUS. – Et qu'y trouvez-vous à redire ?

MAGDELON. – La belle galanterie que la leur ! Quoi ! débuter d'abord par le mariage ?

GORGIBUS. – Et par où veux-tu donc qu'ils débutent ? par le concubinage ? N'est-ce pas un procédé dont vous avez sujet de vous louer toutes deux aussi bien que moi ? Est-il rien de plus obligeant que cela ? Et ce lien sacré où ils aspirent n'est-il pas un témoignage de l'honnêteté de leurs intentions ?

MAGDELON. – Ah ! mon père, ce que vous dites là est du dernier bourgeois ! Cela me fait honte de vous ouïr[3] parler de la sorte, et vous devriez un peu vous faire apprendre le bel air des choses[4].

GORGIBUS. – Je n'ai que faire ni d'air ni de chanson. Je te dis que le mariage est une chose sainte et sacrée, et que c'est faire en honnêtes gens que de débuter par là.

MAGDELON. – Mon Dieu ! que, si tout le monde vous ressemblait, un roman serait bientôt fini ! La belle chose que ce serait si d'abord Cyrus épousait Mandane, et qu'Aronce de plain-pied[5] fût marié à Clélie[6].

GORGIBUS. – Que me vient conter celle-ci ?

MAGDELON. – Mon père, voilà ma cousine qui vous dira, aussi bien que moi, que le mariage ne doit jamais arriver qu'après les autres aventures. Il faut qu'un amant[7], pour être agréable, sache débiter les beaux sentiments, pousser le doux, le tendre et le passionné, et que sa recherche[8] soit dans les formes. Premièrement, il doit voir au temple[9], ou à la promenade, ou dans quelque cérémonie publique, la personne dont il devient amoureux ; ou bien être conduit fatalement chez elle par un parent ou un ami, et sortir de là tout rêveur et mélancolique. Il cache un temps sa passion à l'objet aimé, et cependant lui rend plusieurs visites, où l'on ne manque jamais de mettre sur le tapis une question galante qui exerce les esprits de l'assemblée. Le jour de la déclaration arrive, qui se doit faire ordinairement dans une allée de quelque jardin, tandis que la compagnie

1. Vous enduire le visage de crèmes, vous maquiller.
2. Puisse s'arranger.
3. Entendre.
4. Manières de la Cour.
5. Sans obstacle.
6. Personnages de deux romans de Mlle de Scudéry, *Le Grand Cyrus* (1649-1653) et *Clélie* (1654-1660).
7. L'homme aimé.
8. La cour qu'il nous fait.
9. À l'église.

Les Précieuses ridicules de **Molière**, mise en scène de Christian Schiaretti, avec J. Brouaye et C. Verdier, Villeurbanne, Théâtre National Populaire, 2007.

s'est un peu éloignée; et cette déclaration est suivie d'un prompt courroux[10], qui paraît à notre rougeur, et qui, pour un temps, bannit l'amant de notre présence. Ensuite il trouve moyen de nous apaiser, de nous accoutumer insensiblement au discours de sa passion et de tirer de nous cet aveu qui fait tant de peine. Après cela viennent les aventures : les rivaux qui se jettent à la traverse d'une inclination établie[11], les persécutions des pères, les jalousies conçues sur de fausses apparences, les plaintes, les désespoirs, les enlèvements, et ce qui s'ensuit. Voilà comme les choses se traitent dans les belles manières, et ce sont des règles dont, en bonne galanterie, on ne saurait se dispenser. Mais en venir de but en blanc[12] à l'union conjugale, ne faire l'amour[13] qu'en faisant le contrat du mariage, et prendre justement le roman par la queue[14]; encore un coup mon père, il ne se peut rien de plus marchand[15] que ce procédé; et j'ai mal au cœur de la seule vision que cela me fait.

MOLIÈRE, *Les Précieuses ridicules* (1659), scène 4.

10. Une colère soudaine.
11. Font obstacle à une attirance véritable.
12. Directement.
13. Parler d'amour, faire la cour.
14. La fin, le dénouement.
15. Rien de plus commun.

Questions

Observer et analyser

1. Relevez les éléments qui nous permettent de comprendre les événements des scènes précédentes. Comment les différents personnages jugent-ils ces événements ?

2. Sur quel malentendu repose le conflit entre Gorgibus et les deux jeunes filles ? Montrez comment leur opposition se traduit dans le vocabulaire et le style, ainsi que par la ponctuation.

3. Relevez dans les répliques de Gorgibus les expressions familières. Pourquoi créent-elles ici un effet comique ?

4. Pourquoi le mot « bourgeois » (l. 18-19) résume-t-il toute la critique de Magdelon contre son père ? De quel autre mot pouvez-vous le rapprocher ?

5. Pourquoi Magdelon évoque-t-elle « un roman » (l. 51) et les « aventures » (l. 44) ? Repérez, lignes 30 à 47, les différents épisodes qui, selon elle, doivent précéder le mariage. Pourquoi ce récit fait-il sourire ?

6. Dans la tirade de Magdelon, relevez le champ lexical de l'obligation. Que peut-on en déduire sur sa conception des rapports amoureux ?

Contexte et perspectives

7. Faites une recherche sur Madeleine de Scudéry et la « Carte du Tendre ». Où se trouve le Mariage ?

8. Comparez la tirade de Magdelon avec l'attitude d'Armande dans *Les Femmes savantes* (► p. 414). Qu'est-ce qui les rapproche dans l'argumentation ? En quoi se distinguent-elles dans le registre comique ?

Vers le BAC : le commentaire

9. À partir de vos réponses aux questions 1 à 5, rédigez un paragraphe où vous expliquerez pourquoi nous pouvons parler ici d'une page satirique.

Racine
1639-1699

Biographie, p. 564

Histoire littéraire
Le classicisme, p. 28

Méthode
Les registres, p. 476

Texte 4 Les Plaideurs (1668)

Les Plaideurs est la seule comédie écrite par Jean Racine. Dans cette pièce, l'auteur se livre à une satire enjouée du monde judiciaire. Deux personnages, Chicaneau et Dandin ont la folie de vouloir faire des procès à toute heure et perdent tout sens de la réalité. Ainsi, ayant sauté par la fenêtre, Dandin a l'extravagance d'aller tenir un jugement en pleine nuit, au grand dam de son fils Léandre.

Illustration de Dubout (1905-1976) pour *Les Plaideurs*.

LÉANDRE
Que de sacs[1] ! Il en a jusques aux jarretières[2].

DANDIN
Je ne veux de trois mois rentrer dans la maison.
De sacs et de procès j'ai fait provision.

LÉANDRE
Et qui vous nourrira ?

DANDIN
Le buvetier[3], je pense.

LÉANDRE
Mais où dormirez-vous, mon père ?

DANDIN
À l'audience.

LÉANDRE
Non, mon père, il vaut mieux que vous ne sortiez pas.
Dormez chez vous. Chez vous faites tous vos repas.
Souffrez que la raison enfin vous persuade ;
Et pour votre santé…

DANDIN
Je veux être malade.

LÉANDRE
Vous ne l'êtes que trop. Donnez-vous du repos.
Vous n'avez tantôt plus que la peau sur les os.

DANDIN
Du repos ? Ah ! sur toi tu veux régler ton père.
Crois-tu qu'un juge n'ait qu'à faire bonne chère[4],

1. Sacs de dossiers, accrochés à la ceinture.
2. Bandes élastiques maintenant le bas sur la jambe.
3. Cabaretier, tavernier.
4. Bien manger.

Qu'à battre le pavé[5] comme un tas de galants,
Courir le bal la nuit, et le jour les brelans[6] ?
L'argent ne nous vient pas si vite que l'on pense.
Chacun de tes rubans me coûte une sentence.
Ma robe[7] vous fait honte : un fils de juge ! Ah ! fi !
Tu fais le gentilhomme. Hé ? Dandin, mon ami,
Regarde dans ma chambre et dans ma garde-robe
Les portraits des Dandins : tous ont porté la robe ;
Et c'est le bon parti. Compare prix pour prix
Les étrennes[8] d'un juge à celles d'un marquis :
Attends que nous soyons à la fin de décembre.
Qu'est-ce qu'un gentilhomme ? Un pilier d'antichambre[9].
Combien en as-tu vu, je dis des plus huppés[10],
À souffler dans leurs doigts dans ma cour occupés,
Le manteau sur le nez, ou la main dans la poche,
Enfin, pour se chauffer, venir tourner ma broche !
Voilà comme on les traite. [...]

Jean RACINE, *Les Plaideurs* (1668), acte I scène 4, v.72-101.

5. Parcourir la ville.
6. Lieux où l'on joue.
7. Costume traditionnel du juge.
8. Sorte de prime versée en fin d'année.
9. L'antichambre du roi.
10. D'un haut rang social.

Questions

Observer et analyser

1. Qui conduit la scène ? À quel moment le rapport de force entre les deux interlocuteurs se renverse-t-il ? À quoi le voit-on ?

2. Qui mène le dialogue dans la première partie ? Pourquoi cela crée-t-il une situation amusante ?

3. Relevez, aux vers 1-11, les éléments qui permettent de dresser un portrait de Dandin. En quoi consiste sa « maladie » ? Pourquoi le personnage est-il comique ?

4. Quel portrait de Léandre se dégage de la dernière réplique ?

5. Comment comprenez-vous l'expression « pilier d'antichambre » (v. 25) ? De quelle catégorie sociale la tirade de Dandin fait-elle la satire ? Citez les effets de style qui rendent cette satire efficace.

Contexte et perspectives

6. Rapprochez cette opposition entre Léandre et Dandin d'autres conflits entre père et fils, chez Molière (*L'Avare*, II, 2 et IV, 3 ; *Dom Juan*, IV, 4). Dans quelle mesure Racine se sépare-t-il de Molière ?

Vers le BAC : la dissertation

7. En vous appuyant sur cet extrait, vous rédigerez un paragraphe dans lequel vous réfléchirez aux conditions qui rendent efficace la satire au théâtre.

Les Plaideurs contents, gravure du XVIIe siècle.

Molière
1622-1673

Biographie, p. 562

Texte 5 George Dandin (1668)

George Dandin est un riche paysan d'âge mûr qui a épousé Angélique de Sotenville, jeune fille issue d'une famille aristocratique ruinée. Dans cette scène, les époux se retrouvent seuls et Angélique affirme sa vision du mariage.

GEORGE DANDIN. – C'est ainsi que vous satisfaites aux engagements de la foi que vous m'avez donnée publiquement ?

ANGÉLIQUE. – Moi ? je ne vous l'ai point donnée de bon cœur, et vous me l'avez arrachée. M'avez-vous, avant le mariage, demandé mon consentement, et si je voulais bien de vous ? Vous n'avez consulté, pour cela, que mon père et ma mère ; ce sont eux proprement qui vous ont épousé, et c'est pourquoi vous ferez bien de vous plaindre toujours à eux des torts que l'on pourra vous faire. Pour moi, qui ne vous ai point dit de vous marier avec moi, et que vous avez prise sans consulter mes sentiments, je prétends n'être point obligée à me soumettre en esclave à vos volontés ; et je veux jouir, s'il vous plaît, de quelque nombre de beaux jours que m'offre la jeunesse, prendre les douces libertés que l'âge me permet, voir un peu le beau monde, et goûter le plaisir de m'ouïr[1] dire des douceurs. Préparez-vous-y, pour votre punition, et rendez grâces au Ciel de ce que je ne suis pas capable de quelque chose de pis[2].

GEORGE DANDIN. – Oui ! c'est ainsi que vous le prenez. Je suis votre mari, et je vous dis que je n'entends[3] pas cela.

ANGÉLIQUE. – Moi je suis votre femme, et je vous dis que je l'entends.

GEORGE DANDIN. – Il me prend des tentations d'accommoder tout son visage à la compote, et le mettre en état de ne plaire de sa vie aux diseurs de fleurettes. Ah ! allons, George Dandin ; je ne pourrais me retenir, et il vaut mieux quitter la place.

MOLIÈRE, *George Dandin* (1668), acte II, scène 2.

1. Entendre.
2. Pire.
3. Comprends.

Questions

Observer et analyser

1. Observez les pronoms personnels. En quoi leur utilisation est-elle révélatrice des rapports entre les deux personnages ?
2. Relevez le champ lexical de la force et du droit. Quelle est la position de chacun des personnages vis-à-vis de ces notions ?
3. Quelles aspirations légitimes Angélique révèle-t-elle dans le récit de son mariage ? En quoi par ailleurs ce récit est-il comique ?
4. Dandin vous paraît-il ridicule, tyrannique ou malheureux ? Justifiez votre réponse.

Vers le BAC : l'entretien à l'oral

5. Connaissez-vous dans d'autres pièces, des exemples d'unions contraintes ou mal assorties ? Pourquoi, à votre avis, est-ce un thème récurrent au théâtre ?

Georges Dandin de **Molière**, mise en scène de Christophe Lidon, avec L. Richard et J. Marboeuf, Paris, Théâtre 14, 1999.

Vers l'œuvre complète

Molière, *George Dandin*

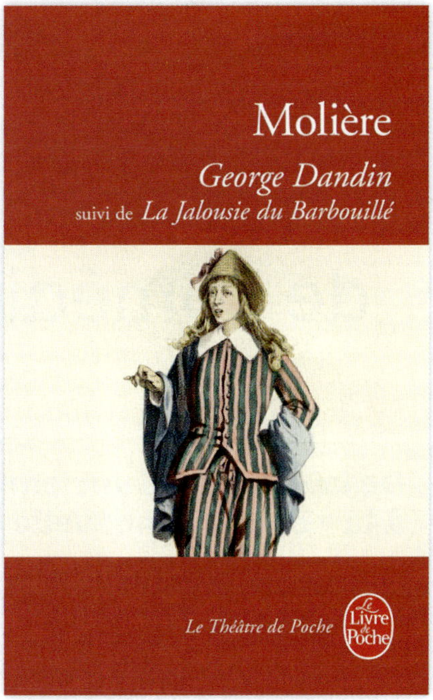

Citations

GEORGE DANDIN. – Mon mariage est une leçon bien parlante à tous les paysans qui veulent s'élever au-dessus de leur condition. (I, 1)

MADAME DE SOTENVILLE. – Souvenez-vous que vous avez épousé une Demoiselle.
GEORGE DANDIN. – Je m'en souviens assez, et ne m'en souviendrai que trop. (II, 7)

ANGÉLIQUE. – Car pour moi, je vous déclare que mon dessein n'est pas de renoncer au monde, et de m'enterrer toute vive dans un mari. (II, 8)

GEORGE DANDIN. – Ouais ! serait-elle bien si malicieuse que de s'être tuée pour me faire pendre ? (III, 6)

Une œuvre carrefour

Longtemps méconnue, cette comédie résume à elle seule la diversité de Molière, dans son inspiration comme dans son travail. Elle est créée en juillet 1668 dans le cadre du Grand Divertissement royal, la plus somptueuse fête du règne, donnée pour célébrer la paix d'Aix-la-Chapelle. Molière, comme d'habitude, est l'un des grands ordonnateurs de ces réjouissances : il règle la scénographie, compose les vers de circonstance et fournit une comédie inédite. Mais avec *George Dandin*, il choisit de trancher avec l'atmosphère galante et aristocratique de la fête : il reprend, en l'étoffant, une de ses premières farces, *La Jalousie du Barbouillé*. Il en avait emprunté le sujet au vieux fonds médiéval ; il compose sa comédie selon le modèle de la farce, chacun des trois actes déclinant le même schéma d'intrigues. Mais Molière n'oublie pas pour autant la peinture sociale et la comédie de mœurs, avec ce conflit entre un « riche paysan » berné et des aristocrates cyniques et méprisants.

Le rire aigre-doux

George Dandin ou le Mari confondu montre les conséquences d'un mariage raté. Avant cette comédie, Molière a déjà mis en scène des projets de mariage imposés ; mais à chaque fois, le pire était évité. Or, quand débute *George Dandin,* le mariage a déjà eu lieu et le mal est fait. À trois reprises, Dandin tente de démontrer l'infidélité de sa femme ; à chaque fois, il est humilié. Molière ne peint pas seulement un cocu, il dévoile le drame intime d'un homme blessé et isolé dont l'argent n'a pas fait le bonheur. Mais Molière montre aussi une jeune femme entravée et malheureuse qui cherche à gagner sa liberté. Une gravité morale émane de cette comédie dont les protagonistes ne partagent pas les mêmes valeurs : l'amour ne s'achète pas, le mépris social laisse des traces indélébiles pour celui qui le subit. On peut toutefois imaginer que le rire libérateur provoqué par les facéties du valet Lubin, ainsi que les intermèdes musicaux qui ponctuaient la comédie, tempéraient cette amertume.

Personnages et représentation de la société

1. Commentez le nom des parents d'Angélique. En quels termes se parlent-ils ? Autour de quelles valeurs le couple est-il uni ?
2. Quel est le rôle du personnage de Clitandre dans la pièce ? Quelle est sa fonction vis-à-vis de George Dandin ?
3. Qui sont les valets de la pièce ? Étudiez le rôle de chacun d'eux auprès d'Angélique et de George Dandin.

Décors et accessoires

4. Où se déroule l'action de *George Dandin* ? Assiste-t-on à des changements de lieu ? Quel est l'effet recherché par Molière ?
5. Quel est le rôle de la nuit dans la comédie ? Que permet-elle ?
6. Relevez quelques accessoires qui apparaissent dans l'intrigue et commentez leur emploi concret et symbolique.

George Dandin, héros ridicule ou tragique ?

7. Comptez le nombre de monologues de George Dandin dans la comédie. Qu'en déduisez-vous sur le personnage ?
8. Comparez la première et la dernière scène. Vers quoi le personnage de Dandin a-t-il évolué ?
9. Relevez la dernière parole de Dandin dans la pièce. Que laisse-t-elle supposer quant à son avenir ?

Personnages de comédie

▲ **Masque de vieillard en colère**
Fresque de Pompéi (Ier siècle av. J.-C.), Naples, musée archéologique.

À retenir

De la « comédie ancienne » à la « comédie nouvelle »

En Grèce, la première forme de la comédie est incarnée, au Ve siècle av. J.-C., par l'athénien **Aristophane**. C'est une comédie **politique**, qui porte à la scène les grands débats de la cité : la guerre et la paix (Les Oiseaux), l'organisation de la justice (Les Guêpes), la démagogie des dirigeants. Ses personnages, toujours burlesques, sont d'une fantaisie haute en couleur.

À cette « comédie ancienne » succède, à la fin du IVe siècle, la « comédie nouvelle » illustrée par Ménandre. C'est elle qui inspirera à Rome les intrigues de **Plaute** et de **Térence** puis, par leur intermédiaire, celles de la comédie classique au XVIIe siècle.

Des histoires de famille

Quittant le terrain politique au moment où l'État athénien se désagrège, la « comédie nouvelle » est plus une comédie de mœurs qui met en scène des **intrigues domestiques**, autour d'un schéma à peu près immuable : les amours compliquées d'un **jeune homme** insouciant en butte à l'opposition d'un **père** colérique mais aidé par un **esclave** plein de ressources. Autour de ce trio gravitent d'autres figures typées : la **courtisane** aimée qui se révèlera de naissance libre, l'odieux ***leno*** qui la prostitue, le **parasite** qui s'incruste, etc.

Le jeune homme et l'esclave ▶
Bas-relief (Ier siècle av. J.-C.), Naples, musée archéologique.

Le bandeau de fête que brandit le jeune homme (élancé, masque lisse et toge longue) montre qu'il rentre d'un banquet, sans doute un peu éméché. Costume retroussé et masque grimaçant, l'esclave soutient la démarche titubante de son jeune maître. Le comité d'accueil paternel n'est pas loin : l'action peut s'engager.

Détournement burlesque

Cratère grec (IVe siècle av. J.-C.), Paris, musée du Louvre.

Cette image met en scène le passage de l'*Odyssée* où Alcinoos et Arèté, souverains de l'île de Phéacie, accueillent généreusement Ulysse, rescapé d'un naufrage. L'allure grotesque des personnages montre comment, dans le théâtre grec, la comédie peut se faire parodique, en tournant en dérision un épisode émouvant de l'épopée homérique.

Personnage de vieillard

Figurine d'acteur en terre cuite (IIe siècle av. J.-C.), Paris, musée du Louvre.

La barbe désigne un vieillard, mais ce n'est pas le type bien connu du vieillard en colère (voir ci-contre). Le pan de toge replié par dessus l'épaule lui donne une allure dynamique, et sa posture, bras en avant, est bienveillante. Il pourrait incarner l'ami raisonnable du père, celui qui joue les conciliateurs.

L'esclave et les jeunes femmes

Fresque de Pompéi (Ier siècle av. J.-C.), Naples, musée archéologique.

Le personnage de gauche est un esclave : son masque béant et sa tunique courte l'identifient comme tel. Il est saisi en plein mouvement, ce qui contraste avec l'attitude des deux jeunes femmes (sans doute la maîtresse et sa servante), paralysées par la crainte. Situation classique, qui va voir l'esclave ingénieux redresser une position compromise.

Molière
1622-1673

Biographie, p. 562

Histoire littéraire
Le classicisme, p. 28

Texte 6 Tartuffe (1664)

Tartuffe, qui joue les saints hommes, s'est progressivement installé dans la maison d'Orgon pour en tirer profit. Toute la famille est prévenue contre lui, mais Orgon est aveuglé par l'admiration qu'il porte à l'hypocrite. Il n'a même pas voulu croire son fils Damis venu lui dénoncer les tentatives de séduction de Tartuffe sur Elmire, la seconde épouse de son père.

ORGON
Remettez-vous, mon frère, et ne vous fâchez pas.

TARTUFFE
Rompons, rompons le cours de ces fâcheux débats.
Je regarde céans[1] quels grands troubles j'apporte,
Et crois qu'il est besoin, mon frère, que j'en sorte.

ORGON
Comment ? Vous moquez-vous ?

TARTUFFE
On m'y hait, et je voi[2]
Qu'on cherche à vous donner des soupçons de ma foi[3]

ORGON
Qu'importe ! Voyez-vous que mon cœur les écoute ?

TARTUFFE
On ne manquera pas de poursuivre, sans doute ;
Et ces mêmes rapports qu'ici vous rejetez,
Peut-être une autre fois seront-ils écoutés.

Tartuffe de Molière, mise en scène de Dominique Pitoiset, avec P. Torreton et J. Dautremay, Paris, Comédie-Française, 1997.

ORGON

Non, mon frère, jamais.

TARTUFFE

Ah ! mon frère, une femme
Aisément d'un mari peut bien surprendre[4] l'âme.

ORGON

Non, non.

TARTUFFE

Laissez-moi vite, en m'éloignant d'ici,
Leur ôter tout sujet de m'attaquer ainsi.

ORGON

Non, vous demeurerez, il y va de ma vie.

TARTUFFE

Hé bien, il faudra donc que je me mortifie[5].
Pourtant, si vous vouliez...

ORGON

Ah !

TARTUFFE

Soit, n'en parlons plus.
Mais je sais comme il faut en user là-dessus.
L'honneur est délicat, et l'amitié m'engage
À prévenir les bruits et les sujets d'ombrage[6] :
Je fuirai votre épouse et vous ne me verrez...

ORGON

Non, en dépit de tous, vous la fréquenterez.

MOLIÈRE, *Tartuffe* (1664), acte III, scène 7, v. 1151-1172.

1. Ici.
2. Orthographe pour la rime.
3. Sur ma loyauté.
4. S'emparer de, par surprise.
5. Punition physique qu'on s'impose par pénitence.
6. D'inquiétude.

Questions

Observer et analyser

1. Qu'apprend-on de ce qui vient de se passer dans les scènes précédentes ? Qui se devine derrière les « on », les « ils » et les « tous » ?

2. Quelles sont les solutions proposées par Tartuffe pour remédier aux troubles de la maison ? Sont-elles attendues ?

3. Relevez des éléments du discours de Tartuffe qui peuvent le faire passer pour chaste, humble et obéissant, trois vertus chrétiennes.

4. Repérez et analysez les passages où l'on peut soupçonner Tartuffe de jouer la comédie.

5. Observez les répliques d'Orgon. Comment montrent-elles la manipulation par Tartuffe ?

6. Qu'obtient finalement Tartuffe ? Par comparaison avec la situation de départ, peut-on parler d'une habileté de Tartuffe ?

Contexte et perspectives

7. Lisez le chapitre 23 de l'Évangile de Matthieu. Comment le Christ parle-t-il des pharisiens ? Tartuffe est-il un pharisien ?

Vers le BAC : le commentaire

8. Vous rédigerez un paragraphe dans lequel vous montrerez que Tartuffe se révèle être un parfait comédien.

Molière
1622-1673

Biographie, p. 562

Histoire littéraire
Le classicisme, p. 28

Outils d'analyse
Les types d'argument, p. 432

Méthode
Les registres, p. 476
La langue du XVIIe siècle, p. 454

Texte 7 Le Misanthrope (1666)

Le Misanthrope (« celui qui hait les hommes » en grec) est l'une des comédies de caractère les plus originales et les plus sombres de Molière. Elle met en scène Alceste, un homme qui méprise la vie en société et dénonce l'hypocrisie et les flatteries des courtisans. La pièce s'ouvre sur une dispute entre lui et son ami Philinte, contre qui il éclate en reproches véhéments.

PHILINTE

Dans vos brusques chagrins[1] je ne puis vous comprendre,
Et quoique amis, enfin, je suis tout des premiers…

ALCESTE

Moi, votre ami ? Rayez cela de vos papiers.
J'ai fait jusques ici profession de l'être[2] ;
Mais après ce qu'en vous je viens de voir paraître,
Je vous déclare net, que je ne le suis plus,
Et ne veux nulle place en des cœurs corrompus.

PHILINTE

Je suis donc bien coupable, Alceste, à votre compte[3] ?

ALCESTE

Allez, vous devriez mourir de pure honte ;
Une telle action ne saurait s'excuser,
Et tout homme d'honneur s'en doit scandaliser.
Je vous vois accabler un homme de caresses[4],
Et témoigner pour lui les dernières tendresses ;
De protestations[5], d'offres, et de serments,
Vous chargez[6] la fureur de vos embrassements[7] ;
Et quand je vous demande après quel est cet homme,
À peine pouvez-vous dire comme il se nomme ;
Votre chaleur[8] pour lui tombe en vous séparant,
Et vous me le traitez, à moi, d'indifférent.
Morbleu ! c'est une chose indigne, lâche, infâme,
De s'abaisser ainsi jusqu'à trahir son âme :
Et si, par un malheur, j'en avais fait autant,
Je m'irais, de regret, pendre tout à l'instant.

PHILINTE

Je ne vois pas, pour moi, que le cas soit pendable[9] ;
Et je vous supplierai d'avoir pour agréable
Que je me fasse un peu grâce sur votre arrêt[10],
Et ne me pende pas pour cela, s'il vous plaît.

ALCESTE

Que la plaisanterie est de mauvaise grâce !

PHILINTE

Mais, sérieusement, que voulez-vous qu'on fasse ?

ALCESTE

Je veux qu'on soit sincère, et qu'en homme d'honneur,
On ne lâche aucun mot qui ne parte du cœur.

1. Colères.
2. J'ai proclamé que je l'étais.
3. À votre avis.
4. Marques d'affection.
5. Déclarations (d'amitié).
6. Vous surchargez, vous augmentez.
7. Étreintes.
8. Ardeur.
9. Mérite la pendaison.
10. Que je ne me soumette pas à votre condamnation.
11. Monnaie.

Philinte

Lorsqu'un homme vous vient embrasser avec joie,
Il faut bien le payer de la même monnoie[11],
Répondre, comme on peut, à ses empressements,
Et rendre offre pour offre, et serments pour serments.

Molière, *Le Misanthrope* (1666), acte I scène 1, v. 6-40.

Le Misanthrope de **Molière**, mise en scène de Francis Huster, avec R. Hirsch et F. Huster, Paris, théâtre Marigny, 1992.

Questions

Observer et analyser

1. Quelle est la raison de la querelle entre Alceste et Philinte ? Rassemblez les éléments qui vous permettent de reconstituer l'événement déclencheur.

2. Alceste nous propose un portrait de Philinte en société. Relevez les éléments satiriques qui déclenchent le rire aux dépens de ce dernier.

3. Relevez les hyperboles dans le discours d'Alceste. Pourquoi sont-elles comiques ?

4. Relevez les champs lexicaux de l'honneur et de la sociabilité ; puis établissez quel est le caractère d'Alceste et quel est celui de Philinte.

5. Observez les vers 24-28 : en quoi consiste la « plaisanterie » ? En quoi peut-elle influencer l'opinion du spectateur dans cette dispute ?

Contexte et perspectives

6. « Honneur » et « cœur » renvoient à la tragédie cornélienne. Renseignez-vous sur le « héros » cornélien et précisez ce qu'Alceste lui doit.

7. Renseignez-vous sur l'idéal de l'honnête homme. Peut-on dire que Philinte en est l'un des représentants ?

Vers le BAC : la dissertation

8. Vous rédigerez un paragraphe dans lequel vous défendrez l'idée, en vous appuyant notamment sur ce texte, que le théâtre « châtie les mœurs ».

Molière
1622-1673

Biographie, p. 562

Histoire littéraire
Le classicisme, p. 28

Outils d'analyse
Les types d'argument, p. 432

Texte 8 Dom Juan (1665)

Obéissant à ses seuls désirs, Dom Juan brave les lois humaines et divines, séduisant les femmes et les abandonnant. Il se justifie ici devant son valet Sganarelle, scandalisé de sa conduite.

DOM JUAN. – La belle chose de vouloir se piquer[1] d'un faux honneur d'être fidèle, de s'ensevelir pour toujours dans une passion, et d'être mort dès sa jeunesse à toutes les autres beautés qui nous peuvent frapper les yeux ! Non, non : la constance n'est bonne que pour des ridicules ; toutes les belles ont droit de nous charmer, et l'avantage d'être rencontrée la première ne doit point dérober aux autres les justes prétentions qu'elles ont toutes sur nos cœurs. Pour moi, la beauté me ravit partout où je la trouve, et je cède facilement à cette douce violence dont elle nous entraîne. J'ai beau être engagé, l'amour que j'ai pour une belle n'engage point mon âme à faire injustice aux autres ; je conserve des yeux pour voir le mérite de toutes, et rends à chacune les hommages et les tributs[2] où[3] la nature nous oblige. Quoi qu'il en soit, je ne puis refuser mon cœur à tout ce que je vois d'aimable ; et dès qu'un beau visage me le demande, si j'en avais dix mille, je les donnerais tous. Les inclinations naissantes, après tout, ont des charmes inexplicables, et tout le plaisir de l'amour est dans le changement. On goûte une douceur extrême à réduire[4], par cent hommages, le cœur d'une jeune beauté, à voir de jour en jour les petits progrès qu'on y fait, à combattre par des transports, par des larmes et des soupirs, l'innocente pudeur d'une âme qui a peine à rendre les armes, à forcer pied à pied toutes les petites résistances qu'elle nous oppose, à vaincre les scrupules dont elle se fait un honneur et la mener doucement où nous avons envie de la faire venir. Mais lorsqu'on en est maître une fois[5], il n'y a plus rien à dire ni rien à souhaiter ; tout le beau de la passion est fini, et nous nous endormons dans la tranquillité d'un tel amour, si quelque objet nouveau ne vient réveiller nos désirs, et présenter à notre cœur les charmes attrayants d'une conquête à faire. Enfin il n'est rien de si doux que de triompher de la résistance d'une belle personne, et j'ai sur ce sujet l'ambition des conquérants, qui volent perpétuellement de victoire en victoire, et ne peuvent se résoudre à borner leurs souhaits. Il n'est rien qui puisse arrêter l'impétuosité de mes désirs : je me sens un cœur à aimer toute la terre ; et comme Alexandre[6], je souhaiterais qu'il y eût d'autres mondes, pour y pouvoir étendre mes conquêtes amoureuses.

MOLIÈRE, *Dom Juan* (1665), acte I, scène 2.

1. Prétendre posséder.
2. Témoignages de passion (vocabulaire galant).
3. Auxquels.
4. Vaincre (en parlant d'une place forte).
5. Une fois qu'on en est maître.
6. Alexandre le Grand, roi de Macédoine (356-323 av. J.-C.), qui avait étendu son Empire jusqu'à l'Inde.

Questions

Observer et analyser

1. Résumez en quelques phrases la tirade de Dom Juan en distinguant bien ses différents arguments.

2. Observez et analysez les connecteurs logiques. Comment permettent-ils la construction de l'argumentation ?

3. Par quels procédés rhétoriques Dom Juan parvient-il à faire l'éloge du changement ? Pourquoi peut-on parler ici de « cynisme » ?

4. Relevez le lexique de la conquête militaire et de la mort dans la tirade. Qu'est-ce que cela nous révèle du personnage de Dom Juan ?

5. Dans la dernière phrase Dom Juan se compare à Alexandre. En quoi est-ce comique ?

Vers le bac : le sujet d'invention

6. En utilisant les mêmes armes rhétoriques que Dom Juan, écrivez un éloge de la fidélité.

Synthèse

La comédie au XVIIe siècle

Les trois comédies

▮ On distingue trois types de comédie :
- la **comédie d'intrigue**, qui exploite un comique de situation (quiproquos, ruses, stratagèmes) ;
- la **comédie de caractère**, qui montre le ridicule de types humains (l'avare, le menteur, le misanthrope) ;
- la **comédie de mœurs**, qui fustige les comportements sociaux contemporains.

▮ Dans les trois cas, les personnages sont plus proches, socialement, du spectateur que ceux de la tragédie : courtisans, bourgeois, médecins, paysans, valets... Le langage est **familier**, même si les pièces sont écrites en vers, et certains auteurs, comme Molière, n'hésitent pas à utiliser le **patois**.

Un héritage : la comédie d'intrigue

Comédies antiques

▮ La comédie classique hérite tout d'abord de la **comédie latine** (Plaute et Térence, ► p. 228). Les auteurs reprennent certaines situations (le mariage forcé) et certains types de personnages (le barbon, l'esclave, le fils de famille, le soldat fanfaron...).

Farce et *commedia dell'arte*

▮ Au delà de cet héritage, il faut noter l'influence d'un comique bas et répétitif, la farce, présente dans la littérature française depuis le Moyen Âge. Avec la *commedia dell'arte* italienne, la farce va durablement influencer l'écriture théâtrale du XVIIe siècle : on note la persistance d'un **comique de mots et de gestes**, mais aussi d'un comique de **situation** (utilisation abondante du quiproquo). Les personnages types de la *commedia dell'arte* (le vieillard Pantalon, le Docteur, le Capitan et le valet) vont être imités et transformés par Molière.

La comédie d'intrigue au XVIIe siècle

▮ **Corneille** reprend dans *L'Illusion comique* la figure du soldat fanfaron, déjà illustré par Plaute et par la comédie italienne (avec le Capitan). Les valets de Corneille et Molière (les Sganarelle et autres Scapin) sont directement issus de ce fonds littéraire, de même que les médecins ridicules (*Le Médecin malgré lui*, *Le Malade imaginaire*). Molière ne cessera jamais d'écrire des farces (*Les Fourberies de Scapin* sont représentées en 1671, deux ans avant la mort du dramaturge) ou des comédies d'intrigue (► *L'École des maris*, p. 220), mais il va de plus en plus intégrer ces éléments comiques à d'autres types de comédie.

Dessin du costume de Monsieur Pourceaugnac (1970), Paris, Comédie-Française.

La grande comédie classique

La comédie de caractère

▮ À partir du comportement d'un individu qui présente un trait de caractère marqué (l'avarice, l'hypocondrie, la misanthropie, le libertinage), Molière élabore une réflexion sur la nature humaine. Ce sont certainement les pièces les plus profondes du dramaturge, celles où il se fait observateur précis et **moraliste**. Cette impression est renforcée, lorsque le personnage principal, lui-même, projette son regard sur le monde (méprisant chez Alceste dans *Le Misanthrope*, ► p. 232 ; cynique chez Dom Juan dans la pièce du même nom, ► p. 234).

La comédie de mœurs

▮ Le premier succès de Molière est celui des *Précieuses ridicules* (► p. 222), qui propose la satire d'un mouvement littéraire et social du début du XVIIe siècle. Avec *Le Bourgeois gentilhomme* (1670) c'est toute une galerie de personnages contemporains, naïfs ou rusés, que nous présente le dramaturge.

▮ À côté de ces vraies **comédies de mœurs**, on note, dans des comédies plus orientées vers l'intrigue (*George Dandin*) ou vers la peinture d'un caractère (*Le Misanthrope)*, la présence de propos sans concession sur les comportements des hommes du siècle.

Le rire noir

▮ Hanté par une manie, le personnage principal de la comédie de caractère est en butte à l'opposition d'un groupe (famille, société). Il est le plus souvent aveuglé par ses propres obsessions et il perçoit la réalité de manière déformée ou partielle. C'est du décalage entre ce caractère et son entourage que naissent des situations au **comique parfois inquiétant**. Ainsi Argan dans *Le Malade imaginaire* est obnubilé par la maladie et perd le sens des réalités. Le personnage de George Dandin, bien que ridicule, est quant à lui constamment obligé de s'humilier devant des personnages qui se jouent de lui (► p. 226).

La comédie au siècle des Lumières

Texte 1 Marivaux, *L'Ile des esclaves* (1725)

Iphicrate et Arlequin ont fait naufrage sur une île, tenue par d'anciens esclaves, où maîtres et et serviteurs doivent échanger leur condition. C'est Trivelin, le gouverneur de cette île, explique les lois qui la régissent.

TRIVELIN. – Ne m'interrompez point, mes enfants. Je pense donc que vous savez qui nous sommes. Quand nos pères, irrités de la cruauté de leurs maîtres, quittèrent la Grèce et vinrent s'établir ici, dans le ressentiment des outrages[1] qu'ils avaient reçus de leurs patrons, la première loi qu'ils y firent fut d'ôter la vie à tous les maîtres que le hasard ou le naufrage conduirait dans leur île, et conséquemment de rendre la liberté à tous les esclaves : la vengeance avait dicté cette loi ; vingt ans après, la raison l'abolit, et en dicta une plus douce. Nous ne nous vengeons plus de vous, nous vous corrigeons ; ce n'est plus votre vie que nous poursuivons, c'est la barbarie de vos cœurs que nous voulons détruire ; nous vous jetons dans l'esclavage pour vous rendre sensibles aux maux qu'on y éprouve ; nous vous humilions, afin que, nous trouvant superbes[2], vous vous reprochiez de l'avoir été. Votre esclavage, ou plutôt votre cours d'humanité, dure trois ans, au bout desquels on vous renvoie, si vos maîtres sont contents de vos progrès ; et si vous ne devenez pas meilleurs, nous vous retenons par charité pour les nouveaux malheureux que vous iriez faire encore ailleurs, et par bonté pour vous, nous vous marions avec une de nos citoyennes. Ce sont là nos lois à cet égard ; mettez à profit leur rigueur salutaire, remerciez le sort qui vous conduit ici, il vous remet en nos mains, durs, injustes et superbes ; vous voilà en mauvais état, nous entreprenons de vous guérir ; vous êtes moins nos esclaves que nos malades, et nous ne prenons que trois ans pour vous rendre sains, c'est-à-dire humains, raisonnables et généreux pour toute votre vie.

MARIVAUX, *L'Île des esclaves* (1725), scène 2.

1. Dans la rancune pour les humiliations.
2. Pleins d'orgueil.

Texte 2 Beaumarchais, *Le Mariage de Figaro* (1784)

Après avoir quelques années plus tôt favorisé le mariage de son maître, le comte Almaviva, Figaro est sur le point de s'unir avec Suzanne, suivante et intime de la Comtesse. Mais le comte, qui a pourtant aboli le droit de cuissage sur ses terres, a des vues sur la jeune femme, qui en a prévenu son fiancé. Figaro veut déjouer les plans de son maître.

FIGARO, *tenant Suzanne par la main.* – Permettez donc que cette jeune créature, de qui votre sagesse a préservé l'honneur, reçoive de votre main, publiquement, la toque virginale[1], ornée de plumes et de rubans blancs, symbole de la pureté de vos intentions : adoptez-en la cérémonie pour tous les mariages, et qu'un quatrain chanté en chœur rappelle à jamais le souvenir…

LE COMTE, *embarrassé.* – Si je ne savais pas qu'amoureux, poète et musicien sont trois titres d'indulgence pour toutes les folies…

1. Chapeau dont se coiffe la future mariée, symbole de sa virginité.

Le Mariage de Figaro de **Beaumarchais**, mise en scène de Christophe Rauck, avec A. Kessler, L. Stocker, M. Vuillermoz, B. Jungers, Paris, Comédie-Française, 2007.

FIGARO. – Joignez-vous à moi, mes amis !

TOUS ENSEMBLE[2]. – Monseigneur ! Monseigneur !

SUZANNE, *au Comte.* – Pourquoi fuir un éloge que vous méritez si bien ?

LE COMTE, *à part.* – La perfide !

FIGARO. – Regardez-la donc, Monseigneur. Jamais plus jolie fiancée ne montrera mieux la grandeur de votre sacrifice.

SUZANNE. – Laisse là ma figure, et ne vantons que sa vertu.

LE COMTE, *à part.* – C'est un jeu que tout ceci.

LA COMTESSE. – Je me joins à eux, monsieur le Comte ; et cette cérémonie me sera toujours chère, puisqu'elle doit son motif à l'amour charmant que vous aviez pour moi.

LE COMTE. – Que j'ai toujours, madame ; et c'est à ce titre que je me rends.

TOUS ENSEMBLE. – Vivat !

LE COMTE, *à part.* – Je suis pris. *(Haut.)* Pour que la cérémonie eût un peu plus d'éclat, je voudrais seulement qu'on la remît à tantôt.

BEAUMARCHAIS, *Le Mariage de Figaro* (1784), acte I, scène 10.

2. Valets et paysans.

Croiser les textes

1. Dans les deux extraits, comment le maître est-il tourné en dérision ?

2. Quel personnage, dans chaque extrait, introduit la subversion dans l'ordre social ?

3. L'extrait de *L'Île des esclaves* est une tirade, celui du *Mariage de Figaro* est un dialogue animé. Laquelle des deux formes vous semble la mieux appropriée à la contestation ?

4. Ces deux pièces sont des comédies. Où se situe, dans les deux cas, le comique ?

Vers le BAC : la question de corpus

5. En quoi ces deux extraits sont-ils représentatifs d'une certaine satire sociale ?

Règles et bienséances classiques

8

Bérénice de **Racine**, mise en scène de Lambert Wilson, avec K. Scott Thomas, Festival d'Avignon, 2001.

Une seule intrigue, en un jour, en un lieu : telle est la règle intangible des trois unités du théâtre classique. Elle vise avant tout à rendre vraisemblables l'intrigue et le comportement des personnages et contribue à une plus grande efficacité théâtrale. Mais il s'agit aussi de respecter des convenances morales et religieuses. On nomme ces convenances les bienséances. Qu'elles soient strictement observées ou subtilement détournées, toutes ces obligations ont des conséquences sur l'action théâtrale, sur le décor et sur le jeu des acteurs.

Les trois unités au service de la vraisemblance

Racine
1639-1699

Biographie, p. 564

Histoire littéraire
Le classicisme, p. 28

Outils d'analyse
Espace théâtral et mise en scène, p. 264

Texte 1 Bérénice (1670)

Bérénice et Titus s'aiment d'un amour impossible car elle est reine de Palestine et lui empereur de Rome. La simplicité de l'action est renforcée par la concentration des unités de temps et de lieu : la durée de l'intrigue est proche de celle de la représentation, et tout s'accomplit à Rome, dans l'espace resserré d'un cabinet à la situation stratégique. La pièce s'ouvre avec Antiochus, roi de Comagène qui aime secrètement Bérénice, et son confident Arsace.

***

La scène est à Rome, dans un cabinet qui est entre l'appartement de Titus et celui de Bérénice.

ANTIOCHUS

Arrêtons un moment. La pompe[1] de ces lieux,
Je le vois bien, Arsace, est nouvelle à tes yeux.
Souvent ce cabinet[2] superbe[3] et solitaire
Des secrets de Titus est le dépositaire.
C'est ici quelquefois qu'il se cache à sa cour,
Lorsqu'il vient à la reine expliquer son amour.
De son appartement cette porte est prochaine,
Et cette autre conduit dans celui de la reine.
Va chez elle : dis-lui qu'importun[4] à regret
J'ose lui demander un entretien secret.

ARSACE

Vous, Seigneur, importun ? vous, cet ami fidèle
Qu'un soin si généreux[5] intéresse pour elle ?
Vous, cet Antiochus, son amant[6] autrefois ?
Vous, que l'Orient compte entre ses plus grands rois ?
Quoi ? déjà de Titus épouse en espérance,
Ce rang entre elle et vous met-il tant de distance ?

ANTIOCHUS

Va, dis-je ; et sans vouloir te charger d'autres soins,
Vois si je puis bientôt lui parler sans témoins.

Jean RACINE, *Bérénice* (1670), acte I, scène 1, v. 1-18.

1. Le faste.
2. Pièce à l'écart.
3. Majestueux.
4. Pénible, indésirable.
5. Une attention si noble.
6. Amoureux.

Questions

Observer et analyser

1. Observez la didascalie et les v. 1-8. Quels renseignements nous sont ici donnés sur le lieu de l'action ? Selon vous, quels avantages ce « cabinet » possède-t-il pour organiser les futures rencontres des personnages ?

2. Quelles indications spatiales permettent de présenter les deux principaux protagonistes de la tragédie, Titus et Bérénice ? Qu'apprend-on de l'action principale ?

3. Relevez les différents temps employés. Dans quelle mesure cette scène d'exposition laisse-t-elle entrevoir l'unité temporelle de la pièce ?

4. Relevez le vocabulaire du secret dans la scène. Quelle place privilégiée est ainsi accordée au spectateur ?

Vers le BAC : le sujet d'invention

5. Un metteur en scène vous demande de concevoir un projet de décor pour *Bérénice* en vous fondant sur la première didascalie et sur la première scène. Vous rédigerez ce projet en justifiant vos choix.

Racine
1639-1699

Biographie, p. 564

Histoire littéraire
Le classicisme, p. 28

Outils d'analyse
Éléments de dramaturgie, p. 260

Culture de l'Antiquité
Romains de la tragédie, p. 207

Texte 2 Britannicus (1669)

Britannicus, inspiré des historiens romains Suétone et Tacite, évoque le moment historique où l'empereur Néron (37-68) échappe à la tutelle de sa mère, l'ambitieuse Agrippine ; celle-ci a porté sur le trône ce fils d'un premier mariage, en écartant l'héritier légitime, le jeune Britannicus, fils de son dernier époux, l'empereur Claude.

***

La scène est à Rome, dans une chambre du palais de Néron.

ALBINE[1]

Quoi ! tandis que Néron s'abandonne au sommeil,
Faut-il que vous veniez attendre son réveil ?
Qu'errant dans le palais sans suite et sans escorte,
La mère de César[2] veille seule à sa porte ?
Madame, retournez dans votre appartement.

AGRIPPINE

Albine, il ne faut pas s'éloigner un moment.
Je veux l'attendre ici. Les chagrins[3] qu'il me cause
M'occuperont assez tout le temps qu'il repose.
Tout ce que j'ai prédit n'est que trop assuré :
Contre Britannicus Néron s'est déclaré.
L'impatient[4] Néron cesse de se contraindre ;
Las de se faire aimer, il veut se faire craindre.
Britannicus le gêne, Albine, et chaque jour
Je sens que je deviens importune[5] à mon tour.

ALBINE

Quoi ? vous à qui Néron doit le jour qu'il respire,
Qui l'avez appelé de si loin à l'Empire ?
Vous qui, déshéritant le fils de Claudius,
Avez nommé César l'heureux Domitius[6] ?
Tout lui parle, Madame, en faveur d'Agrippine :
Il vous doit son amour.

Jean RACINE, *Britannicus* (1669), acte I, scène 1, vers 1-20.

1. Confidente d'Agrippine.
2. Titre donné aux empereurs romains.
3. Tourments.
4. Incapable de rien supporter.
5. Pénible, indésirable.
6. Premier nom de Néron, hérité de son père, avant son adoption par Claude.

Questions

Observer et analyser

1. À quel moment de la journée sommes-nous ? Qu'est-ce qui justifie la présence d'Agrippine à ce moment et en ce lieu ? Que nous révèle-t-elle ?

2. Relevez les différents temps verbaux et les indices temporels dans les vers 6-14. Comment leur combinaison esquisse-t-elle un enjeu tragique ?

3. Quels événements du passé Albine rapporte-t-elle dans sa seconde réplique (v. 15-20) ? En quoi ce rappel donne-t-il au présent tout son poids tragique ?

4. Néron n'entrera en scène qu'à l'acte II. Comment apparaît-il ici à travers les discours d'Agrippine et d'Albine ? Quels avantages Racine tire-t-il de son sommeil ?

Contexte et perspectives

5. Lisez dans les *Annales* de Tacite (XIII, 12-14) la façon dont l'historien romain raconte les débuts de la disgrâce d'Agrippine. Comment Racine s'est-il servi de son récit ?

Vers le bac : le commentaire

6. À partir de vos réponses aux questions précédentes, rédigez un paragraphe expliquant pourquoi cette tragédie semble promettre, dès l'ouverture, le respect des unités de lieu, de temps et d'action.

Vers l'œuvre complète

Jean Racine, *Britannicus*

Citations

BRITANNICUS. – Ainsi Néron commence à ne plus se forcer.
NÉRON. – Néron de vos discours commence à se lasser.
BRITANNICUS. – Chacun devait bénir le bonheur de son règne.
NÉRON. – Heureux ou malheureux, il suffit qu'on me craigne. (III, 8)

AGRIPPINE *(à Néron)*. – Dans le fond de mon cœur je sais que tu me hais
Tu voudras t'affranchir du joug de mes bienfaits. (V, 6)

BURRHUS. – Plût aux Dieux que ce fût le dernier de ses crimes ! (V, 8, vers final)

Britannicus, tragédie romaine

Lorsque Racine fait jouer *Britannicus* en décembre 1669, c'est encore un jeune auteur, juste auréolé du triomphe de sa précédente tragédie, *Andromaque*, deux ans plus tôt. Protégé par Louis XIV, il choisit pour la première fois une intrigue inspirée de l'histoire romaine. La tragédie y puise alors ses sujets, et Racine veut se mesurer au grand maître du genre, Pierre Corneille.

Dans cette pièce, il s'intéresse au personnage de Néron (37-68) que sa mère Agrippine, dernière épouse de l'empereur Claude, a imposé sur le trône au détriment de l'héritier naturel, le jeune Britannicus. Il s'inspire pour cela des historiens romains Suétone, et surtout de Tacite, « le plus grand peintre de l'Antiquité », dit-il. Il lui emprunte plusieurs péripéties et maints détails d'atmosphère, ainsi que la structure triangulaire de son intrigue, qui fait de Britannicus l'enjeu de l'affrontement entre Néron et Agrippine.

La naissance d'un monstre

En dépit du titre donné à l'œuvre, c'est la figure de Néron qui est centrale. Dans la première préface de sa tragédie, Racine s'en explique : « Je l'ai toujours regardé comme un monstre. Mais c'est ici un monstre naissant. » D'abord aimé du peuple et soumis aux ordres de sa mère et de son gouverneur (précepteur) Burrhus, Néron s'émancipe peu à peu. Racine montre comment l'amour maladif qu'il porte à Junie et la haine latente qu'il voue à Agrippine vont mettre au jour sa monstruosité. Par effet de contraste, Britannicus semble la victime parfaite : honnête, fidèle et innocent, il s'oppose en tous points à Néron, son frère adoptif et son rival politique et amoureux.

La mort de Britannicus est le premier crime de Néron qui inaugure tous les suivants et ouvre la porte à la tyrannie.

Néron et les femmes

1. À combien de reprises Néron et Junie se parlent-ils dans la tragédie ? Quelle est l'attitude de Junie à l'égard du jeune empereur ?

2. À partir de quel moment les inquiétudes d'Agrippine à propos de Néron sont-elles révélées au public ? Quel est l'effet produit sur l'atmosphère de la tragédie ?

3. Que prophétise Agrippine dans la scène 6 de l'acte V ? Ses prophéties se vérifient-elles dans l'histoire du règne du véritable Néron ?

Le rôle des confidents

4. Observez la liste des personnages. De qui Burrhus et Narcisse sont-ils les gouverneurs ? De qui sont-ils les confidents ? Que constatez-vous ?

5. Dans quelle mesure peut-on dire que Narcisse est « l'âme noire » de Néron ?

6. Le personnage de Burrhus dans la tragédie de Racine est-il fidèle à celui de l'histoire ? Quel est le but de Racine à travers ce personnage ?

Péripéties et retournements

7. Étudiez dans la pièce les différentes péripéties. Autour de qui s'organisent-elles ? Que constatez-vous ?

8. Le personnage de Britannicus est-il à l'origine de péripéties ou de retournements ? Qu'en concluez-vous sur son rôle dans la pièce ?

9. Quel est le sort de Junie à la fin de la tragédie ? En quoi ce dénouement est-il insupportable pour Néron ?

Molière
1622-1673

Biographie, p. 562

Outils d'analyse
Le langage théâtral, p. 256
Éléments de dramaturgie, p. 260

Texte 3 Monsieur de Pourceaugnac (1669)

Monsieur de Pourceaugnac, comédie-ballet en trois actes, eut un grand succès lors de sa création à Chambord en 1669. La pièce raconte les stratagèmes mis en place par Éraste, Nérine et Sbrigani, pour empêcher le mariage forcé de Julie, qui aime Éraste, et de l'avocat limousin Pourceaugnac. La première scène montre comment tous les rebondissements de l'action répondront à cette seule ligne dramatique.

JULIE. – Mon Dieu ! Éraste, gardons d'être surpris ; je tremble qu'on ne nous voie ensemble, et tout serait perdu, après la défense que l'on m'a faite.

ÉRASTE. – Je regarde de tous côtés, et je n'aperçois rien.

JULIE. – Aie aussi l'œil au guet, Nérine, et prends bien garde qu'il ne vienne personne.

NÉRINE. – Reposez-vous sur moi, et dites hardiment ce que vous avez à vous dire.

JULIE. – Avez-vous imaginé pour notre affaire quelque chose de favorable ? et croyez-vous, Éraste, pouvoir venir à bout de détourner ce fâcheux mariage que mon père s'est mis en tête ?

ÉRASTE. – Au moins y travaillons-nous fortement ; et déjà nous avons préparé un bon nombre de batteries[1] pour renverser ce dessein ridicule.

NÉRINE. – Par ma foi ! voilà votre père.

JULIE. – Ah ! séparons-nous vite.

NÉRINE. – Non, non, non, ne bougez : je m'étais trompée.

JULIE. – Mon Dieu ! Nérine, que tu es sotte de nous donner de ces frayeurs !

ÉRASTE. – Oui, belle Julie, nous avons dressé pour cela quantités de machines[2], et nous ne feignons point de mettre tout en usage, sur la permission que vous m'avez donnée. Ne nous demandez point tous les ressorts que nous ferons jouer : vous en aurez le divertissement ; et, comme aux comédies, il est bon de vous laisser le plaisir de la surprise, et de ne vous avertir point de tout ce qu'on vous fera voir. C'est assez de vous dire que nous avons en main divers stratagèmes tous prêts à produire dans l'occasion, et que l'ingénieuse Nérine et l'adroit Sbrigani entreprennent l'affaire.

NÉRINE. – Assurément. Votre père se moque-t-il de vouloir vous anger[3] de son avocat de Limoges, Monsieur de Pourceaugnac, qu'il n'a vu de sa vie, et qui vient par le coche[4] vous enlever à notre barbe[5] ? Faut-il que trois ou quatre mille écus de plus, sur la parole de votre oncle, lui fassent rejeter

1. Moyens qu'on emploie pour réussir à quelque chose.
2. Stratagèmes.
3. Charger, embarrasser.
4. Voiture à cheval.
5. En dépit de nous.

Mise en scène de Pierre Mondy, avec P. Noëlle, T. Hancisse, V. Vella, Paris, Comédie-Française, 1987.

un amant qui vous agrée ? et une personne comme vous est-elle faite pour un Limosin ? S'il a envie de se marier, que ne prend-il une Limosine et ne laisse-t-il en repos les chrétiens ? Le seul nom de Monsieur de Pourceaugnac m'a mise dans une colère effroyable. J'enrage de Monsieur de Pourceaugnac. Quand il n'y aurait que ce nom-là, Monsieur de Pourceaugnac, j'y brûlerai mes livres, ou je romprai ce mariage, et vous ne serez point Madame de Pourceaugnac. Pourceaugnac ! cela se peut-il souffrir ? Non, Pourceaugnac est une chose que je ne saurais supporter ; et nous lui jouerons tant de pièces, nous lui ferons tant de niches sur niches[6], que nous renvoierons à Limoges Monsieur de Pourceaugnac.

MOLIÈRE, *Monsieur de Pourceaugnac* (1669), acte I, scène 1, v.1-18.

6. Nous lui jouerons tant de tours.

Texte écho Boileau, *L'Art poétique* (1674)

Publié en 1674, L'Art poétique *de Boileau offre la synthèse des règles classiques, insistant notamment sur la vraisemblance et le respect des unités.*

Que dès les premiers vers l'action préparée
Sans peine du sujet aplanisse l'entrée.
Je me ris d'un acteur qui, lent à s'exprimer,
De ce qu'il veut, d'abord, ne sait pas m'informer,
Et qui, débrouillant mal une pénible intrigue,
D'un divertissement me fait une fatigue […]
Le sujet n'est jamais assez tôt expliqué.
Que le lieu de la Scène y soit fixe et marqué. […]
Qu'en un lieu, qu'en un jour, un seul fait accompli
Tienne jusqu'à la fin le théâtre rempli.
Jamais au spectateur n'offrez rien d'incroyable
Le vrai peut quelquefois n'être pas vraisemblable.
Une merveille absurde est pour moi sans appas :
L'esprit n'est point ému de ce qu'il ne croit pas.
Ce qu'on ne doit point voir, qu'un récit nous l'expose
Les yeux, en le voyant, saisiraient mieux la chose ;
Mais il est des objets que l'art judicieux
Doit offrir à l'oreille et reculer des yeux.

Nicolas BOILEAU, *L'Art poétique*, III, 1674.

Questions

Observer et analyser

1. Les personnages dévoilent-ils leurs stratagèmes ? En quoi cela renforce-t-il l'unité d'action ?

2. Étudiez le rythme de la scène. Quel est l'effet produit par la probable arrivée du père de Julie ?

3. Pourquoi le nom de « Pourceaugnac » suscite-t-il l'opposition de Nérine ? Dans quelle mesure cela entre-t-il en concordance avec les autres propos de Nérine sur l'avocat limousin ?

4. Observez toutes les exagérations de la réplique de Nérine. Pourquoi font-elles rire ?

5. Étudiez dans les tirades d'Éraste et de Nérine le champ lexical du théâtre. Quelle est sa fonction ici ?

Contexte et perspectives

6. Dans quelle mesure la scène répond-elle aux préceptes énoncés par Boileau dans son *Art poétique* ?

Vers le BAC : le sujet d'invention

7. Racontez en un paragraphe un « stratagème » possible pour éviter le mariage de Julie et de Pourceaugnac.

Acteurs, masques et costumes

À retenir

Les acteurs, des professionnels en marge de la cité

Les acteurs de l'Antiquité sont des professionnels, réunis dans des compagnies que dirige un **chef de troupe**. Tous sont des hommes, et ils interprètent donc, selon leur âge, les rôles de jeunes filles ou de vieilles femmes. Ils blanchissent dans ce cas leur visage à la chaux.

En Grèce l'acteur, investi d'une **mission religieuse** autant qu'artistique, est respecté, alors qu'à Rome, un homme libre qui devient comédien est « **frappé d'infamie** » et perd les privilèges du citoyen. Sous l'Empire, certains mimes seront toutefois de vraies stars.

Un jeu codifié

Le jeu est strictement codifié, autour d'un **travail sur la voix et sur le corps** (mains, démarche, posture) : dans ces vastes amphithéâtres de plein air, il faut se faire entendre de tous et rendre l'action limpide jusqu'aux derniers rangs, d'autant plus que l'acteur ne déclame pas seulement, mais danse aussi et parfois chante.

Le **masque** (*persona*, en latin) sert de porte voix mais surtout, avec le vêtement et la perruque, il définit un rôle, un âge, un statut social, un type psychologique. Chaussures rehaussées et sandales plates opposent la tragédie à la comédie.

Acteurs comiques ▲

Statuettes en terre cuite (Ier siècle av. J.-C.), Paris, musée du Louvre

Ces deux statuettes représentent deux esclaves de la comédie nouvelle. On les identifie à leur masque béant et grimaçant, à leur tunique courte ; sur une mosaïque, on verrait qu'ils portent une perruque rousse. Leur corps râblé est saisi dans une gestuelle énergique. Le duo, qui semble dédoubler le personnage, suggère bien la vitalité dynamique de ce type comique.

Musique en scène ▶

Mosaïque polychrome de Pompéi (Ier siècle av. J.-C.), Naples, musée archéologique.

Trois musiciens jouent et dansent dans une rue : leurs masques et leurs sandales indiquent qu'il s'agit d'une scène de théâtre. C'est que le spectacle dramatique ne saurait se concevoir sans la participation d'un orchestre, qui rythme et commente l'action, au son alternativement grave et aigu de la double flûte dont joue l'acteur travesti en femme.

Dans les coulisses du spectacle ▲

Mosaïque romaine (Ier siècle av. J.-C., copie d'une peinture du IVe ou IIIe siècle av. J.-C.), Naples, musée archéologique

Voici les préparatifs d'une représentation théâtrale. À gauche, un acteur, aidé d'un camarade, enfile son costume. Au centre, le chef de troupe, assis, prend dans une corbeille les masques pour les distribuer à chacun, tout en donnant ses dernières consignes : c'est sans doute le manuscrit de la pièce qu'il tient dans la main droite, et les trois acteurs à droite l'écoutent attentivement. L'un d'eux accorde sa double flûte, tandis que derrière lui un autre révise son texte.

Masques ▶

(Ier siècle av. J.-C.), Naples, musée archéologique.

À l'apogée du genre théâtral, on a recensé jusqu'à vingt-huit masques différents pour la tragédie, et quarante quatre pour la comédie : vieillards, jeunes gens, esclaves, femmes mûres, jeunes filles, ces grands types sont ensuite affinés psychologiquement en sous-catégories. Les masques portés par les acteurs étaient en carton pâte et coloriés : fragiles, ils ont disparu. Ceux qui nous restent et qui nous renseignent sont des représentations ornementales.

Les convenances et les bienséances

Corneille
1606-1684

Biographie, p. 557

Outils d'analyse
Le langage théâtral, p. 256

Méthode
La langue du XVIIe siècle, p. 454

Texte 4 Le Cid (1636)

Créé en 1636, Le Cid *a remporté un très grand succès mais suscité aussi de vives critiques. On lui a notamment reproché de ne respecter ni la règle des trois unités ni les convenances. Le début de la pièce met aux prises les pères de deux jeunes gens qui s'aiment, Don Diègue, père de Rodrigue, et le Comte, père de Chimène, parce que le premier a obtenu une charge que convoitait le second. Corneille en représentant, sur scène, la gifle donnée par le Comte, contrevient aux bienséances du théâtre classique.*

LE COMTE
Ce que je méritais, vous l'avez emporté.

DON DIÈGUE
Qui l'a gagné sur vous l'avait mieux mérité.

LE COMTE
Qui peut mieux l'exercer en est bien le plus digne.

DON DIÈGUE
En être refusé n'en est pas un bon signe.

LE COMTE
Vous l'avez eu par brigue[1], étant vieux courtisan.

DON DIÈGUE
L'éclat de mes hauts faits fut mon seul partisan.

LE COMTE
Parlons-en mieux, le Roi fait honneur à votre âge.

DON DIÈGUE
Le Roi, quand il en fait[2], le mesure au courage.

LE COMTE
Et par là cet honneur n'était dû qu'à mon bras.

DON DIÈGUE
Qui n'a pu l'obtenir ne le méritait pas.

LE COMTE
Ne le méritait pas ! Moi ?

DON DIÈGUE
Vous.

LE COMTE
Ton impudence[3],
Téméraire vieillard, aura sa récompense.
(Il lui donne un soufflet[4].)

DON DIÈGUE, *mettant l'épée à la main.*
Achève, et prends ma vie après un tel affront,
Le premier dont ma race[5] ait vu rougir le front.

1. Par intrigue, par manœuvre.
2. Quand il fait honneur.
3. Audace insolente.
4. Une gifle.
5. Ma famille.

Le Cid, de **Corneille**, mise en scène de Brigitte Jaques-Wajeman, avec C. Blanc et R. Mollien, Paris, Comédie-Française, 2005.

LE COMTE
Et que penses-tu faire avec tant de faiblesse ?

DON DIÈGUE
Ô Dieu ! ma force usée en ce besoin[6] me laisse !

LE COMTE
Ton épée est à moi ; mais tu serais trop vain[7],
Si ce honteux trophée avait chargé ma main.

Pierre CORNEILLE, *Le Cid* (1636), acte I, scène 3, v. 215-232.

6. Au moment où j'en ai besoin.
7. Tu en tirerais trop d'orgueil.

Questions

Observer et analyser

1. Quel est l'objet du conflit entre le Comte et Don Diègue ? Quelles valeurs opposent les deux hommes ?

2. Montrez comment la scène est construite en *crescendo* en étudiant la répartition de la parole et le système des pronoms (personnels et relatifs). Quel rôle notamment les formules générales jouent-elles dans la dispute ?

3. Détaillez l'enchaînement des jeux de scène (explicités ou sous-entendus) qui accompagnent les vers 11-16. Comment le langage du corps se combine-t-il avec le langage verbal ?

4. Relevez le champ lexical de la vieillesse. Quelle place a-t-elle dans le dialogue ? Quel rôle joue-t-elle dans l'action ?

5. Relevez dans les répliques de Don Diègue le champ lexical de l'honneur. Qu'en déduisez-vous sur le caractère de Don Diègue et sur les suites probables de l'intrigue ?

Contexte et perspectives

6. Faites des recherches sur le duel sous le règne de Louis XIII et de Richelieu. Que constatez-vous ? En quoi le geste du comte renvoie-t-il à des préoccupations historiques ?

Vers le BAC : l'entretien à l'oral

7. Un respect trop strict des bienséances ne risque-t-il pas d'affadir la tragédie ? Reportez-vous aux textes des Prolongements (pp. 254-255). Quel excès vous semble le plus préjudiciable au tragique ?

Corneille
1606-1684

Biographie, p. 557

Histoire littéraire
Le classicisme, p. 28

Outils d'analyse
Le langage théâtral, p. 256

Méthode
Les figures de style, p. 480

Texte 5 Horace (1640)

Horace est une tragédie politique qui s'inspire d'un épisode de l'histoire romaine. Dans un combat où se jouait le sort des deux cités rivales Rome et Albe, le Romain Horace a remporté la victoire en tuant Curiace, le fiancé de sa sœur Camille. En apprenant cette mort, Camille se révolte contre sa patrie et contre son frère.

Mise en scène de Marion Bierry, avec E. Vitali et S. Bierry, Paris, Théâtre de l'Œuvre, 1998.

HORACE

Ô ciel ! qui vit jamais une pareille rage !
Crois-tu donc que je sois insensible à l'outrage,
Que je souffre en mon sang ce mortel déshonneur ?
Aime, aime cette mort qui fait notre bonheur,
Et préfère du moins au souvenir d'un homme
Ce que doit ta naissance aux intérêts de Rome.

CAMILLE

Rome, l'unique objet de mon ressentiment !
Rome, à qui vient ton bras d'immoler mon amant[1] !
Rome qui t'a vu naître, et que ton cœur adore !
Rome enfin que je hais parce qu'elle t'honore !
Puissent tous ses voisins ensemble conjurés
Saper ses fondements[2] encor mal assurés !
Et si ce n'est assez de toute l'Italie,
Que l'Orient contre elle à l'Occident s'allie ;
Que cent peuples unis des bouts de l'univers
Passent pour la détruire et les monts et les mers !
Qu'elle-même sur soi renverse ses murailles,
Et de ses propres mains déchire ses entrailles !
Que le courroux du ciel allumé par mes vœux
Fasse pleuvoir sur elle un déluge de feux !
Puissé-je de mes yeux y voir tomber ce foudre[3],
Voir ses maisons en cendre, et tes lauriers en poudre[4],
Voir le dernier Romain à son dernier soupir,
Moi seule en être cause, et mourir de plaisir !

1. Celui que j'aime.
2. Bases.
3. Cette foudre.
4. Poussière.
5. Derrière la scène, en coulisses.

Horace, *mettant la main à l'épée, et poursuivant sa sœur qui s'enfuit.*
C'est trop, ma patience à la raison fait place;
Va dedans les enfers plaindre ton Curiace.

Camille, *blessée derrière le théâtre*[5].
Ah! traître!

Horace, *revenant sur le théâtre.*
Ainsi reçoive un châtiment soudain
Quiconque ose pleurer un ennemi romain!

Pierre Corneille, *Horace* (1640), acte IV, scène 5, v. 1295-1322.

Texte écho D'Aubignac, *La Pratique du théâtre* (1657)

Avant Boileau, l'abbé François d'Aubignac a formulé des règles concernant la tragédie classique. S'appuyant sur la Poétique *d'Aristote, sa* Pratique du théâtre *rassemble une série de réflexions sur « l'essence du poème dramatique » qu'il place dans la bienséance, préférée à la vérité des faits.*

[Le dramaturge] ne s'attachera point à la vérité, non plus que le poète épique, parce que tous les deux ne sont pas historiens. Ils prennent de l'Histoire ce qui leur est propre, et y changent le reste pour en faire leurs poèmes, et c'est une pensée bien ridicule d'aller au théâtre pour apprendre l'Histoire. La Scène ne donne point les choses comme elles ont été, mais comme elles doivent être, et le poète y doit rétablir dans le sujet tout ce qui ne s'accommodera pas aux règles de son art, comme fait un peintre lorsqu'il travaille sur un modèle défectueux. C'est pourquoi la mort de Camille par la main d'Horace, son frère, n'a pas été approuvée au théâtre, bien que ce soit une aventure véritable, et j'avais été d'avis pour sauver en quelque sorte l'histoire et tout ensemble la bienséance de la scène, que cette fille désespérée, voyant son frère l'épée à la main, se fût précipitée dessus; ainsi elle fût morte de la main d'Horace, et lui eût été digne de compassion comme un malheureux innocent; l'histoire et le théâtre auraient été d'accord.

François D'Aubignac, *La Pratique du théâtre*, 1657.

Questions

Observer et analyser

1. Quels éléments du texte nous dévoilent le lien qui unit Camille à Horace? En quoi ce lien renforce-t-il la dimension tragique de la scène?

2. Dans la tirade de Camille, Corneille utilise la répétition du mot « Rome » en début de vers. Comment nomme-t-on ce procédé? Quel est ici l'effet produit?

3. Relevez les figures d'exagération. Quel est le registre employé? Dans quel but?

4. Étudiez la progression de la scène en montrant comment Corneille rend vraisemblable le meurtre de Camille.

5. Observez le jeu scénique et les didascalies. Comment Corneille respecte-t-il les bienséances dans cet extrait?

Contexte et perspectives

6. Pourquoi, selon D'Aubignac (texte écho), Corneille ne respecte-t-il pas la bienséance? Que pensez-vous de la solution qu'il propose?

Vers le BAC: dissertation

7. Est-ce à ce point « ridicule d'aller au théâtre pour apprendre l'Histoire », comme le pense D'Aubignac? Vous rédigerez un paragraphe où vous argumenterez le point de vue contraire.

Molière
1622-1673

Biographie, p. 562

Outils d'analyse
Le langage théâtral, p. 256

Méthode
Les registres, p. 476

Texte 6 L'École des femmes (1662)

Arnolphe, un barbon, garde enfermée la jeune Agnès et la maintient dans une totale ignorance, espérant ainsi éviter d'être cocu après leur mariage. De retour de voyage, il apprend que le jeune Horace s'est entretenu avec sa protégée. Il cherche donc à savoir ce qui s'est passé exactement pendant son absence.

ARNOLPHE
Oui. Mais que faisait-il étant seul avec vous ?

AGNÈS
Il jurait qu'il m'aimait d'une amour sans seconde[1],
Et me disait des mots les plus gentils du monde,
Des choses que jamais rien ne peut égaler,
Et dont, toutes les fois que je l'entends parler,
La douceur me chatouille et là dedans remue
Certain je ne sais quoi dont je suis toute émue.

ARNOLPHE, *à part*
Ô fâcheux examen d'un mystère fatal,
Où l'examinateur souffre seul tout le mal !
(*À Agnès.*)
Outre tous ces discours, toutes ces gentillesses,
Ne vous faisait-il point aussi quelques caresses ?

AGNÈS
Oh tant ! Il me prenait et les mains et les bras,
Et de me les baiser il n'était jamais las[2].

ARNOLPHE
Ne vous a-t-il point pris, Agnès, quelque autre chose ?
(*La voyant interdite*[3].)
Ouf !

AGNÈS
Hé ! il m'a...

ARNOLPHE
Quoi ?

AGNÈS
Pris...

ARNOLPHE
Euh !

AGNÈS
Le...

ARNOLPHE
Plaît-il ?

AGNÈS
Je n'ose,
Et vous vous fâcherez peut-être contre moi.

MOLIÈRE, *L'École des femmes* (1662), acte II, scène 5, v. 558-573.

1. Sans pareille.
2. Fatigué.
3. Etonnée.

L'*École des femmes* de **Molière**, mise en scène de Jean-Pierre Vincent, avec D. Auteuil et L. Thibault, Paris, Théâtre de l'Odéon, 2008.

Texte écho **Molière, *La Critique de L'École des femmes* (1663)**

Dans La Critique de L'École des femmes, *Molière met en scène la polémique suscitée par sa pièce et notamment par ce passage de l'acte II, scène 5.*

CLIMÈNE. – Quoi la pudeur n'est pas visiblement blessée par ce que dit Agnès dans l'endroit dont nous parlons ?

URANIE. – Non, vraiment. Elle ne dit pas un mot, qui de soi ne soit fort honnête ; et si vous voulez entendre dessous quelque autre chose, c'est vous qui faites l'ordure, et non pas elle ; puisqu'elle parle seulement d'un ruban qu'on lui a pris.

CLIMÈNE. – Ah ! ruban, tant qu'il vous plaira ; mais ce *le* où elle s'arrête n'est pas mis pour des prunes. Il vient sur ce *le* d'étranges pensées. Ce *le* scandalise furieusement ; et quoi que vous puissiez dire, vous ne sauriez défendre l'insolence de ce *le*.

MOLIÈRE, *La Critique de L'École des femmes*, scène 3, 1663.

Questions

Observer et analyser

1. Comptez le nombre de questions qu'Arnolphe adresse à Agnès dans cette scène. Que cherche-t-il à apprendre ?

2. Relisez les vers 8 et 9. Quel est le registre de ces vers ? Quel est l'effet produit ?

3. Analysez les vers 6 et 7. Montrez que le double sens des mots employés produit un comique grivois. En quoi Molière joue-t-il avec la limite des bienséances ?

4. À la fin de l'échange, Arnolphe apprendra qu'Horace a pris un ruban à Agnès. Comment le quiproquo est-il ici entretenu ? Analysez notamment le rythme du vers 15.

Contexte et perspectives

5. Lisez l'extrait de *La Critique de l'École des femmes* ci-dessus. Reformulez en une phrase la position d'Uranie et celle de Climène. Laquelle vous semble la plus convaincante ?

Vers le BAC : le commentaire

6. Dans un paragraphe structuré, vous étudierez le langage d'Agnès en montrant comment sa franchise devient un ressort comique.

« Malséances » baroques et romantiques

Texte 1 Shakespeare, *Titus Andronicus* (vers 1590)

Inspiré du théâtre de Sénèque, Titus Andronicus *est l'une des tragédies les plus sanglantes de Shakespeare. La pièce met en scène Titus, un général romain imaginaire, et son ennemie Tamora, la reine des Goths. La tragédie montre la barbarie des clans rivaux : Chiron et Démétrius, les deux fils de celle-ci, ont violé et torturé Lavinia, la fille de celui-là. L'heure de la vengeance a sonné.*

Titus Andronicus de **Shakespeare**, mise en scène de Simon Abkarian, avec S. Abkarian, G. Bigot, P. Ducou, B. Jodorowsky et C. Schaub-Abkarian, Paris, Théâtre de Chaillot, 2003.

TITUS. – Meurs, meurs, Lavinia, et ta honte avec toi, et avec ta honte, la douleur de ton père !
(Il tue Lavinia.)

SATURNINUS[1]. – Qu'as-tu fait, père dénaturé et inhumain ?

TITUS. – J'ai tué celle qui m'a aveuglé de mes larmes ; je suis aussi malheureux que Virginius[2] ; et j'ai mille raisons de plus que lui pour consommer cet acte de violence ; et maintenant le voilà consommé.

SATURNINUS. – Quoi, est-ce qu'elle a été violée ? Dis qui a commis cet acte.

TITUS. – Daignez manger ! Votre Altesse daignera-t-elle prendre de la nourriture ?

TAMORA. – Pourquoi as-tu tué ainsi ta fille unique ?

TITUS. – Ce n'est pas moi qui l'ai frappée, c'est Chiron et Démétrius ; ils l'ont violée, ils lui ont coupé la langue ; ce sont eux, ce sont eux qui lui ont causé tous ces maux.

SATURNINUS. – Qu'on aille les chercher immédiatement.

TITUS. – Eh ! ils sont là tous deux, rôtis dans ce pâté, dont leur mère s'est si bien régalée, mangeant ainsi la chair qu'elle-même a engendrée. C'est la vérité, c'est la vérité ; j'en atteste la pointe affilée de ce couteau. *(Il tue Tamora.)*

SATURNINUS. – Meurs, frénétique misérable, pour cette maudite action. *(Il tue Titus.)*

LUCIUS. – Le fils peut-il voir d'un œil calme couler le sang de son père ? Rétribution pour rétribution, mort pour coup de mort. *(Il tue Saturninus. La foule se disperse, terrifiée.)*

William SHAKESPEARE, *Titus Andronicus* (vers 1590), traduction de François-Victor Hugo, acte V, scène 3.

1. Héritier de l'Empire.
2. Centurion romain légendaire, qui tua sa fille pour lui éviter de tomber en esclavage entre les mains d'un notable qui la convoitait.

Texte 2 Victor Hugo, *Le roi s'amuse* (1832)

Refusant les unités et mêlant les registres, le drame romantique rompt avec les règles et les convenances de la tragédie classique. Cette pièce provoqua un scandale qui la fit interdire au lendemain de la première : Hugo y met en scène François Ier en roi débauché, applaudi par ses courtisans et son bouffon difforme, Triboulet. Dans cette scène, un noble vieillard en deuil, barbe et cheveux blancs, vient de forcer l'entrée du roi, à la stupéfaction générale. C'est M. de Saint-Vallier, dont le roi a séduit la fille, Diane de Poitiers.

LE ROI

Monsieur de Saint-Vallier !

M. DE SAINT-VALLIER, *immobile au seuil.*

C'est ainsi qu'on me nomme.

Le roi fait un pas vers lui avec colère. Triboulet l'arrête.

TRIBOULET

Oh ! sire ! laissez-moi haranguer[1] le bonhomme.

À M. de Saint-Vallier, avec une attitude théâtrale.

Monseigneur ! vous aviez conspiré contre nous,
Nous vous avons fait grâce, en roi clément et doux.
C'est au mieux. Quelle rage à présent vient vous prendre
D'avoir des petits-fils de monsieur votre gendre ?
Votre gendre est affreux, mal bâti, mal tourné,
Marqué d'une verrue au beau milieu du né[2],
Borgne, disent les uns, velu, chétif et blême,
Ventru comme monsieur,

Il montre M. de Cossé[3], qui se cabre.

Bossu comme moi-même.
Qui verrait votre fille à son côté, rirait.
Si le roi n'y mettait bon ordre, il vous ferait
Des petits-fils tortus[4], des petits-fils horribles,
Roux, brèche-dents[5], manqués, effroyables, risibles,
Ventrus comme monsieur,

Montrant encore M. de Cossé, qu'il salue et qui s'indigne.

Et bossus comme moi !
Votre gendre est trop laid ! – Laissez faire le roi,
Et vous aurez un jour des petits-fils ingambes[6]
Pour vous tirer la barbe et vous grimper aux jambes.

Les courtisans applaudissent Triboulet avec des huées et des éclats de rire.

Victor HUGO, *Le roi s'amuse* (1832), acte I, scène 5.

1. Réprimander.
2. Nez (orthographe pour la rime).
3. Courtisan, dont l'épouse est une des maîtresses du Roi.
4. Tordus.
5. Dont les dents sont cassées.
6. Agiles.

Croiser les textes

1. Quelles lois de la tragédie classique ces deux textes transgressent-ils ?

2. Montrez que l'assassinat verbal du deuxième texte est au moins aussi violent que les meurtres réels du premier.

3. Quelles valeurs bafouent-ils, sur lesquelles se fonde la conception classique de l'homme ?

4. Comment, dans ces deux textes, le non respect des bienséances laisse-t-il la place à un certain humour noir ?

Vers la question de corpus

5. Ces textes en leur temps ont choqué. Dans quelle mesure conservent-ils pour nous leur pouvoir de scandale ?

Le langage théâtral

Le théâtre obéit à des lois et possède ses règles. Comprendre et expliquer un texte de théâtre implique la maîtrise d'un vocabulaire spécifique. Le dialogue est constitutif du langage théâtral. Il s'agit de la construction d'un échange verbal entre un locuteur et un destinataire.

1 La parole sur scène

Le théâtre repose sur un système de dialogues. Il s'agit d'un échange de paroles entre des personnages qui prononcent des répliques. Celles-ci varient en fonction de la situation et des enjeux. Mais la parole du personnage peut aussi ne pas s'inscrire dans un échange.
On distingue quatre formes de répliques :

– La **tirade** constitue une réplique assez longue dans laquelle le personnage développe un discours délibératif, argumentatif ou conflictuel.

– Les **stichomythies** sont des répliques brèves qui s'enchaînent rapidement, vers à vers dans les pièces en alexandrins. Accélérant le rythme, elles soulignent souvent le conflit entre deux personnages.

– Le **monologue** est un discours prononcé par un personnage seul en scène. Cette forme révèle souvent l'intériorité du personnage, expose ses inquiétudes, ses réflexions intimes. Il est très employé dans la tragédie classique et fait partie des conventions.

– Enfin, le **soliloque** est une sorte de monologue intérieur. Dans le théâtre contemporain (Marguerite Duras, Jean-Luc Lagarce, Philippe Minyana), il permet au personnage de s'adresser directement au public et de briser l'illusion dramatique.

2 De multiples destinataires

Le langage théâtral se caractérise par plusieurs niveaux d'énonciation :
• Les personnages présents sur scène se parlent entre eux. Ils sont tantôt **locuteurs,** tantôt **destinataires** de la parole.
Sur la scène, **parler c'est agir**. Car la parole théâtrale, qu'elle exprime un sentiment ou une volonté, un accord ou une opposition, a toujours pour effet de peser sur l'interlocuteur et ainsi de transformer la situation.

• Un personnage peut s'adresser à un second sans être (en principe) entendu des autres personnages présents sur scène. La didascalie « *bas* » indique une **confidence**.

• Le personnage peut aussi s'adresser au public grâce à la convention des **apartés** (signalés par les didascalies « bas » ou « *à part* ») : ce sont des répliques que personne sur la scène n'est censé entendre. L'indication « *haut* » met fin à la confidence comme à l'aparté
Le Comte, *à part*. – Je vois que Bazile avait raison. *(Haut.)* Jeune homme, embrassez Suzanne... pour la dernière fois. (Beaumarchais, *Le Mariage de Figaro*).

• L'auteur s'adresse encore au public à travers le discours de ses personnages. Il peut alors faire passer implicitement un message, une idée. Dans l'exemple qui suit, la réponse insolente de Figaro a une portée de contestation sociale :
Le Comte. – Les domestiques ici... sont plus longs à s'habiller que les maîtres !
Figaro – C'est qu'ils n'ont point de valets pour les y aider. (Beaumarchais, *Le Mariage de Figaro*).

C'est ce qu'on nomme la **double destination** théâtrale, qui crée une complicité entre le public et certains personnages. Bien souvent, le public en sait plus que les personnages : c'est ce qui lui permet d'apprécier les **quiproquos**.

La logique de l'échange

Exercice 1

MAROTTE. – Voilà un laquais qui demande si vous êtes au logis, et dit que son maître vous veut venir voir.
MAGDELON. – Apprenez, sotte, à vous énoncer moins vulgairement. Dites : « Voilà un nécessaire qui demande si vous êtes en commodité d'être visibles. »
MAROTTE. – Dame ! Je n'entends point le latin, et je n'ai pas appris, comme vous, la filofie[1] dans *Le Grand Cyre*.
MAGDELON. – L'impertinente ! Le moyen de souffrir cela ! Et qui est-il, le maître de ce laquais ?
MAROTTE. – Il me l'a nommé le marquis de Mascarille.
MAGDELON. – Ah ! ma chère, un marquis ! Oui, allez dire qu'on nous peut voir. C'est sans doute un bel esprit qui aura ouï parler de nous.
CATHOS. – Assurément, ma chère.
MAGDELON. – Il faut le recevoir dans cette salle basse plutôt qu'en notre chambre. Ajustons un peu nos cheveux au moins, et soutenons notre réputation. Vite, venez nous tendre ici dedans le conseiller des grâces.
MAROTTE. – Par ma foi ! je ne sais point quelle bête c'est là ; il faut parler chrétien, si vous voulez que je vous entende.
CATHOS. Apportez-nous le miroir, ignorante que vous êtes, et gardez-vous bien d'en salir la glace par la communication de votre image.

MOLIÈRE, *Les Précieuses ridicules*, scène 6, 1659.

1. Déformation de *philosophie*.

1. Quels sont les personnages présents dans cette scène ? En quoi leur langage permet il de les identifier ?
2. Relevez dans les répliques les éléments de conflit. Sur quoi reposent-ils ?
3. En quoi le langage est-il ici source de comique ?

Exercice 2

LA MARQUISE. – Je n'entends que ce qu'on me dit, et encore pas des deux oreilles.
LE COMTE. – Vous riez de tout ; mais, sincèrement, serait-il possible que depuis un an, vous voyant presque tous les jours, faite comme vous êtes, avec votre esprit, votre grâce et votre beauté…
LA MARQUISE. – Mais, mon Dieu ! c'est bien pis qu'une phrase, c'est une déclaration que vous me fabriquez là. Avertissez au moins : est-ce une déclaration ou un compliment de bonne année ?
LE COMTE. – Et si c'était une déclaration ?
LA MARQUISE. – Oh ! C'est que je n'en veux pas ce matin. Je vous ai dit que j'allais au bal, je suis exposée à en entendre ce soir ; ma santé ne me permet pas ces choses-là deux fois par jour.

A. de MUSSET, *Il faut qu'une porte soit ouverte ou fermée*, 1845.

1. À quelle catégorie sociale appartiennent les deux protagonistes ? Leur langage reflète-t-il leur milieu ?
2. De quelle manière Musset rend-il spirituelles les répliques de la marquise ? Sur quoi s'appuie-t-elle pour répondre au comte ?
3. Cet échange vous paraît-il réaliste ? Quels éléments des répliques rappellent les conversations mondaines ?

Exercice 3

M. SMITH. – Tiens, on sonne.
MME SMITH. – Je ne vais plus ouvrir.
M. SMITH. – Oui, mais il doit y avoir quelqu'un !
MME SMITH. – La première fois, il n'y avait personne. La deuxième fois, non plus. Pourquoi crois-tu qu'il y aura quelqu'un maintenant ?
M. SMITH. – Parce qu'on a sonné !
MME MARTIN. – Ce n'est pas une raison.
M. MARTIN. – Comment ? Quand on entend quelqu'un sonner à la porte, c'est qu'il y a quelqu'un à la porte, qui sonne pour qu'on lui ouvre la porte.
MME MARTIN. – Pas toujours. Vous avez vu tout à l'heure !
M. MARTIN. – La plupart du temps, si.
M. SMITH. – Moi, quand je vais chez quelqu'un, je sonne pour entrer. Je pense que tout le monde fait pareil et que chaque fois qu'on sonne, c'est qu'il y a quelqu'un.
MME SMITH. – Cela est vrai en théorie. Mais dans la réalité les choses se passent autrement. Tu as bien vu tout à l'heure.
MME MARTIN. – Votre femme a raison.

Eugène IONESCO, *La Cantatrice chauve*, © Gallimard, 1950.

1. Relevez les termes ou les expressions répétés dans ce dialogue ? Quel est l'effet produit ?
2. À quelle logique obéit l'échange entre les personnages ? Qui a raison ?
3. Comment Ionesco détourne-t-il ici une conversation banale en situation inattendue ?

Exercice 4

LE DUC DE GUISE – Sire, des dépenses immenses, mais nécessaires, puisque Votre Majesté les a faites, ont épuisé le trésor de l'État… Jusqu'à présent, Votre Majesté, avec l'aide de ses fidèles sujets, a trouvé moyen de le remplir… Mais cela ne peut durer… L'approbation du Saint-Père a permis d'aliéner pour deux cent mille livres de rente sur les biens du clergé. Un emprunt a été fait aux membres du Parlement sous prétexte de faire sortir les gens de guerre étrangers… Les diamants de la couronne sont en gage pour la sûreté des trois millions dus au duc Casimir… Les deniers destinés aux rentes de l'hôtel de ville ont été détournés pour un autre usage, et les états généraux ont eu l'audace de répondre par un refus, lorsque Votre Majesté a proposé d'aliéner les domaines.
HENRI. – Oui, oui, monsieur le duc, je sais que nos finances sont en assez mauvais état… Nous prendrons un autre surintendant.

Alexandre DUMAS, *Henri III et sa cour*, 1829.

1. Qui sont les deux personnages en présence ? Quels éléments la tirade du duc de Guise nous fournit-elle sur le statut de chacun ?

2. Quelle est la visée de cette tirade ?

3. Quelle valeur peut-on donner à cette tirade après avoir entendu la réponse d'Henri ?

Exercice 5

Texte A

HARPAGON. – Je veux renfermer ce que bon me semble, et faire sentinelle comme il me plaît. Ne voilà pas de mes mouchards, qui prennent garde à ce qu'on fait ? (*Bas, à part.*) Je tremble qu'il n'ait soupçonné quelque chose de mon argent. (*Haut.*) Ne serais-tu point homme à aller faire courir le bruit que j'ai chez moi de l'argent caché ?

LA FLÈCHE. – Vous avez de l'argent caché ?

HARPAGON. – Non, coquin, je ne dis pas cela. (*Bas.*) J'enrage ! (*Haut.*) Je demande si, malicieusement, tu n'irais point faire courir le bruit que j'en ai.

LA FLÈCHE. – Hé ! que nous importe que vous en ayez, ou que vous n'en ayez pas, si c'est pour nous la même chose ?

HARPAGON, *levant la main pour donner un soufflet à la Flèche*. – Tu fais le raisonneur ! Je te baillerai de ce raisonnement-ci par les oreilles. Sors d'ici, encore une fois.

MOLIÈRE, *L'Avare*, I, 3, 1668.

Texte B

SILVIA, *à part*. – Il le mériterait. (*Haut.*) Mais ce n'est pas là de quoi il est question ; trêve de badinage, c'est un homme de condition qui m'est prédit pour époux, et je n'en rabattrai rien.

DORANTE. – Parbleu, si j'étais tel, la prédiction me menacerait, j'aurais peur de la vérifier ; je n'ai point de foi à l'astrologie, mais j'en ai beaucoup à ton visage.

SILVIA, *à part*. – Il ne tarit point... (*Haut.*). Finiras-tu, que t'importe la prédiction puisqu'elle t'exclut ?

DORANTE. – Elle n'a pas prédit que je ne t'aimerais point.

SILVIA. – Non, mais elle a dit que tu n'y gagnerais rien, et moi je te le confirme.

DORANTE. – Tu fais fort bien, Lisette, cette fierté-là te va à merveille, et quoiqu'elle me fasse mon procès, je suis pourtant bien aise de te la voir ; je te l'ai souhaitée d'abord que je l'ai vue, il te fallait encore cette grâce-là, et je me console d'y perdre, parce que tu y gagnes.

SILVIA, *à part*. – Mais en vérité, voilà un garçon qui me surprend malgré que j'en aie... (*Haut.*) Dis-moi, qui es-tu toi qui me parles ainsi ?

MARIVAUX, *Le Jeu de l'amour et du hasard*, I, 7, 1730.

1. Relevez dans les deux extraits les apartés. À qui s'adressent-ils ?

2. Dans quelle mesure les apartés participent-ils du comique de la situation ?

Les diverses formes de réplique

Exercice 6

PAULINE
Au nom de cet amour ne m'abandonnez pas.
POLYEUCTE
Au nom de cet amour, daignez suivre mes pas.
PAULINE
C'est peu de me quitter, tu veux donc me séduire ?
POLYEUCTE
C'est peu d'aller au ciel, je veux vous y conduire.
PAULINE
Imaginations !
POLYEUCTE
Célestes vérités !
PAULINE
Étrange aveuglement !
POLYEUCTE
Éternelles clartés !
PAULINE
Tu préfères la mort à l'amour de Pauline !
POLYEUCTE
Vous préférez le monde à la bonté divine !
PAULINE
Va, cruel, va mourir : tu ne m'aimas jamais.
POLYEUCTE
Vivez heureuse au monde, et me laissez en paix.

Pierre CORNEILLE, *Polyeucte*, IV, 3, 1643.

1. Qu'est-ce qui caractérise ici chaque réplique ?

2. Comment nomme-t-on ce procédé ? Quel est l'effet produit sur le rythme ?

3. Dans quelle situation, à votre avis, un dramaturge a-t-il recours à cette forme de dialogue ?

Exercice 7

Hein ? Vous croyez que je ris ? Je suis furieux ! Ces professeurs, quels crétins ! Si jamais je suis ministre, je les supprime ! Vous ne savez pas ce qui m'arrive ? Mon professeur me demande ma leçon ; je n'en savais pas un mot ; il me flanque un zéro. Quelle injustice ! Est-ce que je pouvais la savoir... je ne l'avais pas apprise. J'ai réclamé... il m'a mis à la porte. Alors je lui ai dit un mot mais un mot ! Eh bien, il n'a pas bronché, le lâche ! Il est vrai qu'il n'a pas pu l'entendre, je l'ai dit tout bas. Ah ! C'est que ce matin j'avais bien autre chose à faire que d'apprendre des leçons. J'ai dormi moi !.... parce que, avant hier, j'ai été en soirée. Oh ! Une soirée étonnante ! Il y avait des hommes, des femmes et deux députés... dont un Auvergnat. L'Auvergnat a voulu prendre la parole, mais on s'y est opposé... à cause de l'autre. Ils n'étaient pas du même avis ; cela aurait pu faire du grabuge. Quand je suis arrivé, il y avait peu de monde ; dans le vestibule, j'ai trouvé un monsieur très aimable... avec des favoris : on m'a dit que c'était le maître d'hôtel ; Ah ! Il a un bien bel hôtel ! Je lui ai serré la main, il a eu l'air très flatté...

et il m'a demandé mon paletot. Vrai, pour un propriétaire aussi riche, il n'est pas fier.

Georges Feydeau, *Le Potache*, 1883, *Théâtre complet*, © Garnier, 1980.

1. À quelle forme de discours théâtral a-t-on affaire ici ?

2. Selon vous, à qui s'adressent ce discours ? Relevez dans le texte des éléments qui justifient votre réponse.

3. Quelle est la tonalité de cet extrait ?

Exercice 8

Agrippine

Poursuis, Néron, avec de tels ministres[1],
Par des faits glorieux tu vas te signaler ;
Poursuis. Tu n'as pas fait ce pas pour reculer :
Ta main a commencé par le sang de ton frère ;
Je prévois que tes coups viendront jusqu'à ta mère.
Dans le fond de ton cœur, je sais que tu me hais ;
Tu voudras t'affranchir du joug de mes bienfaits.
Mais je veux que ma mort te soit même inutile :
Ne crois pas qu'en mourant je te laisse tranquille.
Rome, ce ciel, ce jour que tu reçus de moi,
Partout, à tout moment m'offriront devant toi.
Tes remords te suivront comme autant de furies[2] ;
Tu croiras les calmer par d'autres barbaries ;
Ta fureur, s'irritant soi-même dans son cours,
D'un sang toujours nouveau marquera tous les jours.
Mais j'espère qu'enfin le ciel, las de tes crimes,
Ajoutera ta perte à tant d'autres victimes ;
Qu'après t'être couvert de leur sang et du mien,
Tu te verras forcé de répandre le tien ;
Et ton nom paraîtra dans la race future,
Aux plus cruels tyrans une cruelle injure.
Voilà ce que mon cœur présage de toi.
Adieu : tu peux sortir.

Néron

Narcisse, suivez-moi.

Jean Racine, *Britannicus*, IV, 6, 1669.

1. Exécutants. 2. Divinités chargées de châtier les criminels.

1. S'agit-il ici d'un monologue ou d'une tirade ? Justifiez votre réponse.

2. Dégagez les différents mouvements de cet extrait. Quel réseau lexical structure la tirade ? Quel est l'effet produit sur Néron ? sur le public ?

Exercice 9

Angèle, *elle porte une robe des années cinquante, elle s'adresse au public.* – Bonsoir ! Ne vous étonnez pas si je lève souvent les sourcils ce n'est pas un tic ou plutôt si c'en est un ! Très jeune je m'épilais les sourcils et je les levais les sourcils comme ça vers le haut comme certaines artistes qui les levaient aussi vers le haut je m'étais rendu compte que chaque fois qu'elles les levaient dans des scènes d'amour et juste après le coup de sourcil il y avait le coup du baiser ! J'étais très très naïve j'ai continué à m'épiler les sourcils et à les lever de plus en plus haut j'ajoutais même un trait de crayon plus ma vie privée se déglinguait plus je m'épilais plus je les levais c'est mon fils qui fait du théâtre qui m'a dit : mais maman arrête avec tes sourcils j'ai presque arrêté mais quand on a levé les sourcils si haut si longtemps c'est difficile de ne plus les lever du tout !

Philippe Minyana, *Inventaires*, © Éditions Théâtrales, 1987.

1. Qui parle ? À qui s'adresse le personnage ? À quelle forme de parole théâtrale peut-on rattacher cet extrait ?

2. Quels commentaires l'absence fréquente de ponctuation vous inspire-t-elle ? Quel est l'effet produit lors de la lecture à voix haute ?

3. Cet extrait est-il drôle ou tragique ?

Vers le commentaire

Exercice 10

Croyant à tort que sa fiancée Suzanne le trompe avec le Comte Almaviva son maître, Figaro médite dans un célèbre monologue dont voici le début.

Figaro *seul, se promenant dans l'obscurité, dit du ton le plus sombre.* – Ô femme ! femme ! femme ! créature faible et décevante !... nul animal créé ne peut manquer à son instinct ; le tien est-il donc de tromper ?... Après m'avoir obstinément refusé, quand je l'en pressais devant sa maîtresse ; à l'instant qu'elle me donne sa parole ; au milieu de la même cérémonie... Il riait en lisant, le perfide ! et moi, comme un benêt !... non, monsieur le Comte, vous ne l'aurez pas... vous ne l'aurez pas. Parce que vous êtes un grand seigneur, vous vous croyez un grand génie !... Noblesse, fortune, un rang, des places ; tout cela rend si fier ! Qu'avez-vous fait pour tant de biens ? Vous vous êtes donné la peine de naître, et rien de plus ; du reste homme assez ordinaire ! tandis que moi, morbleu ! perdu dans la foule obscure, il m'a fallu déployer plus de science et de calculs pour subsister seulement, qu'on n'en a mis depuis cent ans à gouverner toutes les Espagnes ; et vous voulez jouter[1]... On vient... c'est elle... ce n'est personne. – La nuit est noire en diable, et me voilà faisant le sot métier de mari, quoique je ne le sois qu'à moitié ! *(Il s'assied sur un banc.)*

Beaumarchais, *Le Mariage de Figaro*, V, 3, 1784.

1. Combattre.

1. À qui s'adresse Figaro ? Observez la diversité des personnes évoquées ou interpellées ainsi que l'usage de la ponctuation.

2. Rédigez un paragraphe qui mettra en valeur la richesse de ce monologue.

Éléments de dramaturgie

La dramaturgie est l'art de composer des pièces. Le terme vient du grec *drama* qui signifie *action*. Jusqu'à la période classique, la dramaturgie est l'affaire de l'auteur et suit des règles. Au XXe siècle, avec les innovations de Brecht, la notion s'est élargie et concerne tous les moyens concrets mis en œuvre pour que le texte prenne sens.

1 Structure de l'action

Pour étudier le déroulement d'une pièce, on distingue en général trois moments.

- **L'exposition**: elle occupe les premières scènes et a pour fonction de présenter le cadre de l'action, ses enjeux et les personnages.
- **L'action**: elle résulte souvent d'un **conflit**. L'action est composée de **péripéties**, c'est-à-dire d'événements qui se succèdent en fonction des personnages ou d'éléments qui interviennent au cours de l'action. Quand un événement intervient brutalement, on parle alors de **coup de théâtre**.
- **Le dénouement**: il dénoue l'action, c'est-à-dire qu'il apporte une résolution au conflit dramatique. Le dénouement est en général conforme au genre de la pièce, heureux dans une comédie, triste dans une tragédie. Mais le mélange des genres introduit par les romantiques brouille ces repères: certaines comédies de Musset, par exemple, se terminent par la mort.

2 Division de la matière théâtrale

- Ces trois grandes étapes sont le plus souvent découpées en **actes** (cinq ou trois dans la dramaturgie classique), eux-mêmes divisés en **scènes**. Celles-ci sont délimitées par l'entrée ou par la sortie d'un personnage.
- Depuis la fin du XVIIIe siècle s'est développée une nouvelle unité dramaturgique: **le tableau**. Diderot définit le tableau dramatique dans son rapport au tableau pictural: « Le spectateur est au théâtre comme devant une toile où les tableaux divers se succèderaient comme par enchantement. » (*De la poésie dramatique*, 1758). Cette nouvelle unité donne plus de fluidité à l'action théâtrale.
- Dans le théâtre contemporain, le tableau est associé au **théâtre épique** (Brecht). Il brise la la succession linéaire des actes et des scènes, fournit un cadre sociologique et fixe l'action dans une séquence qui ne se découpe pas selon l'entrée et la sortie de personnages.

3 Personnages et actions

- Le dramaturge conçoit **des personnages** et invente ce qui les oppose ou les unit. Jusqu'au XIXe siècle, le théâtre repose sur des **types et des caractères** qui, par convention, possèdent des caractéristiques communes: le jeune premier, la soubrette, le barbon, le père noble, etc.
Le personnage sur scène agit par la parole mais aussi par sa seule **présence**: même muet, il est un témoin, voire une menace, qui pèse sur le cours de l'action dramatique.
- **Le schéma actantiel** d'une pièce permet de comprendre les forces en présence et les rapports qui unissent ou opposent les personnages. Le **sujet** est en quête d'un **objet**. Il croise des **opposants** qui contrecarrent ses projets, mais aussi des **adjuvants** qui l'aident à le mener à bien. A l'intérieur du schéma actantiel, les rôles peuvent varier et l'objet de la quête se déplacer.
- L'évolution du théâtre a entraîné une nouvelle définition du personnage. Les auteurs montrent l'individualité, les forces inconscientes, révélées par certains procédés de **distanciation** dans le jeu de l'acteur, qui refuse l'illusion réaliste ou l'identification.

Analyser une exposition

Exercice 1

Texte A

GEORGE DANDIN. – Ah ! Qu'une femme Demoiselle est une étrange affaire, et que mon mariage est une leçon bien parlante à tous les paysans qui veulent s'élever au-dessus de leur condition, et s'allier, comme j'ai fait, à la maison d'un gentilhomme ! La noblesse de soi est bonne, c'est une chose considérable assurément ; mais elle est accompagnée de tant de mauvaises circonstances, qu'il est très bon de ne s'y point frotter. Je suis devenu là-dessus savant à mes dépens, et connais le style des nobles lorsqu'ils nous font, nous autres, entrer dans leur famille. L'alliance qu'ils font est petite avec nos personnes : c'est notre bien seul qu'ils épousent, et j'aurais bien mieux fait, tout riche que je suis, de m'allier en bonne et franche paysannerie, que de prendre une femme qui se tient au-dessus de moi, s'offense de porter mon nom, et pense qu'avec tout mon bien je n'ai pas assez acheté la qualité de son mari. George Dandin, George Dandin, vous avez fait une sottise la plus grande du monde. Ma maison m'est effroyable maintenant, et je n'y rentre point sans y trouver quelque chagrin.

MOLIÈRE, *George Dandin*, I, 1, 1668.

Texte B

VIRGINIE, *à Félix, qui cherche à l'embrasser.* – Non, laissez-moi, monsieur Félix !... Je n'ai pas le temps de jouer.

FÉLIX. – Rien qu'un baiser ?

VIRGINIE. – Je ne veux pas !...

FÉLIX. – Puisque je suis de votre pays !... je suis de Rambouillet...

VIRGINIE. – Ah ! ben ! s'il fallait embrasser tous ceux qui sont de Rambouillet !...

FÉLIX. – Il n'y a que quatre mille habitants.

VIRGINIE. – Il ne s'agit pas de ça... M. Fadinard, votre bourgeois, se marie aujourd'hui... vous m'avez invitée à venir voir la corbeille... voyons la corbeille !...

FÉLIX. – Nous avons bien le temps... Mon maître est parti, hier soir, pour aller signer son contrat chez le beau-père... il ne revient qu'à onze heures, avec toute sa noce, pour aller à la mairie.

VIRGINIE. – La mariée est-elle jolie ?

FÉLIX. – Peuh !... je lui trouve l'air godiche ; mais elle est d'une bonne famille... c'est la fille d'un pépiniériste de Charentonneau... le père Nonancourt.

VIRGINIE. – Dites donc, monsieur Félix... si vous entendez dire qu'elle ait besoin d'une femme de chambre... pensez à moi.

Eugène LABICHE, *Un chapeau de paille d'Italie*, I, 1, 1851.

1. **Quels éléments des deux extraits nous indiquent qu'il s'agit de scènes d'exposition ?**

2. **Quel intérêt y a-t-il à présenter une exposition sous la forme d'un monologue ? d'un dialogue ?**

Exercice 2

POLLUX

Que je sens à la fois de surprise et de joie !
Se peut-il qu'en ces lieux enfin je vous revoie,
Que Pollux dans Corinthe ait rencontré Jason ?

JASON

Vous n'y pouviez venir en meilleure saison ;
Et pour vous rendre encor l'âme plus étonnée,
Préparez-vous à voir mon second hyménée.

POLLUX

Quoi ! Médée est donc morte, ami ?

JASON

Non, elle vit ;
Mais un objet plus beau la chasse de mon lit.

POLLUX

Dieux ! et que fera-t-elle ?

JASON

Et que fit Hypsipyle,
Que pousser les éclats d'un courroux inutile ?
Elle jeta des cris, elle versa des pleurs,
Elle me souhaita mille et mille malheurs ;
Dit que j'étais sans foi, sans cœur, sans conscience,
Et lasse de le dire, elle prit patience.
Médée en son malheur en pourra faire autant :
Qu'elle soupire, pleure, et me nomme inconstant ;
Je la quitte à regret, mais je n'ai point d'excuse
Contre un pouvoir plus fort qui me donne à Créuse.

POLLUX

Créuse est donc l'objet qui vous vient d'enflammer ?
Je l'aurais deviné sans l'entendre nommer [...].

Pierre CORNEILLE, *Médée*, I, 1, 1635.

1. **Établissez le schéma des personnages présents et cités dans cette scène d'ouverture. Que constatez-vous ?**

2. **Quelle nouvelle Jason apprend-il à Pollux ? De quelle manière un conflit est-il annoncé ?**

3. **Qu'apprend-on ici du caractère de chaque personnage ? Que laisse-t-on supposer sur la suite de l'action ?**

Analyser un dénouement

Exercice 3

Le marquis de Mascarille et le vicomte de Jodelet, les beaux esprits qui ont charmé Cathos et Magdelon et les ont régalées de musique, se sont révélés être de simples valets. Gorgibus, le père de Mgadelon, intervient pour tirer la leçon de l'aventure.

VIOLONS. – Monsieur, nous entendons[1] que vous nous contentiez, à leur défaut[2], pour ce que nous avons joué ici.

GORGIBUS, *les battant.* – Oui, oui, je vous vais contenter, et voici la monnaie dont je vous veux payer. Et vous, pendardes, je ne sais qui[3] me tient que je ne vous en fasse autant : nous allons servir de fable et de risée à tout le monde, et voilà ce que vous vous êtes attiré par vos extravagances. Allez vous cacher vilaines, allez vous cacher pour jamais. Et vous, qui êtes cause de leur folie, sottes billevesées[4], pernicieux amusements des esprits oisifs, romans, vers, chansons, sonnets et sonnettes, puissiez-vous être à tous les diables !

MOLIÈRE, *Les Précieuses ridicules*, dernière scène, 1659.

1. Nous exigeons. 2. À la place de Mascarille et de Jodelet. 3. Ce qui. 4. Futilités, niaiseries.

1. *Les Précieuses ridicules* est une comédie. Que pensez-vous de ce dénouement ?

2. À qui s'adresse Gorgibus dans sa tirade ? Envers qui est-il le plus violent ?

3. Imaginez quelle peut être la réaction des deux précieuses dans cette scène.

Exercice 4

Mariée au colonel d'Hervey, Adèle est devenue la maîtresse d'Antony, son amour de jeunesse. Mais ils doivent fuir car le mari a découvert leur liaison, et sera là d'un moment à l'autre.

ADÈLE. – On monte l'escalier… On sonne… C'est lui… Fuis, fuis !

ANTONY, *fermant la porte*. – Eh ! je ne veux pas fuir, moi. Écoute… Tu disais tout à l'heure que tu ne craignais pas la mort ?

ADÈLE. – Non, non… Oh ! tue-moi, par pitié !

ANTONY. – Une mort qui sauverait ta réputation, celle de ta fille ?

ADÈLE. – Je la demanderais à genoux.

UNE VOIX, *en dehors*. – Ouvrez !… ouvrez !… Enfoncez cette porte…

ANTONY. – Et, à ton dernier soupir, tu ne haïrais pas ton assassin ?

ADÈLE. – Je le bénirais… Mais hâte-toi !… cette porte…

ANTONY. – Ne crains rien, la mort sera ici avant lui… Mais, songes-y, la mort !

ADÈLE. – Je la demande, je la veux, je l'implore ! (*Se jetant dans ses bras*) Je viens la chercher.

ANTONY, *lui donnant un baiser*. – Eh bien, meurs ! (*Il la poignarde*).

ADÈLE, *tombant dans un fauteuil*. – Ah !…

(*Au même moment, la porte du fond est enfoncée ; le colonel d'Hervey se précipite sur le théâtre.*)

LE COLONEL. – Infâme ! Que vois-je ?… Adèle !… morte !…

ANTONY. – Oui ! morte ! Elle me résistait, je l'ai assassinée !…

(*Il jette son poignard aux pieds du colonel.*)

Alexandre DUMAS, *Antony*, V, scènes 3 et 4, 1831.

1. Résumez brièvement la situation de ce dénouement.

2. De quelle manière Dumas rend-il crédible la violence de ce dénouement ? Quelle est l'importance du hors-scène ?

3. Que pensez-vous de la dernière réplique ? Quelle suite laisse-t-elle imaginer au public ?

Exercice 5

LA VOIX DE MADAME BOULINGRIN. – Ah ! tu casses tout ? Eh bien je mets le feu ! *Galopades, hurlements.*

LA VOIX DE DES RILLETTES. – Faites donc attention, nom de Dieu ! Vous me marchez sur la figure !

LA VOIX DE BOULINGRIN. – Chamelle !

LA VOIX DE MADAME BOULINGRIN. – Enfant de coquine !

LA VOIX DE BOULINGRIN. – Fille de voleur !

LA VOIX DE MADAME BOULINGRIN. – Gredin !

Des Rillettes soupire douloureusement et geint. Soudain, par les portes ouvertes, du fond et des côtés, c'est la lueur rouge de l'incendie. La scène s'éclaire d'une teinte de sang.

DES RILLETTES, *affolé*. – L'incendie ! Au feu ! Au feu !

Il se précipite vers le fond ; mais, juste comme il va sortir, survient Félicie, un seau d'eau à la main, accourue pour porter secours.

FÉLICIE. – Le feu ?… Voilà !

Elle lance le contenu de son seau à toute volée.

DES RILLETTES, *inondé des pieds à la tête*. – Charmante soirée !

La scène s'achève dans le vacarme assourdissant d'une maison livrée à des fous, cependant qu'au dehors la pompe, qui se rapproche au grand galop de son attelage, meugle lugubrement deux notes, toujours les mêmes. Puis :

BOULINGRIN, *brusquement apparu sur le seuil de la pièce et qui se détache en noir cru sur la clarté d'un feu de Bengale*. – Ne vous en allez pas, monsieur des Rillettes. Vous allez boire un verre de Champagne.

RIDEAU.

Georges COURTELINE, *Les Boulingrin*, dernière scène, 1898.

1. Relevez les différentes actions scéniques. Quel est l'effet produit ?

2. Où se déroule la majeure partie de l'action ? Commentez ce choix du dramaturge.

3. Comment peut-on interpréter la dernière réplique de la pièce ?

4. Quelle est l'atmosphère de ce dénouement ? Quels éléments relèvent de la folie spectaculaire ?

Analyser un moment dramatique

Exercice 6

Orgon s'est entiché jusqu'à l'aveuglement de Tartuffe, qu'il croit un saint homme alors que l'hypocrite tente de séduire son épouse Elmire. Celle-ci a feint de céder pour dévoiler à son mari les manœuvres de Tartuffe et le convaincre enfin de sa perfidie.

TARTUFFE, *sans voir Orgon.*

Tout conspire, Madame, à mon contentement :
J'ai visité de l'œil tout cet appartement ;
Personne ne s'y trouve, et mon âme ravie…

ORGON, *en l'arrêtant.*

Tout doux ! vous suivez trop votre amoureuse envie,
Et vous ne devez pas vous tant passionner.
Ah ! ah ! l'homme de bien, vous m'en voulez donner[1] !
Comme aux tentations s'abandonne votre âme !
Vous épousiez ma fille, et convoitiez ma femme !
J'ai douté fort longtemps que ce fût tout de bon,
Et je croyais toujours qu'on changerait de ton ;
Mais c'est assez avant pousser le témoignage :
Je m'y tiens, et n'en veux, pour moi, pas davantage.

ELMIRE, *à Tartuffe.*

C'est contre mon humeur que j'ai fait tout ceci ;
Mais on m'a mise au point de vous traiter ainsi.

TARTUFFE

Quoi ! vous croyez...

ORGON

Allons, point de bruit, je vous prie,
Dénichons de céans[2], et sans cérémonie.

TARTUFFE

Mon dessein...

ORGON

Ces discours ne sont plus de saison ;
Il faut, tout sur-le-champ, sortir de la maison.

TARTUFFE

C'est à vous d'en sortir, vous qui parlez en maître.
La maison m'appartient, je le ferai connaître,
Et vous montrerai bien qu'en vain on a recours,
Pour me chercher querelle, à ces lâches détours,
Qu'on n'est pas où l'on pense en me faisant injure[3],
Que j'ai de quoi confondre et punir l'imposture,
Venger le Ciel qu'on blesse, et faire repentir
Ceux qui parlent ici de me faire sortir.

MOLIÈRE, *Tartuffe*, IV, 7, 1669.

1. Vous voulez me tromper. 2. Sortons de là. 3. Injustice.

1. Combien de retournements de situation cette scène propose-t-elle ? Décrivez chacun en une phrase.

2. Comment chacun est-il amené ? À quoi correspondent les phrases inachevées de Tartuffe ?

Exercice 7

LAMENTO DU JARDINIER

Moi, je ne suis plus dans le jeu. C'est pourquoi je suis libre de venir vous dire ce que la pièce ne pourra vous dire. Dans de pareilles histoires, ils ne vont pas s'interrompre de se tuer et de se mordre pour venir vous dire que la vie n'a qu'un seul but, aimer. Ce serait même disgracieux de voir le parricide s'arrêter, le poignard levé, et vous faire l'éloge de l'amour. Cela paraîtrait artificiel. Beaucoup ne le croiraient pas. Mais moi qui suis là, dans cet abandon, cette désolation, je ne vois vraiment pas ce que j'ai d'autre à faire ! Et je parle impartialement. Jamais je ne me résoudrai à épouser une autre qu'Electre, et jamais je n'aurai Electre. Je suis créé pour vivre jour et nuit avec une femme, et toujours je vivrai seul.

Jean GIRAUDOUX, *Électre*, « l'entracte »,

1. Relevez dans le texte les éléments qui montrent que le jardinier ne fait pas partie de l'intrigue.

2. Qu'est-ce qu'un lamento ? À qui s'adresse-t-il ici ? En quoi est-il ici une réflexion sur la dramaturgie ?

3. Qu'est-ce qu'un entracte ? Pourquoi, à votre avis, le dramaturge a-t-il choisi de faire de ce soliloque l'entracte ?

4. Quel est le statut de ce soliloque ? Quelle est sa fonction dramaturgique ?

Vers le commentaire

Exercice 8

Amoureux depuis l'enfance, Camille et Perdican doivent se marier. Mais Camille prétend vouloir entrer au couvent ; pour exciter sa jalousie, Perdican promet le mariage à l'innocente Rosette. Finalement, les deux jeunes gens s'avouent enfin qu'ils s'aiment toujours...

CAMILLE. – Oui, nous nous aimons, Perdican ; laisse-moi le sentir sur ton cœur. Ce Dieu qui nous regarde ne s'en offensera pas ; il veut bien que je t'aime ; il y a quinze ans qu'il le sait.

PERDICAN. – Chère créature, tu es à moi !

Il l'embrasse ; on entend un grand cri derrière l'autel[1].

CAMILLE. – C'est la voix de ma sœur de lait[2].

PERDICAN. – Comment est-elle ici ? Je l'avais laissée dans l'escalier, lorsque tu m'as fait rappeler. Il faut donc qu'elle m'ait suivi sans que je m'en sois aperçu.

CAMILLE. – Entrons dans cette galerie ; c'est là qu'on a crié.

PERDICAN. – Je ne sais ce que j'éprouve ; il me semble que mes mains sont couvertes de sang.

CAMILLE. – La pauvre enfant nous a sans doute épiés ; elle s'est encore évanouie ; viens, portons-lui secours ; hélas ! tout cela est cruel.

PERDICAN. – Non, en vérité, je n'entrerai pas ; je sens un froid mortel qui me paralyse. Vas-y, Camille, et tâche de la ramener. (*Camille sort.*) Je vous en supplie, mon Dieu ! ne faites pas de moi un meurtrier ! Vous voyez ce qui se passe ; nous sommes deux enfants insensés, et nous avons joué avec la vie et la mort ; mais notre cœur est pur ; ne tuez pas Rosette, Dieu juste ! Je lui trouverai un mari, je réparerai ma faute ; elle est jeune, elle sera riche, elle sera heureuse ; ne faites pas cela, ô Dieu ! vous pouvez bénir encore quatre de vos enfants. Eh bien ! Camille, qu'y a-t-il ? (*Camille rentre.*)

CAMILLE. – Elle est morte. Adieu, Perdican !

MUSSET, *On ne badine pas avec l'amour*, dernière scène, 1834.

1. La scène se déroule dans une chapelle.
2. Rosette est la fille de sa nourrice.

1. Identifiez le coup de théâtre. Que provoque-t-il sur les personnages ? sur le public ?

2. Rédigez un paragraphe dans lequel vous analyserez comment, par sa composition, ce dénouement offre une illustration au titre de la pièce.

Espace théâtral et mise en scène

Le théâtre désigne étymologiquement le « lieu où l'on voit ». Le texte de théâtre comporte des indications qui renvoient à la fois à la fiction et à sa représentation. Mais tout comme les personnages, cet espace est une simple virtualité qui demande à être incarnée dans une représentation. C'est la tâche dévolue au metteur en scène.

1 Espace théâtral

• L'espace théâtral désigne à la fois l'**espace scénique** mais aussi le **rapport entre la scène et la salle**. La configuration architecturale du théâtre influe sur la représentation et sur la signification d'une pièce. Ainsi, une même œuvre jouée dans un théâtre « officiel » comme la Comédie-Française ou sur de simples tréteaux nus prendra une autre signification aux yeux du public.

• L'espace scénique est délimité par des éléments de **décor** ainsi que par les **mouvements** (gestes, déplacements) des acteurs qui occupent l'aire de jeu. Ces éléments visuels sont indiqués par les **didascalies**. Elles sont très rares dans la tragédie classique, plus nombreuses dans la comédie qui donne toute sa place au langage du corps :
Elle recule sa chaise et Tartuffe rapproche la sienne (Molière, *Tartuffe*, III, 3).
L'indication de ce **jeu de scène** contraste avec l'ambiguïté prudente des propos de Tartuffe et trahit les véritables intentions du dévot personnage Tartuffe envers Elmire.

À partir du XVIIIe siècle et de l'invention du drame, les auteurs multiplient les didascalies, particulièrement abondantes dans le théâtre romantique.

• Mais le texte peut également mentionner des éléments relatifs à l'espace scénique visibles sur scène ou qui figurent hors scène. On parle alors de **didascalies internes**, comme dans cette réplique de Bérénice à Titus :

Je ne vois rien ici dont je ne sois blessée.
Tout cet appartement préparé par vos soins, […]
Ces festons, où nos noms enlacés l'un dans l'autre
À mes tristes regards viennent partout s'offrir,
Sont autant d'imposteurs que je ne puis souffrir.
(Racine, *Bérénice*, V, 5)

2 Mise en scène

• Jusqu'à la fin du XIXe siècle, les décors et l'organisation matérielle du spectacle sont l'affaire du décorateur ou du **régisseur**, parfois même de l'auteur oud' un acteur chef de troupe ou bien du chef de troupe (comme Molière), parfois même de l'auteur qui donne ses indications aux acteurs (comme Marivaux ou Hugo). Le plus souvent le décor imite un lieu décrit dans les premières didascalies du texte :
Un salon du faubourg Saint-Honoré. (Alexandre Dumas, *Antony*).

• À la fin du XIXe siècle naît la fonction de **metteur en scène**, dont la première responsabilité est de distribuer les rôles. Les personnages existent grâce à l'acteur qui leur donne vie ; le choix d'un comédien est donc déterminant sur la signification d'une pièce.
Avec le **scénographe**, le metteur en scène réfléchit en outre à l'agencement de l'espace en fonction de choix qui orientent l'interprétation du texte, mettant en valeur tel ou tel de ses aspects. Il imprime aussi un rythme à l'action dramatique, déterminant pour la réussite et le sens du spectacle. Le travail du metteur en scène renouvelle souvent le regard que nous portons sur les pièces classiques.

• Le théâtre est fait de **signes** que le public décrypte. Ainsi la place des personnages sur scène et leurs gestes nous renseignent sur une situation. Le metteur en scène opère des choix qui ne sont pas toujours ceux des didascalies. Les costumes, les décors, les accessoires, le traitement de la lumière, les bruitages et la musique font partie de la mise en scène et permettent d'orienter la signification d'une œuvre.

Interroger l'espace théâtral

Exercice 1

Acte I

Le théâtre représente une chambre à demi démeublée; un grand fauteuil de malade est au milieu. Figaro, avec une toise, mesure le plancher. Suzanne attache à sa tête, devant une glace, le petit bouquet de fleurs d'orange, appelé chapeau de la mariée.

Scène 1

FIGARO, SUZANNE.

FIGARO. – Dix-neuf pieds sur vingt-six.

SUZANNE. – Tiens, Figaro, voilà mon petit chapeau: le trouves-tu mieux ainsi ?

FIGARO *lui prend les mains.* – Sans comparaison, ma charmante. Oh ! que ce joli bouquet virginal, élevé sur la tête d'une belle fille, est doux, le matin des noces, à l'œil amoureux d'un époux !...

SUZANNE *se retire.* – Que mesures-tu donc là, mon fils ?

FIGARO. – Je regarde, ma petite Suzanne, si ce beau lit que Monseigneur nous donne aura bonne grâce ici.

SUZANNE. – Dans cette chambre ?

FIGARO. – Il nous la cède.

SUZANNE. – Et moi, je n'en veux point.

BEAUMARCHAIS, *Le Mariage de Figaro*, 1784.

1. Où se déroule la scène ? En quoi le décor est-il ici important ? Que prépare-t-on ?

2. Que fait Figaro dans cette scène ? En quoi son action est-elle liée à l'espace de jeu ?

Exercice 2

Le salon de Danaé dans le palais du roi, à Madrid. Ameublement magnifique dans le goût demi-flamand du temps de Philippe IV. À gauche, une grande fenêtre à châssis dorés et à petits carreaux. Des deux côtés, sur un pan coupé, une porte basse donnant dans quelque appartement intérieur. Au fond, une grande cloison vitrée à châssis dorés s'ouvrant par une large porte également vitrée sur une longue galerie. Cette galerie, qui traverse tout le théâtre, est masquée par d'immenses rideaux qui tombent du haut en bas de la cloison vitrée. Une table, un fauteuil, et ce qu'il faut pour écrire. Don Salluste entre par la petite porte de gauche, suivi de Ruy Blas et de Gudiel, qui porte une cassette et divers paquets qu'on dirait disposés pour un voyage. Don Salluste est vêtu de velours noir, costume de cour du temps de Charles II. La toison d'or au cou. Par-dessus l'habillement noir, un riche manteau de velours vert clair, brodé d'or et doublé de satin noir. Épée à grande coquille. Chapeau à plumes blanches. Gudiel est en noir, épée au côté. Ruy Blas est en livrée. Haut-de-chausses et justaucorps bruns. Surtout galonné, rouge et or. Tête nue. Sans épée.

Victor HUGO, *Ruy Blas*, I, 1, 1838.

1. Quelles informations de type historique Victor Hugo nous donne-t-il dans cette didascalie qui ouvre l'acte I de *Ruy Blas* ?

2. Quels détails créent une atmosphère ? Définissez-la. Quels détails ont une valeur symbolique ?

3. Comment les costumes et leurs couleurs caractérisent-ils les personnages ?

4. Quelle solution pourrait-on proposer pour suggérer certains éléments du décor sans les représenter ?

Exercice 3

LA STATUE. – Donnez-moi la main.

DOM JUAN. – La voilà.

LA STATUE. – Dom Juan, l'endurcissement au péché traîne une mort funeste, et les grâces du Ciel que l'on renvoie ouvrent un chemin à sa foudre.

DOM JUAN. – Ô Ciel ! que sens-je ? Un feu invisible me brûle, je n'en puis plus, et tout mon corps devient un brasier ardent. Ah !

Le tonnerre tombe avec un grand bruit et de grands éclairs sur Dom Juan; la terre s'ouvre et l'abîme; et il sort de grands feux de l'endroit où il est tombé.

SGANARELLE. – Ah ! mes gages ! mes gages ! Voilà par sa mort un chacun satisfait: Ciel offensé, lois violées, filles séduites, familles déshonorées, parents outragés, femmes mises à mal, maris poussés à bout, tout le monde est content. Il n'y a que moi seul de malheureux. Mes gages ! Mes gages ! Mes gages !

MOLIÈRE, *Dom Juan*, dernière scène, 1665.

1. Où se déroule la scène ? Quels éléments du texte nous permettent de le comprendre ?

2. En quoi les dialogues nous renseignent-ils sur l'espace ?

3. Quel espace symbolique les didascalies désignent-elles ?

Exercice 4

La scène telle que je l'ai conçue et [telle] que nous avons commencé d'ébaucher sa réalisation, c'est-à-dire: débarrassée, aussi nue que possible, attendant quelque chose et prête à recevoir sa forme de l'action qui s'y déroule, cette scène n'est jamais si belle qu'à son état naturel, primitif et vacant, lorsque rien ne s'y passe et qu'elle repose, silencieuse, faiblement éclairée par la demi-lumière du jour. [...]

J'ai dit bien souvent qu'il ne me semblait pas qu'il pût y avoir de solution *décorative* du problème scénique, mais seulement une solution *architecturale*, et une solution architecturale en fonction d'une forme dramatique que nous ne pouvons attendre que du créateur dramatique complet, c'est-à-dire du poète, né sur la scène et pour la scène, et dont la pensée construira pour son expression authentique l'instrument dont il aura besoin.

Jacques COPEAU, *Registres* I, © Gallimard, 1974.

1. Quelle idée de la scène Jacques Copeau propose-t-il ?

2. Comment comprenez-vous le qualificatif « primitif » (l. 6) dans le texte de Copeau ?

3. Pourquoi oppose-t-il « solution décorative » et « solution architecturale » (l. 10-11) ?

Apprécier la mise en scène

Exercice 5

La chambre de Madame. Meubles Louis XV. Au fond, une fenêtre ouverte sur la façade de l'immeuble en face. À droite, le lit. À gauche, une porte et une commode. Des fleurs à profusion. C'est le soir. L'actrice qui joue Solange est vêtue d'une petite robe noire de domestique. Sur une chaise, une autre petite robe noire, des bas de fil noirs, une paire de souliers noirs à talons plats.

CLAIRE, *debout, en combinaison, tournant le dos à la coiffeuse. Son geste – le bras tendu – et le ton seront d'un tragique exaspéré.* – Et ces gants ! Ces éternels gants ! Je t'ai dit souvent de les laisser à la cuisine. C'est avec ça, sans doute, que tu espères séduire le laitier. Non, non, ne mens pas, c'est inutile. Pends-les au-dessus de l'évier. Quand comprendras-tu que cette chambre ne doit pas être souillée ? Tout, mais tout ce qui vient de la cuisine est crachat. Sors. Et remporte tes crachats ! Mais cesse !

Pendant cette tirade, Solange jouait avec une paire de gants de caoutchouc, observant ses mains gantées, tantôt en bouquet, tantôt en éventail.

Jean GENET, *Les Bonnes*, © Gallimard, 1947.

1. Relevez tous les accessoires présents dans cette scène. Un metteur en scène peut-il se dispenser de certains ?

2. À quel jeu ces deux sœurs domestiques jouent-elles ? Comment les accessoires participent-ils à ce jeu ?

3. Cette première scène vous semble-t-elle réaliste ou parodique ? Comment un metteur en scène peut-il montrer l'un ou l'autre registre ?

Exercice 6

De manière générale, le costume de théâtre ne doit être à aucun prix un alibi, c'est-à-dire un ailleurs ou une justification : le costume ne doit pas constituer un lieu visuel brillant et dense vers lequel l'attention s'évaderait, fuyant la réalité essentielle du spectacle, ce que l'on pourrait appeler sa responsabilité ; et puis, le costume ne doit pas être non plus une sorte d'excuse, d'élément de compensation dont la réussite rachèterait par exemple le silence ou l'indigence de l'œuvre. Le costume doit toujours garder sa valeur de pure fonction, il ne doit étouffer ni gonfler la pièce, il doit se garder de substituer à la signification de l'acte théâtral, des valeurs indépendantes. C'est donc lorsque le costume devient une fin en soi qu'il commence à devenir condamnable.

Roland BARTHES, *Écrits sur le théâtre*, © Le Seuil, 2002.

1. Quelle est la signification des termes « alibi » et « ailleurs » dans la démonstration ?

2. Quel danger le costume peut-il faire courir au spectacle ?

3. Selon vous, quelle fonction Roland Barthes assigne-t-il au costume ?

Exercice 7

LES PERSONNAGES

(Les habits des acteurs doivent être dans l'ancien costume espagnol.)

LE COMTE ALMAVIVA, grand[1] d'Espagne, amant inconnu de Rosine, paraît, au premier acte, en veste et culotte de satin ; il est enveloppé d'un grand manteau brun, ou cape espagnole ; chapeau noir rabattu avec un ruban de couleur autour de la forme. Au deuxième acte, habit uniforme de cavalier, avec des moustaches et des bottines. Au troisième, habillé en bachelier[2] ; cheveux ronds, grande fraise[3] au cou ; veste, culotte, bas et manteau d'abbé. Au quatrième acte, il est vêtu superbement à l'espagnole avec un riche manteau ; par-dessus tout, le large manteau brun dont il se tient enveloppé.

[...]

FIGARO, barbier de Séville en habit de *majo*[4] espagnol. La tête couverte d'une rescille[5] ou filet ; chapeau blanc, ruban de couleur autour de la forme, un fichu de soie attaché fort lâche à son cou, gilet et haut-de-chausses[6] de satin, avec des boutons et boutonnières frangés d'argent ; une grande ceinture de soie, les jarretières[7] nouées avec des glands qui pendent sur chaque jambe ; veste de couleur tranchante, à grands revers de la couleur du gilet ; bas blancs et souliers gris.

BEAUMARCHAIS, *Le Barbier de Séville*, 1775.

1. Noble. 2. Étudiant. 3. Large col plissé, à la mode au début du XVIIe siècle. 4. Élégant (terme péjoratif). 5. Résille. 6. Culotte ou pantalon court. 7. Rubans servant à retenir les bas.

1. Dans quel but, à votre avis, Beaumarchais a-t-il écrit ces éléments relatifs aux personnages de la comédie ?

2. En quoi les costumes et les accessoires sont-ils importants pour comprendre l'évolution des caractères ?

3. Quel élément de costume retiendriez-vous pour suggérer le caractère du comte et de Figaro ? Pourquoi ?

Exercice 8

Texte A

Quand, pour la première fois, j'ai eu à mettre un ouvrage en scène, j'ai clairement perçu que la besogne se divisait en deux parties distinctes : l'une, toute matérielle, c'est-à-dire la constitution du décor servant de milieu à l'action, le dessin et le groupement des personnages ; l'autre immatérielle, c'est-à-dire l'interprétation et le mouvement du dialogue. Il m'a donc paru d'abord utile, indispensable, de créer avec soin, et sans aucune préoccupation des événements qui devaient s'y dérouler, le décor, le milieu. – Car c'est le milieu qui détermine les mouvements des personnages, et non les mouvements des personnages qui déterminent le milieu.

André ANTOINE, *Causerie sur la mise en scène*, © *La Revue de Paris*, 1er avril 1903, Paris.

Texte B

Ce que doit être la mise en scène.

Le poète a rêvé une pièce. Il met sur le papier ce qui en est réductible aux mots. Mais ils ne peuvent exprimer qu'une partie de son rêve. Le reste n'est pas dans le manuscrit. C'est au metteur en scène qu'il appartiendra de restituer à l'œuvre du poète ce qui s'en était perdu dans le chemin du rêve au manuscrit. Pour le tenter, il réglera le jeu, non plus seulement dans les répliques, mais dans leurs prolongements, harmonisera l'ensemble de l'interprétation, rythmera le mouvement de chaque tableau. Par le costume, par le décor, par la lumière, et s'il y a lieu par la musique et par la danse, il créera autour de l'action le milieu matériel et spirituel qui lui convient, l'ambiance indescriptible qui agira sur les spectateurs pour les mettre en état de réceptivité, pour les rapprocher des acteurs, pour les accorder avec le poète. Il s'agit pour lui de réaliser sur la scène le songe d'un univers expressif et cohérent et de provoquer dans la salle une hallucination collective.

Gaston BATY, *Rideau baissé*, © Bordas, 1948.

1. Relevez le vocabulaire technique de la mise en scène dans les deux extraits. Que constatez-vous ?

2. Accordent-ils l'un et l'autre la même fonction à la mise en scène ?

3. Recherchez qui sont André Antoine et Gaston Baty. En quoi sont-ils importants dans l'histoire de la mise en scène ?

Exercice 9

L'entremetteuse Frosine a conduit la jeune Mariane chez Harpagon, vieil avare qui doit l'épouser.

Le texte de cet extrait est suivi des notes de Charles Dullin (auxquelles renvoient les chiffres entre parenthèses) pour sa mise en scène de la pièce en 1940.

HARPAGON, *à Mariane.* – (1) Voilà, belle mignonne, ma fille qui vient vous saluer.

MARIANE. – Je m'acquitte bien tard, Madame, d'une telle visite.

ÉLISE. – Vous avez fait, Madame, ce que je devais faire, et c'était à moi de vous prévenir.

HARPAGON. (2) – Vous voyez qu'elle est grande ; mais mauvaise herbe croît toujours.

MARIANE, *bas, à Frosine.* – Oh ! l'homme déplaisant !

HARPAGON, *bas, à Frosine* – Que dit la belle ?

FROSINE. – Qu'elle vous trouve admirable.

HARPAGON. – C'est trop d'honneur que vous me faites, adorable mignonne. (3)

MARIANE, *à part.* – Quel animal !

HARPAGON. – Je vous suis trop obligé de ces sentiments. (4)

MARIANE, *à part.* – Je n'y puis plus tenir. (5)

HARPAGON. – Voici mon fils aussi qui vous vient faire la révérence.

MARIANE. – Ah ! Frosine, quelle rencontre ! C'est justement celui dont je t'ai parlé.

FROSINE, *à Mariane.* – L'aventure est merveilleuse. (6)

HARPAGON. – Je vois que vous vous étonnez de me voir de si grands enfants ; mais je serai bientôt défait et de l'un et de l'autre.

Notes de Charles Dullin :

(1) Élise apparaît à la porte du fond, et descend à l'extrémité droite près du tabouret. Les femmes se tournent vers elle. Révérences, civilités.

(2) Élise, gênée, s'efface un peu en remontant vers la baie. Mariane s'abrite derrière Frosine.

(3) Harpagon se courbe pour faire une révérence et Mariane en profite pour dire « quel animal ».

(4) Nouveau plongeon d'Harpagon, même jeu de Mariane, qui cette fois lâche Frosine pour se sauver. Mais…

(5) Cléante apparaît à la porte du fond. Mariane et lui se trouvent face à face. Mariane recule et vient devant le tabouret. Frosine, inquiète, la rejoint. Élise s'efface un peu plus.

(6) Harpagon va dire sa réplique confidentiellement à Mariane et revient derrière la table.

MOLIÈRE, *L'Avare*, 1668, III, 5-6, © Éditions du Seuil, 1946.

1. Qu'a voulu faire ressortir Charles Dullin dans sa mise en scène de cet extrait de *L'Avare* ?

2. Quelle est la principale qualité de cette mise en scène, selon vous ?

Vers l'écriture d'invention

Exercice 10

FROSINE. – […] Vous ne l'épousez qu'aux conditions de vous laisser veuve bientôt ; et ce doit être là un des articles du contrat. Il serait bien impertinent de ne pas mourir dans trois mois ! Le voici en propre personne.

MARIANE. – Ah ! Frosine, quelle figure !

HARPAGON, *à Mariane.* – Ne vous offensez pas, ma belle, si je viens à vous avec des lunettes. Je sais que vos appas frappent assez les yeux, sont assez visibles d'eux-mêmes, et qu'il n'est pas besoin de lunettes pour les apercevoir ; mais enfin, c'est avec des lunettes qu'on observe les astres, et je maintiens et garantis que vous êtes un astre, mais un astre, le plus bel astre qui soit dans le pays des astres. Frosine, elle ne répond mot et ne témoigne, ce me semble, aucune joie de me voir.

FROSINE. – C'est qu'elle est encore toute surprise ; et, puis les filles ont toujours honte à témoigner d'abord ce qu'elles ont dans l'âme.

HARPAGON, *à Frosine.* – Tu as raison.

MOLIÈRE, *L'Avare*, 1668, III, 4-5.

Sur le modèle de Charles Dullin, rédigez quelques notes de mise en scène pour cet extrait de *L'Avare* qui précède immédiatement celui que propose l'exercice 9. Vous veillerez notamment à l'apparition d'Harpagon.

Partie III

Odilon Redon (1840-1916),
Le Char d'Apollon, 1908, huile sur bois, 40 cm × 78 cm,
Berlin, Kulturforum, Cabinet des estampes.

La poésie aux XIXe et XXe siècles : du romantisme au surréalisme

Repères

Chapitres

Outils d'analyse

Repères

La poésie aux XIXe et XXe siècles : du romantisme au surréalisme

La poésie avant le romantisme

• Après les chansons de geste des XIe-XIIe siècles (*La Chanson de Roland*), le genre épique s'éteint peu à peu en France, tandis que s'impose une **tradition lyrique** avec les troubadours et les trouvères, puis avec Charles d'Orléans ou François Villon.

• La poésie française conquiert véritablement ses lettres de noblesse au XVIe siècle grâce aux **poètes de la Pléiade** : Ronsard et Du Bellay mettent le vers français au niveau des vers grecs ou latins. Après cette période créative, le XVIIe siècle évolue vers un **classicisme** rigoureux avec Malherbe puis Boileau, même si des poètes comme Agrippa d'Aubigné ou La Fontaine montrent aussi originalité et fantaisie. Le XVIIIe siècle a une production poétique assez décevante hormis l'œuvre préromantique d'André Chénier.

Victor Hugo (1802-1885), *Le Rocher de l'Ermitage*, dessin à la plume, 1850.

La poésie du romantisme au surréalisme

• Au XIXe siècle, le statut du poète change. De rimeur mondain, il devient « mage » prophétique. Victor **Hugo**, surtout, incarne ce changement et met son vers au service de toutes les causes qu'il défend. Le romantisme renoue avec la veine épique (Hugo, **Vigny**) mais sait aussi exprimer les sentiments les plus délicats (Alfred de **Musset**). Attirés par l'univers inquiétant de la nuit et des songes, certains poètes comme **Nerval** explorent le monde jusqu'aux limites de la folie.

Restauration | Monarchie de Juillet | IIe Ré | Second Empire

1820 — 1830 — 1840 — 1850 — 1860 — 1870

Restauration
1815-1824 : Louis XVIII
1824-1830 : Charles X

• 1820 : Lamartine, *Méditations poétiques*
• 1826 : Vigny, *Poèmes antiques et modernes*
• 1829 : Hugo, *Les Orientales*

Monarchie de Juillet
1830-1848 : Louis-Philippe

1830 : Révolution de juillet
• 1835 : Musset, *Les Nuits*
1848 : Révolution

IIe République
1848-1852 : IIe République

1848-1852 : Lamartine ministre du gouvernement provisoire ; Victor Hugo député
1851 : Coup d'État de Louis-Napoléon Bonaparte

Second Empire
1852-1870 : Napoléon III

• 1852 : Gautier, *Émaux et camées*
• 1854 : Nerval, *Les Filles du Feu*
• 1856 : Hugo, *Les Contemplations*
• 1857 : Baudelaire, *Les Fleurs du Mal*
• 1859 : Hugo, *La Légende des siècles*
• 1862 : Leconte de Lisle, *Poèmes barbares*

• L'exubérance romantique provoque des réactions : à la suite de **Théophile Gautier**, les **Parnassiens** proposent, au milieu du XIXe siècle, une poésie ciselée, éloignée de toute préoccupation contemporaine. La figure du poète est autant valorisée, sinon plus, puisque celui-ci est placé bien au-dessus des hommes, dans l'éternité de l'art.

• Pour les **symbolistes**, qui leur succèdent, le poète n'est ni un mage ni un esthète mais un **voyant**. Capable d'exprimer l'**inconnu** et le **mystérieux**, il ouvre les portes du monde vers un ailleurs métaphysique ou même religieux. Chez Rimbaud ou Mallarmé l'expérience poétique se vit comme une véritable **quête existentielle** qui s'achève parfois dans le silence.

• Le **poète surréaliste** hérite de cette posture même s'il oriente son regard vers l'**inconscient** et non vers un au-delà transcendant. Pour le surréalisme toute action, tout objet peut se faire poétique : le monde devient littérature.

Man Ray (1890-1976), Photomontage, Frontispice pour la revue *Le Minotaure* n°3, 15 déc. 1933.

La poésie après le surréalisme

• La question de l'**engagement** lors des conflits du XXe siècle divise le groupe surréaliste. Aragon et Éluard chantent la France meurtrie et donnent à la littérature quelques-uns de ses plus beaux poèmes d'**amour**. René Char poursuit une œuvre exigeante loin des modes du temps.

• À côté de ces auteurs, certains poètes retrouvent un **souffle épique** comme Claudel ou Saint-John Perse. Les vers de Jules Supervielle, quant à eux, se veulent tour à tour **célébration de l'univers** ou reflet d'un monde intérieur, annonçant par là les œuvres de Bonnefoy ou de Guillevic. Francis Ponge propose, lui, une nouvelle manière d'appréhender **le monde et ses objets** dans les pièces en prose du *Parti pris des choses*.

IIIe République

880 | 1890 | 1900 | 1910 | 1920 | 1930 | 1940

1870-1940
IIIe République

870 : Guerre franco-russienne. Chute de apoléon III

871- Début de IIIe République

871 : Commune de Paris éprimée dans le sang

• **1873** : Rimbaud, *Une Saison en enfer*

• **1874** : Verlaine, *Romance sans parole*

• **1877** : Mallarmé, *Poésies*

• **1885** : Laforgue, *Les Complaintes*

• **1911** : Paul Claudel, *Cinq grandes odes*

1914-1918 : Première Guerre mondiale

• **1919** : Breton-Soupault, *Les Champs magnétiques*

• **1924** : Breton, *Le Manifeste du surréalisme*

• **1926** : Eluard, *Capitale de la douleur*

1939 : Début de la Seconde Guerre mondiale

• **1943** : Aragon et Eluard, *L'Honneur des poètes*

La poésie romantique

9

Eugène Delacroix (1798-1863), *Lutte de Jacob avec l'ange* (1854-61), huile et cire sur enduit, 751 cm × 485 cm, Paris, église saint-Sulpice.

Histoire des Arts

La Bible raconte que Jacob lutta toute une nuit contre un être mystérieux qui au matin le bénit et le rebaptisa Israël. Dans cette fresque à laquelle il consacra ses dernières forces, Delacroix livre un testament de son art : loin de toute mièvrerie, le romantisme est avec lui l'expression vigoureuse d'une énergie vitale, où la force et la douceur s'exaltent réciproquement.

Durant les années 1820-1850, les poètes romantiques posent un regard neuf sur l'homme et sur le monde. Ils explorent de nouvelles voies, se tournant plus vers l'introspection douloureuse ou vers l'expression d'une vision du monde désenchantée sinon tragique. L'ampleur épique côtoie alors une poésie plus intime ou plus fantaisiste. La variété des thèmes comme le renouvellement des formes illustrent ce désir d'invention de la poésie romantique et sa fécondité.

Le souffle épique

Lamartine
(1790-1869)

Biographie, p. 560

Histoire littéraire
Le romantisme, p. 46

Méthode
Les figures de style, p. 480

Texte 1 Nouvelles Méditations poétiques (1823)

Ses batailles victorieuses, son ambition dévorante et sa fin tragique font de Napoléon l'un des grands mythes romantiques. Ce poème de Lamartine en est l'une des premières expressions.

Bonaparte

Ta tombe et ton berceau sont couverts d'un nuage,
Mais, pareil à l'éclair, tu sortis d'un orage !
Tu foudroyas le monde avant d'avoir un nom !
Tel ce Nil, dont Memphis[1] boit les vagues fécondes,
Avant d'être nommé fait bouillonner ses ondes
Aux solitudes de Memnon[2].

Les dieux étaient tombés, les trônes étaient vides ;
La victoire te prit sur ses ailes rapides.
D'un peuple de Brutus[3] la gloire te fit roi !
Ce siècle, dont l'écume entraînait dans sa course
Les mœurs, les rois, les dieux… refoulé vers sa source,
Recula d'un pas devant toi !

Tu combattis l'erreur sans regarder le nombre ;
Pareil au fier Jacob[4] tu luttas contre une ombre !
Le fantôme croula sous le poids d'un mortel !
Et, de tous ses grands noms profanateur sublime,
Tu jouas avec eux, comme la main du crime
Avec les vases de l'autel.

Ainsi, dans les accès d'un impuissant délire,
Quand un siècle vieilli de ses mains se déchire
En jetant dans ses fers un cri de liberté,
Un héros tout à coup de la poudre s'élève,
Le frappe avec son sceptre… il s'éveille, et le rêve
Tombe devant la vérité !

Alphonse de Lamartine, *Nouvelles Méditations poétiques,* v. 31-54 (extrait), 1823.

1. Ville de la Basse Égypte, ancienne capitale.
2. Cette périphrase désigne l'Éthiopie, dont Memnon était un roi légendaire.
3. Assassin du dernier roi romain, il instaura la République en 509 av. J.-C.
4. Dans la Bible, Jacob lutte toute une nuit contre un ange envoyé par Dieu.

Questions

Observer et analyser

1. Relevez les références à l'Antiquité dans le poème. Quelle est leur fonction ?

2. De quelles qualités de Bonaparte Lamartine fait-il l'éloge ?

3. Relevez les comparaisons et les métaphores. Quelles impressions laissent-elles au lecteur ?

4. Quelle figure de style repérez-vous dans l'expression « profanateur sublime » (v.16) ? Relevez dans le texte d'autres figures de style semblables. Que disent-elles du personnage ?

5. Quel effet le poète obtient-il en changeant ainsi de mètre à la fin de chaque strophe ?

Contexte et perspectives

6. Recherchez ce que sont un héros et une apothéose dans l'Antiquité. Dans quelle mesure le poème de Lamartine s'apparente-t-il à une apothéose ?

Vers le BAC : le commentaire

7. Vous rédigerez un paragraphe dans lequel vous montrerez que l'hyperbole constitue, dans ce poème, l'un des principaux éléments épiques.

Vigny
(1797-1863)

Biographie, p. 567

Histoire littéraire
Le romantisme, p. 46

Méthode
Les registres, p. 476

Texte 2 Poèmes antiques et modernes (1826)

Dans les Poèmes antiques et modernes, *son premier recueil, Vigny recourt à de nombreux symboles pour exprimer le plus souvent une vision pessimiste de la condition humaine. Le souffle épique traverse certains de ses poèmes, à l'image du « Déluge », vaste composition de 332 vers, qui reprend le thème biblique de la colère de Dieu à l'égard des hommes.*

Le Déluge

Tous les vents mugissaient, les montagnes tremblèrent,
Des fleuves arrêtés les vagues reculèrent,
Et du sombre horizon dépassant la hauteur,
Des vengeances de Dieu l'immense exécuteur,
L'océan apparut. Bouillonnant et superbe,
Entraînant les forêts comme le sable et l'herbe,
De la plaine inondée envahissant le fond,
Il se couche en vainqueur dans le désert profond,
Apportant avec lui comme de grands trophées
Les débris inconnus des villes étouffées,
Et là, bientôt plus calme en son accroissement,
Semble, dans ses travaux, s'arrêter un moment,
Et se plaire à mêler, à briser sur son onde
Les membres arrachés au cadavre du Monde.

Girodet (1767-1824),
Scène du déluge (1806),
Montargis, musée Girodet.

Ce fut alors qu'on vit des hôtes inconnus
Sur des bords étrangers tout à coup survenus;
Le cèdre jusqu'au nord vint écraser le saule;
Les ours noyés, flottant sur les glaçons du pôle,
Heurtèrent l'éléphant près du Nil endormi,
Et le monstre, que l'eau soulevait à demi,
S'étonna d'écraser, dans sa lutte contre elle,
Une vague où nageaient le tigre et la gazelle.
En vain des larges flots repoussant les premiers,
Sa trompe tournoyante arracha les palmiers;
Il fut roulé comme eux dans les plaines torrides,
Regrettant ses roseaux et ses sables arides,
Et de ses hauts bambous le lit flexible et vert,
Et jusqu'au vent de flamme exilé du désert.

Dans l'effroi général de toute créature,
La plus féroce même oubliait sa nature;
Les animaux n'osaient ni ramper ni courir,
Chacun d'eux résigné se coucha pour mourir.
En vain fuyant aux cieux l'eau sur ses rocs venue,
L'aigle tomba des airs, repoussé par la nue[1].
Le péril confondit tous les êtres tremblants.
L'homme seul se livrait à des projets sanglants.
Quelques rares vaisseaux qui se faisaient la guerre
Se disputaient longtemps les restes de la terre:
Mais, pendant leurs combats, les flots non ralentis
Effaçaient à leurs yeux ces restes engloutis.
Alors un ennemi plus terrible que l'onde
Vint achever partout la défaite du monde;
La faim de tous les cœurs chassa les passions:
Les malheureux, vivant après leurs nations,
N'avaient qu'une pensée, effroyable torture,
L'approche de la mort, la mort sans sépulture.

Alfred de Vigny, *Poèmes antiques et modernes,* « Le déluge », II, v. 165-210, 1826.

1. Le ciel nuageux.

Questions

Observer et analyser

1. Identifiez chacun des moments évoqués par ces trois strophes; donnez-leur un titre.

2. Observez dans la première strophe (v. 1-14) la construction des phrases et leur rythme. Que permettent-ils d'exprimer?

3. Observez les verbes et les temps employés dans le poème. En quoi permettent-ils la constitution d'un tableau mouvementé?

4. Relevez le champ lexical de la violence. Par quels autres moyens stylistiques Vigny donne-t-il l'impression d'une certaine brutalité?

5. De quelle manière Vigny établit-il un lien entre une description cosmique et la destinée des hommes? Comment les hommes sont-ils présentés dans le poème?

6. Quel vers illustre le mieux, selon vous, le caractère épique du poème? Expliquez pourquoi.

Contexte et perspectives

7. Comparez le poème de Vigny au passage de L'Ancien Testament (Genèse, 5-9) qui décrit le Déluge. Que constatez-vous? Quel est le parti pris de Vigny?

Vers le BAC: le sujet d'invention

8. Transposez cet épisode en prose, en conservant le mouvement et l'impression de violence créés par le poème.

Hugo
1802-1885

Biographie, p. 559

Histoire littéraire
Le romantisme, p. 46

Outils d'analyse
La versification, p. 350

Texte 3 Les Châtiments (1853)

En 1793, la Convention avait décidé de lever en masse des soldats afin de grossir les troupes de l'armée française et de porter la liberté révolutionnaire à travers toute l'Europe. On les appela les « soldats de l'an II », en référence au calendrier révolutionnaire (1793-1794). En relatant, dans Les Châtiments, *cet épisode historique, Hugo glorifie l'énergie enthousiaste de l'armée en marche pour mieux condamner l'armée professionnelle qui assassina les libertés républicaines lors du coup d'État du 2 décembre 1851.*

Ô soldats de l'an deux ! ô guerres ! épopées !
Contre les rois tirant ensemble leurs épées,
        Prussiens, Autrichiens,
Contre toutes les Tyrs[1] et toutes les Sodomes[2],
Contre le czar[3] du nord, contre ce chasseur d'hommes
        Suivi de tous ses chiens,

Contre toute l'Europe avec ses capitaines,
Avec ses fantassins couvrant au loin les plaines,
        Avec ses cavaliers,
Tout entière debout comme une hydre[4] vivante,
Ils chantaient, ils allaient, l'âme sans épouvante
        Et les pieds sans souliers !

1. Ville de Phénicie condamnée par les prophètes de l'Ancien Testament.
2. Ville pécheresse détruite par Dieu dans la Bible.
3. L'empereur de Russie.
4. Serpent à sept têtes de la mythologie antique.

François Rude (1784-1855), *Le Départ des volontaires de 1792* ou *La Marseillaise*, (1836), Paris, Arc de triomphe de l'Étoile.

Au levant, au couchant, partout, au sud, au pôle,
Avec de vieux fusils sonnant sur leur épaule,
Passant torrents et monts,
Sans repos, sans sommeil, coudes percés, sans vivres,
Ils allaient, fiers, joyeux, et soufflant dans des cuivres[5]
Ainsi que des démons !

La Liberté sublime emplissait leurs pensées.
Flottes prises d'assaut[6], frontières effacées
Sous leur pas souverain,
Ô France, tous les jours, c'était quelque prodige,
Chocs, rencontres, combats ; et Joubert[7] sur l'Adige[8],
Et Marceau[9] sur le Rhin !

On battait l'avant-garde, on culbutait le centre ;
Dans la pluie et la neige et de l'eau jusqu'au ventre,
On allait ! en avant !
Et l'un offrait la paix, et l'autre ouvrait ses portes,
Et les trônes, roulant comme des feuilles mortes,
Se dispersaient au vent !

Oh ! que vous étiez grands au milieu des mêlées,
Soldats ! L'œil plein d'éclairs, faces échevelées
Dans le noir tourbillon,
Ils rayonnaient, debout, ardents, dressant la tête ;
Et comme les lions aspirent la tempête
Quand souffle l'aquilon[10],

Eux, dans l'emportement de leurs luttes épiques,
Ivres, ils savouraient tous les bruits héroïques,
Le fer heurtant le fer,
La Marseillaise ailée et volant dans les balles,
Les tambours, les obus, les bombes, les cymbales[11],
Et ton rire, ô Kléber[12] !

Victor HUGO, *Les Châtiments*, II, 7,
« À l'obéissance passive », 1853.

5. Instrument de musique à vent.
6. En janvier 1795, les hussards français capturèrent la flotte hollandaise bloquée dans les glaces.
7. Général de la Révolution, mort en 1799, à 30 ans.
8. Fleuve d'Italie.
9. Général de la Révolution, mort en 1796, à 27 ans.
10. Vent violent.
11. Instrument à percussion.
12. Général français de la Révolution, mort lors de la campagne d'Égypte en 1800.

Questions

Observer et analyser

1. Comment sont décrits les soldats de l'An II ? Par quelles images ou quelles comparaisons sont-ils désignés ?
2. Selon vous, pourquoi Hugo emploie-t-il très souvent des phrases exclamatives dans son poème ?
3. Observez le rythme des phrases dans les trois premières strophes (v. 1-18). Quel effet produit-il ?
4. Justifiez l'utilisation par Hugo des termes « épopées » et « épiques ». En quoi sont-ils représentatifs de tout le poème ?
5. Quelle est la signification du mot « prodige » (v. 22) ? Quel sens symbolique donne-t-il au poème de Hugo ?
6. Comment interprétez-vous le rire de Kléber, vers 42 ?

Contexte et perspectives

7. Recherchez des œuvres de l'époque romantique qui mettent en scène la Révolution française et ses suites. Selon vous, pourquoi les auteurs de la génération de Hugo se sont-ils intéressés à cette période de l'Histoire ?

Vers le BAC : le commentaire

8. Vous rédigerez un paragraphe dans lequel vous montrerez comment Hugo fait d'un événement historique un épisode légendaire.

Byron
(1788-1824)

Biographie, p. 556

Histoire littéraire
Le romantisme, p. 46

Texte 4 Les Heures de loisir (1807)

Par sa vie autant que par son œuvre, George Byron incarne le mythe du poète romantique. Aristocrate anglais couvert de dettes, séducteur fiévreux, combattant engagé pour la liberté grecque jusqu'à en mourir, il laisse une œuvre tissée de ses passions et partagée entre l'exaltation et la mélancolie. Ce poème est extrait de son premier recueil, Les Heures d'oisiveté.

À Caroline

Crois-tu donc que j'aie vu tes beaux yeux
Baignés de larmes m'implorer de rester,
Et entendu sans m'émouvoir tes soupirs plaintifs
Qui en disaient bien plus que des mots ne sauraient dire ?

Si vive que fût la peine que tes larmes exprimaient,
Quand l'amour et l'espoir gisaient tous deux à terre,
Crois-moi, mon amour, ce cœur qui saignait
Palpitait d'un chagrin aussi profond que le tien.

Mais quand nos joues brûlaient de douleur,
Que tes lèvres charmantes s'unissaient aux miennes,
Les larmes qui coulaient de mes paupières
Se perdaient dans celles qui tombaient des tiennes.

Tu ne pouvais sentir ma joue en feu,
Le flot de tes larmes en avait éteint la flamme,
Et quand ta langue tentait de parler,
C'était en soupirant seulement qu'elle articulait mon nom.

Et cependant, mon amour, nous sanglotons en vain,
En vain nous soupirons pour déplorer notre sort ;
Les souvenirs seuls peuvent rester,
Mais ils ne feront que redoubler nos sanglots.

Encore une fois, toi si fort aimée, adieu !
Ah ! si tu le peux, surmonte tes regrets ;
Ne laisse pas ton esprit revoir nos joies passées.
Notre seul espoir, c'est l'oubli.

George Gordon Byron, *Les Heures de loisir*, traduction de J.-P. Aubrit, 1807.

Questions

Observer et analyser

1. Dans quelle mesure ce poème est-il une réponse à la femme aimée ?

2. Observez les temps et les modes employés dans le poème. Comment évolue l'attitude du poète envers Caroline ?

3. Observez le champ lexical du corps. Quelle tonalité donne-t-il au lyrisme amoureux ?

4. Pourquoi peut-on dire que le dernier vers est un paradoxe ?

Vers le bac : l'entretien à l'oral

5. Quel type de romantisme ce poème incarne-t-il ? Vous semble-t-il démodé ? Justifiez votre réponse.

Musset
(1810-1857)

Biographie, p. 562

Histoire littéraire
Le romantisme, p. 46

Outils d'analyse
Les formes poétiques, p. 346

Texte 5 Poésies Nouvelles (1840)

En 1840, au retour d'une fête, Musset fait le constat de sa vie et donne la mesure de sa solitude dans le sonnet « Tristesse », émouvant de simplicité. Intégré aux Poésies nouvelles, *ce sonnet est l'un de ses plus célèbres poèmes. On y retrouve les principaux thèmes du lyrisme romantique : la recherche d'une vérité intérieure, la nostalgie et la solitude.*

Tristesse

J'ai perdu ma force et ma vie,
Et mes amis et ma gaîté ;
J'ai perdu jusqu'à la fierté
Qui faisait croire à mon génie.

Quand j'ai connu la Vérité,
J'ai cru que c'était une amie ;
Quand je l'ai comprise et sentie,
J'en étais déjà dégoûté.

Et pourtant elle est éternelle,
Et ceux qui se sont passés d'elle
Ici-bas ont tout ignoré.

Dieu parle, il faut qu'on lui réponde.
– Le seul bien qui me reste au monde
Est d'avoir quelquefois pleuré.

Alfred de Musset, *Poésies Nouvelles*, 1840.

Questions

Observer et analyser

1. Relevez les éléments qui donnent une dimension personnelle au poème.

2. Comment définiriez-vous la tonalité du sonnet ? Pour répondre, étudiez le lexique, le rythme et les sonorités.

3. À votre avis, pourquoi le poète a-t-il mis une majuscule au terme « Vérité » ? Quel autre mot du poème porte une majuscule ? Comment interprétez-vous ce choix ?

4. Quels éléments du texte montrent que l'expérience personnelle devient universelle ? Peut-on parler de poème « philosophique » ?

Contexte et perspectives

5. Reportez-vous à la page 48, sur le « mal du siècle ». En quoi ce poème se rattache-t-il à ce thème romantique ?

6. Qu'est-ce qu'une élégie ? Selon vous, le sonnet de Musset relève-t-il de ce genre poétique ?

Vers le BAC : la dissertation

7. Vous rédigerez un paragraphe argumenté en démontrant qu'on peut écrire des idées profondes avec des mots simples.

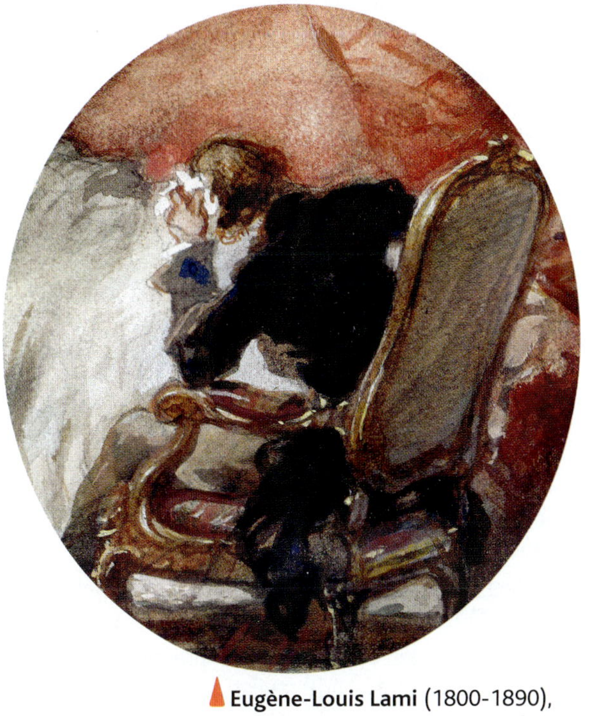

Eugène-Louis Lami (1800-1890), *La Nuit de décembre*, Rueil-Malmaison, château de Malmaison.

Hugo
1802-1885

Biographie, p. 559

Pierre Joseph Redouté (1759-1840), *Redutea heterophylla* (1835), collection privée.

Texte 6 Les Contemplations (1856)

Victor Hugo n'est pas seulement le poète engagé des Châtiments. *Son œuvre est traversée par une réflexion sur le rôle du poète dans la société et sur les rapports qu'il entretient avec la nature.*

Le poète s'en va dans les champs ; il admire,
Il adore ; il écoute en lui-même une lyre ;
Et le voyant venir, les fleurs, toutes les fleurs,
Celles qui des rubis font pâlir les couleurs,
Celles qui des paons même éclipseraient les queues,
Les petites fleurs d'or, les petites fleurs bleues,
Prennent, pour l'accueillir agitant leurs bouquets,
De petits airs penchés ou de grands airs coquets,
Et, familièrement, car cela sied aux belles :
« Tiens ! c'est notre amoureux qui passe ! » disent-elles.
Et, pleins de jour et d'ombre et de confuses voix,
Les grands arbres profonds qui vivent dans les bois,
Tous ces vieillards, les ifs, les tilleuls, les érables,
Les saules tout ridés, les chênes vénérables,
L'orme au branchage noir, de mousse appesanti,
Comme les ulémas[1] quand paraît le muphti[2],
Lui font de grands saluts et courbent jusqu'à terre
Leurs têtes de feuillée et leurs barbes de lierre,
Contemplent de son front la sereine lueur,
Et murmurent tout bas : C'est lui ! c'est le rêveur !

Les Roches, juin 1831.

Victor Hugo, *Les Contemplations*, I, 2, 1856.

1. Docteurs de la loi musulmane.
2. Jurisconsulte attaché à une mosquée.

Questions

Observer et analyser

1. Observez les effets de symétrie dans la narration pour dégager la composition du poème. Quelle signification peut-on lui donner ?

2. Relevez les termes (noms, verbes) qui s'appliquent au poète. Quelle image du poète est ici construite ?

3. Observez les verbes et les expressions appliqués à la nature. Quel procédé stylistique Hugo utilise-t-il et pourquoi ?

4. En vous appuyant sur les champs lexicaux, les adjectifs et les verbes, vous expliquerez de manière précise pourquoi l'on peut parler de ce poème comme d'un tableau.

5. En quoi ce poème vous semble-t-il faire preuve d'humour ? Observez notamment les v. 6-10. Avec quels vers cette tonalité contraste-t-elle ? Comment interprétez-vous cette dualité ?

Vers le bac : le sujet d'invention

6. Le poème de Hugo propose une vision du poète dans la nature. Sous la forme d'un poème en prose ou en vers, vous écrirez un texte dont le titre sera : « Le poète s'en va dans la ville ». Dans votre texte, vous montrerez que le décor urbain peut aussi être une source d'inspiration pour les poètes.

Desbordes-Valmore
(1786-1859)

Biographie, p. 557

Histoire littéraire
Le romantisme, p. 46

Texte 7 Poésies inédites (1860)

Poétesse et comédienne, Marceline Desbordes-Valmore a mené une vie vagabonde marquée par des amours douloureuses. Le regret des amours perdues est l'un de ses motifs de prédilection. Ce poème s'inspire d'une réflexion du poète persan Saadi sur la fragilité des roses.

Les roses de Saadi

J'ai voulu ce matin te rapporter des roses;
Mais j'en avais tant pris dans mes ceintures closes
Que les nœuds trop serrés n'ont pu les contenir.

Les nœuds ont éclaté. Les roses envolées
Dans le vent, à la mer s'en sont toutes allées.
Elles ont suivi l'eau pour ne plus revenir;

La vague en a paru rouge et comme enflammée.
Ce soir, ma robe encore en est tout embaumée...
Respires-en sur moi l'odorant souvenir.

Marceline Desbordes-Valmore, *Poésies inédites*, 1860.

Jean-Baptiste Camille Corot (1796-1875), *Le Printemps de la vie* (1871), Minneapolis, musée des arts de Minneapolis.

Questions

Observer et analyser

1. Observez le jeu des pronoms personnels. À quel genre de lyrisme ce poème semble, selon vous, se rattacher?

2. Relevez tous les vêtements évoqués. Quel rôle jouent-ils dans la progression du poème?

3. Quels détours le poème emprunte-t-il pour dire le sentiment amoureux?

4. Étudiez les temps et les modes dans le dernier tercet. Sur quoi le dernier vers ouvre-t-il?

Perspective et contexte

5. Lisez le dénouement d'*Histoire d'un merle blanc* de Musset. Comparez-le avec le poème de Marceline Desbordes-Valmore. Quels éléments ont-ils en commun?

Vers le BAC: le sujet d'invention

6. Vous transposerez le poème de Marceline Desbordes-Valmore sous la forme d'une lettre qui reprendra les principales images du texte.

Friedrich, peintre romantique

À retenir

Paysages et états d'âme

La **représentation de la nature** fait partie des thèmes de prédilection de la peinture romantique. Elle évoque la **solitude de l'homme** romantique face au spectacle de la nature et un sentiment mélancolique qui nourrit le « mal du siècle ».

Les tableaux de Friedrich sont emblématiques de cette peinture. Le désenchantement y est rendu par l'irréalité des paysages et par le **point de vue du peintre** : il montre le plus souvent des personnages de dos, regardant vers le lointain. Le paysage exprime aussi la **recherche intérieure**. La réalité est alors transformée par l'art du peintre qui propose une lecture métaphorique du monde : l'appel du lointain devient une réflexion sur la place de l'homme dans le cosmos. Le lieu géographique n'est pas reproduit de manière fidèle mais représenté de façon à suggérer le désir de partir.

Méditation sur la condition humaine

« L'homme est suspendu dans le présent, entre le passé et l'avenir, comme sur un rocher entre deux gouffres : derrière lui, devant lui, tout est ténèbres », écrit Chateaubriand. Tel est l'**appel de l'infini** qu'on trouve dans la peinture romantique, expression d'une méditation et d'une quête spirituelle.

Mais la **peinture** romantique est aussi **historique et politique** : elle met en scène l'engagement de l'homme dans les changements de la société, à l'image de *La Liberté guidant le peuple* de Delacroix, tableau composé en hommage à la révolution de Juillet 1830.

Caspar David Friedrich (1774-1840)
a étudié à l'Académie des Beaux-Arts de Copenhague. Admirateur de la nature, il restitue dans ses toiles des climats mélancoliques. Pour Friedrich, la nature porte une dimension symbolique et spirituelle. Il met en scène le rapport entre l'homme et le paysage, souvent nostalgique. Il meurt dans l'indifférence et ne sera reconnu qu'au XXe siècle.

À propos ...

... du mythe du voyage
Le mythe du voyage en mer plonge ses racines dans la culture antique. Après la guerre de Troie, Ulysse erre sur les flots, ayant subi la malédiction de Poséïdon. Or son errance est une quête initiatique. Le voyage géographique revêt en effet des implications philosophiques et symboliques. Dans le cas d'Ulysse, le voyage est prise de conscience et connaissance de soi-même. Les peintres romantiques et en particulier Friedrich revisitent le thème du voyage spirituel. D'ailleurs, de nombreux artistes s'embarqueront (Delacroix, Nerval, Gautier) pour découvrir d'autres civilisations.

C.D. Friedrich, *Sur le voilier* (1818), huille sur toile 71 cm × 56 cm, Saint-Petersbourg, musée de L'Ermitage.

Voyageur au-dessus d'une mer de nuages (1818-1820), Huile sur toile, 94,8 cm × 74,8 cm, Hambourg, Kunsthalle.

Pour lire le tableau

Observer la composition
Le tableau présente un homme debout et de dos au centre de la toile. La composition oppose la verticalité du personnage qui domine la masse des nuages debout sur un surplomb de rochers. Pour suggérer l'impression d'étrangeté, Fredrich a ouvert l'angle de vue comme dans un panorama.

Observer la matière picturale
La technique utilisée est ici la peinture à l'huile. Le travail des couleurs crée des effets de brume qui nuancent les formes. Les vapeurs de blanc, de gris et de bleu pâle brouillent la profondeur et créent un contraste entre la matière rocheuse et la lumière. Le vêtement noir du promeneur se détache de cette masse de teintes mêlées.

Observer le décor
Le peintre a représenté un vertigineux paysage de montagne. Les rochers et les nuages se mêlent, créant l'impression que le marcheur a déambulé longtemps pour atteindre ce sommet. Le spectateur est placé dans la même position que le marcheur et observe, comme lui, l'immensité du décor naturel.

Questions

1. Quelle signification peut-on donner aux contrastes entre ombres et lumières dans le tableau ?
2. Le peintre David d'Angers parle de « tragédie du paysage » à propos de la peinture de Friedrich. Ce commentaire vous semble-t-il pertinent ?
3. À votre avis, pourquoi ce tableau est-il souvent choisi pour illustrer des œuvres romantiques ?

Comparer

4. Comparez *Le Voyageur* et *Sur le voilier*. Quels sont leurs points communs ? En vous référant à la synthèse de ce chapitre p. 289, vous étudierez et commenterez la place concrète et symbolique réservée à l'individu dans ces tableaux.

Romantisme et fantaisie

Musset
(1810-1857)

Biographie, p. 562

Méthode
Les registres, p. 476

La lune, vitrail XVIe siècle (détail), cathédrale Saint-Pierre, Beauvais.

Texte 8 Contes d'Espagne et d'Italie (1830)

Dans son premier recueil, salué par la critique, Musset déploie une imagination pleine d'humour et de fantaisie. Le jeune poète surdoué affirme sa singularité ironique dans cette « Ballade à la lune ».

Ballade à la lune

C'était, dans la nuit brune,
Sur le clocher jauni,
La lune,
Comme un point sur un i.

Lune, quel esprit sombre
Promène au bout d'un fil,
Dans l'ombre,
Ta face et ton profil ?

Es-tu l'oeil du ciel borgne ?
Quel chérubin[1] cafard
Nous lorgne
Sous ton masque blafard ?

N'es-tu rien qu'une boule ?
Qu'un grand faucheux[2] bien gras
Qui roule
Sans pattes et sans bras ?

Es-tu, je t'en soupçonne,
Le vieux cadran de fer
Qui sonne
L'heure aux damnés d'enfer ?
[…]

Alfred de Musset, *Contes d'Espagne et d'Italie*, « Ballade à la lune » (début), 1830.

1. Ange.
2. Animal proche de l'araignée.

Questions

Observer et analyser

1. À quelle personne grammaticale le poème est-il rédigé ? En quoi cela crée-t-il un effet humoristique ?

2. De quelle manière le poète s'implique-t-il dans sa ballade ? Sur quel ton se manifeste sa présence ?

3. À quoi la lune est-elle comparée ? Que pensez-vous de ces comparaisons ? Sont-elles cocasses ou inquiétantes ?

4. Observez les mètres employés. Quels effets le poète tire-t-il de ce jeu sur les syllabes et sur les rimes ?

Contexte et perspectives

5. Recherchez des poèmes des *Odes et Ballades* de Victor Hugo. Dans quelle mesure peut-on dire que Musset se moque des *Ballades* dans celle qu'il consacre à la lune ?

6. Recherchez des textes sur la lune chez les poètes du XIXe siècle. Quelles significations différentes incarne-t-elle ?

Vers le bac : le sujet d'invention

7. À votre tour, choisissez un sujet sérieux et traitez-le sous une forme parodique en vers.

Vers l'œuvre complète

Alfred de Musset, *Premières Poésies*

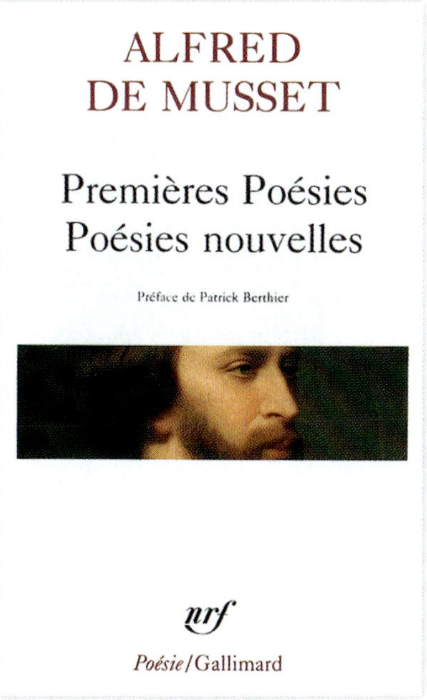

Citations

Dans Venise la rouge,
Pas un bateau qui bouge,
Pas un pêcheur dans l'eau,
Pas un falot. *(Venise)*

Qu'ai-je fait ? qu'ai-je appris ? – Le temps est si rapide ! *(Les Vœux stériles)*

La moitié
D'un violent amour, c'est presque une amitié,
N'est-ce pas ? *(Les Marrons du feu)*

Musset, poète dandy et romantique

Poète, dramaturge et prosateur, Alfred de Musset (1810-1857) est introduit dès 1828 dans les salons littéraires parisiens, chez Charles Nodier et Victor Hugo. Son premier recueil, *Contes d'Espagne et d'Italie* (1830), fait scandale, avec sa parodie désinvolte du romantisme. Mais dès 1832, son inspiration s'assombrit avec son second recueil, *Un spectacle dans un fauteuil*, puis *Les Caprices de Marianne*. Les chefs-d'œuvre se succèdent avec les pièces *Lorenzaccio, On ne badine pas avec l'amour* et le roman autobiographique *La Confession d'un enfant du siècle*.
À partir de 1835, son inspiration devient moins sombre ; il compose des proverbes et des comédies (*Il ne faut jurer de rien, Un caprice*) qui feront son succès sur les planches, après 1847. Il écrit aussi des nouvelles et des contes pleins de charme. Vieilli prématurément par ses débauches et son alcoolisme, Musset s'éteint en 1857.

Poésies de jeunesse

La première lecture des *Premières poésies* révèle la grande variété de l'inspiration du jeune poète. Musset choisit tantôt des formes brèves (*L'Andalouse, Chanson*), tantôt des pièces plus développées (*Mardoche, Namouna*). Mais ce qui surprend surtout, c'est qu'il intègre à ce premier recueil trois pièces de théâtre : *Les Marrons du feu, La Coupe et les lèvres, À quoi rêvent les jeunes filles*. Musset aime surprendre et mélanger les genres et les registres. On croise ainsi des poèmes humoristiques (*Ballade à la lune*) et d'autres plus tragiques, traités sur un mode désinvolte (*Portia, Don Paez*). En romantique, Musset recourt à la couleur locale, créant un décor à partir de quelques détails significatifs. L'ensemble du recueil est placé sous le signe de l'ironie, voire de la satire dans les poèmes qui se moquent du romantisme trop grandiloquent.

L'esprit de fantaisie

1. Relevez dans *Les Marrons du feu* des formules amusantes, des innovations dans la versification.

2. Comment comprenez-vous le titre *À quoi rêvent les jeunes filles* ? Quel est le dénouement de cette comédie ?

3. Relevez les mots qui appartiennent au temps de Musset dans le début de *Namouna*. S'agit-il vraiment d'un « conte oriental » ?

4. Quelles sont les principales innovations que Musset apporte dans son recueil des *Premières poésies* ?

Les doubles du poète

5. Qu'est-ce qu'un dandy ? Pourquoi peut-on qualifier ainsi les personnages de Musset ?

6. Beaucoup de poèmes sont écrits à la première personne. Que pensez-vous de ce choix ?

7. Lisez *Mardoche* et expliquez le jugement de Musset sur le romantisme.

Images de la femme

8. Quels sont les différents types de personnages féminins qui apparaissent dans les *Contes d'Espagne et d'Italie* ?

9. Quels sont les deux visages de la femme représentés dans *La Coupe et les lèvres* ?

10. Qui est l'Andalouse ? A quelle catégorie sociale appartient-elle ?

Gautier
1811-1872

Biographie, p. 559

Texte 9 Poésies (1830-1832)

Dans ses vers de jeunesse, Théophile Gautier nargue avec humour la morale utilitaire de la bourgeoisie parvenue aux commandes de l'État. Mais cet art de vivre est aussi un art poétique, que Gautier cultive avec les Jeunes-France, ce groupe de poètes qui prônent la liberté et le rejet des modèles classiques.

FAR-NIENTE

Quant à son temps bien le sut disposer :
Deux parts en fit, dont il souloit[1] passer
L'une à dormir et l'autre à ne rien faire.

Jean de LA FONTAINE.

Histoire littéraire
Le romantisme, p. 46

Quand je n'ai rien à faire, et qu'à peine un nuage
Dans les champs bleus du ciel, flocon de laine, nage,
J'aime à m'écouter vivre, et, libre de soucis,
Loin des chemins poudreux[2], à demeurer assis
Sur un moelleux tapis de fougère et de mousse,
Au bord des bois touffus où la chaleur s'émousse ;
Là, pour tuer le temps, j'observe la fourmi
Qui, pensant au retour de l'hiver ennemi,
Pour son grenier dérobe un grain d'orge à la gerbe,
Le puceron qui grimpe et se pend au brin d'herbe,
La chenille traînant ses anneaux veloutés,
La limace baveuse aux sillons argentés,
Et le frais papillon qui de fleurs en fleurs vole.
Ensuite je regarde, amusement frivole,
La lumière brisant dans chacun de mes cils,
Palissade opposée à ses rayons subtils,
Les sept couleurs du prisme, ou le duvet qui flotte
En l'air, comme sur l'onde un vaisseau sans pilote ;
Et lorsque je suis las je me laisse endormir
Au murmure de l'eau qu'un caillou fait gémir,
Ou j'écoute chanter près de moi la fauvette,
Et là-haut dans l'azur gazouiller l'alouette.

Théophile GAUTIER, *Poésies*, 1830-1832.

1. Avait l'habitude de.
2. Poussiéreux.

Questions

Observer et analyser

1. Qu'est-ce que le *farniente* ? Retrouvez l'étymologie du mot. Relevez dans le poème les termes et les expressions qui justifient le choix du titre.

2. Comment la nature est-elle représentée dans ce poème ? Quelle est notamment la fonction des insectes ?

3. Quelles images vous semblent amusantes ou cocasses dans ce poème ? Pourquoi ?

4. Relevez le champ lexical de l'imagination. En quoi Gautier se place-t-il ici en poète ?

Contexte et perspectives

5. Dans quelle mesure le poème de Théophile Gautier illustre-t-il la vie de bohème ?

Vers le BAC : le commentaire

6. Sous la forme d'un paragraphe rédigé, vous commenterez le rôle des couleurs dans le poème de Théophile Gautier.

Nerval
(1808-1855)

Biographie, p. 563

Histoire littéraire
Le romantisme, p. 46

Texte 10 Odelettes (1835)

Ce poème paraît en 1835, à un moment où la « fantaisie » est dans l'air du temps. Sans être véritablement une forme, la fantaisie suggère l'idée d'une imagination libre, détachée du présent, mais aussi d'un univers mystérieux, proche du « fantastique ».

Fantaisie

Il est un air pour qui je donnerais
Tout Rossini, tout Mozart et tout Wèbre[1],
Un air très vieux, languissant et funèbre,
Qui pour moi seul a des charmes secrets.

Or, chaque fois que je viens à l'entendre,
De deux cents ans mon âme rajeunit…
C'est sous Louis XIII – et je crois voir s'étendre
Un coteau vert, que le couchant jaunit ;

Puis un château de brique à coins de pierre,
Aux vitraux peints de rougeâtres couleurs,
Ceint de grands parcs, avec une rivière
Baignant ses pieds, qui coule entre des fleurs.

Puis une dame, à sa haute fenêtre,
Blonde aux yeux noirs, en son costume ancien[2],
Que dans une autre existence peut-être,
J'ai déjà vue et dont je me souviens !

Gérard de Nerval, *Odelettes*, 1835.

1. Compositeurs de musique. Dans la version de 1853, Nerval rétablira le nom original de Weber.
2. « Ses habits anciens », écrit Nerval en 1853.

Questions

Observer et analyser

1. Quelles sont les différentes étapes qui composent cette fantaisie ? Comment le texte passe-t-il de l'une à l'autre ?

2. Observez la composition des quatrains (syntaxe et rimes). Quels changements ou ressemblances remarquez-vous ? Quel est l'effet recherché par Nerval ?

3. Relevez les notations auditives et visuelles (notamment le jeu des couleurs) ? Comment s'organisent-elles ? Qu'y a-t-il d'étonnant ?

4. Observez les temps employés. Pourquoi peut-on parler de confusion temporelle ?

Contexte et perspectives

5. Lisez le récit de la rencontre avec Adrienne, au chapitre II de la nouvelle de Nerval, *Sylvie*. Comment ce poème prépare-t-il le récit de cette scène ? Quelle fonction symbolique le château revêt-il ?

Vers le bac : le commentaire

6. Vous montrerez dans un paragraphe comment la mélancolie affleure dans ce poème.

Jean-Baptiste Camille Corot (1796-1875), *Le Château de la duchesse de Berry à Rosny*, Paris, musée du Louvre.

Aloysius Bertrand
(1807-1841)

Texte 11 Gaspard de la Nuit (1842)

Poète maudit, Aloysius Bertrand n'a laissé qu'une œuvre, publiée un an après sa mort, Gaspard de la Nuit, Fantaisies à la manière de Rembrandt et de Callot. *Considéré comme l'inventeur du poème en prose, Bertrand rassemble dans son recueil les grands thèmes du romantisme.*

Un rêve

J'ai rêvé tant et plus, mais je n'y entends note.
Pantagruel, livre III.

Il était nuit. Ce furent d'abord, – ainsi j'ai vu, ainsi je raconte, – une abbaye aux murailles lézardées par la lune, – une forêt percée de sentiers tortueux, – et le Morimont* grouillant de capes et de chapeaux.

Ce furent ensuite, – ainsi j'ai entendu, ainsi je raconte, – le glas[1] funèbre d'une cloche auquel répondaient les sanglots funèbres d'une cellule, – des cris plaintifs et des rires féroces dont frissonnait chaque fleur le long d'une ramée, – et les prières bourdonnantes des pénitents noirs qui accompagnent un criminel au supplice.

Ce furent enfin, – ainsi s'acheva le rêve, ainsi je raconte, – un moine qui expirait couché dans la cendre des agonisants, – une jeune fille qui se débattait pendue aux branches d'un chêne, – Et moi que le bourreau liait échevelé sur les rayons de la roue.

Dom Augustin, le prieur défunt, aura, en habit de cordelier[2], les honneurs de la chapelle ardente ; et Marguerite[3], que son amant a tuée, sera ensevelie dans sa blanche robe d'innocence, entre quatre cierges de cire.

Mais moi, la barre du bourreau s'était, au premier coup, brisée comme un verre, les torches des pénitents noirs s'étaient éteintes sous des torrents de pluie, la foule s'était écoulée avec les ruisseaux débordés et rapides, – et je poursuivais d'autres songes vers le réveil.

Aloysius Bertrand, *Gaspard de la Nuit*, livre III, 7, 1842.

* *C'est à Dijon, de temps immémorial, la place aux exécutions* (note de l'auteur).

Francisco de Goya (1746-1828), *Quelle cruauté*, Madrid, musée du Prado.

1. Tintement lent de cloche d'église qui annonce la mort d'un fidèle.
2. Religieux de l'ordre de Saint-François.
3. Jeune fille séduite par Faust, et qui se suicida par désespoir, dans la légende allemande.

Questions

Observer et analyser

1. Observez les connecteurs temporels et le jeu des tirets : comment Aloysius Bertrand organise-t-il son récit dans chacun des trois premiers paragraphes ? De quelle façon les deux derniers rompent-ils cet agencement ?

2. Étudiez la fragmentation du récit dans les trois premiers paragraphes. Sur quoi joue-t-elle ? Quels effets produit-elle ?

3. De quelle manière, le poète crée-t-il un climat fantastique ? Quelles images convoque-t-il pour susciter l'effroi ?

Contexte et perspectives

4. Renseignez-vous sur le roman noir (ou gothique), très populaire au début du XIXe siècle. Quelle influence pouvez-vous noter sur le poème d'Aloysius Bertrand ?

Vers le BAC : le commentaire

5. Vous rédigerez un paragraphe dans lequel vous montrerez comment Bertrand met en place un univers sonore effrayant.

Synthèse

La poésie romantique

Au tournant des années 1820, la poésie s'affirme comme un genre majeur. Attentif aux bouleversements de son temps, le poète romantique fait se répondre préoccupations personnelles et interrogations collectives.

Le triomphe du lyrisme

Le Moi dans tous ses états

La poésie romantique est d'abord **une poésie du Moi.** Les *Méditations* de Lamartine inaugurent en 1820 une ère poétique nouvelle : rompant avec les conceptions classiques, le poète se vante de « n'imiter plus personne » (p. 273). **L'émotion** devient le critère absolu, – pour le lecteur qui lui demande un frisson, pour le poète qui y teste la qualité de ses vers : « Ah ! Frappe-toi le cœur, c'est là qu'est le génie », conseille Musset. **L'expérience du malheur** renouvelle chez les poètes romantiques les genres de **l'élégie** et de la déploration (p. 278-279).

Une sympathie universelle

Mais la poésie romantique n'est pas un repli narcissique ou complaisant sur le moi. « Quand je vous parle de moi, je vous parle de vous. [...] Ah ! insensé, qui crois que je ne suis pas toi ! », s'exclame Hugo dans la préface des *Contemplations* (1856). La poésie romantique cherche à **entrer en communion avec l'âme universelle** : le refuge offert par la nature est le lieu privilégié de cette expérience. Elle peut même exprimer (chez Vigny, Lamartine ou Musset) **le tragique de la condition humaine**.

Le poète romantique : un mage ou une conscience

Une parole prophétique

Le poète romantique se veut **un acteur de la société moderne** ; sa parole doit être entendue. Il porte un message parfois idéaliste et croit en **la vertu des mots** pour faire évoluer l'humanité. Ce rôle, partagé par Lamartine ou Vigny (*Les Destinées*), est pleinement incarné par Hugo, dont la stature domine le siècle. « Peuples ! écoutez le poète !/Ecoutez le rêveur sacré !/Dans votre nuit, sans lui complète,/Lui seul a le front éclairé », proclame-t-il dans *Les Rayons et les Ombres* (1840). Cette esthétique révèle toute sa puissance dans des poèmes de grande envergure qui permettent au **lyrisme** de s'élever jusqu'à l'**épopée** : c'est toute l'histoire de l'humanité que chante Hugo dans le vaste cycle de *La Légende des siècles* (1859-1883).

Une parole engagée

L'action magnifiée par les grands poètes se fait même, pour certains, **engagement.** C'est le cas, aux origines du romantisme européen, pour **Lord Byron** : non seulement il chante, dans ses odes, la noblesse de la Grèce persécutée par l'empire ottoman, mais il participe à sa lutte armée (p. 278).

Lamartine et **Hugo**, deux admirateurs du poète anglais, n'hésitent pas, eux aussi, à s'engager en politique : le premier lors de la Révolution de 1848, le second lors du coup d'État de Louis-Napoléon Bonaparte. Hugo se fait le dénonciateur du nouveau régime (*Les Châtiments*, 1853, p. 276) et le défenseur des libertés : il sera contraint à l'exil pendant vingt ans.

Un autre romantisme

Dandys et bohèmes

Le lyrisme peut également s'exprimer dans des modes à la fois intimes et ironiques. Certains poètes d'un genre nouveau posent un regard original sur leur temps, qu'ils prennent l'attitude d'un dandy aristocrate comme **Musset** ou d'un artiste bohème comme **Nerval.** Ils recourent à l'ironie, voire à l'humour noir, pour prendre leurs distances avec les grands idéaux et le souffle lyrique du romantisme ; et s'ils cultivent volontiers dans leurs poèmes une certaine **marginalité** (en faisant l'éloge de l'ivresse, de la paresse, du jeu), c'est pour manifester leur refus de s'engager dans une société décevante (p. 284 à 286).

Des thèmes nouveaux

– Le refuge dans un passé fantasmé où le poète peut laisser exprimer sa fantaisie libère des inquiétudes du temps (Musset, Nerval p. 284 et 287).

– La prédilection pour les **cauchemars** et les **scènes fantastiques** permet d'accéder à une autre réalité et d'inventer de nouvelles formules poétiques (le poème en prose d'Aloysius Bertrand (p. 288).

Parce qu'il essaie des formes et des tonalités variées, le poète romantique est aussi **un précurseur** qui annonce les découvertes poétiques de Baudelaire, Rimbaud, Mallarmé ou Apollinaire. On retrouve bien souvent, chez ces « poètes de la modernité », la trace du lyrisme et de la fantaisie romantiques.

Figures du poète romantique

Texte 1 Alphonse de Lamartine, *Nouvelles Méditations poétiques* (1823)

Dans « Le Poète mourant », Lamartine met en scène sa propre fin : sa méditation sur la brièveté de l'existence se transforme en invitation au chant.

Le poète mourant [extrait]

Chantons, puisque mes doigts sont encor sur la lyre ;
Chantons, puisque la mort, comme au cygne, m'inspire
Aux bords d'un autre monde un cri mélodieux.
C'est un présage heureux donné par mon génie,
Si notre âme n'est rien qu'amour et qu'harmonie,
Qu'un chant divin soit ses adieux !

La lyre en se brisant jette un son plus sublime ;
La lampe qui s'éteint tout à coup se ranime,
Et d'un éclat plus pur brille avant d'expirer ;
Le cygne voit le ciel à son heure dernière,
L'homme seul, reportant ses regards en arrière,
Compte ses jours pour les pleurer.

Alphonse de Lamartine, *Nouvelles Méditations poétiques*, 1823.

Alexandre Seon, *Lamentation d'Orphée* (1896), Paris, musée d'Orsay.

Texte 2 Heinrich Heine, *La Mer du Nord* (1826)

Journaliste, poète et critique, Heinrich Heine est considéré comme le plus français des romantiques allemands. Réputé pour son ironie et son esprit vif, il a créé des œuvres lyriques, dont certaines ont été mises en musique par le compositeur Robert Schumann.

Questions

Au bord de la mer, au bord de la mer déserte et nocturne, se tient un jeune homme, la poitrine pleine de doute, et d'un air morne il dit aux flots :

« Oh ! expliquez-moi l'énigme de la vie, la douloureuse et vieille énigme qui a tourmenté tant de têtes : têtes coiffées de mitres[1] hiéroglyphiques, têtes en turbans et en bonnets carrés[2], têtes à perruques, et mille autres pauvres et bouillantes têtes humaines. Dites-moi ce que signifie l'homme ? d'où il vient ? où il va ? qui habite là-haut au-dessus des étoiles dorées ? »
Les flots murmurent leur éternel murmure, le vent souffle, les nuages fuient, les étoiles scintillent, froides et indifférentes, – et un fou attend une réponse.

1. Coiffure haute utilisée par les religions antiques et chrétienne.
2. Bonnet porté autrefois par les ecclésiastiques, les docteurs, les professeurs et les juges.

Heinrich HEINE, *La Mer du Nord*, trad. Gérard de Nerval, 1826.

Texte 3 Charles Baudelaire, *Les Fleurs du mal* (1857)

Si l'on considère parfois que Charles Baudelaire a « enterré » le lyrisme romantique, « L'Albatros » montre que l'artiste prolonge la réflexion de Hugo ou de Lamartine à travers cette allégorie du poète isolé et incompris dans le monde.

L'ALBATROS

Souvent, pour s'amuser, les hommes d'équipage
Prennent des albatros, vastes oiseaux des mers,
Qui suivent, indolents[1] compagnons de voyage,
Le navire glissant sur les gouffres amers.

À peine les ont-ils déposés sur les planches,
Que ces rois de l'azur, maladroits et honteux,
Laissent piteusement leurs grandes ailes blanches
Comme des avirons traîner à côté d'eux.

Ce voyageur ailé, comme il est gauche et veule[2] !
Lui, naguère si beau, qu'il est comique et laid !
L'un agace son bec avec un brûle-gueule[3],
L'autre mime, en boitant, l'infirme qui volait !

Le Poète est semblable au prince des nuées
Qui hante la tempête et se rit de l'archer ;
Exilé sur le sol au milieu des huées,
Ses ailes de géant l'empêchent de marcher.

1. Qui agissent avec lenteur et paresse.
2. Qui manque de force, d'énergie.
3. Pipe à tuyau très court.

Charles BAUDELAIRE, *Les Fleurs du mal*, 1857.

Croiser les textes

1. Relevez dans les textes la manière dont le poète se situe face au monde extérieur.

2. Quelles différences relevez-vous dans l'expression de la mission du poète dans ces trois textes ?

3. Grâce à quels éléments les textes font-ils du poète un être « différent » ?

4. Peut-on dire que le poète de Baudelaire est aussi « fou » que le poète de Heine ?

Vers le BAC : la question de corpus

5. Quelle image de l'inspiration romantique fournissent les trois poèmes ?

Le Parnasse et le symbolisme

10

Puvis de Chavannes (1824-1898), *Jeunes filles au bord de la mer*, 1879, Paris, musée d'Orsay.

Histoire des Arts

Puvis de Chavannes est l'un des initiateurs du symbolisme. Il imposa une peinture dépouillée et allégorique, aux formes peu modelées et aux faibles contrastes chromatiques. Avec ces trois femmes rêveuses qui sont peut-être trois variations de la même, ce panneau décoratif est un bon exemple de son style qui inspira Matisse et Picasso.

Parnasse et symbolisme vouent tous deux à l'art un véritable culte. Leurs buts et leurs méthodes sont toutefois différents. Les Parnassiens mettent davantage l'accent sur la perfection formelle, qui doit révéler la beauté idéale. Les symbolistes, quant à eux, attentifs aux suggestions et aux impressions, ouvrent l'art au mystère et aux états d'âme.

Le Parnasse ou le culte de la beauté

Gautier
1811-1872

Biographie, p. 559

Histoire littéraire
L'art au-dessus de tout, p. 54

Outils d'analyse
La versification, p. 350

Texte 1 Émaux et Camées (1852)

*Théophile Gautier, le jeune homme au gilet rouge de la bataille d'*Hernani *(► p. 46) n'est pas resté toute sa vie un romantique. Dans* Émaux et Camées, *il propose des petits poèmes ciselés avec attention, comme le titre du recueil le laisse entendre. « L'Art » se veut le manifeste – et l'exemple – de cette nouvelle conception de l'écriture.*

L'Art

Oui, l'œuvre sort plus belle
D'une forme au travail
Rebelle[1],
Vers, marbre, onyx[2], émail[3].

[...]

Tout passe. – L'art robuste
Seul a l'éternité :
Le buste
Survit à la cité.

Et la médaille austère
Que trouve un laboureur
Sous terre
Révèle un empereur.

Les dieux eux-mêmes meurent.
Mais les vers souverains
Demeurent
Plus forts que les airains[4].

Sculpte, lime, cisèle :
Que ton rêve flottant
Se scelle
Dans le bloc résistant !

Théophile Gautier, « L'Art » (v. 1-4 et 41-56),
Émaux et Camées, 1852.

1. Difficile à travailler.
2. Pierre précieuse (variété d'agate).
3. Ouvrage d'orfèvrerie.
4. Bronzes.

Questions

Observer et analyser

1. Qu'ont en commun les quatre matériaux évoqués au vers 4 ? Quelle est la thèse défendue par l'auteur ? Commentez le choix de l'adjectif « rebelle » (v. 3).

2. Observez les types de vers qui composent chaque strophe : la versification choisie par Gautier vous semble-t-elle en accord avec sa thèse ? Justifiez votre réponse.

3. À qui est comparé le poète et à quoi est comparée la poésie ? En quoi ces images mettent-elles en valeur la thèse de Gautier ?

4. Est-ce que les deux arts comparés vous semblent véritablement équivalents ?

Contexte et perspectives

5. Gautier est considéré tout à la fois comme un romantique et comme un fondateur du Parnasse. En vous appuyant sur les pages 46-49 relatives au romantisme, montrez en quoi Gautier prend ici ses distances avec sa jeunesse.

Vers le BAC : la dissertation

6. À l'aide d'exemples, rédigez un paragraphe qui défend la simplicité dans le langage poétique, à l'encontre de la thèse de Gautier.

Baudelaire
1821-1867

Biographie, p. 555

Histoire littéraire
L'art au-dessus de tout, p. 54

Texte 2 Les Fleurs du mal (1857)

Baudelaire est tout à la fois héritier du romantisme, contemporain du Parnasse et initiateur du symbolisme. « Paysage » constitue le premier poème de la section « Tableaux parisiens » dans Les Fleurs du mal. *Ces vers rappellent la distance du poète parnassien à l'égard du monde.*

Paysage

Je veux, pour composer chastement mes églogues[1],
Coucher auprès du ciel, comme les astrologues,
Et, voisin des clochers, écouter en rêvant
Leurs hymnes[2] solennels emportés par le vent.
Les deux mains au menton, du haut de ma mansarde,
Je verrai l'atelier qui chante et qui bavarde;
Les tuyaux, les clochers, ces mâts de la cité,
Et les grands ciels qui font rêver d'éternité.

Il est doux, à travers les brumes, de voir naître
L'étoile dans l'azur, la lampe à la fenêtre,
Les fleuves de charbon monter au firmament
Et la lune verser son pâle enchantement.
Je verrai les printemps, les étés, les automnes;
Et quand viendra l'hiver aux neiges monotones,
Je fermerai partout portières[3] et volets
Pour bâtir dans la nuit mes féeriques palais.
Alors je rêverai des horizons bleuâtres,
Des jardins, des jets d'eau pleurant dans les albâtres[4],
Des baisers, des oiseaux chantant soir et matin,
Et tout ce que l'Idylle[5] a de plus enfantin.
L'Émeute, tempêtant vainement à ma vitre,
Ne fera pas lever mon front de mon pupitre;
Car je serai plongé dans cette volupté
D'évoquer le Printemps avec ma volonté,
De tirer un soleil de mon cœur, et de faire
De mes pensers[6] brûlants une tiède atmosphère.

Charles Baudelaire, *Les Fleurs du mal*, 1857, LXXXVI.

1. Poème pastoral, peuplé de bergers et chantant la vie de la nature et des champs.
2. Chant composé en l'honneur d'un dieu.
3. Lourds rideaux dissimulant une porte.
4. Fontaine en albâtre.
5. Petit poème d'amour dans un cadre pastoral.
6. Pensées.

Questions

Observer et analyser

1. Observez le titre du poème: quel type de description annonce-t-il ? Baudelaire répond-il à cette attente ?

2. Relevez les verbes à la première personne. Comment le poète se peint-il ? Quelle image veut-il donner de lui ? Que symbolise « l'Émeute » (v. 21) ?

3. Étudiez le rythme des jours et des nuits et le rythme des saisons, en indiquant chaque fois la réaction du poète à ces changements extérieurs.

4. Observez les vers 14-26. Par quels moyens stylistiques Baudelaire exprime-t-il la toute puissance du poète ?

Contexte et perspectives

5. Relevez le vocabulaire relatif à la ville et montrez comment ce poème s'intègre bien à la section « Tableaux parisiens » des *Fleurs du mal.*

6. Recherchez le poème « Les Montreurs » de Leconte de Lisle. En quoi les deux poèmes sont-ils proches ?

Vers le BAC : le commentaire

7. Après avoir recherché la signification du terme « paradoxe », vous rédigerezun paragraphe dans lequel vous montrerez que ce poème peut être dit « paradoxal ».

Leconte de Lisle
1818-1894

Biographie, p. 561

Histoire littéraire
L'art au-dessus de tout, p. 54

Outils d'analyse
La versification, p. 350

S. J. Macallan (1847-1910), *Étude de jaguar*, New York, Metropolitan Museum of Art.

Texte 3 Poèmes barbares (1862)

Avec José Maria de Heredia (p. 333), Leconte de Lisle est certainement le poète parnassien le plus connu et le plus représentatif. Ses deux recueils, Poèmes barbares *et* Poèmes antiques, *montrent bien la double fascination du Parnasse pour l'exotisme et pour l'Antiquité.*

Le Rêve du jaguar

Sous les noirs acajous, les lianes en fleur,
Dans l'air lourd, immobile et saturé de mouches,
Pendent, et, s'enroulant en bas parmi les souches,
Bercent le perroquet splendide et querelleur,
L'araignée au dos jaune et les singes farouches.
C'est là que le tueur de bœufs et de chevaux,
Le long des vieux troncs morts à l'écorce moussue[1],
Sinistre et fatigué, revient à pas égaux.
Il va, frottant ses reins musculeux qu'il bossue[2] ;
Et, du mufle[3] béant par la soif alourdi,
Un souffle rauque et bref, d'une brusque secousse,
Trouble les grands lézards, chauds des[4] feux de midi,
Dont la fuite étincelle à travers l'herbe rousse.
En un creux du bois sombre interdit au soleil
Il s'affaisse, allongé sur quelque roche plate ;
D'un large coup de langue il se lustre la patte ;
Il cligne ses yeux d'or hébétés de sommeil ;
Et, dans l'illusion de ses forces inertes,
Faisant mouvoir sa queue et frissonner ses flancs,
Il rêve qu'au milieu des plantations vertes,
Il enfonce d'un bond ses ongles ruisselants
Dans la chair des taureaux effarés et beuglants.

Leconte de Lisle, *Poèmes barbares*, 1862.

1. Couverte de mousse.
2. Qu'il déforme par une bosse.
3. Extrémité du museau.
4. Chauffés par.

Questions

Observer et analyser

1. Relevez le vocabulaire lié à la jungle. Quel effet ce grand nombre de références provoque-t-il sur le lecteur ?
2. Observez le titre. Vous semble-t-il étonnant ? Décrit-il bien le poème ?
3. À quel moment apparaît le jaguar ? Comment est-il désigné au cours du poème ?
4. En quoi les procédés poétiques (sonorités, rythmes) participent-ils à cette dramatisation ? Quel est l'effet sur le lecteur ?

Contexte et perspectives

5. Le titre du recueil de Leconte de Lisle est *Poèmes barbares*. Après avoir fait une petite recherche sur les autres poèmes du livre, montrez comment celui-ci s'intègre parfaitement à l'imaginaire « barbare » de l'auteur.

Vers le BAC : le commentaire

6. Rédigez un paragraphe de commentaire dans lequel vous montrerez la beauté sonore de ce poème.

de Banville
1823-1891

Biographie, p. 555

Histoire littéraire
L'art au-dessus de tout, p. 54

Outils d'analyse
La versification, p. 350

Texte 4 Les Exilés (1867)

Comme Théophile Gautier, Théodore de Banville s'éloigna du romantisme de sa jeunesse par refus des attendrissements larmoyants. Il théorisa sa science du vers dans un célèbre Petit traité de poésie française. *Il est l'auteur d'une œuvre abondante, à l'inspiration variée, qui en fit l'un des chefs de file du Parnasse. Il reprend ici la légende de Thésée connu dans la mythologie grecque pour avoir débarrassé la terre de plusieurs monstres.*

Tueur de monstres

Le beau monstre, à demi couché dans l'ombre noire,
Laissait voir seulement sa poitrine d'ivoire
Et son riant visage et ses cheveux ardents,
Et Thésée, admirant la blancheur de ses dents,
Regardait ses bras luire avec de molles poses,
Et de ses seins aigus fleurir les boutons roses.
Au loin ils entendaient les aboiements des chiens,
Et la charmante voix du monstre disait : « Viens,
Car cet antre nous offre une retraite sûre.
Ami, je dénouerai moi-même ta chaussure,
J'étendrai ton manteau sur l'herbe, si tu veux,
Et tu t'endormiras, le front dans mes cheveux,
Sans craindre la clarté d'une étoile importune. »
Mais, comme elle parlait, un doux rayon de lune
Parut, et le héros, dans le soir triste et pur,

A.-L. Barye (1796-1875), *Thésée et le Minotaure*, Bayonne, musée Bonnat.

Tête de Méduse, (détail) anonyme, XVIe siècle, huile sur bois, Florence, musée des Offices.

Vit resplendir avec ses écailles d'azur
Le corps mystérieux du monstre, dont la queue
De dragon vil[1], pareille à la mer verte et bleue,
Déroulait ses anneaux, et de blancs ossements
Brillèrent à ses pieds, sous les clairs diamants
De la lune. Alors, sourd à la voix charmeresse
Du monstre, et saisissant fortement une tresse
De la crinière d'or qui tombait sur ses yeux,
Il tira son épée avec un cri joyeux,
Et deux fois en frappa le monstre à la poitrine.
Et, hurlant comme un loup dans la forêt divine,
Crispant ses bras, tordant sa queue, horrible à voir,
L'Hydre[2] au visage humain tomba dans son sang noir,
Tandis que le héros sous l'ombrage superbe,
Essuyant son épée humide aux touffes d'herbe,
S'en allait, calme ; et, sans que ce cri l'eût troublé,
Il regardait blanchir le grand ciel étoilé.

Théodore de BANVILLE, *Les Exilés*, 1867.

1. Ignoble.
2. Énorme serpent de la mythologie.

Questions

Observer et analyser

1. Quels sont les différents moments du récit ? Repérez les divers indices qui nous permettent de dégager sa composition.

2. Observez comment l'emploi du mot « monstre » évolue au fil du poème. Comment ce monstre est-il désigné pour la dernière fois dans le texte ? Justifiez cette dénomination.

3. Observez les jeux de la lumière et du son tout au long du poème : comment participent-ils au drame ?

4. Relevez les éléments qui nous donnent une idée précise de ce « beau monstre ». Composent-ils un tableau ?

5. Qu'est-ce qui fait de Thésée un héros, dans ce récit ?

Contexte et perspectives

6. Ce « beau monstre » est une création originale de Banville. De quelles créatures de la mythologie peut-il s'être inspiré ?

7. Lisez la nouvelle du conteur argentin Jorge Luis Borges intitulée *La Demeure d'Astérion* (publiée dans le recueil *L'Aleph*). Quels rapprochements pouvez-vous faire avec ce poème ?

Vers le BAC : le commentaire

8. Relevez plusieurs enjambements et rejets, et analysez les effets qu'ils produisent.

Le symbolisme : à l'écoute de l'idéal

Baudelaire
1821-1867

Biographie, p. 555

Texte 5 Les Fleurs du mal (1857)

Baudelaire ne s'arrête pas, comme certains Parnassiens, à la beauté formelle de l'art. De nombreux poèmes des Fleurs du mal *annoncent le mouvement symboliste, notamment le sonnet « Correspondances » qui met en lumière les liens qui peuvent unir les sensations entre elles.*

Correspondances

La Nature est un temple où de vivants piliers
Laissent parfois sortir de confuses paroles ;
L'homme y passe à travers des forêts de symboles
Qui l'observent avec des regards familiers.

Comme de longs échos qui de loin se confondent
Dans une ténébreuse et profonde unité,
Vaste comme la nuit et comme la clarté,
Les parfums, les couleurs et les sons se répondent.

Il est des parfums frais comme des chairs d'enfants,
Doux comme les hautbois[1], verts comme les prairies,
– Et d'autres, corrompus, riches et triomphants,

Ayant l'expansion des choses infinies,
Comme l'ambre, le musc[2], le benjoin[3] et l'encens,
Qui chantent les transports de l'esprit et des sens.

Charles Baudelaire, *Les Fleurs du mal*, 1857.

1. Instrument à vent.
2. Substances d'origine animale, très odorantes.
3. Substance d'origine végétale, utilisée en parfumerie.

Questions

Observer et analyser

1. En vous appuyant sur une étude précise du vocabulaire des deux quatrains, montrez comment est traduite la perception que l'homme a des choses.

2. Cherchez l'étymologie du mot « symbole ». Comment cette définition permet-elle de comprendre la mission de la poésie pour Baudelaire ?

3. Quel vers définit exactement le titre du poème ? Comment les vers 9-10 illustrent-ils la notion de « correspondances » ?

4. Quelle opposition le tiret souligne-t-il au début du vers 11 ? Comment la notion de « correspondances » évolue-t-elle dans les quatre derniers vers du sonnet ?

Contexte et perspectives

5. Comparez ce poème avec « L'Art » de Gautier (p. 293). En quoi se rapprochent-ils et se différencient-ils sur la forme et sur le fond ?

Vers le BAC : le commentaire

6. Observez les rimes, allitérations et assonances et montrez comment ces *correspondances* sonores servent, elles aussi, le propos de l'auteur.

Histoire littéraire
Le symbolisme, p. 60

Outils d'analyse
Les formes poétiques, p. 346

Texte 6 Le Spleen de Paris (1869)

Le Spleen de Paris, *appelé aussi* Petits poèmes en prose, *constitue l'un des premiers exemples d'un nouveau genre poétique. Il présente un ensemble de petites pièces reprenant parfois certains poèmes des* Fleurs du mal, *mais toutes écrites en prose.*

Les fenêtres

Celui qui regarde du dehors à travers une fenêtre ouverte, ne voit jamais autant de choses que celui qui regarde une fenêtre fermée. Il n'est pas d'objet plus profond, plus mystérieux, plus fécond, plus ténébreux, plus éblouissant qu'une fenêtre éclairée d'une chandelle. Ce qu'on peut voir au soleil est toujours moins intéressant que ce qui se passe derrière une vitre. Dans ce trou noir ou lumineux vit la vie, rêve la vie, souffre la vie.

Par-delà des vagues de toits, j'aperçois une femme mûre, ridée déjà, pauvre, toujours penchée sur quelque chose, et qui ne sort jamais. Avec son visage, avec son vêtement, avec son geste, avec presque rien, j'ai refait l'histoire de cette femme, ou plutôt sa légende, et quelquefois je me la raconte à moi-même en pleurant.

Si c'eût été un pauvre vieux homme, j'aurais refait la sienne tout aussi aisément.

Et je me couche, fier d'avoir vécu et souffert dans d'autres que moi-même.

Peut-être me direz-vous : « Es-tu sûr que cette légende soit la vraie ? » Qu'importe ce que peut être la réalité placée hors de moi, si elle m'a aidé à vivre, à sentir que je suis et ce que je suis ?

Charles Baudelaire, *Le Spleen de Paris*, XXXV, 1869.

Henri Le Sidaner (1862-1939), *Maisons sur la rivière, Chartres*, 1929, coll. part.

Questions

Observer et analyser

1. Relevez les occurrences liées au regard dans le premier paragraphe. Quel paradoxe le poète met-il en évidence ?
2. Relevez tout ce qui a trait au champ lexical de la réalité, puis à celui de l'invention. Qu'indique cette association ?
3. Repérez les accumulations. Quel effet le poète vise-t-il ?
4. Pourquoi n'y a-t-il pas de contradiction entre les phrases, lignes 7 et 10-11 ?

Contexte et perspectives

5. Que symbolise la fenêtre ici ? Dans quelle mesure peut-on voir dans la fenêtre mystérieuse une image du poème symboliste ?

Vers le BAC : l'entretien oral

6. Le goût pour le mystère ne date pas des symbolistes. Les poètes romantiques exploitent aussi ce thème. Quelles différences notez-vous entre le traitement romantique et le traitement symboliste ?

Rimbaud
1854-1891

Biographie, p. 564

Texte 7 Poésies (1871)

Les Poésies *révèlent pleinement l'imaginaire original du jeune Rimbaud. S'il évoque les réalités du monde, comme les voyelles, c'est pour en faire surgir tout un monde nouveau, qui entraîne vers un ailleurs encore inexploré.*

Voyelles

A noir, E blanc, I rouge, U vert, O bleu : voyelles,
Je dirai quelque jour vos naissances latentes[1] :
A, noir corset[2] velu des mouches éclatantes
Qui bombinent[3] autour des puanteurs cruelles,

Golfes d'ombre ; E, candeurs[4] des vapeurs et des tentes,
Lances des glaciers fiers, rois blancs, frissons d'ombelles[5] ;
I, pourpres, sang craché, rire des lèvres belles
Dans la colère ou les ivresses pénitentes ;

U, cycles, vibrements divins des mers virides[6],
Paix des pâtis[7] semés d'animaux, paix des rides
Que l'alchimie imprime aux grands fronts studieux ;

O, suprême Clairon plein des strideurs[8] étranges,
Silences traversés des Mondes et des Anges :
– O l'Oméga[9], rayon violet de Ses Yeux !

Arthur Rimbaud, *Poésies*, 1871.

1. Qui reste cachées.
2. Vêtement destiné à soutenir ou à protéger le haut du corps.
3. Tournoyer en bourdonnant.
4. Blancheur éclatante.
5. Disposition naturelle des fleurs en faisceau.
6. Vertes.
7. Pâturage pauvre.
8. Bruits perçants.
9. Dernière lettre de l'alphabet grec.

Ernest Pignon-Ernest, *Rimbaud dans Paris*, (détail), sérigraphie, 1978.

Questions

Observer et analyser

1. Observez la structure du poème. Comment s'organise-t-il ? Combien de vers sont consacrés à chaque voyelle ? Quelles variations remarque-t-on ?
2. Observez les comparaisons. Vous semblent-elles étonnantes ? Pourquoi ?
3. En quoi les sonorités ajoutent-elles au sentiment d'étrangeté qui se dégage du poème ?
4. Pourquoi terminer par le « o » et non par le « u ». Qui peut se cacher, selon vous, derrière « Ses Yeux » ?

Contexte et perspectives

5. Comparez « Voyelles » et « Correspondances » (p. 298). Le poème de Rimbaud fonctionne-t-il selon le même principe que celui de Baudelaire ?

Vers le BAC : la dissertation

6. Vous rédigerez une partie de dissertation défendant la toute puissance du poète en vous appuyant sur ce poème de Rimbaud et sur « Paysage » de Baudelaire (p. 294).

Histoire littéraire
Le symbolisme, p. 60

Outils d'analyse
Les formes poétiques, p. 346

Texte 8 Une saison en enfer (1873)

Une saison en enfer constitue l'une des dernières œuvres de Rimbaud, avant son renoncement à la littérature et son départ en Afrique. Il y fait le bilan ironique et désabusé de ses années de poète.

Alchimie du verbe

À moi. L'histoire d'une de mes folies.

Depuis longtemps je me vantais de posséder tous les paysages possibles, et trouvais dérisoires les célébrités de la peinture et de la poésie moderne.

J'aimais les peintures idiotes, dessus de portes, décors, toiles de saltimbanques, enseignes, enluminures populaires ; la littérature démodée, latin d'église, livres érotiques sans orthographe, romans de nos aïeules, contes de fées, petits livres de l'enfance, opéras vieux, refrains niais, rythmes naïfs.

Je rêvais croisades, voyages de découvertes dont on n'a pas de relations, républiques sans histoires, guerres de religion étouffées, révolutions de mœurs, déplacements de races et de continents : je croyais à tous les enchantements.

J'inventai la couleur des voyelles ! – *A* noir, *E* blanc, *I* rouge, *O* bleu, *U* vert. – Je réglai la forme et le mouvement de chaque consonne, et, avec des rythmes instinctifs, je me flattai d'inventer un verbe poétique accessible, un jour ou l'autre, à tous les sens. Je réservais la traduction.

Ce fut d'abord une étude. J'écrivais des silences, des nuits, je notais l'inexprimable. Je fixais des vertiges.

Arthur Rimbaud, « Alchimie du verbe » [extrait], *Une saison en enfer*, 1873.

Questions

Observer et analyser

1. Relevez les pronoms personnels utilisés et les temps employés. À quel type de texte s'apparente ce poème ?

2. Donnez un titre à chaque paragraphe. Dégagez, grâce à cela, la progression du texte.

3. À quel type d'art et de littérature Rimbaud se réfère-t-il dans le 3e paragraphe ? Dans quelle mesure ses choix sont-ils « révolutionnaires » ?

4. Quel effet les nombreuses énumérations ont-elles sur le lecteur ?

Contexte et perspectives

5. Comment apparaît le poème « Voyelles » dans cet extrait d'*Une saison en enfer* ? Quelle attitude le poète a-t-il vis-à-vis de son œuvre antérieure ?

Vers le BAC : le sujet d'invention

6. Cherchez quelques renseignements sur la vie de Rimbaud, puis écrivez une lettre dans laquelle il explique et justifie sa quête poétique et son renoncement en 1875.

Robert Delaunay, Recherches calligraphiques pour *l'Alchimie du Verbe*, 1914, Paris, Bibliothèque Nationale de France.

Verlaine
1844-1896

Biographie, p. 566

Histoire littéraire
Le symbolisme, p. 60

Outils d'analyse
La versification, p. 350

Texte 9 Jadis et Naguère (1884)

D'abord parnassien, Paul Verlaine donna le meilleur de lui-même dans une poésie rêveuse et impressionniste, qui fit de lui l'un des précurseurs des symbolistes. Ceux-ci virent d'ailleurs dans son « Art poétique » (rédigé pourtant dès 1874) un manifeste de leur mouvement.

Art poétique

De la musique avant toute chose,
Et pour cela préfère l'Impair[1]
Plus vague et plus soluble dans l'air,
Sans rien en lui qui pèse ou qui pose.

Il faut aussi que tu n'ailles point
Choisir tes mots sans quelque méprise :
Rien de plus cher que la chanson grise
Où l'Indécis au Précis se joint.

C'est des beaux yeux derrière des voiles,
C'est le grand jour tremblant de midi,
C'est, par un ciel d'automne attiédi,
Le bleu fouillis des claires étoiles !

Car nous voulons la Nuance encor,
Pas la Couleur, rien que la nuance !
Oh ! la nuance seule fiance
Le rêve au rêve et la flûte au cor !

Fuis du plus loin la pointe assassine,
L'Esprit cruel et le rire impur,
Qui font pleurer les yeux de l'Azur,
Et tout cet ail de basse cuisine !

Prends l'éloquence et tords-lui son cou !
Tu feras bien, en train d'énergie,
De rendre un peu la Rime assagie.
Si l'on n'y veille, elle ira jusqu'où ?

O qui dira les torts de la Rime !
Quel enfant sourd ou quel nègre fou
Nous a forgé ce bijou d'un sou
Qui sonne creux et faux sous la lime ?

De la musique encor et toujours !
Que ton vers soit la chose envolée
Qu'on sent qui fuit d'une âme en allée
Vers d'autres cieux à d'autres amours.

Que ton vers soit la bonne aventure
Éparse au vent crispé du matin
Qui va fleurant[2] la menthe et le thym...
Et tout le reste est littérature.

Paul Verlaine, *Jadis et Naguère*, 1884.

Jean-Baptiste Corot (1796-1875), *La Clairière, Souvenir de Ville d'Avray* (détail), Paris, musée du Louvre.

1. Les vers au nombre impair de syllabes.
2. Qui sent l'odeur de.

Texte 10 Fêtes galantes (1869)

Fêtes galantes, *le second recueil de Verlaine, lui a été inspiré par l'univers raffiné du peintre Watteau (1684-1721). Les vingt-deux poèmes de l'ouvrage sont autant de variations sur ces gracieux jeux amoureux dont Verlaine sut percer la secrète mélancolie.*

En sourdine

Calmes dans le demi-jour
Que les branches hautes font,
Pénétrons bien notre amour
De ce silence profond.

Fondons nos âmes, nos cœurs
Et nos sens extasiés,
Parmi les vagues langueurs
Des pins et des arbousiers[1].

Ferme tes yeux à demi,
Croise tes bras sur ton sein,
Et de ton cœur endormi
Chasse à jamais tout dessein.

Laissons-nous persuader
Au souffle berceur et doux
Qui vient à tes pieds rider
Les ondes de gazon roux.

Et quand, solennel, le soir
Des chênes noirs tombera,
Voix de notre désespoir,
Le rossignol chantera.

Paul Verlaine, *Fêtes galantes*, 1869.

1. Arbrisseaux méditerranéens.

Questions

Observer et analyser

« Art poétique »

1. Observez les personnes grammaticales : qui est ce « tu » ? qui est ce « nous » (v. 13) ? Pourquoi le titre se trouve-t-il justifié par ce jeu des pronoms ?

2. Quel type d'énonciation le texte adopte-t-il surtout ? En quoi la 3ᵉ strophe fait-elle exception ? Quelle fonction a-t-elle dans le poème ?

3. Comment comprenez-vous l'opposition entre la Couleur et la Nuance (4ᵉ strophe) ? En quoi cet impératif de la « nuance » résume-t-il les autres conseils donnés par le texte ?

4. Trouvez les diverses sensations mises en œuvre : quelle est leur cohérence ?

5. Comment ce texte met-il ses conseils en pratique ?

« En sourdine »

6. Comment le poème exprime-t-il la fusion entre les sentiments et la nature ?

7. Caractérisez les notations sensorielles (vue, ouïe, toucher) : qu'ont-elles en commun ? Quelle atmosphère définissent-elles ?

8. Quelle conception du bonheur transparaît dans ce poème ?

Contexte et perspectives

9. Confrontez cet « Art poétique » à « L'art » de Théophile Gautier (p. 293). Ils se réfèrent à deux arts différents : lesquels ? En quoi cette différence exprime-t-elle deux conceptions opposées de la poésie ?

10. Dans quelle mesure « En sourdine » obéit-il par avance aux conseils d'« Art poétique » ?

Vers le BAC : l'invention

11. À partir de la réponse à la question 9 et d'autres textes de ce chapitre, rédigez un article critiquant soit l'esthétique du Parnasse, soit celle du symbolisme.

Mythes symbolistes chez Gustave Moreau

À retenir

Un art de la suggestion

Les peintres symbolistes sont en quête de l'indicible, du rêve, de l'idéal ; ils s'opposent au naturalisme, qu'ils accusent de réduire l'être aux lois de la matière. Soucieux de « peindre non la chose, mais l'effet qu'elle produit » (Mallarmé), ils cherchent à donner corps à l'invisible.

Pierre Puvis de Chavannes évoque la nostalgie d'un âge d'or primitif dans de grandes compositions murales aux formes sans modelé et aux teintes pastel (► p. 292) ; Gauguin au contraire peint un monde océanien aux couleurs franches et aux lignes vigoureuses (► p. 394). Odilon Redon cerne ses symboles d'un trait presque fragile (► p. 268-269).

Le recours aux mythes

Pour faire voir l'invisible, les peintres symbolistes affirment un double refus. Ils rejettent les thèmes de la réalité quotidienne et délaissent les sujets historiques qui ont alors la faveur des Salons officiels, au profit des **mythes de l'Antiquité et de la Bible**. Mais loin de sacrifier à une sage illustration de la mythologie classique, ils les interprètent en toute liberté, pour faire émerger des significations complexes et ambiguës.

Parmi les mythes chers aux symbolistes, **Gustave Moreau** en illustrera tout particulièrement deux, exprimant de façon complémentaire le mystère de la Création : le mythe d'Orphée, martyr de la poésie, qui incarne une conception de l'art comme un sacerdoce, et le mythe de la femme, tantôt angélique, tantôt démoniaque, indéchiffrable énigme entre innocence et perversité.

Gustave Moreau (1826-1898)
Initiateur du symbolisme, il est l'un de ses maîtres les plus remarquables. Il se définit lui-même comme un « ouvrier assembleur de rêves ». Il crée dans ses toiles un univers onirique luxuriant et sophistiqué, d'une troublante fascination.

Gustave Moreau, *Orphée ou Jeune Fille thrace portant la tête d'Orphée* (1865), Paris, musée d'Orsay.

À propos ...
...de deux mythes antiques

- Dédaignant les femmes après la mort de son épouse Eurydice, Orphée fut mis à mort par des prêtresses de Dionysos qui jetèrent sa tête et sa lyre dans les eaux de l'Hèbre. Gustave Moreau a imaginé cette jeune fille recueillant pieusement ces deux vestiges.
- Amoureux fou de la nymphe Galatée, le cyclope Polyphème tua par jalousie le berger Acis qu'elle aimait. De cette histoire le peintre ne retient que le face-à-face initial entre le monstre et la belle.

Gustave Moreau, *Galatée*, vers 1880, Paris, musée d'Orsay.

Pour lire le tableau

Observer la composition
Le tableau joue sur des contrastes : dans la taille des personnages, dans le jeu des couleurs, dans les effets de lumière.

Observer la matière picturale
Le travail de peinture à l'huile est ici mêlé de glacis, de grattages, de frottages et d'empâtements, techniques qui donnent à la toile un aspect précieux.

Observer le décor
Pour créer la végétation de la grotte, Moreau a puisé, au Muséum d'histoire naturelle, dans un ouvrage de botanique marine.

Questions

1. Un critique de l'époque écrit que l'œil de Polyphème exprime « une passion terrible où la fureur de la possession le dispute à la jalousie la plus brûlante ». Êtes-vous d'accord ? Quel rapport entre les deux personnages le peintre met-il en place ?
2. Quelle signification peut-on donner aux contrastes sur lesquels la composition du tableau est fondée ?
3. Pourquoi, selon vous, ce tableau a-t-il particulièrement séduit les surréalistes ? Reportez-vous pour répondre aux pages 69 et 327.

Comparez les deux tableaux

4. En vous référant aux pages 60-63 et aux informations fournies ici, récapitulez les traits qui font de ces deux tableaux des œuvres symbolistes.

Mallarmé
1842-1898

Biographie, p. 561

Histoire littéraire
Le symbolisme, p. 60

Outils d'analyse
La versification, p. 350

Texte 11 Poésies (1870-1898)

Disciple de Baudelaire, venu des rangs parnassiens, Stéphane Mallarmé fut reconnu par les symbolistes comme un de leurs maîtres, pour sa poésie en quête de l'idéal. Cette exigence implique chez lui une expression rare, souvent hermétique, comme l'initiation à un mystère sacré. Grand fumeur, Mallarmé délivre dans ce poème tardif un véritable testament littéraire.

Hommage

Toute l'âme résumée
Quand lente nous l'expirons
Dans plusieurs ronds de fumée
Abolis en autres ronds

Atteste[1] quelque cigare
Brûlant savamment pour peu
Que la cendre se sépare
De son clair baiser de feu

Ainsi le chœur des romances[2]
À ta lèvre vole-t-il
Exclus-en si tu commences
Le réel[3] parce que vil

Le sens trop précis rature[4]
Ta vague littérature.

Stéphane Mallarmé, *Poésies*, 1870-1898.

1. Témoigne de l'existence de (le verbe a pour sujet « Toute l'âme »).
2. Les vers qui lui viennent aux lèvres.
3. Complément d'objet de « Exclus-en ».
4. Détruit.

Édouard Manet, *Stéphane Mallarmé* (1842-1898), 1876, Paris, musée d'Orsay.

Questions

Observer et analyser

1. Quelle scène précise est évoquée dans les deux premiers quatrains ? Recherchez l'étymologie du mot « âme » : sur quel double sens Mallarmé joue-t-il ?
2. Quel est le sens du lien logique au v. 9 ? Quel type de relation établit-il entre les deux parties du poème ?
3. Pourquoi « le réel » est-il « vil » pour le poète (v. 12) ? L'adjectif « vague » (v. 14) est-il péjoratif ?
4. Relevez toutes les analogies entre les deux parties du poème.
5. Quelle forme de vers Mallarmé a-t-il adoptée pour ce poème ? Justifiez son choix.
6. Résumez en une phrase le propos du poème.

Contexte et perspectives

7. Quels échos (formels, lexicaux, thématiques) ce poème entretient-il avec « Art poétique » de Verlaine (p. 00) ? Dans quelle mesure peut-on le lire lui aussi comme un art poétique ?

Vers le BAC : la dissertation

8. Mallarmé affirmait que « la jouissance du poème est faite du bonheur de deviner peu à peu ». Montrez dans un paragraphe que ce poème illustre cette idée.

Cros
1842-1888

Texte 12 Le Collier de griffes (1908, posth.)

Inventeur aussi génial qu'ignoré (on lui doit le principe du phonographe et de la photographie en couleurs), Charles Cros fut également un poète méconnu. Familier des cafés littéraires de la bohème, il était alors surtout célèbre pour ses monologues qu'il récitait dans les cabarets. Il est pourtant l'auteur d'une œuvre ironique et désenchantée, que réhabilitèrent les surréalistes.

Histoire littéraire
Le symbolisme, p. 60

Outils d'analyse
La versification, p. 350

Hiéroglyphe[1]

J'ai trois fenêtres à ma chambre :
L'amour, la mer, la mort,
Sang vif, vert calme, violet.

Ô femme, doux et lourd trésor !

Froids vitraux, odeurs d'ambre[2].
La mer, la mort, l'amour,
Ne sentir que ce qui me plaît…

Femme, plus claire que le jour !

Par ce soir doré de septembre,
La mort, l'amour, la mer,
Me noyer dans l'oubli complet.

Femme ! Femme ! cercueil de chair !

Charles Cros, *Le Collier de griffes*, 1908 (posth.)

1. Écriture des anciens Égyptiens, longtemps restée mystérieuse.
2. Substance d'origine animale, très odorante.

Questions

Observer et analyser

1. Observez la composition de ce poème et faites-en le schéma (structure des vers, rimes).
2. Observez le mode des verbes et la syntaxe, à partir du v. 2. Quelle indication en tirez-vous sur le registre du texte ?
3. Observez le jeu des correspondances v. 2 et 3 et des contrastes à l'intérieur des v. 3 et 5. Quelle est leur logique ?
4. Comment comprenez-vous le titre du poème ? Quel est ce hiéroglyphe ?

Contexte et perspectives

5. On note pareillement un refrain dans ce poème et dans celui de Rodenbach (► p. 308). Pourquoi ce choix selon vous ? À quelle caractéristique du symbolisme peut-on le rapporter ?
6. En quoi ce motif de la fenêtre est-il une clé privilégiée du symbolisme (► Baudelaire, p. 299) ?

Vers le BAC : le sujet d'invention

7. Sur le modèle rythmique de ce poème, composez votre propre « hiéroglyphe ». Vous reprendrez le premier vers et proposerez ensuite une variation originale des éléments.

Fernand Khnopff, *Les Lèvres rouges*, 1897, coll. privée.

Rodenbach
1855-1898

Biographie, p. 564

Texte 13 Le Miroir du ciel natal (1898)

Georges Rodenbach est un poète et romancier belge, installé à Paris où il devint un familier de Mallarmé. Il est l'auteur de l'un des rares romans symbolistes, Bruges-la-morte *(1892), et de plusieurs recueils de vers où il exprime « l'âme des choses » selon la formule de son ami Edmond de Goncourt.*

Les Premières Communiantes[1]

Les Communiantes s'en sont allées
Comme de blanches azalées[2].

Frileuses, elles n'ont resplendi qu'un matin,
(Tulles[3] frêles que les plus doux vents désajustent)
De la blancheur qu'ont en avril d'humbles arbustes ;
On eût dit tout à coup voir marcher un jardin.

Les Communiantes s'en sont allées ;
On les suit comme des allées.

Sur les vitres de la maison où il faut vivre
Et dont depuis longtemps s'est fané tout l'azur,
Elles sont ces grands lys et ces palmes de givre
Damassant[4] un moment les carreaux trop obscurs,
Frêle bouquet d'hiver, qui si peu persévère
Et fond vite et s'achève en larmes sur le verre…

Les communiantes s'en sont allées,
Comme des vitres dégelées.

Elles étaient les purs reposoirs[5] de l'Hostie,
Blanches, malgré l'ombre sur elles de la tour[6],
En s'attardant sur le parvis[7], à la sortie ;
Les cloches chantaient doux, si doux en ce beau jour !

Les Communiantes s'en sont allées.

Georges Rodenbach, « Les premières communiantes » [extrait], *Le Miroir du ciel natal*, 1898.

1. Baptisées vêtues de blanc qui participent pour la première fois à l'Eucharistie.
2. Arbustes à fleurs généralement très colorées.
3. Tissus légers avec lesquels sont faits les voiles des communiantes ou des mariées.
4. Imprimant un dessin, comme sur le tissu nommé « damas ».
5. Autel ou meuble sur lequel est déposée l'hostie consacrée.
6. Le clocher de l'église où elles ont fait leur communion.
7. Place devant l'entrée d'une église.

Questions

Observer et analyser

1. Observez la construction de cet extrait. Comment le refrain évolue-t-il ?
2. Relevez les diverses notations de couleur et de forme. Quelle atmosphère créent-elles ?
3. Relevez les comparaisons et métaphores qui désignent les communiantes. Quel domaine est le plus exploité ? Analysez son évolution.
4. Observez les coupes des vers 4 et 18 (p. 350). S'agit-il des formes habituelles de l'alexandrin ? Quel effet cela provoque-t-il sur le lecteur ?
5. Qu'est-ce qui permet de voir dans ces premières communiantes un sujet particulièrement symboliste ?

Contexte et perspectives

6. Observez le tableau de Henri Le Sidaner, *Dimanche* (ci-contre). Comment, par son dessin, ses coloris, sa composition, fait-il écho au poème ?

Vers le BAC : la dissertation

7. Huysmans admirait Rodenbach pour avoir « précisé et fixé dans le moule définitif d'un vers » des « sensations » fugaces. Explicitez et commentez le paradoxe qu'il met en évidence.

Synthèse

Parnasse et symbolisme

Le Parnasse et le symbolisme sont deux écoles poétiques opposées, mais qui toutes deux voient en l'art une réalité supérieure. Le premier se constitue contre les excès lyriques du romantisme et sa tendance au discours ; le second contre les impasses du Parnasse, mais aussi contre la conception naturaliste.

Le Parnasse

En 1866, un groupe de poètes, parmi lesquels Leconte de Lisle et Théodore de Banville, se constitue autour de la revue ***Le Parnasse contemporain***. Théophile Gautier, revenu de sa jeunesse romantique, en est l'un des inspirateurs. Leur mouvement emprunte son nom – « Le Parnasse » – à une montagne de Grèce, consacrée dans l'Antiquité à la poésie.

Contre le romantisme, ils revendiquent :
– la **distance** du poète, qui se refuse aux confessions expansives ;
– le culte de la beauté et de la **perfection** : les Parnassiens affectionnent les formes brèves et ciselées (la comparaison avec l'art de la sculpture est récurrente) ;
– le **goût pour la description** antique (de Banville, ► p. 296, Heredia : *Les Trophées* ► p. 333) ou exotique (Leconte de Lisle : *Poèmes barbares* ► p. 295) ;
– le **désengagement** politique, à l'image d'un Leconte de Lisle, déçu dans ses aspirations démocratiques et se réfugiant dans le monde de l'art.

Le Parnasse survit jusqu'à la fin du siècle avec des poètes comme François Coppée, Catulle Mendès, Sully Prudhomme et surtout **José Maria de Heredia**, qui publie en 1893 *Les Trophées*, véritable épopée de l'humanité en cent dix-huit sonnets (► p. 333).

Inclassable Baudelaire

En 1857 paraissent *Les Fleurs du mal*, qui suscitent le scandale et valent un procès à Baudelaire. Le recueil peut paraître déroutant pour le critique de l'époque, tant il défie toute classification :
– il est romantique, par son **lyrisme**, sa propension à un imaginaire noir et parfois morbide ;
– il est aussi parnassien par son souci de la forme, sa distance aristocratique et sa croyance dans les **pouvoirs de l'art** (► « Paysage », p. 294) ;
– il est également symboliste par sa recherche de l'unité originelle grâce aux correspondances (► p. 298) et sa mise au jour des **mystères de la réalité** (► « Les Fenêtres », p. 299).

Henri le Sidaner, *Dimanche*, (1898), Douai, musée de la Chartreuse.

Le symbolisme

D'abord Parnassiens, des poètes comme Verlaine, Rimbaud et Mallarmé (► p. 300-306) s'éloignent d'un mouvement qui ne produit plus que de belles formes vides. Leur quête spirituelle est prolongée par une nouvelle génération de poètes (Francis Vielé-Griffin, Henri de Régnier, Gustave Kahn, Georges Rodenbach) qui, réunis autour de Mallarmé, se reconnaissent comme symbolistes. Leurs caractéristiques communes sont :
– une conception exigeante (parfois hermétique) de la poésie, véritable **sacerdoce** qui seul peut aider à déchiffrer le mystère du monde, grâce au jeu des analogies et des symboles ;
– le rejet du monde matériel en tant que seule réalité, et la sensibilité au **mystique** et au surnaturel ;
– le dédain pour la description parnassienne au profit de la **suggestion** (certains critiques parlent d'*impressionnisme littéraire* notamment à propos de Verlaine) ;
– l'importance accordée à la **musique** et aux sonorités, plus qu'à la rigueur métrique cultivée par les Parnassiens. Certains poètes développent le **vers libre**, plus apte pour Jules Laforgue à reproduire les modulations de la conscience, ou pour Emile Verhaeren à faire entendre le lyrisme puissant de la vie moderne (*les Villes tentaculaires*, 1895).

Le mouvement symboliste va perdurer jusqu'au début du XXe siècle, entraînant toute la nouvelle génération des écrivains, André Gide, Paul Claudel, Francis Jammes, Paul Fort. Il imprègne encore, par exemple, les vers de Paul Valéry (*La Jeune Parque*, 1918) et les premières œuvres poétiques d'Apollinaire.

Le théâtre symboliste

Texte 1 Paul Claudel, *Tête d'Or* (1889)

Simon Agnel, jeune général appelé « Tête d'Or », enchaîne les victoires. Ivre de pouvoir, il tue le roi et s'empare de la couronne. Mais la mort de son ami Cébès assombrit son début de règne.

Cébès serre violemment Tête d'Or dans ses bras et cherche de la tête.
TÊTE D'OR. – Qu'y a-t-il ?
CÉBÈS. – Ah ! ah ! où es-tu ?
TÊTE D'OR. – Ici, ne me vois-tu pas ?
CÉBÈS. – Où es-tu ? Ah ! est-ce toi ?
TÊTE D'OR. – Tu te cramponnes à moi.
CÉBÈS. – Je sens
Tes cheveux. Je ne te vois pas, je te touche au hasard. Je veux... Tête d'Or !
Je t'aime au moment de la mort !
Et maintenant aie pitié de moi ! La Mort,
La Mort m'étrangle avec ses douces mains nerveuses.
Il s'incline en arrière.
TÊTE D'OR, *le retenant.* O mon frère ! ô mon épouse
Il faut donc que je te soulève sous les bras
Comme le petit enfant à qui on apprend à marcher !
Mais appuie ta tête contre mon cou.
Comme c'est beau, un soir d'été !
Le silence béni s'emplit
De l'odeur du blé qui fait le pain.
Les seigles, et les luzernes, et les sainfoins, et les haies,
Les rondes au sortir des villages, la tranquillité de tous les êtres !
L'arbre fait silence ; l'insecte attardé court sur le chemin.
Déjà ! les claires étoiles brillent, et le rossignol, le sombre oiseau qui chante sa plainte quand se lève le grand Chariot...
CÉBÈS. – Noir, de plus en plus noir tout tourbillonne et s'éteint !
Ah je sombre ! Mon cœur meurt !
Donne ta tête que je t'embrasse ! Dis, dis, chère âme...
Il meurt.
TÊTE D'OR *reste un moment immobile, puis il rejette le corps en frissonnant.*
Horreur !
Il s'assied.
Je suis seul. J'ai froid.

Paul CLAUDEL, *Tête d'Or*, 2e partie, © Mercure de France, 1959.

Tête d'Or de **Paul Claudel**, mise en scène d'Anne Delbee, avec T. Hancisse et C. Hervieu-Léger Paris, théâtre du Vieux-Colombier, 2006.

Texte 2 Maurice Maeterlinck, *Pelléas et Mélisande* (1892)

Voici la fin du célèbre drame de Maeterlinck. Pelléas a été tué à l'acte précédent par son demi-frère Golaud, qui l'a surpris avec sa femme Mélisande. Celle-ci ne tarde pas à rejoindre son amant dans la mort, sous les yeux de Golaud et d'Arkel, le grand-père des deux frères.

ARKEL. – Non, non; n'approchez pas... Ne la troublez pas... Ne lui parlez plus... Vous ne savez pas ce que c'est que l'âme...

GOLAUD. –Elle ferme les yeux...

ARKEL. – Attention... Attention... Il faut parler à voix basse. – Il ne faut plus l'inquiéter... L'âme humaine est très silencieuse... L'âme humaine aime à s'en aller seule... Elle souffre si timidement... mais la tristesse, Golaud... Mais la tristesse de toute ce que l'on voit!... Oh! oh! oh!....

En ce moment toutes les servantes tombent subitement à genoux au fond de la chambre. Se retournant.

Qu'y a-t-il?

LE MÉDECIN, *s'approchant du lit et tâtant le corps.* – Elles ont raison.

Un long silence.

ARKEL. – Je n'ai rien vu. – Êtes-vous sûr?...

LE MÉDECIN. – Oui, oui.

ARKEL. – Je n'ai rien entendu... Si vite, si vite... Tout à coup... Elle s'en va sans rien dire...

GOLAUD, *sanglotant.* – Oh! oh! oh!

ARKEL. – Ne restez pas ici, Golaud... Il lui faut le silence, maintenant... Venez, venez... C'est terrible, mais ce n'est pas votre faute... C'était un petit être si tranquille, si timide et si silencieux... C'était un pauvre petit être mystérieux comme tout le monde... Elle est là comme si elle était la grande sœur de son enfant... Venez, venez... Mon Dieu! Mon Dieu!... Je n'y comprendrai rien non plus... Ne restons pas ici. – Venez; il ne faut pas que l'enfant reste dans cette chambre... Il faut qu'il vive, maintenant, à sa place... C'est le tour de la pauvre petite...

Ils sortent en silence.

Maurice MAETERLINCK, « théâtre », *Pelléas et Mélisande*, acte V, scène 2, 1992.

Croiser les textes

1. Relevez, dans les deux textes, les expressions décrivant l'approche de la mort. Quelles différences pouvez-vous noter?

2. Quels effets différents sont obtenus par le fait que le mourant prenne ou non la parole?

3. Comparez la manière dont les deux textes mettent en lumière la vie au moment de la mort. Que cherchent Claudel et Maeterlinck par ces jeux de contrastes?

Vers le BAC: la question de corpus

4. Pourquoi peut-on dire que ces deux scènes offrent deux représentations symbolistes de la mort?

La poésie surréaliste

11

Max Ernst (1891-1976), *Au premier mot limpide* (1923), Düsseldorf, musée d'art contemporain.

Histoire des Arts

Peintre et sculpteur allemand, Max Ernst s'installe à Paris après la Première Guerre mondiale et rejoint le groupe surréaliste. Ce tableau, centré sur une étrange main féminine, ornait la chambre à coucher de Paul Éluard et de sa femme Gala à Eaubonne.

C'est avec le surréalisme que la poésie entre dans le XXe siècle. Ce mouvement littéraire, et plus largement artistique, rompt avec les formes classiques de la poésie. Il s'ouvre au monde du rêve et de l'inconscient, grâce à une pratique libre et ludique de l'écriture. À travers la célébration de « l'amour fou », il retrouve aussi, en les renouvelant, les motifs traditionnels du lyrisme.

Le lyrisme renouvelé

Apollinaire
1880-1918

Biographie, p. 554

Outils d'analyse
La versification, p. 350

Texte 1 Alcools (1913)

Dans son recueil Alcools, *publié en 1913, Apollinaire s'emploie à promouvoir un « esprit nouveau » et inaugure une forme inédite de poésie, qui, dans ses thèmes et dans ses formes, ouvre la voie au surréalisme. Il sera le premier à s'émanciper de la ponctuation.*

Rosemonde

À André Derain[1].

Longtemps au pied du perron de
La maison où entra la dame
Que j'avais suivie pendant deux
Bonnes heures à Amsterdam
Mes doigts jetèrent des baisers

Mais le canal était désert
Le quai aussi et nul ne vit
Comment mes baisers retrouvèrent
Celle à qui j'ai donné ma vie
Un jour pendant plus de deux heures

Je la surnommai Rosemonde
Voulant pouvoir me rappeler
Sa bouche fleurie en Hollande
Puis lentement je m'en allai
Pour quêter la Rose du Monde

Guillaume Apollinaire, *Alcools*, © Gallimard, 1913.

1. Peintre français (1880-1954), ami d'Apollinaire dont il illustra le premier ouvrage en 1909.

Questions

Observer et analyser

1. Quels effets le poète cherche-t-il à tirer de l'absence de ponctuation ?

2. Quel type de vers est ici employé ? Comment s'articulent les vers et la syntaxe dans la première strophe ? Quels effets sont ainsi produits ? Observe-t-on le même phénomène dans les strophes suivantes ?

3. Quels indices permettent de parler ici d'un récit ? Reconstituez-en les différents événements.

4. Relevez tous les éléments qui se rapportent à la figure féminine (titre, rimes, figures de style, etc.) Quel portrait se dégage ici de l'être aimé ? Quel rapport s'établit tout au long du poème entre l'espace et la figure féminine ?

Contexte et perspectives

5. Le motif de la rose a souvent été associé en poésie à la figure féminine, et en particulier par les auteurs de la Pléiade au XVIe siècle. Retrouvez par exemple certains poèmes de Pierre de Ronsard et comparez-les à celui d'Apollinaire.

Vers le BAC : l'écriture d'invention

6. Choisissez le nom d'une ville et choisissez un prénom. Puis, en vous inspirant de l'écriture d'Apollinaire, associez les deux pour rédiger le récit d'une rencontre amoureuse.

Breton
1896-1966

Biographie, p. 556

Histoire littéraire
Le surréalisme, p. 68

Texte 2 Poisson soluble (1924)

André Breton, chef de file du groupe surréaliste, publie le texte de Poisson soluble *juste après la rédaction du premier* Manifeste du surréalisme. *D'une façon différente, les deux œuvres illustrent la même conception d'une poésie nouvelle, inspirée de l'inconscient et libérée des contraintes de forme.*

[...] Mes yeux ne sont pas plus expressifs que ces gouttes de pluie que j'aime à recevoir à l'intérieur de ma main ; à l'intérieur de ma pensée tombe une pluie qui entraîne des étoiles comme une rivière claire charrie de l'or qui fera s'entre-tuer des aveugles. Entre la pluie et moi il a été passé un pacte éblouissant, et c'est en souvenir de ce pacte qu'il pleut parfois en plein soleil. La verdure c'est encore de la pluie, ô gazons, gazons. Le souterrain à l'entrée duquel se tient une pierre tombale gravée de mon nom est le souterrain où il pleut le mieux. La pluie, c'est de l'ombre sous l'immense chapeau de paille de la jeune fille de mes rêves, dont le ruban est une rigole de pluie. Qu'elle est belle, et que sa chanson, où reviennent les noms des couvreurs célèbres, que cette chanson sait me toucher ! Qu'a-t-on su faire des diamants, sinon des rivières ? La pluie grossit ces rivières, la pluie blanche dans laquelle s'habillent les femmes à l'occasion de leurs noces, et qui sent la fleur de pommier. Je n'ouvre ma porte qu'à la pluie, et pourtant l'on sonne à chaque instant et je suis sur le point de m'évanouir quand on insiste, mais je compte sur la jalousie de la pluie pour me délivrer enfin et, lorsque je tends mes filets aux oiseaux du sommeil, j'espère avant tout capter les merveilleux paradis de la pluie totale, l'oiseau-pluie, comme il y a l'oiseau-lyre[1]. Aussi ne me demandez pas si je vais bientôt pénétrer dans la conscience de l'amour comme certains le donnent à entendre, je vous répète que si vous me voyez me diriger vers un château de verre où s'apprêtent à m'accueillir des mesures de volume nickelées[2], c'est pour y surprendre la Pluie au bois dormant qui doit devenir mon amante.

André Breton, *Poisson soluble*, séquence 16 © Pauvert, 1924.

1. Grand oiseau à la queue en éventail.
2. Mètres de métal blanc argenté.

Questions

Observer et analyser

1. Soulignez toutes les expressions faisant référence à la pluie : de quelle manière se transforme-t-elle ? Quelles figures de style reviennent le plus souvent ?

2. Relevez le champ lexical de la couleur. Comment comprenez-vous ces associations entre pluie et couleur ?

3. À quelles caractéristiques reconnaît-on le registre lyrique dans ce texte ? Dans quelle mesure le lyrisme s'associe-t-il au mouvement de la pluie ?

4. Observez les expressions « l'oiseau-pluie » et « l'oiseau-lyre » (l. 19) : que symbolise ici de manière originale la pluie ? Quel rapport s'établit entre elle et le poète tout au long du texte ?

5. En quoi ce poème donne-t-il accès au rêve et au merveilleux ?

Contexte et perspectives

6. Analysez le titre de l'œuvre de Breton, *Poisson soluble* : que signifie-t-il ? Qu'a-t-il d'original ? Quelles pratiques de l'écriture surréaliste reflète-t-il ?

Vers le BAC : le commentaire

7. Vous rédigerez deux paragraphes dans lesquels vous montrerez d'abord le caractère musical puis l'aspect visuel de ce poème en prose.

Desnos
1900-1945

Biographie, p. 558

Texte 3 Corps et biens (1930)

Rassemblant des textes écrits par Robert Desnos entre 1919 et 1929, Corps et biens *juxtapose des expériences ludiques avec le langage et des poèmes en vers libres où se déploie un intense lyrisme amoureux, comme ceux de la section « À la mystérieuse », inspirés par la chanteuse Yvonne George.*

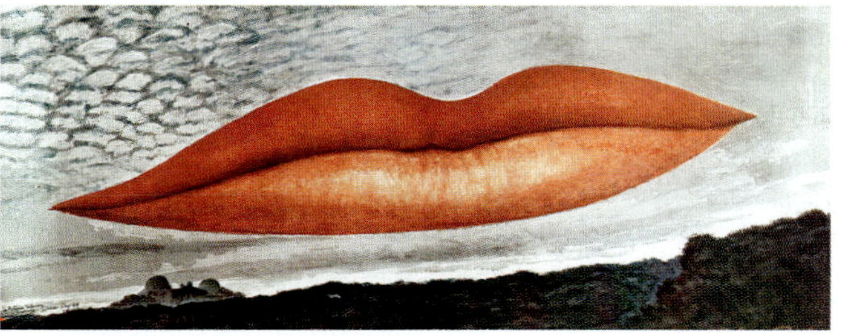

Man Ray (1890-1976), *À l'heure de l'observatoire – les amoureux*, coll. privée.

J'ai tant rêvé de toi

J'ai tant rêvé de toi que tu perds ta réalité.

Est-il encore temps d'atteindre ce corps vivant et de baiser sur cette bouche la naissance de la voix qui m'est chère ?

J'ai tant rêvé de toi que mes bras habitués en étreignant ton ombre à se croiser sur ma poitrine ne se plieraient pas au contour de ton corps, peut-être.

Et que, devant l'apparence réelle de ce qui me hante et me gouverne depuis des jours et des années je deviendrais une ombre sans doute,

Ô balances sentimentales.

J'ai tant rêvé de toi qu'il n'est plus temps sans doute que je m'éveille. Je dors debout, le corps exposé à toutes les apparences de la vie et de l'amour et toi, la seule qui compte aujourd'hui pour moi, je pourrais moins toucher ton front et tes lèvres que les premières lèvres et le premier front venu.

J'ai tant rêvé de toi, tant marché, parlé, couché avec ton fantôme qu'il ne me reste plus peut-être, et pourtant, qu'à être fantôme parmi les fantômes et plus ombre cent fois que l'ombre qui se promène et se promènera allègrement sur le cadran solaire de ta vie.

Robert Desnos, *Corps et biens*, 1930

Histoire littéraire
Le surréalisme, p. 68

Questions

Observer et analyser

1. Sur quelle anaphore s'appuie le texte ? Combien de fois est-elle employée ? Dégagez, à partir de votre réponse, la structure du poème.

2. Quels éléments concrets évoquent la figure de la femme aimée ? Faites un relevé lexical précis.

3. Autour de quelle antithèse se construit le premier vers ? Retrouvez les mots qui renvoient à cette opposition dans le poème. Comment l'amour est-il représenté ?

4. Relevez le champ lexical de l'immatériel. Quel rapport le rêve et la réalité entretiennent-ils au fil du texte ?

5. Quel sens donnez-vous à l'expression « balances sentimentales » (l. 9) ? Pourquoi occupe-t-elle une place centrale dans le poème ?

Contexte et perspectives

6. Recherchez le sonnet 9 de Louise Labé « Tout aussitôt que je commence à prendre » (Sonnets, 1556). Comparez-le avec le poème de Desnos : mettez en évidence les points communs en étudiant par exemple le jeu des pronoms personnels et les figures d'opposition. Quel vers fait particulièrement écho au poème de Desnos ?

Vers le BAC : le commentaire

7. Étudiez l'expression du registre lyrique dans ce texte. Donnez d'abord la définition du terme puis reprenez l'analyse des différents procédés d'écriture.

Éluard
1895-1952

Biographie, p. 558

Histoire littéraire
Le surréalisme, p. 68

Outils d'analyse
La versification, p. 350

Texte 4 Capitale de la douleur (1926)

Dans Capitale de la douleur, *Éluard témoigne de la rencontre essentielle, dans l'écriture surréaliste, entre la figure de la femme et le regard porté sur le monde. Les deux motifs se confondent, comme l'illustre le poème suivant.*

Man Ray (1890-1976), *Femme endormie,* 1929, (photographie solarisée), New York, musée d'Art moderne.

Ta chevelure d'oranges dans le vide du monde
Dans le vide des vitres lourdes de silence
Et d'ombre où mes mains nues cherchent tous tes reflets.

La forme de ton cœur est chimérique[1]
Et ton amour ressemble à mon désir perdu.
Ô soupirs d'ambre[2], rêves, regards.

Mais tu n'as pas toujours été avec moi. Ma mémoire
Est encore obscurcie de t'avoir vu venir
Et partir. Le temps se sert de mots comme l'amour.

Paul Éluard, *Capitale de la douleur*, « Nouveaux poèmes », © Gallimard, 1926.

1. Illusoire, fantasmée.
2. Parfum très précieux ou matière de couleur jaune dont on fait des bijoux.

Questions

Observer et analyser

1. Observez l'usage de la ponctuation dans le poème. Quel rapport s'établit entre la ponctuation et la versification ? Quels effets en tire le poète ?

2. Soulignez tous les éléments se rapportant au pronom de la première personne, puis à celui de la deuxième personne : comment sont-ils disposés dans le poème ? Quel sens donner à ce dialogue ?

3. Comment s'exprime la mélancolie du poète ? Par quel lexique ? Par quelles figures de style ?

4. Par quelles expressions le poète évoque-t-il la présence de la femme qu'il aime ? En quoi sont-elles poétiques ? Faites un relevé et étudiez les effets visuels et sonores de l'écriture.

Contexte et perspectives

5. Observez le titre du recueil dont est extrait ce texte, *Capitale de la douleur*, et analysez-le : que révèle-t-il du sentiment amoureux et du rapport qu'entretient le poète surréaliste avec le monde ? Cela éclaire-t-il votre vision du poème ci-dessus ?

6. Recherchez, dans le même recueil, le poème qui s'intitule « L'amoureuse ». En quoi les deux textes se répondent-ils et s'opposent-ils à la fois ?

Vers le BAC : l'entretien oral

7. Pourquoi les deux thèmes de l'amour et du temps sont-ils si souvent associés en littérature ?

Vers l'œuvre complète

Paul Éluard, *Capitale de la douleur*

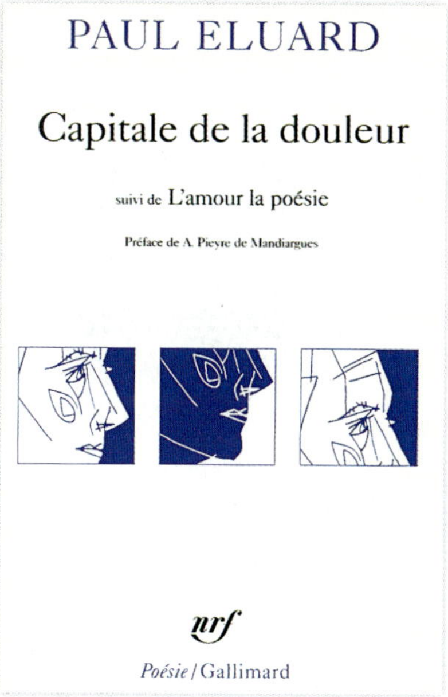

Citations

« Au milieu d'une île étonnante
Que ses membres traversent
Elle vit d'un monde ébloui. »

(« La grande maison inhabitable » in « Répétitions »)

« Une ombre…
Toute l'infortune du monde
Et mon amour dessus comme une bête nue. »

(« Sans rancune », in « Mourir de ne pas mourir »)

Une œuvre emblème

Capitale de la douleur est le premier recueil qui rassemble tous les poèmes composés par Éluard au moment de la naissance du mouvement surréaliste. Il paraît en 1926 et s'inscrit au cœur d'une période de grande production, commencée avec l'ouverture du « Bureau des recherches surréalistes », la diffusion de la *Revue surréaliste* et la rédaction du premier *Manifeste du surréalisme* de Breton en 1924. Mais cette œuvre se retrouve aussi au croisement des arts puisqu'en 1925 se déroule la première exposition de peinture du surréalisme et qu'en 1926 l'artiste Max Ernst collabore avec les poètes Éluard, Desnos et Péret pour la présentation de son travail. 1926 représente donc une date importante et emblématique pour le mouvement. C'est aussi à ce moment-là que le groupe se rapproche du Parti communiste.

L'amour et la poésie

Le recueil, dans sa composition, représente bien l'écriture surréaliste. Il regroupe en effet cent trois poèmes en quatre sections dont l'une est dédiée à André Breton, chef de file du groupe (« Mourir de ne pas mourir ») et l'autre à Gala, femme et muse du poète (« Nouveaux poèmes »). À travers cette double dédicace, on peut lire l'orientation de l'œuvre, vouée à la fois à l'amour et à l'expérimentation poétique. Les deux vocations se mêlent d'une manière étroite puisque les formes d'écriture très variées expriment à chaque fois tous les visages possibles de la femme aimée et, à travers elle, celui de l'univers tout entier. Dans cette œuvre, qu'il avait d'abord intitulée « L'art d'être malheureux », Éluard se dévoile et traduit son rapport au monde dans une forme inédite, celle d'un lyrisme renouvelé par le surréalisme.

La composition du recueil

1. Observez les titres des poèmes et proposez un classement en fonction de leur degré d'étrangeté.

2. Retrouvez les noms de tous les peintres surréalistes cités en titre dans le recueil; puis documentez-vous sur leur art et les liens entretenus avec Paul Éluard.

3. Observez la diversité des formes dans l'œuvre. Les proses ont-elles la même fonction que les poèmes en vers ?

L'écriture surréaliste

4. Comment le poète joue-t-il avec la disposition des mots sur la page ? Montrez à travers quelques exemples comment s'illustre la liberté de l'écriture dans le recueil.

5. Dans quelle mesure peut-on retrouver certaines techniques de composition des peintres surréalistes (collage ou frottage, par exemple) dans les procédés d'écriture utilisés par Éluard ? Quel effet produisent-elles ?

6. Relisez le poème « Dans le cylindre des tribulations » (p. 64) : quelle « vision » surréaliste du monde est proposée ici ? Quel rôle joue l'inconscient dans son écriture ? Retrouvez ensuite d'autres exemples sur ce modèle.

7. Que pouvez-vous dire de la conjugaison des verbes sur l'ensemble des textes ? Quel effet produit en particulier l'usage fréquent de l'infinitif au lieu du verbe conjugué ? Quel rôle la poésie surréaliste donne-t-elle ici au langage ?

Poétique de la femme et du monde

8. Identifiez les poèmes consacrés à la figure féminine dans la section « Mourir de ne pas mourir » : quels sentiments sont associés le plus souvent à l'évocation de la femme ? Quels indices du lyrisme reconnaissez-vous ?

9. Relevez les images récurrentes qui associent la femme et l'univers ; montrez comment le corps féminin trouve à chaque fois son équivalent dans une partie du monde.

10. Pourquoi peut-on parler d'une poésie des éléments naturels dans l'œuvre ? Retrouvez dans le recueil différents extraits évoquant l'eau, la terre, le feu et l'air.

Aragon
1897-1982

Biographie, p. 554

Histoire littéraire
Le surréalisme, p. 68

Outils d'analyse
La versification, p. 350

Texte 5 Les Yeux d'Elsa (1942)

Après avoir participé activement à la fondation du groupe surréaliste, Aragon s'engage pendant la Seconde Guerre mondiale dans la Résistance. Cet engagement fait évoluer son écriture et l'amène, dans Les Yeux d'Elsa, *à mêler le chant amoureux et le chant patriotique.*

La constellation

Aucun mot n'est trop grand trop fou quand c'est pour elle
Je lui songe une robe en nuages filés
Et je rendrai jaloux les anges de ses ailes
De ses bijoux les hirondelles
Sur la terre les fleurs se croiront exilées

Je tresserai mes vers de terre et de verveine
Je tresserai ma rime au métier de la fée
Et trouvère[1] du vent je verserai la vaine
Avoine verte de mes veines
Pour récolter la strophe et t'offrir ce trophée

Le poème grandit m'entraîne et tourbillonne
Ce Saint-Laurent[2] pressent le Niagara[3] voisin
Les cloches des noyés dans ses eaux carillonnent
Comme un petit d'une lionne
Il m'arrache à la terre aux patients raisins

Voici le ciel pays de la louange énorme
C'est de tes belles mains que nage la clarté
Étoile mon étoile aux doigts de chloroforme[4]
Comment veux-tu que je m'endorme
Tout me ramène à toi qui m'en semble écarter

[...]

Le secret de ces mains au-delà de notre âge
Mènera les amants qui parleront de nous
Mais qu'est un beau soleil à qui n'a vu l'orage
Sans le désert qu'est le mirage
On sait un pays grand lorsqu'il est à genoux

Aux misères sans nom de ce temps misanthrope
Je lierai notre amour afin que nos neveux[5]
Tournant vers sa lueur leurs yeux héliotropes[6]
Comprennent la nuit de l'Europe
Au brasero flambant qu'y forment tes cheveux

Dans le ciel désastreux d'un jeune Herculanum[7]
Brûlante toison d'or comme un champ de colza
Le premier je décris et le premier je nomme
Hier inconnue aux astronomes
Ta constellation Chevelure d'Elsa

1. Poète et jongleur du Moyen Âge.
2. Fleuve du Canada.
3. Rivière séparant le Canada des États-Unis, célèbre pour ses chutes spectaculaires.
4. Liquide incolore, utilisé en médecine pour endormir.
5. Nos descendants (latinisme).
6. Qui se tournent vers le soleil.
7. Ville italienne, engloutie sous l'éruption du Vésuve en 79, et remise au jour à partir du XVIIIe s.

Tu déconcerteras sur la carte stellaire[8]
Les tireurs d'horoscope et leurs calculs peureux
Lèche-ciels empressés prophétisant pour plaire
Prêts à donner la couronne vallaire[9]
Au premier chien courant s'il est soldat heureux

Aéroport d'espoir tes phares font surgir
Un destin raturé dans ses douze maisons[10]
Et l'on voit s'élever comme un bel autogire[11]
Le nouvel an de notre Hégire[12]
Dans les mèches de feu que tu fais aux prisons

Louis Aragon, *Les Yeux d'Elsa*, « Cantique à Elsa », © Seghers, 1942.

8. La carte des étoiles et des constellations.
9. Couronne donnée à Rome au premier soldat franchissant les lignes ennemies.
10. Divisions astrologiques.
11. Appareil volant, inventé en 1923.
12. Début de l'ère islamique pour les musulmans.

Man Ray (1890-1976), *Femme aux longs cheveux*, 1929, épreuve aux sel d'argent, Paris, musée national d'Art moderne – Centre G. Pompidou.

Questions

Observer et analyser

1. Observez la versification (mètres, rimes) de ce poème. En quoi est-elle classique ? moderne ?

2. Observez attentivement le premier vers : que révèle-t-il du projet d'écriture de l'auteur ? Quelles figures de style repérez-vous ?

3. Comment la femme aimée est-elle désignée et mise en scène dans le texte ? Pourquoi peut-on parler d'une célébration ?

4. Quelle image le poète donne-t-il ici de lui-même et de son art ? Quel lien se forme entre terre, ciel et écriture ?

5. Repérez les allusions à l'actualité de l'époque. Comment Aragon les entrelace-t-il à la célébration d'Elsa ?

6. Relevez tous les jeux sonores dans les deux premières strophes. Dans quel but le poète utilise-t-il l'aspect musical de la langue ?

Contexte et perspectives

7. Qu'est-ce qu'un « cantique » ? À quel univers renvoie-t-il et à quel texte en particulier ? Cherchez le sens d'« apothéose » et montrez le lien avec cet extrait.

Vers le BAC : le commentaire

8. Rédigez un paragraphe dans lequel vous montrerez comment ce poème associe une forme de tradition et de modernité poétiques.

René Magritte : la réalité subvertie

À retenir

Échanges artistiques

Les surréalistes veulent **rompre avec le rationalisme** de la fin du XIXe siècle pour promouvoir des dimensions du réel jusqu'ici occultées : le mystère, l'imprévu, le rêve, les **forces du désir et de l'inconscient**. D'essence littéraire, leur révolte s'élargit très vite aux arts plastiques, car peintres et poètes partagent le même objectif : casser les représentations traditionnelles de la réalité. Cette collaboration entre artistes et écrivains est favorisée par la forte personnalité d'André Breton, collectionneur et amateur d'art, mais aussi par la situation de Paris, alors capitale mondiale des arts.

Les mots et les choses

Le surréalisme associe donc étroitement le langage et la représentation plastique, **les mots et les images**. Breton compose des poèmes dans lesquels des éléments visuels se combinent aux mots sans jamais faire double emploi avec eux : ce sont les « poèmes objets ». Inversement, les œuvres plastiques font écho à la poésie, comme les sculptures de Marcel Duchamp, les photographies de Man Ray, les peintures de Magritte : les mots contaminent les images et interviennent dans le processus même de création artistique.

Collages, frottages, montages

Les peintres surréalistes ont mis au point des techniques qui cherchent à **faire naître l'insolite, l'inattendu et le mystérieux**. Le peintre Max Ernst invente la technique de « frottage », équivalent pictural de l'écriture automatique. Les « collages » qu'il pratique et les « montages » assemblent des images ou des objets disparates, afin de provoquer des rencontres qui surprennent, stimulent ou déconcertent, comme le *Loup-table* de V. Brauner, ou *Le Téléphone homard* de S. Dali. Giorgio de Chirico, dont s'est beaucoup inspiré Magritte, trouble et inquiète avec ses peintures « énigmatiques » qui juxtaposent éléments antiques et modernes.

René Magritte (1898-1967)
D'origine belge, Magritte découvre le surréalisme essentiellement à travers les œuvres du peintre Giorgio de Chirico. Entre 1927 et 1930 il vit à Paris et côtoie le groupe surréaliste, notamment André Breton dont il illustre plusieurs écrits. Son œuvre considérable s'expose ensuite en Europe puis aux États-Unis. Il est le plus grand représentant du surréalisme belge.

René Magritte, *La Trahison des images*, « Ceci n'est pas une pipe », 1929, huile sur toile, Los Angeles County Museum of Art.

À propos ...

...de l'œuvre et de son titre
Pour Magritte, désigner les choses par le langage conventionnel revient à les trahir. Dans le tableau ci-dessus, il indique que les images non seulement créent une illusion mais « trahissent » le réel ; il ne s'agit pas d'une pipe, mais seulement de son image, de son ombre, d'un double codé. D'une manière générale, Magritte interroge la signification des objets en créant un rapport souvent étrange entre l'œuvre et son titre. En proposant un titre qui décale la perception, il subvertit la signification attendue de l'image et fait réfléchir le spectateur.

René Magritte, *Les Rêveries du promeneur solitaire*, 1926, Papier journal, papier musique, gouache, Chicago, Museum of Contemporary Art.

Pour lire le tableau

Observer la composition

Le tableau propose un montage d'éléments hétéroclites : peinture et papiers collés (papier journal et papier musique). La toile n'est donc pas homogène.

Il est organisé en deux bandes horizontales coupées de deux éléments verticaux : l'homme et les éléments collés.

Observer les éléments représentés

Au premier plan : la silhouette de l'homme tournée vers nous et les « objets » représentés ; au second plan, deux bandes de couleur distincte qui évoquent le ciel et la terre.

Observer le titre

Il donne un sens global à une vision morcelée et, en proposant au spectateur un titre inattendu, a pour effet de raconter une autre histoire et de stimuler l'imaginaire.

Questions

1. Quel climat règne dans cette œuvre ? Appuyez-vous sur les formes et les couleurs pour justifier votre réponse.

2. Observez les trois éléments représentés sur cette toile : appartiennent-ils tous à l'univers du réel ? Quels liens voyez-vous entre eux ?

3. Le titre *Les Rêveries du promeneur solitaire* renvoie à l'œuvre autobiographique de l'auteur du XVIIIe siècle Jean-Jacques Rousseau ; de quelle manière selon vous l'intimité du peintre s'exprime-t-elle ici ? En quoi peut-on y lire une forme originale d'autoportrait ?

4. Retrouvez dans la technique de composition de cette œuvre les procédés d'écriture des poètes surréalistes : comment Magritte pratique-t-il la libre association et de quelle manière se sert-il ici de l'inconscient ?

L'écriture libérée

Soupault
1897-1990

Biographie, p. 565

Histoire littéraire
Le surréalisme, p. 68

Texte 6 Westwego (1917-1922)

Philippe Soupault rencontre André Breton au sortir de la guerre de 14-18. Ils écrivent ensemble Les Champs magnétiques *(1920), inventant le principe de l'écriture automatique. De 1917 à 1922, Soupault rédige son grand poème,* Westwego *(« Allons vers l'ouest ! »), nom emprunté à un village de Louisiane.*

Marc Chagall (1887-1985), *La Fenêtre*, Prague, Galerie nationale.

Étrange voyageur voyageur sans bagages
je n'ai jamais quitté Paris
ma mémoire ne me quittait pas d'une semelle
ma mémoire me suivait comme un petit chien
j'étais plus bête que les brebis
qui brillent dans le ciel à minuit
il fait très chaud
je me dis tout bas et très sérieusement
j'ai très soif j'ai vraiment très soif
je n'ai que mon chapeau
clef des champs clef des songes
père des souvenirs
est-ce que j'ai jamais quitté Paris
mais ce soir je suis dans cette ville
derrière chaque arbre des avenues
un souvenir guette mon passage
C'est toi mon vieux Paris
mais ce soir enfin, je suis dans cette ville
tes monuments sont les bornes kilométriques de ma fatigue
je reconnais tes nuages
qui s'accrochent aux cheminées
pour me dire adieu ou bonjour
la nuit tu es phosphorescent
je t'aime comme on aime un éléphant
tous tes cris sont pour moi des cris de tendresse
je suis comme Aladin[1] dans le jardin

1. Personnage des *Mille et Une Nuits*.

où la lampe magique était allumée
je ne cherche rien
je suis ici
je suis assis à la terrasse d'un café
et je souris de toutes mes dents
en pensant à tous mes fameux voyages
je voulais aller à New York ou à Buenos Aires
connaître la neige de Moscou
partir un soir à bord d'un paquebot
pour Madagascar ou Shang-haï
remonter le Mississipi
je suis allé à Barbizon[2]
et j'ai relu les voyages du capitaine Cook[3]
je me suis couché sur la mousse élastique
j'ai écrit des poèmes près d'une anémone sylvie[4]
en cueillant les mots qui pendaient aux branches
le petit chemin de fer me faisait penser au transcanadien[5]
et ce soir je souris parce que je suis ici
devant ce verre tremblant
où je vois l'univers
en riant
sur les boulevards dans les rues
tous les voyous passent en chantant
les arbres secs touchent le ciel
pourvu qu'il pleuve

Philippe Soupault, *Westwego*, 1917-1922, v. 114-144,
© Éditions Gallimard, 1981.

2. Ville d'Île-de-France.
3. James Cook (1728-1779), célèbre navigateur.
4. Anémone des bois.
5. Train qui traverse le Canada.

Questions

Observer et analyser

1. Pourquoi le poète supprime-t-il toute ponctuation et tout travail de versification (hormis le v. 1) ? Comment arrive-t-il à donner du rythme à son poème ?

2. Relevez le champ lexical du voyage. Relevez également toutes les images relatives à Paris. Pourquoi peut-on parler d'un poème de la ville ?

3. Relevez tous les temps employés. Comment comprenez-vous cet enchevêtrement temporel ?

4. À qui se compare le poète ? Cette image vous permet-elle de comprendre l'entreprise poétique ici mise en scène ?

Contextes et perspectives

5. Lisez, dans *Les Fleurs du mal* de Baudelaire, les poèmes relatifs au voyage et à Paris. Quelles ressemblances pouvez-vous noter avec le poème de Soupault ?

Vers le BAC : la dissertation

6. Vous rédigerez un paragraphe dans lequel vous défendrez l'idée que l'absence de règles strictes est une libération pour le poète.

Brassaï (1899-1984),
Vue de Notre-Dame (1933), collection privée.

Desnos
1900-1945

Biographie, p. 558

Histoire littéraire
Le surréalisme, p. 68

Texte 7 Les Sans cou (1934)

Robert Desnos, connu pour ses sommeils hypnotiques et ses jeux de langage, se sépare du groupe surréaliste en 1930 après les attaques à son encontre du Second Manifeste du surréalisme. *Le poète n'en continue pas moins d'expérimenter les formes ludiques de l'écriture poétique.*

Comme

Come[1], dit l'Anglais à l'Anglais, et l'Anglais vient.
Côme[2], dit le chef de gare, et le voyageur qui vient dans cette ville descend du train sa valise à la main.
Come[3], dit l'autre, et il mange.
Comme, je dis comme et tout se métamorphose, le marbre en eau, le ciel en orange, le vin en plaine, le fil en six, le cœur en peine, la peur en seine[4].
Mais si l'Anglais dit as[5] c'est à son tour de voir le monde changer de forme à sa convenance
Et moi je ne vois plus qu'un signe unique sur une carte:
L'as de cœur si c'est en février,
L'as de carreau et l'as de trèfle, misère en Flandre,
L'as de pique aux mains des aventuriers.
Et si cela me plaît à moi de vous dire machin,
Pot à eau, mousseline et potiron.
Que l'Anglais dise machin,
Que machin dise le chef de gare,
Machin dise l'autre,
Et moi aussi.
Machin.

1. « Viens » en anglais.
2. Ville d'Italie.
3. « Mange » en espagnol.
4. Filets de pêche.
5. « Comme » en anglais.

Joan Miró (1893-1983), *Personnage* (1956), Paris, musée national d'Art moderne.

Paysage, Cadavre exquis réalisé par A. Breton, V. Hugo, G. Knutsen, T. Tzara, 1933, gouache sur papier, New York, musée d'Art moderne.

Et même machin chose.
Il est vrai que vous vous en foutez.
Que vous ne comprenez pas la raison de ce poème.
Moi non plus d'ailleurs.
Poème, je vous demande un peu ?
Poème ? je vous demande un peu de confiture,
Encore un peu de gigot,
Encore un petit verre de vin
Pour nous mettre en train...
Poème, je ne vous demande pas l'heure qu'il est.
Poème, je ne vous demande pas si votre beau-père est poilu comme un sapeur.
Poème, je vous demande un peu... ?

Poème, je ne vous demande pas l'aumône,
Je vous la fais.
Poème, je ne vous demande pas l'heure qu'il est,
Je vous la donne.
Poème, je ne vous demande pas si vous allez bien,
Cela se devine.
Poème, poème, je vous demande un peu...
Je vous demande un peu d'or pour être heureux avec celle que j'aime.

Robert Desnos, *Les Sans cou*, 1934, © Gallimard, 1999.

Questions

Observer et analyser

1. Repérez quelques jeux de mots. Sur quels principes sont-ils bâtis ?

2. Relevez les éléments qui vous font sourire. Peut-on parler d'un comique de l'absurde ?

3. À qui s'adresse le « je » ? Quel portrait du poète se dégage de ces interpellations ?

4. Relevez les répétitions. Comment arrivent-elles à donner du rythme au poème ?

Contextes et perspectives

5. Renseignez-vous sur l'importance du jeu de mots et des libres associations dans la psychanalyse. En quoi cela éclaire-t-il votre lecture du poème ?

Vers le BAC : l'écriture d'invention

6. Prenez comme point de départ un mot dont le sens est différent dans plusieurs langues et écrivez dix lignes à la manière de Desnos.

Aragon
1897-1982

Biographie, p. 554

Histoire littéraire
Le surréalisme, p. 68

Outils d'analyse
La versification, p. 350

Texte 8 Le Roman inachevé (1956)

Le Roman inachevé est une œuvre autobiographique écrite en vers, où Aragon évoque la période du surréalisme, et en particulier, comme ici, les expériences d'écriture auxquelles le groupe se livrait.

Les mots m'ont pris par la main

[...]
C'est un lieu trop bruyant et nous nous en allons
Place du Théâtre-Français dans ce salon
Au fond d'un lac d'où l'on
voit passer par les glaces
Entre les poissons-chats les voitures de place
Or d'autres profondeurs étaient notre souci
Nous étions trois ou quatre au bout du jour
assis
A marier les sons pour rebâtir les choses
Sans cesse procédant à des métamorphoses
Et nous faisions surgir d'étranges animaux
Car l'un de nous avait inventé pour les mots
Le piège à loup de la vitesse
Garçon de quoi écrire Et naissaient à nos pas
L'antilope-plaisir les mouettes compas
Les tamanoirs[1] de la tristesse
Images à l'envers comme on peint les plafonds
Hybrides[2] du sommeil inconnus à Buffon[3]
Êtres de déraison Chimères[4]
Vaste alphabet d'oiseaux tracé sur l'horizon
De coraux sur le fond des mers
Hiéroglyphes aux murs cyniques des prisons
[...]

Louis Aragon, *Le Roman inachevé*, © Gallimard, 1956.

Cadavre exquis réalisé par A. Breton, R. Desnos, G. Sadoul, gouache sur papier, 1929, coll. part.

1. Mammifère, sorte de fourmilier géant. 2. Êtres provenant du croisement de variétés et d'espèces différentes. 3. Biologiste français (1707-1788), auteur d'une *Histoire naturelle* en 36 volumes (1749-1789). 4. Monstres composites dans la mythologie ; fantasmes, illusions.

Questions

Observer et analyser

1. Retrouvez le vers où Aragon évoque le cercle qu'il formait avec ses amis surréalistes : où et quand se réunissaient-ils pour écrire ? Comment est évoqué le groupe tout au long du poème ?

2. Relevez les temps verbaux et expliquez leur entremêlement. Quel regard le poète porte-t-il en 1956 sur son passé ?

3. Observez la rime des vers 11-12. En quoi est-elle à l'origine de toutes les images qui « surgissent » ?

4. Relevez tous les verbes qui caractérisent l'activité poétique. À quoi l'auteur compare-t-il l'activité de l'écriture ? Et à quoi donne-t-elle accès selon vous ?

Contexte et perspectives

5. Faites des recherches sur les principaux exercices d'écriture lancés par les surréalistes : l'écriture automatique, l'écriture hypnotique et celle du « cadavre exquis » ; retrouvez-en quelques exemples fameux. Comment ce poème les suggère-t-il ?

Vers le BAC : la dissertation

6. En vous appuyant sur cet extrait, vous rédigerez un paragraphe dans lequel vous soutiendrez que le poème exprime, de façon privilégiée, la part d'inconnu qui est en nous.

Synthèse

La poésie surréaliste

Une poésie révolutionnaire

Poésie et révolution

▮ Empruntant leur nom à un néologisme forgé par Apollinaire, les surréalistes conçoivent la poésie comme le ferment de la révolution radicale qu'ils appellent de leurs vœux. Pour eux, « il n'y a que deux genres, le poème et le pamphlet », selon le mot de Tristan Tzara, le fondateur du mouvement Dada précurseur de leur révolte. Ils font de la poésie **le mode suprême de connaissance et d'action** : elle ne saurait donc se limiter à un simple exercice littéraire.

La question de l'engagement

▮ Mais si pour eux la poésie est révolutionnaire par essence, son **engagement politique** ne va pas de soi. La question mènera le groupe, pendant toute la période de l'entre-deux-guerres, à une série de divisions : tandis qu'Aragon rejoint le Parti communiste, Breton veut préserver l'indépendance de la poésie. La participation à la Résistance signera finalement la rupture entre ceux qui choisissent l'exil (Breton, Péret) et ceux qui mettent leur plume au service de la lutte contre le nazisme (Desnos, Eluard, Aragon).

La révolution dans l'écriture

Le langage de l'inconscient

▮ Le surréalisme veut libérer le langage et renouveler profondément ses modes d'expression. Pour cette raison, il va privilégier **l'inconscient**, en s'inspirant notamment des travaux de **Freud** qui, au début du siècle, a fondé en Autriche la psychanalyse. Il s'agit d'abolir le contrôle de la logique et de la raison sur la parole, et de laisser libre cours à des forces ignorées par la conscience elle-même. L'inconscient sous toutes ses formes doit ainsi permettre d'accéder par le poème à la « surréalité ».

L'écriture libre

▮ La libération de l'écriture s'obtient tout d'abord en généralisant **l'effacement de la ponctuation**, dont Apollinaire eut l'initiative en 1913 dans *Alcools*. Les poètes suppriment ainsi le cadre logique de l'organisation du discours et la parole n'est plus contrainte par la syntaxe, mais guidée seulement par les mots et leur pouvoir d'évocation (► Apollinaire, p. 313).
Le hasard est aussi considéré comme un principe moteur de l'écriture. Les poètes surréalistes s'essaient le plus souvent à **la libre association**, à la fois des idées, des mots et des sons, mais aussi à la superposition, au collage ou au montage (► Soupault, p. 322). Ainsi les images abondent dans ces textes et soutiennent une esthétique fortement marquée par les métaphores, les comparaisons et les alliances de mots surprenantes (► Desnos, p. 324).

L'écriture ludique

▮ Les surréalistes se livrent également à une forme de pratique expérimentale de l'écriture, qui doit permettre là aussi, par la liberté du jeu, de faire naître quelque chose d'inédit.

▮ Dans les exercices **d'écriture hypnotique** par exemple, c'est dans un état de demi-sommeil et demi-veille que les mots jaillissent. Avec le jeu du **cadavre exquis**, c'est par une participation collective que le texte, hétéroclite et inattendu, se construit.

▮ Mais c'est surtout **l'écriture automatique** qui représente le mieux l'esprit du surréalisme puisqu'il s'agit alors d'écrire sans plan préconçu, en laissant libre cours aux forces psychiques inconscientes (► Aragon, p. 326).

Les motifs de l'écriture

L'amour

▮ Même s'ils prônent la modernité en littérature, les surréalistes renouent par ailleurs avec une partie de la tradition en consacrant une part importante de leurs œuvres à l'amour et à la femme aimée.
Les poètes chantent **leur muse** qu'ils inscrivent presque tous dans leurs œuvres : Lou pour Apollinaire (► p. 334), Nadja pour Breton, Elsa pour Aragon (► p. 318), Gala puis Nush pour Éluard (► p. 316).

▮ Ainsi l'expression du **lyrisme amoureux** qui domine dans le surréalisme évoque, tout en le renouvelant, celui de la Renaissance et des poètes de **la Pléiade** en particulier (► Desnos, p. 315).

Le rêve

▮ L'ensemble de la production surréaliste baigne dans un climat onirique. Le rêve est à la fois le moteur et l'objet de l'écriture, puisqu'il correspond à la forme la moins entravée de la pensée et la plus proche de l'inconscient.

▮ Ainsi c'est par le rêve que **la poésie transforme et transfigure le réel** (► Breton, p. 314) ; les images qu'il fait naître, proches de la vision ou de l'hallucination parfois (► Aragon, p. 318), correspondent donc à la forme la plus accomplie du surréel que ces poètes convoquent.

Le surréalisme à la scène

Texte 1 Roger Vitrac, *Victor ou les enfants au pouvoir* (1928)

Exclu dès 1926 du groupe surréaliste, le poète et dramaturge Roger Vitrac a pourtant écrit l'une des œuvres emblématiques de ce mouvement sur la scène théâtrale, avec Victor ou les enfants au pouvoir. *La pièce se déroule le jour anniversaire de Victor, qui n'a que neuf ans mais une taille et un raisonnement d'adulte. La famille réunie reçoit la visite de Madame Ida Mortemart.*

***

Ida qui s'était relevée se rassied.

IDA. – Je vous ai dérangés, vous étiez heureux. Je suis arrivée là comme une intruse. La bonne aurait dû m'accompagner. Quelle triste et pénible apparition.

CHARLES. – Au contraire, madame, avant votre arrivée nous étions bouleversés. Tenez, voyez ! il y a des vases en morceaux, des couteaux sur la cheminée, des meubles désordonnés qui trahissent des luttes dont, après tout, nous ne saurons jamais les causes. Nous parlions de tout faire sauter.

LE GÉNÉRAL. – Mais, ne peut-on rien faire pour vous guérir de ces… de ces… enfin de cette chose ?

Elle pète.

IDA. – Si, général, autant que possible n'en plus souffler mot.

Silence.

Il serait naturel de raconter ma vie de A à Z. Tu connais A, vous connaissez Z.

VICTOR. – Nous connaissons P. *(Gêne.)* Votre pâleur, votre peine, vos perles, vos paupières, vos pleurs, votre privilège. Nous connaîtrons votre passage. Vous favorisez les combinaisons. Dans un monde plus avancé, vous vous nommeriez mousse de platine. Oh, catalyseuse ! Qu'importent ces débordements sulfureux, quelques mauvaises passions peuvent en mourir, quelques carbones précieux aussi. Vous tombez parmi nous comme un bijou dans le mercure. Je plains celui qui devra en payer les conséquences fatales, le coupable des pots cassés.

IDA. – Vous dites ?

CHARLES. – Ne l'écoutez pas, madame, il parle aux anges.

VICTOR. – Remerciez-le, madame, il ne sait pas ce qu'il dit.

CHARLES. – Je devrais le gifler.

LE GÉNÉRAL. – Giflez-le donc, à la fin !

Le père lève la main et la tient suspendue un instant ; il la laisse tomber, découragé !

VICTOR. – Général, votre sabre est rouillé et vous puez.

LE GÉNÉRAL. – Madame Paumelle, votre fils est perdu.

VICTOR. – Maman, tu es enceinte d'un enfant mort.

ÉMILIE. – Victor ! Victor ! que veux-tu dire, que j'ai mal au ventre ?

Victor ou les Enfants au pouvoir, mise en scène d'A. Sachs, avec L. Deutsch et P. Aussedat, Paris, théâtre Antoine, 2007.

CHARLES. – Il faut comprendre, je veux comprendre.

VICTOR. – Il faut sentir, papa.

IDA. – Victor, venez sur mes genoux.

Roger VITRAC, *Victor ou les enfants au pouvoir*, © Gallimard, 1928.

Texte 2 Jean Tardieu, *La Comédie du langage* (1966)

Poète et dramaturge, Jean Tardieu se livre à des expériences sur le langage, comme dans « Un mot pour un autre », dont voici le début.

***

Décor : un salon plus « 1900 » que nature.

Au lever du rideau, Madame est seule. Elle est assise sur un « sopha » et lit un livre.

IRMA, *entrant et apportant le courrier.* – Madame, la poterne vient d'élimer le fourrage…

Elle tend le courrier à Madame, puis reste plantée devant elle, dans une attitude renfrognée et boudeuse.

MADAME, *prenant le courrier.* – C'est tronc !… Sourcil bien !… *(Elle commence à examiner les lettres puis, s'apercevant qu'Irma est toujours là :)* Eh bien, ma quille ! Pourquoi serpez-vous là ? *(Geste de congédiement.)* Vous pouvez vidanger !

IRMA. – C'est que, Madame, c'est que…

MADAME. – C'est que, c'est que, c'est que quoi-quoi ?

IRMA. – C'est que je n'ai plus de « Pull-over » pour la crécelle…

MADAME, *prend son grand sac posé à terre à côté d'elle et après une recherche qui paraît laborieuse, en tire une pièce de monnaie qu'elle tend à Irma.* – Gloussez ! Voici cinq gaulois ! Loupez chez le petit soutier d'en face : c'est le moins foreur du panier…

IRMA, *prenant la pièce comme à regret, la tourne et la retourne entre ses mains, puis.* – Madame, c'est pas trou : yaque, yaque…

MADAME. – Quoi-quoi : yaque-yaque ?

IRMA, *prenant son élan.* – Y-a que, Madame, yaque j'ai pas de gravats pour mes haridelles, plus de stuc pour le bafouillis de ce soir, plus d'entregent pour friser les mouches… plus rien dans le parloir, plus rien pour émonder, plus rien… plus rien… *(Elle fond en larmes.)*

MADAME, *après avoir vainement exploré son sac de nouveau et l'avoir montré à Irma.* – Et moi non plus, Irma ! Ratissez : rien dans ma limande !

IRMA, *levant les bras au ciel.* – Alors ! Qu'allons-nous mariner, Mon Pieu ?

Jean TARDIEU, *La Comédie du langage*, « Un mot pour un autre », © Gallimard, 1966.

Croiser les textes

1. Quelle est la situation dramatique mise en scène dans chacun de ces deux extraits ? Pouvez-vous la comprendre par le dialogue et les mots échangés ?

2. Comment les mots sont-ils associés le plus souvent ? Quelles pratiques de l'écriture surréaliste reconnaissez-vous ici dans les jeux avec le langage ? Relevez les exemples puis classez-les.

3. Pourquoi ces deux extraits sont-ils comiques ? Sur quels procédés ce registre s'appuie-t-il ? Faites un travail de synthèse en comparant les deux textes.

Vers le BAC : la question de corpus

4. Montrez en quoi ces deux extraits illustrent déjà une forme de comique absurde que l'on verra ensuite s'épanouir dans le théâtre de la fin du XXe siècle.

Le poète et la guerre

12

Arnold Böcklin (1827-1901), *La Guerre* (1896), Dresde, galerie des Maîtres Nouveaux.

Histoire des Arts

Arnold Böcklin est l'un des principaux représentants du symbolisme allemand, entre mythes (souvent antiques) et modernité. *Dans* les trois versions de *La Guerre*, œuvre tardive et testamentaire, il reprend la légende médiévale des Quatre Cavaliers de l'Apocalypse : son interprétation hallucinée semble annoncer les désastres du siècle à venir.

Depuis l'Antiquité, les poètes se font l'écho de la guerre, qu'ils en traduisent la violence et le chaos sanglant, ou qu'ils exaltent les hommes au combat. Avec la Révolution française, la guerre tend à prendre les dimensions du continent européen, menaçant même l'équilibre du monde au début du XXe siècle. De ces tragédies toujours renaissantes surgissent des visions tout à la fois magnifiques et terribles : c'est de ce paradoxe – beauté et horreur, fascination et dégoût, célébration et dénonciation – que rend compte la poésie, des romantiques jusqu'aux surréalistes.

Exaltation et célébration

Hugo
1802-1885

Biographie, p. 559

Texte 1 Châtiments (1853)

Dans Châtiments*, Victor Hugo dénonce l'imposture de Napoléon III, qui a usurpé le pouvoir en exploitant la légende de son oncle Napoléon Ier. Il lui oppose donc le souvenir du précédent empereur, glorieux jusque dans la défaite. La deuxième partie du long poème « L'expiation » met en scène la débâcle de Waterloo, qui signa en 1815 la fin du Premier Empire.*

L'expiation

Le soir tombait ; la lutte était ardente et noire.
Il avait l'offensive et presque la victoire ;
Il tenait Wellington[1] acculé sur un bois.
Sa lunette à la main, il observait parfois
Le centre du combat, point obscur où tressaille
La mêlée, effroyable et vivante broussaille,
Et parfois l'horizon, sombre comme la mer.
Soudain, joyeux, il dit : Grouchy[2] ! – C'était Blücher[3]
L'espoir changea de camp, le combat changea d'âme,
La mêlée en hurlant grandit comme une flamme.
La batterie[4] anglaise écrasa nos carrés[5].
La plaine où frissonnaient les drapeaux déchirés,
Ne fut plus, dans les cris des mourants qu'on égorge,
Qu'un gouffre flamboyant, rouge comme une forge ;
Gouffre où les régiments, comme des pans de murs,
Tombaient, où se couchaient comme des épis mûrs
Les hauts tambours-majors[6] aux panaches[7] énormes,
Où l'on entrevoyait des blessures difformes !
Carnage affreux ! moment fatal ! l'homme inquiet
Sentit que la bataille entre ses mains pliait.
Derrière un mamelon[8] la garde était massée.
La garde, espoir suprême et suprême pensée !
– Allons ! faites donner la garde, cria-t-il, –
Et Lanciers, Grenadiers aux guêtres de coutil[9],
Dragons[10] que Rome eût pris pour des légionnaires,
Cuirassiers, Canonniers qui traînaient des tonnerres[11],
Portant le noir colback[12] ou le casque poli,
Tous, ceux de Friedland et ceux de Rivoli[13],
Comprenant qu'ils allaient mourir dans cette fête,
Saluèrent leur dieu, debout dans la tempête.
Leur bouche, d'un seul cri, dit : vive l'empereur !
Puis, à pas lents, musique en tête, sans fureur,
Tranquille, souriant à la mitraille anglaise,
La garde impériale entra dans la fournaise.
Hélas ! Napoléon, sur sa garde penché,
Regardait, et, sitôt qu'ils avaient débouché
Sous les sombres canons crachant des jets de soufre,
Voyait, l'un après l'autre, en cet horrible gouffre,
Fondre ces régiments de granit et d'acier

1. Général anglais, adversaire de Napoléon à Waterloo.
2. Général napoléonien vainement attendu en renfort.
3. Général prussien, allié des Anglais.
4. Unité d'artillerie.
5. Disposition des soldats.
6. Soldats en charge de la musique militaire dans la bataille.
7. Ornements de bonnet, faits de plumes.
8. Une colline.
9. Toile de fil ou de coton.
10. Cavaliers armés d'une lance.
11. Fusils.
12. Haut bonnet militaire.
13. Grandes victoires napoléoniennes.

Comme fond une cire au souffle d'un brasier.
Ils allaient, l'arme au bras, front haut, graves, stoïques.
Pas un ne recula. Dormez, morts héroïques !
Le reste de l'armée hésitait sur leurs corps
Et regardait mourir la garde. – C'est alors
Qu'élevant tout à coup sa voix désespérée,
La Déroute, géante à la face effarée
Qui, pâle, épouvantant les plus fiers bataillons,
Changeant subitement les drapeaux en haillons,
A de certains moments, spectre fait de fumées,
Se lève grandissante au milieu des armées,
La Déroute apparut au soldat qui s'émeut,
Et, se tordant les bras, cria : Sauve qui peut !

Victor HUGO, *Châtiments*, V, XIII, « L'expiation », II, vers 81-132, 1853.

Histoire littéraire
Le romantisme, p. 46

Outils d'analyse
La structure du récit, p. 166

Méthode
Les figures de style, p. 480

Nicolas Toussaint Charlet (1792-1845), *La Bataille de Waterloo*, Bruxelles, musée royal de l'Armée et de d'Histoire militaire.

Questions

Observer et analyser

1. En vous aidant des notes, expliquez le renversement de situation militaire des vers 1 à 9. Quelle figure de style Hugo utilise-t-il au vers 9 pour traduire ce renversement ?

2. Dans les vers 10 à 18, par quels procédés Hugo met-il en évidence la transformation du champ de bataille en enfer ? En quoi cela contribue-t-il au caractère épique du poème ?

3. Relevez les termes désignant Napoléon tout au long du poème : quelle progression percevez-vous ?

4. Analysez la construction et la cadence des vers 24 à 30. Quelle image le poète nous donne-t-il de la garde impériale ?

5. Sur quelle figure de style l'expression « mourir dans cette fête » est-elle fondée (v. 29) ? En quoi manifeste-t-elle l'héroïsme de la garde impériale ? Comment le rythme des vers 32-34 contribue-t-il à exprimer cet héroïsme ?

6. Repérez la figure de style employée aux v. 44-52. Comment Hugo l'orchestre-t-il ? Quel effet en obtient-il ?

Contexte et perspectives

7. Hugo évoqua à nouveau la bataille de Waterloo en 1861, dans *Les Misérables* (deuxième partie, livre I). Lisez les chapitres 8 à 12. Comment le passage de la poésie au roman transforme-t-il le récit de l'épisode ?

Vers le BAC : le commentaire

8. Rédigez un paragraphe dans lequel vous montrerez comment Hugo transforme la défaite de Waterloo en une célébration de l'Empereur.

Heredia
1842-1905

Biographie, p. 459

Histoire littéraire
L'art au-dessus de tout, p. 54

Outils d'analyse
Les formes poétiques, p. 346

Officiers et soldats prétoriens (détail), art romain, IIe siècle apr. J.-C., Paris, musée du Louvre.

Texte 2 Les Trophées (1893)

José Maria de Heredia, poète français d'origine cubaine, est l'homme d'une seule œuvre : Les Trophées, *retraçant l'histoire du monde dans une suite de 118 sonnets, comme autant de miniatures ouvragées selon les idéaux du Parnasse. Il met ici en scène une figure mythique de conquérant : celle de l'Imperator (général en chef) romain Marc Antoine (vers 40 av. J.-C.)*

Soir de bataille

Le choc avait été très rude. Les tribuns[1]
Et les centurions[2], ralliant les cohortes[3],
Humaient encor, dans l'air où vibraient leurs voix fortes,
La chaleur du carnage et ses âcres parfums.

D'un œil morne, comptant leurs compagnons défunts,
Les soldats regardaient, comme des feuilles mortes,
Tourbillonner au loin les archers de Phraortes[4],
Et la sueur coulait de leurs visages bruns.

C'est alors qu'apparut, tout hérissé de flèches,
Rouge du flux vermeil de ses blessures fraîches,
Sous la pourpre[5] flottante et l'airain[6] rutilant,

Au fracas des buccins[7] qui sonnaient leur fanfare,
Superbe, maîtrisant son cheval qui s'effare,
Sur le ciel enflammé, l'Imperator sanglant.

José Maria de Heredia, *Les Trophées*, 1893.

1. Généraux.
2. Capitaines.
3. Unité de 600 hommes environ.
4. Souverain d'Asie Mineure (VIe siècle av. J.-C.), désignant ici son peuple, les Mèdes.
5. Étoffe rouge vif, symbole de puissance politique.
6. Le bronze, et par extension, l'armure du général.
7. Trompettes militaires.

Questions

Observer et analyser

1. Dégagez la structure de ce poème. En quoi respecte-t-elle les règles de composition du sonnet ?

2. Comparez les deux quatrains. Quelle opposition Heredia fait-il sentir entre les officiers (« tribuns » et « centurions ») et les soldats ? Analysez comment il la manifeste, en étudiant les couleurs et les mouvements.

3. Analysez la structure de la phrase, v. 9-14. Comment contribue-t-elle à présenter l'*Imperator* comme un héros ?

4. Observez dans les deux tercets le jeu des couleurs, des sons, des attitudes. Pourquoi peut-on parler ici de tableau ? Quel rôle le temps de « s'effare » (v. 13) joue-t-il ?

Contexte et perspectives

5. Le Parnasse (voir chapitre 10) refuse le lyrisme : montrez que ce poème respecte bien cette exigence.

6. Comparez ce poème avec celui de Leconte de Lisle, « Le soir d'une bataille » (dans *Poèmes barbares*). Dans quelle mesure peut-on les rapprocher esthétiquement ? Dans quelle mesure leur philosophie les éloigne-t-elle ?

Vers le BAC : le sujet d'invention

7. Vous transformerez ce poème en un récit de bataille en adoptant le point de vue d'un des soldats.

Apollinaire
1880-1918

Biographie, p. 554

Histoire littéraire
Belle époque et Années folles, p. 66

Outils d'analyse
La versification, p. 350

Texte 3 Poèmes à Lou (1915)

Lou : sous cet affectueux diminutif se cache Louise de Coligny-Châtillon, amante d'Apollinaire. Ils se rencontrent en 1914, mais la guerre envoie le poète au combat, et leur histoire se poursuit donc sur un mode épistolaire. L'absence nourrit une abondante correspondance poétique où s'entremêlent déclarations d'amour et récit de la vie au front.

Mon Lou ma chérie Je t'envoie aujourd'hui la première pervenche
Ici dans la forêt on a organisé des luttes entre les hommes
Ils s'ennuient d'être tout seuls sans femme faut bien les amuser le
[dimanche
Depuis si longtemps qu'ils sont loin de tout ils savent à peine parler
Et parfois je suis tenté de leur montrer ton portrait pour que ces jeunes
[mâles
Réapprennent en voyant en voyant ta photo
Ce que c'est que la beauté
Mais cela c'est pour moi c'est pour moi seul
Moi seul ai droit de parler à ce portrait qui pâlit
À ce portrait qui s'efface
Je le regarde parfois longtemps une heure deux heures
Et je regarde aussi les 2 petits portraits miraculeux
Mon cœur
La bataille des aéros[1] dure toujours
La nuit est venue
Quelle triste chanson font dans les nuits profondes
Les obus qui tournoient comme de petits mondes
M'aimes-tu donc mon cœur et ton âme bien née
Veut-elle du laurier dont ma tête est ornée

1. Bataille aérienne.

La comtesse Louise de Coligny-Châtillon, dite « Lou » (1881-1963), Bibliothèque historique de la ville de Paris.

Gino Severini (1883-1966), *Canon en action (Mots en liberté et formes)*, 1914-1915, Cologne, musée Ludwig.

J'y joindrai bien aussi de ces beaux myrtes[2] verts
Couronne des amants qui ne sont pas pervers
En attendant voici que le chêne me donne
La guerrière couronne[3]

Et quand te reverrai-je ô Lou ma bien-aimée
Reverrai-je Paris et sa pâle lumière
Trembler les soirs de brume autour des réverbères
Reverrai-je Paris et les sourires sous les voilettes
Les petits pieds rapides des femmes inconnues
La tour de Saint-Germain-des-Prés
La fontaine du Luxembourg
Et toi mon adorée mon unique adorée
Toi mon très cher amour

Guillaume Apollinaire, *Poèmes à Lou*, © Gallimard, « Poésie », 1969.

2. Arbuste, symbole d'amour et de gloire dans l'Antiquité.

3. La couronne de chêne récompensait le sauveur d'un citoyen romain sur le champ de bataille.

Questions

Observer et analyser

1. Relevez les éléments qui évoquent le quotidien des soldats. À quelles activités se livrent-ils ? Quel sentiment domine ?

2. Dans les vers 1 à 23, montrez comment s'entremêlent les thèmes de la guerre, de l'amour et de la poésie. Observez notamment la symbolique du feuillage (laurier, myrte, chêne).

3. Montrez que le rythme se modifie à partir du v. 16. De quel changement plus profond est-ce l'indice ?

4. Quel effet l'auteur tire-t-il de ses choix formels (absence de ponctuation, disposition des mots sur la page) ?

5. Ce texte est-il une lettre ou un poème ? Vous répondrez en observant la composition générale, les pronoms et les temps verbaux.

Contexte et perspectives

6. Faites une recherche biographique sur l'auteur : quelles conséquences la guerre aura-t-elle sur la fin de son existence ?

7. Lisez le poème « Zone » d'Apollinaire, dans le recueil *Alcools* : quels points communs décelez-vous entre ces deux œuvres ? Pourquoi a-t-on dit d'Apollinaire qu'il est l'un des fondateurs de la modernité poétique ?

Vers le BAC : la dissertation

8. En vous appuyant sur les réponses aux questions qui précèdent, vous montrerez en un paragraphe argumenté qu'Apollinaire cherche à libérer le genre poétique de ses contraintes formelles.

Delacroix : le peintre et la guerre

Eugène Delacroix, *Jeune Orpheline au cimetière*, 1823, huile sur toile, 65,5 cm × 54,3 cm, Paris, musée du Louvre.

À retenir

À l'origine de l'œuvre : un massacre historique

Depuis le XVe siècle, la Grèce vit sous domination ottomane. En 1821, un mouvement d'indépendance émerge et œuvre pour la libération du pays. Il remporte ses premières victoires. La réponse des Ottomans ne se fait pas attendre : en 1822, sur l'île de Scio (ou Chio), 23 000 grecs sont massacrés, et 47 000 déportés comme esclaves. La nouvelle se répand en Europe, où elle suscite horreur et indignation. Il faudra attendre 1830 (Conférence de Londres) pour que la Grèce soit définitivement libérée du joug ottoman, suite à l'intervention conjointe des Anglais, des Russes et des Français.

Delacroix et le mouvement philhellène

Un mouvement philhellène – des amis de la Grèce – se développe bientôt pour défendre l'émancipation du peuple grec. En France, Victor Hugo et Delacroix en sont les chefs de file, tous deux impressionnés par l'engagement du poète anglais Byron auprès des Grecs et par sa mort à Missolonghi le 19 avril 1824. Hugo dénonce avec force les exactions ottomanes dans *les Orientales* (1829), Delacroix présente au salon de 1824, *Scènes des massacres de Scio*, **tableau romantique et engagé**, dépeignant les victimes civiles des cruelles troupes turques. On est loin de la représentation fantasmée d'une guerre orientale telle que la met en scène *La Mort de Sardanapale*, autre grande œuvre de Delacroix (► p. 49).

À propos …

…de la Jeune Orpheline au cimetière

Ce tableau, qu'Eugène Delacroix a réalisé dans sa jeunesse, a longtemps été considéré comme une étude préparatoire aux *Massacres de Scio*.

Eugène Delacroix (1798-1863)

Delacroix fut avant tout un peintre controversé : très jeune, il étonne par sa maîtrise de la couleur, qui dans ses œuvres prend le pas sur le dessin et la ligne. Ses adversaires ne cesseront de condamner en lui un faux talent ; ses défenseurs verront au contraire dans ses œuvres le triomphe de la sensibilité.

Eugène Delacroix, *Scènes des massacres de Scio ; familles grecques attendant la mort ou l'esclavage*, 1824, huile sur toile, 419 cm × 354 cm, Paris, musée du Louvre.

Pour lire le tableau

Observer la composition
Delacroix choisit une composition très simple, sur deux plans. Tous nos regards sont captés par les victimes, à même le sol.

Observer la matière picturale
Grand coloriste, le peintre préfère ici une certaine sobriété. Les couleurs des chairs et du sol se confondent.

Observer le décor
Il est dominé par un vide immense préfigurant la désolation qui frappera durablement l'île après le massacre et la déportation de ses habitants.

Questions

1. Quel rôle donnez-vous à la nudité dans ce tableau ?
2. Quel effet les choix chromatiques du peintre produisent-ils ?
3. Le groupe présent au premier plan semble reproduit à l'arrière-plan : comment comprenez-vous ce choix du peintre ?
4. Quel sens peut-on donner à la posture verticale du cavalier turc (à droite) ?
5. De quel personnage des *Scènes des massacres de Scio* peut-on rapprocher la Jeune Orpheline au cimetière ? Quelles ressemblances ou différences voyez-vous dans le traitement du pathétique ?
6. Lisez, dans *Les Orientales* de Victor Hugo, le poème « L'enfant ». Comment le texte du poète et les tableaux du peintre se font-ils écho ?

Désillusion et dégoût

Schiller
1759-1805

Biographie, p. 565

Histoire littéraire
Le romantisme, p. 46

Texte 4 « Le commencement du XIXe siècle » (1801)

Friedrich von Schiller est considéré comme l'un des grands esprits allemands du XVIIIe siècle. Son œuvre influença beaucoup le romantisme allemand. Il s'interroge ici sur le XIXe siècle naissant, déjà marqué par la rivalité entre les deux grandes puissances que sont la France et l'Angleterre.

Le commencement du XIXe siècle

À ***

Ô mon noble ami ! où se réfugieront désormais la paix et la liberté ? Un siècle vient de s'éteindre au sein d'une tempête ; un siècle nouveau s'annonce par la guerre.

Tous liens sont rompus entre les nations, et toutes les vieilles institutions s'écroulent… Le vaste Océan n'arrête point les fureurs de la guerre ; le dieu du Nil et le vieux Rhin ne peuvent rien contre elles.

Deux puissantes nations combattent pour l'empire du monde ; et, pour anéantir les libertés des peuples, le trident et la foudre s'agitent dans leurs mains.

Chaque contrée leur doit de l'or : et comme Brennus[1], aux temps barbares, le Français jette son glaive d'airain dans la balance de la justice.

L'Anglais, tel que le polype[2] aux cent bras, couvre la mer de ses flottes avides, et veut fermer, comme sa propre demeure, le royaume libre d'Amphitrite[3].

Les étoiles du sud, encore inaperçues, s'offrent à sa course infatigable ; il découvre les îles, les côtes les plus lointaines… mais le bonheur, jamais !

Hélas ! en vain chercherais-tu sur toute la surface de la terre un pays où la liberté fleurisse éternelle, où l'espèce humaine brille encore de tout l'éclat de la jeunesse.

Un monde sans fin s'ouvre à toi ; ton vaisseau peut à peine en mesurer l'espace ; et, dans toute cette étendue il n'y a point de place pour dix hommes heureux !

Il faut fuir le tumulte de la vie, et te recueillir dans ton cœur… La liberté n'habite plus que le pays des chimères ; le beau n'existe plus que dans la poésie.

Friedrich von Schiller, *Gedankengedichte*, 1795-1805,
traduction en prose de Nerval, 1830.

1. Grand chef gaulois.
2. Monstre marin.
3. Déesse marine, épouse de Poséidon.

Questions

Observer et analyser

1. Étudiez les métaphores et les comparaisons décrivant la France et l'Angleterre : quel portrait est ici dressé de chacune de ces deux puissances ?

2. Repérez les adresses au destinataire dans le texte : où sont-elles placées ? Quel interlocuteur l'auteur recherche-t-il selon vous ? Quel refuge lui conseille-t-il ?

3. Quels éléments peuvent rattacher la première moitié du poème à l'épopée ?

4. À quel moment observe-t-on un renversement ? En quoi se transforme l'épopée ? Justifiez votre réponse.

Contexte et perspectives

5. Faites une recherche historique sur la rivalité franco-anglaise au XIXe siècle : dans quelle mesure le texte de Schiller s'est-il avéré précurseur ?

6. Quelles caractéristiques du héros romantique (chap. 9, p. 272) peut-on déjà percevoir dans la vision du monde que nous livre ici l'auteur ?

Vers le BAC : le commentaire

7. Rédigez un paragraphe sur la tonalité prophétique de ce texte.

Rimbaud
1854-1891

Biographie, p. 564

Histoire littéraire
Le symbolisme, p. 60

Outils d'analyse
La versification, p. 350

Texte 5 Poésies (1871)

C'est un jeune homme de 16 ans qui, lors d'une fugue, écrit ce poème : Arthur Rimbaud a, en ce mois d'octobre, une nouvelle fois échappé à la vigilance de sa mère. Dans une France en guerre contre la Prusse, et marquée par la récente capitulation de Sedan, il compose ce qui restera l'une des œuvres les plus connues de sa très courte carrière poétique.

LE DORMEUR DU VAL

C'est un trou de verdure où chante une rivière
Accrochant follement aux herbes des haillons
D'argent ; où le soleil, de la montagne fière,
Luit : c'est un petit val qui mousse de rayons.

Un soldat jeune, bouche ouverte, tête nue,
Et la nuque baignant dans le frais cresson bleu,
Dort ; il est étendu dans l'herbe, sous la nue,
Pâle dans son lit vert où la lumière pleut.

Les pieds dans les glaïeuls, il dort. Souriant comme
Sourirait un enfant malade, il fait un somme :
Nature, berce-le chaudement : il a froid.

Les parfums ne font pas frissonner sa narine ;
Il dort dans le soleil, la main sur sa poitrine
Tranquille. Il a deux trous rouges au côté droit.

Arthur RIMBAUD, *Poésies*, 1871.

Questions

Observer et analyser

1. Observez dans les deux quatrains le champ lexical des couleurs et de la lumière. Quelle image de la nature le poème nous offre-t-il ?

2. Relevez les verbes dans les vers 5-13. Quelle fonction symbolique la nature prend-elle pour le personnage ?

3. Observez les éléments sur lesquels chaque strophe est centrée. Quelle progression voit-on dans le poème ?

4. Sur quelle fausse piste les deux premiers quatrains nous entraînent-ils ? Quels indices progressifs nous mènent dans les tercets à la révélation finale ?

5. Pourquoi, selon vous, ce poème est-il une dénonciation efficace des horreurs de la guerre ?

Contexte et perspectives

6. Dans les *Poésies* de Rimbaud, recherchez les poèmes suivants : « Le mal », « L'éclatante victoire de Sarrebrück », « Les corbeaux ». Comment complètent-ils l'image de la guerre proposée par « Le dormeur du val » ?

Vers le BAC : l'entretien à l'oral

7. Rapprochez ce poème de ceux de Reverdy (« Guerre », p. 340) et d'Aragon (« La guerre et ce qui s'en suivit », p. 342). Lequel des trois textes vous semble exprimer le sentiment le plus tragique de la guerre ?

Gustave Courbet (1819-1877), *L'Homme blessé*, Paris, musée d'Orsay.

Reverdy
1889-1960

Biographie, p. 564

Histoire littéraire
Le surréalisme, p. 68

Outils d'analyse
La versification, p. 350

Texte 6 Sources du vent (1929)

Ami des peintres cubistes et des poètes surréalistes, Pierre Reverdy choisit pourtant en 1926 un village et son abbaye, Solesmes, pour poursuivre une œuvre poétique marquée par le silence et la sobriété : il s'y retira jusqu'à sa mort, en 1960. Dans son recueil Sources du vent, *plusieurs poèmes témoignent de son expérience de la Première Guerre mondiale.*

GUERRE

La terre immobile
Et l'été brûlant
Prudence
Des casques protecteurs
J'ai fait mon vêtement
Et l'hiver qui s'avance
n'y fait rien
On doute encore plus de soi-même
On peut essayer de n'y pas croire
Les mouchoirs qui pendaient aux balcons
tricolores en signe d'allégresse
ont déteint
Et la figure attristée
Visage des visages
La mort passe sur le chemin
attendant que l'on se prosterne
Mais quel autre poids que celui de ton corps
as-tu jeté dans la balance
Tout froid dans le fossé
Il dort sans plus rêver

Pierre REVERDY, *Sources du vent*, © Gallimard, 1929.

Félix Valloton, *Verdun*, 1917, Paris, musée de l'Armée.

Questions

Observer et analyser

1. Où se passe la scène évoquée par le poète ? Quels éléments précis permettent de l'imaginer ?

2. L'auteur évoque le passage de « l'été » (v. 2) à « l'hiver » (v. 6). Montrez que toute cette scène est pourtant sous le signe de l'immobilité et de la permanence.

3. Relevez la variété des pronoms personnels. Qui parle ? De qui parle-t-on ?

4. À quelle période de la Première Guerre mondiale les vers 10-11 font-ils référence ? Quelle valeur le présent des derniers vers prend-il ?

5. Pourquoi la mort est-elle le « visage des visages » (v. 14) ? Quel sens concret peut-on donner à « se prosterne », v. 16 ? Quelle image de la mort ce verbe donne-t-il cependant ?

Vers le BAC : le commentaire

6. Vous rédigerez un paragraphe de commentaire qui mettra en évidence l'usage original de la versification dans ce poème.

Éluard
1895-1952

Biographie, p. 558

Texte 7 Au rendez-vous allemand (1944)

Grand poète surréaliste, Paul Eluard fait l'expérience de la Résistance et de la clandestinité durant la Seconde Guerre mondiale. En 1942, son poème « Liberté » est ainsi parachuté par des avions anglais au-dessus de la France occupée (p. 72). À la Libération, il exprime sa révulsion devant le spectacle des femmes tondues pour avoir couché avec des Allemands.

Histoire littéraire
Le surréalisme, p. 68

Comprenne qui voudra

En ce temps-là, pour ne pas châtier
les coupables, on maltraitait des filles.
On allait même jusqu'à les tondre.

Comprenne qui voudra
Moi mon remords ce fut
La malheureuse qui resta
Sur le pavé
La victime raisonnable
A la robe déchirée
Au regard d'enfant perdue
Découronnée défigurée
Celle qui ressemble aux morts
Qui sont morts pour être aimés

Une fille faite pour un bouquet
Et couverte
Du noir crachat des ténèbres

Une fille galante
Comme une aurore de premier mai
La plus aimable bête

Souillée et qui n'a pas compris
Qu'elle est souillée
Une bête prise au piège
Des amateurs de beauté

Et ma mère la femme[1]
Voudrait bien la dorloter
Cette image idéale[2]
De son malheur sur terre.

Paul Eluard, *Au rendez-vous allemand*, © Éditions de Minuit, 1945.

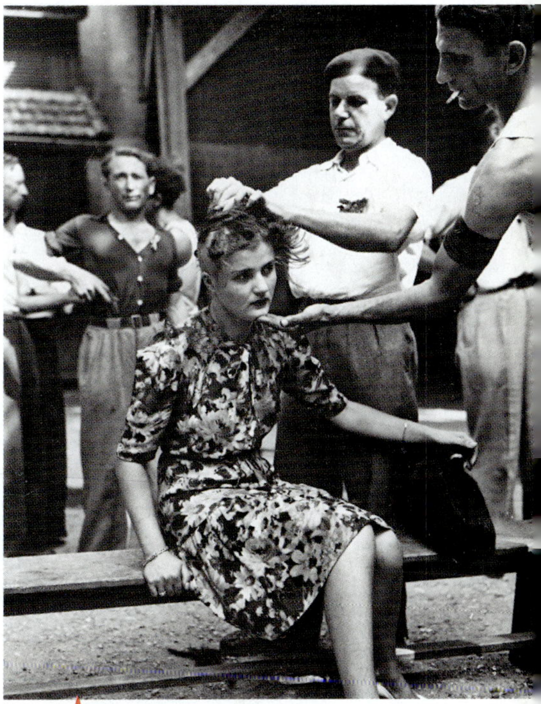

Jeune Française tondue en public pendant l'Occupation (Montélimar), 29 août 1944.

1. En apposition à « ma mère ».
2. Exemplaire.

Questions

Observer et analyser

1. Quelle fonction les trois lignes en exergue remplissent-elles ? À quels autres indices voit-on que le poète prend parti ?

2. Par quels moyens (lexique, images) le texte nous fait-il sentir que le personnage est une « victime » ?

3. Relevez le champ lexical de la nature végétale et animale. Quelle image de la « fille » Eluard construit-il ainsi ? Quelle est sa part d'ambiguïté ?

4. Comment comprenez-vous le rapprochement entre la femme tondue et la mère, aux vers 21-24 ?

Contexte et perspectives

5. Documentez-vous sur l'engagement d'Eluard dans la Résistance. En quoi est-il cohérent avec la dénonciation exprimée dans ce poème ?

Vers le BAC : le commentaire

6. Vous rédigerez un paragraphe dans lequel vous montrerez comment le poète transfigure un fait divers en tableau symbolique.

Aragon
1897-1982

Biographie, p. 554

Histoire littéraire
Le surréalisme, p. 68

Outils d'analyse
La versification, p. 350

Méthode
Les marques de l'énonciation, p. 448

Fernand Léger (1881-1955), *Les Soldats* (1959), Biot, musée national Fernand Léger.

Texte 8 Le Roman inachevé (1956)

Dans ce « roman » (à prendre au sens médiéval de récit versifié en langue romane), Aragon entreprend une autobiographie poétique qui revisite son existence passée. Dans « La guerre et ce qui s'en suivit », dont voici un extrait, il évoque le souvenir de la Grande Guerre, qu'il vécut comme étudiant médecin aux côtés du poète André Breton. Les strophes précédentes ont évoqué le voyage en train des soldats partant au front.

La guerre et ce qui s'en suivit

Et nous vers l'est à nouveau qui roulons Voyez
La cargaison de chair que notre marche entraîne
Vers le fade parfum qu'exhalent les gangrènes[1]
Au long pourrissement des entonnoirs noyés

Tu n'en reviendras pas toi qui courais les filles
Jeune homme dont j'ai vu battre le cœur à nu
Quand j'ai déchiré ta chemise et toi non plus
Tu n'en reviendras pas vieux joueur de manille[2]

Qu'un obus a coupé par le travers en deux
Pour une fois qu'il avait un jeu du tonnerre
Et toi le tatoué l'ancien Légionnaire
Tu survivras longtemps sans visage sans yeux

Roule au loin roule train des dernières lueurs
Les soldats assoupis que ta danse secoue
Laissent pencher leur front et fléchissent le cou
Cela sent le tabac la laine et la sueur

Comment vous regarder sans voir vos destinées
Fiancés de la terre et promis des douleurs
La veilleuse vous fait de la couleur des pleurs
Vous bougez vaguement vos jambes condamnées

Louis Aragon, *Le Roman inachevé*, © Gallimard, 1956.

1. Nécroses des chairs, putréfactions.
2. Jeu de cartes.

Questions

Observer et analyser

1. Quels éléments révèlent chez l'auteur une forte volonté de réalisme ? Quel effet produisent-ils ?

2. Distinguez les divers temps verbaux. Quels moments, quels lieux les futurs désignent-ils ? À quelle temporalité la dernière strophe se réfère-t-elle ?

3. Observez la variété de l'énonciation à travers celle des personnes grammaticales. Quelle place le poète récitant adopte-t-il ?

4. Quel regard le poète porte-t-il sur ses camarades de combat ?

Contexte et perspectives

5. Faites une recherche historique pour montrer dans quelle mesure la révolution surréaliste est sortie de l'expérience de la Première Guerre mondiale.

Vers le BAC : la dissertation

6. À partir des textes de la seconde partie de ce chapitre (Désillusion et dégoût), vous répondrez sous forme organisée et argumentée à la question suivante : « En quoi l'écriture poétique offre-t-elle un moyen efficace de dénonciation de la guerre ? »

Le poète et la guerre

L'héritage épique, de l'Antiquité à la Renaissance

L'épopée antique

Dans l'Antiquité, il revient à la poésie de célébrer les vertus et les exploits guerriers des héros, dans les longs récits de l'épopée que chantent les aèdes grecs. Homère (~ VIIIe s. av. J.-C.) est le plus ancien et le plus fameux d'entre eux : *l'Iliade* raconte la prise de Troie par les Grecs en chantant la vaillance d'Achille ou la ruse d'Ulysse. À la fin du Ier s. av. J.-C., Virgile donne à Rome son héros épique avec Enée, lointain fondateur de la ville.

La chanson de geste médiévale

Ce modèle épique définit pour longtemps les liens unissant le poète et la guerre. On retrouve donc au Moyen Âge cette même volonté de célébrer la beauté et la vertu de la violence guerrière dans la chanson de geste. Trouvères et troubadours racontent en musique les épisodes souvent imaginaires de grands conflits célèbres : *La Chanson de Roland* (vers 1100) transforme ainsi la modeste bataille de Roncevaux en une victoire de l'Occident sur les envahisseurs sarrasins.

Les Tragiques, l'épopée du martyre

Après le Moyen Âge, la guerre continue d'occuper le champ poétique, mais les guerres de religion bouleversent la perspective : la vertu héroïque a péri dans les massacres. Certes, le souffle épique ne manque pas aux *Tragiques* (1606) d'Agrippa d'Aubigné, mais c'est pour dénoncer les atrocités ou chanter les martyrs du peuple protestant.

Les poètes et la guerre au XIXe siècle : entre célébration et dénonciation

Le renouveau épique au XIXe siècle

La célébration épique de la guerre renaît toutefois après la Révolution française, pour magnifier les combattants d'un monde nouveau. Les armées de la République et de l'Empire suscitent une ferveur qui fait souffler sur les poèmes de Hugo un grand vent épique (► p. 276 et 331). On peut voir dans cette exaltation de l'héroïsme révolutionnaire et impérial une compensation à la normalisation bourgeoise de la société. C'est d'ailleurs la nostalgie de l'épopée qui, à la fin du siècle, inspire aux Parnassiens leurs fresques ou leurs médaillons antiquisants (► p. 333).

Un renouveau ambigu

Mais si les valeurs de liberté justifient le sacrifice des vies, si le courage des guerriers est glorifié, la guerre elle-même est souvent dénoncée par Hugo et les romantiques. Ils suivent en cela Schiller qui, au « commencement du XIXe siècle », voyait l'univers déchiré dans la lutte entre l'hydre britannique et le barbare français (► p. 338), version négative de l'épopée. Et quand la guerre fait brutalement irruption, comme en 1870, son spectacle suscite la révolte du jeune Rimbaud fuguant sur les routes de France (« Le dormeur du val », ► p. 339).

Les poètes à la guerre au XXe siècle (1914-1945)

L'expérience du front

L'universalisation des conflits au XXe siècle confronte directement les poètes à la violence belliqueuse. Certains s'en exaltent. « Ah Dieu ! que la guerre est jolie », s'exclame Guillaume Apollinaire, qui chante dans *Calligrammes* (« Poèmes de la paix et de la guerre ») l'ivresse du feu et la fraternité des soldats. Mais, loin de toute ferveur militariste, il nous livre toujours une expérience sensible, où à l'ardeur guerrière se mêlent l'ennui des « longs loisirs » et le lyrisme amoureux (► p. 334). Son camarade Pierre Reverdy, autre engagé volontaire, dit la fatalité de la mort dans les tranchées, en un court poème influencé par la peinture cubiste (► p. 340) ; Aragon évoque le sort des soldats de la Marne, morts en sursis auxquels il érige un tombeau émouvant (► p. 342).

L'expérience de la Résistance

Une autre forme de guerre s'offre à l'expérience des poètes avec la Résistance. Beaucoup s'y engagent, certains en combattant, d'autres en publiant clandestinement, ce qui n'est pas moins dangereux. Cette épreuve consommera le divorce au sein du groupe surréaliste. Alors que Breton et Péret choisissent l'exil, d'autres restent pour se battre et témoigner : Robert Desnos appelle au combat contre la barbarie nazie (*Le Veilleur du Pont-au-Change*, 1942) et le paie de sa mort en déportation ; René Char consigne dans les denses fragments des *Feuillets d'Hypnos* les échos de son action dans les maquis du Vercors ; Aragon chante d'une même voix l'amour d'Elsa et celui du pays souffrant ; Eluard brandit l'étendard de la « Liberté », mais dénonce pareillement les atrocités de la Libération (► pp. 72 et 341).

La guerre dans la nouvelle et le roman

Texte 1 Stendhal, *La Chartreuse de Parme* (1839)

Fabrice del Dongo, jeune aristocrate milanais, idolâtre Napoléon. C'est sur le champ de bataille de Waterloo, en 1815, qu'il pense enfin pouvoir accomplir son destin de héros militaire…

Nous avouerons que notre héros était fort peu héros en ce moment. Toutefois, la peur ne venait chez lui qu'en seconde ligne ; il était surtout scandalisé de ce bruit qui lui faisait mal aux oreilles. L'escorte prit le galop ; on traversait une grande pièce de terre labourée, située au-delà du canal, et ce champ était jonché de cadavres.
– Les habits rouges[1] ! les habits rouges ! criaient avec joie les hussards de l'escorte, et d'abord Fabrice ne comprenait pas ; enfin il remarqua qu'en effet presque tous les cadavres étaient vêtus de rouge. Une circonstance lui donna un frisson d'horreur ; il remarqua que beaucoup de ces malheureux habits rouges vivaient encore ; ils criaient évidemment pour demander du secours, et personne ne s'arrêtait pour leur en donner. Notre héros, fort humain, se donnait toutes les peines du monde pour que son cheval ne mît les pieds sur aucun habit rouge. L'escorte s'arrêta ; Fabrice, qui ne faisait pas assez d'attention à son devoir de soldat, galopait toujours en regardant un malheureux blessé.

STENDHAL, *La Chartreuse de Parme*, 1839.

1. Fantassins anglais.

Texte 2 Henri Barbusse, *Le Feu* (1916)

Engagé volontaire à plus de 40 ans, Barbusse témoigna, dans ce roman paru en pleine guerre et qui fit scandale, de l'horreur des combats de la Première Guerre Mondiale.

En ligne, de gauche à droite, des fusants sortent du ciel, des explosifs sortent de la terre. C'est un effroyable rideau qui nous sépare du monde, nous sépare du passé et de l'avenir. On s'arrête, plantés au sol, stupéfiés par la nuée soudaine qui tonne de toutes parts ; puis un effort simultané soulève notre masse et la rejette en avant, très vite. On trébuche, on se retient les uns aux autres, dans de grands flots de fumée. On voit, avec de stridents fracas et des cyclones de terre pulvérisée, vers le fond, où nous nous précipitons pêle-mêle, s'ouvrir des cratères, çà et là, à côté les uns des autres, les uns dans les autres. Puis on ne sait plus où tombent les décharges. Des rafales se déchaînent si monstrueusement retentissantes qu'on se sent annihilé par le seul bruit de ces averses de tonnerre, de ces grandes étoiles de débris qui se forment en l'air. On voit, on sent passer près de sa tête des éclats avec leur cri de fer rouge dans l'eau. À un coup, je lâche mon fusil, tellement le souffle d'une explosion m'a brûlé les mains. Je le ramasse en chancelant et repars tête baissée dans la tempête à lueurs fauves, dans la pluie écrasante des laves, cinglé par des jets de poussier et de suie. Les stridences des éclats qui passent vous font mal aux oreilles, vous frappent sur la nuque, vous traversent les tempes, et on ne peut retenir un cri lorsqu'on les subit. On a le cœur soulevé, tordu par l'odeur soufrée. Les souffles de la mort nous poussent, nous soulèvent, nous balancent. On bondit ; on ne sait pas où on marche. Les yeux clignent, s'aveuglent et pleurent. Devant nous, la vue est obstruée par une avalanche fulgurante, qui tient toute la place.

Henri Barbusse, *Le Feu*, 1916.

Texte 3 Le Clézio, *Révolutions* (2003)

Juin 1967. Jean fréquente Mariam, jeune immigrée d'origine algérienne. Au Proche-Orient, c'est alors la « guerre des six jours », victoire-éclair de l'armée israélienne sur les pays arabes.

Gilles Caron, *Traces de la déroute des soldats égyptiens, guerre des Six Jours*, juin 1967.

Ils sont retournés dans le cinéma alors que la séance venait de commencer. On passait des actualités, des images en noir et blanc, dures, violentes, le champ de bataille du Sinaï[1], le désert, les chars égyptiens brûlés par les bombardements de l'aviation israélienne, les corps couchés dans le sable. Et soudain une image, burlesque, tragique, insoutenable : sur l'étendue de sable, les chaussures des soldats égyptiens abandonnées, comme si un fleuve de boue s'était retiré. Le silence, sur ces images, comme vues de très loin, rompu par la voix du commentateur, nasillarde et irréelle, parlant de Kuntilla, de Khan Yunis, de Charm el-Cheikh[1]. Enfin, alors que Jean et Mariam restaient pétrifiés sur le seuil de la porte, la rumeur qui gonflait dans la salle de cinéma, d'abord quelques applaudissements, puis une vague de rires et de cris de joie, les spectateurs debout et gesticulant, et devant eux sur le mur, où leurs ombres se projetaient, l'écran de sable, rayé par ces images sans fin, sautantes, cahotantes, comme pour mieux entretenir les rires et les cris de la foule, une scène comique d'un film muet avec toutes ces chaussures perdues par les soldats qui s'étaient enfuis en courant.

J.-M. G. Le Clézio, *Révolutions*, © Gallimard, 2003.

1. Presqu'île semi-désertique, territoire égyptien en contact avec la frontière israélienne.
2. Lieux de combat qui marquent les avancées des troupes israéliennes dans la bande de Gaza et le Sinaï.

Croiser les textes

1. Vous montrerez à quel degré, dans ces trois textes, les personnages principaux sont en position de spectateur de l'action.

2. Donnez un exemple de détail visuel frappant dans chacun de ces textes : quel rôle ces éléments jouent-ils ici ?

3. Quelles focalisations les auteurs utilisent-ils ici ? Vous commenterez leurs choix en montrant quels en sont les avantages.

4. En quoi le terme d'« anti-héros » convient-il aux personnages principaux des trois premiers extraits ?

Vers le BAC : la question de corpus

5. Quelle vision de la guerre les auteurs proposent-ils au lecteur dans ces trois textes ?

Les formes poétiques

Depuis le Moyen Âge, la poésie respecte un certain nombre de règles liées à l'utilisation des rimes, des vers et des strophes. Les formes poétiques sont fixes. Dans la seconde moitié du XIXe siècle, la poésie s'émancipe des modèles classiques pour évoluer vers des formes plus souples, souvent proches de la prose.

1 Les formes fixes

- **La ballade** (de « baller » danser)

Elle comporte trois strophes de huit octosyllabes ou décasyllabes, suivies d'une demi-strophe appelée envoi. Un même vers revient à la fin de chaque strophe comme un refrain.

- **Le rondeau** (de ronde)

Il comporte deux quintils (strophes de cinq vers) encadrant un tercet (strophe de trois vers) avec un refrain à la fin des deuxième et troisième strophes qui reprend le premier hémistiche du premier vers. Le mètre utilisé est soit l'octosyllabe soit le décasyllabe.

- **Le sonnet**

Importé d'Italie et de la poésie de Pétrarque, il se compose de quatorze vers divisés en deux quatrains et un sizain (six vers eux-mêmes présentés en deux tercets). Le sonnet joue traditionnellement sur l'opposition ou le parallélisme des quatrains et du sizain ; le dernier tercet joue souvent le rôle de **chute** ou de **pointe**.
Dans un sonnet classique, les deux quatrains ont le même jeu de rimes embrassées, et le sizain est composé d'un distique (groupe de deux vers à rimes plates) suivi d'un quatrain de rimes croisées ou embrassées : abba abba/cc dede (sonnet français) ou abba abba/cc deed (sonnet italien).
De toutes les formes fixes, le sonnet est celle qui domine la poésie française depuis la Renaissance. À partir de Baudelaire, il s'est autorisé toutes les variations et toutes les libertés.

- **Le pantoum**

Inspiré de la poésie orientale et mis à l'honneur au XIXe siècle, il s'organise en quatrains à rimes croisées dont les vers 2 et 4 sont repris aux vers 1 et 3 de la strophe suivante.

2 Les formes modernes

- **Le vers libre**

Au sens moderne du terme, il apparaît vers 1880 chez les poètes symbolistes. Il ne conserve que l'apparence typographique du vers (majuscule, et retour à la ligne). Le nombre de syllabes par vers varie. Il repose sur une musicalité assurée par les assonances et les allitérations.

- **Le verset**

Il s'inspire de l'écriture biblique et désigne un type particulier de vers libre qui repose sur une ou plusieurs phrases rythmées d'une seule respiration (on le trouve en particulier chez Péguy, Claudel et Saint-John Perse).

- **Le poème en prose**

Apparu au XIXe siècle chez Aloysius Bertrand et Baudelaire, il dépasse l'opposition traditionnelle entre prose et poésie : il relève de la prose par l'abandon du vers et sa disposition en paragraphe, et de la poésie par son unité, sa brièveté et le travail sur les sonorités et les images (à distinguer de la prose poétique qui recherche une grande musicalité mais s'intègre dans un texte en prose).

- **Le calligramme**

C'est un poème visuel dont les lignes forment un dessin en rapport avec le sujet du poème (cf. *Calligrammes* d'Apollinaire).

Identifier les formes fixes

Exercice 1

Comme on voit sur la branche, au mois de mai, la rose,
En sa belle jeunesse, en sa première fleur,
Rendre le ciel jaloux de sa vive couleur
Quand l'aube de ses pleurs au point du jour l'arrose :

La Grâce dans sa feuille et l'Amour se repose,
Embaumant les jardins et les arbres d'odeur ;
Mais battue ou de pluie ou d'excessive ardeur,
Languissante elle meurt, feuille à feuille déclose.

Ainsi en ta première et jeune nouveauté,
Quand la terre et le ciel honoraient ta beauté,
La Parque[1] t'a tuée, et cendre tu reposes.

Pour obsèques reçois mes larmes et mes pleurs,
Ce vase plein de lait, ce panier plein de fleurs,
Afin que vif et mort ton corps ne soit que roses.

Ronsard, Second livre des *Amours*, 1578.

1. Déesse de la mort dans la mythologie antique.

1. Quelle est la forme fixe choisie ici par Ronsard ? Caractérisez ses strophes et ses rimes.
2. Dans quelle mesure le jeu des rimes est-il particulier ?
3. Repérez les liens logiques et les temps verbaux. Comment Ronsard se sert-il de la structure de ce poème pour articuler son propos ?

Exercice 2

Le poète a suivi son oncle, le cardinal Jean Du Bellay, en qualité de secrétaire, à la cour du pape à Rome.

J'aime la liberté, et languis en service[1],
Je n'aime point la cour, et me faut courtiser,
Je n'aime la feintise[2], et me faut déguiser,
J'aime simplicité, et n'apprends que malice :

Je n'adore les biens, et sers à l'avarice,
Je n'aime les honneurs, et me les faut priser[3],
Je veux garder ma foi, et me la faut briser,
Je cherche la vertu, et ne trouve que vice :

Je cherche le repos, et trouver ne le puis,
J'embrasse le plaisir, et n'éprouve qu'ennuis,
Je n'aime à discourir, en raison je me fonde[4] :

J'ai le corps maladif, et me faut voyager,
Je suis né pour la Muse, on me fait ménager[5],
Ne suis-je pas (Morel[6]) le plus chétif du monde ?

Joachim Du Bellay, *Les Regrets*, 1558.

1. En tant que serviteur. 2. L'hypocrisie.
3. Apprécier. 4. J'argumente.
5. Intendant de son oncle. 6. Ami du poète.

1. En quoi ce poème reprend-il les caractéristiques d'un sonnet régulier ? En quoi s'en écarte-t-il ?
2. Quel procédé réapparaît dans les treize premiers vers ? En quoi le dernier vers se distingue-t-il des autres ? Pourquoi ?
3. Quelle est la tonalité de ce poème ?

Exercice 3

Un sonnet avec la manière de s'en servir

Réglons notre papier et formons bien nos lettres

Vers filés à la main et d'un pied uniforme,
Emboîtant bien le pas, par quatre en peloton ;
Qu'en marquant la césure, un des quatre s'endorme…
Ça peut dormir debout comme soldats de plomb.

Sur le *railway* du Pinde[1] est la ligne, la forme ;
Aux fils du télégraphe ; – on en suit quatre, en long ;
À chaque pieu, la rime – exemple : *chloroforme*.
– Chaque vers est un fil, et la rime un jalon.

– Télégramme sacré – 20 mots. – Vite à mon aide…
(Sonnet – c'est un sonnet -) ô Muse d'Archimède[2]
– La preuve d'un sonnet est par l'addition :

– Je pose 4 et 4 = 8 ! Alors je procède,
En posant 3 et 3 ! Tenons Pégase[3] raide :
« Ô lyre ! Ô délire : Ô… » – Sonnet – Attention !

Tristan Corbière, *Les Amours jaunes*, 1873.

1. Pinde : montagne dédiée à Apollon et aux Muses.
2. Archimède : savant grec du IIIe s. av. J.-C.
3. Pégase : cheval ailé dans la mythologie grecque, souvent associé à l'activité poétique.

1. Quelle est l'originalité de ce sonnet ? Que décrit le poète ?
2. Observez la ponctuation. Quel rôle joue-t-elle ?
3. En quoi consiste l'humour de ce poème ?

Exercice 4

Harmonie du soir

Voici venir les temps où vibrant sur sa tige
Chaque fleur s'évapore ainsi qu'un encensoir ;
Les sons et les parfums tournent dans l'air du soir ;
Valse mélancolique et langoureux vertige !

Chaque fleur s'évapore ainsi qu'un encensoir ;
Le violon frémit comme un cœur qu'on afflige ;
Valse mélancolique et langoureux vertige !
Le ciel est triste et beau comme un grand reposoir.

Le violon frémit comme un cœur qu'on afflige,
Un cœur tendre, qui hait le néant vaste et noir !
Le ciel est triste et beau comme un grand reposoir ;
Le soleil s'est noyé dans son sang qui se fige.

Un cœur tendre, qui hait le néant vaste et noir,
Du passé lumineux recueille tout vestige !
Le soleil s'est noyé dans son sang qui se fige…
Ton souvenir en moi luit comme un ostensoir !

Charles Baudelaire, *Les Fleurs du mal*, 1857.

1. Quels vers sont repris dans chacune des strophes ? Comment s'appelle ce genre de poème ?
2. En quoi la forme choisie s'adapte-t-elle parfaitement au contenu ?
3. Comment les sonorités renforcent-elles l'impression de « langoureux vertige » (v. 7) ?

Exercice 5

L'AVERTISSEUR

Tout homme digne de ce nom
A dans le cœur un Serpent jaune,
Installé comme sur un trône,
Qui, s'il dit: « Je veux ! » répond: « Non ! »

Plonge tes yeux dans les yeux fixes
Des Satyresses ou des Nixes[1],
La Dent dit: « Pense à ton devoir ! »

Fais des enfants, plante des arbres,
Polis des vers, sculpte des marbres,
La Dent dit: « Vivras-tu ce soir ? »

Quoi qu'il ébauche ou qu'il espère,
L'homme ne vit pas un moment
Sans subir l'avertissement
De l'insupportable Vipère.

Charles BAUDELAIRE, *Les Fleurs du mal*, 1857.

1. Déesses des eaux dans la mythologie allemande.

1. Observez le jeu des strophes. De quelle forme classique ce poème est-il une variation ?

2. À quel type d'énonciation correspondent les quatrains ? À quel autre les tercets ? Montrez dans quelle mesure cette observation permet de justifier la variation sur la forme fixe.

Exercice 6

BALLADE AU LECTEUR, POUR FINIR

Gentil lecteur, vide ton verre un peu
Et lis encor cette dernière page.
J'ai vu briller le front vermeil du Dieu
Aux flèches d'or[1], que nul en vain n'outrage;
Fou de splendeur, j'ai suivi ce mirage,
Et c'est pourquoi je te donne ceci.
Vois, ce n'est pas le fait d'un coeur transi[2],
Car en ce temps de fous et de malades,
Grâce à la Muse, et je lui dis merci,
J'ai composé mes trente-six ballades.

D'autres chanteurs, épris du même jeu,
Vers l'âpre cime où s'éveille l'orage
Ont comme moi, sous les éclairs de feu,
Cherché longtemps avec un grand courage
Ces diamants inconnus à notre âge.
Clément Marot, puis La Fontaine aussi,
Après Villon, s'en mêlèrent ainsi;
Mais plus heureux que ces fiers Encelades[3]
Ou qu'un mineur qui trouve le Sancy[4],
J'ai composé mes trente-six ballades.

Folâtrement, comme j'en ai fait vœu,
Pour ton plaisir j'ai fini cet ouvrage.
Avec ta mie[5] errant sous le ciel bleu,
Emporte-le dans la forêt sauvage
Où l'herbe pousse, et lisez sous l'ombrage.
Au fond du bois par le soir obscurci,
Le rossignol tremblant donne le si
De Tamberlick[6] dans toutes ses roulades;
Mais, tu l'entends, moi je leur donne aussi,
J'ai composé mes trente-six ballades.

Envoi.

Ami lecteur, qui seul fais mon souci,
Ne va point dire: Il n'a pas réussi
Même à gravir par maintes escalades
Le double mont; je te répondrais: Si,
J'ai composé mes trente-six ballades.

Théodore de BANVILLE, *Trente-six ballades joyeuses*, 1869.

1. Il s'agit d'Apollon, dieu de la poésie. 2. Glacé. 3. Encelade : géant de la mythologie; il fit la guerre aux dieux et fut enseveli sous la Sicile. 4. Diamant célèbre. 5. Ton amie. 6. Fameux ténor italien (1820-1889).

1. Montrez que ce poème reprend toutes les caractéristiques de la ballade: nombre de strophes, type de vers.

2. Pourquoi peut-on parler d'un poème humoristique ? Pourquoi la forme de la ballade se prête-t-elle à cette tonalité ?

Repérer les formes modernes

Exercice 7

IL PLEUT

Il pleut des voix de femmes comme si elles étaient mortes même dans le souvenir
c'est vous aussi qu'il pleut merveilleuses rencontres de ma vie ô gouttelettes
et ces nuages cabrés se prennent à hennir tout un univers de villes auriculaires
écoute s'il pleut tandis que le regret et le dédain pleurent une ancienne musique
écoute tomber les liens qui te retiennent en haut et en bas

Guillaume APOLLINAIRE, *Calligrammes*, © Gallimard, 1918.

1. En quoi la forme s'adapte-t-elle ici parfaitement au contenu ?

2. Quels étaient les liens d'Apollinaire avec la peinture ?

Exercice 8

LE PAIN

La surface du pain est merveilleuse d'abord à cause de cette impression quasi panoramique qu'elle donne : comme si l'on avait à sa disposition sous la main les Alpes, le Taurus[1] ou la Cordillère des Andes.

Ainsi donc une masse amorphe en train d'éructer[2] fut glissée pour nous dans le four stellaire[3], où durcissant elle s'est façonnée en vallées, crêtes, ondulations, crevasses… Et tous ces plans dès lors si nettement articulés, ces dalles minces où la lumière avec application couche ses feux, – sans un regard pour la mollesse ignoble sous-jacente.

Ce lâche et froid sous-sol que l'on nomme la mie a son tissu pareil à celui des éponges : feuilles ou fleurs y sont comme des sœurs siamoises soudées par tous les coudes à la fois. Lorsque le pain rassit ces fleurs fanent et se rétrécissent : elles se détachent alors les unes des autres, et la masse en devient friable…

Mais brisons-la[3] : car le pain doit être dans notre bouche moins objet de respect que de consommation.

Francis PONGE, *Le Parti pris des choses*, © Gallimard, 1942.

1. Chaîne de montagnes en Turquie.
2. Roter.
3. Relatif aux étoiles, astral.
4. Jeu de mots avec l'expression « Brisons là », employée pour mettre fin à une conversation.

1. À quel genre poétique se rattache ce texte ?

2. Que pensez-vous du choix du sujet ?

3. Comment le poète arrive-t-il à faire de cet objet banal un objet poétique ?

Exercice 9

La matière première ! C'est la mère je dis, qu'il me faut !

Possédons la mer éternelle et salée, la grande rose grise ! Je lève un bras vers le paradis ! je m'avance vers la mer aux entrailles de raisin !

Je me suis embarqué pour toujours ! Je suis comme le vieux marin qui ne connaît plus la terre que par ses feux, les systèmes d'étoiles vertes ou rouges enseignés par la carte et le portulan[1].

Un moment sur le quai parmi les balles et les tonneaux, les papiers chez le consul, une poignée de main au stevedore[2] ;

Et puis de nouveau l'amarre larguée, un coup de timbre aux machines, le break-water[3] que l'on double, et sous mes pieds

De nouveau la dilatation de la houle !
Ni
Le marin, ni
Le poisson qu'un autre poisson à manger
Entraîne, mais la chose même et tout le tonneau et la veine vive,

Et l'eau même, et l'élément même, je joue, je resplendis ! Je partage la liberté de la mer omniprésente !
L'eau
Toujours s'en vient retrouver l'eau,
Composant une goutte unique.

Paul CLAUDEL, « Deuxième Ode. L'Esprit et l'eau »,
Cinq Grandes odes, © Gallimard, 1910.

1. Carte maritime. 2. Docker (mot anglais). 3. Sorte de digue (mot anglais)

1. À quelle forme poétique ce poème se rattache-t-il ? Pourquoi ?

2. En quoi l'utilisation de cette forme permet-elle de rendre compte de la « liberté de la mer » ?

3. Relevez les rejets présents dans ce poème. Quels effets le poète en tire-t-il ?

Vers le commentaire

Exercice 10

Composé en 1872, ce poème témoigne des relations agitées entre Verlaine et Rimbaud, qui sont alors installés à Londres.

SONNET BOITEUX

Ah ! vraiment, c'est triste, ah ! vraiment ça finit trop [mal.
Il n'est pas permis d'être à ce point infortuné.
Ah ! vraiment c'est trop la mort du naïf animal
Qui voit tout son sang couler sous son regard fané.

Londres fume et crie. Ô quelle ville de la Bible !
Le gaz flambe et nage et les enseignes sont vermeilles.
Et les maisons dans leur ratatinement terrible
Épouvantent comme un sénat de petites vieilles.

Tout l'affreux passé saute, piaule, miaule et glapit
Dans le brouillard rose et jaune et sale des *sohos*[1]
Avec des *indeeds* et des *all right* et des *haôs*.

Non vraiment c'est trop un martyre sans espérance,
Non vraiment cela finit trop mal, vraiment c'est triste :
Ô le feu du ciel[2] sur cette ville de la Bible !

Paul VERLAINE, *Jadis et Naguère*, 1881.

1. Nom d'un quartier de noctambules dans le vieux Londres, ou interjection.
2. Allusion à Sodome et Gomorrhe, détruites ainsi selon la Bible pour leurs péchés.

1. Pour quelles raisons techniques ce sonnet est-il dit « boiteux » ?

2. Après avoir répondu à cette question, vous rédigerez un paragraphe expliquant comment cette « boiterie » traduit le propos du poète.

La versification

Il s'agit de l'ensemble des techniques du vers régulier, qui a été le mode d'expression unique en poésie française du Moyen Âge au XIXe siècle.

1 Le vers

Le vers français se distingue d'abord par son mètre, c'est-à-dire le nombre de syllabes dont il est constitué. Voici les principales règles à connaître :

- **Le « *e* muet »**

Le « e » en fin de mot, appelé « e muet », ne compte pas s'il précède une voyelle (élision) ou s'il est en fin de vers (apocope). En revanche, si le « e » en fin de mot précède une consonne, il se prononce.

- **La diérèse et la synérèse**

Quand deux voyelles se suivent, on peut compter deux syllabes : on parle de **diérèse** (ex : li-on). Quand elles ne forment qu'une seule syllabe, c'est une **synérèse** (ex : « pied »).
« C'était l'heure tranquille où les li/ons vont boire » (Victor Hugo).

- **Les principaux types de vers**

– L'**alexandrin** (12 syllabes) : comporte une coupe centrale, la **césure**, qui le sépare en deux hémistiches de 6 syllabes. Il peut aussi, à partir du romantisme, être divisé en trois segments de quatre syllabes par deux coupes principales : on parle alors de trimètre.
– Le **décasyllabe** (10 syllabes) : comporte une césure, le plus souvent après la 4e syllabe.
– L'**octosyllabe** (8 syllabes).
– Il existe également des **vers impairs** : heptasyllabe (7), ennéasyllabe (9), hendécasyllabe (11).
– Le **vers libre** : est un vers de longueur variable où la rime n'est pas obligatoire.
– Le **verset** : est un segment typographique plus long que le vers traditionnel, qui obéit au principe du retour à la ligne. Il est hérité des textes religieux.

- **D'un vers à l'autre**

La fin du vers coïncide généralement avec une coupe syntaxique forte.
Quand ce n'est pas le cas et qu'un groupe syntaxique déborde des limites du vers, cela s'appelle un **enjambement**. Il existe deux cas particuliers :
– Lorsque seul un élément court est rejeté au vers suivant, on parle de **rejet** :
« Prodigieux poème où la foudre accentue
La nuit, où l'océan souligne l'infini. » (Victor Hugo).
– Lorsqu'un élément est au contraire placé seul dans le vers précédent, il s'agit d'un **contre-rejet** :
« Souvenir, souvenir que me veux-tu ? L'automne
Faisait voler la grive à travers l'air atone » (Paul Verlaine).

2 La strophe et les formes de poèmes

- **La strophe**

C'est un ensemble de plusieurs vers. Selon le nombre de vers qu'elle comprend, elle porte un nom différent : distique (2 vers), tercet (3 vers), quatrain (4 vers), quintil (5 vers), sizain (6 vers)...
Certains poèmes ont une forme fixe. La plus connue est le **sonnet** (deux quatrains suivis de deux tercets).

- **Rimes féminines/rimes masculines**

– Une rime est soit **féminine** (quand son dernier élément est une syllabe se terminant par un *e* muet (y compris s'il est suivi d'une consonne graphique (ex : « femmes »), soit **masculine** (dans tous les autres cas). Elle peut être **pauvre** (un son en commun), **suffisante** (deux sons en commun) ou **riche** (plus de deux sons en commun ; ex : château/gâteau). Les rimes peuvent être plates ou suivies : a/a/b/b/etc. ; croisées : a/b/a/b ou embrassées : a/b/b/a.

Étudier les vers

Exercice 1

J'ai dit à mon cœur, à mon faible cœur
N'est-ce point assez de tant de tristesse
(Musset)

De la musique avant toute chose
Et pour cela préfère l'Impair
(Verlaine)

Envole-toi bien loin de ces miasmes morbides;
Va te purifier dans l'air supérieur,
Et bois, comme une pure et divine liqueur,
Le feu clair qui remplit les espaces limpides
(Baudelaire)

Vous êtes mon lion, superbe et généreux
(Hugo)

Pour moi, satisfaisant mes appétits gloutons,
J'ai dévoré force moutons;
Que m'avaient-ils fait? Nulle offense:
Même il m'est arrivé quelquefois de manger
Le Berger.
(La Fontaine)

Identifiez ces vers en comptant les syllabes et en mettant en évidence les problèmes rencontrés («*e* muet», diérèses, synérèses). Indiquez les coupes.

Exercice 2

Ainsi, quand je serai perdu dans la mémoire
Des hommes, dans le coin d'une sinistre armoire
Quand on m'aura jeté, vieux flacon désolé,
Décrépit, poudreux, sale, abject, visqueux, fêlé,

Je serai ton cercueil, aimable pestilence!
Le témoin de ta force et de ta virulence,
Cher poison préparé par les anges! Liqueur
Qui me ronge, ô la vie et la mort de mon cœur!

BAUDELAIRE, « Le Flacon » (extrait), *Les Fleurs du mal*, 1857.

Trois mille six cent fois par heure, la Seconde
Chuchote: Souviens-toi — Rapide, avec sa voix
D'insecte, Maintenant dit: Je suis Autrefois,
Et j'ai pompé ta vie avec ma trompe immonde!

BAUDELAIRE, « L'Horloge » (extrait), *Les Fleurs du mal*, 1857.

1. Repérez les enjambements, et, plus précisément, les rejets ou les contre-rejets dans ces vers. Analysez l'effet que le poète en obtient dans chaque cas.

2. On parle parfois aussi de rejets ou de contre-rejets «internes» (par rapport à la césure): en relevez-vous ici?

Exercice 3

MON RÊVE FAMILIER (début)

Je fais souvent ce rêve étrange et pénétrant
D'une femme inconnue, et que j'aime, et qui m'aime,
Et qui n'est, chaque fois, ni tout à fait la même
Ni tout à fait une autre, et m'aime et me comprend.

Car elle me comprend, et mon cœur, transparent
Pour elle seule, hélas! cesse d'être un problème
Pour elle seule, et les moiteurs de mon front blême,
Elle seule les sait rafraîchir, en pleurant.

Paul VERLAINE, *Poèmes saturniens*, 1867.

1. Indiquez les coupes dans le premier quatrain et analysez le rythme qui en résulte.

2. Repérez les enjambements dans le second quatrain: quel rythme produisent-ils?

Exercice 4

Un chant dans une nuit sans air...
– La lune plaque en métal clair
Les découpures du vert sombre.

... Un chant; comme un écho, tout vif
Enterré, là, sous le massif...
– Ça se tait: Viens, c'est là, dans l'ombre...

– Un crapaud! – Pourquoi cette peur,
Près de moi, ton soldat fidèle!
Vois-le, poète tondu, sans aile,
Rossignol de la boue... – Horreur! –

... Il chante. – Horreur!! – Horreur pourquoi?
Vois-tu pas son œil de lumière...
Non: il s'en va, froid, sous sa pierre.

....

Bonsoir – ce crapaud-là c'est moi.

Tristan CORBIÈRE, *Les Amours jaunes*, 1873.

1. Identifiez le mètre choisi par Corbière.

2. Quel vers fait exception à ce mètre? Quel mot se trouve alors mis en valeur?

3. La ponctuation du texte est originale: pourquoi?

4. Quelle est l'image du poète donnée par Corbière?

Exercice 5

LEURS YEUX TOUJOURS PURS

Jours de lenteur, jours de pluie,
Jours de miroirs brisés et d'aiguilles perdues,
Jours de paupières closes à l'horizon des mers,
D'heures toutes semblables, jours de captivité,

Mon esprit qui brillait encore sur les feuilles
Et les fleurs, mon esprit est nu comme l'amour,
L'aurore qu'il oublie lui fait baisser la tête
Et contempler son corps obéissant et vain.

Pourtant j'ai vu les plus beaux yeux du monde,
Dieux d'argent qui tenaient des saphirs dans leurs mains,
De véritables dieux, des oiseaux dans la terre
Et dans l'eau, je les ai vus.

Leurs ailes sont les miennes, rien n'existe
Que leur vol qui secoue ma misère,
Leur vol d'étoile et de lumière
Leur vol de terre, leur vol de pierre
Sur les flots de leurs ailes,

Ma pensée soutenue par la vie et la mort

Paul Eluard, *Capitale de la douleur*, © Gallimard, 1926.

1. Pourquoi peut-on parler de vers libres dans ce poème d'Éluard ?
2. Dans quelle mesure le système métrique traditionnel est-il encore présent ?
3. Peut-on parler d'un schéma de rimes ?
4. Quel est l'effet produit par cette « liberté » ?

Étudier les rimes

Exercice 6

Il patinait merveilleusement,
S'élançant, qu'impétueusement !
R'arrivant si joliment vraiment !

Fin comme une grande jeune fille,
Brillant, vif et fort, telle une aiguille,
La souplesse, l'élan d'une anguille.

Des jeux d'optique prestigieux,
Un tourment délicieux des yeux,
Un éclair qui serait gracieux.

Parfois il restait comme invisible,
Vitesse en route vers une cible
Si lointaine, elle-même invisible…

Invisible de même aujourd'hui.
Que sera-t-il advenu de lui ?
Que sera-t-il advenu de lui ?

Paul Verlaine, « Lucien Létinois », X (extrait), *Amour*, 1888.

1. En quoi le schéma de rimes choisi par Verlaine est-il original ? Étudiez son évolution au cours du poème.
2. Quel est le mètre choisi ?
3. En quoi peut-on parler d'intention ludique, ici ?

Exercice 7

Une Grenouille vit un Bœuf
Qui lui sembla de belle taille.
Elle, qui n'était pas grosse en tout comme un œuf,
Envieuse, s'étend, et s'enfle, et se travaille,
Pour égaler l'animal en grosseur,
Disant : « Regardez bien, ma sœur ;
Est-ce assez ? Dites-moi ; n'y suis-je point encore ?
– Nenni. – M'y voici donc ? – Point du tout. – M'y voilà ?
– Vous n'en approchez point. « La chétive pécore[1]
S'enfla si bien qu'elle creva.

Jean de La Fontaine, *Fables*, I, 3, (extrait), 1668.

1. Animal, bête (sens ancien).

1. Étudiez le schéma des rimes.
2. Certaines associations de mots à la rime vous semblent-elles intéressantes ?

Étudier la strophe

Exercice 8

Dans la plaine les baladins
S'éloignent au long des jardins
Devant l'huis des auberges grises
Par les villages sans églises

Guillaume Apollinaire, « Saltimbanques » (extrait), *Alcools*, © Gallimard1913.

Rivière, fontaine et ruisseau
Portent, en livrée jolie,
Gouttes d'argent et d'orfèvrerie,
Chacun s'habille de nouveau.
Le temps a laissé son manteau.

Charles d'Orléans, « Le Printemps » (orth. modernisée), vers 1450.

Il est un Dieu, qui rit aux nappes damassées
Des autels, à l'encens, aux grands calices d'or ;
Qui dans le bercement des hosannah[1] s'endort,
Et se réveille, quand des mères, ramassées
Dans l'angoisse, et pleurant sous leur vieux bonnet noir,
Lui donnent un gros sou lié dans leur mouchoir !

Arthur Rimbaud, « Le Mal » (extrait), *Poésies*, 1870.

1. Cris de joie.

1. Donnez le nom de chacune de ces strophes.
2. Indiquez quel schéma de rimes le poète a choisi.

Exercice 9

Elsa au miroir (extrait)

C'était au beau milieu de notre tragédie
Et pendant un long jour assise à son miroir
Elle peignait ses cheveux d'or Je croyais voir
Ses patientes mains calmer un incendie
C'était au beau milieu de notre tragédie

Et pendant un long jour assise à son miroir
Elle peignait ses cheveux d'or et j'aurais dit
C'était au beau milieu de notre tragédie
Qu'elle jouait un air de harpe sans y croire
Pendant tout ce long jour assise à son miroir

Elle peignait ses cheveux d'or et j'aurais dit
Qu'elle martyrisait à plaisir sa mémoire
Pendant tout ce long jour assise à son miroir
À ranimer les fleurs sans fin de l'incendie
Sans dire ce qu'une autre à sa place aurait dit

Elle martyrisait à plaisir sa mémoire
C'était au beau milieu de notre tragédie
Le monde ressemblait à ce miroir maudit
Le peigne partageait les feux de cette moire
Et ces feux éclairaient des coins de ma mémoire

Louis Aragon, *La Diane française*, © Gallimard, 1946.

1. Quel type de strophe Aragon emploie-t-il ?
2. Analysez le jeu des rimes qui organise ces strophes. Quelle évolution voyez-vous se dessiner ?

Exercice 10

Ma foi, c'est fait de moi : car Isabeau
M'a conjuré de lui faire un rondeau.
Cela me met en une peine extrême.
Quoi treize vers : huit en *eau*, cinq en *ème* !
Je lui ferais aussitôt un bateau.

En voilà cinq pourtant en un monceau.
Faisons-en huit, en invoquant Brodeau,
Et puis mettons par quelque stratagème :
Ma foi, c'est fait.

Si je pouvais encor de mon cerveau
Tirer cinq vers, l'ouvrage serait beau.
Mais cependant je suis dedans l'onzième,
Et si je crois que je fais le douzième.
En voilà treize ajustés au niveau.

Ma foi, c'est fait !

Vincent Voiture, vers 1630.

1. Quels sont les types de strophes utilisés ici ?
2. Comment les rimes sont-elles disposées ?
3. Par quels procédés le vers final est-il mis en valeur ?
4. Comment Vincent Voiture joue-t-il avec la forme du rondeau ?
5. Quel est le registre du poème ?

Entre vers et prose

Exercice 11

Baudelaire a transposé en prose une partie de ses poèmes en vers. C'est le cas du poème « la Chevelure », devenu « Un hémisphère dans une chevelure » :

Je plongerai ma tête amoureuse d'ivresse
Dans ce noir océan où l'autre est enfermé ;
Et mon esprit subtil que le roulis caresse
Saura vous retrouver, ô féconde paresse,
Infinis bercements du loisir embaumé !

Baudelaire, « La Chevelure » (extrait), *Les Feurs du mal*, 1857.

Laisse-moi respirer longtemps, longtemps, l'odeur de tes cheveux, y plonger tout mon visage, comme un homme altéré dans l'eau d'une source, et les agiter avec ma main comme un mouchoir odorant, pour secouer des souvenirs dans l'air.

Si tu pouvais savoir tout ce que je vois ! Tout ce que je sens ! Tout ce que j'entends dans tes cheveux ! Mon âme voyage sur le parfum comme l'âme des autres hommes sur la musique.

Baudelaire, « Un hémisphère dans une chevelure » (début), *Le Spleen de Paris*, 1863.

1. Comparez ces deux extraits : quels sont les points communs entre les deux textes ?
2. Quels sont les procédés rythmiques qui maintiennent le lien entre « Un hémisphère dans une chevelure » et la poésie versifiée ?

Exercice 12

...Végétales ferveurs, ô clartés ô faveurs !....

Et puis ces mouches, cette sorte de mouches, vers le dernier étage du jardin, qui étaient comme si la lumière eût chanté !

...Je me souviens du sel, je me souviens du sel que la nourrice jaune dut essuyer à l'angle de mes yeux.

Le sorcier noir sentenciait à l'office : « Le monde est comme une pirogue, qui, tournant et tournant, ne sait plus si le vent voulait rire ou pleurer... »

Et aussitôt mes yeux tâchaient à peindre
un monde balancé entre des eaux brillantes, connaissaient le mât lisse des fûts, la hune sous les feuilles, et les guis et les vergues, les haubans de liane,
où trop longues, les fleurs
s'achevaient en le cri des perruches.

Saint-John Perse, *Éloges*, © Gallimard, 1911.

1. En quoi le verset se distingue-t-il du vers classique ?
2. Pourquoi n'est-il pas assimilé à de la prose, cependant ?
3. Peut-on trouver des rimes internes ou des effets de rythme qui justifient le classement du verset parmi les formes poétiques ?

Vers le commentaire

Exercice 13

L'Auberge

Murs blancs, toit rouge, c'est l'Auberge fraîche au bord
Du grand chemin poudreux où le pied brûle et saigne,
L'Auberge gaie avec le Bonheur pour enseigne.
Vin bleu, pain tendre, et pas besoin de passeport.

Ici l'on fume, ici l'on chante, ici l'on dort.
L'hôte est un vieux soldat, et l'hôtesse, qui peigne
Et lave dix marmots roses et pleins de teigne,
Parle d'amour, de joie et d'aise, et n'a pas tort !

La salle au noir plafond de poutres, aux images
Violentes, Maleck Adel[1] et les Rois Mages,
Vous accueille d'un bon parfum de soupe aux choux.

Entendez-vous ? C'est la marmite qu'accompagne
L'horloge du tic-tac allègre de son pouls.
Et la fenêtre s'ouvre au loin sur la campagne.

Paul Verlaine, *Jadis et Naguère*, 1881.

1. Héros de roman populaire.

Faites toutes les remarques possibles sur la versification de ce poème, en indiquant chaque fois le parti que vous pourrez en tirer pour un commentaire.

Partie IV

Nicolas Poussin (1594-1665),
Le Jugement de Salomon, huile sur toile, 101 cm × 160 cm,
Paris, Musée du Louvre.

Genres et formes de l'argumentation aux XVIIe et XVIIIe siècles

Repères

Genres et formes de l'argumentation aux XVIIe et XVIIIe siècles

L'argumentation avant le XVIIe siècle

- Les deux sources de l'argumentation occidentale sont d'un côté la **rhétorique** gréco-romaine, que nous connaissons grâce aux discours des grands orateurs ou aux traités d'Aristote, Cicéron et Quintilien, et d'un autre côté les **dialogues philosophiques** de Platon ou les œuvres de son successeur Aristote.

- Au Moyen Âge et au XVIe siècle, les essais s'écrivent avant tout en **latin,** langue universitaire et ecclésiale ; mais apparaissent déjà des ouvrages écrits en **langue vulgaire**. Après le *Discours sur la servitude volontaire* de son ami La Boétie, Montaigne, dans ses *Essais*, traduit un véritable goût pour le maniement du français.

Hyacinthe Rigaud (1659-1743), *Portrait de Jacques Bénigne Bossuet*, évêque de Meaux, 1702, Peinture à l'huile.

L'argumentation du XVIIe au XVIIIe siècle

- Le **français** se répand d'abord par l'entremise de l'Église, qui, dans l'esprit de la **Contre-Réforme,** cherche à toucher un large public : les ouvrages de dévotion au style parfois très imagé (*Introduction à la vie dévote* de saint François de Sales, 1608) ou les **sermons** de célèbres prédicateurs (Bossuet) font partie des grandes œuvres de notre patrimoine littéraire.

- Le français se généralise aussi dans les ouvrages de pensée, d'autant qu'il est lu et parlé par tous les savants européens. Descartes publie en 1637 son *Discours de la méthode*, tandis que Pascal n'a pas le temps de terminer son *Apologie de la religion chrétienne*, publiée par fragments, sous le titre *Pensées*, en 1670. La Bruyère (*Les Caractères*) et La Rochefoucauld (*Maximes*) portent à sa perfection l'**écriture moraliste**.

Régence | Louis XIII | Régence | Louis XIV

1610 – 1620 – 1630 – 1640 – 1650 – 1660 – 1670 – 1680 – 1690

1617-1643 Règne de Louis XIII

1643-1651 Régence d'Anne d'Autriche

1651-1715 Règne de Louis XIV

Mazarin

- **1637 :** Descartes *Discours de la Méthode*
- **1656-1657 :** Pascal *Les Provinciales*
- **1661 :** Bossuet, *Sermons de Carême*
- **1665 :** La Rochefoucauld, *Maximes*
- **1668-1678 :** La Fontaine, *Fables*
- **1670 :** Pascal, *Pensées* (publ. posth.)
- **1685 :** Révocation de l'Édit de Nantes
- **1688 :** La Bruyère, *Les Caractères*
- **1697 :** Pierre Bayle, *Dictionnaire historique et critique*
- **1699 :** Fénelon, *Les Aventures de Télémaque*

• Au siècle des **Lumières**, les **encyclopédistes** cherchent à répandre le plus possible les connaissances de leurs temps. Les genres du **dictionnaire** (*Dictionnaire philosophique portatif* de Voltaire), du **dialogue** (*Le Neveu de Rameau* de Diderot) ou de la lettre (*Lettres philosophiques* de Voltaire) se généralisent, même si des traités, plus ou moins longs, continuent à être publiés (*L'Esprit des lois* de Montesquieu, *Discours sur l'origine et les fondements de l'inégalité parmi les hommes* de Rousseau).

• À côté de ces ouvrages purement didactiques se développe tout un art de la **fiction philosophique**. Les *Fables* font de La Fontaine l'un des plus grands moralistes du XVIIe siècle. Le **roman philosophique** connaît un grand succès avec *Les Aventures de Télémaque* de Fénelon, les *Lettres persanes* de Montesquieu ou les contes de Voltaire (*Zadig*, *Candide*, ...). Les philosophes peuvent par ce biais critiquer le régime politique en place et proposer à leurs lecteurs des utopies en conformité avec leurs idées sur l'homme et la société.

Frédéric II rendant visite à Voltaire, gravure du XVIIIe siècle.

L'argumentation après le XVIIIe siècle

• Le XVIIIe siècle reste l'âge d'or de l'argumentation littéraire. Au XIXe siècle, par un phénomène de spécialisation au sein des Belles Lettres, les domaines philosophiques et scientifiques se détachent de la littérature. L'avènement de la démocratie permet néanmoins une renaissance de l'**éloquence politique**.

• L'influence des intellectuels au moment de l'**Affaire Dreyfus** et tout au long du XXe siècle remet à l'honneur l'argumentation journalistique (Zola, Mauriac). Certains écrivains (Sartre, Camus) donnent à leurs fictions théâtrales ou romanesques de fortes résonances philosophiques et politiques.

Régence | Louis XV | Louis XVI

1710 – 1720 – 1730 – 1740 – 1750 – 1760 – 1770 – 1780 – 1790

1715-1726 Régence du duc d'Orléans

1726-1774 Règne de Louis XV

1774-1792 Règne de Louis XVI

- **1721** : Montesquieu, *Les Lettres persanes*
- **1734** : Voltaire, *Lettres philosophiques*
- **1747** : Voltaire, *Zadig*
- **1748** : Montesquieu, *L'Esprit des lois*
- **1751-1780** : Diderot et D'Alembert, *L'Encyclopédie*
- **1755** : Rousseau, *Discours sur l'origine de l'inégalité*
- **1759** : Voltaire, *Candide*
- **1762** : Rousseau, *Le Contrat social*
- **1763** : Voltaire, *Dictionnaire philosophique portatif*
- **1772** : Diderot, *Supplément au voyage de Bougainville*
- **1789** : Début de la Révolution française

L'art oratoire

13

Raphaël (1483-1520), *L'École d'Athènes*, 1511, (détail), Rome, musée du Vatican.

Histoire des Arts

L'École d'Athènes est une fresque du peintre Raphaël, peinte entre 1509 et 1512 dans les appartements du pape. Elle représente les grands philosophes grecs de l'Antiquité : au centre, le spectateur peut reconnaître Platon le doigt levé vers le ciel des idées et Aristote la main tournée vers le monde terrestre.

L'art oratoire est né dans l'Antiquité, mais ses structures imprègnent la littérature et tout particulièrement celle du XVIIe siècle, dont les auteurs sont nourris de rhétorique ancienne. Ainsi, on retrouve dans les textes littéraires classiques les structures des trois genres oratoires définis par Aristote : le discours délibératif qui cherche à convaincre ou dissuader, le discours épidictique qui pratique l'éloge ou le blâme et le discours judiciaire qui vise à défendre ou accuser.

Persuader ou dissuader : le discours délibératif

Molière
1622-1673

Biographie, p. 562

Outils d'analyse
Les types d'argument, p. 432

Texte 1 Dom Juan (1665)

Dom Juan, qui a abandonné Done Elvire juste après l'avoir épousée, se justifie par un éloge brillant de l'infidélité et du changement. Sganarelle, son valet, tente timidement de le remettre dans le droit chemin en invoquant les volontés du Ciel et les liens sacrés du mariage.

SGANARELLE. – Ma foi ! Monsieur, j'ai toujours ouï dire, que c'est une méchante raillerie que de se railler du Ciel, et que les libertins ne font jamais une bonne fin.

DOM JUAN. – Holà, maître sot, vous savez que je vous ai dit que je n'aime pas les faiseurs de remontrances.

SGANARELLE. – Je ne parle pas aussi à vous, Dieu m'en garde, vous savez ce que vous faites vous, et si vous ne croyez rien, vous avez vos raisons ; mais il y a de certains petits impertinents dans le monde, qui sont libertins, sans savoir pourquoi, qui font les esprits forts[1], parce qu'ils croient que cela leur sied bien ; et si j'avais un maître comme cela, je lui dirais fort nettement le regardant en face : « Osez-vous bien ainsi vous jouer au Ciel[2], et ne tremblez-vous point de vous moquer comme vous faites des choses les plus saintes ? C'est bien à vous, petit ver de terre, petit mirmidon[3] que vous êtes (je parle au maître que j'ai dit), c'est bien à vous à vouloir vous mêler de tourner en raillerie, ce que tous les hommes révèrent. Pensez-vous que pour être de qualité, pour avoir une perruque blonde et bien frisée, des plumes à votre chapeau, un habit bien doré, et des rubans couleur de feu (ce n'est pas à vous que je parle, c'est à l'autre), pensez-vous, dis-je, que vous en soyez plus habile homme, que tout vous soit permis, et qu'on n'ose vous dire vos vérités ? Apprenez de moi, qui suis votre valet, que le Ciel punit tôt ou tard les impies, qu'une méchante vie amène une méchante mort, et que… »

DOM JUAN. – Paix !

MOLIÈRE, *Dom Juan*, acte I, scène 2, 1665.

1. Qui proclament ne pas croire en Dieu.
2. Vous moquer de Dieu.
3. Petit homme chétif, insignifiant.

Questions

Observer et analyser

1. Que reproche Sganarelle à son maître ? Contre quoi cherche-t-il à le mettre en garde ?

2. Qui Sganarelle désigne-t-il par le pronom « vous » ? Relevez les expressions qui renvoient de manière directe ou indirecte à Dom Juan.

3. Pourquoi Sganarelle choisit-il de s'adresser de manière détournée à son maître ? Quelles indications ce passage donne-t-il sur les relations qui les unissent tous deux ?

4. Quel portrait de Dom Juan se dégage de cet extrait ?

5. Relevez les tournures qui trahissent la maladresse du valet et font de Sganarelle un personnage comique.

Contexte et perspectives

6. Faites une recherche sur la signification du mot « libertin ». Qui désigne-t-il au XVIIe siècle ? Donnez deux noms de libertins célèbres à l'époque de Molière.

7. En vous appuyant sur la fin de *Dom Juan*, vous montrerez dans quelle mesure les prophéties de Sganarelle se révéleront vraies.

Vers le BAC : le sujet d'invention

8. Imaginez la réponse que Dom Juan fait à Sganarelle.

Corneille
1606-1684

Biographie, p. 557

Outils d'analyse
La versification, p. 350

Méthode
Les figures de style, p. 480
La langue du XVIIe siècle, p. 454

Texte 2 Le Cid (1636)

Rodrigue aime Chimène. Mais don Gomès, le père de Chimène, a giflé le père de Rodrigue, don Diègue, qui demande alors à son fils de le venger. Rodrigue se trouve donc face à un cruel dilemme : défendre son honneur ou choisir son amour, exemple type du « conflit cornélien ».

DON RODRIGUE

Percé jusques au fond du cœur
D'une atteinte imprévue aussi bien que mortelle,
Misérable[1] vengeur d'une juste querelle,
Et malheureux objet d'une injuste rigueur,
Je demeure immobile, et mon âme abattue
Cède au coup qui me tue.
Si près de voir mon feu[2] récompensé,
Ô Dieu, l'étrange peine !
En cet affront mon père est l'offensé,
Et l'offenseur le père de Chimène !

Le Cid, de **Corneille**, mise en scène de Brigitte Jaques-Wajeman, avec A. Pavloff, Paris, la Comédie-Française, 2005.

Que je sens de rudes combats !
Contre mon propre honneur mon amour s'intéresse[3] :
Il faut venger un père, et perdre une maîtresse[4].
L'un m'anime le cœur, l'autre retient mon bras.
Réduit au triste choix ou de trahir ma flamme,
Ou de vivre en infâme,
Des deux côtés mon mal est infini.
Ô Dieu, l'étrange peine !
Faut-il laisser un affront impuni ?
Faut-il punir le père de Chimène ?

Père, maîtresse, honneur, amour,
Noble et dure contrainte, aimable tyrannie,
Tous mes plaisirs sont morts, ou ma gloire ternie.
L'un me rend malheureux, l'autre indigne du jour.
Cher et cruel espoir[5] d'une âme généreuse[6],
Mais ensemble amoureuse,
Digne ennemi de mon plus grand bonheur,
Fer[7] qui cause ma peine,
M'es-tu donné pour venger mon honneur ?
M'es-tu donné pour perdre ma Chimène ?

Il vaut mieux courir au trépas.
Je dois à [8] ma maîtresse aussi bien qu'à mon père ;
J'attire en me vengeant sa haine et sa colère ;
J'attire ses mépris en ne me vengeant pas.
À mon plus doux espoir l'un me rend infidèle,
Et l'autre indigne d'elle.
Mon mal augmente à le vouloir guérir ;
Tout redouble ma peine.
Allons, mon âme ; et puisqu'il faut mourir,
Mourons du moins sans offenser Chimène.

Pierre Corneille, *Le Cid*, acte I, scène 6, v. 291-330, 1636.

1. Qui inspire la pitié.
2. Amour.
3. Prend parti.
4. Au sens du XVIIe siècle, femme que l'on aime et dont on est aimé.
5. Rodrigue s'adresse à son épée.
6. Noble, courageuse.
7. Épée.
8. J'ai des devoirs envers.

Questions

Observer et analyser

1. À quels moments le dilemme est-il explicitement formulé par Rodrigue ? Relevez les termes des deux champs lexicaux qui s'opposent dans ce texte.

2. Quelles figures de style illustrent ce dilemme ? Faites-en le relevé précis.

3. Comparez la fin des différentes strophes, que remarquez-vous ? Quel est l'effet recherché par Corneille ?

4. Reformulez les différents arguments avancés par Rodrigue.

5. À quelle décision aboutit le monologue ? Quelle vous semble être sa fonction ?

Contexte et perspectives

6. Cherchez la signification de « stances ». En vous reportant à la page 371, vous direz dans quelle mesure les stances suivent ici le schéma d'un discours classique.

Vers le BAC : le commentaire

7. En vous appuyant sur la structure des strophes, la versification et les figures d'opposition, vous rédigerez une partie de commentaire qui étudiera comment s'exprime le dilemme de Rodrigue dans ce monologue.

Louer ou blâmer : le discours épidictique

Bossuet
1627-1704

Biographie, p. 555

Histoire littéraire
Le classicisme, p. 28

Outils d'analyse
Les genres de l'argumentation, p. 428

Culture de l'Antiquité
L'art oratoire, p. 366

Méthode
La langue du XVIIe siècle, p. 454

Texte 3 Oraison funèbre d'Henriette d'Angleterre (1670)

Après l'exécution de son père, le roi Charles Ier d'Angleterre, Henriette vient se réfugier en France, où elle épouse le frère du roi. Réputée pour sa beauté et son esprit raffiné, elle meurt brutalement à l'âge de 26 ans. À l'occasion de ses funérailles, Bossuet, évêque de Meaux et célèbre prédicateur, prononce son oraison funèbre. Il y fait l'éloge de la princesse et invite l'auditoire à méditer sur la grandeur et la vanité de nos existences.

Beaubrun (atelier des frères), *Portrait d'Henriette-Anne d'Angleterre*, (XVIIe siècle), Versailles, châteaux de Versailles et de Trianon.

Et certainement, messieurs, si quelque chose pouvait élever les hommes au-dessus de leur infirmité naturelle ; si l'origine, qui nous est commune, souffrait[1] quelque distinction solide et durable entre ceux que Dieu a formés de la même terre, qu'y aurait-il dans l'univers de plus distingué que la princesse dont je parle ? Tout ce que peuvent faire non seulement la naissance et la fortune, mais encore les grandes qualités de l'esprit, pour l'élévation d'une princesse, se trouve rassemblé, et puis anéanti dans la nôtre. De quelque côté que je suive les traces de sa glorieuse origine, je ne découvre que des rois, et partout je suis ébloui de l'éclat des plus augustes couronnes. Je vois la maison de France[2], la plus grande, sans comparaison, de tout l'univers, et à qui les plus puissantes maisons peuvent bien céder sans envie, puisqu'elles tâchent de tirer leur gloire de cette source. Je vois les rois d'Ecosse, les rois d'Angleterre, qui ont régné depuis tant de siècles sur une des plus belliqueuses nations de l'univers plus encore par leur courage que par l'autorité de leur sceptre. Mais cette princesse, née sur le trône, avait l'esprit et le cœur plus hauts que sa naissance. Les malheurs de sa maison n'ont pu l'accabler dans sa première jeunesse ; et dès lors on voyait en elle une grandeur qui ne devait rien à la fortune. Nous disions avec joie que le ciel l'avait arrachée, comme par miracle, des mains des ennemis du roi son père pour la donner à la France : don précieux, inestimable présent, si seulement la possession en avait été plus durable ! Mais pourquoi ce souvenir vient-il m'interrompre ? Hélas ! Nous ne pouvons un moment arrêter les yeux sur la gloire de la princesse, sans que la mort s'y mêle aussitôt pour tout offusquer[3] de son ombre ! Ô mort, éloigne-toi de notre pensée, et laisse-nous tromper pour un peu de temps

1. Tolérait.
2. La famille royale de France, à laquelle elle était liée par son mariage.
3. Voiler, assombrir.

la violence de notre douleur par le souvenir de notre joie ! Souvenez-vous donc, messieurs, de l'admiration que la princesse d'Angleterre donnait à toute la cour. Votre mémoire vous la peindra mieux, avec tous ses traits et son incomparable douceur, que ne pourront jamais faire toutes mes paroles. Elle croissait au milieu des bénédictions de tous les peuples, et les années ne cessaient de lui apporter de nouvelles grâces.

Jacques Bossuet, *Oraison funèbre d'Henriette d'Angleterre*, 1670.

Texte écho Malraux, *Oraison funèbre de Jean Moulin* (1964)

À l'occasion du transfert des cendres de Jean Moulin (chef de la Résistance, arrêté et torturé, à mort en juillet 1943), André Malraux, alors ministre de la culture, prononce sur la place du Panthéon, le 19 décembre 1964, une oraison funèbre en présence du général de Gaulle.

Comme Leclerc[1] entra aux Invalides, avec son cortège d'exaltation dans le soleil d'Afrique et les combats d'Alsace, entre ici, Jean Moulin, avec ton terrible cortège. Avec ceux qui sont morts dans les caves sans avoir parlé, comme toi ; et même, ce qui est peut-être plus atroce, en ayant parlé ; avec tous les rayés[2] et tous les tondus des camps de concentration, avec le dernier corps trébuchant des affreuses files de Nuit et Brouillard[3], enfin tombé sous les crosses ; avec les huit mille Françaises qui ne sont pas revenues des bagnes, avec la dernière femme morte à Ravensbrück[4] pour avoir donné asile à l'un des nôtres. [...] Écoute aujourd'hui, jeunesse de France, ce qui fut pour nous le Chant du Malheur[5]. C'est la marche funèbre des cendres que voici. À côté de celles de Carnot[6] avec les soldats de l'an II, de celles de Victor Hugo avec les *Misérables*, de celles de Jaurès veillées par la Justice, qu'elles reposent avec leur long cortège d'ombres défigurées. Aujourd'hui, jeunesse, puisses-tu penser à cet homme comme tu aurais approché tes mains de sa pauvre face informe du dernier jour, de ses lèvres qui n'avaient pas parlé ; ce jour-là, elle était le visage de la France...

André Malraux, *Oraison funèbre de Jean Moulin*, 1964.

1. Général de la France libre.
2. À cause de leur costume rayé de déportés.
3. Formule des nazis désignant les déportés voués à l'extermination.
4. Camp de concentration allemand réservé aux femmes.
5. Il s'agit du *Chant des partisans*, hymne de la Résistance française, qui s'élève alors.
6. Général de la Révolution, enterré au Panthéon comme les deux suivants.

Questions

Observer et analyser

1. Vous préciserez la situation d'énonciation du texte de Bossuet en vous appuyant sur les termes qui désignent l'auditoire d'une part, l'orateur d'autre part. Comment cela traduit-il l'émotion de l'orateur ?

2. Bossuet distingue « la naissance et la fortune » et « les grandes qualités de l'esprit » (l. 6-7). Quels éléments du texte se rapportent aux unes et aux autres ? Montrez comment cette distinction structure l'extrait.

3. Relevez les marques stylistiques de l'éloge (hyperboles, vocabulaire mélioratif, exclamations, anaphores...).

4. Quels termes appartiennent au champ lexical de la religion ? Justifiez la présence de ce champ lexical.

Contexte et perspectives

5. Quels procédés oratoires sont communs à Bossuet et à Malraux (texte écho) ? Quel texte vous touche le plus ? Justifiez votre réponse.

6. La présence de la mort ne surprend pas dans un éloge funèbre. Mais a-t-elle le même sens chez Bossuet et Malraux ?

Vers le BAC : la dissertation

7. En vous reportant à la page 371, vous montrerez dans un paragraphe rédigé en quoi le texte de Bossuet répond à l'idéal classique.

Boileau
1636-1711

Biographie, p. 555

Histoire littéraire
Le classicisme, p. 28

Méthode
Les marques de l'énonciation, p. 448
La langue du XVIIe siècle, p. 454

Texte 4 Satires (1666-1711)

*Boileau est connu pour être l'auteur de l'*Art poétique, *qui régente la doctrine classique. Il a aussi écrit des satires qui témoignent de son indépendance d'esprit et de sa verve polémiste. Reprenant à la fois la tradition antique de l'écriture satirique et le modèle des* Caractères *de La Bruyère, Boileau brosse dans la* Satire X *une galerie de portraits féminins.*

Dans le crime il suffit qu'une fois on débute,
Une chute toujours attire une autre chute.
L'honneur est comme une île escarpée et sans bords.
On n'y peut plus rentrer dès qu'on en est dehors.
Peut-être, avant deux ans ardente à te déplaire,
Éprise d'un cadet[1], ivre d'un mousquetaire,
Nous la verrons hanter les plus honteux brelans[2],
Donner chez la Cornu[3] rendez-vous aux galants;
De Phèdre[4] dédaignant la pudeur enfantine,
Suivre à front découvert Z…[5] et Messaline[6];
Conter pour grands exploits vingt hommes ruinés,
Blessés, battus pour elle, et quatre assassinés;
Trop heureux si, toujours femme désordonnée,
Sans mesure et sans règle au vice abandonnée,
Par cent traits d'impudence[7] aisés à ramasser[8],
Elle t'acquiert au moins un droit pour la chasser !
Mais que deviendras-tu si, folle en son caprice,
N'aimant que le scandale et l'éclat dans le vice,
Bien moins pour son plaisir, que pour t'inquiéter,
Au fond peu vicieuse elle aime à coqueter[9] ?
Entre nous, verras-tu, d'un esprit bien tranquille,
Chez ta femme aborder et la cour et la ville ?
Tout hormis toi, chez toi, rencontre un doux accueil.
L'un est payé d'un mot, et l'autre d'un coup d'œil.
Ce n'est que pour toi seul qu'elle est fière et chagrine.
Aux autres elle est douce, agréable, badine[10] :
C'est pour eux qu'elle étale et l'or, et le brocard[11];
Que chez toi se prodigue[12] et le rouge et le fard,
Et qu'une main savante, avec tant d'artifice,
Bâtit de ses cheveux le galant édifice.
Dans sa chambre, crois-moi, n'entre point tout le jour.
Si tu veux posséder ta Lucrèce[13] à ton tour,
Attends, discret mari, que la belle en cornette[14]
Le soir ait étalé son teint sur la toilette […].

Nicolas Boileau, *Satires*, X (1694), v. 1666 – 1711.

1. Jeune soldat.
2. Maisons de jeu.
3. Entremetteuse célèbre de l'époque.
4. Personnage mythologique, héroïne de Racine (► p. 188).
5. Initiale feignant de respecter un anonymat.
6. Impératrice romaine réputée pour ses débauches.
7. Manque de pudeur et de retenue.
8. Rassembler.
9. Faire la coquette.
10. Gaie.
11. Riche étoffe.
12. Soient gaspillés.
13. Femme vertueuse (en référence à la noble Romaine qui se tua après avoir été violée par le roi Tarquin).
14. Bonnet de nuit.

Texte écho **Juvénal, *Satire* V**

Le latin Juvénal (fin du Ier siècle ap. J.-C.) est l'auteur de Satires *où il condamne avec virulence ce qu'il appelle la décadence romaine. Cible privilégiée de son indignation, les femmes, dont la liberté lui paraît le symptôme le plus choquant de cette évolution des mœurs.*

Le lit où est couchée l'épouse offre toujours une alternance de disputes et de querelles; on y dort très peu. Quand est-elle la plus odieuse à son mari ? Quand est-elle pire qu'une tigresse privée de ses petits ? C'est quand elle feint de pleurnicher, alors qu'elle se sait coupable d'une faute cachée: elle se fâche pour des garçons, ou bien elle déplore une maîtresse imaginaire; – ce sont toujours des larmes en abondance et toujours fidèles au poste, et qui attendent d'elle l'ordre et la façon de couler; toi, tu y vois de l'amour, tu es alors tout content de toi, gros nigaud, et tes lèvres étanchent ses pleurs – mais quelles lettres tu pourrais lire, et quels billets, si pour toi s'ouvrait le coffret de cette adultère jalouse ! Mais la voilà surprise au lit, dans les bras d'un esclave ou d'un chevalier. – « Trouve-moi, s'il te plait, Quintilien[1], trouve-moi un prétexte » – « Nous séchons. Trouve-le toi-même. » – « Il avait été convenu jadis, déclare-t-elle, que tu ferais ce que tu voudrais et qu'il ne me serait pas interdit de prendre du bon temps. Tu peux toujours crier et remuer ciel et terre, je suis un être humain. » Rien de plus intrépide que les femmes prises en flagrant délit: elles tirent de leur forfait leur colère et leur énergie.

JUVÉNAL, *Satire* V, v. 268-285, trad. Jean-Pierre Aubrit, 2010.

1. Célèbre avocat et professeur d'éloquence (Ier s.).

William Hogarth (1697-1764), *Mariage à la mode : la toilette* (vers 1743), Londres, Galerie nationale.

Questions

Observer et analyser

1. Les 4 premiers vers se détachent du texte. Quelle fonction ont-ils par rapport à la suite ?
2. En observant, vers 5 à 34, comment la satire change de cible, distinguez les deux parties du texte. Trouvez un titre pour chacune. Comment passe- t-on de l'une à l'autre ?
3. Quelle est la situation d'énonciation ? (qui parle, à qui, dans quel but ?). Relevez une série d'expressions qui illustrent le ton de la confidence.
4. Quel portrait de la femme se dégage de ce texte ? Vous vous appuierez sur les champs lexicaux pour répondre à cette question.
5. Relevez les antithèses qui opposent l'attitude de la femme à son mari d'une part, aux autres hommes d'autre part.
6. Relevez et expliquez quelques traits comiques dans cette satire.

Contexte et perspectives

7. Comparez cette vision de la femme avec celle de Juvénal dans le texte écho. Qu'est-ce que Boileau doit à son ancêtre latin ? Lequel vous paraît le plus violent ?

Vers le BAC : le sujet d'invention

8. À la manière de Boileau, rédigez un paragraphe ou quelques vers faisant la satire… des hommes.

L'art oratoire dans l'Antiquité

À retenir

L'art oratoire : origine et définition

Au Ve siècle av. J.-C., en Sicile, alors colonie grecque, la chute des tyrans entraîne une série de **procès**, intentés par les propriétaires spoliés. Des plaideurs, tel un certain Corax, ont l'idée de noter dans un manuel les procédés les plus efficaces, et de les enseigner : ainsi naît la **rhétorique**. Elle passe ensuite à Athènes où les **sophistes** transmettent un savoir indispensable dans la vie politique et judiciaire de la société démocratique. Ils enseignent et développent cet art du discours où la parole joue un rôle central et devient un instrument de persuasion et de pouvoir.

Depuis ses origines antiques, la rhétorique désigne tout à la fois **un art et une science**. Art du discours efficace, elle se propose d'en étudier de façon structurée les techniques : il s'agit, pour « bien dire », de maîtriser l'effet d'un discours sur son public.

Les trois outils de l'art de persuader

Pour agir sur son public, l'orateur antique dispose de trois armes. Le **logos** désigne un discours rationnel et organisé, à même d'emporter l'adhésion : c'est le message. Le logos sera porté par l'**ethos**, l'image que projette la personnalité de l'orateur, son charisme. Il devra aussi user du **pathos**, en suscitant l'émotion des auditeurs qu'il faut entraîner.

▲ **Cicéron, l'Orateur par excellence**

Statue en marbre (Ier siècle av. J.-C.), Grande-Bretagne, Université d'Oxford, Ashmolean Museum.

Le parcours politique de Cicéron (106-43 av. J.-C.) est intimement lié à ses talents d'orateur. Sa brillante accusation de Verrès, gouverneur corrompu, lance sa carrière. Elu consul, il étouffe dans l'œuf, par la seule force de son verbe, le complot de Catilina qu'il dénonce en plein Sénat. Enfin, il paie de sa vie son dernier engagement en faveur de la liberté républicaine, en fustigeant Marc-Antoine dans ses véhémentes *Philippiques*.

◀ **Maîtres et élèves**

Bas-relief (IVe siècle), Rome, Palais des conservateurs.

Après l'apprentissage de la lecture entre 7 et 11 ans, puis celui de la rédaction jusqu'à 15 ans, l'enseignement de la rhétorique couronne l'éducation du jeune Romain de l'époque impériale : les autres disciplines sont au service de cet art. L'école du rhéteur, où il apprend à jongler à coups d'arguments imparables et de bons mots, sert de véritable formation supérieure.

Calliope, muse de l'éloquence

Peinture murale (Ier siècle ap. J.-C.), Italie, Moregine(près de Pompéi), Domus Romana.

Parmi les neuf muses de la mythologie grecque, *Calliope* (« belle voix », en grec ancien) est la muse de la poésie épique et de la grande éloquence. Parfois une couronne d'or montre sa supériorité sur ses sœurs. Elle a ici le front ceint des lauriers glorieux que procure la maîtrise de la parole dans l'Antiquité, et tient d'une main un stylet, de l'autre des tablettes.

Général haranguant ses troupes

Bas-relief de la colonne Trajane (détail), IIe siècle ap. J.-C., Rome, forum.

Sur cette colonne haute de 30 mètres, érigée en 113 pour célébrer la victoire de l'Empereur Trajan sur les Daces, une frise continue se déroule, à la manière d'un rouleau de parchemin. Parmi les épisodes représentés, des scènes de harangues militaires nous rappellent que le discours aux armées est un des lieux traditionnels de l'éloquence antique, comme en témoignent les récits historiques de César, Tite-Live et Tacite.

Académie de Platon

Mosaïque romaine (Ier siècle av. J.-C.), villa de Pompéi, Naples, musée archéologique.

Cette mosaïque honore l'usage le plus digne de la parole : quand l'éloquence se met au service de la vérité. Assis sous l'arbre, Platon est plongé dans une réflexion dont les quatre disciples à droite attendent l'oracle. Sans doute médite-t-il sur les deux grands thèmes philosophiques du Temps et du Monde, représentés par le cadran solaire, en haut de la colonne, et par le globe du cosmos à ses pieds.

Accuser ou défendre : le discours judiciaire

Madame de La Fayette
1634-1693

Biographie, p. 560

Histoire littéraire
Le classicisme, p. 28

Outils d'analyse
Les genres de l'argumentation, p. 428

Méthode
La langue du XVIIe siècle, p. 454

Texte 5 La Princesse de Clèves (1678)

À seize ans, Mlle de Chartres épouse le prince de Clèves pour lequel elle n'éprouve que de l'estime. Un peu plus tard, elle rencontre le duc de Nemours à un bal ; c'est le début d'une vive passion. Restée fidèle à son mari, elle lui avoue, par souci d'honnêteté, son inclination pour le duc. Monsieur de Clèves, dévoré par la jalousie, tombe gravement malade ; sur le point de mourir, il accable sa femme de reproches.

Madame de Clèves était si éloignée de s'imaginer que son mari pût avoir des soupçons contre elle, qu'elle écouta toutes ces paroles sans les comprendre, et sans avoir d'autre idée, sinon qu'il lui reprochait son inclination pour monsieur de Nemours ; enfin, sortant tout d'un coup de son aveuglement :

– Moi, des crimes ! s'écria-t-elle ; la pensée même m'en est inconnue. La vertu la plus austère ne peut inspirer d'autre conduite que celle que j'ai eue ; et je n'ai jamais fait d'action dont je n'eusse souhaité que vous eussiez été témoin.

– Eussiez-vous souhaité, répliqua monsieur de Clèves, en la regardant avec dédain, que je l'eusse été des nuits que vous avez passées avec monsieur de Nemours ? Ah ! Madame, est-ce de vous dont je parle, quand je parle d'une femme qui a passé des nuits avec un homme ?

– Non, Monsieur, reprit-elle ; non, ce n'est pas de moi dont vous parlez. Je n'ai jamais passé ni de nuits ni de moments avec monsieur de Nemours. Il ne m'a jamais vue en particulier[1] ; je ne l'ai jamais souffert[2], ni écouté, et j'en ferais tous les serments…

– N'en dites pas davantage, interrompit monsieur de Clèves ; de faux serments ou un aveu me feraient peut-être une égale peine.

Madame de Clèves ne pouvait répondre ; ses larmes et sa douleur lui ôtaient la parole ; enfin, faisant un effort :

– Regardez-moi du moins ; écoutez-moi, lui dit-elle. S'il n'y allait que de mon intérêt, je souffrirais ces reproches ; mais il y va de votre vie. Écoutez-moi, pour l'amour de vous-même : il est impossible qu'avec tant de vérité, je ne vous persuade mon innocence[3].

– Plût à Dieu que vous me la puissiez persuader ! s'écria-t-il ; mais que me pouvez-vous dire ? Monsieur de Nemours n'a-t-il pas été à Coulommiers avec sa sœur ? Et n'avait-il pas passé les deux nuits précédentes avec vous dans le jardin de la forêt ?

– Si c'est là mon crime, répliqua-t-elle, il m'est aisé de me justifier. Je ne vous demande point de me croire ; mais croyez tous vos domestiques, et sachez[4] si j'allai dans le jardin de la forêt la veille que monsieur de Nemours vint à Coulommiers[5], et si je n'en sortis pas le soir d'auparavant deux heures plus tôt que je n'avais accoutumé.

Elle lui conta ensuite comme elle avait cru voir quelqu'un dans ce jardin. Elle lui avoua qu'elle avait cru que c'était monsieur de Nemours. Elle lui parla avec tant d'assurance, et la vérité se persuade si aisément lors même qu'elle n'est pas vraisemblable, que monsieur de Clèves fut presque convaincu de son innocence.

1. Dans l'intimité.
2. Toléré.
3. Je ne vous persuade de mon innocence.
4. Apprenez.
5. Lieu de la maison de campagne de la princesse.

Marie de Médicis, peinture de l'école de Tiberio Titi, XVIIe siècle, Arezzo, musée Casa Vasari.

– Je ne sais, lui dit-il, si je me dois laisser aller à vous croire. Je me sens si proche de la mort, que je ne veux rien voir de ce qui me pourrait faire regretter la vie. Vous m'avez éclairci trop tard ; mais ce me sera toujours un soulagement d'emporter la pensée que vous êtes digne de l'estime que j'aie eue pour vous.

Madame de LA FAYETTE, *La Princesse de Clèves*, IV, 1678.

Questions

Observer et analyser

1. Quels reproches Monsieur de Clèves fait-il à sa femme ? Quelle est l'évolution de son comportement à l'égard de son épouse ?

2. Quelles sont les différentes réactions de la princesse à ces reproches ? Quels arguments avance-t-elle pour se justifier ?

3. Parvient-elle à persuader son mari ? Pourquoi est-ce important à ce moment du roman ?

4. Quel est le point de vue utilisé ? Quel est l'effet obtenu par l'alternance du récit et du dialogue ?

Contexte et perspectives

5. En vous reportant à la fiche p. 00, vous direz en quoi ce texte illustre le genre judiciaire.

Vers le BAC : le sujet d'invention

6. Adaptez cette scène au théâtre, en conservant les dialogues et en transposant le récit en didascalies. Puis rédigez une page de notes en vue d'une mise en scène.

Racine
1639-1699

Biographie, p. 564

Histoire littéraire
Le classicisme, p. 28

Outils d'analyse
La versification, p. 350

Mise en scène de Jean-Louis Martinelli, avec A. Rouillier, Théâtre national de Strasbourg, 1997.

Texte 6 Andromaque (1667)

À la fin de la guerre de Troie, Pyrrhus, roi grec et fils d'Achille, a fait de la princesse troyenne Andromaque sa prisonnière. Il en est tombé amoureux et décide de rompre ses fiançailles avec la princesse grecque Hermione. Celle-ci lui fait de violents reproches.

HERMIONE

Je ne t'ai point aimé, cruel ? Qu'ai-je donc fait ?
J'ai dédaigné pour toi les vœux[1] de tous nos princes,
Je t'ai cherché moi-même au fond de tes provinces ;
J'y suis encor, malgré tes infidélités,
Et malgré tous mes Grecs honteux de mes bontés.
Je leur ai commandé de cacher mon injure[2] ;
J'attendais en secret le retour d'un parjure[3] ;
J'ai cru que tôt ou tard, à ton devoir rendu,
Tu me rapporterais un cœur qui m'était dû.
Je t'aimais inconstant, qu'aurais-je fait fidèle[4] ?
Et même en ce moment où ta bouche cruelle
Vient si tranquillement m'annoncer le trépas,
Ingrat, je doute encor si je ne t'aime pas.
Mais, Seigneur, s'il le faut, si le ciel en colère
Réserve à d'autres yeux la gloire de vous plaire,
Achevez votre hymen[5], j'y consens. Mais du moins
Ne forcez pas mes yeux d'en être les témoins.
Pour la dernière fois je vous parle peut-être :
Différez-le d'un jour ; demain vous serez maître.
Vous ne répondez point ? Perfide, je le voi[6],
Tu comptes les moments que tu perds avec moi !
Ton cœur, impatient de revoir ta Troyenne,
Ne souffre[7] qu'à regret qu'un autre t'entretienne.
Tu lui parles du cœur, tu la cherches des yeux.
Je ne te retiens plus, sauve-toi de ces lieux [...].

Jean RACINE, *Andromaque*, acte IV, scène 5, v. 1356-1380, 1667.

1. Prières.
2. L'injustice que tu me fais subir.
3. Traître à ses serments.
4. Si tu avais été fidèle.
5. Concluez votre mariage.
6. Orthographe nécessitée par la rime.
7. Ne supporte.

Questions

Observer et analyser

1. Relevez l'alternance dans la tirade entre le tutoiement et le vouvoiement et donnez-en la signification.
2. Par quels termes Hermione apostrophe-t-elle Pyrrhus ? Que lui reproche-t-elle ? Quelle menace fait-elle planer ?
3. Comment s'exprime la violence de sa passion pour Pyrrhus ? Montrez qu'elle est prête à tout par amour.
4. Relevez les différents registres de cette tirade en les illustrant avec au moins trois procédés stylistiques qui les caractérisent.
5. Faites une analyse précise du style des vers 4 et 5, 16 et 17 (type de vers, rimes, rythmes, sonorités, figures de style). Montrez quels sont les effets des divers procédés employés.

Vers le Bac : l'entretien à l'oral

6. Comparez Hermione et Phèdre (p. 188). Quel visage de la passion Racine nous donne-t-il à voir ?

Synthèse

L'art oratoire

Les trois genres	Les buts de l'orateur	Les valeurs défendues	L'auditoire	Exemples tirés du chapitre
judiciaire	Accuser ou défendre	L'équité	Le tribunal	*Andromaque* de Racine, p. 370
délibératif	Persuader ou dissuader	L'utilité	L'Assemblée	Stances du *Cid* de Corneille, p. 360
démonstratif (ou épidictique)	Louer ou blâmer	L'honnêteté	Le public d'un discours d'apparat	*Oraisons funèbres* de Bossuet, p. 362 *Satires* de Juvénal ou Boileau, pp. 364-365

Aspects de la rhétorique

Adapter le discours au public

Un discours vise toujours à **emporter l'adhésion** du public. **Aristote** distingue **trois genres** de la rhétorique, auxquels correspondent un objectif, des valeurs et un public bien précis (► tableau ci-dessus).

Composer son discours

La rhétorique porte sur un ensemble de savoirs et de choix qui permettent de mettre en œuvre un discours :
- **l'invention** (en latin *inventio*) : trouver les arguments ;
- **la disposition** (*dispositio*) : trouver le plan du discours ;
- **l'élocution** (*elocutio*) : choisir le style du discours ;
- **l'action** (*actio* et *prononciatio*) : travailler les gestes et la voix ;
- **la mémoire** (*memoria*) : utiliser sa mémoire et éviter de lire le discours.

Organiser son discours

La ***dispositio,*** ou plan d'organisation d'un discours, suit traditionnellement le schéma suivant :
- **l'exorde** suscite la bienveillance de l'auditoire et capte son attention (*captatio benevolentiae*) ;
- **la narration** expose les faits ;
- **la confirmation** rappelle les arguments avancés, prouve ce qu'expose la narration et réfute les arguments de la partie adverse ;
- **la péroraison** conclut le discours.

Choisir un type d'argumentation

- L'argumentation peut faire appel à la **raison** : il s'agit alors de **convaincre** ;
- et/ou elle peut s'adresser aux **sentiments** : il s'agit alors de **persuader**.

Histoire de la rhétorique

L'Antiquité : rhétorique et démocratie

La possibilité même de la rhétorique est liée à la liberté d'expression. Il n'est donc pas étonnant qu'elle se développe dans le contexte de la démocratie grecque ou de la république romaine. Avec la perte de la liberté politique, la rhétorique décline et subsiste essentiellement, sous l'ère chrétienne, dans les prêches et les sermons.

Parmi les grands orateurs athéniens, on peut citer Lysias et **Démosthène**. À Rome, **Cicéron** et Quintilien perpétuent et enrichissent la tradition grecque (► pp. 366-367).

Renaissance et classicisme : modèles antiques

Les écrivains humanistes du XVIe siècle et plus encore les auteurs classiques du XVIIe puisent chez les Anciens leurs sources d'inspiration et leurs modèles d'écriture. Nourris de **culture grecque et latine**, ils reproduisent de manière plus ou moins consciente les structures et les règles de l'éloquence antique.

On retrouve cet art oratoire dans les genres religieux **(oraison, sermon** ► p. 362) mais aussi :
– au théâtre (► *Dom Juan,* p. 359, *Le Cid,* p. 360) ;
– et même dans le genre romanesque (► *La Princesse de Clèves,* p. 368).

Depuis le XIXe siècle : déclin ou mutation

Les modèles rhétoriques sont toujours utilisés au **tribunal** ou au **Parlement** (► discours de Hugo, p. 372) ; mais ils quittent la littérature, sous l'influence des romantiques qui refusent les règles et modèles au nom de la liberté et de la spontanéité. Symboliquement, la rhétorique disparaît des programmes de l'enseignement secondaire français à partir de 1885.

Le XXe siècle a maintenu une tradition oratoire qui se fait entendre en de grandes circonstances historiques, comme pour en marquer la solennité (► discours de Malraux, p. 363, discours de R. Badinter, p. 373). Toutefois le genre évolue vers des formules plus sobres, avec moins d'effets apparents : ce n'est pas l'abandon de l'art oratoire, mais l'invention d'une rhétorique moderne.

Discours autour de la peine de mort

Texte 1 Victor Hugo, Discours à l'Assemblée constituante, 15 septembre 1848

Dans la discussion sur le projet de Constitution de la IIe République, Hugo défend un amendement qui proposait d'abolir la peine de mort. Cet amendement fut repoussé par 498 voix contre 216.

Félix Vallotton, *L'exécution*, gravure sur bois, 1894.

Eh bien, songez-y, qu'est-ce que la peine de mort ? La peine de mort est le signe spécial et éternel de la barbarie. *(Mouvement.)* Partout où la peine de mort est prodiguée, la barbarie domine ; partout où la peine de mort est rare, la civilisation règne. *(Sensation.)*

Messieurs, ce sont là des faits incontestables. L'adoucissement de la pénalité est un grand et sérieux progrès. Le dix-huitième siècle, c'est là une partie de sa gloire, a aboli la torture ; le dix-neuvième siècle abolira la peine de mort. *(Vive adhésion. Oui ! oui !)*

Vous ne l'abolirez pas peut-être aujourd'hui ; mais, n'en doutez pas, demain vous l'abolirez, ou vos successeurs l'aboliront. *(Nous l'abolirons ! – Agitation.)*

Vous écrivez en tête du préambule de votre constitution : « En présence de Dieu », et vous commenceriez par lui dérober, à ce Dieu, ce droit qui n'appartient qu'à lui, le droit de vie et de mort. *(Très bien ! très bien !)* Messieurs, il y a trois choses qui sont à Dieu et qui n'appartiennent pas à l'homme : l'irrévocable, l'irréparable, l'indissoluble. Malheur à l'homme s'il les introduit dans ses lois ! *(Mouvement.)* Tôt ou tard elles font plier la société sous leur poids, elles dérangent l'équilibre nécessaire des lois et des mœurs, elles ôtent à la justice humaine ses proportions ; et alors il arrive ceci, réfléchissez-y, messieurs, que la loi épouvante la conscience. *(Sensation.)*

Victor Hugo, *Discours à l'Assemblée constituante* (extrait), 15 septembre 1848.

Texte 2 Aristide Briand, *Discours à la Chambre des députés*, 11 novembre 1908

Avocat et journaliste, prix Nobel de la paix en 1926, Aristide Briand participa à de nombreux ministères sous la IIIe République. Il défend ici, en tant que ministre de la Justice, un projet de loi abolissant la peine de mort.

Recherchons si la peine de mort présente les qualités que doit avoir un châtiment dans une société civilisée.

Elle devrait être tout à la fois moralisatrice et intimidante. *(Très bien ! très bien !)* L'est-elle ? Voilà tout le problème, messieurs.

Moralisatrice ? Il n'est personne parmi les partisans de la peine de mort qui ait osé soutenir que la peine de mort soit moralisatrice. *(Applaudissements à l'extrême gauche et sur divers bancs à gauche.)*

Elle l'est si peu que ceux qui en demandent le maintien sont d'accord pour qu'elle soit appliquée dans l'obscurité. *(Nouveaux applaudissements sur les mêmes bancs. Mouvements divers.)*
De même que le meurtre privé se cache par crainte, vous demandez que le meurtre social se cache par honte. *(Vifs applaudissements à l'extrême gauche et sur divers bancs à gauche. – Bruit au centre et à droite.)*
Et, messieurs, c'est une précaution que l'on comprend vraiment quand on a assisté à une exécution capitale.

Aristide BRIAND, *Discours à la Chambre des députés* (extrait), 11 novembre 1908.

Texte 3 Robert Badinter, *Discours à l'Assemblée nationale*, 17 septembre 1981

Robert Badinter, alors ministre de la Justice de François Mitterrand, défend devant l'Assemblée nationale le projet du gouvernement qui vise à abolir la peine capitale et qui sera approuvé par 363 voix contre 117.

Parce qu'aucun homme n'est totalement responsable, parce qu'aucune justice ne peut être absolument infaillible, la peine de mort est moralement inacceptable. Pour ceux d'entre nous qui croient en Dieu, lui seul a le pouvoir de choisir l'heure de notre mort. Pour tous les abolitionnistes, il est impossible de reconnaître à la justice des hommes ce pouvoir de mort parce qu'ils savent qu'elle est faillible.
Le choix qui s'offre à vos consciences est donc clair : ou notre société refuse une justice qui tue et accepte d'assumer, au nom de ses valeurs fondamentales – celles qui l'ont faite grande et respectée entre toutes – la vie de ceux qui font horreur, déments ou criminels ou les deux à la fois, et c'est le choix de l'abolition ; ou cette société croit, en dépit de l'expérience des siècles, faire disparaître le crime avec le criminel, et c'est l'élimination.
Cette justice d'élimination, cette justice d'angoisse et de mort, décidée avec sa marge de hasard, nous la refusons. Nous la refusons parce qu'elle est pour nous l'anti-justice, parce qu'elle est la passion et la peur triomphant de la raison et de l'humanité.

Robert BADINTER, *Discours à l'Assemblée nationale* (extrait), 17 septembre 1981.

Croiser les textes

1. Quels arguments similaires ou différents sont développés par les trois orateurs contre la peine de mort ?

2. L'expression « meurtre social » vous semble-t-elle bien définir la peine de mort dans les trois textes ?

3. Précisez la situation d'énonciation des trois textes. Quels procédés rhétoriques chaque orateur utilise-t-il pour impliquer son auditoire ? Quel effet les réactions notées en italique produisent-elles ?

4. Renseignez-vous sur le contexte historique de ces trois discours. Qui étaient les partisans de la peine de mort ? Quels arguments étaient les plus susceptibles de les convaincre ?

Vers le BAC : la question de corpus

5. Vous confronterez ces trois textes en étudiant d'une part les moyens de convaincre et d'autre part les moyens de persuader.

L'écriture moraliste

14

Jean-Baptiste Siméon Chardin (1699-1779), *Un philosophe occupé à sa lecture* (1734) Paris, musée du Louvre.

Histoire des Arts

Spécialiste des natures mortes, Chardin commence en 1733 une carrière de peintre de genre avec la représentation de scènes de la vie quotidienne.
C'est l'impression de naturel qui domine ici : le spectateur surprend le philosophe au milieu de sa lecture, prêt à tourner les pages de son livre.

Les écrivains du XVIIe et du XVIIIe siècle poursuivent la réflexion des humanistes. Parmi eux, les moralistes observent la nature de l'homme et ses comportements. Pour instruire les lecteurs, et pour leur plaire, ils choisissent des genres littéraires divers – fable, maxime, pensée, etc. – qu'un principe commun rassemble : la brièveté. Ces ciseleurs du verbe ont ainsi créé un art des formes concises, propre au XVIIe siècle.

La vie en société

La Fontaine
1621-1695

Biographie, p. 560

Histoire littéraire
Le classicisme, p. 28

Outils d'analyse
La versification, p. 350
La structure du récit, p. 166

Texte 1 Fables (1668-1694)

Les Fables*, publiées entre 1668 et 1694, sont des récits qui enseignent des valeurs morales au lecteur. La Fontaine n'est pas l'inventeur du genre; il s'est largement inspiré de prédécesseurs antiques. Il a cependant atteint une perfection narrative et poétique, et proposé, souvent à travers des personnages d'animaux, une peinture satirique de la société des hommes, dont il fait la satire.*

Grandville, illustration pour les *Fables* de La Fontaine, «Les obsèques de la lionne», (XIXe siècle).

« Les obsèques de la lionne »

La femme du Lion mourut:
Aussitôt chacun accourut
Pour s'acquitter envers le Prince
De certains compliments de consolation,
Qui sont surcroît d'affliction[1].
Il fit avertir sa Province[2]
Que les obsèques se feraient
Un tel jour, en tel lieu; ses Prévôts[3] y seraient
Pour régler la cérémonie,
Et pour placer la compagnie.
Jugez si chacun s'y trouva.
Le Prince aux cris s'abandonna,
Et tout son antre[4] en résonna.
Les Lions n'ont point d'autre temple.
On entendit à son exemple
Rugir en leurs patois[5] Messieurs les Courtisans.
Je définis la cour un pays où les gens
Tristes, gais, prêts à tout, à tout indifférents,
Sont ce qu'il plaît au Prince, ou s'ils ne peuvent l'être,
Tâchent au moins de le paraître,
Peuple caméléon[6], peuple singe du maître,

1. Qui augmentent la peine.
2. Son royaume.
3. Officiers militaires, chargés de la police.
4. Sa caverne.
5. Langues locales.
6. Comme cet animal, changeant de couleur en fonction de son environnement.

Les *Fables* de La Fontaine, mise en scène de Robert Wilson, avec B. Sangaré, Paris, la Comédie-Française, 2004.

On dirait qu'un[7] esprit anime mille corps;
C'est bien là que les gens sont de simples ressorts[8].
Pour revenir à notre affaire
Le Cerf ne pleura point, comment eût-il pu faire?
Cette mort le vengeait; la Reine avait jadis
Étranglé sa femme et son fils.
Bref il ne pleura point. Un flatteur l'alla dire,
Et soutint qu'il l'avait vu rire.
La colère du Roi, comme dit Salomon[9],
Est terrible, et surtout celle du roi Lion:
Mais ce Cerf n'avait pas accoutumé de lire.
Le Monarque lui dit: «Chétif hôte des bois
Tu ris, tu ne suis pas ces gémissantes voix.
Nous[10] n'appliquerons point sur tes membres profanes
Nos sacrés ongles[11]; venez Loups,
Vengez la Reine, immolez[12] tous
Ce traître à ses augustes mânes[13].»
Le Cerf reprit alors: «Sire, le temps de pleurs
Est passé; la douleur est ici superflue.
Votre digne moitié couchée entre des fleurs,
Tout près d'ici m'est apparue;
Et je l'ai d'abord[14] reconnue.
Ami, m'a-t-elle dit, garde[15] que ce convoi,
Quand je vais chez les Dieux, ne t'oblige à des larmes.
Aux Champs Élysiens[16] j'ai goûté mille charmes,
Conversant avec ceux qui sont saints comme moi.
Laisse agir quelque temps le désespoir du Roi.

7. Un seul.
8. Des machines, par exemple des automates.
9. Référence à une phrase de la Bible: «Tel le rugissement du lion, la colère du roi!» (*Proverbes*, XX, 2)
10. Pluriel de majesté.
11. Nos ongles sacrés.
12. Sacrifiez.
13. Âmes des morts.
14. Dès l'abord, immédiatement.
15. Prends garde.
16. Champs Élysées, séjour des morts bienheureux dans la mythologie antique.

J'y prends plaisir. » À peine on eut ouï la chose,
Qu'on se mit à crier : « Miracle, apothéose[17] ! »
Le Cerf eut un présent, bien loin d'être puni.
Amusez les Rois par des songes,
Flattez-les, payez-les d'agréables mensonges,
Quelque indignation[18] dont leur cœur soit rempli,
Ils goberont l'appât, vous serez leur ami.

Jean de La Fontaine, *Fables,* VIII, 14, 1678-1679.

17. Admission d'un mortel au rang des dieux.
18. Quelle que soit l'indignation.

Texte écho Abstemius

Abstemius est un fabuliste italien de la fin du XVe siècle, dont Jean de La Fontaine s'inspira pour écrire la fable « Les obsèques de la lionne ».

« Le lion irrité contre le Cerf joyeux lors des obsèques de la Lionne »

Un lion avait invité tous les quadrupèdes à honorer les obsèques de sa femme qui venait de mourir. Pendant que tous les animaux ressentaient à la mort de la reine telle douleur inexprimable, seul, le cerf, à qui elle avait enlevé ses fils, étranger au chagrin, ne versait pas une larme. Le roi s'en aperçut. Il fait venir le cerf pour le mettre à mort. Il lui demande pourquoi il ne pleure pas avec les autres la mort de la reine. « C'est ce que j'aurais fait, dit celui-ci si elle ne me l'avait pas défendu. Quand j'approchai, son âme bien heureuse m'apparut. Elle se rendait aux demeures élyséennes, ajoutant qu'il ne fallait pas pleurer son départ, parce qu'elle se rendait vers les parcs riants et les bois, séjour enchanté du bonheur. » À ces mots, le lion plein de joie, accorda au cerf sa grâce. – Cette fable signifie que c'est parfois le devoir d'un homme prudent de feindre et de s'abriter de la fureur des puissants derrière une honorable excuse.

Abstemius, *Hecatomythium,* 1495, fable 148.

Questions

Observer et analyser

1. Délimitez et résumez toutes les étapes de ce récit.

2. Relevez les éléments dispersés dans la fable (portrait, récit, discours direct) qui permettent de dresser un portrait du roi Lion. Quel type de monarque représente-t-il ?

3. Faites le même exercice à propos des courtisans. Pourquoi peut-on parler ici d'une satire de la cour ?

4. Quels sont les deux mètres utilisés ? Entre les v. 1 et 23, dans quel type de texte chacun d'eux est-il dominant ? Comment l'interprétez-vous ? Lequel est choisi aux vers 44-50 ? Commentez son emploi alors.

5. Comment le Cerf parvient-il à se tirer d'affaire ? Pourquoi peut-on voir en lui un double du fabuliste ?

6. Commentez l'emploi de la première personne au vers 17. Est-ce l'unique intervention du fabuliste dans le texte ?

7. Quel champ lexical domine la morale de la fable, v. 52-55 ? Dans ce contexte, quel sens peut avoir l'*amitié* à laquelle le dernier vers fait référence ?

Contexte et perspectives

8. À la lecture de la fable d'Abstemius, vous semble-t-il que La Fontaine n'est que son imitateur ?

9. Lisez la fable de La Fontaine intitulée « Le Pouvoir des fables » (*Fables*, VIII, 4). Les deux morales vous semblent-elles similaires ?

Vers le BAC : la dissertation

10. Jean-Jacques Rousseau (1712-1778) estime dans l'*Émile* (1762) que les enfants ne peuvent pas comprendre les morales de La Fontaine, et qu'elles risquent de les porter « plus au vice qu'à la vertu ». Vous rédigerez un paragraphe dans lequel vous réfuterez ce propos en vous appuyant sur « Les obsèques de la lionne ».

La Bruyère
1645-1696

Biographie, p. 560

Histoire littéraire
Le classicisme, p. 28

Outils d'analyse
Le portrait, p. 162

Caricature d'un petit marquis : Le bichon poudré, gravure du XVIIe siècle, Paris, BnF.

Texte 2 Les Caractères (1688)

S'inspirant des Caractères *de Théophraste, La Bruyère observe les défauts des hommes de son temps et dresse le portrait de types universels. À la Cour, ce n'est pas le roi qu'observe le moraliste, mais les courtisans, des hommes inlassablement occupés à « parvenir », c'est-à-dire à atteindre de hautes fonctions – ou à faire croire qu'ils les occupent.*

Ne croirait-on pas de *Cimon* et de *Clitandre* qu'ils sont seuls chargés des détails de tout l'État[1], et que seuls aussi ils en doivent répondre ? L'un a du moins[2] les affaires de terre, et l'autre les maritimes. Qui pourrait les représenter exprimerait l'empressement, l'inquiétude, la curiosité, l'activité, saurait peindre le mouvement. On ne les a jamais vus assis, jamais fixes et arrêtés : qui même les a vus marcher ? On les voit courir, parler en courant, et vous interroger sans attendre de réponse. Ils ne viennent d'aucun endroit, ils ne vont nulle part : ils passent et ils repassent. Ne les retardez pas dans leur course précipitée, vous démonteriez leur machine[3] ; ne leur faites pas de questions, ou donnez-leur du moins le temps de respirer et de se ressouvenir qu'ils n'ont nulle affaire, qu'ils peuvent demeurer avec vous et longtemps, vous suivre même où il vous plaira de les emmener. Ils ne sont pas les *Satellites de Jupiter*, je veux dire ceux qui pressent et qui entourent le prince, mais ils l'annoncent et le précèdent ; ils se lancent impétueusement dans la foule des courtisans ; tout ce qui se trouve sur leur passage est en péril. Leur profession est d'être vus et revus, et ils ne se couchent jamais sans s'être acquittés d'un emploi si sérieux et si utile à la République. Ils sont au reste instruits à fond de toutes les nouvelles indifférentes[4], et ils savent à la cour tout ce que l'on peut y ignorer ; il ne leur manque aucun des talents nécessaires pour s'avancer médiocrement[5]. Gens néanmoins éveillés et alertes sur tout ce qu'ils croient leur convenir, un peu entreprenants, légers et précipités. Le dirai-je ? ils portent au vent[6], attelés tous deux au char de la Fortune, et tous deux fort éloignés de s'y voir assis.

Jean de LA BRUYÈRE, *Les Caractères*, « De la Cour », 19, 1688.

1. Chargés du gouvernement. 2. Au moins. 3. Mécanisme. 4. Sans importance.
5. Faire une carrière moyenne. 6. Ils portent la tête très haute, en levant le nez ; se dit des chevaux.

Questions

Observer et analyser

1. Observez ce qui relève soit de la description extérieure soit du dévoilement des caractères. Quelle composition du passage peut-on en déduire ?

2. Relevez tout ce qui a trait au champ lexical de la « machine » (l. 9). Quel type de mouvement caractérise Cimon et Clitandre ? En quoi cela fait-il relire de manière ironique les premières lignes du texte ?

3. Relevez les expressions montrant combien l'activité des deux courtisans est inutile. Quel trait de leur caractère entre en opposition avec ce constat ?

4. Relevez les métaphores. En quoi donnent-elles un tour cocasse à la scène ?

5. Relevez les emplois du verbe *voir* dans le texte. À qui s'applique-t-il successivement ? En quoi l'évolution de ce verbe traduit-elle bien la démarche du moraliste ?

Contexte et perspectives

6. Comparez ce texte avec la fable de La Fontaine « Les obsèques de la lionne » (p. 375). Les deux auteurs dressent-ils le même portrait du courtisan ?

Vers le BAC : le commentaire

7. Montrez comment La Bruyère parvient précisément à « peindre le mouvement » dans ce portrait.

Vers l'œuvre complète

Jean de La Bruyère, « De la Cour »

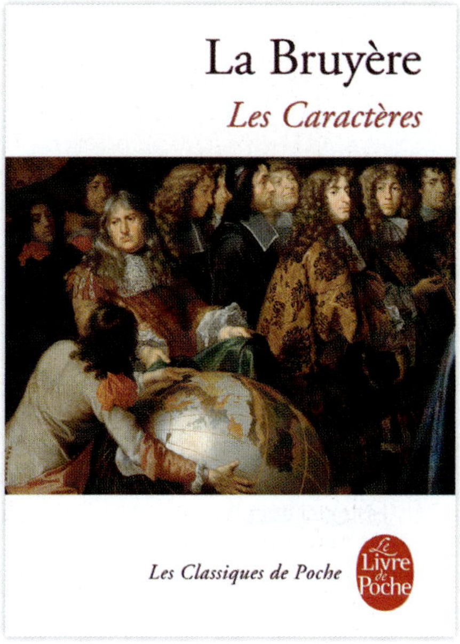

Citations

« Qui peut définir la Cour ? » (3)
« La Cour ne rend pas content ; elle empêche qu'on ne le soit ailleurs. » (8)
« L'on voit des hommes tomber d'une haute fortune par les mêmes défauts qui les y avaient fait monter. » (34)
« La vie de la Cour est un jeu sérieux, mélancolique [...] : le plus habile l'emporte, ou le plus heureux. » (64)
« Qui méprise la Cour méprise le monde. » (100)

L'observateur d'une étrange « contrée »

La Bruyère a composé ses *Caractères* entre 1688 et 1696, sur le modèle du grec Théophraste. L'œuvre est divisée en seize sections, dont chacune explore un aspect de la société du XVIIe siècle. « De la Cour » consacre cent un fragments au milieu aristocratique que l'auteur a côtoyé en tant que précepteur du duc de Bourbon.

Les premiers fragments font approcher le lecteur du monde de la Cour (6, 9, 11) ; les suivants le placent au milieu des mœurs de celle-ci : règne de l'apparence et du faux-semblant, efforts pour parvenir, succession des grâces et des disgrâces. Enfin, après l'oraison miniature de Straton (96), en qui il faut reconnaître le duc de Lauzun, les dernières remarques (99 et 100) jettent à nouveau un regard extérieur sur la Cour. La remarque 101 fait l'effet d'un baisser de rideau : le lecteur peut s'en aller, informé de la vanité de la Cour.

L'écrivain moraliste

De l'extrême brièveté de la maxime (8, 55) à la description développée d'un caractère (61), La Bruyère a recours à des formes qui visent l'efficacité démonstrative. Tantôt, par l'emploi de la première personne, l'auteur se met lui-même en scène, en courtisan (23, 31, 58...) ou en moraliste (33, 45, 85...) ; tantôt c'est son lecteur qu'il déguise en courtisan (40, 78, 90...) ; d'autres fois il use de tours impersonnels (37, 92). Il recourt à des interrogations rhétoriques (3, 44) ou à des questions qui suggèrent un dialogue de courtisans (19, 46). À la recherche d'une constante variété, ses portraits s'achèvent souvent par une pointe, qui déroute, suspend le jugement et relance la réflexion.

La Bruyère juge sévèrement les courtisans : l'honnête homme est introuvable à la Cour (31), et ne peut y réussir (40, 53). Mais par là, c'est sur le genre humain dans son ensemble que La Bruyère jette un regard pessimiste.

Le peintre de la Cour

1. Après avoir lu l'ensemble de la section, essayez de synthétiser la pensée de La Bruyère sur la Cour.
2. Où le moraliste apparaît-il dans cette section ? Comment se présente-t-il ? Peut-on dresser de lui un portrait ?
3. Pourquoi La Bruyère ne nomme-t-il pas la « contrée » qu'il décrit dans le fragment 74 ? Expliquez le procédé.
4. Relevez dans ces fragments le champ lexical du théâtre et du jeu. Montrez qu'à travers ce portrait de la Cour, c'est une « comédie humaine » que La Bruyère met en scène.

L'écriture des *Caractères*

5. Observez la manière dont La Bruyère fait parler ses personnages. Dans quel but utilise-t-il le discours direct ? dans quel but le discours indirect ?
6. Les moralistes jouent très souvent sur le paradoxe. Relevez-en quelques-uns dans cette section et analysez-les. Servent-ils selon vous l'efficacité du propos ?
7. Relevez quelques pointes. Quel est l'effet attendu sur le lecteur ?

Mœurs et morale

8. Pourquoi la Cour offre-t-elle un milieu hostile à « l'honnête homme » ? Dans quels fragments le voit-on ?
9. Lisez la première scène du *Misanthrope* de Molière. Quels rapprochements pouvez-vous faire avec les thèmes majeurs de La Bruyère ?
10. Renseignez-vous sur l'ouvrage du jésuite espagnol Balthasar Gracián, *L'Homme de cour*, traduit en français en 1684. Dans quelle mesure « De la Cour » en est-il l'antithèse ?

La Rochefoucauld
1613-1680

Biographie, p. 561

Histoire littéraire
Le classicisme, p. 28

Méthode
Les temps et les modes, p. 441

Charles le Brun (1619-1690), *Homme regardant à travers ses bésicles*, Paris, musée du Louvre.

Texte 3 Maximes (1664)

Appartenant à la plus haute aristocratie, François de La Rochefoucauld fait la guerre et participe aux intrigues politiques de son temps. Retiré de la politique et de l'action, il brille dans les salons, où l'art de la maxime s'est épanoui. De ce jeu de société, le grand seigneur fait œuvre littéraire.

39. L'intérêt parle toutes sortes de langues, et joue toutes sortes de personnages, même celui de désintéressé.

83. Ce que les hommes ont nommé amitié n'est qu'une société, qu'un ménagement réciproque d'intérêts, et qu'un échange de bons offices; ce n'est enfin qu'un commerce où l'amour-propre se propose toujours quelque chose à gagner.

87. Les hommes ne vivraient pas longtemps en société s'ils n'étaient les dupes les uns des autres.

119. Nous sommes si accoutumés à nous déguiser aux autres qu'enfin nous nous déguisons à nous-mêmes.

137. On parle peu quand la vanité ne fait pas parler.

142. Comme c'est le caractère des grands esprits de faire entendre en peu de paroles beaucoup de choses, les petits esprits au contraire ont le don de beaucoup parler, et de ne rien dire.

146. On ne loue d'ordinaire que pour être loué.

158. La flatterie est une fausse monnaie qui n'a de cours que par notre vanité.

202. Les faux honnêtes gens sont ceux qui déguisent leurs défauts aux autres et à eux-mêmes. Les vrais honnêtes gens sont ceux qui les connaissent parfaitement et les confessent.

203. Le vrai honnête homme est celui qui ne se pique de rien.

216. La parfaite valeur est de faire sans témoins ce qu'on serait capable de faire devant tout le monde.

254. L'humilité n'est souvent qu'une feinte soumission, dont on se sert pour soumettre les autres; c'est un artifice de l'orgueil qui s'abaisse pour s'élever; et bien qu'il se transforme en mille manières, il n'est jamais mieux déguisé et plus capable de tromper que lorsqu'il se cache sous la figure de l'humilité.

François de La Rochefoucauld, *Maximes*, 1664.

Questions

Observer et analyser

1. Observez les types de phrases employés, leur longueur, les temps, les pronoms. Essayez de donner une définition de la maxime.

2. Relevez le champ lexical des « fausses vertus » et des « défauts ». Quelle image de la vie en société ces maximes proposent-elles ?

3. Repérez les métaphores utilisées par le moraliste. Quel effet ont-elles sur le lecteur ?

4. Le « vrai honnête homme » est évoqué dans la maxime 203. Essayez de dresser son portrait à partir de l'ensemble des maximes proposées ici.

Contexte et Perspectives

5. Dans « Les obsèques de la Lionne » (p. 375), quels énoncés sont comparables à des maximes ? Montrez la différence des buts et des moyens entre les deux moralistes.

Vers le BAC : l'écriture d'invention

6. Développez la maxime 142 en inventant, à la manière de La Bruyère, le portrait satirique d'un de ces « petits esprits ». Vous rapporterez directement les paroles de votre personnage.

La Bruyère
1645-1696

Biographie, p. 560

Histoire littéraire
Le classicisme, p. 28

Outils d'analyse
Le portrait, p. 162

Texte 4 Les Caractères (1688)

On ne saurait observer les hommes en société sans s'intéresser à leur conversation et, plus généralement, sans réfléchir à leur rapport au langage. Dans la section des Caractères *intitulée « De la société et de la conversation », La Bruyère présente le type d'un personnage bien singulier.*

Jan Martszen de Jonge (1609-1647), *Un jeune gentilhomme*, Paris, musée du Louvre.

Que dites-vous ? Comment ? Je n'y suis pas ; vous plairait-il de recommencer ? J'y suis encore moins. Je devine enfin : vous voulez, Acis, me dire qu'il fait froid ; que ne disiez-vous : « Il fait froid » ? Vous voulez m'apprendre qu'il pleut ou qu'il neige ; dites : « Il pleut, il neige. » Vous me trouvez bon visage, et vous désirez de m'en féliciter ; dites : « Je vous trouve bon visage. »

– Mais, répondez-vous, cela est bien uni et bien clair ; et d'ailleurs qui ne pourrait pas en dire autant ? – Qu'importe, Acis ? Est-ce un si grand mal d'être entendu[1] quand on parle, et de parler comme tout le monde ? Une chose vous manque, Acis, à vous et à vos semblables les diseurs de phœbus[2] ; vous ne vous en défiez point, et je vais vous jeter dans l'étonnement : une chose vous manque, c'est l'esprit. Ce n'est pas tout : il y a en vous une chose de trop, qui est l'opinion d'en avoir plus que les autres ; voilà la source de votre pompeux galimatias, de vos phrases embrouillées, et de vos grands mots qui ne signifient rien. Vous abordez cet homme, ou vous entrez dans cette chambre ; je vous tire par votre habit, et vous dis à l'oreille : « Ne songez point à avoir de l'esprit, n'en ayez point, c'est votre rôle ; ayez, si vous pouvez, un langage simple, et tel que l'ont ceux en qui vous ne trouvez aucun esprit ; peut-être alors croira-t-on que vous en avez. »

Jean de La Bruyère, *Les Caractères*, « De la société et de la conversation », 7, 1688.

1. Compris.
2. Style obscur.

Questions

Observer et analyser

1. Retrouvez-vous dans cet extrait la forme habituelle du portrait ? Relevez tous les procédés qui permettent de donner à ce texte de la vivacité.

2. Par quel procédé l'auteur nous présente-t-il les paroles d'Acis ? Quel est l'effet recherché ?

3. Relevez le champ lexical de l'obscurité et de la clarté et précisez les positions de chacun des personnages de l'extrait.

4. À quel endroit du texte La Bruyère nous donne-t-il la clé de ce personnage ? Précisez-la.

5. Quelle image le moraliste donne-t-il de lui-même ? Appuyez-vous, en particulier, sur les différents types de phrases (impératives, notamment) utilisés dans l'extrait.

Contexte et perspectives

6. Lisez la scène des portraits dans le *Misanthrope* (II, 4) de Molière. Comment Célimène caractérise-t-elle la conversation de ceux dont elle parle ? De quoi s'amusent les personnages qui l'écoutent ? Parmi eux, quelle position Alceste occupe-t-il ?

Vers le BAC : l'entretien à l'oral

7. D'après ce texte, récapitulez les qualités et les défauts que l'on doit manifester dans la conversation, selon La Bruyère. Ces qualités sont-elles conformes à celles que les classiques attendent de l'honnête homme ?

L'étude de l'homme

Pascal
1623-1662

Biographie, p. 563

Histoire littéraire
Le classicisme, p. 28

Outils d'analyse
Les types d'arguments, p. 432

Méthode
La langue du XVIIe siècle, p. 454

Texte 5 Pensées (1670, posthume)

Blaise Pascal, savant et mathématicien, fut aussi un grand moraliste : il laissa à sa mort un ouvrage inachevé que ses amis publièrent sous le titre de Pensées. *Il y observe le « tumulte » du monde (le « divertissement »), qui n'est, selon lui, que vaine agitation : ce que nous cherchons à fuir, c'est avant tout la conscience insupportable que l'homme est « un néant à l'égard de l'infini ».*

Ainsi l'homme est si malheureux, qu'il s'ennuierait même sans aucune cause d'ennui[1], par l'état propre de sa complexion[2]. Et il est si vain[3], qu'étant plein de mille causes essentielles d'ennui, la moindre chose, comme un billard et une balle qu'il pousse, suffisent pour le divertir.

D'où vient que cet homme qui a perdu depuis peu de mois son fils unique, et qui, accablé de procès et de querelles, était ce matin si troublé, n'y pense plus maintenant ? Ne vous en étonnez pas, il est tout occupé à voir par où passera ce sanglier que ses chiens poursuivent avec tant d'ardeur depuis six heures : il n'en faut pas davantage. L'homme, quelque plein de tristesse qu'il soit, si on peut gagner sur lui de le faire entrer en quelque divertissement, le voilà heureux pendant ce temps-là ; et l'homme, quelque heureux qu'il soit, s'il n'est diverti et occupé par quelque passion ou quelque amusement qui empêche l'ennui de se répandre, sera bientôt chagrin et malheureux. Sans divertissement, il n'y a point de joie ; avec le divertissement, il n'y a point de tristesse ; et c'est aussi ce qui forme le bonheur des personnes de grande condition[4] qu'ils ont un nombre de personnes qui les divertissent et qu'ils ont le pouvoir de se maintenir en cet état.

Prenez-y garde[5], qu'est-ce autre chose d'être surintendant, chancelier, premier président, sinon d'être en une condition où l'on a le matin un grand nombre de gens qui viennent de tous côtés pour ne leur laisser pas une heure en la journée où ils puissent penser à eux-mêmes. Et quand ils sont dans la disgrâce[6] et qu'on les renvoie à leurs maisons des champs où ils ne manquent ni de biens, ni de domestiques pour les assister dans leur besoin, ils ne laissent pas d'être[7] misérables et abandonnés parce que personne ne les empêche de songer à eux.

Blaise Pascal, *Pensées*, fragment 126, 1670 (posth.)

1. De souci.
2. Son caractère.
3. Frivole.
4. Situation sociale.
5. Soyez attentifs.
6. Perte de la faveur.
7. Ils sont obligatoirement.

Questions

Observer et analyser

1. Quel est le sens étymologique de « divertir » ? Quels exemples de divertissement Pascal propose-t-il ?

2. Relevez tout ce qui a trait au champ lexical du « bonheur ». Est-ce un thème traité de manière positive par Pascal ?

3. Relevez tous les phénomènes de parallélisme dans le texte. En quoi servent-ils l'argumentation de Pascal ?

4. Relevez tous les procédés qui permettent d'impliquer le lecteur dans le raisonnement. Quelle relation se noue entre celui-ci et le moraliste ?

Contexte et perspectives

5. Renseignez-vous sur le titre initial prévu par Pascal pour son ouvrage. En quoi permet-il de mieux comprendre l'extrait ci-dessus ?

Vers le BAC : le commentaire

6. Rédigez un paragraphe dans lequel vous montrerez l'efficacité rhétorique de ce fragment.

La Rochefoucauld
1613-1680

Biographie, p. 561

Histoire littéraire
Le classicisme, p. 28

Outils d'analyse
Les genres de l'argumentation, p. 428

Texte 6 Maximes (1664)

De maxime en maxime, se dessine chez La Rochefoucauld une méditation, souvent grave, sur la nature de l'homme: sans indulgence, orienté par un pessimisme corrosif, le regard du moraliste examine le travail souterrain de l'amour-propre et des passions.

2. L'amour-propre est le plus grand de tous les flatteurs.

4. L'amour-propre est plus habile que le plus habile homme du monde.

30. Nous avons plus de force que de volonté; et c'est souvent pour nous excuser à nous-mêmes que nous nous imaginons que les choses sont impossibles.

43. L'homme croit souvent se conduire lorsqu'il est conduit; et pendant que par son esprit il tend à un but, son cœur l'entraîne insensiblement à un autre.

44. La force et la faiblesse de l'esprit sont mal nommées; elles ne sont en effet que la bonne ou la mauvaise disposition des organes du corps.

69. S'il y a un amour pur et exempt du mélange de nos autres passions, c'est celui qui est caché au fond du cœur, et que nous ignorons nous-mêmes.

102. L'esprit est toujours la dupe du cœur.

Les frères Le Nain (XVIIe siècle), *Trois hommes et un garçon* (détail), Londres, Galerie nationale.

122. Si nous résistons à nos passions, c'est plus par leur faiblesse que par notre force.

182. Les vices entrent dans la composition des vertus comme les poisons entrent dans la composition des remèdes. La prudence les assemble et les tempère, et elle s'en sert utilement contre les maux de la vie.

281. L'orgueil qui nous inspire tant d'envie nous sert souvent aussi à la modérer.

404. Il semble que la nature ait caché dans le fond de notre esprit des talents et une habileté que nous ne connaissons pas; les passions seules ont le droit de les mettre au jour, et de nous donner quelquefois des vues plus certaines et plus achevées que l'art ne saurait faire.

François de La Rochefoucauld, *Maximes*, 1664.

Questions

Observer et analyser

1. Relevez tout ce qui a trait aux champs lexicaux de la tromperie et de la méconnaissance de soi. Quelle tonalité donnent-ils à ces maximes?

2. À partir de ces quelques maximes, reformulez de manière synthétique la thèse de l'auteur, en précisant les rapports entre passions et volonté.

3. Relevez toutes les figures d'antithèse. En quoi traduisent-elles la complexité de la nature humaine?

4. Les maximes ont souvent pour but de surprendre le lecteur et de le faire réfléchir. Par quels moyens stylistiques et syntaxiques l'auteur y parvient-il?

Contexte et perspectives

5. Comparez cet extrait avec celui de Pascal (p. 382): les deux auteurs vous semblent-ils avoir la même vision de l'homme?

Vers le BAC: l'écriture d'invention

6. Rédigez vous-même une dizaine de maximes, sur un thème de votre choix mais à la manière de La Rochefoucauld.

Rembrandt et la connaissance de l'homme

Rembrandt van Rijn (1609-1669)
Né à Leyde, Rembrandt s'établit assez tôt à Amsterdam, où il reçoit de nombreuses commandes. Son œuvre est très variée : peintures bibliques, tableaux officiels, scènes de groupes, portraits, autoportraits… Son usage original du clair-obscur (jeux d'ombre et de lumière) dramatise les scènes qu'il donne à voir.

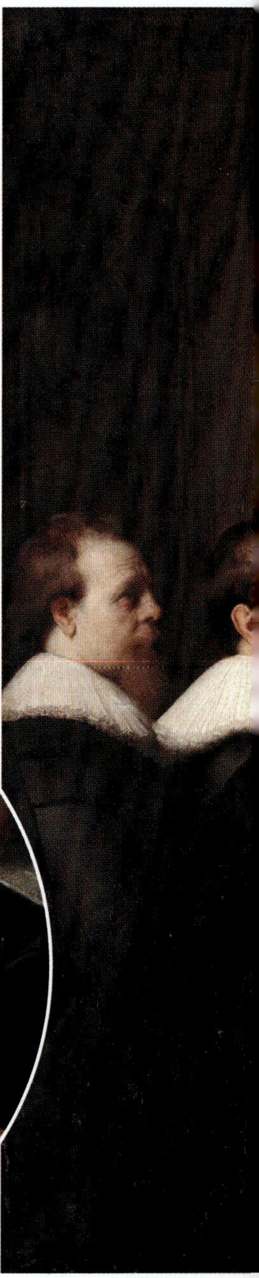

À retenir

L'enquête sur l'humain

Au XVIIe siècle, savants et philosophes, écrivains et artistes poursuivent les recherches qui permettent, depuis la Renaissance, de mieux comprendre l'homme. En France, c'est **Descartes** (1596-1650) qui, par ses traités, symbolise cette période d'interrogation scientifique.

Dans le domaine médical, les connaissances avaient peu évolué depuis l'Antiquité. Après une période d'interdit religieux, la pratique de la dissection se répand et permet une meilleure appréhension du corps humain. C'est **André Vésale** (1514-1564) qui pose, dans les années 1540, les principes d'une anatomie moderne où l'observation directe joue un rôle primordial.

Respect d'une tradition et nouveauté

La Leçon d'anatomie est une commande des médecins d'Amsterdam. Rembrandt, jeune, peu connu, doit respecter les codes de cette peinture officielle : on attend de lui les portraits de notables, dont les noms figurent au centre du tableau.

Le peintre respecte la contrainte : chacun dans le groupe est identifiable. Il s'affranchit pourtant de la tradition en donnant du mouvement à la scène : la disposition conventionnelle, qui placerait le docteur Tulp au centre du groupe, n'est pas respectée. Le bras ouvert, les tendons sont peints avec soin et réalisme. Rembrandt veut saisir la vérité d'un moment.

À propos …
…d'un détail
Le docteur Tulp expose à ses spectateurs un corps humain mis dans la lumière et montre plus particulièrement l'action des tendons. De la main droite, il agit sur le cadavre avec une pince ; de la main gauche, il mime le mouvement obtenu. La mécanique d'un geste banal est ainsi révélée à un public fasciné.

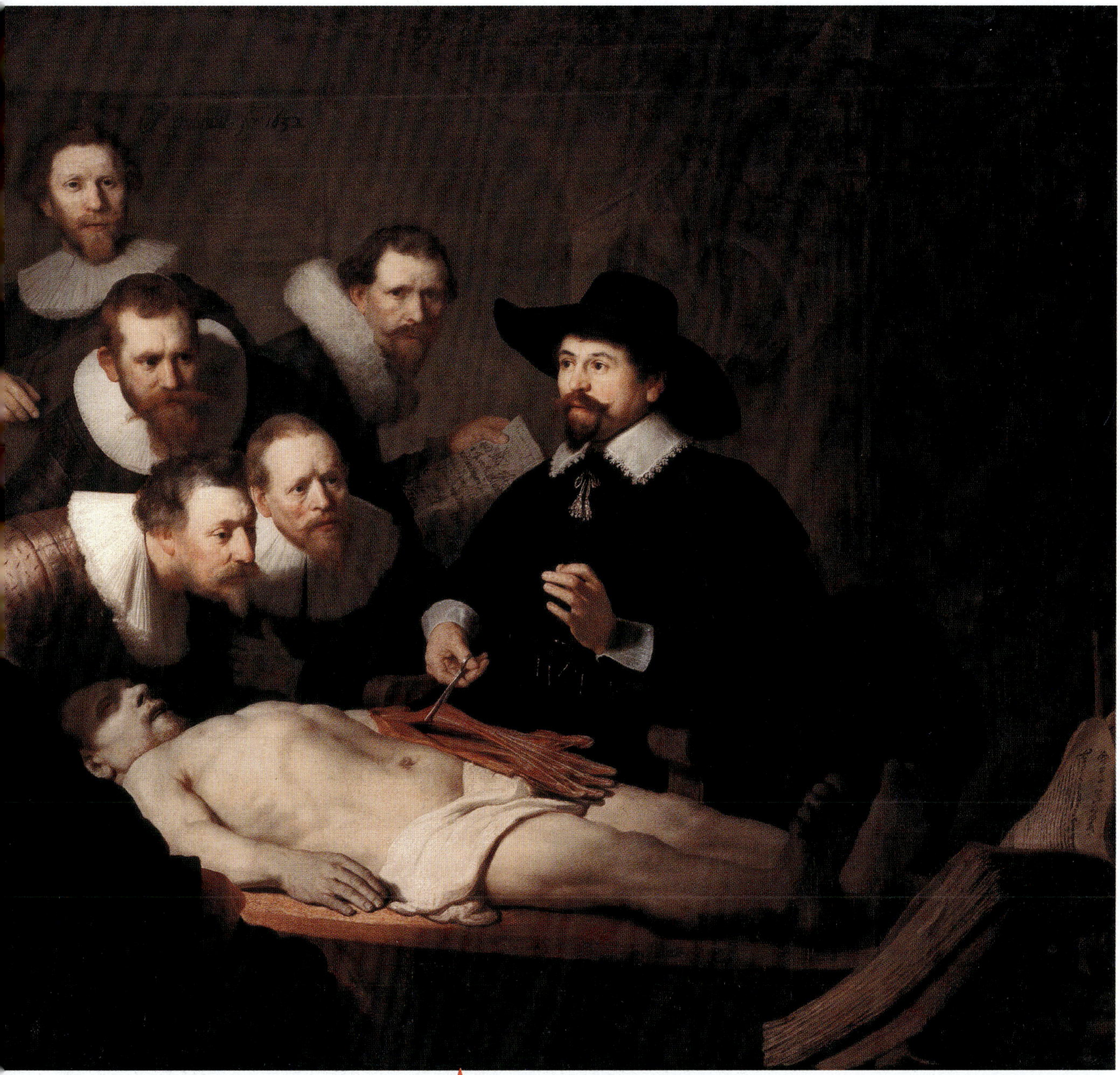

Rembrandt (1606-1669), *La Leçon d'anatomie du docteur Nicolaes Tulp* (1632), 169,5 cm × 216,5 cm, La Haye, Cabinet royal de peintures Mauritshuis.

Pour lire le tableau

Observer la composition
Les personnages sont disposés de manière pyramidale, avec pour base le cadavre.

Observer la matière picturale
La technique du clair-obscur, qui joue sur les contrastes entre ombres et lumières, contribue à suggérer la profondeur. Le corps, le livre, les collerettes, par leur clarté, créent un contraste avec les vêtements et le fond.

Observer les détails
Remarquez le livre d'anatomie, en bas à droite, et la liste des notables derrière l'épaule du Dr Tulp.

Questions

1. Quel sens donnez-vous à la disposition pyramidale de la toile ? Quel personnage est au centre du tableau et pourquoi ? Comment la lumière ajoute-t-elle à la composition ?
2. Observez les regards des personnages. Vers où sont-ils dirigés ? À quoi correspondent ces orientations différentes ?
3. Au-delà de l'œuvre de commande, en quoi ce tableau peut-il faire figure de méditation sur la vie et la mort ?
4. L'écrivain moraliste use de la maxime et du paradoxe pour frapper son lecteur : quels sont, au vu de ce tableau, les instruments du peintre moraliste ?

Chamfort
1740-1794

Biographie, p. 556

Histoire littéraire
Sensibilité et vertu, p. 40

Texte 7 Maximes et pensées (1795, posthume)

Dramaturge et poète, Sébastien-Roch Nicolas, dit Chamfort, est surtout connu aujourd'hui pour ses Maximes et pensées, *publiées un an après sa mort. Révolutionnaire enthousiaste jusqu'en 1793, son engagement girondin finit par menacer sa liberté et sa vie. Après un suicide manqué fin 1793, il s'éteint finalement en avril 1794.*

14. Il y a deux classes de moralistes et de politiques, ceux qui n'ont vu la nature humaine que du côté odieux ou ridicule, et c'est le plus grand nombre : Lucien[1], Montaigne, La Bruyère, La Rochefoucauld, Swift, Mandeville[2], Helvétius[3], etc. Ceux qui ne l'ont vue que du beau côté et dans ses perfections, tels sont Shaftesbury[2] et quelques autres. Les premiers ne connaissent pas le palais dont ils n'ont vu que les latrines. Les seconds sont des enthousiastes qui détournent leurs yeux loin de ce qui les offense, et qui n'en existe pas moins. *Est in medio verum*[4].

21. Souvent une opinion, une coutume commence à paraître absurde dans la première jeunesse, et en avançant dans la vie, on en trouve la raison ; elle paraît moins absurde. En faudrait-il conclure que de certaines coutumes sont moins ridicules ? On serait porté à penser quelquefois qu'elles ont été établies par des gens qui avaient lu le livre entier de la vie, et qu'elles sont jugées par des gens qui, malgré leur esprit, n'en ont lu que quelques pages.

86. Quand on veut devenir Philosophe, il ne faut pas se rebuter des premières découvertes affligeantes qu'on fait dans la connaissance des hommes. Il faut, pour les connaître, triompher du mécontentement qu'ils donnent, comme l'anatomiste triomphe de la Nature, de ses organes et de son dégoût, pour devenir habile dans son art.

126. Dans les choses, tout est affaires mêlées, dans les hommes, tout est pièces de rapport[5]. Au moral et au physique, tout est mixte. Rien n'est un, rien n'est pur.

Chamfort, *Maximes et Pensées*, 1795 (posth.)

1. Lucien de Samosate, auteur grec (120-180).
2. Auteurs anglais du XVIIe siècle.
3. Philosophe français des Lumières (1715-1771).
4. Le vrai est dans un juste milieu (formule latine).
5. Petites pièces de différentes couleurs que l'on assemble pour former une figure.

Questions

Observer et analyser

1. Résumez de manière synthétique la thèse de Chamfort dans les pensées 14, 86 et 126.

2. Observez attentivement la pensée 14. Pourquoi peut-on dire que les moralistes sont pris à leur propre jeu ?

3. La pensée 21 vous semble-t-elle une bonne illustration des conceptions de Chamfort sur le moraliste ?

4. Chamfort se distingue par son goût des métaphores. Relevez-les et analysez leur efficacité rhétorique.

Contexte et perspectives

5. Chamfort cite explicitement La Rochefoucauld et La Bruyère pour s'en détacher. Quels liens peut-on néanmoins tisser entre eux et Chamfort ?

Vers le BAC : la dissertation

6. Dans la pensée 86, Chamfort compare le travail du Philosophe à celui de l'anatomiste. Vous rédigerez un paragraphe de dissertation dans lequel vous montrerez que cette comparaison s'applique parfaitement au travail du moraliste.

Synthèse

Les moralistes du XVIIe siècle

Jean-Baptiste Chardin (1699-1779), *Tête de jeune homme*, Paris, musée du Louvre.

L'héritage antique

Des formes variées

Les moralistes du XVIIe siècle se sont exprimés dans des formes variées, souvent héritées des auteurs antiques : La Fontaine réécrit les *Fables* d'Ésope et de *Phèdre,* et La Bruyère les *Caractères* de Théophraste. L'aspiration satirique d'Horace se retrouve dans les *Pensées* de Pascal ou les *Maximes* de La Rochefoucauld. Mais dans leurs tragédies ou leurs comédies, Corneille et Molière font également œuvre de moralistes à travers des sentences et des aphorismes.

Une écriture concise

Un style performant

Les moralistes cultivent la **brièveté** et travaillent leur style avec un souci constant de l'**efficacité**: c'est le mètre toujours adapté au sens dans les vers de La Fontaine, l'organisation ingénieuse des mots et des figures chez La Rochefoucauld, le rythme vif des phrases chez La Bruyère.

Une pensée concentrée

Chaque texte est comme **clos sur lui-même**, constituant en soi une totalité, même si on peut identifier des continuités de texte en texte: reprise de thèmes ou de termes chez La Rochefoucauld (► p. 383), unité des sections chez La Bruyère (► pp. 378 et 381). L'état involontairement fragmentaire des *Pensées*, que la mort n'a pas permis à Pascal d'achever, facilite son rattachement aux moralistes (► p. 382).

Une peinture satirique

Un regard acerbe

Les moralistes observent l'homme en société et **dénoncent** ses défauts. Ils étudient en particulier la Cour, milieu qu'ils connaissent bien, puisqu'ils en font partie pour la plupart. **La société de Cour** est l'objet d'une satire corrosive des travers humains et des stratégies sociales: là triomphent l'intérêt (► l'amour propre de La Rochefoucauld, p. 383) et le paraître (► « De la Cour», p. 378, «Les obsèques de la lionne», p. 375).

Une vision pessimiste

Observant avec acuité les vices et les ridicules de l'homme, les moralistes expriment **une vision pessimiste du monde.** L'honnête homme, modèle de la sociabilité du XVIIe siècle, est rare; est-il même possible, tant l'amour-propre gouverne nos actions? La condamnation des moralistes semble parfois sans appel; seule la bienveillance souriante de La Fontaine éclaire ce jour sombre projeté sur l'homme et la société.

Une écriture argumentative

Plaire pour instruire

«Une Morale nue apporte de l'ennui;/Le conte fait passer le précepte avec lui./En ces sortes de feinte il faut instruire et plaire,/Et conter pour conter me semble peu d'affaire.» Au début du livre VI de ses *Fables*, La Fontaine résume ainsi le double objectif de l'apologue: «**instruire et plaire**» (*delectare et docere*, disait déjà Cicéron). Les deux termes sont indissociables, et l'agrément du lecteur vise à enseigner, à donner une leçon.

Montrer plus que démontrer

Pourtant, les moralistes veulent **montrer** plutôt que convaincre. Ils ne soutiennent pas une thèse explicite: ils décrivent, et la description suffit à révéler, à dénoncer. Le terme de *moraliste* désigne ici celui qui propose **une peinture des habitudes, des comportements et des mœurs** (du latin *mores*), et non celui qui prescrit les règles du bien et du mal, qui édicte une morale. Et si les *Fables* de La Fontaine comportent une morale qui pourrait laisser penser le contraire, la leçon qu'elles proposent n'est pas toujours simple, ni même toujours apparemment morale.

Un dialogue avec le lecteur

Les moralistes **interpellent** volontiers le lecteur, souvent présents dans leurs textes (► « Les obsèques de la lionne», p. 375; «Cimon et Clitandre», p. 378). La brièveté de ces textes les rend particulièrement propres à une lecture à voix haute, discontinue, souvent reprise. Chaque forme invite le lecteur à compléter la signification d'un fragment, à reconnaître ou non ses valeurs dans une morale. Le lecteur des moralistes ne se contente pas de recevoir une leçon qui lui serait imposée, il a un rôle actif à jouer, dans ce qui apparaît alors davantage comme un échange avec le moraliste.

Regards moralistes du XXᵉ siècle

Texte 1 Boris Vian, « La Complainte du progrès » (1955)

Cette chanson de l'écrivain et musicien Boris Vian (1920-1959) fut d'abord intitulée « Les Arts ménagers », du nom du Salon qui se tenait tous les ans à Paris, au Grand Palais.

Autrefois pour faire sa cour
On parlait d'amour
Pour mieux prouver son ardeur
On offrait son cœur
Maintenant c'est plus pareil
Ça change ça change
Pour séduire le cher ange
On lui glisse à l'oreille
Ah Gudule, viens m'embrasser,
Et je te donnerai...
Un frigidaire,
Un joli scooter,
Un atomixer
Et du Dunlopillo
Une cuisinière,
avec un four en verre
Des tas de couverts
Et des pelles à gâteau !
Une tourniquette
Pour faire la vinaigrette
Un bel aérateur
Pour bouffer les odeurs
Des draps qui chauffent
Un pistolet à gaufres
Un avion pour deux...
Et nous serons heureux !

Autrefois s'il arrivait
Que l'on se querelle
L'air lugubre on s'en allait
En laissant la vaisselle
Maintenant que voulez-vous
La vie est si chère
On dit Rentre chez ta mère
Et on se garde tout
Ah Gudule, excuse-toi,
Ou je reprends tout ça...
Mon frigidaire,
Mon armoire à cuillers
Mon évier en fer,
Et mon poêle à mazout
Mon cire-godasses,
Mon repasse-limaces
Mon tabouret-à-glace
Et mon chasse-filous !
La tourniquette,
À faire la vinaigrette
Le ratatine ordures
Et le coupe friture
[...]

Boris VIAN, « La complainte du progrès », paroles de B. Vian, musique A. Goraguer, © Warner Chappell Music France, 1956.

Les Arts ménagers, numéro d'août 1953.

Texte 2 Michel Houellebecq, *La Carte et le Territoire* (2010)

Michel Houellebecq (né en 1956) est un romancier qui porte un regard sans concession, mais non sans humour sur la société occidentale et sur la misère affective de ses contemporains. La Carte et le Territoire, *prix Goncourt 2010, est son cinquième roman.*

Lorsqu'il reprit la parole sa voix était douce, profonde, emplie d'une émotion naïve. « Dans ma vie de consommateur », dit-il, « j'aurai connu trois produits parfaits : les chaussures Paraboot Marche, le combiné ordinateur portable – imprimante Canon Libris, la parka Camel Legend. Ces produits je les ai aimés, passionnément, j'aurais passé ma vie en leur présence, rachetant régulièrement, à mesure de l'usure naturelle, des produits identiques. Une relation parfaite et fidèle s'était établie, faisant de moi un consommateur heureux. Je n'étais pas absolument heureux, à tous points de vue, dans la vie, mais au moins j'avais cela : je pouvais, à intervalles réguliers, racheter une paire de mes chaussures préférées. C'est peu mais c'est beaucoup, surtout quand on a une vie intime assez pauvre. Eh bien cette joie, cette joie simple, ne m'a pas été laissée. Mes produits favoris, au bout de quelques années, ont disparu des rayonnages, leur fabrication a purement et simplement été stoppée – et dans le cas de ma pauvre Parka Legend, sans doute la plus belle parka jamais fabriquée, elle n'aura vécu qu'une seule saison... » Il se mit à pleurer, lentement, à grosses gouttes, se resservit un verre de vin. « C'est brutal, vous savez, c'est terriblement brutal. Alors que les espèces animales les plus insignifiantes mettent des milliers, parfois des millions d'années à disparaître, les produits manufacturés sont rayés de la surface du globe en quelques jours, il ne leur est jamais accordé une seconde chance, ils ne peuvent que subir, impuissants, le diktat irresponsable et fasciste des responsables de lignes de produit qui savent naturellement mieux que tout autre ce que veut le consommateur, qui prétendent capter une attente de nouveauté chez le consommateur, qui ne font en réalité que transformer sa vie en une quête épuisante et désespérée, une errance sans fin entre des linéaires éternellement modifiés. »

Michel Houellebecq, *La Carte et le Territoire*, © Flammarion, 2010.

Croiser les textes

1. À quel genre chacun des deux extraits appartient-il ?

2. Identifiez précisément le thème de chacun. Montrez que chaque auteur décrit la société dont il est le contemporain.

3. Peut-on relever des marques de jugement de l'auteur ou du narrateur dans ces textes ? Précisez les registres des deux textes.

4. Quel regard ces deux écrivains portent-t-ils sur la société de consommation ?

Vers le BAC : la question de corpus

5. Vous montrerez comment ces deux textes, par la démarche de leurs auteurs et le regard qu'ils portent sur la société, s'inscrivent dans la continuité des moralistes présentés dans ce chapitre.

Fiction et argumentation

15

Jean-Baptiste Siméon Chardin (1699-1779), *Le Singe antiquaire* (1740), Paris, musée du Louvre.

Écrivains et philosophes ont toujours eu recours à la fiction pour faire passer leur vision de l'homme et de la société. Au XVIIe et surtout au XVIIIe siècle, dialogues, contes et romans philosophiques connaissent un plein épanouissement. Ce détour souvent plaisant permet d'offrir à un public plus nombreux une certaine conception de l'idéal social, mais aussi de développer une critique sévère de l'époque. La fiction se met alors au service de la réflexion et de la contestation.

La fiction au service de l'idéal

Cyrano de Bergerac
1619-1655

Biographie, p. 557

Histoire littéraire
Le baroque, p. 22

Outils d'analyse
La description, p. 162

Texte 1 Les États et Empires de la Lune (1657)

Grâce à des fioles emplies de rosée et à l'attraction du soleil, le héros narrateur de cette œuvre annonciatrice de la science-fiction parvient à se rendre sur la lune : il y découvre un lieu paradisiaque, même si l'homme n'y est pas toujours bien vu. À son départ, il reçoit un curieux présent.

À l'ouverture de la boîte, je trouvai dedans un je ne sais quoi de métal quasi tout semblable à nos horloges, plein d'un nombre infini de petits ressorts et de machines imperceptibles. C'est un livre à la vérité, mais c'est un livre miraculeux qui n'a ni feuillets ni caractères ; enfin c'est un livre où, pour apprendre, les yeux sont inutiles ; on n'a besoin que d'oreilles. Quand quelqu'un donc souhaite lire, il bande[1], avec une grande quantité de toutes sortes de clefs, cette machine, puis il tourne l'aiguille sur le chapitre qu'il désire écouter, et au même temps il sort de cette noix comme de la bouche d'un homme, ou d'un instrument de musique, tous les sons distincts et différents qui servent, entre les grands lunaires[2], à l'expression du langage.

Lorsque j'eus réfléchi sur cette miraculeuse invention de faire des livres, je ne m'étonnai plus de voir que les jeunes hommes de ce pays-là possédaient davantage de connaissance à seize et à dix-huit ans que les barbes grises du nôtre ; car, sachant lire aussitôt que parler, ils ne sont jamais sans lecture ; dans la chambre, à la promenade, en ville, en voyage, ils peuvent avoir dans la poche, ou pendus à l'arçon[3] de leurs selles, une trentaine de ces livres dont ils n'ont qu'à bander un ressort pour en ouïr un chapitre seulement, ou bien plusieurs, s'ils sont en humeur d'écouter tout un livre : ainsi vous avez éternellement autour de vous tous les grands hommes et morts et vivants qui vous entretiennent de vive voix. Ce présent m'occupa plus d'une heure, et enfin, me les étant attachés en forme de pendants d'oreilles, je sortis en ville pour me promener.

Savinien de Cyrano de Bergerac, *Les États et Empires de la Lune*, 1657 (posth.)

1. Il remonte.
2. Les habitants de la lune (beaucoup plus grands que les hommes).
3. Partie saillante d'une selle.

Questions

Observer et analyser

1. Relevez dans ce texte le champ lexical de la machine. À quelles machines modernes ces « livres » vous font-ils penser ?

2. En observant la syntaxe et le lexique, montrez comment le texte traduit la surprise et l'émerveillement du narrateur devant ce « livre » original.

3. À quel moment le narrateur compare-t-il le monde terrestre à la Lune ? Qu'est-ce qui ressort de cette comparaison ?

4. En quoi peut-on considérer que ce texte est un plaidoyer pour la lecture ?

Contexte et perspectives

5. Le texte parle d'« horloge » : quel était l'état d'avancée des techniques à l'époque de Cyrano ? Qu'y a-t-il de prophétique ou de farfelu dans l'invention de l'auteur ? Notre plaisir de lecteur peut-il être le même que celui d'un contemporain de Cyrano ?

Vers le BAC : le sujet d'invention

6. Certains prétendent que le livre sous sa forme traditionnelle est condamné à disparaître, concurrencé par ses versions électronique (*ebook*) ou audio (MP3). Rédigez un paragraphe où vous défendrez les avantages du livre imprimé.

Fénelon
1651-1715

Biographie, p. 558

Histoire littéraire
Le classicisme, p. 28

Outils d'analyse
La description, p. 162

Texte 2 Les Aventures de Télémaque (1699)

Il s'agit d'un roman didactique destiné au duc de Bourgogne dont Fénelon était le précepteur. Télémaque, fils d'Ulysse, voyage à travers le monde antique, accompagné d'un ami de son père, le sage Mentor. Ce dernier, face aux diverses formes de gouvernements rencontrées, fait profiter Télémaque de ses connaissances et de ses conseils. Il présente ici le paradis que serait la Crète.

Mentor nous dit qu'il avait été autrefois en Crète, et il nous expliqua ce qu'il en connaissait. « Cette île – disait-il – admirée de tous les étrangers, et fameuse par ses cent villes, nourrit sans peine tous ses habitants, quoiqu'ils soient innombrables. C'est que la terre ne se lasse jamais de répandre ses biens sur ceux qui la cultivent ; son sein fécond[1] ne peut s'épuiser. Plus il y a d'hommes dans un pays, pourvu qu'ils soient laborieux, plus ils jouissent de l'abondance. Ils n'ont jamais besoin d'être jaloux les uns des autres : la terre, cette bonne mère, multiplie ses dons selon le nombre de ses enfants qui méritent ses fruits par leur travail. L'ambition et l'avarice des hommes sont les seules sources de leur malheur : les hommes veulent tout avoir, et ils se rendent malheureux par le désir du superflu ; s'ils voulaient vivre simplement et se contenter de satisfaire aux vrais besoins, on verrait partout l'abondance, la joie, la paix et l'union.

C'est ce que le plus sage et le meilleur de tous les rois avait compris. Tout ce que vous verrez de plus merveilleux dans cette île est le fruit de ses lois. L'éducation qu'il faisait donner aux enfants rend les corps sains et robustes : on les accoutume d'abord à une vie simple, frugale[2] et laborieuse ; on suppose que toute volupté amollit le corps et l'esprit ; on ne leur propose jamais d'autre plaisir que celui d'être invincibles par la vertu et d'acquérir beaucoup de gloire. On ne met pas seulement ici le courage à mépriser la mort dans les dangers de la guerre, mais encore à fouler aux pieds les trop grandes richesses et les plaisirs honteux. Ici on punit trois vices qui sont impunis chez les autres peuples : l'ingratitude, la dissimulation et l'avarice.

Pour le faste et la mollesse, on n'a jamais besoin de les réprimer, car ils sont inconnus en Crète. Tout le monde y travaille, et personne ne songe à s'y enrichir ; chacun se croit assez payé de son travail par une vie douce et réglée, où l'on jouit en paix et avec abondance de tout ce qui est véritablement nécessaire à la vie. On n'y souffre[3] ni meubles précieux, ni habits magnifiques, ni festins délicieux, ni palais dorés. Les habits sont de laine fine et de belles couleurs, mais tout unis et sans broderie. Les repas y sont sobres ; on y boit peu de vin : le bon pain en fait la principale partie, avec les fruits que les arbres offrent comme d'eux-mêmes, et le lait des troupeaux. Tout au plus on y mange un peu de grosse viande sans ragoût ; encore même a-t-on soin de réserver ce qu'il y a de meilleur dans les grands troupeaux de bœufs pour faire fleurir l'agriculture. Les maisons y sont propres, commodes, riantes, mais sans ornements. La superbe architecture n'y est pas ignorée ; mais elle est réservée pour les temples des dieux, et les hommes n'oseraient avoir des maisons semblables à celles des immortels. Les grands biens des Crétois sont la santé, la force, le courage, la paix et l'union des familles, la liberté de tous les citoyens, l'abondance des choses nécessaires, le mépris des superflues,

1. Fertile.
2. Qui se contente d'une nourriture simple.
3. On n'y tolère.

l'habitude du travail et l'horreur de l'oisiveté, l'émulation[4] pour la vertu, la soumission aux lois, et la crainte des justes dieux. »

Je lui demandai en quoi consistait l'autorité du roi; et il me répondit: « Il peut tout sur les peuples; mais les lois peuvent tout sur lui. Il a une puissance absolue pour faire le bien, et les mains liées dès qu'il veut faire le mal. »

4. Zèle à surpasser autrui.

FÉNELON, *Les Aventures de Télémaque*, 1699.

Joseph Natoire (1700-1777), *Télémaque écoutant les conseils de Mentor*, Troyes, musée des Beaux-Arts.

Questions

Observer et analyser

1. Relevez le champ lexical de la modération (ou tempérance). Montrez que les mœurs des Crétois sont toutes placées sous le signe de la juste mesure.

2. À quel autre type de société les Crétois s'opposent-ils ? Relevez les termes péjoratifs qui servent à l'évoquer.

3. « Tout ce que vous verrez de plus merveilleux dans cette île est le fruit de ses lois. » (l. 15-16). Quelles sont ces lois, notamment en matière d'éducation ? En quoi semblent-elles bien à l'origine du bonheur des Crétois ?

4. Quel portrait du bon roi se dessine ici en filigrane ? Quel serait, par contraste, le mauvais roi ?

Contexte et perspectives

5. Faites une recherche sur le mythe de l'Âge d'or. Quelles caractéristiques en retrouve-t-on dans cette évocation de la Crète ?

6. Qu'est-ce qu'une utopie ? Peut-on employer le terme ici ?

Vers le BAC : le commentaire

7. Vous ferez le commentaire organisé de ce passage en vous appuyant sur le parcours de lecture suivant : après avoir montré en quoi la Crète de Mentor est un lieu paradisiaque, vous tenterez de mettre en évidence la critique de la France de la fin du XVIIe siècle qui peut se lire en creux dans ce tableau.

Diderot
1713-1784

Biographie, p. 558

Texte 3 Supplément au Voyage de Bougainville (1772)

Cette œuvre se présente sous la forme d'un dialogue entre « A » et « B », supposé compléter la Description d'un voyage autour du monde, *ouvrage dans lequel le navigateur Bougainville relatait sa découverte de Tahiti. « B » raconte l'arrivée de Bougainville dans l'île et rapporte une conversation entre l'aumônier du navire et un habitant de l'île, Orou.*

Histoire des Arts

Paul Gauguin s'installe en 1891 en Polynésie. Il peint les paysages et les habitants de Tahiti, attentif surtout au travail de la couleur et des volumes. C'est le bonheur d'un paradis retrouvé qu'il nous livre.

Paul Gauguin (1848-1903), *Famille de Tahiti avec son canoë* (1896), Saint-Pétersbourg, musée de l'Ermitage.

L'AUMÔNIER. – [...] Mais vous ne vous mariez donc point ?

OROU. – Nous nous marions.

L'AUMONIER. – Qu'est-ce que votre mariage ?

OROU. – Le consentement mutuel d'habiter une même cabane, et de coucher dans un même lit, tant que nous nous y trouvons bien.

L'AUMONIER. – Et lorsque vous vous y trouvez mal ?

OROU. – Nous nous séparons.

L'AUMONIER. – Que deviennent vos enfants ?

OROU. – Ô étranger ! Ta dernière question achève de me déceler la profonde misère de ton pays. Sache, mon ami, qu'ici la naissance d'un enfant est toujours un bonheur, et sa mort un sujet de regrets et de larmes. Un enfant est un bien précieux, parce qu'il doit devenir un homme ; aussi, en avons-nous un tout autre soin que de nos plantes et de nos animaux. Un enfant qui naît occasionne la joie domestique et publique : c'est un accroissement de fortune pour la cabane et de force pour la nation : ce sont des bras et des mains de plus dans Otaïti[1] ; nous voyons en lui un agriculteur, un pêcheur, un chasseur, un soldat, un époux, un père. En repassant de la cabane de son mari à celle de ses parents, une femme emmène avec elle ses enfants qu'elle avait apportés en dot : on partage ceux qui sont nés pendant la cohabitation commune ; et l'on compense, autant qu'il est possible, les mâles par les femelles, en sorte qu'il reste à chacun à peu près un nombre égal de filles et de garçons.

L'AUMONIER. – Mais des enfants sont longtemps à charge avant que de rendre service.

OROU. – Nous destinons à leur entretien et à la subsistance des vieillards une sixième partie de tous les fruits du pays. Ce tribut[2] les suit partout. Ainsi tu vois que plus la famille de l'Otaïtien est nombreuse, plus elle est riche.
L'AUMONIER. – Une sixième partie !
OROU. – C'est un moyen sûr d'encourager la population et d'intéresser au respect de la vieillesse et à la conservation des enfants.

Denis DIDEROT, *Supplément au Voyage de Bougainville*, 1772.

1. Tahiti.
2. Contribution.

Texte écho Louis de Jaucourt, *Encyclopédie*, article « Mariage » (1751-1772)

*Le chevalier de Jaucourt est l'un des principaux collaborateurs de Diderot et d'Alembert, dans leur vaste entreprise de l'*Encyclopédie.

On demande enfin quelle doit être la durée de la société[1] conjugale selon le droit naturel, indépendamment des lois civiles: je réponds que la nature même et le but de cette société nous apprennent qu'elle doit durer très longtemps. La fin de la société entre le mâle et la femelle n'étant pas simplement de procréer, mais de continuer l'espèce, cette société doit durer du moins même, après la procréation, aussi longtemps qu'il est nécessaire pour la nourriture et la conservation des procréés, c'est-à-dire, jusqu'à ce qu'ils soient capables de pourvoir eux-mêmes à leurs besoins. En cela consiste la principale et peut-être la seule raison, pour laquelle le mâle et la femelle humains sont obligés à une société plus longue que n'entretiennent les autres animaux. Cette raison est que la femme est capable de concevoir, et se trouve d'ordinaire grosse d'un nouvel enfant longtemps avant que le précédent soit en état de pourvoir lui – même à ses besoins. Ainsi le mari doit demeurer avec sa femme jusqu'à ce que leurs enfants soient grands et en âge de subsister par eux-mêmes, ou avec les biens qu'ils leur laissent. On voit que par un effet admirable de la sagesse du Créateur, cette règle est constamment observée par les animaux mêmes destitués de raison.

Encyclopédie, Louis de JAUCOURT, article « Mariage » [extrait], 1751-1772.

1. L'union.

Histoire littéraire
Les Lumières, p. 36

Outils d'analyse
Les genres de l'argumentation, p. 428

Questions

Observer et analyser

1. Quelles sont les différentes caractéristiques de la famille tahitienne ? Comment l'organisation sociale de Tahiti favorise-t-elle la famille ? Vous montrerez en quoi elle s'oppose à la famille européenne.

2. Vous analyserez l'enchaînement des idées d'Orou. Son discours paraît-il raisonnable et argumenté ?

3. Comment comprendre les réactions de l'aumônier ?

4. L'enfant est un « bien précieux » selon les Tahitiens. Relevez les éléments, dans le discours d'Orou, qui confirment ce point de vue.

Contexte et perspectives

5. Comparez les deux représentations de la famille données dans le texte de Diderot et dans celui de l'*Encyclopédie* (► Texte écho). Sont-elles fondées sur les mêmes principes ?

Vers le BAC : la dissertation

6. Vous expliquerez en quoi faire voyager un personnage permet à un auteur de développer une argumentation sur son propre pays.

L'intention moralisatrice dans les tableaux de Greuze

Jean-Baptiste Greuze (1725-1805)
Dans ses portraits de jeunes filles (*La Cruche cassée*) comme dans ses vastes compositions, la peinture de Greuze se caractérise par une sentimentalité conforme au goût de la seconde moitié du XVIIIe siècle, et qui lui valut une immense popularité.

Jean-Baptiste Greuze, *Le Fils ingrat*, 1777, huile sur toile, 130 cm × 162 cm, Paris, musée du Louvre.

À retenir

La peinture de genre

Rejetant les grands sujets épiques, historiques ou religieux et les allégories savantes, la « peinture de genre » s'attache à **représenter la vie quotidienne**, dans ses objets et ses mœurs. Au début du XVIIIe siècle, **Chardin (1699-1779)** surpasse par sa maîtrise picturale les maîtres des grands genres et force le respect d'écrivains comme Diderot. À la fin du XVIIIe siècle, c'est Greuze qui valorise cette peinture mineure en lui donnant une visée moralisatrice.

Le goût pour la théâtralisation

Greuze accorde une grande importance à l'attitude des personnages. Leurs gestes expressifs sont comme figés sous l'éclairage soudain d'une lumière vive. Ces caractéristiques se retrouvent dans plusieurs œuvres : *L'Accordée de village* ou *La Piété filiale* par exemple. On peut parler de **dramatisation**.

Une leçon de vertu

Dans ses tableaux, Greuze invite à chercher des leçons ou à voir des **allégories**. On les rapproche, en littérature, du drame bourgeois qui représente des situations familiales dans un même but édifiant. Diderot, l'inventeur de ce genre théâtral, sera le plus fervent admirateur des toiles de Greuze, parlant de « chefs-d'œuvre de composition » et louant leur appel larmoyant à la vertu.

À propos ...
...de deux *Fils*
Le Fils ingrat (1777) et *Le Fils puni* (1778) forment un diptyque intitulé *La Malédiction paternelle*. Leur inspiration est puisée dans la parabole du Fils prodigue (Nouveau Testament). Cet épisode biblique met en scène deux fils : l'un qui suit les commandements de son père, et l'autre qui s'en détourne et part à l'aventure, dilapidant sa fortune. Ce dernier finit par revenir et son père l'accueille avec faste. Chez Greuze, lorsque le fils revient, son père est à l'agonie : c'est le « fils puni »

Jean-Baptiste Greuze, *Le Fils puni*, 1778, huile sur toile, 130 cm × 162 cm, Paris, musée du Louvre.

Pour lire le tableau

Observer la composition
Les deux personnages principaux (le père et le fils) sont éloignés. Les autres personnages, qui occupent le reste de l'espace, se contorsionnent.

Observer la lumière
Une lumière crue vient du haut et ajoute à la violence de la scène, qui apparaît comme saisie sur le vif. Elle éclaire notamment le lit du mort.

Observer le décor
Le lieu est intime (la chambre) et plusieurs détails reflètent cette intimité. Mais certains éléments comme le drapé du rideau donnent aussi un caractère plus solennel.

Questions

1. Une image fixe peut raconter une histoire : que comprend-on de la situation ?
2. Observez les différents personnages. Quelle est l'attitude du fils ? de la mère ? Comment réagissent les enfants face à la mort du père ?
3. À quel registre appartient ce tableau ?
4. Le chien semble se préparer à quitter la pièce. Y voyez-vous un symbole ?
5. Le sujet de ce tableau vous semble-t-il actuel ?

Comparez

6. Le fils vous semble-t-il avoir changé entre les deux tableaux ? Justifiez votre réponse.
7. Rapprochez la composition des deux tableaux : que constatez-vous ?
8. Quelle morale peut-on dégager de la confrontation de ces deux tableaux ?

La fiction au service de la critique

Montesquieu
1689-1755

Biographie, p. 562

Histoire littéraire
L'esprit libertin, p. 34

Texte 4 Lettres persanes (1721)

Rica et Usbek, venus de Perse, traversent l'Europe et font part de leurs expériences notamment à leur ami Ibben, resté au pays. La correspondance de ce roman épistolaire est évidemment fictive et c'est bien Montesquieu qui en est l'auteur, même s'il prétendit n'être que le traducteur d'une œuvre anonyme. L'occasion pour lui de porter un regard prétendument naïf et surtout… perçant sur la société française.

« Rica à Ibben, à Smyrne »

Les habitants de Paris sont d'une curiosité qui va jusqu'à l'extravagance. Lorsque j'arrivai, je fus regardé comme si j'avais été envoyé du ciel : vieillards, hommes, femmes, enfants, tous voulaient me voir. Si je sortais, tout le monde se mettait aux fenêtres ; si j'étais aux Tuileries, je voyais aussitôt un cercle se former autour de moi ; les femmes mêmes faisaient un arc-en-ciel nuancé de mille couleurs, qui m'entourait. Si j'étais aux spectacles, je voyais aussitôt cent lorgnettes[1] dressées contre ma figure : enfin jamais homme n'a tant été vu que moi. Je souriais quelquefois d'entendre des gens qui n'étaient presque jamais sortis de leur chambre, qui disaient entre eux : Il faut avouer qu'il a l'air bien persan. Chose admirable ! Je trouvais de mes portraits partout ; je me voyais multiplié dans toutes les boutiques, sur toutes les cheminées, tant on craignait de ne m'avoir pas assez vu.

Antoine Coypel (1661-1722), *L'Ambassadeur du Maroc au théâtre à Paris en 1682*, châteaux de Versailles et de Trianon.

Tant d'honneurs ne laissent pas d'être à la charge[2] : je ne me croyais pas un homme si curieux et si rare ; et quoique j'aie très bonne opinion de moi, je ne me serais jamais imaginé que je dusse troubler le repos d'une grande ville où je n'étais point connu. Cela me fit résoudre à quitter l'habit persan, et à en endosser un à l'européenne, pour voir s'il resterait encore dans ma physionomie quelque chose d'admirable. Cet essai me fit connaître ce que je valais réellement. Libre de tous les ornements étrangers, je me vis apprécié au plus juste. J'eus sujet de me plaindre de mon tailleur, qui m'avait fait perdre en un instant l'attention et l'estime publique ; car j'entrai tout à coup dans un néant affreux. Je demeurais quelquefois une heure dans une compagnie sans qu'on m'eût regardé, et qu'on m'eût mis en occasion d'ouvrir la bouche; mais, si quelqu'un par hasard apprenait à la compagnie que j'étais Persan, j'entendais aussitôt autour de moi un bourdonnement: « Ah! ah! monsieur est Persan? C'est une chose bien extraordinaire! Comment peut-on être Persan? »

A Paris, le 6 de la lune de Chalval, 1712.

MONTESQUIEU, *Lettres persanes*, Lettre 30, 1721.

1. Petites jumelles.
2. Ne manquent pas d'être pénibles.

Texte écho Fredric Brown, *En Sentinelle* (1958)

Un combattant se retrouve à des années-lumière de chez lui dans un univers éclairé par un étrange soleil bleu, face à des adversaires « monstrueux, cruels, hideux et ignobles ».

Et maintenant, comme autant d'îlots dans l'océan du Cosmos, chaque planète était l'enjeu de combats féroces et acharnés.

Il était trempé et tout boueux, il avait faim et il était gelé, et un vent féroce lui glaçait les yeux. Mais les Autres étaient en train de tenter une manœuvre d'infiltration, et la moindre position tenue par une sentinelle devenait un élément vital du dispositif d'ensemble.

Il restait donc en alerte, le doigt sur la détente. À cinquante mille années-lumière de chez lui, il faisait la guerre dans un monde étranger, en se demandant s'il reverrait jamais son foyer.

Et c'est alors qu'il vit un Autre s'approcher de lui, en rampant. Il tira une rafale. L'Autre fit ce bruit affreux et étrange qu'ils font tous en mourant, et s'immobilisa. Il frissonna en entendant ce râle, et la vue de l'Autre le fit frissonner encore plus. On devrait pourtant en prendre l'habitude, à force d'en voir – mais jamais il n'y était arrivé. C'étaient des êtres vraiment trop répugnants, avec deux bras seulement et deux jambes, et une peau d'un blanc écœurant, nue et sans écailles.

Fredric BROWN, « En Sentinelle », dans *Lune de Miel en Enfer*, 1954, traduction de Jean Sendy, © Editions Denoël, 1973.

Questions

Observer et analyser

1. Relevez le champ lexical du regard. Qu'est-ce que cela révèle de la société parisienne?

2. Quel regard Rica a-t-il sur lui-même? Justifiez votre réponse.

3. Mettez en évidence le renversement sur lequel repose le texte. Comment Rica vit-il ce renversement?

4. Relevez les procédés comiques qui nous font rire des Parisiens et parfois de Rica. Vous serez attentifs notamment aux discours prêtés aux Parisiens.

5. En quoi la fiction épistolaire renforce-t-elle l'argumentation?

Contexte et perspectives

6. Connaissez-vous d'autres romans épistolaires écrits au XVIIIe siècle? Y retrouve-t-on une dimension critique?

7. Montrez que, comme Montesquieu, Fredric Brown déplace le point de vue de son lecteur (► texte écho). Comment prépare-t-il l'effet de surprise final?

Vers le BAC: le commentaire

8. Vous rédigerez un paragraphe dans lequel vous montrerez l'« extravagance » comique des Parisiens.

Voltaire
1694-1778

Biographie, p. 567

Histoire littéraire
Les Lumières, p. 36

Texte 5 Micromégas (1752)

Le personnage principal de ce conte philosophique, Micromégas, est un géant haut de trente-deux kilomètres, originaire d'une planète tournant autour de l'étoile Sirius. Il est conduit, pour des raisons que nous allons découvrir ici, à quitter sa planète, ce qui l'amènera à découvrir Saturne puis une « petite fourmilière » : la Terre.

La taille de Son Excellence[1] étant de la hauteur que j'ai dite, tous nos sculpteurs et tous nos peintres conviendront sans peine que sa ceinture peut avoir cinquante mille pieds de roi[2] de tour : ce qui fait une très jolie proportion.

Quant à son esprit, c'est un des plus cultivés que nous ayons ; il sait beaucoup de choses ; il en a inventé quelques-unes ; il n'avait pas encore deux cent cinquante ans, et il étudiait, selon la coutume, au collège des jésuites de sa planète, lorsqu'il devina, par la force de son esprit, plus de cinquante propositions d'Euclide[3]. C'est dix-huit de plus que Blaise Pascal[4], lequel, après en avoir deviné trente-deux en se jouant, à ce que dit sa sœur, devint depuis un géomètre assez médiocre, et un fort mauvais métaphysicien. Vers les quatre cent cinquante ans, au sortir de l'enfance, il disséqua beaucoup de ces petits insectes qui n'ont pas cent pieds de diamètre, et qui se dérobent aux microscopes ordinaires ; il en composa un livre fort curieux, mais qui lui fit quelques affaires. Le muphti[5] de son pays, grand vétillard[6], et fort ignorant, trouva dans son livre des propositions suspectes, malsonnantes, téméraires, hérétiques, sentant l'hérésie, et le poursuivit vivement : il s'agissait de savoir si la forme substantielle[7] des puces de Sirius était de même nature que celle des colimaçons[8]. Micromégas se défendit avec esprit ; il mit les femmes de son côté ; le procès dura deux cent vingt ans. Enfin le muphti fit condamner le livre par des jurisconsultes[9] qui ne l'avaient pas lu, et l'auteur eut ordre de ne paraître à la cour de huit cents années.

Voltaire, *Micromégas*, chap. 1, 1752.

1. Micromégas.
2. Environ 325 mm.
3. Mathématicien de la Grèce antique.
4. Voir p. 382.
5. Dignitaire religieux musulman.
6. Qui cherche querelle sur des riens.
7. La constitution.
8. Escargots.
9. Juristes.

Questions

Observer et analyser

1. Relevez dans ce texte les exagérations. Pourquoi font-elles de Micromégas un parfait héros de conte ?

2. Relevez toutes les références au monde contemporain de Voltaire. Comment sont-elles présentées ?

3. Pourquoi les passages relatifs à l'éducation et à la science sont-ils comiques ?

4. Comment apparaissent le muphti et les jurisconsultes ? De qui Voltaire fait-il ici la satire ?

Contexte et perspectives

5. Renseignez-vous sur Gargantua, le personnage de Rabelais, et sur son éducation. Qu'a-t-il en commun avec Micromégas ?

Vers le BAC : l'entretien à l'oral

6. À travers ce récit, Voltaire critique la société de son temps. Grâce à quel procédé ? Dans quels textes des chapitres 15 et 16 retrouve-t-on ce procédé ?

Vers l'œuvre complète

Voltaire, *Micromégas*

Citations

« Il s'appelait Micromegas, nom qui convient fort à tous les grands. » (Chapitre I)

« Le nain, qui jugeait quelquefois un peu trop vite, décida d'abord qu'il n'y avait personne sur la terre. » (Chapitre IV)

« Je n'affirme rien ; je me contente de croire qu'il y a plus de choses possibles qu'on ne pense. » (Chapitre VII)

Un récit merveilleux

Publié pour la première fois en 1752 mais élaboré dans ses grandes lignes plusieurs années auparavant, le conte philosophique *Micromégas* s'insère, dans la production voltairienne, entre *Zadig* et *Candide*, comme un divertissement destiné à distraire Frédéric II, roi de Prusse. Micromégas est un personnage aux multiples qualités, qui voyage de planète en planète en se servant des rayons du Soleil ou des comètes pour se déplacer. Présenté comme un savant, il exerce son esprit critique et accroît ses connaissances au gré de ses pérégrinations interstellaires et de ses rencontres.
Voltaire reprend ici le procédé de « l'œil neuf », employé par Montesquieu dans les *Lettres persanes*, mais il va observer la société de beaucoup plus loin... Ce détour lui permet de critiquer le monde de son temps et d'aborder certaines questions philosophiques.

De l'importance de relativiser...

La leçon principale de l'œuvre est en quelque sorte contenue dans le nom du personnage. Micromégas, c'est le « petit-grand ». Ce nom est une invitation à tout relativiser : le bonheur dépend d'un équilibre entre notre nature et nos désirs.
Micromégas, le géant, est étonné de constater que les fourmis invisibles que sont les hommes ont une intelligence inattendue, mais ces hommes ne doivent pas pour autant se considérer comme supérieurs à tout : ils sont minuscules à l'échelle de l'univers. La dernière page les remet à leur place : le « bout des choses » leur échappe.
À travers la fiction, Voltaire revient sur des idées développées dans son *Traité de métaphysique* (1734) et ses *Éléments de la philosophie de Newton* (1738). Pour faire voyager son héros, il utilise d'ailleurs les lois de l'attraction universelle récemment mises en lumière.

Les personnages

1. Quelles sont les principales caractéristiques du personnage de Micromégas ?

2. Cherchez une biographie de Voltaire. Quels éléments permettent d'établir des liens entre l'auteur et son personnage ?

3. Micromégas est accompagné d'un autre personnage pendant son voyage. Qui est-ce ? Quel semble être son rôle ?

Un conte philosophique

4. Pourquoi considère-t-on cette œuvre comme un « conte philosophique » ? Quels sont les éléments qui relèvent du conte ? Quels sont ceux qui lui confèrent une dimension philosophique ?

5. Quel rôle la science joue-t-elle dans cette fable ? Comment comprendre ce «livre tout blanc» donné par Micromégas ?

Registres

6. Le registre satirique est présent dans plusieurs passages de l'œuvre. Citez quelques exemples en identifiant précisément les cibles de Voltaire.

7. La critique s'appuie sur d'autres registres. Lesquels ? Relevez des exemples précis.

Perspective

8. Cherchez d'autres œuvres où un personnage traverse un monde imaginaire et comparez-les à *Micromégas*.

Voltaire
1694-1778

Biographie, p. 567

Histoire littéraire
Les Lumières, p. 36

Outils d'analyse
La structure du récit, p. 166
Les genres de l'argumentation, p. 428

Texte intégral

Texte 6 Aventure indienne (1766)

Le court récit Aventure indienne *a été publié en 1766 en même temps que* Le Philosophe ignorant *(personnage présenté comme le traducteur du texte). Nous y retrouvons un Pythagore de fiction qui observe, en ignorant, les mœurs de la nature et des hommes à l'autre bout du monde. Il est intéressant de noter que, la même année, le chevalier de La Barre, un jeune Abbevillois, est condamné, pour « impiété », à être décapité et brûlé avec un exemplaire du* Dictionnaire philosophique *de Voltaire, trouvé en sa possession.*

Pythagore, dans son séjour aux Indes, apprit comme tout le monde sait, à l'école des gymnosophistes[1], le langage des bêtes et celui des plantes. Se promenant un jour dans une prairie assez près du rivage de la mer, il entendit ces paroles : « Que je suis malheureuse d'être née herbe ! à peine suis-je parvenue à deux pouces[2] de hauteur que voilà un monstre dévorant, un animal horrible qui me foule sous ses larges pieds ; sa gueule est armée d'une rangée de faux tranchantes, avec laquelle il me coupe, me déchire, et m'engloutit. Les hommes nomment ce monstre un *mouton*. Je ne crois pas qu'il y ait au monde une plus abominable créature. »

Pythagore avança quelques pas ; il trouva une huître qui bâillait sur un petit rocher ; il n'avait point encore embrassé cette admirable loi par laquelle il est défendu de manger les animaux nos semblables. Il allait avaler l'huître, lorsqu'elle prononça ces mots attendrissants : « Ô nature ! que l'herbe, qui est comme moi ton ouvrage, est heureuse ! Quand on l'a coupée, elle renaît, elle est immortelle ; et nous, pauvres huîtres, en vain sommes-nous défendues par une double cuirasse ; des scélérats[3] nous mangent par douzaines à leur déjeuner, et c'en est fait pour jamais. Quelle épouvantable destinée que celle d'une huître, et que les hommes sont barbares ! »

Pythagore tressaillit ; il sentit l'énormité du crime qu'il allait commettre : il demanda pardon à l'huître en pleurant, et la remit bien proprement sur son rocher.

Comme il rêvait profondément à cette aventure en retournant à la ville, il vit des araignées qui mangeaient des mouches, des hirondelles qui mangeaient des araignées, des éperviers qui mangeaient des hirondelles. « Tous ces gens-là, dit-il, ne sont pas philosophes. »

Pythagore, en entrant, fut heurté, froissé, renversé par une multitude de gredins et de gredines qui couraient en criant : « C'est bien fait, c'est bien fait, ils l'ont bien mérité ! – Qui ? quoi ? » dit Pythagore en se relevant ; et les gens couraient toujours en disant : « Ah ! que nous aurons de plaisir a les voir cuire ! »

Pythagore crut qu'on parlait de lentilles ou de quelques autres légumes ; point du tout, c'était de deux pauvres Indiens. « Ah ! sans doute, dit Pythagore, ce sont deux grands philosophes qui sont las de la vie ; ils sont bien aises de renaître sous une autre forme ; il y a du plaisir à changer de maison, quoiqu'on soit toujours mal logé : il ne faut pas disputer des goûts. »

1. Philosophes indiens vivant nus.
2. Environ 5,4 cm.
3. Criminels.

Il avança avec la foule jusqu'à la place publique, et ce fut là qu'il vit un grand bûcher allumé, vis-à-vis de ce bûcher, un banc qu'on appelait un *tribunal*, et sur ce banc, des juges, et ces juges tenaient tous une queue de vache à la main, et ils avaient sur la tête un bonnet ressemblant parfaitement aux deux oreilles de l'animal qui porta Silène[4] quand il vint autrefois au pays avec Bacchus, après avoir traversé la mer Érythrée[5] à pied sec, et avoir arrêté le soleil et la lune comme on le raconte fidèlement dans les *Orphiques*[6].

4. Vieillard ivre et chantant du cortège de Bacchus (le dieu du vin), toujours monté sur un âne.

5. Mer Rouge.

6. Ouvrage du VIe siècle av. J.-C. issu d'un courant religieux de la Grèce antique.

Femmes faisant une offrande au dieu Brahma, 1720, miniature du Rajasthan (Inde), Paris, musée Guimet.

Il y avait parmi ces juges un honnête homme fort connu de Pythagore. Le sage de l'Inde expliqua au sage de Samos de quoi il était question dans la fête qu'on allait donner au peuple indou.

« Les deux Indiens, dit-il, n'ont nulle envie d'être brûlés ; mes graves confrères les ont condamnés à ce supplice, l'un pour avoir dit que la substance de Xaca n'est pas la substance de Brahma[7] ; et l'autre, pour avoir soupçonné qu'on pouvait plaire à l'Être suprême par la vertu, sans tenir en mourant une vache par la queue ; parce que, disait-il, on peut être vertueux en tout temps, et qu'on ne trouve pas toujours une vache à point nommé. Les bonnes femmes de la ville ont été si effrayées de ces deux propositions hérétiques[8], qu'elles n'ont point donné de repos aux juges, jusqu'à ce qu'ils aient ordonné le supplice de ces deux infortunés. »

Pythagore jugea que depuis l'herbe jusqu'à l'homme il y avait bien des sujets de chagrin. Il fit pourtant entendre raison aux juges, et même aux dévotes ; et c'est ce qui n'est arrivé que cette seule fois.

Ensuite il alla prêcher la tolérance à Crotone[9] ; mais un intolérant mit le feu à sa maison : il fut brûlé, lui qui avait tiré deux Indous des flammes. *Sauve qui peut !*

7. Divinités hindoues.
8. Contraires aux dogmes, à la religion.
9. Ville de Calabre (sud de l'Italie).

Voltaire, *Aventure indienne*, 1766.

Balthazar Franz Solvyns (1760-1824), *Brahmane Oriya*, Paris, musée Guimet.

Questions

Observer et analyser

1. Quelles sont les marques du genre du conte dans le texte ?

2. Le conte se présente comme un parcours. Quels en sont les étapes ? Pourquoi peut-on parler de gradation ? Quelle en est la signification ?

3. Pour quelles raisons les Indiens sont-ils condamnés ? En quoi est-ce comique ? Quelle image le lecteur se fait-il de la société qui les condamne ?

4. Le dernier paragraphe met en scène un brutal renversement. Quel enseignement peut-on retirer de cette fin ?

Contexte et perspectives

5. Cherchez les cibles traditionnelles des auteurs des Lumières. Lesquelles retrouve-t-on ici ?

6. Le passage sur les deux Indiens condamnés à être brûlés peut faire penser au chapitre VI de *Candide* de Voltaire. Comparez les deux textes.

Vers le BAC : le sujet d'invention

7. À votre tour, écrivez un conte bref qui dénonce les défauts de notre monde contemporain à travers un personnage qui voyage et observe. Votre dernière phrase sera : « *Sauve qui peut !* ».

Synthèse

Fiction et argumentation

Aux XVIIe et XVIIIe siècles, le recours à la fiction est courant pour aborder les problèmes de société de l'époque. Parallèlement à des genres dits « sérieux » comme l'essai ou le traité, elle permet, sous un aspect ludique, de critiquer la société du temps et de faire réfléchir le lecteur.

De multiples genres

- On appelle **apologue** un récit de fiction (en vers ou en prose) à visée argumentative. L'exemple le plus connu en est la **fable** (► p. 375).
- Le **conte philosophique** reprend la structure traditionnelle du conte, avec des personnages stéréotypés, mais en l'utilisant à des fins critiques. Cette arme a notamment été choisie par Voltaire (► p. 400 et ► p. 402).
- Le **roman** est traité de la même façon que le conte. Racontant les voyages d'un héros (Cyrano de Bergerac, ► p. 391, Montesquieu, ► p. 398) ou son éducation (Fénelon, ► p. 392), il introduit toujours une vive critique de la société contemporaine.
- Le **dialogue**, hérité des dialogues philosophiques antiques (Platon), est encore pratiqué au XVIIIe siècle. Chez Diderot, il prend souvent pour point de départ une situation fictive sans perdre pour autant sa force argumentative (► p. 394). On le retrouve aussi au théâtre et dans le roman.

Pourquoi choisir la fiction ?

Plaire pour instruire

- Selon la doctrine des auteurs classiques, il est capital d'emporter l'adhésion du lecteur pour argumenter de façon efficace. La notion de **distraction** est donc primordiale.
- Le choix de la fiction tient compte des attentes et des goûts d'un public qui a plébiscité au début du XVIIIe siècle *Les Mille et Une Nuits*. Il est donc logique que des auteurs reprennent la forme du conte (Voltaire, ► p. 402) ou l'orientalisme (Montesquieu, ► p.398) pour faire passer leurs réflexions sur la société.

- Le recours au merveilleux, chez Cyrano de Bergerac par exemple, s'explique de la même façon : l'auteur recherche le plaisir du lecteur pour le gagner à sa cause. On peut parler de **persuasion**.

Les masques de la fiction

- Au-delà, la fiction permet de développer des idées parfois contestataires tout en évitant la censure. Sous couvert d'une intrigue fantaisiste, les écrivains recourent abondamment à l'**ironie**. Ils retrouvent là une liberté de ton qui explique le succès de leurs œuvres. Même si personne ou presque n'est dupe, il suffit que les apparences soient préservées : cette **complicité partagée** augmente le plaisir du lecteur.

- La fiction permet ainsi à l'auteur de **se dissimuler** derrière des masques divers. Souvent un avant-propos évoque l'idée fictive que le livre est une traduction d'un ouvrage étranger, lui-même retrouvé par hasard grâce à un intermédiaire. C'est le cas des *Lettres persanes*, et de *Candide* publiés anonymement à l'étranger, et dont Montesquieu et Voltaire se défendaient (sans tromper personne) d'être les auteurs.

Les détours de la réflexion

Le voyage

- Pour ouvrir les yeux de leurs lecteurs, les écrivains, dans leurs fictions, recourent souvent au voyage. Mettre en scène un étranger qui découvre notre pays leur permet de poser **un regard extérieur** sur la société française. L'étonnement des Persans de Montesquieu (► p. 398) ou du Huron de Voltaire (dans *L'Ingénu*) face à ce monde qui leur est inconnu doit inciter le lecteur à relativiser ses préjugés et ses problèmes.

- Parallèlement, le voyage d'un Européen en terre inconnue permet la **comparaison** avec la société française. C'est le cas dans *Les États et empires de la Lune* (► p. 391), le *Supplément au Voyage de Bougainville* (► p. 394) et *L'Aventure indienne* (► p. 402). Le héros, à chaque fois, observe, tandis que le lecteur peut comparer la situation à celle de son propre univers, soit en constatant que ce qui lui paraît révoltant ailleurs existe aussi chez lui, soit en rêvant à ce qu'il n'a pas.

L'utopie

- L'**utopie** (étymologiquement « en aucun lieu »), terme forgé par le philosophe anglais Thomas More au XVIe siècle, désigne un lieu à l'organisation politique et sociale idéale. Dans ses *Voyages de Télémaque*, Fénelon propose, avec les Crétois, le modèle d'une société fondée sur la tempérance et la vertu (► p. 392) ; de même Montesquieu avec le peuple des Troglodytes dans les *Lettres persanes*, et Voltaire avec le pays d'Eldorado dans *Candide*. L'utopie est souvent au cœur des contes et romans philosophiques des XVIIe et XVIIIe siècles.

Des « contre-utopies » au XXe siècle

Texte 1 Aldous Huxley, *Le Meilleur des mondes* (1932)

La société du Meilleur des mondes *est soumise au pouvoir de la biologie : tout hasard est éliminé et les individus sont conditionnés avant même leur naissance. Les embryons sont répartis en groupes hiérarchisés qui vont, en suivant l'ordre de l'alphabet grec, des Alphas et des Bêtas (classes supérieures) aux Deltas et aux Epsilons (classes inférieures). Ici, le Directeur de l'Incubation et du Développement (D.I.C.) explique pourquoi on ôte le goût des livres et des fleurs aux Deltas.*

L'un des étudiants leva la main – et, bien qu'il comprît fort bien pourquoi l'on ne pouvait pas tolérer que des gens de caste[1] inférieure gaspillassent le temps de la communauté avec des livres, et qu'il y avait toujours le danger qu'ils lussent quelque chose qui fît indésirablement « déconditionner » un de leurs réflexes, cependant... en somme, il ne concevait pas ce qui avait trait aux fleurs. Pourquoi se donner la peine de rendre psychologiquement impossible aux Deltas l'amour des fleurs ?

Patiemment, le D.I.C. donna des explications. Si l'on faisait en sorte que les enfants se missent à hurler à la vue d'une rose, c'était pour des raisons de haute politique économique. Il n'y a pas si longtemps (voilà un siècle environ), on avait conditionné les Gammas, les Deltas, voire les Epsilons, à aimer les fleurs – les fleurs en particulier et la nature sauvage en général. Le but visé, c'était de faire naître en eux le désir d'aller à la campagne chaque fois que l'occasion s'en présentait, et de les obliger ainsi à consommer du transport.

– Et ne consommaient-ils pas de transport ? demanda l'étudiant.

– Si, et même en assez grande quantité, répondit le D.I.C., mais rien de plus. Les primevères et les paysages, fit-il observer, ont un défaut grave : ils sont gratuits. L'amour de la nature ne fournit du travail à nulle usine. On décida d'abolir l'amour de la nature, du moins parmi les basses classes ; d'abolir l'amour de la nature, mais non point la tendance à consommer du transport. Car il était essentiel, bien entendu, qu'on continuât à aller à la campagne, même si l'on avait cela en horreur. Le problème consistait à trouver à la consommation du transport une raison économiquement mieux fondée qu'une simple affection pour les primevères et les paysages. Elle fut dûment découverte. – Nous conditionnons les masses à

1984, réalisé par Michael Radford, avec Richard Burton, 1984.

détester la campagne, dit le Directeur pour conclure, mais simultanément nous les conditionnons à raffoler de tous les sports en plein air. En même temps, nous faisons le nécessaire pour que tous les sports de plein air entraînent l'emploi d'appareils compliqués. De sorte qu'on consomme des articles manufacturés[2], aussi bien que du transport. D'où ces secousses électriques.

– Je comprends, dit l'étudiant; et il resta silencieux, éperdu d'admiration.

1. Classe sociale.
2. Produits par l'industrie.

Aldous HUXLEY, *Le Meilleur des mondes*, 1932, chap. 2, traduction de Jules Castier, © Editions Plon, 1933.

Texte 2 Georges Orwell, *1984* (1949)

Dans 1984, *Orwell peint quant à lui un monde totalitaire où la liberté d'expression n'existe plus et où les pensées sont surveillées par le Parti (Big Brother): « Big brother is watching you », proclament des affiches. Le personnage principal, Winston Smith, se détourne du régime mais il est repéré et ramené dans le « droit chemin ». Il s'agit ici de la fin du roman.*

La voix du télécran déversait encore son histoire de prisonniers, de butin et de carnage, mais le vacarme extérieur s'était un peu apaisé. Les garçons revenaient à leur service. L'un d'eux s'approcha de Winston avec la bouteille de gin. Winston, plongé dans un rêve heureux, ne faisait aucunement attention à son verre que l'on remplissait. Il ne courait ni n'applaudissait plus. Il était de retour au ministère de l'Amour[1]. Tout était pardonné et son âme était blanche comme neige. Il se voyait au banc des prévenus. Il confessait tout, il accusait tout le monde. Il longeait le couloir carrelé de blanc, avec l'impression de marcher au soleil, un garde armé derrière lui. La balle longtemps attendue lui entrait dans la nuque. Il regarda l'énorme farce. Il lui avait fallu quarante ans pour savoir quelle sorte de sourire se cachait sous la moustache noire. Ô cruelle, inutile incompréhension ! Obstiné ! Volontairement exilé de la poitrine aimante ! Deux larmes empestées de gin lui coulèrent de chaque côté du nez. Mais il allait bien, tout allait bien.

LA LUTTE ÉTAIT TERMINÉE.

IL AVAIT REMPORTÉ LA VICTOIRE SUR LUI-MÊME.

IL AIMAIT BIG BROTHER.

Georges ORWELL, *1984*, 1949, traduction de Amélie Audiberti, © Gallimard, 1950.

1. Lieu où l'on torture les opposants au régime.

Croiser les textes

1. Dans les deux textes, le caractère négatif du monde présenté est-il immédiatement perceptible ? Quels sont les éléments qui permettent de croire un temps au bonheur des personnages ?

2. En quoi le symbole du Parti dans l'image du film *1984* est-il équivoque ? Comment peut-on le comprendre après avoir lu le texte d'Orwell ?

3. Montrez que la formule « Big Brother is watching you » convient aux deux textes et à l'image. Que pensez-vous du fait que l'expression « Big Brother » soit devenue le titre d'un concept d'émission de téléréalité (connu en France sous le nom de « Loft », « Nice people » ou « Les Colocataires »...) ?

Vers le BAC : la question de corpus

4. À partir des documents présentés ici, vous réfléchirez au rapport entre la contre-utopie et la société totalitaire.

Nature et culture

16

Louis Nicolas Van Blarenberghe (1716-1794), *La Ville du Cap français à Saint-Domingue*, (1778), La Rochelle, musée du Nouveau Monde.

Les peuples proches de la nature sont-ils bons ? L'homme se définit-il par sa seule culture ? Faut-il abandonner ses instincts naturels pour se civiliser ? Aux XVIIe et XVIIIe siècles, ces questions déjà anciennes alimentent un débat sans fin, que nourrissent missionnaires, explorateurs, écrivains, dramaturges et philosophes. Partisans de la nature et défenseurs de la culture dialoguent, s'affrontent, s'insultent parfois… autour d'une interrogation essentielle : qui, de la nature ou de la culture, fait de l'homme… un homme ?

L'apologie de la nature

Gabriel Sagard
1614 ?- 1636

Outils d'analyse
Le portrait, p. 162

Texte 1 Le Grand Voyage au pays des Hurons[1] (1632)

Le 28 juin 1623, le frère Gabriel Sagard débarque à Québec. Missionnaire et savoureux naturaliste, il entend fournir aux membres de son ordre religieux un outil pour mieux comprendre les populations amérindiennes. Il se rend donc en terre huronne et entreprend une description précise de ces « sauvages », ainsi qu'un dictionnaire de leur langue. Son œuvre sera publiée en 1632.

Tous les Sauvages en général ont l'esprit et l'entendement assez bon, et ne sont point si grossiers et si lourdauds que nous nous imaginons en France. Ils sont d'une humeur assez joyeuse et contente ; toutefois ils sont un peu saturniens[2], ils parlent fort posément, comme se voulant bien faire entendre, et s'arrêtent aussitôt en songeant un grand espace de temps, puis reprennent leur parole ; et cette modestie[3] est cause qu'ils appellent nos Français femmes lorsque, trop précipités et bouillants en leurs actions, ils[4] parlent tous à la fois et s'interrompent l'un l'autre. Ils craignent le déshonneur et le reproche, et sont excités à bien faire par honneur ; d'autant qu'entr'eux celui est toujours honoré et s'acquiert du renom, qui a fait quelque bel exploit.

Pour la libéralité[5], nos Sauvages sont louables en l'exercice de cette vertu, selon leur pauvreté ; car quand ils se visitent les uns les autres, ils se font des présents mutuels ; et pour montrer leur galantise[6], ils ne marchandent point volontiers et se contentent de ce qu'on leur baille[7] honnêtement et raisonnablement, méprisant et blâmant les façons de faire de nos Marchands qui barguignent[8] une heure pour marchander une peau de Castor ; ils ont aussi une mansuétude[9] et clémence en la victoire envers les femmes et petits enfants de leurs ennemis, auxquels ils sauvent la vie bien qu'ils demeurent leurs prisonniers pour servir.

Gabriel Sagard, *Le Grand Voyage au pays des Hurons*, 1632.

1. Tribu amérindienne.
2. Mélancoliques.
3. Réserve.
4. Les Français.
5. Générosité.
6. Courtoisie.
7. Accorde.
8. Hésitent.
9. Bienveillance.

Questions

Observer et analyser

1. L'auteur emploie le terme de « sauvages » pour désigner les Hurons : ce terme vous semble-t-il adapté au portrait qu'il fait d'eux ? Justifiez votre réponse.

2. Quel portrait indirect des Français ce texte nous propose-t-il ? Est-il élogieux ?

3. Précisez l'attitude des Hurons face au commerce. Quelle vous semble être la position de l'auteur sur le sujet ? Pourquoi cette question est-elle importante dans les colonies ?

4. D'après l'auteur, les Hurons vivent selon les lois « que la simple Nature leur dicte et leur enseigne » : quelle influence cette proximité avec la Nature a-t-elle sur eux ?

Contexte et perspectives

5. Recherchez le sens du terme « ethnologue » : pourquoi peut-on dire que Gabriel Sagard accomplit un travail ethnologique ?

Vers le BAC : le sujet d'invention

6. En adoptant le point de vue d'un Huron, vous proposerez un portrait des Français que celui-ci rencontre. Vous veillerez à utiliser des éléments précis du texte d'origine.

Bougainville
1729-1811

Texte 2 Voyage autour du monde (1771)

Bougainville, grand navigateur et savant français, est le parfait exemple du voyageur éclairé du siècle des Lumières. Entre 1766 et 1769, il entreprend, à la demande de Louis XVI, un tour du monde qui le mène aux rivages de Tahiti. L'archipel, tout juste découvert par l'Anglais Samuel Wallis, le fascine : il en fait une description qui éveille l'intérêt de l'Occident pour ces terres aux mœurs selon lui très douces.

Le caractère de la nation nous a paru être doux et bienfaisant. Il ne semble pas qu'il y ait dans l'île aucune guerre civile, aucune haine particulière, quoique le pays soit divisé en petits cantons qui ont chacun leur seigneur indépendant. Il est probable que les Tahitiens pratiquent entre eux une bonne foi[1] dont ils ne doutent point. Qu'ils soient chez eux ou non, jour ou nuit, les maisons sont ouvertes. Chacun cueille les fruits sur le premier arbre qu'il rencontre, en prend dans la maison où il entre. Il paraîtrait que, pour les choses absolument nécessaires à la vie, il n'y a point de propriété et que tout est à tous. Avec nous, ils étaient filous habiles, mais d'une timidité qui les faisait fuir à la moindre menace. Au reste, on a vu que les chefs n'approuvaient point ces vols, qu'ils nous pressaient au contraire de tuer ceux qui les commettaient. Ereti[2], cependant, n'usait point de cette sévérité qu'il nous recommandait. […]

La polygamie paraît générale chez eux, du moins parmi les principaux. Comme leur seule passion est l'amour, le grand nombre des femmes est le seul luxe des riches. Les enfants partagent également les soins du père et de la mère. Ce n'est pas l'usage à Tahiti que les hommes, uniquement occupés de la pêche et de la guerre, laissent au sexe le plus faible les travaux pénibles du ménage et de la culture. Ici une douce oisiveté est le partage des femmes[3], et le soin de plaire leur plus sérieuse occupation.

1. Une loyauté.
2. Chef tahitien.
3. Est partagée par les femmes.

William Hodges (1744-1797), *Débarquement de James Cook à l'île de Mallicolo*, Greenwich, musée national de la Marine.

Je ne saurais assurer si le mariage est un engagement civil ou consacré par la religion, s'il est indissoluble ou sujet au divorce. Quoi qu'il en soit, les femmes doivent à leurs maris une soumission entière : elles laveraient dans leur sang une infidélité commise sans l'aveu[4] de l'époux. Son consentement, il est vrai, n'est pas difficile à obtenir, et la jalousie est ici un sentiment si étranger que le mari est ordinairement le premier à presser sa femme de se livrer. Une fille n'éprouve à cet égard aucune gêne ; tout l'invite à suivre le penchant de son cœur ou la loi de ses sens, et les applaudissements publics honorent sa défaite[5]. Il ne semble pas que le grand nombre d'amants passagers qu'elle peut avoir eu l'empêche de trouver ensuite un mari. Pourquoi donc résisterait-elle à l'influence du climat, à la séduction de l'exemple ? L'air qu'on respire, les chants, la danse presque toujours accompagnée de postures lascives, tout rappelle à chaque instant les douceurs de l'amour, tout crie de s'y livrer. [...]

Cette habitude de vivre continuellement dans le plaisir donne aux Tahitiens un penchant marqué pour cette douce plaisanterie, fille du repos et de la joie. Ils en contractent aussi dans le caractère une légèreté dont nous étions tous les jours étonnés. Tout les frappe, rien ne les occupe ; au milieu des objets nouveaux que nous leur présentions, nous n'avons jamais réussi à fixer deux minutes de suite l'attention d'aucun d'eux. Il semble que la moindre réflexion leur soit un travail insupportable et qu'ils fuient encore plus les fatigues de l'esprit que celles du corps.

Je ne les accuserai cependant pas de manquer d'intelligence. Leur adresse et leur industrie, dans le peu d'ouvrages nécessaires dont ne sauraient les dispenser l'abondance du pays et la beauté du climat, démentiraient ce témoignage. On est étonné de l'art avec lequel sont faits les instruments pour la pêche ; leurs hameçons sont de nacre aussi délicatement travaillée que s'ils avaient le secours de nos outils ; leurs filets sont absolument semblables aux nôtres, et tissés avec du fil de pite[6]. Nous avons admiré la charpente de leurs vastes maisons, et la disposition des feuilles de latanier qui en font la couverture.

Louis Antoine de Bougainville, *Voyage autour du monde*, 1771.

4. Sans l'accord.
5. Tout le monde applaudit quand elle cède.
6. Fibre tirée de l'agave.

Histoire littéraire
Les Lumières, p. 36

Outils d'analyse
La description, p. 162

Questions

Observer et analyser

1. Relevez les champs lexicaux du plaisir et de la douceur. Cette île vous semble-t-elle paradisiaque ?

2. Bougainville reste ici prudent dans ses affirmations : relevez les modalisateurs montrant sa volonté d'éviter un jugement trop définitif. Comment comprenez-vous cette prudence ?

3. « il n'y a point de propriété et... tout est à tous » : (l. 8-9) montrez comment ce principe est appliqué par les Tahitiens dans tous les domaines de leur vie.

4. Quelle place le travail occupe-t-il, selon l'auteur, dans la société tahitienne ?

5. Comment apparaissent les Occidentaux par rapport aux Tahitiens ?

Contexte et perspectives

6. Renseignez-vous sur le jardin d'Éden dans la Bible. En quoi se différencie-t-il de l'île décrite par Bougainville ?

7. Recherchez deux tableaux de Paul Gauguin consacrés à Tahiti : en quoi prolongent-ils le mythe de Tahiti créé par l'œuvre de Bougainville ?

Vers le BAC : le commentaire

8. Vous montrerez dans un paragraphe argumentatif que ce texte est une apologie de l'homme à l'état de nature. Vous veillerez à citer le texte pour appuyer votre démonstration.

Saint-Lambert
1716-1803

Histoire littéraire
Les Lumières, p. 36

Outils d'analyse
La structure du récit, p. 166

Texte intégral

Texte 3 L'Abenaki (1769)

Militaire de carrière, Jean-François de Saint-Lambert fut aussi mêlé à la vie mondaine et intellectuelle de son temps. Poète et philosophe passionné par l'exotisme, il était un familier de Voltaire et de Rousseau. Ce conte philosophique a comme toile de fond les combats qui opposèrent Indiens et Anglais lors de la colonisation du Canada aux XVIIe *et* XVIIIe *siècles.*

Pendant les dernières guerres de l'Amérique une troupe de Sauvages Abenakis défit un détachement Anglais; les vaincus ne purent échapper à des ennemis plus légers qu'eux à la course, et acharnés à les poursuivre, ils furent traités avec une barbarie dont il y a peu d'exemples, même dans ces contrées.

Un jeune Officier Anglais pressé par deux Sauvages qui l'abordaient la hache levée, n'espérait plus se dérober à la mort. Il songeait seulement à vendre chèrement sa vie. Dans le même temps un vieux Sauvage armé d'un arc s'approche de lui et se dispose à le percer d'une flèche; mais après l'avoir ajusté, tout d'un coup il abaisse son arc, et court se jeter entre le jeune Officier et les deux Barbares qui allaient le massacrer, ceux-ci se retirèrent avec respect.

Le vieillard prit l'Anglais par la main, le rassura par ses caresses, et le conduisit à sa cabane, où il le traita toujours avec une douceur qui ne se démentit jamais; il en fit moins son esclave que son compagnon; il lui apprit la langue des Abenakis, et les arts grossiers en usage chez ces peuples. Ils vivaient fort contents l'un de l'autre. Une seule chose donnait de l'inquiétude au jeune Anglais, quelquefois le vieillard fixait les yeux sur lui, et après l'avoir regardé il laissait tomber des larmes.

Cependant au retour du printemps les Sauvages reprirent les armes et se mirent en campagne.

Le vieillard qui était encore assez robuste pour supporter les fatigues de la guerre, partit avec eux accompagné de son prisonnier.

Les Abenakis firent une marche de plus de deux cents lieues à travers les forêts; enfin ils arrivèrent à une plaine où ils découvrirent un camp d'Anglais. Le vieux Sauvage le fit voir au jeune homme en observant sa contenance[1].

Voilà tes frères, lui dit-il, les voilà qui nous attendent pour nous combattre. Écoute, je t'ai sauvé la vie; je t'ai appris à faire un canot, un arc, des flèches, à surprendre l'orignal[2] dans la forêt, à manier la hache, et à enlever la chevelure à l'ennemi. Qu'étais-tu, lorsque je t'ai conduit dans ma cabane? Tes mains étaient celles d'un enfant, elles ne servaient ni à te nourrir, ni à te défendre, ton âme était dans la nuit, tu ne savais rien, tu me dois tout. Serais-tu assez ingrat pour te réunir à tes frères, et pour lever la hache contre nous?

L'Anglais protesta qu'il aimerait mieux perdre mille fois la vie que de verser le sang d'un Abenaki.

Le Sauvage mit les deux mains sur son visage en baissant la tête, et après avoir été quelque-temps dans cette attitude, il regarda le jeune Anglais et lui dit d'un ton mêlé de tendresse et de douleur: As-tu un père? Il vivait encore, dit le jeune homme, lorsque j'ai quitté ma patrie. Oh!

1. Attitude.
2. Élan du Canada.

qu'il est malheureux ! s'écria le Sauvage ; et après un moment de silence il ajouta : Sais-tu que j'ai été père ?… Je ne le suis plus. J'ai vu mon fils tomber dans le combat, il était à mon côté, je l'ai vu mourir en homme ; il était couvert de blessures, mon fils, quand il est tombé. Mais je l'ai vengé… Oui, je l'ai vengé. Il prononça ces mots avec force. Tout son corps tremblait. Il était presque étouffé par des gémissements qu'il ne voulait pas laisser échapper. Ses yeux étaient égarés, ses larmes ne coulaient pas. Il se calma peu à peu, et se tournant vers l'orient où le soleil allait se lever, il dit au jeune Anglais : Vois-tu ce beau ciel resplendissant de lumière ? As-tu du plaisir à le regarder ? Oui, dit l'Anglais, j'ai du plaisir à regarder ce beau ciel. Eh-bien !… je n'en ai plus, dit le Sauvage, en versant un torrent de larmes. Un moment après il montre au jeune homme un manglier qui était en fleurs. Vois-tu ce bel arbre, lui dit-il ? as-tu du plaisir à le regarder ? Oui, j'ai du plaisir à le regarder. Je n'en ai plus, reprit le Sauvage avec précipitation, et il ajouta tout de suite : Pars, vas dans ton pays, afin que ton père ait encore du plaisir à voir le soleil qui se lève, et les fleurs du printemps.

Jean-François de SAINT-LAMBERT, « *Les Saisons*, L'Abenaki », 1769.

Questions

Observer et analyser

1. Établissez le schéma narratif de ce conte (situation initiale, élément perturbateur, péripéties, élément de résolution et situation finale). Vous en résumerez brièvement au présent chaque étape.

2. Observez les trois premiers paragraphes du texte : comment l'auteur crée-t-il un effet de surprise chez son lecteur ?

3. « *L'Anglais protesta qu'il aimerait mieux perdre mille fois la vie que de verser le sang d'un Abenaki* » (l. 36-37) : comment comprenez-vous ce revirement ?

4. Dans le dernier paragraphe, quelle morale tirez-vous du dénouement du texte ?

5. Montrez que ce texte narratif contient un portrait implicite du vieil indien. Quelle image Saint-Lambert donne-t-il de lui ?

Contexte et perspectives

6. En quoi ce texte participe-t-il de l'idéal des Lumières ?

7. Recherchez la définition du terme « ethnocentrisme » : en quoi ce texte cherche-t-il à lutter contre ce réflexe ? Vous pourrez le comparer au texte de Gabriel Sagard p. 409.

Vers le BAC : le sujet d'invention

8. Vous imaginerez sous forme de dialogue théâtral l'arrivée du jeune Anglais chez ses compatriotes. Vous veillerez à respecter les règles du genre dramatique.

Jacques Froment-Delormel, *Indiens Pawnees dans un paysage*, (XIXe siècle) La Rochelle, musée du Nouveau Monde.

La dénaturation de l'homme

Molière
1622-1673

Biographie, p. 562

Histoire littéraire
Le classicisme, p. 28

Outils d'analyse
Les types d'argument, p. 432
Le langage théâtral, p. 256

Méthode
La langue du XVIIe siècle, p. 454

Texte 4 Les Femmes savantes (1672)

Les Femmes savantes *pose la question de l'éducation des femmes. Mais la pièce interroge aussi la part respective de la nature et de la culture dans la vie humaine. Henriette vient ici d'annoncer son mariage prochain. Sa soeur Armande, horrifiée, lui conseille de laisser cela « aux gens grossiers, aux personnes vulgaires ». Henriette lui répond.*

HENRIETTE

Habitez, par l'essor d'un grand et beau génie,
Les hautes régions de la philosophie,
Tandis que mon esprit se tenant ici-bas,
Goûtera de l'hymen[1] les terrestres appas.
Ainsi dans nos desseins l'une à l'autre contraire,
Nous saurons toutes deux imiter notre mère;
Vous, du côté de l'âme et des nobles désirs,
Moi, du côté des sens et des grossiers plaisirs;
Vous, aux productions d'esprit et de lumière,
Moi, dans celles, ma sœur, qui sont de la matière.

ARMANDE

Quand sur une personne on prétend se régler,
C'est par les beaux côtés qu'il lui faut ressembler;
Et ce n'est point du tout la prendre pour modèle,
Ma sœur, que de tousser et de cracher comme elle.

HENRIETTE

Mais vous ne seriez pas ce dont vous vous vantez,
Si ma mère n'eût eu que de ces beaux côtés;
Et bien vous prend[2], ma sœur, que son noble génie
N'ait pas vaqué[3] toujours à la philosophie.
De grâce souffrez-moi[4] par un peu de bonté
Des bassesses à qui vous devez la clarté[5];
Et ne supprimez point, voulant qu'on vous seconde[6],
Quelque petit savant qui veut venir au monde.

ARMANDE

Je vois que votre esprit ne peut être guéri
Du fol entêtement de vous faire un mari:
Mais sachons, s'il vous plaît, qui vous songez à prendre?
Votre visée[7] au moins n'est pas mise à Clitandre?

HENRIETTE

Et par quelle raison n'y serait-elle pas?
Manque-t-il de mérite? est-ce un choix qui soit bas?

ARMANDE

Non, mais c'est un dessein qui serait malhonnête,
Que de vouloir d'une autre enlever la conquête;
Et ce n'est pas un fait dans le monde ignoré,
Que Clitandre ait pour moi hautement soupiré.

1. Du mariage.
2. Vous avez de la chance.
3. Ne se soit pas consacrée.
4. Permettez-moi.
5. À qui vous devez le jour.
6. Imite.
7. But.

Les Femmes savantes de Molière, mise en scène de Bruno Bayen, avec G. Scalliet et B. El-Fekkak, Paris, théâtre du Vieux-Colombier, 2010.

HENRIETTE

Oui, mais tous ces soupirs chez vous sont choses vaines,
Et vous ne tombez point aux bassesses humaines :
Votre esprit à l'hymen renonce pour toujours,
Et la philosophie a toutes vos amours :
Ainsi n'ayant au cœur nul dessein pour Clitandre,
Que vous importe-t-il qu'on y puisse prétendre ?

ARMANDE

Cet empire que tient la raison sur les sens,
Ne fait pas renoncer aux douceurs des encens[8] ;
Et l'on peut pour époux refuser un mérite[9]
Que pour adorateur on veut bien à sa suite.

MOLIÈRE, *Les Femmes savantes*, acte I, scène 1, v. 63-104, 1672.

8. Résine aromatique utilisée durant les offices religieux.
9. Un homme de mérite.

Questions

Observer et analyser

1. Par quels procédés (vocabulaire, figure de style) Molière nous montre-t-il que nous sommes face à de véritables « femme savantes » ?

2. Quel partage Henriette propose-t-elle à sa sœur dans sa première réplique (v. 1-10) ? Pourquoi Armande lui oppose-t-elle un refus ?

3. Relevez et analysez deux exemples d'ironie dans les répliques d'Henriette.

4. Lisez les vers 23-24 : pourquoi, selon vous, Armande assimile-t-elle le mariage à une folie dont Henriette refuse de « guérir » ?

5. « Cet empire que tient la raison sur les sens » (v. 39) : montrez que cette citation résume bien l'exigence que s'impose Armande.

6. Comment comprenez-vous le débat qui entoure la personne de Clitandre ? Êtes-vous convaincu par l'argumentation d'Armande dans sa dernière réplique ?

Contexte et perspectives

7. Recherchez le sens du mot « cartésianisme » : quel lien entretient-il avec le personnage d'Armande ?

Vers le BAC : le commentaire

8. Étudiez l'argumentation d'Henriette dans cet extrait. Dans un premier temps, vous relèverez les vers où la thèse est énoncée et vous la reformulerez. Dans un second temps, vous relèverez les arguments et les reformulerez.

Baron
de La Hontan
1666-1715

Texte 5 Dialogue de M. le baron de La Hontan et d'un Sauvage de l'Amérique (1703)

Officier de marine, le baron de La Hontan s'embarque en 1683 pour le Canada où il vivra dix ans, dans l'actuelle province du Québec. Il y étudie avec passion les populations amérindiennes qu'il met ici en scène à travers le personnage d'Adario. Cet Indien tente, dans un dialogue animé, de le convaincre de rejoindre sa tribu.

Outils d'analyse
Les genres de l'argumentation, p. 428
Les types d'argument, p. 432

La Hontan. – [...] Aurais-je la patience d'entendre les sots raisonnements de vos vieillards et de vos jeunes gens, comme vous faites, sans les contredire ? Pourrais-je vivre de bouillons, de pain, de blé d'Inde[1], de rôti et bouilli sans poivre ni sel ? Pourrais-je me colorer le visage de vingt sortes de couleurs comme un fou ? Ne boire que de l'eau d'érable[2] ? Aller tout nu durant l'été, me servir de vaisselle de bois ? M'accommoderais-je de vos repas continuels où trois ou quatre cents personnes se trouvent pour y danser deux heures devant et après ? Vivrais-je avec des gens sans civilité qui, pour tout compliment, ne savent qu'un *je t'honore* ? Non, mon cher Adario, il est impossible qu'un Français puisse être Huron[3], au lieu que le Huron se peut aisément faire Français.

Adario. – À ce compte-là, tu préfères l'esclavage à la liberté ; je n'en suis pas surpris après toutes les choses que tu m'as soutenues. Mais si, par hasard, tu rentrais en toi-même et que tu ne fusses pas si prévenu[4] en faveur des mœurs et des manières des Français, je ne vois pas que les difficultés dont tu viens de faire mention fussent capables de t'empêcher de vivre comme nous. Quelle peine trouves-tu d'approuver les contes des vieilles gens comme des jeunes ? N'as-tu pas la même contrainte quand les Jésuites[5] et les gens qui sont au-dessus de toi disent des extravagances ? Pourquoi ne vivrais-tu pas de bouillons, de toutes sortes de bonnes viandes ? Les perdrix, poulets d'Inde[6], lièvres, canards, chevreuils ne sont-ils pas bons, rôtis et bouillis ? À quoi servent le poivre, le sel et mille autres épiceries si ce n'est à ruiner la santé ? Au bout de quinze jours, tu ne songerais plus à ces drogues. Quel mal te feraient les couleurs sur le visage ? Tu te mets bien de la poudre et de l'essence aux cheveux et même sur les habits ? N'ai-je pas vu des Français qui portent des moustaches, comme les chats, toutes couvertes de cire ? Pour la boisson d'eau d'érable, elle est douce, salutaire, de bon goût et fortifie la poitrine ; je t'en ai vu boire plus de quatre fois. Au lieu que le vin et l'eau-de-vie détruisent la chaleur naturelle, affaiblissent l'estomac, brûlent le

1. Maïs.
2. Sirop d'érable.
3. Tribu amérindienne.
4. Plein d'idées toutes faites.
5. Ordre religieux très influent au XVIIIe siècle.
6. Dindes.

Léopold Boilly (1761-1845), *Peuplades sauvages de l'Amérique septentrionale*, Biérancourt, musée franco-américain.

sang, enivrent et causent mille désordres. Quelle peine aurais-tu d'aller nu pendant qu'il fait chaud ? Au moins tu vois que nous ne le sommes pas tant que nous n'ayons le devant et le derrière couverts. Il vaut bien mieux aller nu que de suer continuellement sous le fardeau de tant de vêtements les uns sur les autres. [...]

Baron de La Hontan,
Dialogue de M. le baron de La Hontan et d'un Sauvage de l'Amérique, 1703.

Texte écho La Bruyère, *Caractères* (1688-1696)

Moraliste, La Bruyère observe les faits et gestes des courtisans de son siècle. Il leur tend, à travers des portraits souvent peu flatteurs, un miroir sévère, mais d'une grande justesse. Il décrit ici un pays lointain aux mœurs très étranges : la Cour.

L'on parle d'une région où les vieillards sont galants, polis et civils[1] ; les jeunes gens au contraire, durs, féroces, sans mœurs ni politesse : ils se trouvent affranchis de la passion des femmes dans un âge où l'on commence ailleurs à la sentir ; ils leur préfèrent des repas, des viandes[2], et des amours ridicules. Celui-là chez eux est sobre et modéré, qui[3] ne s'enivre que de vin : l'usage trop fréquent qu'ils en ont fait le leur a rendu insipide[4] ; ils cherchent à réveiller leur goût déjà éteint par des eaux-de-vie, et par toutes les liqueurs les plus violentes ; il ne manque à leur débauche que de boire de l'eau-forte[5]. Les femmes du pays précipitent le déclin de leur beauté par des artifices qu'elles croient servir à les rendre belles : leur coutume est de peindre leurs lèvres, leurs joues, leurs sourcils et leurs épaules, qu'elles étalent avec leur gorge, leurs bras et leurs oreilles, comme si elles craignaient de cacher l'endroit par où elles pourraient plaire, ou de ne pas se montrer assez. Ceux qui habitent cette contrée ont une physionomie qui n'est pas nette, mais confuse, embarrassée dans une épaisseur de cheveux étrangers[6], qu'ils préfèrent aux naturels et dont ils font un long tissu pour couvrir leur tête : il descend à la moitié du corps, change les traits, et empêche qu'on ne connaisse les hommes à leur visage.

Jean de La Bruyère, *Caractères*, VIII, 74, 1688-1696.

1. Courtois.
2. Aliments.
3. S'il.
4. Sans saveur.
5. De l'acide nitrique.
6. Il s'agit d'une perruque.

Questions

Observer et analyser

1. Observez les questions de La Hontan dans sa première réplique : attendent-elles une réponse ? Comment ce procédé se nomme-t-il ? Quel est l'effet sur le lecteur ?

2. Montrez que dans son argumentation, Adario imite à la perfection les procédés employés par La Hontan. Quelle image cela donne-t-il du supposé sauvage ?

3. Quel portrait implicite des Français est présent dans ce texte ?

4. En quoi la société occidentale *dénature*-t-elle l'homme selon La Hontan ?

Contexte et perspectives

5. Recherchez le sens du terme « moraliste » et montrez que les deux auteurs appartiennent à cette catégorie. Quel but poursuivent-ils ?

Vers le BAC : le sujet d'invention

6. À la manière de La Bruyère, vous décrirez comme une terre étrangère votre milieu social afin d'en faire apparaître les défauts.

Rousseau
1712-1778

Biographie, p. 565

Histoire littéraire
Les Lumières, p. 36

Texte 6 Discours sur l'origine et les fondements de l'inégalité (1755)

Jean-Jacques Rousseau répond dans ce discours à une question lancée par l'Académie de Dijon : « Quelle est l'origine de l'inégalité parmi les hommes et si elle est autorisée par la loi naturelle ? » Pour expliquer les origines de l'inégalité, il prend un parti original : retracer l'histoire imaginaire de l'humanité.

Le premier qui, ayant enclos un terrain, s'avisa de dire : *Ceci est à moi*, et trouva des gens assez simples[1] pour le croire, fut le vrai fondateur de la société civile. Que de crimes, de guerres, de meurtres, que de misères et d'horreurs n'eût point épargnés au genre humain celui qui, arrachant les pieux ou comblant le fossé, eût crié à ses semblables : Gardez-vous d'écouter cet imposteur ; vous êtes perdus, si vous oubliez que les fruits sont à tous, et que la terre n'est à personne. Mais il y a grande apparence, qu'alors les choses en étaient déjà venues au point de ne pouvoir plus durer comme elles étaient ; car cette idée de propriété, dépendant de beaucoup d'idées antérieures qui n'ont pu naître que successivement, ne se forma pas tout d'un coup dans l'esprit humain. Il fallut faire bien des progrès, acquérir bien de l'industrie[2] et des lumières, les transmettre et les augmenter d'âge en âge, avant que d'arriver à ce dernier terme de l'état de nature. Reprenons donc les choses de plus haut et tâchons de rassembler sous un seul point de vue cette lente succession d'événements et de connaissances, dans leur ordre le plus naturel.
[...]

1. Naïfs.
2. Du savoir-faire.

Francesco Celebrano, *La Moisson ou L'été* (1789), Italie, Caserte, Palais royal.

Tant que les hommes se contentèrent de leurs cabanes rustiques, tant qu'ils se bornèrent à coudre leurs habits de peaux avec des épines ou des arêtes, à se parer de plumes et de coquillages, à se peindre le corps de diverses couleurs, à perfectionner ou à embellir leurs arcs et leurs flèches, à tailler avec des pierres tranchantes quelques canots de pêcheurs ou quelques grossiers instruments de musique, en un mot tant qu'ils ne s'appliquèrent qu'à des ouvrages qu'un seul pouvait faire, et qu'à des arts[3] qui n'avaient pas besoin du concours de plusieurs mains, ils vécurent libres, sains, bons et heureux autant qu'ils pouvaient l'être par leur nature, et continuèrent à jouir entre eux des douceurs d'un commerce indépendant : mais dès l'instant qu'un homme eut besoin du secours d'un autre ; dès qu'on s'aperçut qu'il était utile à un seul d'avoir des provisions pour deux, l'égalité disparut, la propriété s'introduisit, le travail devint nécessaire et les vastes forêts se changèrent en des campagnes riantes qu'il fallut arroser de la sueur des hommes, et dans lesquelles on vit bientôt l'esclavage et la misère germer et croître avec les moissons.

La métallurgie et l'agriculture furent les deux arts dont l'invention produisit cette grande révolution. Pour le poète, c'est l'or et l'argent, mais pour la philosophie ce sont le fer et le blé qui ont civilisé les hommes et perdu le genre humain ; aussi l'un et l'autre étaient-ils inconnus aux sauvages de l'Amérique qui pour cela sont toujours demeurés tels ; les autres peuples semblent même être restés barbares tant qu'ils ont pratiqué l'un de ces arts sans l'autre ; et l'une des meilleures raisons peut-être pourquoi l'Europe a été, sinon plus tôt, du moins plus constamment et mieux policée[4] que les autres parties du monde, c'est qu'elle est à la fois la plus abondante en fer et la plus fertile en blé.

Jean-Jacques ROUSSEAU,
Discours sur l'origine et les fondements de l'inégalité parmi les hommes, II, 1755.

3. Métiers.
4. Civilisée.

Questions

Observer et analyser

1. Relevez les éléments qui construisent la fiction d'un état de nature originel. Quel rôle cette peinture joue-t-elle dans l'argumentation ?

2. En vous aidant des connecteurs logiques et temporels, montrez comment Rousseau introduit l'idée d'une évolution.

3. Des idées de nature et de culture, laquelle est la plus positive d'après le vocabulaire employé ?

4. Quel lien Rousseau crée-t-il entre disparition de l'égalité et apparition de la propriété ?

5. « Ce sont le fer et le blé qui ont civilisé les hommes et perdu le genre humain » (l. 36-37) : quelle est la thèse ici défendue par Rousseau ? Dans quelle mesure résume-t-elle sa position générale ?

Contexte et perspectives

6. Reportez-vous à l'un des textes précédents (► p. 409, 412 et 416) : l'humanité idéale selon Rousseau est-elle semblable aux tribus décrites par Sagard, Saint-Lambert ou La Hontan ?

7. Peut-on parler d'une position paradoxale de Rousseau par rapport aux thèses défendues par les encyclopédistes ? ► Voltaire p. 420.

Vers le BAC : le commentaire

8. Vous dégagerez dans un paragraphe les moyens rhétoriques qui donnent à l'argumentation de Rousseau son caractère vibrant et engagé.

La nature au service de l'homme

Voltaire
1694-1778

Biographie, p. 567

Histoire littéraire
Les Lumières, p. 36

Outils d'analyse
Les genres de l'argumentation, p. 428
Les types d'argument, p. 432

Texte 7 Dictionnaire philosophique portatif (1764)

Voltaire fait de son Dictionnaire philosophique portatif *une arme contre l'ignorance et… contre ses ennemis. L'article « Homme » reprend de manière ironique les écrits de Rousseau (v. p. 418) sur l'inégalité, et propose une vision tout autre de l'histoire de l'humanité.*

Tous les hommes qu'on a découverts dans les pays les plus incultes et les plus affreux vivent en société comme les castors, les fourmis, les abeilles, et plusieurs autres espèces d'animaux.

On n'a jamais vu de pays où ils vécussent séparés, où le mâle ne se joignît à la femelle que par hasard, et l'abandonnât le moment d'après par dégoût; où la mère méconnût ses enfants après les avoir élevés, où l'on vécût sans famille et sans aucune société. Quelques mauvais plaisants ont abusé de leur esprit jusqu'au point de hasarder le paradoxe étonnant que l'homme est originairement fait pour vivre seul comme un loup-cervier[1], et que c'est la société qui a dépravé la nature. Autant vaudrait-il dire que, dans la mer, les harengs sont originairement faits pour nager isolés, et que c'est par un excès de corruption qu'ils passent en troupes de la mer Glaciale sur nos côtes; qu'anciennement les grues volaient en l'air chacune à part, et que par une violation du droit naturel elles ont pris le parti de voyager de compagnie.

Chaque animal a son instinct; et l'instinct de l'homme, fortifié par la raison, le porte à la société comme au manger et au boire. Loin que le besoin de la société ait dégradé l'homme[2], c'est l'éloignement de la société qui le dégrade. Quiconque vivrait absolument seul, perdrait bientôt la faculté de penser et de s'exprimer; il serait à charge à lui-même; il ne parviendrait qu'à se métamorphoser en bête. […]

On a franchi les bornes de la folie ordinaire jusqu'à dire qu'il n'est pas naturel qu'un homme s'attache à une femme pendant les neuf mois de sa grossesse; l'appétit satisfait, dit l'auteur de ces paradoxes, l'homme n'a plus besoin de telle femme, ni la femme de tel homme; celui-ci n'a pas le moindre souci, ni peut-être la moindre idée des suites de son action. […]

Notre nature est bien différente de l'affreux roman que cet énergumène a fait d'elle. Excepté quelques âmes barbares entièrement abruties, ou peut-être un philosophe plus abruti encore, les hommes les plus durs aiment, par un instinct dominant, l'enfant qui n'est pas encore né, le ventre qui le porte, et la mère qui redouble d'amour pour celui dont elle a reçu dans son sein le germe d'un être semblable à elle.

L'instinct des charbonniers de la Forêt-Noire leur parle aussi haut, les anime aussi fortement en faveur de leurs enfants, que l'instinct des pigeons et des rossignols les force à nourrir leurs petits. On a donc bien perdu son temps à écrire ces fadaises abominables.

Le grand défaut de tous ces livres à paradoxes n'est-il pas de supposer toujours la nature autrement qu'elle n'est? Si les satires de l'homme et de la femme, écrites par Boileau[3], n'étaient pas des plaisanteries, elles pécheraient par cette faute essentielle de supposer tous les hommes fous et toutes les femmes impertinentes.

1. Lynx.
2. Non seulement il n'a pas dégradé l'homme mais…
3. Voir p. 364

Le génie de Voltaire et de Rousseau conduisit ces écrivains célèbres au temple de la gloire et de l'immortalité, Paris, Bibliothèque nationale.

Le même auteur, ennemi de la société, semblable au renard sans queue, qui voulait que tous ses confrères se coupassent la queue, s'exprime ainsi d'un ton magistral :

« Le premier qui, ayant enclos un terrain, s'avisa de dire *Ceci est à moi*, et trouva des gens assez simples pour le croire, fut le vrai fondateur de la société civile. Que de crimes, de guerres, de meurtres que de misères et d'horreurs n'eût point épargnés au genre humain celui qui, arrachant les pieux ou comblant le fossé, eût crié à ses semblables : « Gardez-vous d'écouter cet imposteur ; vous êtes perdus si vous oubliez que les fruits sont à tous, et que la terre n'est à personne. »[4]

Ainsi, selon ce beau philosophe, un voleur, un destructeur aurait été le bienfaiteur du genre humain ; et il aurait fallu punir un honnête homme qui aurait dit à ses enfants : « Imitons notre voisin ; il a enclos son champ, les bêtes ne viendront plus le ravager, son terrain deviendra plus fertile ; travaillons le nôtre comme il a travaillé le sien, il nous aidera et nous l'aiderons[5] chaque famille cultivant son enclos, nous serons mieux nourris, plus sains, plus paisibles, moins malheureux. Nous tâcherons d'établir une justice distributive[6] qui consolera notre pauvre espèce, et nous vaudrons mieux que les renards et les fouines, à qui cet extravagant[6] veut nous faire ressembler. »

Ce discours ne serait-il pas plus sensé et plus honnête que celui du fou sauvage qui voulait détruire le verger du bonhomme ?

Voltaire, « Homme », *Dictionnaire philosophique portatif*, 1764.

4. Extrait du *Discours sur l'origine de l'inégalité* de Rousseau, voir p. 418.
5. Fondée sur le partage.
6. Fou.

Questions

Observer et analyser

1. À quel argument de Rousseau Voltaire répond-il dans le premier paragraphe ?
2. Rousseau n'est jamais nommé dans ce texte : relevez les groupes nominaux qui le désignent. Quel portrait Voltaire dresse-t-il ici de son adversaire ?
3. Dans les deux passages au discours direct, comparez ces deux versions de l'histoire humaine : pourquoi sont-elles inconciliables ?
4. Sur quel type de question le texte se conclut-il ? Pourquoi Voltaire fait-il ce choix selon vous ?

Contexte et perspectives

5. Rousseau est souvent considéré comme un partisan de la Nature, Voltaire comme un défenseur de la Culture : comment comprenez-vous cette opposition ?
6. Faites une recherche sur les relations entre Voltaire et Rousseau, et montrez que tout oppose les deux hommes.

Vers le BAC : le commentaire

7. Repérez la structure argumentative du texte et reformulez la thèse et les arguments de Voltaire.

L'art des jardins aux XVIIe et XVIIIe siècles

Photographie du temple d'Apollon, jardins de Stourhead, Wiltshire.

À retenir

Un lieu clos dédié au plaisir

En bas latin, l'*hortus jardinus* désigne déjà un lieu enclos, dans lequel la nature sous toutes ses formes – plantes, eaux, animaux – serait ordonnée par l'homme pour servir son plaisir. Le jardin est donc un microcosme, monde autonome régi par un ordre qui n'a plus rien de naturel : il est une **création humaine**.

Nature dominée, nature imitée

Dans l'histoire des jardins, deux écoles s'affrontent dans un équilibre sans cesse remis en cause. La première tend vers une précision architecturale, et voudrait donner aux éléments naturels la rigueur géométrique d'un bâti humain. L'autre laisse la matière naturelle s'exprimer, et cherche à produire des lieux émouvants et plaisants à l'œil.

Le **jardin à la française** témoigne donc d'une totale volonté de maîtrise : il obéit aux lois de la géométrie et de la perspective, et contraint les végétaux par une taille rigoureuse. Les jardins réalisés par **André Le Nôtre** à Versailles pour Louis XIV en donnent une éclatante illustration. Ce modèle domine l'art des jardins au XVIIe siècle et gagne peu à peu l'Europe toute entière.

En réaction à cette rigueur naît au XVIIIe siècle le **jardin anglais**, qui adopte un modèle pictural : le jardin doit être un tableau vivant éveillant la sensibilité de son visiteur. Il ne s'agit plus de dominer la nature, mais de créer de main d'homme des paysages à l'égal de ceux des peintres.

À propos ...

...de Stourhead

Les jardins de Stourhead (1741-1780) illustrent très bien l'influence de la peinture paysagère sur le jardin à l'anglaise. Ernst Gombrich, grand historien d'art, voit dans ce jardin la retranscription presque exacte de l'œuvre du **Lorrain**, peintre français du XVIIe siècle connu pour ses paysages influencés par la mythologie antique (voir aussi p. 28).

Claude Gellée dit **Le Lorrain** (1600-1682), *Apollon et les Muses au Mont Hélios*, 1680.

Étienne Allegrain (1644-1736), *Promenade de Louis XIV en vue du Parterre du Nord dans les jardins de Versailles*, 1688, huile sur toile, 234 cm × 295 cm, châteaux de Versailles et de Trianon.

Pour lire le tableau

Observer la composition

Le tableau est divisé en deux, répartissant à parts quasiment égales la terre et le ciel. La bande terrestre est elle-même divisée en trois plans horizontaux qui progressent des personnages vers la nature. La perspective des jardins ouvre vers la nature et le ciel. Les deux allées latérales et l'allée centrale se rejoignent en un point de fuite situé dans l'axe du roi.

Observer la matière picturale

Pas de couleurs très marquées dans ce tableau, qui respecte l'idéal classique de mesure et d'équilibre. La palette très réduite traduit l'harmonie qui unit les jardins au château.

Observer la mise en scène

Le jeu des proportions, entre un ciel très vaste, et des personnages de taille réduite au premier plan, met en valeur l'aspect monumental de cette réalisation. Au centre, au premier plan, on reconnaît le roi à partir duquel rayonnent toutes les allées.

Questions

1. Comparez Versailles et Stourhead et montrez qu'ils traduisent bien l'opposition entre les traditions française et anglaise du jardin.
2. Pourquoi peut-on dire des jardins de Versailles qu'ils transforment la promenade du Roi en une véritable cérémonie ?
3. Quelles visions opposées les deux tableaux du Lorrain et d'Allegrain donnent-ils des liens entre l'homme et la nature ?

Defoe
1660-1731

Biographie, p. 557

Texte 8 Robinson Crusoé (1719)

Lors de sa parution, l'œuvre fut présentée comme le récit véridique et autobiographique, des aventures de Robinson Crusoé, marin échoué durant vingt-huit ans sur une île de l'embouchure de l'Orénoque, puissant fleuve d'Amazonie. Le héros ici s'installe dans un nouveau campement.

[...] OCTOBRE

Du 26 au 30. – Je travaillai rudement à transporter tous mes bagages dans ma nouvelle habitation, quoiqu'il plût excessivement fort une partie de ce temps-là.

Le 31. – Dans la matinée je sortis avec mon fusil pour chercher quelque nourriture et reconnaître le pays ; je tuai une chèvre, dont le chevreau me suivit jusque chez moi ; mais, dans la suite, comme il refusait de manger, je le tuai aussi.

NOVEMBRE

Le 1er. – Je dressai ma tente au pied du rocher, et j'y couchai pour la première nuit, je l'avais faite aussi grande que possible avec des piquets que j'y avais plantés, et auxquels j'avais suspendu mon hamac.

Le 2. – J'entassai tous mes coffres, toutes mes planches et tout le bois de construction dont j'avais fait mon radeau, et m'en formai un rempart autour de moi, un peu en dedans de la ligne que j'avais tracée pour mes fortifications.

Le 3. – Je sortis avec mon fusil et je tuai deux oiseaux semblables à des canards, qui furent un excellent manger. Dans l'après-midi je me mis à l'œuvre pour faire une table.

Le 4. – Je commençai à régler mon temps de travail et de sortie, mon temps de repos et de récréation, et suivant cette règle que je continuai d'observer, le matin, s'il ne pleuvait pas, je sortais avec mon fusil pour deux ou trois heures ; je travaillais ensuite jusqu'à onze heures environ, puis je mangeais ce que je pouvais avoir ; de midi à deux heures je me couchais pour dormir, à cause de la chaleur accablante ; et, dans la soirée, je me remettais à l'ouvrage. Tout mon temps de travail de ce jour-là et du suivant fut employé à me faire une table ; car je n'étais alors qu'un triste ouvrier ; mais bientôt après le temps et la nécessité firent de moi un parfait artisan comme ils l'auraient fait, je pense, de tout autre.

Daniel DEFOE, *Robinson Crusoé* (1719), traduction de Petrus Borel.

Illustration anonyme (1900) pour *Robinson Crusoé*.

Questions

Observer et analyser

1. Observez le paratexte : l'ouvrage est-il un véritable journal intime ? Pourquoi, selon vous, l'auteur fait-il ce choix ?

2. Quelle utilité la tenue de ce journal a-t-elle pour Robinson ?

3. Le 31 octobre, le héros précise ne tuer le chevreau que parce qu'« il refus[e] de manger » : comment comprenez-vous cette précision ?

4. Face à une nature inconnue, quelles priorités le personnage se donne-t-il ?

5. Pourquoi peut-on voir ce texte comme un éloge de la civilisation ?

Vers le BAC : l'entretien à l'oral

6. L'œuvre de Defoe a eu une importante postérité (p. 426) : comment expliquez-vous ce goût du public pour les « robinsonnades » ?

Nature et Culture aux XVIIe et XVIIIe siècles

▮ Dans le débat ancien entre Nature et Culture, se mêlent des sens divers : Qu'entend-on par « **nature** » ? l'ensemble des êtres vivants connus ? un état précédant toute coutume et toute culture ? un ensemble de forces dominant l'homme, et donc proche de l'instinct ?

▮ De même, le terme de « **culture** » reste ambigu : coutume, ensemble de connaissances, action de rendre la nature fertile, somme des valeurs d'une civilisation... Les définitions ne manquent pas. Toutes ces significations s'entrecroisent, se confrontent, et donnent à cette opposition tout son relief.

Découverte du « Sauvage »

Le barbare

▮ La **confrontation entre deux civilisations** étrangères ne date pas d'hier : la Grèce antique par exemple considérait comme barbare tout homme ne parlant pas sa langue, et les Romains tous ceux qui ne parlaient pas latin ou grec.

L'Indien face à l'humaniste

▮ L'exploration du globe confronte l'Europe à des peuples dits primitifs car vivant au contact immédiat de la nature : l'image de ces hommes varie, du sauvage sanguinaire à l'homme naturellement bon, non corrompu par les valeurs mercantiles de l'Occident. Rencontrant en 1562, à Rouen, trois Indiens du Brésil, **Montaigne** fait un éloge appuyé de leur humanité : l'effet miroir joue pleinement, et le penseur français renvoie à son lecteur une triste image de **la société dénaturée** de son temps. S'éloigner de la nature a peut-être coûté à l'homme son innocence.

Bonne nature ou civilisation

Le bon sauvage

Les enjeux du débat sont donc posés lorsque les écrivains et penseurs des XVIIe et XVIIIe siècles s'en emparent.

▮ À l'âge classique, on retrouve les partisans de **l'homme à l'état de nature**, aux appétits raisonnables et au bon sens inaltérable, à l'image des Hurons dépeints par Gabriel Sagard (► p. 409). Ces « bons sauvages » peuvent rappeler au chrétien l'état originel de l'homme avant qu'il ne soit chassé du paradis terrestre.

▮ Le XVIIIe siècle s'éloigne peu de ces descriptions idylliques, lorsque Saint-Lambert (► p. 412) ou Bougainville (► p. 410) vantent l'un la grandeur d'âme d'un Indien, l'autre la douceur des mœurs tahitiennes. **Rousseau** lui-même prolonge cette lignée du « bon sauvage » en imaginant une humanité qui vit auprès de la nature dans un admirable équilibre, avant que la propriété et le progrès ne viennent causer sa chute (► p. 418).

Éloge de la civilisation

▮ Mais des voix discordantes se font aussi entendre, qui défendent au contraire **le rôle de la culture dans la définition de l'homme**. Que serait l'homme sans le progrès et sans la société qui favorise l'exercice de ses facultés logiques et artistiques ? Rien de moins qu'un animal, répond **Voltaire** (► p. 420) à Rousseau, avec l'ironie qui le caractérise. L'homme est par nature un être sociable qui aspire à s'élever par le travail et le progrès, et non à vivre seul. Dans cette entreprise, l'instinct de propriété est un allié de choix, non une déviance à combattre.

▮ La nature serait donc là pour être dominée par l'homme. C'est ce que Daniel Defoe assigne à son héros, Robinson Crusoé (► p. 424) : il dompte la nature pour que celle-ci réponde à ses besoins.

▮ Cependant, dans *Les Femmes savantes* (► p. 415), Molière se moque d'une culture qui ne serait que pur esprit et demande d'écouter la loi naturelle.

Évolutions modernes du débat

Le déterminisme

▮ Au XIXe siècle, le débat évolue et gagne le terrain scientifique. On n'oppose plus réellement l'état de nature à la vie en société, mais les notions d'« **inné** » et d'« **acquis** ». Quelle part de nous-mêmes est définie dès la naissance (l'inné) ? Quelle influence la culture et l'éducation, le milieu social, auront-ils sur notre évolution (l'acquis) ? Ces questions passionnent les biologistes et sociologues, mais aussi les romanciers, à l'image de **Balzac** (► p. 121) ou de **Zola** (► p. 124), qui ne cesseront d'interroger le poids qu'exercent ces forces dans nos existences.

Le débat à l'heure de la génétique

▮ À l'heure actuelle, le débat entre inné et acquis perdure, pour l'essentiel, dans le champ de la **génétique**, qui a forgé de nouveaux termes pour l'explorer : comment le patrimoine génétique et l'environnement interagissent-ils pour nous définir ? La question prolonge à nouveau les interrogations des écrivains et penseurs des XVIIe et XVIIIe siècles.

Robinsonnades modernes

Texte 1 William Golding, *Sa Majesté des Mouches* (1954)

Dans ce roman anglais, c'est un avion qui s'écrase, et livre à eux-mêmes de jeunes garçons. Si l'île leur paraît dans un premier temps paradisiaque et débarrassée de la pesante autorité des adultes, cet état de grâce ne dure pas : les conflits se multiplient, poussant Ralph et Porcinet à tenter, une ultime fois, de raisonner leurs camarades. Ils s'emparent de la conque, coquillage qui garantit à son possesseur le droit de parole, et s'expriment devant eux.

Porcinet cria :

– Qu'est-ce qui vaut mieux : avoir des lois et leur obéir, ou chasser et tuer ?

De nouveau la clameur et le même « zup[1] ! ».

Ralph essaya de dominer le vacarme :

– Qu'est-ce qui vaut mieux : la discipline et le salut, ou la chasse et le désordre ?

Mais Jack s'était mis à crier aussi fort et couvrait la voix de Ralph. Il s'était joint à la tribu et le groupe formait un bloc menaçant, hérissé de javelots. Ils se préparaient confusément à l'assaut, ou du moins l'intention semblait se dessiner dans la masse de nettoyer le pont rocheux. Ralph se tenait face à la tribu, un peu sur le côté, l'arme prête. Porcinet était près de lui qui ne lâchait pas le talisman, le coquillage à la beauté fragile. L'orage de hurlements venait se briser contre eux, comme une incantation de haine. Là-haut, cédant avec délice à ses instincts, Roger pesa de tout son poids sur le levier.

Ralph entendit le gros rocher avant de le voir. Il sentit une secousse à travers les semelles de ses chaussures et le déchirement de la rocaille au sommet de la falaise. Alors, la monstrueuse masse rouge bondit sur le pont rocheux et Ralph se jeta à plat ventre tandis que la tribu poussait des cris.

La roche frappa Porcinet de plein fouet, du menton aux genoux ; la conque explosa en mille morceaux et disparut. Sans avoir le temps de pousser le moindre soupir, Porcinet fut projeté de côté dans le vide et se retourna dans sa chute. La roche rebondit deux fois et se perdit dans la forêt. Porcinet s'écrasa sur le dos, quinze mètres plus bas, sur une dalle rocheuse entourée d'eau. Sa tête se fendit et il en sortit une matière qui rougit aussitôt.

William GOLDING, *Sa Majesté des Mouches*, 1954, traduction de Lola Tranec-Dubled, © Gallimard, 1956.

1. Les adversaires de Porcinet le menacent de pierres, qui sifflent autour de lui.

Sa majesté des mouches, film de Peter Brook, 1963.

Texte 2 Michel Tournier, *Vendredi ou les Limbes du pacifique* (1967)

Michel Tournier, loin des robinsonnades collectives de Jules Verne et William Golding, revient ici aux sources du personnage : un homme qui, avant la rencontre providentielle d'un indigène qu'il nomme Vendredi, s'interroge sur le sentiment de solitude.

« La solitude n'est pas une situation immuable[1] où je me trouverais plongé depuis le naufrage de la Virginie. C'est un milieu corrosif[2] qui agit sur moi lentement, mais sans relâche et dans un sens purement destructif. Le premier jour, je transitais entre deux sociétés humaines également imaginaires : l'équipage disparu et les habitants de l'île, car je la croyais peuplée. J'étais encore tout chaud de mes contacts avec mes compagnons de bord. Je poursuivais imaginairement le dialogue interrompu par la catastrophe. Et puis elle s'est révélée déserte. J'avançai dans un paysage sans âme qui vive. Derrière moi, le groupe de mes malheureux compagnons s'enfonçait dans la nuit. Leurs voix s'étaient tues depuis longtemps, quand la mienne commençait seulement à se fatiguer de son soliloque[3]. Dès lors je suis avec une horrible fascination le processus de déshumanisation dont je sens en moi l'inexorable travail. Je sais maintenant que chaque homme porte en lui – et comme au-dessus de lui – un fragile et complexe échafaudage d'habitudes, réponses, réflexes, mécanismes, préoccupations, rêves et implications qui s'est formé et continue à se transformer par les attouchements perpétuels de ses semblables. Privée de sève, cette délicate efflorescence s'étiole et se désagrège. Autrui, pièce maîtresse de mon univers. Je mesure chaque jour ce que je lui devais en enregistrant de nouvelles fissures dans mon édifice personnel. Je sais ce que je risquerais en perdant l'usage de la parole, et je combats de toute l'ardeur de mon angoisse cette suprême déchéance. Mais mes relations avec les choses se trouvent elles-mêmes dénaturées par ma solitude. Lorsqu'un peintre ou un graveur introduit des personnages dans un paysage ou à proximité d'un monument, ce n'est pas par goût de l'accessoire. Les personnages *donnent l'échelle* et, ce qui importe davantage encore, ils constituent des *points de vue possibles* qui ajoutent au point de vue réel de l'observateur d'indispensables virtualités.

Michel Tournier, *Vendredi ou les Limbes du pacifique*, © Gallimard, 1967.

1. Sans fin.
2. Acide.
3. Monologue.
4. Trembler.

Croiser les textes

1. Dans ces deux textes, quelle réaction les personnages ont-ils face à leur isolement ?
2. Comment les deux textes orchestrent-ils, chacun à sa manière, la montée de l'angoise ?
3. Comment l'Autre est-il perçu dans ces trois robinsonnades ?
4. Dans quelle mesure chacun de ces deux textes est-il une réécriture du Robinson Crusoé de Defoe ► p. 424 ?

Vers le BAC : la question de corpus

5. Quelle vision de la civilisation ces deux textes proposent-ils ?

Les genres de l'argumentation

Un auteur peut défendre ses idées soit de manière directe et explicite, soit de manière indirecte ou implicite, en ayant recours à la fiction.

1 Les formes directes de l'argumentation

• **Le dialogue**

– On parle de dialogue **didactique**, quand l'un des interlocuteurs détient la vérité que, par un jeu de questions, il va faire découvrir à l'autre. C'est le cas entre B et A dans le *Supplément au voyage de Bougainville* de Diderot, 1772 ► p. 394.

– Quand il s'agit de faire jaillir le vrai de la confrontation des positions, dans un échange équilibré et interactif, c'est un dialogue **dialectique**, comme dans *Gorgias* de Platon.

– Le dialogue peut être aussi **polémique** quand il oppose deux adversaires dans une joute verbale qui peut déboucher sur une victoire, mais jamais sur un accord. Il est marqué par une forte subjectivité du discours, et une certaine violence dans les échanges (interruptions, injures).

• **L'essai**

L'essai est une œuvre en prose, dans laquelle l'auteur formule ses idées en se fondant sur son expérience personnelle (Descartes, *Discours de la méthode*, 1637). Genre de la **raison en action**, il doit à son origine (*Essais* de Montaigne, 1580) son **allure très libre**, mêlant les registres et prenant des formes diverses (discours ou traités, comme le *Traité sur la tolérance* de Voltaire, 1763).

• **Les formes brèves**

Les **pensées** et les **maximes** – tout comme **les aphorismes**, ou **les proverbes** – tiennent un discours universel sur l'homme et se caractérisent par leur style lapidaire : (La Rochefoucauld, 1665 ► p. 383).

• **Le pamphlet**

Le pamphlet est un écrit assez court qui attaque violemment et de manière directe une personne ou une institution. Le genre peut manier l'injure et l'invective.

2 Les formes indirectes de l'argumentation

• **La parabole**

La parabole est une histoire courte et simple dont on tire un enseignement spirituel et moral en l'interprétant comme une **allégorie**. On la retrouve dans tous les livres de sagesse, des *Entretiens* de Confucius, en Orient, à l'Ancien et au Nouveau Testament, en Occident. Les paraboles bibliques imprègnent notre culture, directement ou transposées (► Greuze, p. 396).

• **L'apologue et la fable**

L'apologue est un récit court en vers ou en prose, qui tend à l'homme un miroir de ses vertus et de ses vices. Appartenant à la tradition orale (Esope), il est en ce sens assez proche de la parabole. La littérature, en s'emparant de cette forme, lui a donné, des *Fables* de La Fontaine (1668-1694) à celles d'Anouilh (1962), une dimension satirique, politique et philosophique.

• **Le conte philosophique**

Le conte philosophique est une invention de **Voltaire**, qui a repris les caractéristiques du conte traditionnel pour le mettre au service des combats des Lumières (*Candide*, 1759). Mais on peut étendre ce genre littéraire à toute fiction qui vise à **susciter moins notre sympathie que notre réflexion**, des *Voyages de Gulliver* de Swift (1721) à *1984* d'Orwell (1948). L'**utopie**, peinture d'un monde idéal pour critiquer la réalité présente, entre dans cette catégorie.

• **La poésie argumentative**

La poésie peut aussi être un moyen de faire passer ses idées : le *Poème sur le désastre de Lisbonne* (1756) de Voltaire, ou certains poèmes des *Châtiments* de Hugo (1853).

Les formes directes de l'argumentation

Exercice 1

Le narrateur (appelé Moi) s'entretient avec le Dr Bissei et juge que c'est « une très mauvaise action » que de soigner et de guérir un malade qui est coupable de méfaits.

LE DOCTEUR BISSEI. – Mon affaire est de le guérir, et non de le juger ; je le guérirai, parce que c'est mon métier ; ensuite le magistrat le fera pendre, parce que c'est le sien.

MOI. – Docteur, mais il y a une fonction commune à tout bon citoyen, à vous, à moi, c'est de travailler de toute notre force à l'avantage de la république ; et il me semble que ce n'en est pas un pour elle que le salut d'un malfaiteur, dont incessamment les lois la délivreront.

LE DOCTEUR BISSEI. – Et à qui appartient-il de le déclarer malfaiteur ? Est-ce à moi ?

MOI. – Non c'est à ses actions.

LE DOCTEUR BISSEI. – Et à qui appartient-il de connaître de ses actions ? Est-ce à moi ?

MOI. – Non ; mais permettez, docteur, que je change un peu la thèse, en supposant un malade dont les crimes soient de notoriété publique. On vous appelle ; vous accourez, vous ouvrez les rideaux, et vous reconnaissez Cartouche ou Nivet[1]. Guérirez-vous Cartouche ou Nivet ?

Le docteur Bissei, après un moment d'incertitude, répondit ferme qu'il le guérirait ; qu'il oublierait le nom du malade, pour ne s'occuper que du caractère de la maladie ; que c'était la seule chose dont il lui fût permis de connaître ; que s'il faisait un pas au-delà, bientôt il ne saurait plus où s'arrêter ; que ce serait abandonner la vie des hommes à la merci de l'ignorance, des passions, du préjugé, si l'ordonnance était précédée de l'examen de la vie et des mœurs du malade. « Ce que vous me dites de Nivet, un janséniste me le dira d'un moliniste[2], un catholique d'un protestant. [...] ».

Denis DIDEROT, *Entretien d'un père avec ses enfants*, 1771.

1. Célèbres malfaiteurs du XVIIIe siècle, exécutés pour leurs crimes. 2. Partisans de doctrines radicalement opposées, et s'écartant de la religion catholique.

1. À quel genre appartient ce texte ? Vous justifierez votre réponse en vous appuyant sur la typographie d'une part, la thématique d'autre part.

2. Quelle est la thèse de chaque interlocuteur ?

3. Quel changement formel observez-vous au dernier paragraphe ? Comment peut-on le justifier ? Quel effet produit-il ?

Exercice 2

Subtil réquisitoire contre la tyrannie de Napoléon III, ce texte publié anonymement à Bruxelles imagine un dialogue posthume entre deux grands philosophes politiques, Machiavel, l'auteur du traité Le Prince *(1532) et Montesquieu, auteur de* L'Esprit des Lois *(1748).*

MONTESQUIEU. – Je ne serais pas fâché de voir d'abord comment vous vous mettrez en défense vis-à-vis de la presse.

MACHIAVEL. – Vous mettez le doigt, en effet, sur la partie la plus délicate de ma tâche. Le système que je conçois à cet égard est aussi vaste que multiplié dans ses applications. Heureusement, ici, j'ai mes coudées franches ; je puis tailler et trancher en pleine sécurité et presque sans soulever aucune récrimination.

MONTESQUIEU. – Pourquoi donc, s'il vous plaît ?

MACHIAVEL. – Parce que, dans la plupart des pays parlementaires, la presse a le talent de se rendre haïssable, parce qu'elle n'est jamais au service que de passions violentes, égoïstes, exclusives ; parce qu'elle dénigre de parti pris, parce qu'elle est vénale, parce qu'elle est injuste, parce qu'elle est sans générosité et sans patriotisme ; enfin et surtout, parce que vous ne ferez jamais comprendre à la grande masse d'un pays à quoi elle peut servir.

MONTESQUIEU. – Oh ! si vous cherchez des griefs contre la presse, il vous sera facile d'en accumuler. Si vous demandez à quoi elle peut servir, c'est autre chose. Elle empêche tout simplement l'arbitraire dans l'exercice du pouvoir ; elle force à gouverner constitutionnellement ; elle contraint à l'honnêteté, à la pudeur, au respect d'eux-mêmes et d'autrui les dépositaires de l'autorité publique. Enfin, pour tout dire en un mot, elle donne à quiconque est opprimé le moyen de se plaindre et d'être entendu. On peut pardonner beaucoup à une institution qui, à travers tant d'abus, rend nécessairement tant de services.

Maurice JOLY, *Dialogue aux Enfers entre Machiavel et Montesquieu*, 1865.

1. Sur quel sujet s'affrontent Machiavel et Montesquieu ?

2. Comment évolue le rapport de force entre eux ?

Exercice 3

Quand je m'y suis mis quelquefois, à considérer les diverses agitations des hommes et les périls et les peines où ils s'exposent, dans la cour, dans la guerre, d'où naissent tant de querelles, de passions, d'entreprises hardies et souvent mauvaises, etc., j'ai découvert que tout le malheur des hommes vient d'une seule chose, qui est de ne savoir pas demeurer en repos dans une chambre. Un homme qui a assez de bien pour vivre, s'il savait demeurer chez soi avec plaisir, n'en sortirait pas pour aller sur la mer ou au siège d'une place. On n'achètera une charge à l'armée si cher, que parce qu'on trouverait insupportable de ne bouger de la ville ; et on ne recherche les conversations et les divertissements des jeux que parce qu'on ne peut demeurer chez soi avec plaisir.

Mais quand j'ai pensé de plus près, et qu'après avoir trouvé la cause de tous nos malheurs, j'ai voulu en découvrir la raison, j'ai trouvé qu'il y en a une bien effective, qui consiste dans le malheur naturel de notre condition faible et mortelle, et si misérable, que rien ne peut nous consoler, lorsque nous y pensons de près.

Pascal, *Pensées*, 1669.

1. À quel genre argumentatif se rattache le texte de Pascal ?

2. De quel type de sujet traite-t-il ? Appuyez votre réponse sur l'observation des champs lexicaux.

3. Résumez la thèse de Pascal.

Exercice 4

Un généalogiste prouve à un prince qu'il descend en droite ligne d'un comte dont les parents avaient fait un pacte de famille il y a trois ou quatre cents ans avec une maison[1] dont la mémoire même ne subsiste plus. Cette maison avait des prétentions éloignées sur une province dont le dernier possesseur est mort d'apoplexie : le prince et son conseil voient son droit évident. Cette province, qui est à quelques centaines de lieues de lui, a beau protester qu'elle ne le connaît pas, qu'elle n'a nulle envie d'être gouvernée par lui ; que, pour donner des lois aux gens, il faut au moins avoir leur consentement ; ces discours ne parviennent pas seulement aux oreilles du prince dont le droit est incontestable. Il trouve incontinent[2] un grand nombre d'hommes qui n'ont rien à perdre ; il les habille d'un gros drap bleu à cent dix sous l'aune, borde leurs chapeaux avec du gros fil blanc, les fait tourner à droite et à gauche, et marche à la gloire.

Les autres princes qui entendent parler de cette équipée y prennent part, chacun selon son pouvoir, et couvrent une petite étendue de pays de plus de meurtriers mercenaires que Gengis Khan, Tamerlan, Bajazet[3], n'en traînèrent à leur suite.

Des peuples assez éloignés entendent dire qu'on va se battre, et qu'il y a cinq ou six sous par jour à gagner pour eux, s'ils veulent être de la partie ; ils se divisent aussitôt en deux bandes comme des moissonneurs, et vont vendre leurs services à quiconque veut les employer.

Voltaire, *Dictionnaire philosophique*, article « Guerre », 1764.

1. Famille princière. 2. Immédiatement. 3. Conquérants asiatiques.

1. Que dénonce Voltaire ici ? Résumez sa thèse en une phrase.

2. Sur quelle logique narrative est fondé ce texte ? En quoi participe-t-elle efficacement à l'argumentation ?

3. Relevez et analysez des traits qui contribuent à la satire polémique.

Exercice 5

Le cerveau du père des *Rougon-Macquart*, quel que soit son tonnage, ne contient pas une grande variété de marchandises. Quand on a lu cent lignes de ce négociant littéraire, on a tout lu, et l'écrasante masse de son dernier avorton n'ajoute absolument rien aux coïonnades[1] qui ont précédé.

C'est toujours, invariablement, l'expérimentalisme grossier d'un Bacon[2] de table d'hôte, l'horreur du mystère, la science, l'évolution, le travail, le saint coït, l'éternelle resucée de l'atavisme[3], de l'hérédité, de la dégénérescence, etc. Et toute cette vacherie d'idées, dans quel style, bon Dieu !

Ah ! il ne se renouvelle pas, le vieux serpent, et n'*évolue* guère, je vous en réponds.

Les clichés Zola sont assez connus : « le soleil qui *met sa note claire* sur quelque chose », par exemple. Bien que je ne les aie pas comptés, j'estime qu'ils ne peuvent guère dépasser le chiffre de trente ou quarante, servis régulièrement et infatigablement depuis qu'il y a des *Rougon* et qu'il existe des *Macquart*.

Léon Bloy, *Le Crétin des Pyrénées*, 1894.

1. Forme archaïque pour *couillonnades*. 2. Philosophe anglais (1561-1626) qui voulut fonder la connaissance sur une expérimentation méthodique. 3. Hérédité des caractères ancestraux, par-delà les générations.

1. Relevez les différentes expressions par lesquelles Léon Bloy qualifie Zola. Déduisez de ces mots le genre du texte. Quels autres indices stylistiques nous y conduisent ?

2. Sur quels terrains successifs porte la critique littéraire de Bloy ? Quelle phrase du texte les articule ?

3. Quelle métaphore est filée dans le premier paragraphe ? Quel troisième type de reproche suggère-t-elle ?

Les formes indirectes de l'argumentation

Exercice 6

Rien n'est si vain, si mal entendu[1], que la morale par laquelle on termine la plupart des fables ; comme si cette morale n'était pas ou ne devait pas être entendue dans la fable même, de manière à la rendre sensible au lecteur ! Pourquoi donc, en ajoutant cette morale à la fin, lui ôter le plaisir de la trouver de son chef ? Le talent d'instruire est de faire que le disciple se plaise à l'instruction. Or, pour qu'il s'y plaise, il ne faut pas que son esprit reste tellement passif à tout ce que vous lui dites, qu'il n'ait absolument rien à faire pour vous entendre. [...] Que signifient ces quatre vers que La Fontaine ajoute à la fable de la grenouille qui s'enfle ? A-t-il peur qu'on ne l'ait pas compris ? A-t-il besoin, ce grand peintre, d'écrire les noms au-dessous des objets qu'il peint ? Loin de généraliser par là sa morale, il la particularise, il la restreint en quelque sorte aux exemples cités, et empêche qu'on ne l'applique à d'autres. Je voudrais qu'avant de mettre les fables de cet auteur inimitable entre les mains d'un jeune homme, on en retranchât toutes ces conclusions par lesquelles il prend la peine d'expliquer ce qu'il vient de dire aussi clairement qu'agréablement. Si votre élève n'entend la fable qu'à l'aide de l'explication, soyez sûr qu'il ne l'entendra pas même ainsi.

Jean-Jacques Rousseau, *Émile ou De l'éducation*, 1762.

1. Mal compris.

1. Que reproche Rousseau à la morale des fables ?
2. Quel idéal d'éducation ce reproche reflète-t-il ?

Exercice 7

LA GRENOUILLE QUI SE VEUT FAIRE
AUSSI GROSSE QUE LE BŒUF

Une Grenouille vit un Bœuf
Qui lui sembla de belle taille.
Elle qui n'était pas grosse en tout comme un œuf,
Envieuse s'étend, et s'enfle, et se travaille
Pour égaler l'animal en grosseur,
Disant : « Regardez bien, ma sœur ;
Est-ce assez ? dites-moi ; n'y suis-je point encore ?
– Nenni. – M'y voici donc ? – Point du tout. – M'y voilà ?
– Vous n'en approchez point. » La chétive pécore
S'enfla si bien qu'elle creva.
Le monde est plein de gens qui ne sont pas plus sages :
Tout Bourgeois veut bâtir comme les grands Seigneurs,
Tout petit Prince a des Ambassadeurs,
Tout Marquis veut avoir des Pages.

Jean LA FONTAINE, *Fables*, I, 3, 1668.

1. Quelle est la principale qualité du récit de La Fontaine ?
2. Pensez-vous comme Rousseau (cf. exercice 6) qu'il faudrait supprimer la morale ?
3. Proposez-en une autre.

Exercice 8

Ce qu'ils virent dans le pays d'Eldorado.

Candide et Cacambo montent en carrosse ; les six moutons volaient, et en moins de quatre heures on arriva au palais du roi, situé à un bout de la capitale. Le portail était de deux cent vingt pieds de haut et de cent de large ; il est impossible d'exprimer quelle en était la matière. On voit assez quelle supériorité prodigieuse elle devait avoir sur ces cailloux et sur ce sable que nous nommons or et pierreries.

Vingt belles filles de la garde reçurent Candide et Cacambo à la descente du carrosse, les conduisirent aux bains, les vêtirent de robes d'un tissu de duvet de colibri ; après quoi les grands officiers et les grandes officières de la couronne les menèrent à l'appartement de Sa Majesté, au milieu de deux files chacune de mille musiciens, selon l'usage ordinaire. Quand ils approchèrent de la salle du trône, Cacambo demanda à un grand officier comment il fallait s'y prendre pour saluer Sa Majesté ; si on se jetait à genoux ou ventre à terre ; si on mettait les mains sur la tête ou sur le derrière ; si on léchait la poussière de la salle ; en un mot, quelle était la cérémonie. « L'usage, dit le grand officier, est d'embrasser le roi et de le baiser des deux côtés. » Candide et Cacambo sautèrent au cou de Sa Majesté, qui les reçut avec toute la grâce imaginable et qui les pria poliment à souper.

VOLTAIRE, *Candide*, 1759.

1. De quel genre relève ce texte ? Justifiez votre réponse.
2. Relevez des éléments de merveilleux.
3. Montrez que Voltaire idéalise l'Eldorado pour mieux critiquer la société de son temps.

Exercice 9

Un auteur quelquefois, trop plein de son objet,
Jamais sans l'épuiser n'abandonne un sujet.
S'il rencontre un palais, il m'en dépeint la face ;
Il me promène après de terrasse en terrasse ;
Ici s'offre un perron ; là règne un corridor ;
Là ce balcon s'enferme en un balustre d'or.
Il compte des plafonds les ronds et les ovales ;
« Ce ne sont que festons, ce ne sont qu'astragales. »
Je saute vingt feuillets pour en trouver la fin,
Et je me sauve à peine au travers du jardin.
Fuyez de ces auteurs l'abondance stérile,
Et ne vous chargez point d'un détail inutile.
Tout ce qu'on dit de trop est fade et rebutant ;
L'esprit rassasié le rejette à l'instant.
Qui ne sait se borner ne sut jamais écrire.

Nicolas BOILEAU, *L'Art poétique*, 1674.

1. Cherchez la définition d'un « art poétique ». Dans quelle mesure cet extrait y répond-il bien ?
2. Résumez en une phrase la critique exprimée par Boileau.
3. Qu'est-ce qui donne son efficacité à cette critique ?

Vers le commentaire

Exercice 10

Où vont tous ces enfants dont pas un seul ne rit ?
Ces doux êtres pensifs, que la fièvre maigrit ?
Ces filles de huit ans qu'on voit cheminer seules ?
Ils s'en vont travailler quinze heures sous des meules ;
Ils vont, de l'aube au soir, faire éternellement
Dans la même prison le même mouvement.
Accroupis sous les dents d'une machine sombre,
Monstre hideux qui mâche on ne sait quoi dans [l'ombre,
Innocents dans un bagne, anges dans un enfer,
Ils travaillent. Tout est d'airain, tout est de fer.
Jamais on ne s'arrête et jamais on ne joue.
Aussi quelle pâleur ! la cendre est sur leur joue.
Il fait à peine jour, ils sont déjà bien las.
Ils ne comprennent rien à leur destin, hélas !
Ils semblent dire à Dieu : « Petits comme nous sommes,
Notre père, voyez ce que nous font les hommes ! »
Ô servitude infâme imposée à l'enfant !

Victor HUGO, « Melancholia », *Les Contemplations*, 1856.

Vous commenterez ce poème en mettant en évidence, derrière le discours narratif, la visée argumentative.

Les types d'argument

Vous souhaitez convaincre un(e) camarade d'utiliser comme vous le vélo pour vous rendre au lycée. Pour cela, vous pouvez avoir recours à différents types d'arguments et de raisonnements.

1 Les différents arguments

• Avec le vélo plus jamais d'embouteillages : au mieux on profite de la piste cyclable, au pire on se faufile entre les voitures.
Argument logique : il repose sur l'enchaînement rationnel de deux propositions ; l'auteur tire une conséquence logique de faits considérés comme établis.

• Pédaler c'est faire une vraie cure de thalassothérapie : ça détend et remet en forme.
Argument par analogie : il valide la thèse défendue par un exemple concret.

• Regarde j'ai perdu trois kilos !
Argument d'expérience : fondé sur l'observation du locuteur, il dresse des constats qui lui semblent des vérités absolues.

• L'Académie des Sciences l'affirme : rouler à vélo c'est combiner écologie et modernité.
Argument d'autorité : il s'appuie sur le crédit incontestable d'une autre parole.

• Ne te moque pas : tu n'es jamais monté sur un vélo !
Argument *ad hominem* : il réfute une proposition en la rattachant au discrédit personnel de celui qui l'énonce ou de ceux qui la soutiennent.

2 Les types de raisonnement

Ces arguments seront organisés dans un certain ordre, qui définit plusieurs types de raisonnement.

• **Le raisonnement déductif** part de propositions générales pour en déduire une conséquence particulière.
Faire du sport est bon pour la santé (prémisse majeure). Or le vélo est un sport (prémisse mineure). Donc faire du vélo est bon pour la santé (conclusion).

Le **syllogisme** est un type de raisonnement déductif qui, de deux propositions appelées prémisses, conduit à une troisième proposition, la conclusion particulière.
Certains raisonnements, souvent des syllogismes, ont une apparente rigueur logique, mais reposent sur une erreur qui les rend non valides : ce sont des **paralogismes**.
Tout ce qui est rare est cher. Or un cheval bon marché est rare. Donc un cheval bon marché est cher.

Quand il y a volonté de tromper, ce sont des **sophismes**.

• **Le raisonnement inductif** suit la démarche inverse : le locuteur part de faits particuliers pour conduire à une vérité générale.
Je me sens mieux depuis que je fais du vélo, donc bouger et pédaler est bon pour la santé.

• **Le raisonnement concessif** semble donner raison, dans un premier temps, à certains aspects de la thèse adverse mais pour mieux la renverser dans un second temps.
Je te l'accorde, le vélo peut parfois être dangereux mais certainement pas plus que la voiture et grâce aux pistes cyclables les risques sont quasiment nuls.

• **Le raisonnement par l'absurde**, ou ***a contrario***, montre que la thèse de l'adversaire aboutit à des conséquences absurdes.
Prendre le métro, c'est perdre son temps, sa bonne humeur et son énergie.

• **Le raisonnement paradoxal** choque l'opinion commune, souvent pour faire apparaître une vérité inattendue.
Je préfère aller moins vite à vélo qu'en voiture, car je suis pressé.

Prononcer un plaidoyer

Exercice 1

LE VIEUX CHAT ET LA JEUNE SOURIS

Une jeune souris, de peu d'expérience,
Crut fléchir un vieux chat, implorant sa clémence,
Et payant de raisons le Raminagrobis[1]
« Laissez-moi vivre : une Souris
De ma taille et de ma dépense
Est-elle à charge en ce logis ?
Affamerais-je, à votre avis,
L'Hôte et l'Hôtesse, et tout leur monde ?
D'un grain de blé je me nourris ;
Une noix me rend toute ronde.
À présent je suis maigre ; attendez quelque temps ;
Réservez ce repas à messieurs vos Enfants. »
Ainsi parlait au chat la souris attrapée. [...]

Jean de LA FONTAINE, *Fables*, XII, 5, 1668-1693.

1. Prince des chats.

1. Quels sont les types d'argument avancés par la souris ? À quels domaines appartiennent-ils ?

2. Dans quelle mesure le récit relativise-t-il la force de ces arguments ?

Exercice 2

Il ne faut pas un grand art, une éloquence bien recherchée, pour prouver que des chrétiens doivent se tolérer les uns les autres. Je vais plus loin : je vous dis qu'il faut regarder tous les hommes comme nos frères. Quoi ! mon frère le Turc ? mon frère le Chinois ? le Juif ? le Siamois ? Oui, sans doute ; ne sommes-nous pas tous enfants du même père, et créatures du même Dieu ? Mais ces peuples nous méprisent ; mais ils nous traitent d'idolâtres ! Hé bien ! je leur dirai qu'ils ont grand tort. Il me semble que je pourrais étonner au moins l'orgueilleuse opiniâtreté d'un iman[1] ou d'un talapoin[2], si je leur parlais à peu près ainsi : « Ce petit globe, qui n'est qu'un point, roule dans l'espace, ainsi que tant d'autres globes ; nous sommes perdus dans cette immensité. L'homme, haut d'environ cinq pieds[3], est assurément peu de chose dans la création. Un de ces êtres imperceptibles dit à quelques-uns de ses voisins, dans l'Arabie ou dans la Cafrerie[4] : "Écoutez-moi, car le Dieu de tous les mondes m'a éclairé : il y a neuf cents millions de petites fourmis comme nous sur la terre, mais il n'y a que ma fourmilière qui soit chère à Dieu ; toutes les autres lui sont en horreur de toute éternité ; elle sera seule heureuse, et toutes les autres seront éternellement infortunées" » Ils m'arrêteraient alors, et me demanderaient quel est le fou qui a dit cette sottise. Je serais obligé de leur répondre : « C'est vous-mêmes. »

VOLTAIRE, *Traité sur la tolérance*, XXII, « De la tolérance universelle », 1763.

1. Chef de prière dans une mosquée. 2. Prêtre bouddhiste.
3. Mesure de longueur : 0,324m. 4. Partie de l'Afrique australe.

1. Quelle est la thèse de Voltaire ?

2. À quel type de raisonnement Voltaire recourt-il ?

3. Qu'appelle-t-on, dans l'Évangile, une parabole ? Dans quelle mesure le texte de Voltaire nous en propose-t-il une, ici ? Quel profit en retire-t-il ?

Exercice 3

L'Assommoir est à coup sûr le plus chaste de mes livres. Souvent j'ai dû toucher à des plaies autrement épouvantables. La forme seule a effaré. On s'est fâché contre les mots. Mon crime est d'avoir eu la curiosité littéraire de ramasser et de couler dans un moule très travaillé la langue du peuple ! Ah ! la forme, là est le grand crime ! Des dictionnaires de cette langue existent pourtant, des lettrés l'étudient et jouissent de sa verdeur, de l'imprévu et de la force de ses images. Elle est un régal pour les grammairiens fureteurs. N'importe, personne n'a entrevu que ma volonté était de faire un travail purement philologique, que je crois d'un vif intérêt historique et social.

Je ne me défends pas d'ailleurs. Mon œuvre me défendra. C'est une œuvre de vérité, le premier roman sur le peuple, qui ne mente pas et qui ait l'odeur du peuple. Et il ne faut point conclure que le peuple tout entier est mauvais, car mes personnages ne sont pas mauvais, ils ne sont qu'ignorants et gâtés par le milieu de rude besogne et de misère où ils vivent. Seulement, il faudrait lire mes romans, les comprendre, voir nettement leur ensemble, avant de porter les jugements tout faits, grotesques et odieux, qui circulent sur ma personne et sur mes œuvres. Ah ! si l'on savait combien mes amis s'égayent de la légende stupéfiante dont on amuse la foule ! Si l'on savait combien le buveur de sang, le romancier féroce, est un digne bourgeois, un homme d'étude et d'art, vivant sagement dans son coin, et dont l'unique ambition est de laisser une œuvre aussi large et aussi vivante qu'il pourra !

Émile ZOLA, Préface de *L'Assommoir*, 1877.

1. Contre quelle accusation Zola se défend-il ? Quelle est sa thèse ?

2. Quels sont les deux arguments que Zola avance pour défendre son livre ? Quel rapport y a-t-il entre eux ?

3. Relevez l'écho d'un argument *ad hominem* utilisé par les adversaires de Zola.

Exercice 4

Au logis d'Orgon où il s'est installé, Tartuffe se fait passer pour un saint homme. Mais il fait des avances à Elmire.

ELMIRE

Pour moi, je crois qu'au Ciel tendent tous vos soupirs,
Et que rien ici-bas n'arrête[1] vos désirs.

TARTUFFE

L'amour qui nous attache aux beautés éternelles
N'étouffe pas en nous l'amour des temporelles,
Nos sens facilement peuvent être charmés[2]

Des ouvrages parfaits que le Ciel a formés.
Ses attraits réfléchis brillent dans vos pareilles,
Mais il étale en vous ses plus rares merveilles.
Il a sur votre face épanché des beautés
Dont les yeux sont surpris, et les cœurs transportés;
Et je n'ai pu vous voir, parfaite créature,
Sans admirer en vous l'auteur de la nature,
Et d'une ardente amour sentir mon cœur atteint
Au[3] plus beau des portraits où lui-même il s'est peint.
D'abord j'appréhendai que cette ardeur secrète
Ne fût du noir esprit une surprise adroite,
Et même à fuir vos yeux mon cœur se résolut,
Vous croyant un obstacle à faire mon salut.
Mais enfin je connus, ô beauté toute aimable,
Que cette passion peut n'être point coupable,
Que je puis l'ajuster avecque la pudeur,
Et c'est ce qui m'y fait abandonner mon cœur.

MOLIÈRE, *Le Tartuffe*, III, 3, 1664.

1. Ne retient. 2. Envoutés. 3. Devant le.

1. Par quels arguments Tartuffe justifie-t-il sa passion amoureuse ? Quel sophisme peut-on y déceler ?
2. Comment progresse l'argumentation dans sa tirade ?
3. Quels sentiments Tartuffe veut-il susciter chez Elmire ? Quelle place l'éloge trouve-t-il dans cette stratégie argumentative ?

Dresser une accusation

Exercice 5

On fait apprendre les fables de La Fontaine à tous les enfants, et il n'y en a pas un seul qui les entende[1] ; quand ils les entendraient ce serait encore pis, car la morale en est tellement mêlée et si disproportionnée à leur âge qu'elle les porterait plus au vice qu'à la vertu. Ce sont encore là, direz-vous, des paradoxes; soit: mais voyons si ce sont des vérités.

Je dis qu'un enfant n'entend point les fables qu'on lui fait apprendre, parce que quelque effort qu'on fasse pour les rendre simples, l'instruction qu'on en veut tirer force d'y faire entrer les idées qu'il ne peut saisir, et que le tour même de la poésie en les lui rendant plus faciles à retenir les lui rend plus difficiles à concevoir; en sorte qu'on achète l'agrément aux dépens de la clarté.

Je demande si c'est à des enfants de six ans qu'il faut apprendre qu'il y a des hommes qui flattent et mentent pour leur profit ? On pourrait tout au plus leur apprendre qu'il y a des railleurs qui persiflent les petits garçons, et se moquent en secret de leur sotte vanité; mais le fromage gâte tout; on leur apprend moins à ne pas le laisser tomber de leur bec qu'à le faire tomber du bec d'un autre. C'est ici mon second paradoxe et ce n'est pas le moins important.

Suivez les enfants apprenant leurs fables, et vous verrez que quand ils sont en état d'en faire l'application, ils en font presque toujours une contraire à l'intention de l'auteur, et qu'au lieu de s'observer sur le défaut dont on les veut guérir ou préserver, ils penchent à aimer le vice avec lequel on tire parti des défauts des autres. Dans la fable précédente les enfants se moquent du corbeau, mais ils s'affectionnent tous au renard.

Jean-Jacques ROUSSEAU, *Émile ou De l'éducation*, 1765.

1. Comprenne.

1. Résumez la thèse de Rousseau.
2. Quels sont les arguments et les exemples avancés par Rousseau pour appuyer sa thèse ?
3. Quel type de raisonnement utilise-t-il ? Comment implique-t-il le locuteur dans son raisonnement ?

Exercice 6

Sur l'île de Tahiti où ont abordé pour la première fois des Européens, le vieux chef apostrophe l'explorateur français Bougainville, au moment du départ de l'expédition.

[...] Tu n'es ni un dieu, ni un démon: qui es-tu donc, pour faire des esclaves ? Orou[1], toi qui entends la langue de ces hommes-là, dis-nous à tous, comme tu me l'as dit à moi, ce qu'ils ont écrit sur cette lame de métal: *Ce pays est à nous.* Ce pays est à toi ! et pourquoi ? parce que tu y as mis le pied ? Si un Tahitien débarquait un jour sur vos côtes, et qu'il gravât sur une de vos pierres ou sur l'écorce d'un de vos arbres: *Ce pays appartient aux habitants de Tahiti,* qu'en penserais-tu ? Tu es le plus fort ! Et qu'est-ce que cela fait ? Lorsqu'on t'a enlevé une des méprisables bagatelles dont ton bâtiment est rempli, tu t'es récrié, tu t'es vengé; et dans le même instant tu as projeté au fond de ton cœur le vol de toute une contrée ! Tu n'es pas esclave: tu souffrirais la mort plutôt que de l'être, et tu veux nous asservir ! Tu crois donc que le Tahitien ne sait pas défendre sa liberté et mourir ? Celui dont tu veux t'emparer comme de la brute, le Tahitien est ton frère. Vous êtes deux enfants de la nature; quel droit as-tu sur lui qu'il n'ait pas sur toi ? Tu es venu; nous sommes-nous jetés sur ta personne ? avons-nous pillé ton vaisseau ? t'avons-nous saisi et exposé aux flèches de nos ennemis ? t'avons-nous associé dans nos champs au travail de nos animaux ? Nous avons respecté notre image en toi.

Denis DIDEROT, *Supplément au Voyage de Bougainville*, 1772, publié en 1798.

1. Tahitien qui a servi d'interprète entre ses compatriotes et les Européens.

1. Distinguez les arguments que le vieillard reprend au discours des Européens. Que conteste-t-il en eux ?
2. Dégagez la composition de cet extrait. Quels types d'arguments le vieux chef tahitien emploie-t-il successivement ?
3. Observez la ponctuation et le type des phrases. À quoi tient la force persuasive de son propos ?

Faire l'éloge

Exercice 7

DOM JUAN. – Il n'y a plus de honte maintenant à cela : l'hypocrisie est un vice à la mode, et tous les vices à la mode passent pour vertus. Le personnage d'homme de bien est le meilleur de tous les personnages qu'on puisse jouer aujourd'hui, et la profession d'hypocrite a de merveilleux avantages. C'est un art de qui[1] l'imposture est toujours respectée ; et quoiqu'on la découvre, on n'ose rien dire contre elle. Tous les autres vices des hommes sont exposés à la censure, et chacun a la liberté de les attaquer hautement ; mais l'hypocrisie est un vice privilégié, qui, de sa main, ferme la bouche à tout le monde, et jouit en repos d'une impunité souveraine. On lie, à force de grimaces, une société étroite avec tous les gens du parti. Qui en choque un, se les jette tous sur les bras ; et ceux que l'on sait même agir de bonne foi là-dessus, et que chacun connaît pour être véritablement touchés, ceux-là, dis-je, sont toujours les dupes des autres ; ils donnent hautement dans le panneau des grimaciers, et appuient aveuglément les singes de leurs actions. Combien crois-tu que j'en connaisse qui, par ce stratagème, ont rhabillé adroitement les désordres de leur jeunesse, qui se sont fait un bouclier du manteau de la religion, et, sous cet habit respecté, ont la permission d'être les plus méchants hommes du monde ?

MOLIÈRE, *Dom Juan*, V, 2, 1665.

1. Dont

1. **Quels arguments Dom Juan avance-t-il pour défendre son choix de l'hypocrisie ?**

2. **Relevez des maximes qui viennent appuyer la thèse de Dom Juan.**

3. **Quel type de raisonnement utilise-t-il ?**

4. **Relevez deux figures de style qui étayent la démonstration de Dom Juan.**

Exercice 8

Pangloss enseignait la métaphysico-théologo-cosmolo-nigologie. Il prouvait admirablement qu'il n'y a point d'effet sans cause, et que, dans ce meilleur des mondes possibles, le château de monseigneur le baron était le plus beau des châteaux, et madame la meilleure des baronnes possibles.

« Il est démontré, disait-il, que les choses ne peuvent être autrement : car tout étant fait pour une fin, tout est nécessairement pour la meilleure fin. Remarquez bien que les nez ont été faits pour porter des lunettes ; aussi avons-nous des lunettes. Les jambes sont visiblement instituées pour être chaussées, et nous avons des chausses. Les pierres ont été formées pour être taillées et pour en faire des châteaux ; aussi monseigneur a un très beau château : le plus grand baron de la province doit être le mieux logé ; et les cochons étant faits pour être mangés, nous mangeons du porc toute l'année. Par conséquent, ceux qui ont avancé que tout est bien ont dit une sottise : il fallait dire que tout est au mieux. »

VOLTAIRE, *Candide*, ch. 1, 1759.

1. **Sur quel type de raisonnement est fondée la démonstration de Pangloss ? Justifiez votre réponse en décortiquant la logique d'un de ses arguments.**

2. **Quel rôle joue le paragraphe qui introduit le discours de Pangloss ?**

Vers le commentaire

Exercice 9

Dans cet extrait de L'Esprit des lois, *Montesquieu feint de se faire l'avocat de l'esclavage en développant une série d'arguments irrecevables.*

Si j'avais à soutenir le droit que nous avons eu de rendre les nègres esclaves, voici ce que je dirais :

Les peuples d'Europe ayant exterminé ceux de l'Amérique, ils ont dû mettre en esclavage ceux de l'Afrique, pour s'en servir à défricher tant de terres.

Le sucre serait trop cher, si l'on ne faisait travailler la plante qui le produit par des esclaves.

Ceux dont il s'agit sont noirs depuis les pieds jusqu'à la tête ; et ils ont le nez si écrasé, qu'il est presque impossible de les plaindre.

On ne peut se mettre dans l'esprit que Dieu, qui est un être très sage, ait mis une âme, surtout une âme bonne, dans un corps tout noir.

Il est si naturel de penser que c'est la couleur qui constitue l'essence de l'humanité, que les peuples d'Asie, qui font des eunuques, privent toujours les noirs du rapport qu'ils ont avec nous d'une manière plus marquée.

On peut juger de la couleur de la peau par celle des cheveux, qui, chez les Égyptiens, les meilleurs philosophes du monde, était d'une si grande conséquence, qu'ils faisaient mourir tous les hommes roux qui leur tombaient entre les mains.

Une preuve que les nègres n'ont pas le sens commun, c'est qu'ils font plus de cas d'un collier de verre que de l'or, qui, chez des nations policées[1], est d'une si grande conséquence.

Il est impossible que nous supposions que ces gens-là soient des hommes, parce que, si nous les supposions des hommes, on commencerait à croire que nous ne sommes pas nous-mêmes chrétiens.

MONTESQUIEU, *L'Esprit des lois*, XV, 5, 1748.

1. Civilisées.

1. **Caractérisez les différents types d'arguments utilisés.**

2. **Montrez que tous ces arguments sont absurdes et se retournent contre les esclavagistes.**

Auguste Herbin (1882-1960), *Jeudi*, 1950, huile sur toile, 55 cm × 46 cm, Saint-Étienne, musée d'Art moderne.

Méthode et compétences

Maîtriser la langue

Travailler l'écrit

Caractériser le texte

Lire l'image

Se préparer à l'oral

Vers les exercices du baccalauréat

Vers le BAC : L'écriture d'invention

Vers le BAC : le commentaire

Vers le BAC : la dissertation

Vers le BAC : rédiger

Ressources

1 Les constituants de la phrase

La phrase est une suite organisée de mots et propose une unité de sens. À l'écrit, elle commence par une majuscule et s'achève par un signe de ponctuation fort (point, point d'interrogation ou d'exclamation, points de suspension). Connaître les règles de son organisation permet de mieux rédiger et de mieux expliquer les effets littéraires.

1 La nature des phrases

La plupart des phrases sont organisées autour d'un verbe (ou d'un groupe verbal) et d'un groupe sujet telle la phrase minimale : Pierre a trouvé un stylo.

• **La phrase simple** est formée d'une seule proposition indépendante.
– Des compléments, mobiles et facultatifs, peuvent être ajoutés, comme les compléments circonstanciels, s'ils ne font pas partie du groupe verbal : Ce matin Pierre a trouvé un stylo dans la rue.
Chaque groupe peut être étendu : Ce matin, en partant travailler, Pierre a trouvé un stylo en argent dans la rue.

– Elle peut être sans verbe. La **phrase non verbale** s'organise autour :
d'un mot isolé, d'un groupe de mots (nom, groupe nominal) : « Ah ! » (interjection) ; Meurtre mystérieux à Manhattan (phrase nominale) ;
– de deux termes juxtaposés : Magnifique, ce tableau !
Leur sens dépend du contexte.

• **La phrase complexe** est formée de plusieurs propositions, **indépendantes ou non** les unes des autres, comportant chacune un verbe conjugué : Il m'a dit/qu'il partirait demain.

2 Organisation de la phrase complexe

Dans la phrase complexe, les propositions peuvent être liées de diverses manières :
• Par **juxtaposition :** un signe de ponctuation (virgule, point-virgule, deux points) relie les propositions. Leur rapport doit être interprété. Il ne viendra pas : il est malade (rapport de cause).

• Par **coordination :** les propositions sont reliées par une conjonction (mais, ou, et...) ou un adverbe (puis, toutefois...) qui précise la nature de leur rapport : Il ne viendra pas car il est malade.

• Par **subordination** : la subordonnée est introduite par un subordonnant. Seule, elle ne constitue pas une phrase car elle dépend de la principale. Les propositions subordonnées sont :
– les **complétives** : introduites par que, elles complètent des verbes : Je te dis qu'il viendra ;
– les **circonstancielles** : elles précisent le but, le temps, la condition, etc. Elles sont introduites par des conjonctions comme si, bien que, alors que... ;
– les **relatives** : elles sont introduites par un pronom relatif (qui, que, dont...) représentant dans la subordonnée un élément de la principale (son antécédent) : La maison, qui est en pierre, a résisté à la tempête ;

– les **interrogatives indirectes** : elles sont introduites par un mot interrogatif : Je me demande s'il viendra.

• Par **insertion**, ce qui peut prendre la forme :
– d'une **incise**, comportant un verbe déclaratif et son sujet inversé : Il ne faut pas, affirma-t-il, négliger son travail.
– d'une **incidente**, qui ajoute un commentaire de la proposition dans laquelle elle est insérée. La canicule, je le crains, sera fréquente.

Exercice 1

Réunissez dans une seule phrase les deux phrases indépendantes en proposant des solutions différentes : la juxtaposition ou la coordination.

a. Les paysans parlent le patois de leur région. Le narrateur cherche à produire un effet de réel. **b.** À chaque rencontre, Rastignac connaît mieux le monde parisien. *Le Père Goriot* est un roman d'apprentissage. **c.** L'action de ce récit est de plus en plus intense. L'attention du lecteur est tenue en haleine.

Exercice 2

Réunissez dans une seule phrase les deux phrases indépendantes, en employant la subordination d'après le sens des énoncés.

a. Balzac propose des descriptions très détaillées au début de ses romans. Il sait que le lecteur veut de l'action avant tout. **b.** La comédie vise essentiellement à faire rire. La comédie aborde des problèmes sociaux et moraux. **c.** Le moraliste observe et décrit l'homme. Il ne prescrit pas de modèle à suivre. **d.** La photographie a bouleversé la représentation de la réalité. Les peintres ont cessé de reproduire fidèlement les paysages ou les hommes.

Exercice 3

Délimitez les propositions du texte suivant, en prenant appui sur les verbes conjugués. Quelles sont les phrases complexes ? Comment sont-elles mises en relation ?

Fils d'un huissier de province, Jean Marin était venu, comme tant d'autres, faire son droit au quartier latin. Dans les différentes brasseries qu'il avait successivement fréquentées, il était devenu l'ami de plusieurs étudiants bavards qui crachaient de la politique en buvant des bocks. Il s'éprit d'admiration pour eux et les suivit avec obstination, de café en café, payant même leurs consommations quand il avait de l'argent.

Puis il se fit avocat et plaida des causes qu'il perdit. Or, voilà qu'un matin, il apprit dans les feuilles qu'un de ses anciens camarades du quartier venait d'être élu député.

Il fut de nouveau son chien fidèle, l'ami qui fait les corvées, les démarches, qu'on envoie chercher quand on a besoin de lui et avec qui on ne se gêne point. Mais il arriva par aventure parlementaire que le député devint ministre ; six mois après Jean Marin était nommé conseiller d'État.

Guy de Maupassant, *Le Protecteur*, 1884.

Exercice 4

Dans chacune des phrases suivantes, comment les propositions sont-elles reliées entre elles ? Quels effets le mode d'enchaînement choisi renforce-t-il ?

a. Ô nuit désastreuse ! Ô nuit effroyable, où retentit tout à coup, comme un éclat de tonnerre, cette étonnante nouvelle : Madame se meurt ! Madame est morte ! (Bossuet). **b.** Cette première pièce exhale une odeur sans nom dans la langue, et qu'il faudrait appeler *l'odeur de pension*. Elle sent le renfermé, le moisi, le rance ; elle donne froid, elle est humide au nez, elle pénètre les vêtements ; elle a le goût d'une salle où l'on a dîné ; elle pue le service, l'office, l'hospice (Balzac). **c.** [Giton] tient le milieu en se promenant avec ses égaux ; il s'arrête et l'on s'arrête, il continue de marcher et l'on marche : tous se règlent sur lui (La Bruyère). **d.** Parce que vous êtes un grand seigneur, vous vous croyez un grand génie ! (Beaumarchais). **e.** Tu te lèves l'eau se déplie/Tu te couches l'eau s'épanouit (P. Eluard). **f.** Vienne la nuit sonne l'heure/Les jours s'en vont je demeure (G. Apollinaire).

Exercice 5

Quel est le mode d'enchaînement privilégié de ce texte ? Pourquoi ? Quel est l'effet de la phrase nominale ?

Il y a quelques jours, au restaurant, le fils du patron, un petit garçon de sept ans, criait à la caissière : « Quand mon père n'est pas là, c'est moi le Maître. » Voilà un homme ! À son âge, je n'étais maître de personne et rien ne m'appartenait. [...] Au propriétaire, les biens de ce monde reflètent ce qu'il est ; ils m'enseignaient ce que je n'étais pas : je n'étais pas consistant ni permanent ; je n'étais pas le continuateur futur de l'œuvre paternelle, je n'étais pas nécessaire à la production de l'acier. En un mot je n'avais pas d'âme.

Jean-Paul Sartre, *Les Mots*, © Gallimard, 1964.

Exercice 6

Comment les propositions sont-elles reliées entre elles dans les phrases soulignées ? Montrez comment elles renforcent l'effet dramatique de la scène. Les phrases simples produisent-elles le même effet ?

Le narrateur raconte la mort de Gavroche sur les barricades, lors des émeutes du peuple de Paris.

Une balle pourtant, mieux ajustée ou plus traître que les autres, finit par atteindre l'enfant feu follet. On vit Gavroche chanceler, puis il s'affaissa. Toute la barricade poussa un cri ; assis sur son séant, un long filet de sang rayait son visage, il éleva ses deux bras en l'air, regarda du côté d'où était venu le coup, et se mit à chanter :

Je suis tombé par terre,
C'est la faute à Voltaire,
Le nez dans le ruisseau,
C'est la faute à...

Il n'acheva point. Une seconde balle du même tireur l'arrêta court. Cette fois il s'abattit la face contre le pavé, et ne remua plus. Cette petite grande âme venait de s'envoler.

Victor Hugo, *Les Misérables*, 1862.

2 Les actes de langage, les types de phrases

Le langage permet d'agir sur les autres. On distingue quatre actions, appelées « actes de langage ». À chaque acte de langage correspond un type de phrase qui formule **directement** cette action.

1 Les actes de langage directs et les types de phrases

Acte de langage	Type de phrase correspondant
Affirmer	**Phrase déclarative** • La grammaire française est un sujet passionnant. • La grammaire française ne passionne pas tout le monde.
Interroger	**Phrase interrogative** (point d'interrogation, inversion du sujet) • Quel nom portes-tu ?
Ordonner Au sens large, de l'ordre autoritaire à la prière, en passant par le conseil ou la demande polie.	**Phrase injonctive** (diverses constructions possibles : verbe à l'impératif, à l'infinitif, au subjonctif, groupe nominal, nom, onomatopée) Taisez-vous./Ne pas bavarder avec son voisin./Qu'il se taise sur-le-champ !/Interdiction de parler./Silence./Chut !
S'exclamer Exprimer un sentiment vif (étonnement, colère, admiration, regret, indignation, etc.)	**Phrase exclamative** (point d'exclamation) • Que la grammaire française est passionnante ! • Comme il fait beau aujourd'hui !

Il ne faut cependant pas confondre les actes de langage et les types de phrases. On peut ainsi ordonner :
– en employant une phrase interrogative : Quand allez-vous cesser de bavarder ?
– en employant une phrase déclarative : Il est temps de cesser les bavardages.

2 Les actes de langage indirects et leurs effets

Il arrive que l'on détourne les types de phrases de leur usage habituel. Les quatre actes de langage sont alors formulés de manière indirecte.

Acte de langage	Formulations indirectes par d'autres types de phrases
Affirmer	**Phrase interrogative :** Ne sais-tu pas que la grammaire française est un sujet passionnant ? **Phrase injonctive :** Avoue que la grammaire française est un sujet passionnant.
Interroger	**Phrase déclarative :** Je me demande quel est ton nom. **Phrase injonctive :** Rappelle-moi ton nom.
Ordonner	**Phrase déclarative :** Il est temps de cesser les bavardages./Vous prendrez la première à gauche. **Phrase interrogative :** Quand allez-vous cesser de bavarder ?
S'exclamer	**Phrase exclamative :** Je ne supporte plus cette hypocrisie ! **Phrase injonctive :** Sortez !

La formulation indirecte d'un acte de langage crée souvent un décalage expressif.

- Une phrase déclarative peut servir :
  – à donner un ordre : Il est temps de cesser les bavardages.
  – à poser une question : Je me demande quel est ton nom.
- Une phrase interrogative peut permettre :
  – de formuler une demande polie : Pourrais-tu me passer le sel, s'il te plaît ?,
  – ou de donner un ordre : Quand allez-vous cesser de bavarder ? ; Allez-vous enfin vous taire ?,
  – oud'affirmer son point de vue : N'êtes-vous pas de mon avis ?

Ce dernier cas est ce que l'on appelle une **question rhétorique** : la question correspond à une assertion déguisée et sous-entend sa propre réponse. Au lieu d'interroger, elle contraint le destinataire à accepter la réponse présentée comme évidente par le locuteur dans un but argumentatif.

Exercice 1

De quel type de phrase les énoncés suivants relèvent-ils ? Précisez à chaque fois quels éléments vous permettent de le déterminer.

a. Ne m'adresse plus jamais la parole. **b.** Je ne veux plus que tu m'adresses la parole. **c.** Laisser mijoter pendant une heure. **d.** Il faut laisser mijoter la viande pendant une heure. **e.** Comment peux-tu croire une chose pareille ? **f.** Tu me prends pour un fou ? **g.** Que tu es belle ! **h.** N'est-il pas adorable ?

Exercice 2

1. Quel acte de langage est exprimé par les phrases suivantes ? Au moyen de quel type de phrase ?
2. S'agit-il d'un acte de langage direct ou indirect ?

a. Ne passe surtout pas par là. **b.** Cette mesure ne fait pas l'unanimité. **c.** Le rire n'est-il pas le propre de l'homme ? **d.** Pensez-vous que votre équipe a des chances de remporter la victoire ce soir ? **e.** Je ne veux plus vous entendre parler de cette histoire. **f.** Nous vous demandons de bien vouloir éteindre votre téléphone portable. **g.** Je te demande depuis quand tu as changé de sonnerie de téléphone. **h.** Stop ! **i.** Où as-tu appris à parler la bouche pleine ? **j.** Nous comptons sur la plus grande discrétion de votre part.

Exercice 3

Les questions suivantes sont-elles de vraies questions, des demandes indirectes ou des questions rhétoriques ? Justifiez votre réponse.

a. Serais-tu assez aimable pour descendre la poubelle ? **b.** À quelle distance du soleil la terre se trouve-t-elle ? **c.** Comment allez-vous ? **d.** N'est-ce pas révoltant ? **e.** Pouvez-vous me donner l'heure ? **f.** Pour qui vous prenez-vous ? **g.** Combien de temps nos compatriotes vont-ils encore croire au père Noël ? **h.** Combien de temps nos enfants vont-ils encore croire au père Noël ?

Exercice 4

Quel acte de langage chacune des questions ci-dessous permet-elle d'accomplir ? Reformulez-les en employant le type de phrase habituellement associé à cet acte de langage, comme indiqué dans l'exemple. Soulignez les questions rhétoriques.

Exemple : « Vas-tu cesser ton vacarme ? »/acte de langage : ordonner/formulation explicite : Cesse ton vacarme.

a. N'ai-je pas raison d'affirmer que l'argent ne fait pas le bonheur ? **b.** Où vas-tu chercher toutes ces histoires ? **c.** Pardon, madame, pouvez-vous m'indiquer où se trouve la mairie ? **d.** À quoi bon résister à la tentation ? **e.** Quel malheur plus terrible pouvait s'abattre sur moi que la perte de ma sœur bien-aimée ? **f.** Pourquoi ne m'as-tu pas prévenu plus tôt ?

Exercice 5

Les actes de parole sont indirects dans les phrases suivantes. Transformez-les en actes de parole directs.

a. Voudriez-vous me prendre dans vos bras ? **b.** Il fait une chaleur dans cette chambre ! **c.** Je me demande si j'ai bien fait d'accepter. **d.** Pouvez-vous me passer le sel ?

Exercice 6

Les actes de paroles sont directs dans les phrases suivantes : transformez-les en acte de parole indirect.

a. Mets ton manteau, car il va faire froid. **b.** Remercions le ciel qu'il n'ait pas pensé à le lui demander. **c.** Présentez-moi votre travail dans huit jours. **d.** Evitez de prendre l'allée Sud.

Exercice 7

Qui est supposé formuler ces cinq questions ?
Quel sentiment est exprimé à travers les quatre premières ?
Quel acte de langage la dernière question accomplit-elle ?
En quoi est-elle habile du point de vue de l'argumentation ?

Il ne faut pas un grand art, une éloquence bien recherchée, pour prouver que des chrétiens doivent se tolérer les uns les autres. Je vais plus loin : je vous dis qu'il faut regarder tous les hommes comme nos frères. Quoi ! mon frère le Turc ? mon frère le Chinois ? le Juif ? le Siamois ? Oui sans doute ; ne sommes-nous pas tous enfants du même père, et créatures du même Dieu ?

Voltaire, *Traité sur la tolérance*, 1763.

Exercice 8

Formulez, en une phrase, la thèse défendue par l'auteur dans cet extrait.
Quels types de phrases dominent ? En quoi ce choix sert-il l'argumentation ?

Hommes, soyez humains, c'est votre premier devoir ; soyez-le pour tous les états, pour tous les âges, pour tout ce qui n'est pas étranger à l'homme. Quelle sagesse y a-t-il pour vous hors de l'humanité ? Aimez l'enfance ; favorisez ses jeux, ses plaisirs, son aimable instinct. Qui de vous n'a pas regretté quelquefois cet âge où le rire est toujours sur les lèvres, et où l'âme est toujours en paix ? Pourquoi voulez-vous ôter à ces petits innocents la jouissance d'un temps si court qui leur échappe, et d'un bien si précieux dont ils ne sauraient abuser ? Pourquoi voulez-vous remplir d'amertume et de douleurs ces premiers ans si rapides, qui ne reviendront pas plus pour eux qu'ils ne peuvent revenir pour vous ? Pères, savez-vous le moment où la mort attend vos enfants ? Ne vous préparez pas des regrets en leur ôtant le peu d'instants que la nature leur donne : aussitôt qu'ils peuvent sentir le plaisir d'être, faites qu'ils jouissent ; faites qu'à quelque heure que Dieu les appelle, ils ne meurent point sans avoir goûté à la vie.

Rousseau, *Émile ou De l'éducation*, 1762.

3 La ponctuation

Les signes de ponctuation permettent d'abord de rendre le texte lisible, compréhensible. Ils donnent en outre des informations sur la signification de l'énoncé ; c'est ce qui rend leur emploi parfois délicat.

1 Organiser le texte

• **Le point simple**, associé à la majuscule, isole une phrase : il signale un énoncé complet.

• **La virgule** isole un mot ou un groupe dans la phrase. Elle permet de distinguer :
- les éléments d'une énumération : « Décharné, dénervé, démusclé, dépulpé » (Ronsard) ;
- des propositions de même nature : « Elle y dirigeait les affaires de la famille, elle était chargée de faire face aux contributions imposées à la casa del Dongo » (Stendhal) ;
- une apposition : « L'ombre, ce masque, était sur leur visage. » (Hugo) ;
- un complément circonstanciel ou une proposition subordonnée : « Quand vous aimiez la vie, peut-être que vous n'étiez pas si belle » (Marivaux).

N.-B. : le sujet et les compléments d'objet peuvent être séparés du verbe par une (ou plusieurs) incise(s) notée(s) alors entre virgules : « Le chevalier de Chateaubriand, âgé de neuf ans, passa pour un homme atroce » (Chateaubriand). Il faut éviter la virgule unique qui rompt l'unité syntaxique.

• **Le point-virgule** marque une pause forte, sans cependant interrompre la phrase ni le développement du propos. Il souligne le plus souvent un parallélisme entre ce qui précède et ce qui suit « Ici des vieillards criblés de coups regardaient mourir leurs femmes égorgées, qui tenaient leurs enfants à leurs mamelles sanglantes ; là des filles, éventrées après avoir assouvi les besoins naturels de quelques héros, rendaient les derniers soupirs ; d'autres, à demi brûlées, criaient qu'on achevât de leur donner la mort. » (Voltaire).

2 Donner un sens au texte

• **Le point d'interrogation** signale une question. Viendras-tu ? Il disparaît, tout comme l'inversion du sujet, dans l'interrogation indirecte : Je me demande si tu viendras.

• **Le point d'exclamation** marque une injonction ou l'émotion du locuteur (peur, colère...) « Au voleur ! au voleur ! à l'assassin ! au meurtrier ! Justice, juste Ciel ! Je suis perdu, je suis assassiné ! On m'a coupé la gorge, on m'a dérobé mon argent ! » (Molière).

• **Les deux-points** marquent un rapport logique fort : ils annoncent une citation, un discours rapporté, une énumération, une explication « L'animal de Sirius sourit : il ne trouva pas celui-là le moins sage » (Voltaire).

• **Les points de suspension** marquent une interruption du discours ou de la pensée. Employés entre parenthèses dans une citation, ils indiquent une coupe Voltaire écrit que « des filles [...] rendaient les derniers soupirs ».

• **Les guillemets** isolent un énoncé à l'égard duquel le locuteur prend de la distance : ils signalent la citation, le discours rapporté, ou peuvent mettre en valeur un terme.

N.-B. : Dans une copie, on évitera toutefois ce dernier emploi, qui signale souvent une approximation, voire une faute : mieux vaut trouver le mot juste. À Pierre de Ronsard, « star » de la poésie..., on préfèrera Pierre de Ronsard, Prince des poètes...

• **Les parenthèses** isolent, à l'intérieur de la phrase, une information facultative ou qui facilite la compréhension du reste de l'énoncé, comme des didascalies, par exemple.

N.-B. : Dans le commentaire et la dissertation, exercices d'explication, on évite l'emploi de parenthèses.

• **Les tirets** s'emploient comme les parenthèses ; le tiret n'est pas repris avant une ponctuation forte. Le tiret à la fin d'une phrase, peut indiquer une bifurcation du propos, un renversement de la perspective : « Mais quand je vous ai dit : cette pomme est véreuse, vous m'avez accusé de ne pas y voir clair – ou de ne pas aimer les pommes. » (Gide).

• **Les crochets** jouent le rôle de parenthèses à l'intérieur de parenthèses. Ils signalent les modifications nécessaires apportées à une citation : Rousseau prétend dans ses *Confessions* que « si [il] ne vaut pas mieux, au moins [il est] autre » pour « Si **je** ne vaux pas mieux, au moins **je suis** autre » (Rousseau).

Exercice 1

Corrigez les erreurs de ponctuation, en pratiquant les modifications indispensables dans ces phrases.

a. Simone de Beauvoir écrit que « satisfaite de la place que j'occupais dans le monde, je la pensais privilégiée. Mes parents étaient des êtres d'exception, et je considérais notre foyer comme exemplaire. ».

b. Dans un autre hôtel de luxe, le Causeway Bay Plaza il essaya encore, de téléphoner. (D'après Emmanuel Carrère)

c. Elle demanda à Frédéric depuis quand il était rentré ? (D'après Flaubert)

d. « Monsieur, reprit le colonel je désirerais ne confier qu'à vous, le secret de ma situation. » (D'après Balzac)

e. Mon fils Rafaello, le fils de ma pauvre femme, dont je pleure depuis quinze ans la mort, Rafaello, Monsieur a voulu s'établir à Paris. (D'après Anatole France)

f. Quand les rafales gémissaient plus fort, on la voyait courir en tourbillons plus épais – comme, en été, la poussière des routes –. (D'après Loti)

g. Arrêtez, arrêtez, Seigneur s'écria Candide, je vous donnerai autant d'argent que vous voudrez Quoi ? c'est Candide disait l'un des forçats – Quoi ! Est-ce un songe ! Suis-je bien éveillé se demanda le malheureux Candide ; ne comprenant pas ce qui se passait ; est-ce là le baron Pangloss que j'ai vu pendre. (D'après Voltaire)

Exercice 2

Rétablissez la ponctuation dans les extraits suivants.

Texte A

parfois le dimanche lorsqu'il faisait beau camille forçait thérèse à sortir avec lui à faire un bout de promenade aux champs élysées la jeune femme aurait préféré rester dans l'ombre humide de la boutique elle se fatiguait elle s'ennuyait au bras de son mari qui la traînait sur les trottoirs en s'arrêtant aux boutiques avec des étonnements des réflexions des silences d'imbécile.

(D'après Zola)

Texte B

il venait de sortir quand simonneau introduisit aurélien un aurélien aux traits tirés chez qui se faisait il habiller il avait toujours de très jolies étoffes il aurait gagné à porter des cravates plus gaies il faudra que je dise à bérénice pour l'idée qui lui vint edmond rit de lui-même il se sentait le meneur de jeu la puissance je passais à côté commença leurtillois je me suis dit que je pourrais monter mais quelle heureuse inspiration assieds toi là non dans le fauteuil tu veux une cigarette.

(D'après Aragon)

Texte C

je l'aimais si fort que je n'ai plus voulu la quitter je l'ai emportée avec moi toujours partout je l'ai promenée par la ville comme ma maîtresse mais on l'a vue on l'a devinée on me l'a prise et on m'a jeté en prison comme un malfaiteur on l'a prise oh misère le manuscrit s'arrêtait là et soudain comme je relevais sur le médecin des yeux effarés un cri épouvantable un hurlement déchirant s'éleva dans l'asile écoutez-le dit le docteur il faut doucher cinq fois par jour ce fou obscène je balbutiai ému d'étonnement de pitié mais mais cette chevelure existe-t-elle réellement.

(D'après Guy de Maupassant)

Exercice 3

L'emploi inhabituel ou l'absence de la ponctuation rendent-ils ces textes incompréhensibles ? Quel est l'effet recherché ?

Texte A

La porte de l'hôtel sourit terriblement
Qu'est-ce que cela peut me faire ô ma maman
D'être cet employé pour qui seul rien n'existe
Pi-mus couples allant dans la profonde eau triste
Anges frais débarqués à Marseille hier matin
J'entends mourir et remourir un chant lointain
Humble comme je suis qui ne suis rien qui vaille
Enfant je t'ai donné ce que j'avais travaille

Guillaume Apollinaire, « La porte », *Alcools*, 1913.

Texte B

Il tenait une lettre à la main, il leva les yeux me regarda puis de nouveau la lettre puis de nouveau moi, derrière lui je pouvais voir aller et venir passer les taches rouges acajou ocre des chevaux qu'on menait à l'abreuvoir, la boue était si profonde qu'on enfonçait dedans jusqu'aux chevilles mais je me rappelle que pendant la nuit il avait brusquement gelé et Wak entra dans la chambre en portant le café disant Les chiens ont mangé la boue, je n'avais jamais entendu l'expression.

Claude Simon, *La Route des Flandres*, © Minuit, 1960.

Exercice 4

Rédigez un paragraphe décrivant l'importance et les fonctions de la ponctuation, en illustrant votre propos d'exemples tirés du texte suivant.

Scapin propose à Octave, terrifié à l'idée d'avoir à affronter son père, de répéter le rôle qu'il devra tenir devant Argante.

Scapin. – Bon. Imaginez-vous que je suis votre père qui arrive, et répondez-moi fermement comme si c'était à lui-même. « Comment, pendard, vaurien, infâme, fils indigne d'un père comme moi, oses-tu bien paraître devant mes yeux après tes bons déportements, après le lâche tour que tu m'as joué pendant mon absence ? Est-ce là le fruit de mes soins, maraud ? est-ce là le fruit de mes soins ? le respect qui m'est dû ? le respect que tu me conserves ? » Allons donc. « Tu as l'insolence, fripon, de t'engager sans le consentement de ton père, de contracter un mariage clandestin ? Réponds-moi, coquin, réponds-moi. Voyons un peu tes belles raisons. » Oh ! que diable ! vous demeurez interdit !

Molière, *Les Fourberies de Scapin*, I, 3, 1671.

4 Les modes et les temps

1 Les modes

• On distingue quatre **modes personnels**:
– l'**indicatif** est le mode du réel. Il présente le fait exprimé par le verbe comme vrai.
– le **subjonctif** est le mode du possible. La réalisation du fait est seulement envisagée, par exemple pour marquer une volonté, un souhait ou un doute. Pourvu qu'il **fasse** beau! Je préfèrerais qu'il **pleuve**. Il serait étonnant qu'il **vienne**.
– le **conditionnel** est le mode de l'incertitude. Il exprime une action ou un souhait dont la réalisation reste en suspens. Il renvoie également à un monde imaginaire. Un chercheur **aurait découvert** un traitement miracle du cancer.
– l'**impératif** est le mode de l'injonction. Il incite le destinataire à agir au moyen d'un ordre, d'un conseil, d'un encouragement ou d'une prière. **Ferme** la porte.

• trois modes non personnels:
l'**infinitif** (attendre); le **participe** (présent: attendant; passé: attendu); le **gérondif** (en attendant).

2 Les valeurs des temps de l'indicatif

• **Le présent**
Il peut exprimer:
– l'**actualité** (**présent d'énonciation**): le fait est en train de s'accomplir au moment où il est énoncé: Je vous **remercie** pour ces renseignements.
– l'**habitude**: Tous les soirs, elle **révise** la grammaire.
– une **vérité générale**: Qui **vole** un œuf **vole** un bœuf.
– un **passé proche** ou un **futur proche**: Je **sors** à l'instant du lycée. Je **descends** à la prochaine station.
– le **présent de narration**: Nous écoutions attentivement le cours. Tout à coup, le professeur **s'interrompt** et **regarde** par la fenêtre.
- un **ordre**: Tu **finis** ton assiette ou tu n'**as** pas de dessert.

• **Les temps du passé**
– l'**imparfait** exprime la **durée dans le passé**. C'est le temps de la description. Il permet d'installer une toile de fond sur laquelle se détachent les actions au passé simple. La Belle au Bois Dormant **dormait** quand le prince charmant survint.
Il peut aussi indiquer une **habitude.** Il **descendait** acheter les croissants tous les dimanches.
– le **passé simple** énonce une action ponctuelle dans le passé et permet de raconter une succession d'actions. Aujourd'hui, il s'emploie exclusivement à l'écrit. L'arbitre **lança** un coup de sifflet, **tendit** son doigt en direction du joueur et **brandit** un carton rouge.
– le **passé composé** exprime une action passée dont les conséquences se font sentir au moment où l'on parle. Il a aujourd'hui remplacé le passé simple à l'oral. J'**ai marché** pour venir: je suis exténué.
– le **plus-que-parfait** exprime une action accomplie, antérieure par rapport à une autre action située dans le passé. Il **avait terminé** ses devoirs quand sa mère entra dans sa chambre.

• **Les temps du futur**
– le **futur simple** indique la certitude qu'un fait se réalisera dans **l'avenir**. Quand je **serai** grand, je **protègerai** la planète.
Il peut également exprimer un **ordre**: Tu me **copieras** dix fois cette phrase ou une **hypothèse**: J'ai trouvé cette copie sur mon bureau: ce **sera** le devoir d'un élève.
– le **futur antérieur** exprime une action achevée, antérieure par rapport à une autre action située dans le futur. Quand tu **auras récupéré** la clé, tu sortiras de la salle.

• **Le conditionnel**
Le conditionnel est un temps de l'indicatif dans la mesure où il exprime le **futur vu du passé.**
Sa décision était prise: à leur prochaine rencontre, il lui **avouerait** toute la vérité.

Exercice 1

Quelles sont les valeurs du présent dans les phrases suivantes ?

a. Tous les matins du monde sont sans retour. (Pascal Quignard, *Tous les matins du monde,* 1991)
b. Sans perdre de temps, je la vais trouver de ce pas. (Molière, *Le Médecin volant*)
c. Sous moi donc cette troupe s'avance/Et porte sur le front une mâle assurance./Nous partîmes cinq cents ; mais par un prompt renfort/Nous nous vîmes trois mille en arrivant au port. (Pierre Corneille, *Le Cid*, 1637)
d. Les femmes d'un certain état s'imaginent en avoir plus de dignité, quand elles ont un joli visage ; elles regardent cet avantage-là comme un rang. (Marivaux, *La Vie de Marianne,* 1731-1742)
e. « Allons donc plus vite, mon père, disait la jeune fille avec un air de lutinerie en entraînant le vieillard. J'entends les tambours. » (Balzac, *La Femme de trente ans*, 1842)
f. Auguste et madame de Nucingen se retournent. Madame Jules arrivait vêtue de blanc. (Balzac *Ferragus*, 1834)
g. Le voyez-vous comme il vole ou à la victoire ou à la mort ? (Bossuet, *Oraison funèbre du prince de Condé,* 1687)

Exercice 2

Relevez dans ces citations les verbes conjugués à l'indicatif. Après avoir précisé leur temps, vous déterminerez la valeur de ce dernier.

a. Il y avait au fond du jardin, une chaumière que mon père avait transformée en atelier. Elle était recouverte de plantes grimpantes. Il y passait toutes ses journées. Il y entrait à huit heures du matin, y restait jusqu'à midi, venait déjeuner, y retournait aussitôt et y demeurait jusqu'à sept ou huit heures du soir et en sortait noir comme Vulcain de sa forge ou comme Noé couvert des copeaux de son arche.

(Maurice Maeterlinck *Bulles bleues*, 1948)

b. Deux coqs vivaient en paix : une poule survint,/ Et voilà la guerre allumée.

(La Fontaine, « Les deux coqs », Fables VII, 1678)

c. Demain, dès l'aube, à l'heure où blanchit la campagne,/Je partirai. Vois-tu, je sais que tu m'attends.

(Victor Hugo, *Les Contemplations*, 1856)

d. Je savais que c'était stupide, que je ne me débarrasserais pas du soleil en me déplaçant d'un pas.

(Camus, *L'Étranger*, 1942)

e. Quand j'ouvris les yeux l'aube se levait.

(Henri Bosco, *L'Enfant et la rivière*, 1945)

f. Du goujon ? C'est bien là le dîner d'un Héron !/J'ouvrirais pour si peu le bec ! aux Dieux ne plaise !

(La Fontaine, « Le Héron », Fables VII, 1678)

Exercice 3

À quel mode et à quel temps chaque forme verbale de cet extrait est-elle conjuguée ? Déterminez la valeur des temps pour les verbes conjugués à un mode personnel.

L'Invitation au voyage

Mon enfant, ma sœur,
Songe à la douceur
D'aller là-bas vivre ensemble !
Aimer à loisir,
Aimer et mourir
Au pays qui te ressemble !

Les soleils mouillés
De ces ciels brouillés
Pour mon esprit ont les charmes
Si mystérieux
De tes traîtres yeux,
Brillant à travers leurs larmes.

Là, tout n'est qu'ordre et beauté,
Luxe, calme et volupté.

Des meubles luisants,
Polis par les ans,
Décoreraient notre chambre ;
Les plus rares fleurs
Mêlant leurs odeurs
Aux vagues senteurs de l'ambre,
Les riches plafonds,
Les miroirs profonds,
La splendeur orientale,
Tout y parlerait
À l'âme en secret
Sa douce langue natale.

Charles Baudelaire, *Les Fleurs du mal*, 1857.

Exercice 4

Classez tous les verbes présents dans cet extrait selon leur mode et leur temps. Précisez la valeur des formes en gras.

J'étais jeune alors ; je **pensais** toujours au pays, et je ne croyais pas qu'il y eût de jolies filles sans jupes bleues et sans nattes tombant sur les épaules. D'ailleurs, les Andalouses me faisaient peur ; je n'étais pas encore fait à leurs manières : toujours à railler, jamais un mot de raison. J'étais donc le nez sur ma chaîne, quand j'**entends** des bourgeois qui disaient : « Voilà la gitanilla ! » Je **levai** les yeux, et je la vis. C'était un vendredi et je ne l'**oublierai** jamais. Je vis cette Carmen que vous connaissez, chez qui je vous **ai rencontré** il y a quelques mois. [...] Dans mon pays, une femme en ce costume **aurait obligé** le monde à se signer. À Séville, chacun lui adressait quelque compliment gaillard sur sa tournure ; elle répondait à chacun, faisant les yeux en coulisse, le poing sur la hanche, effrontée comme une vraie bohémienne qu'elle était. D'abord elle ne me plut pas, et je repris mon ouvrage. Mais elle, suivant l'usage des femmes et des chats qui ne viennent pas quand on les appelle et qui **viennent** quand on ne les appelle pas, s'arrêta devant moi et m'**adressa** la parole : « Compère, me dit-elle à la façon andalouse, **veux**-tu me *donner* ta chaîne pour tenir les clefs de mon coffre-fort ? »

Prosper Mérimée, *Carmen*, 1845.

5 Les connecteurs logiques

1 Les liens logiques

Dans un texte argumentatif ou explicatif, la progression et la cohérence d'une pensée sont établies grâce aux **liens logiques** qui articulent les propositions, les phrases, les paragraphes. Les principaux types de liens logiques sont l'addition, l'opposition, la concession, la causalité (rapport cause-conséquence), le but, l'hypothèse, la comparaison.

• Ces liens logiques peuvent rester **implicites** : Je vais me baigner : il fait beau. Dans cette phrase, un élément : la cause (parce qu'il fait beau) provoque l'autre : la conséquence (je vais me baigner) : le lien de causalité est implicite.

• Les **connecteurs logiques** sont des mots-outils (conjonctions, adverbes, prépositions) qui rendent ces liens **explicites** : Je vais me baigner *car* il fait beau. Le lien de causalité est explicite.

2 Les connecteurs logiques

Tableau des principaux connecteurs logiques :

Addition	et, ni (addition d'une négation) ; aussi, également, de plus, en outre, de surcroît
Opposition	mais ; tandis que ; en revanche (qui corrige), au contraire (qui contredit) opposition concessive : mais ; cependant, (et) pourtant, néanmoins, toutefois, au demeurant
Concession	certes ; même si, bien que (+ subjonctif), alors que, quand bien même ; évidemment ; malgré, en dépit de, nonobstant (malgré que est jugé incorrect)
Cause	car ; parce que, puisque, comme, vu que, étant donné que, attendu que, dans la mesure où, sous prétexte que ; en effet ; par suite de, en raison de, grâce à, à cause de
Conséquence	donc ; de telle sorte que, au point que, si bien que ; aussi (en tête de phrase et suivi de l'inversion du sujet), ainsi, alors, c'est pourquoi, par conséquent, en conséquence
But	pour, afin de, dans le but, dans l'espoir de/que ; pour que, afin que
Hypothèse	si, s'il est vrai que, à condition que (+ subjonctif), dans l'hypothèse où, au cas où, à supposer que (+ subjonctif), pour peu que (+ subjonctif)
Comparaison	comme, de la même manière, pareillement ; de même que… de même

3 L'emploi des connecteurs dans un texte

• Pour exprimer la **causalité** :
– Il faut distinguer parce que (cause objective) et puisque (cause plus subjective, ou déjà connue). Après une coordination, on ne peut employer car, qui est lui-même une coordination ; il faut alors employer le subordonnant parce que : Il vient pour te voir <u>et parce qu</u>'il est disponible. (et non : *et car il est diponible.)
– Dans la formulation d'une problématique, l'emploi du connecteur donc doit être justifié par un lien véritable de causalité.

• Pour exprimer **l'addition** :
– L'usage de connecteurs qui marquent un balancement doit être cohérent : d'une part appelle d'autre part ; premièrement appelle deuxièmement ; d'abord… ensuite… enfin, etc.
– Veiller à employer les connecteurs d'addition de façon précise : de plus, en outre, non seulement… mais aussi… marquent une gradation.
– Par ailleurs signale une addition teintée d'opposition et permet de nuancer le propos.
– Aussi (à valeur d'addition) associe les éléments d'un catalogue, sans véritable lien. Il faut, lorsque c'est possible, lui préférer un connecteur plus précis.
– D'ailleurs introduit une digression, qui risque de nuire à la cohérence du propos.

Exercice 1

Utilisez des connecteurs variés pour mettre en évidence les liens indiqués et faites, si nécessaire, les transformations que ces changements impliquent.

a. Voltaire écrivit ce pamphlet; il voulait aider les Calas (*but, cause*). **b.** Laclos ne partage pas les idées de Sade; il doit beaucoup à Rousseau (*opposition*). **c.** Il s'est épuisé au travail; il est mort (*conséquence, cause*). **d.** Cet auteur a produit une œuvre d'une grande importance; il n'a pas rencontré le succès public (*opposition, concession*). **e.** Lamartine n'était pas un poète détaché des réalités: il s'engagea politiquement (*conséquence, cause*). **f.** Corneille connut la gloire; le succès de Racine lui nuisit (*concession*).

Exercice 2

Corrigez l'emploi des connecteurs lorsque c'est nécessaire. Faites les modifications s'il y a lieu.

a. Galilée fit des découvertes considérables, mais il dut se rétracter; cependant, l'avenir lui donna raison.

b. En tant que député, Hugo a manifesté son engagement politique. Il a aussi été un adversaire de Napoléon III.

c. Diderot a été emprisonné, puisque ses idées paraissaient dangereuses.

d. Il a écrit d'une part des romans, deuxièmement des pièces de théâtre.

e. Racine est un écrivain majeur du XVIIe siècle; nous verrons donc en quoi cette scène est emblématique de son style.

f. Malgré que je reconnaisse ses mérites, je ne l'apprécie pas.

g. Un écrivain engagé prend des risques. Mais comment savoir s'il ne se trompe pas de cause. C'est pourquoi cette attitude trahit un grand orgueil.

Exercice 3

Identifiez les liens et les connecteurs logiques dans ce texte. Mettez en évidence la structure logique du texte et son argumentation.

D'abord il [l'homme injuste] gouverne dans sa cité grâce à son aspect d'homme juste; ensuite il prend femme où il veut, fait marier les autres comme il veut, forme des liaisons de plaisir ou d'affaires avec qui bon lui semble, et tire profit de tout cela, car il n'a pas scrupule d'être injuste. S'il entre en conflit, public ou privé, avec quelqu'un, il a le dessus et l'emporte sur son adversaire; par ce moyen il s'enrichit, fait du bien à ses amis, du mal à ses ennemis, offre aux dieux sacrifices et présents avec largesse et magnificence, et se concilie, bien mieux que le juste, les dieux et les hommes à qui il veut plaire; aussi convient-il naturellement qu'il soit plus cher aux dieux que le juste. De la sorte, disent-il, Socrate, les dieux et les hommes font à l'injuste une vie meilleure qu'au juste.

PLATON, *La République* II, trad. Robert Baccou, © GF-Flammarion, 1966.

Exercice 4

1. Repérez les connecteurs logiques de ce texte.

2. Tous les liens logiques ne sont pas exprimés par un connecteur; repérez ces omissions.

3. Trouvez les connecteurs qui auraient pu être présents.

Elle ne connaissait ni l'orgueil ni la haine;
Elle aimait; elle était pauvre, simple et sereine;
Souvent le pain qui manque abrégeait son repas.
Elle avait trois enfants, ce qui n'empêchait pas
Qu'elle ne se sentît mère de ceux qui souffrent.
Les noirs événements qui dans la nuit s'engouffrent,
Les flux et les reflux, les abîmes béants
Les nains, sapant sans bruit l'ouvrage des géants,
Et tous nos malfaiteurs inconnus ou célèbres
Ne l'épouvantaient point; derrière ces ténèbres
Elle apercevait Dieu construisant l'avenir.
Elle sentait la foi sans cesse rajeunir;
De la liberté sainte elle attisait les flammes,
Elle s'inquiétait des enfants et des femmes;
Elle disait, tendant la main aux travailleurs:
La vie est dure ici, mais elle sera bonne ailleurs.
Avançons! [...]

Victor HUGO, *Les Châtiments*, 1853.

Exercice 5

1. Repérez les connecteurs logiques de ce texte.

2. Quelle est l'autre forme présente dans ce texte qui lie deux idées sans utiliser de connecteur?

Les clauses de ce contrat sont tellement déterminées par la nature de l'acte que la moindre modification les rendrait vaines et de nul effet; en sorte que, bien qu'elles n'aient peut-être jamais été formellement énoncées, elles sont partout les mêmes, partout tacitement admises et reconnues; [...]

Ces clauses bien entendues se réduisent toutes à une seule, savoir l'aliénation[1] totale de chaque associé avec tous ses droits à toute la communauté. Car, premièrement, chacun se donnant tout entier, la condition est égale pour tous, et la condition étant égale pour tous, nul n'a d'intérêt de la rendre onéreuse aux autres. De plus, l'aliénation se faisant sans réserve, l'union est aussi parfaite qu'elle peut l'être et nul associé n'a plus rien à réclamer: car, s'il restait quelques droits aux particuliers, comme il n'y aurait aucun supérieur commun qui pût prononcer entre eux et le public, chacun étant en quelque point son propre juge prétendrait bientôt l'être en tous[2], l'état de nature subsisterait et l'association deviendrait nécessairement tyrannique ou vaine.

Jean-Jacques ROUSSEAU, *Du contrat social*, 1762.

1. *Aliénation avec tous ses droits*: renoncement de chacun à tous ses droits.
2. Pour tous.

6 Les marques de l'énonciation

L'énonciation est l'acte de production d'un énoncé, oral ou écrit. Elle fait intervenir des acteurs – un **locuteur** et un **destinataire** –, dans des circonstances particulières que l'on désigne comme une **situation d'énonciation**.
Selon la présence ou l'absence d'indices sur les acteurs et les circonstances de l'énoncé, on dira que celui-ci est **ancré** ou **non ancré** dans la situation d'énonciation.

1 L'énoncé ancré dans la situation d'énonciation

• Les **marques de première et de deuxième personne** permettent d'identifier précisément l'énonciateur et son destinataire en référence à la situation d'énonciation : pronoms personnels sujets et compléments (je/tu, me/te, nous/vous) déterminants (mon/ton/notre/votre) et pronoms possessifs (le mien, le tien, le nôtre, le vôtre…).

• Les **indicateurs de lieu** sont relatifs à la position des acteurs : adverbes (ici/là, là-bas, devant/derrière…), ou groupes nominaux (à ta gauche, sur ce lit…).

• Les **indicateurs de temps** font référence au moment de l'énonciation : adverbes (maintenant, hier…), ou groupes nominaux (dans trois mois, il y a deux jours…).

• Le temps dominant est le **présent de l'indicatif** ; le passé composé et l'imparfait décrivent une action antérieure ; le futur simple ou le futur périphrastique (il va venir) décrivent une action postérieure.

2 L'énoncé non ancré dans la situation d'énonciation

• Les **pronoms impersonnels** (on) ou **marques de troisième personne** n'impliquent pas directement le locuteur : pronoms personnels sujets et compléments (il(s)/elle(s), la, le, lui, les) ; déterminants (son/sa/ses/leur(s)) et pronoms possessifs (le sien, le leur, les leurs…).

• Il n'y a **aucune référence au destinataire**.

• Les **indicateurs de lieu** font référence au récit et non au moment de l'énonciation : à cet endroit-là, à Nantes.

• Les **indicateurs de temps** renvoient au moment du récit : la veille, un mois plus tard.

• Les **temps** dominants sont ceux **de la narration** : le passé simple est souvent associé à l'imparfait de l'indicatif ; le présent de l'indicatif n'est employé que dans sa valeur de présent de vérité générale ou de présent de narration.

3 L'intérêt d'analyser une situation d'énonciation

Le choix dans un texte littéraire d'ancrer ou non le récit dans la situation d'énonciation conduit à des **effets différents**.

• Les énoncés ancrés dans la situation d'énonciation rendent le **discours** plus proche et plus présent au lecteur. Le locuteur y est plus impliqué. On les rencontre surtout dans :
– les propos des personnages de roman et les dialogues de théâtre ;
– les articles, essais, manifestes du genre argumentatif ;
– les lettres, journaux intimes, autobiographies ;
– la poésie lyrique.

• Les énoncés non ancrés dans la situation d'énonciation appartiennent plutôt au style du **récit** :
– textes de fiction à la troisième personne ;
– textes informatifs ou explicatifs à visée objective.

• L'analyse de certains textes peut se révéler **complexe** :
– soit qu'ils mêlent ou alternent les deux types ;
– soit que, par exemple, un texte à visée objective laisse apparaître, par l'emploi de termes mélioratifs ou péjoratifs, l'opinion de son locuteur.

Exercice 1

Rendez ces énoncés plus impersonnels.

a. Vraiment, je ne m'attendais pas à ce que tu réagisses aussi vivement. **b.** Ici, dans cette troisième strophe, le poète emploie des métaphores très obscures. **c.** La pauvre Gervaise ne peut que subir la brutalité de Coupeau. **d.** Crois-tu que rencontrer André, ce garçon si joyeux, va lui redonner de l'espoir ? **e.** Une telle conclusion est entièrement invraisemblable. **f.** Vraiment, la poésie parnassienne est froide, sans âme : comment pourrait-elle m'émouvoir ? **g.** L'amour incestueux de Phèdre est scandaleux.

Exercice 2

Modifiez ces phrases afin d'affirmer explicitement l'opinion d'un locuteur.

a. La découverte de cette nouvelle molécule donne des espoirs aux malades. **b.** On peut penser que la rigueur de cet hiver est due au dérèglement climatique dont tout le monde parle. **c.** La fable est aussi appréciée pour sa compréhension facile. **d.** La comédie est souvent préférée à la tragédie : on aime davantage rire que souffrir des malheurs représentés. **e.** On peut penser que le roman réaliste, décrivant la société avec exactitude, est sérieux. **f.** Il est possible que la poésie romantique soit personnelle mais elle exprime aussi des sentiments universels.

Exercice 3

1. Définissez avec précision la situation d'énonciation proposée dans cette scène.

2. Quelles sont les particularités de la réplique d'Arnolphe ?

3. Déduisez les moyens qui permettent d'intéresser le spectateur.

Agnès raconte à Arnolphe, le tuteur qui veut l'épouser, comment elle a rencontré Horace. Or Arnolphe lui avait défendu tout contact avec l'extérieur.

AGNÈS

Le lendemain, étant sur notre porte,
Une vieille m'aborde, en parlant de la sorte :
« Mon enfant, le bon Dieu puisse-t-il vous bénir,
Et dans tous vos attraits longtemps vous maintenir !
Il ne vous a pas faite une belle personne
Afin de mal user des choses qu'il vous donne ;
Et vous devez savoir que vous avez blessé
Un cœur qui de s'en plaindre est aujourd'hui forcé. »

ARNOLPHE, *à part.*

Ah ! suppôt de Satan ! exécrable damnée !

AGNÈS

« Moi, j'ai blessé quelqu'un ! fis-je toute étonnée.
– Oui, dit-elle, blessé, mais blessé tout de bon ;
Et c'est l'homme qu'hier vous vîtes du balcon. »

MOLIÈRE, *L'École des femmes*, 1662.

Exercice 4

1. Définissez précisément la situation d'énonciation.

2. En quoi ces voix entrelacées caractérisent-elles l'énonciation romantique ?

Ainsi, toujours poussés vers de nouveaux rivages,
Dans la nuit éternelle emportés sans retour,
Ne pourrons-nous jamais sur l'océan des âges
Jeter l'ancre un seul jour ?
Ô lac ! l'année à peine a fini sa carrière,
Et près des flots chéris qu'elle devait revoir,
Regarde ! je viens seul m'asseoir sur cette pierre
Où tu la vis s'asseoir !
Tu mugissais ainsi sous ces roches profondes ;
Ainsi tu te brisais sur leurs flancs déchirés ;
Ainsi le vent jetait l'écume de tes ondes
Sur ses pieds adorés.
Un soir, t'en souvient-il ? nous voguions en silence ;
On n'entendait au loin, sur l'onde et sous les cieux,
Que le bruit des rameurs qui frappaient en cadence
Tes flots harmonieux.
Tout à coup des accents inconnus à la terre
Du rivage charmé frappèrent les échos ;
Le flot fut attentif, et la voix qui m'est chère
Laissa tomber ces mots :
« Ô temps, suspends ton vol ! et vous, heures propices,
Suspendez votre cours !
Laissez-nous savourer les rapides délices
Des plus beaux de nos jours ! »

Alphonse de LAMARTINE, « Le lac » (début), 1820.

Exercice 5

1. Comment les pensées du personnage sont-elles rapportées ?

2. Quel regard le narrateur porte-t-il sur Emma ?

Emma se répétait :

– Pourquoi, mon Dieu ! me suis-je mariée ?

Elle se demandait s'il n'y aurait pas eu moyen, par d'autres combinaisons du hasard, de rencontrer un autre homme ; et elle cherchait à imaginer quels eussent été ces événements non survenus, cette vie différente, ce mari qu'elle ne connaissait pas. Tous, en effet, ne ressemblaient pas à celui-là. Il aurait pu être beau, spirituel, distingué, attirant, tels qu'ils étaient sans doute, ceux qu'avaient épousés ses anciennes camarades du couvent. Que faisaient-elles maintenant ? À la ville, avec le bruit des rues, le bourdonnement des théâtres et les clartés du bal, elles avaient des existences où le cœur se dilate, où les sens s'épanouissent. Mais elle, sa vie était froide comme un grenier dont la lucarne est au nord, et l'ennui, araignée silencieuse, filait sa toile dans l'ombre à tous les coins de son cœur.

Gustave FLAUBERT, *Madame Bovary* (début), 1857.

7 Les niveaux de langue

On distingue, selon les usages, trois niveaux de langue :
– **le langage courant**, qui constitue la norme : Il fallait appeler tout de suite un médecin.
– **le langage soutenu :** Il aurait fallu prévenir d'urgence un médecin.
– **le langage familier** : Fallait appeler vite fait le toubib !
Les deux derniers opèrent des écarts par rapport au langage courant.

1 Les marques du langage courant

• Le langage courant se caractérise par :
– l'utilisation de mots usuels ;
– des phrases correctes et construites simplement ;
– l'emploi de temps simples et composés à l'exclusion du passé simple ;
– une relative neutralité de l'expression : peu de procédés expressifs :

• Son emploi est observé dans des **circonstances ordinaires**, en famille, à l'école, au travail.

• Dans les textes littéraires, il peut renforcer la peinture de **personnages ordinaires**, le récit de **situations quotidiennes**.

2 Les marques du langage soutenu

• Le langage soutenu se caractérise par :
– un lexique recherché, parfois rare : aquilon désigne tout vent violent, froid et orageux ;
– une organisation complexe, des phrases, avec un respect rigoureux des règles grammaticales ;
– l'emploi de temps et de modes inusités, comme au subjonctif : Encore eût-il fallu que je le visse ;
– des images qui renforcent l'expressivité.

• Il s'impose dans une situation publique **solennelle** (discours politique, commémoration) ou une prise de parole **ritualisée** (conférence, lettre officielle).

• Il ne doit pas être confondu avec la langue spécialisée : un terme technique, un archaïsme, ou un néologisme ne sont pas l'indice d'un langage soutenu.

3 Les marques du langage familier

• Le langage familier se caractérise par :
– des mots passe-partout : faire, avoir ; des mots triviaux, aux connotations grossières ou obscènes ; parfois des mots déformés, ou absents : je suis là, prononcé comme « chuis là » ;
– des ruptures grammaticales : substitution de on à nous, reprise incorrecte d'un groupe nominal par un pronom : omission du « ne » de la négation : Le camion, il l'a pas vu le dépasser,
– des constructions détachées : Il l'avait vendue, sa voiture.

• Le langage familier peut se rencontrer dans une conversation quotidienne ou une correspondance privée (SMS, lettre) entre amis ou entre pairs.

• Il ne doit pas être confondu avec l'argot, l'emploi de clichés et d'expressions « à la mode ».

4 L'utilisation littéraire des différents niveaux de langue

Les textes littéraires sont riches en variations de niveaux de langue.

• La tragédie classique ou la poésie ont été longtemps définies par un niveau de langue soutenu.

• Au théâtre comme dans le roman, qui mettent en scène tous les types sociaux, un **accord** entre les personnages et leur niveau de langue est recherché. Dans *Les Femmes savantes* de Molière, Martine, choque par son langage sa maîtresse Philaminte. Les dialogues sont l'occasion d'utiliser une langue plus familière pour présenter avec authenticité des types populaires.

• Une **discordance** entre le personnage et son niveau de langue attendu crée un effet dont on doit chercher la signification. Elle peut être le signe d'une volonté parodique ou viser à la production de certains effets selon le contexte : surprise, rire, indignation.

Exercice 1

À l'aide du dictionnaire, précisez le niveau de langue de ces mots.

a. Zéphir. **b.** Modem. **c.** Courriel. **d.** Trouble. **e.** Ennui. **f.** Mortel. **g.** Affres. **h.** Oxymore. **i.** Positiver. **j.** Destrier.

Exercice 2

Quels sont les équivalents familiers et soutenus des mots suivants ? Vous pouvez vous aider d'un dictionnaire.

a. Eau. **b.** Mer. **c.** Chaussures. **d.** Lit. **e.** Dormir. **f.** Chien. **g.** Pluie. **h.** Nez. **i.** Yeux. **j.** Avoir faim. **k.** Être en colère.

Exercice 3

Reformulez ces phrases en employant un langage courant.

a. Peux-tu me faire savoir ce que tu désirerais entreprendre les jours prochains ?

b. Je serais heureux de vous accorder cette faveur.

c. Il ne m'est guère possible d'exécuter cette tâche dans un délai si bref.

d. Combien votre comportement me surprend ! Je ne vous connaissais pas une telle vulnérabilité.

Exercice 4

1. Quel est le niveau de langue de Gervaise ?

2. Comment traduit-il sa situation et ses émotions ?

Gervaise dans un hôtel parisien a attendu toute la nuit son mari Lantier. Les deux personnages se disputent.

« Enfin, avec du courage, on pourra encore s'en tirer... J'ai vu, hier soir, madame Fauconnier, la blanchisseuse de la rue Neuve ; elle me prendra lundi. Si tu te mets avec ton ami de la Glacière, nous reviendrons sur l'eau avant six mois, le temps de nous nipper et de louer un trou quelque part, où nous serons chez nous... Oh ! il faudra travailler, travailler... » Lantier se tourna vers la ruelle, d'un air d'ennui. Gervaise alors s'emporta.

« Oui, c'est ça, on sait que l'amour du travail ne t'étouffe guère. Tu crèves d'ambition, tu voudrais être habillé comme un monsieur et promener des catins en jupes de soie. N'est-ce pas ? tu ne me trouves plus assez bien, depuis que tu m'as fait mettre toutes mes robes au Mont-de-Piété... Tiens ! Auguste, je ne voulais pas t'en parler, j'aurais attendu encore, mais je sais où tu as passé la nuit ; je t'ai vu entrer au Grand-Balcon avec cette traînée d'Adèle. Ah ! Tu les choisis bien ! Elle est propre, celle-là ! »

Émile ZOLA, *L'Assommoir*, 1877.

Exercice 5

1. Montrez que les remarques des Sotenville sur les niveaux de langage de Dandin expriment un antagonisme social.

2. Quels sont les effets produits par ce dialogue sur le spectateur ?

Désargentés, les Sotenville, de petite noblesse, ont marié leur fille Angélique à Dandin, un riche paysan.

MADAME DE SOTENVILLE

Ne vous déferez-vous jamais avec moi de la familiarité de ce mot de « ma belle-mère », et ne sauriez-vous vous accoutumer à me dire « Madame » ?

GEORGE DANDIN

Parbleu ! si vous m'appelez votre gendre, il me semble que je puis vous appeler ma belle-mère.

MADAME DE SOTENVILLE

Il y a fort à dire, et les choses ne sont pas égales. Apprenez, s'il vous plaît, que ce n'est pas à vous à vous servir de ce mot-là avec une personne de ma condition ; que tout notre gendre que vous soyez, il y a grande différence de vous à nous, et que vous devez vous connaître. [...]

GEORGE DANDIN

Puisqu'il faut donc parler catégoriquement, je vous dirai, Monsieur de Sotenville, que j'ai lieu de...

Monsieur de Sotenville

Doucement, mon gendre. Apprenez qu'il n'est pas respectueux d'appeler les gens par leur nom, et qu'à ceux qui sont au-dessus de nous il faut dire « Monsieur » tout court.

MOLIÈRE, *George Dandin*, 1668.

Exercice 6

1. Distinguez les niveaux de langue employés, en cherchant les mots inconnus, le cas échéant.

2. Comment le narrateur, qui est un enfant, marque-t-il sa distance à l'égard du langage du professeur ?

3. Expliquez l'effet satirique des discours rapportés.

Comme mon professeur de cette année est *serin* ! Il sort de l'École normale, il est jeune, un peu chauve, porte des pantalons à sous-pieds et fait une traduction de Pindare. Il dit *arakné* pour araignée, et quand je me baisse pour rentrer mes lacets dans mes souliers, il me crie : « Ne portez pas vos extrémités digitales à vos *cothurnes*. » De beaux cothurnes, vrai, avec des caillots de crottes et des dorures de fumier. Je vais toujours rôder dans une écurie, qui est près de chez nous, et où je connais des palefreniers, avant d'entrer en classe, et je n'ai pas seulement du crottin aux pieds, j'en dois avoir aussi dans mes livres. Il dit *cothurnes* et *arakné* avec un bout de sourire, pour qu'on ne se moque pas trop de lui, mais il y croit au fond, cela se voit, il aime ces allusions antiques, *je le sais* (imité de Bossuet).

Il m'aime, parce que je trousse bien le vers latin : « Quelle imagination il a, et quelle facilité ! Minerve est sa marraine !

– Tante Agnès », dit ma mère.

Jules VALLÈS, *L'Enfant*, ch. XX, 1879.

8 La modalisation

Un énonciateur peut transmettre une information avec objectivité – Pierre entreprend des études de médecine. – ou y mettre une part de subjectivité – Pierre prétend entreprendre des études de médecine. Étudier la modalisation, c'est repérer les marques d'opinion, de jugement ou d'émotion de l'énonciateur dans les énoncés.

1 L'expression d'une opinion

La modalisation permet d'exprimer un jugement (de certitude, d'incertitude…), une opinion (vrai/faux/vraisemblable) par :

– des adverbes : sans doute, bien sûr, évidemment, peut-être, vraiment, c'est vraiment…
Il a sans doute raison. Vraiment, tu exagères.
– des verbes qui expriment le **doute** : sembler, paraître, croire, penser, supposer, prétendre…, ou la **certitude** : affirmer, soutenir :
Je doute qu'il vienne. Je soutiens qu'il viendra ;
– des auxiliaires de modalité : devoir, falloir, pouvoir :
Il faut le lui dire ! Je dois assassiner ce tyran ;
– des groupes prépositionnels : selon moi, à mon avis…
À mon avis, cette crise ne peut pas durer.

2 L'expression d'une émotion

La modalisation permet aussi d'exprimer un sentiment, une émotion, ou un goût par :

– des verbes : J'adore ce livre ;
– des noms et des adjectifs, porteurs de connotations mélioratives ou péjoratives parfois particulièrement marquées : Le ciel était d'un bleu **merveilleux**. Je n'aime vraiment pas cette **baraque**. Toute cette **paperasse** qui m'attend… ;
– des interjections : Oh ! J'aime ce coucher de soleil. ;
– l'emploi de tournures interrogatives ou exclamatives : Quel beau tableau ! Et tu oses dire que je suis ingrate ? ;
– des figures de style : Elle était aussi belle qu'un portrait de Bronzino. (comparaison). C'est pas mauvais (litote).

3 Une mise à distance

• Par la modalisation, l'énonciateur peut indiquer explicitement et avec objectivité qu'il rapporte une opinion ou un sentiment **qui n'est pas le sien** :
Selon les philosophes des Lumières, lire permet de penser par soi-même.

• Mais la modalisation permet aussi à l'énonciateur d'exprimer qu'il **ne prend pas la responsabilité de l'information**, qu'il ne la juge pas sûre, d'ajouter une appréciation positive ou négative. Les procédés de mise à distance sont nombreux :
– des verbes d'opinion et de jugement : croire, penser,…
On croit que le romancier réaliste reproduit le réel avec exactitude (idée sous-entendue : « mais on se trompe en le pensant ») ;
– des propositions placées en incise : Il a obtenu, m'a-t-il dit, son diplôme.
des groupes prépositionnels : à entendre X. ;
– l'emploi du conditionnel présent ou du futur antérieur :
Des explosions auraient été entendues. Pierre n'est pas venu, il aurait pris froid.
– la typographie et la ponctuation : points d'exclamation, de suspension exprimant un sous-entendu ; certaines figures de style ironiques : antiphrase, litote, périphrase connotée : Quelque tas de boue grand comme votre talon (Voltaire) définissant une terre à conquérir.

Exercice 1

Relevez les marques de modalisation en en précisant la nature et l'utilité.

a. Contrairement à ce qu'on pourrait croire, la fable est un genre efficace pour persuader un public adulte. **b.** La fable doit rester ludique, pour pouvoir instruire. **c.** Le romancier devrait-il seulement divertir les lecteurs ? Ne doit-il pas poursuivre un but sérieux ? **d.** Un poème, à mon avis, doit garder une part de mystère. **e.** Un poème devrait-il être entièrement compris ? **f.** Les héros de la tragédie ne sont pas au-dessus des hommes : il est nécessaire de parler de leur profonde humanité.

Exercice 2

Nuancez ces énoncés par des marques d'incertitude.

a. La plupart des poèmes sont écrits en vers. **b.** Les philosophes des Lumières écrivent seulement pour transmettre leurs idées. **c.** La comédie classique poursuit deux visées : plaire et instruire. **d.** Le théâtre classique est ennuyeux. **e.** Le réalisme est une copie de la réalité.

Exercice 3

Identifiez les marques de jugement dans ces énoncés et remplacez-les par des indices plus discrets.

a. Hélas, les valeurs des Lumières ont été bien vite oubliées. **b.** Heureusement, le philosophe des Lumières a combattu toutes les superstitions. **c.** Ce poème a dû certainement faire pleurer bien des lectrices. **d.** On ne doit jamais se moquer des gens, cette fable le montre bien. **e.** L'interdiction de la lecture risque bien, je pense, d'être décidée. **f.** Maupassant a écrit de fantastiques nouvelles, qui ne sont pas toutes fantastiques. **g.** Je pense que le roman réaliste ne doit pas proposer ces descriptions nombreuses et tellement inutiles.

Exercice 4

Transformez ces phrases neutres, en ajoutant une modalité affective.

a. Au Louvre, j'ai vu des tableaux classiques. **b.** Je lis des romans contemporains qui racontent des histoires d'aujourd'hui. **c.** Le professeur nous a fait lire un roman de Zola. **d.** Ils habitent une maison ancienne. **e.** Je ne me plonge pas dans l'histoire de ce livre.

Exercice 5

Relevez les marques de modalisation. Comment permettent-elles au narrateur de présenter le personnage ?

Ce Thénardier, s'il fallait l'en croire, avait été soldat ; sergent, disait-il ; il avait fait probablement la campagne de 1815, et s'était même comporté assez bravement, à ce qu'il paraît. Nous verrons plus tard ce qu'il en était. L'enseigne de son cabaret était une allusion à l'un de ses faits d'armes. Il l'avait peinte lui-même, car il savait faire un peu de tout ; mal.

Victor Hugo, *Les Misérables*, 1862.

Exercice 6

1. Identifiez et comparez les marques de la modalisation dans les répliques de chaque personnage.

2. Comment Nana est-elle présentée ?

Hector de La Faloise, à Paris depuis peu, rencontre le directeur d'un théâtre, Bordenave.

« On m'a dit, recommença-t-il, voulant absolument trouver quelque chose, que Nana avait une voix délicieuse.

– Elle ! s'écria le directeur en haussant les épaules, une vraie seringue ! »

Le jeune homme se hâta d'ajouter :

« Du reste, excellente comédienne.

– Elle !... Un paquet ! Elle ne sait où mettre les pieds et les mains. »

Émile Zola, *Nana*, 1879.

Exercice 7

1. Comment Voltaire présente-t-il les charges qui pèsent sur Calas et son entourage ? Par quels moyens ?

2. Quelles émotions et quelle opinion Voltaire exprime-t-il ? Comment leur expression est-elle renforcée ?

3. Quel est l'effet produit par la dernière proposition ?

Parce qu'il était protestant, Jean Calas a été injustement condamné à mort pour le parricide de son fils. Après sa mort, et pour condamner l'intolérance, Voltaire exige sa réhabilitation.

Il paraissait impossible que Jean Calas, vieillard de soixante-huit ans, qui avait depuis longtemps les jambes enflées et faibles, eût seul étranglé et pendu un fils âgé de vingt-huit ans, qui était d'une force au-dessus de l'ordinaire ; il fallait absolument qu'il eût été assisté dans cette exécution par sa femme, par son fils Pierre Calas, par Lavaisse, et par la servante. Ils ne s'étaient pas quittés un seul moment le soir de cette fatale aventure. Mais cette supposition était encore aussi absurde que l'autre : car comment une servante zélée catholique aurait-elle pu souffrir que des huguenots assassinassent un jeune homme élevé par elle pour le punir d'aimer la religion de cette servante ? Comment Lavaisse serait-il venu exprès de Bordeaux pour étrangler son ami dont il ignorait la conversion prétendue ? Comment une mère tendre aurait-elle mis les mains sur son fils ? Comment tous ensemble auraient-ils pu étrangler un jeune homme aussi robuste qu'eux tous, sans un combat long et violent, sans des cris affreux qui auraient appelé tout le voisinage, sans des coups réitérés, sans des meurtrissures, sans des habits déchirés.

Il était évident que, si le parricide avait pu être commis, tous les accusés étaient également coupables, parce qu'ils ne s'étaient pas quittés d'un moment ; il était évident qu'ils ne l'étaient pas ; il était évident que le père seul ne pouvait l'être ; et cependant l'arrêt condamna ce père seul à expirer sur la roue.

Voltaire, *Traité sur la tolérance*, 1763.

9 La langue du XVIIe siècle

1 Le Vocabulaire

Certains mots du XVIIe siècle ne sont plus employés, mais la plupart ont évolué : plus proche alors de l'étymologie latine, leur sens s'est affaibli en arrivant jusqu'à nous.

a. La vie amoureuse

amant(e) : qui aime et est aimé(e) en retour
amour : le mot est encore du genre féminin
amitié ou *affection* : amour
appas : attraits d'une femme
ardeur : flamme amoureuse
baiser : donner un baiser
charme : enchantement (*carmen* en latin : « formule magique, incantation »)
charmer : ensorceler
embrasser : tenir dans ses bras
faire l'amour : faire la cour
faveurs : preuves d'amour
feu ou *flamme* : passion amoureuse
hymen : mariage
inclination : penchant
languir : dépérir
maîtresse : femme aimée que l'on recherche en mariage

b. La vie affective et psychique

cœur : courage, énergie morale ; siège des sentiments
courroux ou *chagrins* : colère
cruel : qui provoque des souffrances morales
déçu : trompé
détester : maudire
desseins : projets
devoir : obligation morale
ennui : désespoir
étonner : frappé de stupeur
étrange : extraordinaire
foi : fidélité à un engagement
fureur : mouvement violent de l'âme, jusqu'à la folie
mouvement : sentiment
ravi : enlevé de force, arraché à soi-même
soin : préoccupation, souci
souffrir : supporter, accepter
soupirs : gémissements de douleur (souvent accompagnés de *pleurs*)
timide : craintif et incertain
tourments : souffrances
transports : violentes émotions
triste : affligé
troubler : bouleverser profondément
vœux : désirs

c. La vie morale et sociale

caresses : politesses
civil : courtois
commerce : échange de relations
compliments : signes de politesse
dispute : discussion
entendre : comprendre ; avoir l'intention de
fatal : qui cause la mort
fier : féroce, violent, fougueux
foi : loyauté
fortune : sort, destin
funeste : qui apporte le malheur, la mort
galant : vif, entreprenant, empressé à s'amuser
générosité : noblesse naturelle de l'âme bien née
gloire : sentiment de l'honneur
honnête : honorable (*personne*) convenable (*chose*)
ouïr : entendre, écouter
perfide : déloyal, sans respect pour la parole donnée
profane : sacrilège
profession : aveu public
race : la famille
sang : la famille, la lignée (ceux qui partagent le même sang)
société : union intime ; fréquentation assidue
soin : attention
superbe : orgueilleux
temple : église
trépas : la mort
vain : vaniteux
vertu : valeur, énergie morale, courage
zèle : dévouement

2 La syntaxe

a. La négation

En français moderne, on exprime la négation à l'aide de deux mots : l'adverbe *ne* suivi d'un terme de renforcement : *pas*. Ce dernier tend même, dans le langage populaire, à exprimer à lui seul la négation. Au XVIIe siècle, au contraire, la négation se limite souvent à *ne*, ou peut être renforcée par *point*.
Non, non, non, ne bougez : je m'étais trompée. (Molière, *Monsieur de Pourceaugnac*, 1669)

b. L'ordre des mots

• La place de l'adjectif
Elle est plus libre qu'aujourd'hui. L'adjectif peut être antéposé (placé devant le nom) ou postposé sans changer de sens : tes profanes mains ; le sacré couteau (Racine, *Iphigénie*, 1674) ► p. 193.

• la place des compléments
Le complément du nom est souvent placé avant le nom, et le complément circonstanciel avant le verbe.
De tant de résistance à la fin je me lasse (Molière, *Les Femmes savantes*, 1672)
Des retours importuns évitons le souci (ibid.)

• Le pronom personnel complément d'un infinitif
Le pronom personnel complément d'un infinitif introduit par un verbe conjugué est placé devant le verbe introducteur.
Et puisque mon seul choix **vous** y peut élever = peut vous y élever
Pour jouir de mon crime, il **le** faut achever. = il faut l'achever (Corneille, *Rodogune*, 1644) ► p. 203.

c. Les mots subordonnants

• Les pronoms relatifs
Le mot ***que*** est plus souvent employé qu'aujourd'hui, en particulier quand nous employons *où*.
Depuis le jour fatal **que** la fureur des eaux,
Presque aux yeux de l'Epire écarta nos vaisseaux. (Racine, *Andromaque*, 1667) ► p. 210.

Dont est concurrencé par ***de qui.***
De vous, **de qui** l'amour, rebelle à mes désirs,
S'oppose à ma vengeance, et détruit mes plaisirs. (Corneille, *Rodogune*, 1644) ► p. 202.

• Les conjonctions de subordination
Que peut être employé seul là où le français moderne emploie une locution.
Dites-moi un peu ce que vous avez fait à ces messieurs, **que** (de sorte que) je les vois sortir avec tant de froideur ? (Molière, *Les Précieuses ridicules*, 1659) ► p. 222.
Que si = Et si (tour imité du latin)
Que si ce loup t'atteint, casse-lui la mâchoire (La Fontaine, « L'Âne et le chien » *Fables* VIII, 1678)

d. Les adverbes et les prépositions

Certains adverbes peuvent être employés comme prépositions.
Je ne veux point régner que **dessus** votre cœur = sur votre cœur (Corneille, *L'Illusion comique*, 1636) ► p. 179.
Certains adverbes de temps et de lieu ont changé de sens ou ont disparu, comme :
d'abord, tout à l'instant, tout à l'heure = tout de suite, immédiatement ; ***céans, ça*** = ici.

e. L'expression du souhait

Le souhait est exprimé par le subjonctif (présent ou imparfait), seul ou précédé de ***que*** :
Que le courroux du ciel allumé par mes vœux
Fasse pleuvoir sur elle un déluge de feux !
Puissé-je de mes yeux y voir tomber ce foudre (Corneille, *Horace*, 1640) ► p. 248.

Exercice 1

Traduisez en français moderne : remplacez les expressions en gras, en choisissant des expressions courantes de nos jours. Aidez-vous de la leçon et d'un dictionnaire de français moderne.

Je vous vois accabler un homme de **caresses**,
Et témoigner pour lui les dernières tendresses ;
De protestations, d'offres, et de serments,
Vous chargez la **fureur** de vos **embrassements** ;
Et quand je vous demande après quel est cet homme,
À peine pouvez-vous dire comme il se nomme ;

MOLIÈRE, *Le Misanthrope*, 1666, I, 1.

Habitez par l'essor d'un grand et beau génie,
Les hautes régions de la philosophie,
Tandis que mon esprit se tenant ici-bas,
Goûtera de l'**hymen** les terrestres **appas**.
Ainsi dans nos **desseins** l'une à l'autre contraire,
Nous saurons toutes deux imiter notre mère ;

MOLIÈRE, *Les Femmes savantes*, 1672, I, 1.

Du repos ? Ah ! Sur toi tu veux régler ton père.
Crois-tu qu'un juge n'ait qu'à **faire bonne chère**,
Qu'à **battre le pavé** comme un tas de **galants**,
Courir le bal la nuit, et le jour **les brelans** ?

RACINE, *Les Plaideurs*, 1668, I, 4.

Exercice 2

Dans les extraits suivants, relevez les noms et les adjectifs qui renvoient à des qualités ou à des défauts et classez-les selon qu'ils sont valorisants ou dévalorisants.

a. Ce n'est que pour toi seul qu'elle est fière et chagrine.
Aux autres elle est douce, agréable, badine :
C'est pour eux qu'elle étale et l'or et le brocard ;
Que chez toi se prodigue et le rouge et le fard,
Et qu'une main savante, avec tant d'artifice,
Bâtit de ses cheveux le galant édifice.

BOILEAU, *Satires*, 1694, X.

b. L'on parle d'une région où les vieillards sont galants, polis et civils ; les jeunes gens au contraire, durs, féroces, sans mœurs ni politesse : ils se trouvent affranchis de la passion des femmes dans un âge où l'on commence ailleurs à la sentir ; ils leur préfèrent des repas, des viandes, et des amours ridicules.

LA BRUYÈRE, *Caractères*, 1688-1696, VIII, 74.

c. Il faut lui tendre un piège avec tant d'artifices
Qu'on lui puisse imputer notre propre malice ;
D'un filet si subtil il faut l'envelopper
Qu'il s'y perde lui-même en pensant échapper,
Et que les gens de bien déçus par l'apparence,
En le voyant périr blâment son imprudence ;

TRISTAN L'HERMITE, *La Mort de Sénèque*, 1645, I, 1.

Exercice 3

Chacun des mots suivants a plusieurs sens dans la langue du XVIIe siècle. Associez chaque phrase à l'un des sens proposés.

<u>CŒUR</u>

a. siège de la passion amoureuse
b. siège des émotions
c. courage

1. DON DIÈGUE
Rodrigue as-tu du **cœur** ?
RODRIGUE
Tout autre que mon père l'éprouverait sur l'heure.

CORNEILLE, *Le Cid*, 1637, I, 5.

2. Que vous ayez quitté des princesses pour moi !
Qu'elles n'aient pu blesser un **cœur** dont je dispose !

CORNEILLE, *L'Illusion comique*, II, 4, 1636.

3. L'homme croit souvent se conduire lorsqu'il est conduit ; et pendant que par son esprit il tend à un but, son **cœur** l'entraîne insensiblement à un autre.

LA ROCHEFOUCAULD, *Maximes*, 1664.

<u>SEIN</u>

a. poitrine (masculine ou féminine)
b. intérieur de quelque chose
c. intérieur du corps humain

1. Le ciel mit dans mon **sein** une flamme funeste ;
La détestable Œnone a conduit tout le reste.

RACINE, *Phèdre*, V, 7, 1677.

2. C'est que la terre ne se lasse jamais de répandre ses biens sur ceux qui la cultivent ; son **sein** fécond ne peut s'épuiser.

FÉNELON, *Les Aventures de Télémaque*, 1699.

3. Furieuse, elle vole, et sur l'autel prochain,
Prend le sacré couteau, le plonge dans son **sein**.

RACINE, *Iphigénie*, 1674, V, 6.

<u>ENTENDRE</u>

a. percevoir par l'ouïe (sens moderne)
b. comprendre
c. avoir l'intention de

1. GEORGE DANDIN. – Je suis votre mari, et je vous dis que je n'**entends** pas cela.
ANGÉLIQUE. – Moi je suis votre femme, et je vous dis que je l'**entends**. »

MOLIÈRE, *George Dandin*, 1668.

2. On y entend des vacarmes de violons et de chanteurs, dont tout le voisinage se trouve incommodé.

MOLIÈRE, *Le Bourgeois gentilhomme*, 1670, III, 3.

3. Elle ne dit pas un mot, qui de soi ne soit fort honnête ; et si vous voulez **entendre** dessous quelque autre chose, c'est vous qui faites l'ordure, et non pas elle ; puisqu'elle parle seulement d'un ruban qu'on lui a pris.

MOLIÈRE, *La Critique de l'école des femmes*, 1663, scène 3.

Exercice 4

1. Quel mot du texte désigne à la fois les ancêtres et les descendants ?

2. Quelles sont les deux parties du corps citées dans le texte ? Que signifient ces deux mots ici ?

LE COMTE
Parlons-en mieux, le Roi fait honneur à votre âge.
DON DIÈGUE
Le Roi, quand il en fait, le mesure au courage.
LE COMTE
Et par là cet honneur n'était dû qu'à mon bras.
DON DIÈGUE
Qui n'a pu l'obtenir, ne le méritait pas.
LE COMTE
Ne le méritait pas ! moi ?
DON DIÈGUE
Vous.
LE COMTE
Ton impudence,
Téméraire vieillard, aura sa récompense.
(Il lui donne un soufflet).
DON DIÈGUE
Achève, et prends ma vie après un tel affront,
Le premier dont ma race ait vu rougir son front.

CORNEILLE, *Le Cid*, 1637, I, 3.

Exercice 5

1. Relevez les champs lexicaux de l'amour et de la guerre dans cet extrait.

2. Que révèle leur association ?

On goûte une douceur extrême à réduire, par cent hommages, le cœur d'une jeune beauté, à voir de jour en jour les petits progrès qu'on y fait, à combattre par des transports, par des larmes et des soupirs, l'innocente pudeur d'une âme qui a peine à rendre les armes, à forcer pied à pied toutes les petites résistances qu'elle nous oppose, à vaincre les scrupules dont elle se fait un honneur et la mener doucement où nous avons envie de la faire venir. Mais lorsqu'on en est maître une fois, il n'y a plus rien à dire ni rien à souhaiter ; tout le beau de la passion est fini, et nous nous endormons dans la tranquillité d'un tel amour, si quelque objet nouveau ne vient réveiller nos désirs, et présenter à notre cœur les charmes attrayants d'une conquête à faire.

MOLIÈRE, *Dom Juan*, I, 2, 1665.

Exercice 6

1. Relevez le champ lexical de la noblesse : quel est ici le double emploi de cette notion ?

2. En vous appuyant sur ce relevé, expliquez le système de valeurs exprimé par Don Luis.

3. Quels mots portent condamnation de Don Juan ? Quel rapport ces mots entretiennent-ils avec le champ lexical que vous avez étudié ?

Don Luis fait d'amers reproches à son fils Don Juan, dont l'inconduite le scandalise.

Ah, quelle bassesse est la vôtre ! Ne rougissez-vous point de mériter si peu votre naissance ? Êtes-vous en droit, dites-moi, d'en tirer quelque vanité ? Et qu'avez-vous fait dans le monde pour être gentilhomme ? Croyez-vous qu'il suffise d'en porter le nom et les armes, et que ce nous soit une gloire d'être sorti d'un sang noble, lorsque nous vivons en infâmes ? Non, non, la naissance n'est rien où la vertu n'est pas. Aussi nous n'avons part à la gloire de nos ancêtres, qu'autant que nous nous efforçons de leur ressembler, et cet éclat de leurs actions qu'ils répandent sur nous, nous impose un engagement de leur faire le même honneur, de suivre les pas qu'ils nous tracent, et de ne point dégénérer de leurs vertus, si nous voulons être estimés leurs véritables descendants. Ainsi vous descendez en vain des aïeux dont vous êtes né, ils vous désavouent pour leur sang, et tout ce qu'ils ont fait d'illustre ne vous donne aucun avantage, au contraire, l'éclat n'en rejaillit sur vous qu'à votre déshonneur, et leur gloire est un flambeau qui éclaire aux yeux d'un chacun la honte de vos actions.

MOLIÈRE, *Dom Juan*, IV, 4, 1665.

Exercice 7

1. Que remarquez-vous concernant la place de l'adjectif dans la phrase suivante.

2. Pourquoi peut-on dire que La Fontaine utilise ici la figure de style nommée *chiasme* ? Que souligne cette figure de style dans ce passage ?

Nous n'appliquerons point sur tes membres profanes
Nos sacrés ongles ;

LA FONTAINE, « Les Obsèques de la Lionne », 1678.

Exercice 8

En quoi l'ordre des mots est-il différent de celui du français actuel ? Réécrivez ces extraits dans l'ordre de la prose moderne.

Souvent ce cabinet superbe et solitaire
Des secrets de Titus est le dépositaire.

RACINE, *Bérénice*, 1670.

Je me ris d'un acteur qui, lent à s'exprimer,
De ce qu'il veut, d'abord, ne sait pas m'informer,
Et qui, débrouillant mal une pénible intrigue,
D'un divertissement me fait une fatigue.

BOILEAU, *Art poétique*, III, 1674.

Exercice 9

À partir de cette leçon et de votre connaissance des textes classiques étudiés en classe, rédigez en quelques lignes une déclaration d'amour comme à l'époque de Racine. Vous devrez utiliser au moins une fois les mots suivants : *ardents, amitié, transports, fer, flamme.*

10 Prendre des notes

Prendre des notes consiste à noter l'essentiel de ce qui est dit dans une écriture rapide, non de rapporter l'intégralité d'un propos mot pour mot. À partir des informations sélectionnées alors, on doit pouvoir restituer les idées principales et la structure du propos.

1 Utiliser des abréviations et de symboles

• Dans la mesure où la prise de notes est une écriture pour soi, chacun est libre de créer son propre système d'abréviations. Une variété considérable de signes peut être mobilisée pour constituer son propre registre :
– les abréviations conventionnelles ou régulières : voir le tableau ci-dessous ;
– les symboles mathématiques : $+$, $-$, $<$, $>$, / mis pour « ou bien », $\cap$ (inter) ;
– les caractères en exposant : ^{t} pour « -ment », ^{o} pour « -tion », ^{e} pour les adjectifs ordinaux : Ier siècle, XXe siècle ;
– l'alphabet grec : φ pour « philosophie », ψ pour « psychologie », π pour « politique »...

• Il est important que le code ne soit pas ambigu :
– chaque abréviation ne concerne qu'un seul mot ;
– une abréviation peut être ponctuellement consacrée à une notion, à une œuvre, à un auteur si elle revient fréquemment. « *FdM* de Ch. Baud. » pour *Les Fleurs du Mal* de Charles Baudelaire.

• Éviter d'employer des abréviations qui modifient l'orthographe afin de ne pas prendre de mauvaises habitudes d'écriture.

Abréviations conventionnelles ou régulières

Mot	Abréviation
adverbe	adv.
après	ap.
avant	av.
c'est-à-dire	c.-à-d. (on trouve aussi *i.e.* : *id est* pour c'est-à-dire)
c'est pourquoi	cpq.
cependant	cpdt
complément	compl.
et cætera	, etc.
et suivant(s)	et suiv. (on trouve aussi *sq(q)* : *sequentia* pour et suivants)
exemple	ex.
féminin	fém.
ligne	l.
longtemps	lgtps
Madame/Mesdames	Mme / Mmes
Mademoiselle/ Mesdemoiselles	Mlle / Mlles
mais	ms
masculin	masc.

Mot	Abréviation
même	m̂ (on trouve aussi *id.* : *idem* pour le même)
Monsieur/Messieurs	M. / MM.
nom	N.
numéro	n°
page	p.
pluriel	pl.
pourquoi	pq.
quand	qd.
quelqu'un	qqn
quelque(s)	qq.
quelque chose	qqch
sans	ss
singulier	sg.
souvent	svt
strophe	str.
sur, sous	/s, s/
tout, toutes	tt, ttes
toujours	tjs
vers	v.

2 Structurer ses notes

• Une prise de notes efficace doit rendre compte de la structure du propos. Organisez vos notes à l'aide de paragraphes aérés, introduisez des titres, mettez en évidence les articulations du discours grâce à des connecteurs logiques et donc soulignez les notions importantes.

• Les notes ne sont pas nécessairement linéaires : elles peuvent consister en un schéma ou un tableau, utile, par exemple, pour classer les arguments d'un débat.

• Relisez toujours rapidement vos notes, afin de vous assurer qu'elles soient compréhensibles.

Exercice 1

Formez des abréviations à partir de ce lexique des notions littéraires que vous enrichirez progressivement et étendrez à d'autres disciplines. Le tableau des abréviations d'un dictionnaire vous apportera certaines solutions conventionnelles.

Classicisme, classique	Poésie
Comédie, comique	Point de vue (interne, externe, omniscient)
Conte philosophique	Réalisme, réaliste
Genre	Registre
Lecteur, lecture	Roman
Les Lumières	Romantisme, romantique
Littérature, littéraire	Surréalisme, surréaliste
Narrateur, narratif	Théâtre
Œuvre	Tragédie, tragique
Pathétique	
Personnage	

Exercice 2

Présentez ce paragraphe sous forme d'abréviations.

Jean-Baptiste Poquelin dit Molière est né au dix-septième siècle. Auteur comique, il commence par jouer des farces avant d'écrire des comédies. Certaines de ses pièces, comme *Tartuffe* ou *Dom Juan*, seront beaucoup critiquées pour des raisons religieuses, c'est la raison pour laquelle elles seront interdites. Cependant, Molière connaîtra un immense succès qui ne se démentira pas, même après sa mort en 1673. Aujourd'hui, ses pièces de théâtre sont toujours jouées, et ses vers constamment étudiés. Molière est l'un des plus grands dramaturges du théâtre français.

Exercice 3

Recopiez intégralement le texte ci-dessous, en pratiquant des abréviations. Prenez-le ensuite en notes en vue d'un travail sur les origines du héros tragique.

Il y a une tradition irrécusable pour dire que la tragédie, dans sa forme la plus ancienne, n'avait d'autre objet que les souffrances de Dionysos et que, pendant très longtemps, ce fut lui justement le seul héros sur la scène. Mais on peut affirmer avec une égale certitude que Dionysos, jusqu'à Euripide, n'a jamais cessé d'être le héros tragique et que toutes les figures illustres du théâtre grec, Prométhée, Œdipe, etc., ne sont que des masques de ce héros primitif. Qu'une divinité se cache sous tous ces masques, c'est là d'ailleurs la raison essentielle de cette « idéalité » typique qui a souvent surpris dans ces figures. Je ne sais plus qui a dit que tous les individus, comme tels, sont comiques et par là réfractaires au tragique : d'où s'ensuivrait que les Grecs ne *pouvaient* de toute façon pas tolérer des individus sur la scène tragique.

F. Nietzsche, trad. Lacoue-Labarthe, © Gallimard, 1977.

Exercice 4

Rétablissez un texte à partir de ces notes et de ces abréviations.

18e s. publ° de livres φ danger. : 1757 imprimer ouvr.
∩dits = peine de mort
Volt. maître ds détour^{t} censure > *Cand.* publié Paris, Lond, Genê, Amst/s 1 pseudo : « le doc. Ralph ».

Exercice 5

À partir de l'article suivant, tiré du dictionnaire *Robert des noms* propres, prenez des notes pour un travail sur Chamfort, puis pour un travail sur les écrivains et la révolution. Expliquez les abréviations employées.

Chamfort (**Sébastien Roch Nicolas, dit Nicolas de**) ♦ Moraliste français (près de Clermont-Ferrand, 1741 ~ Paris 1794). Très fêté pour son esprit dans la société aristocratique, il s'enthousiasma pour la Révolution, mais, hostile à la Terreur et plusieurs fois emprisonné, se suicida. Conteur spirituel et esprit caustique, il est l'auteur de fables et de poésies légères, et surtout d'épigrammes et de sentences hardies, les *Maximes et Pensées, Caractères et Anecdotes* (posth. 1795). Il y stigmatise la société de son temps et manifeste une misanthropie amère en des formules paradoxales, remarquables « pour la sûreté et la force percutante du trait, pour la légèreté du persiflage » (J. Rostand). [Acad. fr.1781]

Exercice 6

1. Prenez en notes ce texte en utilisant des abréviations.
2. Rédigez un court paragraphe de conclusion.

Peu avant la guerre de 1914, un assassin dont le crime était particulièrement révoltant (il avait massacré une famille de fermiers avec leurs enfants) fut condamné à mort en Alger. Il s'agissait d'un ouvrier agricole qui avait tué dans une sorte de délire du sang, mais avait aggravé son cas en volant ses victimes. L'affaire eut un grand retentissement. On estima généralement que la décapitation était une peine trop douce pour un pareil monstre. Telle fut, m'a-t-on dit, l'opinion de mon père que le meurtre des enfants, en particulier, avait indigné. L'une des rares choses que je sache de lui, en tout cas, est qu'il voulut assister à l'exécution, pour la première fois de sa vie. Il se leva dans la nuit pour se rendre sur les lieux du supplice, à l'autre bout de la ville, au milieu d'un grand concours du peuple. Ce qu'il vit, ce matin-là, il n'en dit rien à personne. Ma mère raconte seulement qu'il rentra en coup de vent, le visage bouleversé, refusa de parler, s'étendit un moment sur le lit et se mit tout d'un coup à vomir. Il venait de découvrir la réalité sous les grandes formules dont on la masquait. Au lieu de penser aux enfants massacrés, il ne pouvait plus penser qu'à ce corps pantelant qu'on venait de jeter sur une planche pour lui couper le cou.

A. Camus, *Réflexions sur la peine capitale*, © Gallimard, 1957.

11 Travailler au brouillon

Avant de se lancer dans la rédaction d'un devoir, il est indispensable de consacrer environ une heure à **ordonner ses idées** au brouillon, que ce soit pour une dissertation, un commentaire ou un sujet d'invention.

1 Organiser visuellement son brouillon

• Le but est de trouver une **présentation visuelle claire.** N'hésitez pas à utiliser des techniques interdites pour la rédaction : rayer, écrire au crayon papier, encadrer, surligner avec différentes couleurs, varier les types de caractères (capitales d'imprimerie pour les idées les plus importantes), employer des abréviations, des flèches, dresser des listes avec des tirets, numéroter, diviser votre page en colonnes, faire des tableaux…

• Laissez de la place pour ajouter des idées, des exemples ou préciser certains points au fur et à mesure.

2 Organiser son brouillon par étapes

Étapes du travail	Commentaire	Dissertation	Sujet d'invention
1. Analyser le sujet	• Déterminer le contexte historique ou littéraire du texte ; • dresser une liste des éléments significatifs qui ressortent dès la première lecture : genre, registre, thèmes abordés, enjeu du texte.	• Recopier le sujet en encadrant les mots-clés ; • définir ces mots-clés et en trouver des synonymes ; • déterminer les limites du sujet : thèmes, genres, époques, types de texte concernés ; • dégager une problématique ► fiche n°36.	• Dresser une liste des contraintes à respecter (souvent implicites) ► fiche n°33 ; • dresser une liste des défauts à éviter .
2. Chercher des idées	• Relire plusieurs fois en notant toutes vos remarques (syntaxe, figures de style, marques de l'énonciation…) ; • séparer votre page en deux colonnes : à gauche, vos observations sur le style ; à droite, une interprétation qui relie ces faits de style au sens du texte.	• Formuler les arguments qui répondent à la problématique ; • dresser une liste des œuvres étudiées ou connues en rapport avec l'objet d'étude ; sélectionner celles qui ont un rapport direct avec le sujet ; • choisir des exemples précis dans ces œuvres ; • mettre en relation les arguments et les exemples (en utilisant flèches, couleurs, numéros, etc.) ; commencer par noter soit les arguments soit les exemples, mais illustrer tous les arguments.	Si le sujet est argumentatif, procéder comme pour la dissertation.
3. Élaborer un plan	• Regrouper les idées qui se ressemblent : utiliser, par exemple, un code couleur pour dégager des axes (grandes parties) ; • affiner chaque axe en quelques points (sous-parties) ; • déterminer l'enchaînement des parties et sous-parties selon un ordre logique et progressif.		• Ne jamais rédiger au fil de la plume. Par exemple, pour écrire la suite d'un texte narratif, établir un canevas : - situation initiale, - principales étapes, - situation finale.
4. Préparer la rédaction	• En temps limité, rédiger au brouillon les étapes les plus importantes : l'introduction, la conclusion et les transitions ; • à la maison, tout rédiger au brouillon ; • améliorer l'expression en supprimant les répétitions, les lourdeurs, en recherhant le mot juste, en évitant les phrases trop complexes et en rendant le texte plus vivant (ajouter des figures de style ou des questions rhétoriques).		Les examinateurs sont encore plus attentifs au style pour le sujet d'invention : mieux vaut rédiger et retravailler l'ensemble du devoir au brouillon.

Exercice 1

1. Après avoir recopié les sujets de dissertation suivants, encadrez les mots clés et définissez-les. Proposez pour chacun d'eux au moins un synonyme ou une expression équivalente.
2. Quels types de textes pouvez-vous utiliser pour illustrer votre propos? Dressez une liste des textes que vous connaissez et qui pourraient fournir des exemples.

a. « Le théâtre nous est maintenant accessible sous la forme du film; les théâtres sont donc inutiles. » Discutez cette affirmation.
b. Pourquoi peut-on dire que les auteurs de fables et de contes philosophiques ne cherchent pas seulement à convaincre, mais aussi à persuader?
c. Selon une expression de Stendhal, « un roman, c'est un miroir que l'on promène le long d'un chemin. » Pensez-vous que les auteurs réalistes et naturalistes aient réussi à faire de leurs œuvres un reflet fidèle de la réalité?

Exercice 2

À partir des notes suivantes qui reproduisent le brouillon d'un élève, formulez le sujet d'invention à traiter.

À NE PAS FAIRE: signer avec mon nom; niveau de langue familier; tutoyer; anachronismes (pas de téléphone, de voiture, de métro).

À FAIRE: trouver un pseudonyme; noter la date (1663) et le lieu (Paris) à la fin; formule polie à la fin; vouvoyer; accorder au féminin (« j'ai été surprise... »); commencer par « Ma très chère amie, »; décrire la salle du Palais-Royal; évoquer Molière comme un dramaturge peu connu; résumer l'histoire, présenter les personnages d'Agnès et Arnolphe; décrire le décor, les costumes, le physique des acteurs, leurs gestes; employer l'imparfait et le passé composé pour raconter.

Exercice 3

Voici d'une part un extrait de la scène finale d'*Andromaque*, d'autre part une liste d'observations concernant le style de ces huit vers.
Recopiez ces observations et indiquez en face de chacune d'elles une interprétation: quel effet chaque procédé de style produit-il?

Oreste perd la raison en apprenant la mort de sa bien-aimée, Hermione. Il s'adresse ici aux Érinyes, des divinités grecques persécutrices:

1 Hé bien! filles d'enfer, vos mains sont-elles prêtes?
2 Pour qui sont ces serpents qui sifflent sur vos têtes?
3 À qui destinez-vous l'appareil qui vous suit?
4 Venez-vous m'enlever dans l'éternelle nuit?
5 Venez, à vos fureurs Oreste s'abandonne.
6 Mais non, retirez-vous, laissez faire Hermione:
7 L'ingrate mieux que vous saura me déchirer;
8 Et je lui porte enfin mon cœur à dévorer.

RACINE, *Andromaque*, 1667.

Observations:
allitération en [s] au vers 2;
multiplication des questions;
métaphore « éternelle nuit » pour la mort;
contradiction entre les impératifs des vers 5 et 6;
rime déchirer/dévorer;
usage du présent de l'indicatif au vers 8.

Exercice 4

Sujet:
« La poésie [...] n'a pas d'autre but qu'Elle-même », écrit Baudelaire. Vous vous interrogerez sur cette déclaration et vous vous demanderez si elle correspond à votre définition de la poésie.

Pour traiter ce sujet de dissertation, un élève a trouvé au brouillon quatre exemples et deux axes de réflexion. Associez chaque exemple à l'axe de réflexion qui correspond, puis formulez l'argument qu'il peut illustrer. Dans quel ordre présenteriez-vous ces arguments?

Exemples:
1. Dans son « Art poétique », Verlaine donne ce conseil aux poètes: « De la musique avant toute chose ».
2. Hugo dénonce le travail des enfants à travers son poème « Melancholia » en suscitant la pitié du lecteur.
3. Les poètes de la Résistance, comme Aragon avec « La rose et le réséda », ont pu toucher de nombreux lecteurs par la simplicité et la beauté de leurs textes.
4. Le mot *calligramme* vient des mots grecs *kallos* (beauté) et *gramma* (lettre, écriture). C'est un poème dont la disposition sur la page rappelle la forme de l'objet évoqué.

Axes de réflexion:
Axe 1: La poésie est d'abord un travail sur le langage visant la beauté.
Axe 2: Mais la poésie sert aussi à défendre des idées.

Exercice 5

Voici un paragraphe rédigé au brouillon par un élève pour commenter la tirade dont est extrait le texte de l'exercice 3. Réécrivez-le en en améliorant l'expression.

Dans une première partie, nous allons étudier d'abord comment est montrée la folie d'Oreste. Il s'adresse aux déesses de la vengeance et à Hermione. Les mots qui font penser à la vue sont très nombreux dans le texte, comme par exemple « vois », « yeux » ou « regards ». Nous pouvons de plus remarquer qu'au vers « Pour qui sont ces serpents qui sifflent sur vos têtes », la répétition d'un même son donne l'impression d'entendre les serpents, ce qui donne à l'hallucination d'Oreste une réalité sonore. La gradation de « déchirer » à « dévorer », deux mots mis en valeur par leur position en fin de ligne, souligne la violence des images évoquées. Oreste doute; il change d'interlocuteur. Le vocabulaire, les sonorités et la syntaxe s'associent donc pour représenter Oreste au comble de la folie.

12 Structurer le propos

La rédaction d'un texte, qu'il s'agisse d'un texte narratif ou argumentatif, obéit à des règles précises destinées à rendre clair le message transmis : il se structure en phrases et en paragraphes qui s'enchaînent selon une progression thématique, unis par des connecteurs.

1 La phrase

• La phrase type se définit comme une succession de mots qui répondent à des critères :
– de *sens* : elle contient une information à l'intention d'un destinataire ;
– de *forme* : elle commence habituellement par une majuscule et se termine par un point.

• Sa longueur n'est pas définie : elle peut être très courte (« *Bonjour* » est une phrase) ou très longue – elle doit être suffisamment longue pour contenir l'information, mais assez courte pour demeurer compréhensible.

• Dans la phrase, on distingue :
– ce dont on parle : le *thème*, défini par le sujet ;
– ce que l'on en dit : le *propos*.
Un enfant (thème) *ouvrit la barrière* (propos).
→ Attention ! Multiplier les thèmes à l'intérieur d'une même phrase revient à l'allonger et nuit à sa clarté.

2 Le paragraphe

• Le paragraphe est un ensemble de phrases, de longueur variable, dont le début est signalé par un alinéa.

• L'unité du paragraphe se définit autour d'un thème (qui pourrait par exemple constituer le titre du paragraphe), développé et éventuellement illustré par des exemples.

• Pour un texte explicatif ou argumentatif, la structuration en paragraphes est particulièrement précieuse, dans la mesure où elle met en évidence les étapes du raisonnement.

3 La progression thématique

À l'intérieur de la phrase, et de phrase en phrase, les thèmes s'enchaînent, décrivant une progression thématique. On distingue différents types de progressions thématiques :

• La progression à thème constant
Chaque phrase reprend le même thème et développe un propos différent. Ce type de progression est souvent employé dans le texte narratif : Les marcheurs entendirent le tonnerre. Ils poursuivirent leur chemin et bientôt ils aperçurent le refuge.

• La progression linéaire
Le propos d'un premier thème devient thème d'un second propos, etc. Dans le discours argumentatif, la progression linéaire permet l'enchaînement rigoureux des étapes d'introduction. Il faut cependant éviter qu'elle ne fasse perdre de vue le thème premier, comme dans cet exemple : Molière est un dramaturge classique. Le classicisme est un mouvement du XVIIe siècle. Le XVIIe siècle voit s'installer une monarchie absolue.

• La progression à thèmes dérivés
Chaque phrase se développe à partir d'un thème nouveau ; mais tous ces thèmes se rapportent à un même thème commun, implicite ou explicite : Un paysage grandiose s'ouvrait sous ses yeux. La plaine s'étendait […]. Au loin, des montagnes indistinctes formaient une chaîne. Une maison était posée au milieu de cette solitude.

4 Les connecteurs de la phrase et du paragraphe

…onnecteurs servent à relier les phrases et les paragraphes. Ils jouent un rôle essentiel dans l'or-…isation et la progression des textes, qu'ils soient narratifs ou argumentatifs. (► fiche 5)

Exercice 1

Toute la ponctuation de ce texte a été remplacée par des virgules.

1. Dans quels cas le découpage en plusieurs phrases vous paraît-il possible ou nécessaire ?

2. Rétablissez la ponctuation qui vous paraît la meilleure.

Athènes eut dans son sein les mêmes forces pendant qu'elle domina avec tant de gloire, et pendant qu'elle servit avec tant de honte, elle avait vingt mille citoyens lorsqu'elle défendit les Grecs contre les Perses, qu'elle disputa l'empire à Lacédémone, et qu'elle attaqua la Sicile, elle en avait vingt mille lorsque Démétrius de Phalère les dénombra comme dans un marché l'on compte les esclaves, quand Philippe osa dominer dans la Grèce, quand il parut aux portes d'Athènes, elle n'avait encore perdu que le temps, on peut voir dans Démosthène quelle peine il fallut pour la réveiller, on y craignait Philippe, non pas comme l'ennemi de la liberté, mais des plaisirs, cette ville, qui avait résisté à tant de défaites, qu'on avait vue renaître après ses destructions, fut vaincue à Chéronée, et le fut pour toujours, qu'importe que Philippe renvoie tous les prisonniers, il ne renvoie pas des hommes, il était toujours aussi aisé de triompher des forces d'Athènes qu'il était difficile de triompher de sa vertu.

D'après Montesquieu, *De l'esprit des lois*, 1748.

Exercice 2

Cette phrase est parfaitement correcte, mais sa longueur la rend d'une lecture difficile. Faites-en plusieurs phrases, que vous relierez par des connecteurs logiques ou une ponctuation appropriée.

Mais si le cerveau est à la fois bien organisé et bien instruit, c'est une terre féconde parfaitement ensemencée, qui produit le centuple de ce qu'elle a reçu, ou (pour quitter le style figuré souvent nécessaire, pour mieux exprimer ce qu'on sent et donner des grâces à la vérité même) l'imagination élevée par l'art à la belle et rare dignité de génie, saisit exactement tous les rapports des idées qu'elle a conçues, embrasse avec facilité une foule étonnante d'objets, pour en tirer enfin une longue chaîne de conséquences, lesquelles ne sont encore que de nouveaux rapports, enfantés par la comparaison des premiers, auxquels l'âme trouve une parfaite ressemblance.

Julien Offray de La Mettrie, *L'Homme Machine*, 1748.

Exercice 3

Organisez chacun de ces deux textes – où toutes les phrases ont été détachées les unes des autres – en deux paragraphes. Justifiez votre décision.

Texte 1

René possède un morceau de miroir qu'il a trouvé à Buchenwald après le bombardement d'août.

Il hésite à le sortir parce que, aussitôt, on se précipite et on le lui réclame.

On veut se regarder.

La dernière fois que j'ai eu le miroir, il y avait longtemps que je ne m'étais pas regardé.

C'était un dimanche ; j'étais assis sur la paillasse, j'ai pris mon temps.

Je n'ai pas examiné tout de suite si j'avais le teint jaune ou grisâtre, ni comment étaient mon nez ou mes dents.

D'après Robert Antelme, *L'Espèce humaine*, 1947.

Texte 2

Ce qui rend pénible l'ouvrage de la législation est moins ce qu'il faut établir que ce qu'il faut détruire ; et ce qui rend le succès si rare, c'est l'impossibilité de trouver la simplicité de la nature jointe aux besoins de la société.

Toutes ces conditions, il est vrai, se trouvent difficilement rassemblées.

Aussi voit-on peu d'États bien constitués.

Il est encore en Europe un pays capable de législation ; c'est la Corse.

La valeur et la constance avec laquelle ce brave peuple a su recouvrer et défendre sa liberté mériterait bien que quelque homme sage lui apprît à la conserver.

J'ai quelque pressentiment qu'un jour cette petite île étonnera l'Europe.

D'après Jean-Jacques Rousseau, *Du contrat social*, 1762.

Exercice 4

Soulignez les connecteurs et définissez en vous justifiant le type de progression thématique.

1. J'entends Théodecte de l'antichambre ; il grossit sa voix à mesure qu'il s'approche ; le voilà entré : il rit, il crie, il éclate.

La Bruyère, *Caractères*, V-12, 1690.

2. Il trouva [Calypso] chez elle. Sur le foyer brûlait un grand feu, et l'odeur très loin/du cèdre et du thuya se consumant/parfumait l'île. À l'intérieur, chantant à belle voix,/elle faisait courir la navette d'or sur la toile./Un bois avait poussé près de la grotte avec richesse./[…] Là, des oiseaux de vaste envergure nichaient./[…] Là, tapissant l'entrée de la profonde grotte,/sous le poids de ses grappes, une vigne montait.

Homère, *Odyssée*, trad. Philippe Jaccottet,

3. Bergson, dans sa réflexion sur le comique, envisage qu'une expression comique fasse rire par sa laideur. Or, la difformité ressemble à une grimace figée, une raideur du corps. Dans l'expression comique, ce serait donc cette raideur mécanique qui ferait rire.

Rédiger et présenter la copie

Après l'étape du brouillon, rédiger correctement et présenter sa copie représente une marque de respect appréciée envers le professeur ou le correcteur qui va devoir la lire.

1 Rédiger en respectant les règles d'écriture

• Rédigez votre copie, y compris s'il s'agit d'une réponse à des questions, en phrases complètes, sans abréviations, ni listes avec tirets comme dans une prise de notes.

• Soignez le style : ne faites pas de phrases trop longues, variez le vocabulaire en évitant les répétitions.

• Pour faciliter la lecture, veillez à l'orthographe et à la syntaxe ; attention en particulier à l'orthographe des noms propres et des personnages célèbres.

• Veillez aussi à l'utilisation des majuscules (en début de phrase et pour les noms propres seulement) et de la ponctuation : évitez par exemple l'emploi de trop nombreux points d'exclamation.

• N'abusez pas des citations, qui doivent également être brèves et bien insérées grammaticalement.

• Respectez quelques conventions :
– les titres des œuvres citées sont à souligner (cela correspond à l'italique des textes imprimés) mais on met entre guillemets les titres des textes ou des poèmes : « Chanson d'automne » dans les Poèmes saturniens de Verlaine ;
– dans les titres, on met une majuscule à l'article, au premier substantif (sauf s'il suit un article indéfini, une préposition ou si le titre est une proposition) et à l'adjectif qui précède le substantif : L'Éducation sentimentale de Flaubert ; La Bonne Chanson de Verlaine ; Une vie de Maupassant ; La vie est un songe de Calderón ; Sur la route de Kerouac ;
– les citations sont entre guillemets ; évitez les citations approximatives ou incomplètes et toujours citez au moins l'auteur ;
– les siècles se mettent en chiffres romains (XIXe siècle).

2 Soigner la lisibilité

Une copie sale, raturée, mal écrite n'est pas plaisante à lire :
• Écrivez correctement, en formant bien les lettres.

• Aérez la présentation :
– sautez une ou deux lignes entre les différentes parties et aller à la ligne à chaque nouveau paragraphe ;
– respectez une marge suffisante pour que le correcteur puisse y noter ses remarques ;
– sur des feuilles à petits carreaux, n'écrivez qu'une ligne sur deux.

• Utilisez une encre foncée noire ou bleue plutôt que pâle : bannissez le turquoise, illisible, et le rouge qui est réservé à la correction.

• Évitez les ratures en prenant soin de noter ses idées et de rédiger l'introduction et la conclusion au brouillon ; utilisez du blanc ou un effaceur sans abuser de l'un ou de l'autre.

3 Soigner la cohérence et la clarté

Une présentation claire doit rendre immédiatement perceptible l'organisation de la copie :
• Indiquez, sur la première page, le sujet choisi.

• Numérotez les pages en indiquant le nombre de pages total : 1/4, 2/4, 3/4, etc.

• Ne notez pas de titres ni de sous-titres, mais détachez bien les parties de manière que le plan apparaisse clairement.

• Équilibrez la longueur des parties.

• À l'intérieur des parties, évitez les paragraphes trop longs qui diluent l'intérêt du lecteur, et les …aphes trop courts qui donnent l'impression que les idées ne sont pas assez développées.

… important : **prenez toujours 10 à 15 minutes pour relire votre copie, vérifiez l'orthographe, …ajuscules et la ponctuation.**

Exercice 1

Rétablissez ponctuation et majuscules dans ce texte.

On faisait cercle autour de M. Bermutier juge d'instruction qui donnait son avis sur l'affaire mystérieuse de Saint-Cloud depuis un mois cet inexplicable crime affolait Paris personne n'y comprenait rien m. Bermutier debout le dos à la cheminée parlait assemblait les preuves discutait les diverses opinions mais ne concluait pas plusieurs femmes s'étaient levées pour s'approcher et demeuraient debout l'œil fixé sur la bouche rasée du magistrat d'où sortaient les paroles graves elles frissonnaient vibraient crispées par leur peur curieuse par l'avide et insatiable besoin d'épouvante qui hante leur âme les torture comme une faim.

D'après Guy de MAUPASSANT, « La Main », *Contes du jour et de la nuit*.

Exercice 2

Rétablissez la ponctuation, en veillant à bien faire apparaître les citations.

Un monument national avait dit lorsqu'il était ministre de l'éducation Jack Lang le baccalauréat constatait le sénateur Jacques Legendre dans un rapport rendu en 2008 au nom de la commission des affaires culturelles apparaît dans la longue durée comme l'un des socles sur lequel se sont constitués non seulement notre système scolaire, mais aussi notre imaginaire collectif.

D'après *Le Monde*, 16.10.2010.

Exercice 3

Organisez ce texte en paragraphes, tout en respectant les règles de typographie.

Théophile Gauthier a été l'animateur du mouvement de l'art pour l'art; son œuvre en offre une théorie complète et une éclatante illustration. Par nature, l'art est désintéressé; on ne doit donc lui proposer aucun but utile: il est à lui-même sa propre fin. « Il n'y a de vraiment beau que ce qui ne peut servir à rien; tout ce qui est utile est laid. » (Préface de Mlle de Maupin) Ainsi l'art doit demeurer indépendant de la morale et de la politique. Pour rester pur, il se défiera même de la sentimentalité, préférant aux émotions les sensations et les impressions. L'artiste ne connaît qu'un culte, celui de la beauté. Elle seule peut fixer son rêve et apaiser son inquiétude; elle seule est éternelle. N'ayant d'autre fin que la beauté, la poésie resserrera ses liens avec les arts plastiques. Pour conquérir la beauté, l'artiste ne doit rien négliger, rien laisser au hasard. Le travail de la forme, les recherches techniques deviennent essentiels. L'œuvre sera d'autant plus belle qu'elle naîtra de difficultés vaincues: c'est la leçon du poème L'Art. Il faut bannir la facilité; Gautier adopte des mètres difficiles: terza rima, vers courts (L'Art); il soigne la rime, choisit des sonorités évocatrices, transpose les sensations visuelles en impressions musicales, s'inspire du tracé minutieux de l'émailleur ou de l'orfèvre.

D'après LAGARDE et MICHARD, *XIX*[e] *siècle*, Bordas.

Exercice 4

Mettez à ces titres les majuscules qui conviennent.

le rouge et le noir de Stendhal; la guerre de Troie n'aura pas lieu de Jean Giraudoux; le troisième homme de Graham Greene; mémoires d'outre-tombe de Chateaubriand; le chef-d'œuvre inconnu d'Honoré de Balzac; de si braves garçons de Patrick Modiano; à la recherche du temps perdu de Marcel Proust; une histoire française de François Nourrissier; l'illusion comique de Pierre Corneille; avec mon meilleur souvenir de Françoise Sagan.

Exercice 5

Soit la question suivante à propos de la nouvelle *Continuité des parcs* (► p. 156) : « Quel genre de roman le héros de ce récit lit-il ? Quel regard Cortázar porte-t-il sur cette littérature ? ». Reprenez ces notes en composant un paragraphe entièrement rédigé.

Ce roman lu par le pers. = roman d'amour passionnel
Volonté de parodie de la part de Cortázar: cf. l'emphase des adj. et adv. (*abominablement*, et surtout *Admirablement* très ironique: cf. sa place en tête de phrase)
Situation et sentiments très conventionnels: cf. triangle classique (le mari, la femme, l'amant), rôles stéréotypés H. (détermination) ≠ F. (sensualité) clichés partage des rôles féminin et masculin (de la femme et de l'homme) → clichés romanesques, dt lecteur = victime (tué par sa lecture!).
→ *Continuité des parcs* = méfiance et dérision de Cortázar/le romanesque traditionnel?

Exercice 6

Soit la question suivante à propos de la nouvelle *Continuité des parcs* (► p. 156) : « En quoi cette nouvelle est-elle fantastique ? » Réécrivez cette réponse constituée d'une seule trop longue phrase. Quel autre défaut y a-t-il à corriger ?

Cette nouvelle relève du fantastique car elle s'appuie sur une transgression qui remet en cause la stabilité de notre univers physique et mental, en brouillant les frontières entre la réalité et la fiction (du point de vue interne au récit que nous lisons) mais aussi entre deux niveaux de fiction (si l'on se situe de notre point de vue de lecteur), d'autant plus qu'elle nous laisse dans un doute inquiétant, qui peut faire douter que nous ayons bien compris à la première lecture, et qui nous pousse à relire, approfondissant ainsi notre inquiétude et notre malaise sans trouver d'explication, ce qui fait que dans cette mesure elle répond parfaitement à la définition donnée par Todorov qui dit que le fantastique naît de l'hésitation prolongée entre une explication surnaturelle et une explication rationnelle sans que l'on puisse décider laquelle est la bonne.

14 Se corriger – Réécrire

Après la rédaction d'un texte au brouillon, la relecture et la réécriture de certains passages permettent de vérifier l'exactitude de l'information et d'améliorer son expression.

1 Relire pour se corriger

• Chassez les fautes d'orthographe et de ponctuation.

• Vérifiez l'exactitude des informations, et notamment:
– l'exactitude des références historiques (date de publication d'une œuvre, chronologie littéraire, événements politiques...), l'orthographe des noms propres et des titres d'œuvres: Beaumarchais, Baudelaire;
– la cohérence des informations: éliminez les contradictions, les erreurs chronologiques, les confusions entre deux auteurs...;

• Vérifiez l'emploi du mot juste:
– un **terme impropre** n'exprime pas justement l'idée proposée: les «idées», par exemple, ne se confondent pas avec les «valeurs»; le premier terme appartient au domaine intellectuel, le second au domaine moral;

– un **mot passe-partout** manque de précision. Les dictionnaires aident à trouver des mots précis: le trop vague «ce texte» doit pouvoir être remplacé par une mention plus précise du genre de l'œuvre dont il est extrait: ce récit, ce sonnet, ce dialogue de théâtre...

• Évitez les répétitions qui peuvent être une figure d'insistance, mais le plus souvent sont une négligence qui alourdit un texte. On peut les remplacer par:

– des **substituts pronominaux**, mais un pronom doit être bien choisi et employé correctement pour ne pas être ambigu: Le recueil de Baudelaire est publié en 1857. ~~Il~~ Le poète du *Spleen* a écrit aussi des œuvres en prose: «Il» renverrait au «recueil».

– des **synonymes** ou des **périphrases**: bien choisis, ils peuvent en même temps enrichir l'information: Claude, exalté, clame sa passion pour le réalisme. ~~Claude~~ Le jeune peintre fait l'éloge de Courbet: la périphrase permet de relier les propos du personnage à son enthousiasme et à sa jeunesse.

• Nuancez les jugements qui pourraient apparaître comme trop péremptoires. Le romancier écrit pour le peuple. → Un romancier peut écrire pour un public populaire.

2 Réécrire pour améliorer l'expression

• **Vérifiez** l'ordre logique des mots à l'intérieur des phrases et donnez du relief au texte en mettant en valeur les éléments les plus importants: La fable attribue aux animaux la charge de... → C'est aux animaux que la fable attribue la charge de...

• **Évitez** la juxtaposition excessive de propositions indépendantes ou de phrases en synthétisant la formulation: *Madame Bovary* a été écrit par Flaubert. L'œuvre est publiée en 1857. → *Madame Bovary* de Flaubert est publié en 1857.

• **Remplacez** les phrases trop longues, les subordonnées emboîtées les unes dans les autres par plusieurs phrases ou des propositions reliées par des articulations logiques: Le fabuliste, qui cherche à égayer son récit, parce qu'il veut distraire le lecteur... → Pour distraire le lecteur, le fabuliste égaie son récit...

• **Vérifiez** la longueur des paragraphes: ils doivent être centrés sur une idée directrice et donc ne doivent pas être trop longs.

• **Utilisez** des liens logiques pour articuler entre eux les paragraphes: ainsi, par ailleurs, cependant...

Exercice 1

Remplacez les périphrases suivantes par le terme ou l'expression précise qui convient :

a. Un roman constitué de lettres. **b.** Les premières lignes du roman. **c.** Un vers composé de douze syllabes. **d.** Le personnage qui raconte l'histoire. **e.** Un mot inventé. **f.** Un auteur de pièces de théâtre. **g.** Un poème présenté sous la forme d'un dessin. **h.** Un ensemble de trois œuvres. **i.** Une strophe de trois vers. **j.** Le personnage principal de la pièce de théâtre.

Exercice 2

Remplacez par des verbes plus précis les verbes en italiques et complétez les phrases en en explicitant le terme souligné.

a. La fable *a* une visée didactique… **b.** Le romancier réaliste *fait* un effet de réel… **c.** Le lyrisme *est* universel… **d.** La tragédie *est* cathartique… **e.** La poésie parnassienne *est* impersonnelle… **f.** Les œuvres des philosophes *sont* engagées…

Exercice 3

Choisissez les verbes appropriés pour compléter ces phrases.

a. Le classicisme… par l'imitation des anciens. **b.** Les philosophes des Lumières… l'idéal du Progrès dans leurs écrits. **c.** Lamartine… avoir donné à l'inspiration poétique « les fibres mêmes du cœur de l'homme ». **d.** Les romanciers réalistes… le roman, en le haussant au rang d'un genre sérieux. **e.** Le poète… sa souffrance amoureuse. **f.** Ce texte de Voltaire… un éloge de la tolérance.

Exercice 4

Par quel mot ou expression remplacer les mots soulignés, en fonction du sens de la phrase ?

a. L'idéologie de Voltaire repose sur les convictions d'un homme des Lumières. **b.** *L'Encyclopédie* est le manifeste des Lumières. **c.** La Bruyère moralise ses lecteurs en leur proposant des portraits. **d.** Zola propose une théorie scientifique du roman. **e.** Un romancier veut faire rire ses lecteurs. **f.** Les écrivains des Lumières copient les humanistes.

Exercice 5

Améliorez les phrases suivantes en procédant à des allégements.

a. L'écrivain transpose en se masquant sous la fiction des événements de sa propre vie. **b.** Le romancier, qui observe ses contemporains, veut reproduire la vie réelle, qu'il décrit avec précision. **c.** L'auteur d'une fable cherche, non pas seulement à distraire le lecteur, mais à lui enseigner des règles de conduite, qui sont plus faciles à comprendre grâce à ces histoires d'animaux. **d.** La comédie, qui est une pièce de théâtre qui vise à faire rire, poursuit aussi un but sérieux, qui est de proposer une satire des défauts des hommes, qu'elle transforme en types.

Exercice 6

Reformulez avec concision les informations contenues dans ces phrases.

a. *Le Rouge et le Noir* est un roman, il a été écrit par Stendhal, il est paru en 1830, il a pour sous-titre *Chronique de 1830* **b.** Beaumarchais est l'auteur du *Mariage de Figaro*. La pièce a été interdite à sa création. Le sous-titre de l'œuvre est *La Folle Journée*. C'est une pièce présentée comme une critique de l'Ancien Régime. **c.** Zola a écrit *Thérèse Raquin*. Le roman est considéré comme un des romans fondateurs du naturalisme. Le mot est employé pour la première fois en son sens littéraire dans la préface du roman. Elle est parue après la première édition du roman de Zola.

Exercice 7

Récrivez ce paragraphe en en améliorant l'expression. Vous rétablirez la ponctuation, les majuscules, et soulignerez les titres des œuvres citées.

Le roman de formation qu'on appelle également roman d'apprentissage est un roman qui raconte l'éducation de son héros et qui nous montre le monde en fonction du point de vue du héros. Il est né au XVIIIe siècle avec wilhelm meister de goethe ; il connaît son apogée au XIXe siècle dans les romans de balzac de stendhal et de zola : eugène de rastignac julien sorel étienne lantier jusqu'au bardamu de voyage au bout de la nuit de céline tous apprennent et ont un parcours exemplaire. Le lecteur peut s'intéresser à l'histoire du héros mais il ne peut pas servir de modèle en ce sens il ne s'agit pas de calquer son comportement dans la réalité (risque de confondre fiction et réalité : voir madame bovary).

Exercice 8

Rétablissez les liens logiques qui sont omis dans ce texte. Soyez attentif à l'enchaînement des idées, et au rapport que ces liens à restituer ont avec ceux qui les précèdent.

On notera d'abord que le mouvement de révolte n'est pas, dans son essence, un mouvement égoïste. Il peut avoir sans doute des déterminations égoïstes. ___ on se révoltera aussi bien contre le mensonge que contre l'oppression. ____, à partir de ces déterminations, et dans son élan le plus profond, le révolté ne préserve rien puisqu'il met tout en jeu. Il exige sans doute pour lui-même le respect, ___ dans la mesure où il s'identifie avec une communauté naturelle. Remarquons ___ que la révolte ne naît pas seulement, et forcément, chez l'opprimé, ___ qu'elle peut naître aussi au spectacle de l'oppression dont un autre est victime. Il y a ___, dans ce cas, identification à l'autre individu.

Albert Camus, *L'Homme révolté*, © Gallimard, 1951.

15 Situer un texte

Situer un texte suppose qu'on le rapporte à une période de l'histoire littéraire, à un genre donné et parfois à un mouvement littéraire. Les objets d'étude du programme définissent des axes qui permettent de relier ainsi périodes, genres et mouvements.

1 Le programme de seconde et ses objets d'étude

Le programme de seconde comporte quatre axes de travail, appelés *objets d'étude*, qui concernent des genres et des mouvements littéraires précis que ce tableau récapitule.

Intitulé des objets d'étude	Genres	Mouvements littéraires
La tragédie et la comédie au XVIIe siècle : le classicisme	théâtre : tragédie et comédie	classicisme
Genres et formes de l'argumentation : XVIIe et XVIIIe siècles	fable, roman et conte philosophiques, essai, traité, dialogue, discours, article de dictionnaire ou d'encyclopédie…	classicisme Lumières
Le roman et la nouvelle au XIXe siècle : réalisme et naturalisme	roman et nouvelle	réalisme naturalisme
La poésie du XIXe au XXe siècle : du romantisme au surréalisme	poésie, en vers et en prose	romantisme symbolisme surréalisme

2 Le genre

• Plusieurs indices vous aideront à trouver le genre d'un texte :
– le **titre** de l'œuvre : *Les Fables* de La Fontaine, *Les Essais* de Montaigne ;
– la **disposition typographique** : un dialogue ne se présente pas de la même manière s'il est extrait d'une pièce de théâtre ou d'un roman ; on reconnaît un poème en vers aux nombreux retours à la ligne ;
– les **procédés stylistiques** : l'usage de la première personne dans l'essai ; la fréquence des effets de rythme et de sonorité dans un poème ;
– le **sujet** et le **ton** des textes : la présence d'une morale dans une fable ; les différents types de comique dans une comédie.

• Vous devez connaître les principales caractéristiques des genres mentionnés dans le tableau ci-dessus. Pour vous aider, faites-vous une fiche récapitulative qui résume, en une ou deux phrases, les spécificités de chaque genre : la **nouvelle** est plus brève que le **roman** ; l'intrigue est resserrée autour d'un nombre limité de personnages et la fin de l'histoire ménage souvent un effet de chute.

• Lorsque vous déterminez le genre d'un texte, soyez le plus précis possible. Pour un poème, demandez-vous si c'est un **poème en prose**, en **vers libre**, s'il correspond à une **forme fixe** (sonnet, ballade, rondeau).

3 Le mouvement littéraire

• Aidez-vous de la date de publication de l'œuvre, mentionnée par le paratexte. Pour qu'elle puisse vous être utile, vous devez avoir en tête quelques repères chronologiques.
Retenez donc au moins les données du tableau : Le **XVIIe siècle** a été dominé par le **classicisme** ; le **XVIIIe siècle** est le siècle des **Lumières**.

• Un mouvement littéraire est reconnaissable par :
– des **genres privilégiés :** la nouvelle et le roman pour les auteurs réalistes et naturalistes ; la tragédie pour les auteurs classiques ; le conte philosophique pour les Lumières ;
– certains **thèmes récurrents :** la lutte contre les préjugés chez les philosophes des Lumières ; la correspondance entre la nature et les émotions personnelles dans les textes romantiques ; la peinture de la société dans les romans réalistes ;
– le **ton** des textes : le lyrisme caractéristique des auteurs romantiques ; l'ironie des philosophes des Lumières.

Exercice 1

En observant les indications fournies par ces listes, déterminez avec précision à quel objet d'étude de la classe de seconde se rattache chacun de ces trois corpus.

Corpus 1

Texte A – Honoré de Balzac, *Le Lys dans la vallée*, 1835.
Texte B – Guy de Maupassant, *Boule de Suif*, 1880.
Texte C – Emile Zola, *Germinal*, 1885.

Corpus 2

Texte A – Savinien de Cyrano de Bergerac, *Les États et empires de la lune*, 1657.
Texte B – Fénelon, *Les Aventures de Télémaque*, 1699.
Texte C – Diderot, *Supplément au voyage de Bougainville*, 1772.

Corpus 3

Texte A – Victor Hugo, « Ô souvenirs » (extrait), *Les Contemplations*, 1846.
Texte B – Charles Baudelaire, « L'ennemi », *Les Fleurs du mal*, Spleen et Idéal, X, 1857.
Texte C – Louis Aragon, « Toute une nuit », *Le Roman inachevé*, 1956.

Exercice 2

De quel genre relèvent les textes suivants ? Précisez votre réponse en donnant plusieurs arguments (paratexte, présentation typographique, style, sujet, ton).

Texte A

Blocus sentimental ! Messageries du Levant !....
Oh, tombée de la pluie ! Oh ! tombée de la nuit,
Oh ! le vent !....
La Toussaint, la Noël et la Nouvelle Année,
Oh, dans les bruines, toutes mes cheminées !....
D'usines...

On ne peut plus s'asseoir, tous les bancs sont mouillés ;
Crois-moi, c'est bien fini jusqu'à l'année prochaine,
Tant les bancs sont mouillés, tant les bois sont [rouillés,
Et tant les cors ont fait ton ton, ont fait ton taine !....

J. Laforgue, « L'Hiver qui vient » (début), *Derniers vers*, 1890.

Texte B

Les deux amants eurent un frisson en sentant leur peau se toucher. Ils restèrent les doigts serrés et brûlants, dans une étreinte nerveuse. Le jeune homme reprit d'une voix hésitante :

« Thérèse, voulez-vous que nous fassions à votre tante une existence gaie et paisible ?

– Oui, répondit la jeune femme faiblement, nous avons une tâche à remplir. »

Alors Laurent se tourna vers Mme Raquin et ajouta, très pâle :

« Lorsque Camille est tombé à l'eau, il m'a crié : "Sauve ma femme, je te la confie." Je crois accomplir ses derniers vœux en épousant Thérèse. »

Émile Zola, *Thérèse Raquin*, 1867.

Texte C

Lui. – [...] Tenez, vive la philosophie, vive la sagesse de Salomon : boire de bon vin, se gorger de mets délicats, se rouler sur de jolies femmes, se reposer dans des lits bien mollets ; excepté cela, le reste n'est que vanité.

Moi. – Quoi ! défendre sa patrie ?

Lui. – Vanité ! Il n'y a plus de patrie ; je ne vois d'un pôle à l'autre que des tyrans et des esclaves.

Moi. – Servir ses amis ?

Lui. – Vanité ! Est-ce qu'on a des amis ? Quand on en aurait, faudrait-il en faire des ingrats ?

Denis Diderot, *Le Neveu de Rameau*, 1762.

Exercice 3

Associez chacun de ces extraits argumentatifs à la référence qui lui correspond (donnée à la suite des textes), puis précisez le genre et le mouvement littéraire dont il relève.

Texte A

Le peuple même (il faut tout dire), qui vous a tant aimé, qui a eu tant de confiance en vous, commence à perdre l'amitié, la confiance, et même le respect. Vos victoires et vos conquêtes ne le réjouissent plus ; il est plein d'aigreur et de désespoir. La sédition s'allume peu à peu de toutes parts. Ils croient que vous n'avez aucune pitié de leurs maux, que vous n'aimez que votre autorité et votre gloire. Si le roi, dit-on, avait un cœur de père pour son peuple, ne mettrait-il pas plutôt sa gloire à leur donner du pain, et à les faire respirer après tant de maux, qu'à garder quelques places de la frontière, qui causent la guerre ? Quelle réponse à cela, Sire ?

Texte B

Fanatisme

Le fanatisme est à la superstition ce que la rage est à la colère. Celui qui a des extases, des visions, qui prend des songes pour des réalités, et ses imaginations pour des prophéties, est un enthousiaste ; celui qui soutient sa folie par le meurtre, est un fanatique.

Texte C

Dans la plupart des hommes les changements se font peu à peu, et la mort les prépare ordinairement à son dernier coup. Madame cependant a passé du matin au soir, ainsi que l'herbe des champs. Le matin, elle fleurissait ; avec quelles grâces, vous le savez : le soir, nous la vîmes séchée ; et ces fortes expressions par lesquelles l'Ecriture sainte exagère l'inconstance des choses humaines, devaient être pour cette princesse si précises et si littérales !

1. Bossuet, *Oraison funèbre de Henriette-Anne d'Angleterre*, 1670.
2. Fénelon, *Lettre à Louis XIV*, 1693.
3. Voltaire, *Dictionnaire philosophique*, 1764.

16 Définir la spécificité et les enjeux d'un texte

Définir la **spécificité** d'un texte, c'est se demander en quoi il est original par rapport à un autre texte du même genre, de la même époque, voire par rapport à d'autres extraits de la même œuvre. Définir les **enjeux** – ou la visée – de ce texte, c'est se demander quel est le but visé par l'auteur : quel(s) effet(s) recherche-t-il ? à quelle fin ?
Interroger le(s) thème(s) et le registre du texte, sa situation d'énonciation, sa structure, sa position dans l'œuvre vous permettra de formuler des réponses.

1 Le thème et le registre dominant

• De quoi le texte parle-t-il ?
Identifiez avec le plus de précision possible le sujet central : s'agit-il du portrait d'un personnage ? d'une réflexion sur le temps qui passe ? d'une satire des courtisans ?

• Quel ton adopte-t-il pour traiter ce thème ?
Certains sujets sont associés de manière privilégiée à un registre : Ainsi, l'évocation de la guerre se prête naturellement au registre épique, l'expression des sentiments personnels au registre lyrique…
Soyez attentif aux décalages par rapport au registre attendu. Si, l'auteur traite un sujet trivial sur un ton épique, comme La Fontaine dans sa fable « Les Deux Coqs », l'effet produit est comique.

2 La situation d'énonciation

Qui parle (locuteur) ? À qui (destinataire) ? Où ? Quand ? Comment ? Demandez-vous :
• comment le destinataire est impliqué (pronoms personnels, impératifs, questions) ;
• si la situation d'énonciation évolue au cours du texte (changements de destinataires, passages au discours direct dans un récit) ;
• si la situation d'énonciation est surprenante (adresse à un personnage absent ou à une idée personnifiée).

3 La structure du texte

• L'extrait proposé n'a pas été délimité au hasard. Demandez-vous ce qui fait son **unité.**

• Définissez **le mouvement** du passage : quelle évolution se produit entre le début et la fin ? Il peut s'agir :
– d'une progression chronologique, soulignée par des indications temporelles ;
– d'un mouvement dans l'espace ;
– de l'évolution d'un personnage ;
– d'un changement de rythme (accélération ou ralentissement) ;
– d'un changement de registre (par exemple, un texte d'abord ironique puis sérieux) ;
– d'une progression argumentative (par exemple, exposé de la thèse adverse puis réfutation).

• En vous appuyant sur la composition typographique (paragraphes, strophes), les temps verbaux et les connecteurs temporels et logiques, distinguez **des étapes** à l'intérieur du texte.

4 La position de l'extrait dans l'œuvre

• Où l'extrait se situe-t-il à l'intérieur de l'œuvre ? À quelle étape de l'intrigue correspond-il (situation initiale, péripétie, retournement de situation, dénouement) ?

• Placé au début ou à la fin, le passage est supposé remplir des fonctions spécifiques :
– **situé au début :** apporter des informations sur la situation initiale et sur les personnages ; éveiller la curiosité du lecteur ; donner le ton de ce qui va suivre.
On parle d'**incipit** pour une œuvre narrative et de **scène d'exposition** pour une pièce de théâtre ;
– **situé à la fin :** résoudre les intrigues ; révéler ce que deviendront les personnages ; surprendre (par exemple dans les nouvelles à chute).
On parle d'**explicit** pour une œuvre narrative et de **dénouement** pour une pièce de théâtre.

Exercice 1

1. Quelles informations pouvez-vous déduire de ce poème concernant la situation d'énonciation ?

2. Quel mouvement caractérise ce texte ?

3. Observez les temps verbaux employés. Quelle est leur valeur ?

4. Quel est le thème abordé par ce poème ? En vous appuyant sur vos réponses précédentes, expliquez en quoi ce thème est traité de manière originale.

Demain, dès l'aube, à l'heure où blanchit la campagne,
Je partirai. Vois-tu, je sais que tu m'attends.
J'irai par la forêt, j'irai par la montagne.
Je ne puis demeurer loin de toi plus longtemps.

Je marcherai les yeux fixés sur mes pensées,
Sans rien voir au dehors, sans entendre aucun bruit,
Seul, inconnu, le dos courbé, les mains croisées,
Triste, et le jour pour moi sera comme la nuit.

Je ne regarderai ni l'or du soir qui tombe,
Ni les voiles au loin descendant vers Harfleur,
Et quand j'arriverai, je mettrai sur ta tombe
Un bouquet de houx vert et de bruyère en fleur.

Victor Hugo, « Demain, dès l'aube », *Les Contemplations*, 1856.

Exercice 2

1. Relevez les indications temporelles présentes dans ce passage. Que remarquez-vous ?

2. Observez la structure de chaque paragraphe. Quels points communs et quelles différences peut-on noter ?

3. Quel est le temps verbal dominant ? Avec quelle valeur est-il employé ?

4. En vous appuyant sur vos réponses précédentes, expliquez ce que suggère ce passage sur les relations entre les deux personnages.

Au printemps, le matin, vers dix heures, quand le soleil rajeuni faisait flotter sur le fleuve tranquille cette petite buée qui coule avec l'eau, et versait dans le dos des deux enragés pêcheurs une bonne chaleur de saison nouvelle, Morissot parfois disait à son voisin : « Hein ! quelle douceur ! » et M. Sauvage répondait : « Je ne connais rien de meilleur. » Et cela leur suffisait pour se comprendre et s'estimer.

À l'automne, vers la fin du jour, quand le ciel ensanglanté par le soleil couchant jetait dans l'eau des figures de nuages écarlates, empourprait le fleuve entier, enflammait l'horizon, faisait rouge comme du feu les deux amis, et dorait les arbres roussis déjà, frémissants d'un frisson d'hiver, M. Sauvage regardait en souriant Morissot et prononçait : « Quel spectacle ! » Et Morissot émerveillé répondait, sans quitter des yeux son flotteur : « Cela vaut mieux que le boulevard, hein ? »

Maupassant, « Deux amis », 1883.

Exercice 3

1. Ce texte est extrait d'un monologue. En quoi la syntaxe (ponctuation, modes verbaux, pronoms personnels) contredit-elle le fait que le personnage est seul en scène ?

2. Relevez d'une part des marques du registre tragique, et d'autre part des éléments comiques. Quel est le registre dominant ?

3. « Castigat ridendo mores. » Selon cet adage néo-latin du XVIIe s., « c'est par le rire que l'on corrige les mœurs ». En quoi le texte de Molière illustre-t-il cette idée ?

Harpagon. – (*Il crie au voleur dès le jardin, et vient sans chapeau.*) Au voleur ! Au voleur ! À l'assassin ! Au meurtrier ! Justice, juste ciel ! Je suis perdu, je suis assassiné, on m'a coupé la gorge, on m'a dérobé mon argent. Qui peut-ce être ? Qu'est-il devenu ? Où est-il ? Où se cache-t-il ? Que ferai-je pour le trouver ? Où courir ? Où ne pas courir ? N'est-il point là ? N'est-il point ici ? Qui est-ce ? Arrête. Rends-moi mon argent, coquin… (*il se prend lui-même le bras.*) Ah ! C'est moi. Mon esprit est troublé, et j'ignore où je suis, qui je suis, et ce que je fais. Hélas ! Mon pauvre argent, mon pauvre argent, mon cher ami ! On m'a privé de toi ; et puisque tu m'es enlevé, j'ai perdu mon support, ma consolation, ma joie ; tout est fini pour moi, et je n'ai plus que faire au monde : sans toi, il m'est impossible de vivre. C'en est fait, je n'en puis plus ; je me meurs, je suis mort, je suis enterré.

Molière, *Le Malade imaginaire*, 1673.

Exercice 4

1. Cet incipit vous permet-il de connaître le genre de l'œuvre dont il est tiré ? Justifiez votre réponse.

2. Pourquoi ce texte est-il un début original ? Quelles fonctions habituelles d'un incipit remplit-il néanmoins ?

Comment s'étaient-ils rencontrés ? Par hasard, comme tout le monde. Comment s'appelaient-ils ? Que vous importe ? D'où venaient-ils ? Du lieu le plus prochain. Où allaient-ils ? Est-ce que l'on sait où l'on va ? Que disaient-ils ? Le maître ne disait rien ; et Jacques disait que son capitaine disait que tout ce qui nous arrive de bien et de mal ici-bas était écrit là-haut.

Le maître. – C'est un grand mot que cela.

Jacques. – Mon capitaine ajoutait que chaque balle qui partait d'un fusil avait son billet.

Le maître. – Et il avait raison…

Après une courte pause, Jacques s'écria : Que le diable emporte le cabaretier et son cabaret !

Le maître. – Pourquoi donner au diable son prochain ? Cela n'est pas chrétien.

Jacques. – C'est que, tandis que je m'enivre de son mauvais vin, j'oublie de mener nos chevaux à l'abreuvoir. Mon père s'en aperçoit ; il se fâche. Je hoche de la tête ; il prend un bâton et m'en frotte un peu durement les épaules. Un régiment passait pour aller au camp devant Fontenoy ; de dépit je m'enrôle…

Diderot, *Jacques le Fataliste*, 1796.

17 Identifier les formes de discours

• Le discours – c'est-à-dire tout énoncé et donc tout texte – peut se présenter sous quatre formes principales selon l'intention de celui qui l'énonce : le discours **narratif**, le discours **descriptif**, le discours **explicatif** et le discours **argumentatif**. Il ne faut pas confondre ces « formes de discours » et les différents types de paroles rapportées (► outils d'analyse, « Les discours rapportés » p. 170).

• Le plus souvent, un texte n'appartient pas uniquement à l'une des ces quatre formes. Un portrait (discours descriptif) peut ainsi intervenir au milieu d'un récit (discours narratif).

1 Le discours narratif

• **Définition.** L'intention du locuteur – le **narrateur** – est de raconter une histoire. Le discours narratif rapporte des événements qui se succèdent dans le temps. C'est ce que l'on appelle un **récit.**

• **Caractéristiques** :

Les repères temporels : ils assurent la progression chronologique de l'action, ou la brisent par des ellipses, des retours en arrière (analepses) ou des anticipations (prolepses).

– Les temps verbaux : la combinaison du passé simple (pour les actions) et de l'imparfait (en toile de fond) domine souvent dans le récit traditionnel ; mais au XXe siècle, le récit peut aussi s'écrire au passé composé ou au présent

– L'unité d'action : elle est constituée par l'enchaînement des péripéties qui transforme une situation initiale en un résultat final.

– Le point de vue choisi pour la narration (► outils d'analyse, « Les points de vue » p. 158).

2 Le discours descriptif

• **Définition.** L'intention du locuteur est de donner à voir, de faire imaginer un lieu, un objet ou un être vivant (► outils d'analyse, « La description et le portrait » p. 162).

• **Caractéristiques** :

– Les temps verbaux (imparfait ou présent atemporel).

– Les repères spatiaux : ils permettent de situer dans l'espace et d'organiser le mouvement de la description, souvent selon un point de vue.

– Les verbes d'état, plus nombreux que les verbes d'action.

– Les expansions du nom et des images pour caractériser ce qui est décrit.

3 Le discours argumentatif

• **Définition.** L'intention du locuteur est de **convaincre** ou de **persuader** le destinataire. Il soutient une thèse à l'aide d'arguments.

• **Caractéristiques** :

– Les indices du jugement du locuteur, qui peut aussi s'effacer pour manifester son objectivité.

– La progression du raisonnement, assurée par les connecteurs logiques (► outils d'analyse, « Les types d'argument » p. 432).

– Les exemples (personnels, historiques, culturels) : ils illustrent les arguments ou en tiennent lieu.

4 Le discours explicatif

• **Définition.** L'intention du locuteur est de donner des informations pour faire comprendre quelque chose (parfois en répondant à une question). On peut parler de **registre didactique**.

• **Caractéristiques** :

– Un discours qui se présente généralement comme objectif (3e personne, présent de vérité générale).
– Un vocabulaire précis adapté au destinataire.
– De nombreux liens logiques : ils assurent la cohérence de l'énoncé, mais souvent aussi, en arrière-plan, une fonction argumentative.

Exercice 1

1. Pour chaque texte, indiquez quelle est la forme de discours en justifiant votre réponse.

2. À votre tour : rédigez quatre courts paragraphes dont le premier sera argumentatif, le deuxième narratif, le troisième descriptif et le dernier explicatif. Tous auront pour thème l'école.

Texte A

DIDEROT. – Ainsi, vous êtes persuadée que la religion a plus d'avantages que d'inconvénients ; et c'est pour cela que vous l'appelez un bien ?

LA MARÉCHALE. – Oui.

DIDEROT. – Pour moi, je ne doute point que votre intendant ne vous vole un peu moins la veille de Pâques que le lendemain des fêtes, et que de temps en temps la religion n'empêche nombre de petits maux et ne produise nombre de petits biens.

LA MARÉCHALE. – Petit à petit, cela fait somme.

DIDEROT. – Mais croyez-vous que les terribles ravages qu'elle a causés dans les temps passés, et qu'elle causera dans les temps à venir, soient suffisamment compensés par ces guenilleux avantages-là ? Songez qu'elle a créé et qu'elle perpétue la plus violente antipathie entre les nations. Il n'y a pas un musulman qui n'imaginât faire une action agréable à Dieu et au saint Prophète, en exterminant tous les chrétiens, qui, de leur côté, ne sont guère plus tolérants. Songez qu'elle a créé et qu'elle perpétue, dans la même contrée, des divisions qui se sont rarement éteintes sans effusion de sang. Notre histoire ne nous en offre que de trop récents et de trop funestes exemples.

DIDEROT, *Entretien d'un philosophe avec la maréchale de ****, 1775.

Texte B

La maison où s'exploite la pension bourgeoise appartient à madame Vauquer. Elle est située dans le bas de la rue Neuve-Sainte-Geneviève, à l'endroit où le terrain s'abaisse vers la rue de l'Arbalète par une pente si brusque et si rude que les chevaux la montent ou la descendent rarement. Cette circonstance est favorable au silence qui règne dans ces rues serrées entre le dôme du Val-de-Grâce et le dôme du Panthéon, deux monuments qui changent les conditions de l'atmosphère en y jetant des tons jaunes, en y assombrissant tout par les teintes sévères que projettent leurs coupoles. Là, les pavés sont secs, les ruisseaux n'ont ni boue ni eau, l'herbe croît le long des murs. L'homme le plus insouciant s'y attriste comme tous les passants, le bruit d'une voiture y devient un événement, les maisons y sont mornes, les murailles y sentent la prison.

BALZAC, *Le Père Goriot*, 1835.

Texte C

Mode d'emploi :

– Trier le linge : séparer les couleurs, le blanc, les textiles délicat...

– Mettre la lessive (tablette, poudre, etc.). L'adoucissant n'est pas obligatoire.

– Choisir le programme de la machine à laver selon le type de textile en s'aidant de l'étiquette au dos du vêtement et des indications qui figurent sur la machine.

– Appuyer sur le bouton « marche ».

Texte D

Un jour Cunégonde, en se promenant auprès du château, dans le petit bois qu'on appelait parc, vit entre des broussailles le docteur Pangloss qui donnait une leçon de physique expérimentale à la femme de chambre de sa mère, petite brune très jolie et très docile. Comme mademoiselle Cunégonde avait beaucoup de disposition pour les sciences, elle observa, sans souffler, les expériences réitérées dont elle fut témoin ; elle vit clairement la raison suffisante du docteur, les effets et les causes, et s'en retourna tout agitée, toute pensive, toute remplie du désir d'être savante, songeant qu'elle pourrait bien être la raison suffisante du jeune Candide, qui pouvait aussi être la sienne.
Elle rencontra Candide en revenant au château, et rougit : Candide rougit aussi. Elle lui dit bonjour d'une voix entrecoupée ; et Candide lui parla sans savoir ce qu'il disait. Le lendemain, après le dîner, comme on sortait de table, Cunégonde et Candide se trouvèrent derrière un paravent ; Cunégonde laissa tomber son mouchoir, Candide le ramassa ; elle lui prit innocemment la main ; le jeune homme baisa innocemment la main de la jeune demoiselle avec une vivacité, une sensibilité, une grâce toute particulière ; leurs bouches se rencontrèrent, leurs yeux s'enflammèrent, leurs genoux tremblèrent, leurs mains s'égarèrent. Monsieur le baron de Thunder-ten-tronckh passa auprès du paravent, et voyant cette cause et cet effet, chassa Candide du château à grands coups de pied dans le derrière.

VOLTAIRE, *Candide*, 1759.

Exercice 2

1. Quel est le temps verbal dominant dans le texte ? Expliquez ce choix.

2. Résumez le texte en quelques mots : que s'est-il passé ?

3. Comment le passage du temps est-il suggéré ?

J'ai le cou brisé, la nuque qui me fait mal, la poitrine creuse : je suis resté penché sur les chapitres sans lever la tête, sans entendre rien, dévoré par la curiosité, collé aux flancs de Robinson, pris d'une émotion immense, remué jusqu'au fond de la cervelle et jusqu'au fond du cœur ; et en ce moment où la lune montre là-bas un bout de corne, je fais passer dans le ciel tous les oiseaux de l'île, et je vois se profiler la tête longue d'un peuplier comme le mât du navire de Crusoé ! Je peuple l'espace vide de mes pensées, tout comme il peuplait l'horizon de ses craintes ;

debout contre cette fenêtre, je rêve à l'éternelle solitude et je me demande où je ferai pousser du pain… La faim me vient : j'ai très faim.

Vais-je être réduit à manger ces rats que j'entends dans la cale de l'étude ? Comment faire du feu ? J'ai soif aussi. Pas de bananes ! Ah ! lui, il avait des limons frais ! Justement j'adore la limonade !

Clic, clac ! On farfouille dans la serrure.

Est-ce Vendredi ? Sont-ce des sauvages ?

C'est le petit pion qui s'est souvenu, en se levant, qu'il m'avait oublié, et qui vient voir si j'ai été dévoré par les rats, ou si c'est moi qui les ai mangés.

Jules VALLÈS, *L'Enfant*, 1879.

Exercice 3

1. Il y a ici un portrait et la description d'un lieu : quelles sont les caractéristiques de l'un et de l'autre ?

2. Quelle figure de style l'auteur privilégie-t-il pour caractériser les lieux et les personnages ?

3. Commentez la situation d'énonciation : quel est le point de vue choisi pour la description ?

Un homme doux, bourru, méditatif, aux yeux bleu pâle, bons et malicieux, cerclés de petites lunettes rondes. Avec une ample barbe grise, une épaisse tignasse blanche, aux longues mèches rebelles, qui lui tombent sur le front, et qu'à tout moment, d'un geste machinal, il repousse en arrière. Il te paraît ineffablement vieux. Les matins d'hiver, il prend sa chaise et vient s'installer près du poêle. Aussitôt vous l'imitez, vous disposant en cercle, genoux contre genoux. Le poêle ronfle, le bois qui brûle sent bon, tu peux voir par la fenêtre les fines branches nues des bouleaux osciller dans le vent, et tu t'abandonnes à cette quiétude, t'enivres du bien-être qui naît de cette chaleur et cette intimité. Il s'exprime avec lenteur, d'une voix grave et basse, attentif à ce qu'il lit sur vos visages. Tu l'écoutes avec une concentration si totale que ses paroles se gravent dans ta mémoire, et que la leçon qu'il fait, tu n'auras pas à l'apprendre. Combien tu aimes l'école ! Chaque fois que tu pousses la petite porte de fer et t'avances dans la cour, tu pénètres dans un monde autre, deviens une autre petite fille, et instantanément, tu oublies tout du village et de la ferme. Ce qui constitue ton univers – le maître, les cahiers et les livres, le tableau noir, l'odeur de la craie, les cartes de géographie, ton plumier et ton cartable, cette blouse noire trop longue que tu ne portes que les jours de classe – tu le vénères.

Charles JULIET, *Lambeaux*, © Gallimard, 1995.

Exercice 4

Vous rédigerez deux descriptions à partir de cette photographie :

- La première, objective, décrira minutieusement le décor, d'un point de vue omniscient.

- La seconde, subjective, sera donnée à travers le regard d'un personnage fictif que vous créerez.

Lycée Jean-Pierre Timbaud (Brétigny-sur-Orge)

Exercice 5

1. Dans quelle mesure peut-on dire que ce texte est argumentatif ?

2. Quelle est la thèse soutenue par Victor Hugo ?

3. Relevez quelques figures utilisées par l'auteur pour rendre son discours plus marquant.

L'instruction primaire obligatoire, c'est le droit de l'enfant qui, ne vous y trompez pas, est plus sacré encore que le droit du père et qui se confond avec le droit de l'État.

Voici donc, selon moi, l'idéal de la question : l'instruction gratuite et obligatoire dans la mesure que je viens de marquer. Un grandiose enseignement public, donné et réglé par l'État, partant de l'école de village et montant de degré en degré jusqu'au Collège de France, plus haut encore, jusqu'à l'Institut de France. Les portes de la science toutes grandes ouvertes à toutes les intelligences. Partout où il y a un champ, partout où il y a un esprit, qu'il y ait un livre. Pas une commune sans une école, pas une ville sans un collège, pas un chef-lieu sans une faculté. Un vaste ensemble, ou, pour mieux dire, un vaste réseau d'ateliers intellectuels, lycées, gymnases, collèges, chaires, bibliothèques, mêlant leur rayonnement sur la surface du pays, éveillant partout les aptitudes et échauffant partout les vocations. En un mot, l'échelle de la connaissance humaine dressée fermement par la main de l'État, posée dans l'ombre des masses les plus profondes et les plus obscures, et aboutissant à la lumière.

Victor HUGO, *Discours sur l'enseignement*, 1850.

Exercice 6

1. Comment l'article proposé ici est-il organisé ?

2. En quoi peut-on parler de volonté didactique de la part de l'auteur ? Quelles sont les informations apportées ?

Lycée n. m. est l'emploi comme nom commun (1721) du nom propre *Lycée* (1568 ; *Lyceon*, 1534) « gymnase situé au nord-est d'Athènes, où enseignait Aristote ». Ce nom est emprunté en ce sens au latin *Lyceum*, lui-même emprunté au grec *Lukeon* qui correspond au français *Louvre* au sens étymologique d'« endroit où il y a des loups » : il est dérivé de *lukos* « loup » [...]. Au XVIIIe s., *lycée* est employé dans le style soutenu au sens d'« endroit où s'assemblent les gens de lettres, dans les universités, etc. » ; il prend vers 1790 le sens spécialisé de « lieu consacré à l'instruction ». Depuis 1802, par la loi du 11 floréal de l'an X (art. 41), il désigne en France un établissement secondaire destiné à recevoir des élèves masculins boursiers ou payants, souvent pourvu d'un internat et de classes élémentaires. On crée les premiers lycées pour jeunes filles à partir de 1888, époque où le mot prend son sens actuel « établissement public d'enseignement secondaire ». Par métonymie, il désigne la communauté comprise dans les murs du lycée et les années d'étude faites au lycée (*pendant le lycée*).

Alain REY, *Dictionnaire historique de la langue française*, © Le Robert, 1998.

Exercice 7

1. Quelle est la forme de discours dominante dans ce texte ?

2. Quels sont les temps verbaux utilisés ? Ce choix vous permet-il de mettre en évidence, ponctuellement, une autre forme de discours ?

3. Étudiez le lexique choisi pour caractériser les élèves. Le portrait vous semble-t-il objectif ?

Je pris donc possession de l'étude des moyens... Je trouvai là une cinquantaine de méchants drôles, montagnards joufflus de douze à quatorze ans, fils de métayers enrichis, que leurs parents envoyaient au collège pour en faire de petits bourgeois, à raison de cent vingt francs par trimestre.

Grossiers, insolents, orgueilleux, parlant entre eux un rude patois cévenol auquel je n'entendais rien, ils avaient presque tous cette laideur spéciale à l'enfance qui mue, de grosses mains rouges avec des engelures, des voix de jeunes coq enrhumés, le regard abruti, et par là-dessus l'odeur du collège... Ils me haïrent tout de suite, sans me connaître. J'étais pour eux l'ennemi, le Pion ; et du jour où je m'assis dans ma chaire, ce fut la guerre entre nous, une guerre acharnée, sans trêve, de tous les instants.

Ah ! Les cruels enfants, comme ils me firent souffrir !....

Alphonse DAUDET, *Le Petit Chose*, 1868.

Exercice 8

1. Montrez comment deux formes de discours s'entrecroisent ici.

2. Relevez des indices du jugement du locuteur. Comment nuance-t-il ses propos ? Quel est l'intérêt de cette retenue ?

3. Reformulez la thèse de Pascale Gossin.

– *Peut-on aujourd'hui dire que les outils numériques favorisent l'apprentissage des élèves ?*

– Scientifiquement, ce n'est pas démontré. Au départ, l'entrée du numérique à l'école a été présentée comme une solution pour répondre aux difficultés d'apprentissage. Le débat sur cette question a récemment évolué. On est revenu dessus avec mesure. Selon moi, tout dépend du profil des élèves. Dans le cas du manuel numérique, pour certains ce peut être bénéfique. Pour d'autres, la lecture hypertextuelle (lecture par ordinateur via des liens hypertexte, ndlr) peut représenter une entrave à l'apprentissage. Le geste d'hyperlecture n'est pas le même pour tous. Pour ancrer durablement le numérique à l'école, il faudrait une combinaison du numérique et du papier. Ainsi, prôner le tout numérique n'est à mon sens pas pertinent.

Interview de Pascale Gossin (maître de conférence en Sciences de l'information et de la communication) par Arnaud Bertrand, « L'école n'est pas prête à passer au tout-numérique », Libération. fr, 07/09/2009.

Exercice 9

1. Dégagez la thèse de La Fontaine.

2. Pourquoi le fabuliste a-t-il juxtaposé deux récits ?

3. Imaginez une morale à cette fable.

LE COQ ET LA PERLE

Un jour un Coq détourna
Une perle qu'il donna
Au beau premier Lapidaire[1] :
Je la crois fine, dit-il ;
Mais le moindre grain de mil
Serait bien mieux mon affaire.
Un ignorant hérita
D'un manuscrit qu'il porta
Chez son voisin le Libraire.
Je crois, dit-il, qu'il est bon ;
Mais le moindre ducaton[2]
Serait bien mieux mon affaire

Jean de La FONTAINE, *Fables*.

1. Personne qui taille les pierres précieuses et les vend.
2. Demi-ducat (pièce de monaie).

Exercice 10

1. À quelle forme de discours appartiennent ces deux textes ? Justifiez votre réponse.

2. En quoi la dernière phrase de chacun contredit-elle le genre du texte ? Quel sens donnez-vous à cet écart ?

ACO, s. m. Poisson dont Aldrovande[1] fait mention, et qu'il dit être fort commun dans l'Epire, la Lombardie, le lac Como, et d'une nourriture excellente. Cherchez maintenant ce que c'est que l'*aco*.

AGUAPA, s. m. Arbre qui croît aux Indes occidentales, dont on dit que l'ombre fait mourir ceux qui s'y endorment nus, et qu'elle fait enfler les autres d'une manière prodigieuse. Si les habitants du pays ne le connaissent pas mieux qu'il ne nous est désigné par cette description, ils sont en grand danger.

Denis DIDEROT, *Encyclopédie*, 1751-1772.

1. Naturaliste italien du XVIe siècle.

18 Identifier les registres

Les registres désignent les **différentes manières de traduire la façon dont on perçoit le réel.** Un même texte peut utiliser plusieurs registres.

1 Les registres de l'argumentation

• **Le didactique** consiste à exposer un thème comme un objet d'enseignement.
Procédés: progression logique, recours à l'exemple.

• **L'épidictique** célèbre les qualités (**éloge**) ou dénonce les défauts (**blâme**) d'une personne, d'une institution, d'une idée.
Procédés: hyperboles, superlatifs...

• **Le polémique** (du grec *polémos*, la guerre) vise à abattre l'adversaire. Il se fait **satirique** quand il recourt à la moquerie.
Procédés: marques d'engagement personnel, dévalorisation de l'adversaire, figures d'insistance, lexique de l'émotion...

2 Les registres de l'émotion grave

• **Le lyrisme** exalte les sentiments du moi (amour, nostalgie, fuite du temps, communion avec la nature). Il se fait **élégiaque** lorsque prédominent la tristesse et le regret.
Procédés: les marques de la première personne, le lexique de l'affectivité, la musicalité...

• **Le tragique** insiste sur l'expression de la fatalité et des déterminismes contre lesquels lutte en vain l'homme écrasé par un dieu, une passion, un devoir.
Procédés: lexique de la souffrance et de la mort, exclamations, interjections, figures d'insistance...

• **Le pathétique** met l'accent sur la souffrance et vise à éveiller la compassion du lecteur ou du spectateur.
Procédés: lexique de la souffrance, hyperboles, apostrophes, exclamations, interjections...

3 Les registres de la mise à distance du réel

• **Le comique** vise à provoquer le rire ou le sourire. On parle de registre **burlesque,** quand on utilise un style bas ou familier pour traiter d'un sujet grave ou sérieux.
Procédés: effets de rupture et de décalage, figures d'exagération ou d'atténuation, répétitions, jeu sur les mots...

• **L'ironie** fait entendre implicitement le contraire de ce que l'on dit explicitement.
Procédés: figures d'opposition, figures d'atténuation (euphémismes, litotes,) ou figures d'exagération (hyperboles), jeu sur le point de vue (fausse naïveté, ignorance feinte)...

• **L'humour** est une acceptation souriante de l'absurde. On parle d'**humour noir** quand on rit de situations tragiques.
Procédés: litotes, euphémismes, autodérision, changement de ton...

4 Les registres de l'appréciation du réel

• **Le réalisme** cherche à donner l'illusion du vrai.
Procédés: description minutieuse, indices spatio-temporels, références au contexte historique...

• **Le fantastique** fait surgir des éléments surnaturels dans un univers réaliste, ce qui entraîne un sentiment de peur, d'angoisse, d'incertitude.
Procédés: lexique de l'étrange et de la peur, expression du doute (modalisations), personnifications...

• **L'épique** confère à des êtres ou des situations une stature exceptionnelle, comme dans l'épopée (long poème narratif célébrant les exploits des héros).
Procédés: figures d'insistance et d'exagération, lexique du merveilleux, phrases amples...

Exercice 1

1. Relevez le vocabulaire de l'injure. De quoi le journaliste traite-t-il Baudelaire ?

2. Recherchez dans *Les Fleurs du mal* des poèmes qui peuvent justifier les affirmations du journaliste. Pourquoi malgré tout ce texte est-il un exercice de polémique plus que de critique littéraire ?

3. Pourquoi ce texte relève-t-il de la polémique et non de la satire ?

Un journaliste critique le recueil des Fleurs du mal *que Baudelaire a publié le mois précédent.*

On ne vit jamais gâter si follement d'aussi brillantes qualités. Il y a des moments où l'on doute de l'état mental de M. Baudelaire ; il y en a où l'on n'en doute plus : - c'est la plupart du temps, la répétition monotone et préméditée des mêmes mots, des mêmes pensées. – L'odieux y coudoie l'ignoble ; – le repoussant s'y allie à l'infect. Jamais on ne vit mordre et même mâcher autant de seins dans si peu de pages ; jamais on n'assista à une semblable revue de démons, de fœtus, de diables, de chloroses[1], de chats, de vermine. – Ce livre est un hôpital ouvert à toutes les démences de l'esprit, à toutes les putridités[2] du cœur ; encore si c'était pour les guérir, mais elles sont incurables. »

Gustave Bourdin, *Le Figaro*, 5 juillet 1857.

1. Maladie liée à l'anémie. 2. Pourritures.

Exercice 2

Quels sont les procédés comiques utilisés dans ce passage ?

Monsieur Jourdain. – Oui, il me faut porter du respect maintenant, et l'on vient de me faire *Mamamouchi.*

Madame Jourdain. – Que voulez-vous dire avec votre *Mamamouchi* ?

Monsieur Jourdain. – *Mamamouchi,* vous dis-je. Je suis *Mamamouchi.*

Madame Jourdain. – Quelle bête est-ce là ?

Monsieur Jourdain. – *Mamamouchi*, c'est-à-dire, en notre langue, Paladin.

Madame Jourdain. – Baladin ! Êtes-vous en âge de danser des ballets ?

Monsieur Jourdain. – Quelle ignorante ! Je dis Paladin. C'est une dignité dont on vient de me faire la cérémonie.

Madame Jourdain. – Quelle cérémonie donc ?

Monsieur Jourdain. – *Mahameta per Iordina.*

Madame Jourdain. – Qu'est-ce que cela veut dire ?

Monsieur Jourdain. – Iordina, c'est-à-dire Jourdain.

Madame Jourdain. – Hé bien ! quoi, Jourdain ?

Molière, *Le Bourgeois gentilhomme*, V, 1,1670.

Exercice 3

1. Relevez tous les éléments stylistiques qui apparentent ce texte au registre tragique.

2. Qu'est-ce qui dans son attitude fait du vieil Inca un personnage tragique ?

3. Pourquoi la présence de la mort ici ne relève-t-elle pas du pathétique ?

4. Qu'est-ce qui rapproche ce texte d'une tirade de tragédie ?

Sur le bûcher où il va être brûlé par les conquistadors espagnols, le vieux chef Inca, au « courage invincible » et au « visage auguste et radieux », fait le bilan d'une vie de lutte contre la douleur.

« [...] Il y a soixante ans que ce combat dure, et je suis debout, et je n'ai pas versé une larme. J'ai vu mes amis tomber sous vos coups, et dans mon cœur j'ai étouffé la plainte. J'ai vu mon fils écrasé à mes yeux, et mes yeux paternels ne se sont point mouillés. Que me veut encore la douleur ? Ne sait-elle pas qui je suis ? La voilà qui, pour m'ébranler, rassemble enfin toutes ses forces ; et moi, je l'insulte, et je ris de lui voir hâter mon trépas, qui me délivre à jamais d'elle. Viendra-t-elle encore agiter ma cendre ? La cendre des morts est impalpable à la douleur. Et vous, lâches, vous qu'elle emploie à m'éprouver, vous vivrez ; vous serez sa proie à votre tour. Vous venez pour nous dépouiller ; vous vous arracherez nos misérables dépouilles. Vos mains, trempées dans le sang indien, se laveront dans votre sang ; et vos ossements et les nôtres, confusément épars dans nos champs désolés, feront la paix, reposeront ensemble, et mêleront leur poussière, comme des ossements amis. En attendant, brûlez, déchirez, tourmentez ce corps, que je vous abandonne ; dévorez ce que la vieillesse n'en a pas consumé. Voyez-vous ces oiseaux voraces qui planent sur nos têtes ? Vous leur dérobez un repas ; mais vous leur engraissez une autre proie. Ils vous laissent encore aujourd'hui vous repaître ; mais demain, ce sera leur tour. »

Jean-François Marmontel, *Les Incas*, 1777.

Exercice 4

1. Distinguez dans ce portrait ce qui relève du blâme et ce qui relève de l'éloge. Comment l'un sert-il à l'autre ? Pour répondre, observez les expressions de la concession.

2. Quel est l'effet des références historiques dans le deuxième paragraphe ?

Expulsé de France après le coup d'État du 2 décembre 1851, Victor Hugo rédigea ce portrait impitoyable de Louis-Napoléon Bonaparte.

Avant le 2 décembre, les chefs de la droite disaient volontiers de Louis Bonaparte : *C'est un idiot.* Ils se trompaient. Certes, ce cerveau est trouble, ce cerveau a des lacunes, mais on peut y déchiffrer par endroits plusieurs pensées de suite et suffisamment enchaînées. C'est un livre où il y a des pages arrachées. Louis Bonaparte a une idée fixe, mais une idée fixe n'est pas l'idiotisme. Il sait ce qu'il veut, et il y va. A travers la justice, à travers la loi, à travers la raison, à travers l'honnêteté, à travers l'humanité, soit, mais il y va.

Ce n'est pas un idiot. C'est un homme d'un autre temps que le nôtre. Il semble absurde et fou parce qu'il est dépareillé. Transportez-le au XVIe siècle en Espagne et Philippe II[1] le reconnaîtra ; en Angleterre, et Henri VIII[2] lui sourira ; en Italie, et César Borgia[3] lui sautera au cou. Ou même bornez-vous à le placer hors de la civilisation européenne, mettez-le en 1817 à Janina, Ali-Tepeleni[4] lui tendra la main.

Victor HUGO, *Napoléon le Petit*, 1852.

1. Roi d'Espagne (1527-1598), prince sombre, soupçonneux et cruel, d'un catholicisme intransigeant.
2. Roi d'Angleterre (1491-1547). Son règne fut marqué par beaucoup de meurtres politiques.
3. Seigneur italien de la Renaissance (1475-1507), modèle du tyran violent, ambitieux et sans scrupule.
4. Pacha de Janina dans les Balkans, célèbre pour sa ruse et ses cruautés (1741-1822).

Exercice 5

1. Quels sont les deux registres de la mise à distance comique utilisés dans ce texte ?

2. Relevez deux ou trois procédés pour illustrer chacun de ces registres.

Après le tremblement de terre qui avait détruit les trois quarts de Lisbonne, les sages du pays n'avaient pas trouvé un moyen plus efficace pour prévenir une ruine totale que de donner au peuple un bel autodafé : il était décidé par l'université de Coïmbre que le spectacle de quelques personnes brûlées à petit feu, en grande cérémonie, est un secret infaillible pour empêcher la terre de trembler.

VOLTAIRE, *Candide*, 1759.

Exercice 6

1. Quel rôle joue la première personne dans ce poème ?

2. Comment la fluidité de l'eau est-elle traduite ?

3. Comment nomme-t-on le retour régulier des vers 5-6 ? À quelle forme cela apparente-t-il le poème ?

4. Déduisez de vos réponses le registre de ce poème.

LE PONT MIRABEAU

Sous le pont Mirabeau coule la Seine
Et nos amours
Faut-il qu'il m'en souvienne
La joie venait toujours après la peine

Vienne la nuit sonne l'heure
Les jours s'en vont je demeure

Les mains dans les mains restons face à face
Tandis que sous
Le pont de nos bras passe
Des éternels regards l'onde si lasse

Vienne la nuit sonne l'heure
Les jours s'en vont je demeure

L'amour s'en va comme cette eau courante
L'amour s'en va
Comme la vie est lente
Et comme l'Espérance est violente

Vienne la nuit sonne l'heure
Les jours s'en vont je demeure

Passent les jours et passent les semaines
Ni temps passé
Ni les amours reviennent
Sous le pont Mirabeau coule la Seine

Vienne la nuit sonne l'heure
Les jours s'en vont je demeure

APOLLINAIRE, *Alcools*, © Gallimard, 1918.

Exercice 7

1. Que critique ici Beaumarchais par l'intermédiaire de Figaro ?

2. Relevez trois antiphrases, deux hyperboles, une antithèse.

3. Quel est le registre utilisé dans cet extrait ?

Figaro revient dans un très long monologue sur sa destinée et ses déboires d'auteur.

On me dit que, pendant ma retraite économique, il s'est établi dans Madrid un système de liberté sur la vente des productions, qui s'étend même à celles de la presse ; et que, pourvu que je ne parle en mes écrits ni de l'autorité, ni du culte, ni de la politique, ni de la morale, ni des gens en place, ni des corps en crédit, ni de l'Opéra, ni des autres spectacles, ni de personne qui tienne à quelque chose, je puis tout imprimer librement, sous l'inspection de deux ou trois censeurs. Pour profiter de cette douce liberté, j'annonce un écrit périodique, et, croyant n'aller sur les brisées d'aucun autre, je le nomme *Journal inutile*.

BEAUMARCHAIS, *Le Mariage de Figaro*, 1784.

Exercice 8

1. Quels conseils Rousseau donne-t-il ici ?

2. Quel est le temps le plus utilisé, quelle est sa valeur ?

3. De quel registre cet extrait relève-t-il ? Relevez deux procédés caractéristiques de ce registre.

S'il tombe, s'il se fait une bosse à la tête, s'il saigne du nez, s'il se coupe les doigts, au lieu de m'empresser autour de lui d'un air alarmé je resterai tranquille, au moins pour un peu de temps. Le mal est fait, c'est une nécessité qu'il l'endure ; mon empressement ne servirait qu'à l'effrayer davantage et augmenter sa sensibilité. Au fond, c'est moins le coup que la crainte qui tourmente quand on s'est blessé. Je lui épargnerai du moins cette dernière angoisse ; car très sûrement il jugera de son mal comme il verra que j'en juge : s'il me voit accourir avec inquiétude, le consoler, le plaindre il s'estimera perdu ; s'il me voit garder mon sang-froid, il reprendra bientôt le sien, et croira le mal guéri quand il ne le sentira plus. C'est à cet âge qu'on prend les premières leçons de courage, et que, souffrant sans effroi de légères douleurs, on apprend par degrés à supporter les grandes.

ROUSSEAU, *Émile ou de l'éducation*, 1762.

Exercice 9

1. Observez la ponctuation et le type de phrase dans ces répliques.

2. Relevez le lexique de la cruauté. À quels objets s'appliquent-ils ?

3. Déduisez de vos réponses le registre de ce texte.

Dans cette pièce inspirée d'un mythe grec, Atrée, pour parachever sa vengeance contre son frère Thyeste, a feint de lui offrir la coupe de la paix, en réalité pleine du sang de son fils qu'il vient de faire tuer.

THYESTE

Mais que vois-je, perfide ? Ah ! Grands dieux ! Quelle horreur !
C'est du sang ! Tout le mien se glace dans mon cœur.
Le soleil s'obscurcit ; et la coupe sanglante
semble fuir d'elle-même à cette main tremblante.
Je me meurs. Ah ! Mon fils, qu'êtes-vous devenu ?

THÉODAMIE

L'avez-vous pu souffrir, dieux cruels ? Qu'ai-je vu ?
Ah, seigneur ! Votre fils, mon déplorable frère,
vient d'être pour jamais privé de la lumière.

THYESTE

Mon fils est mort, cruel, dans ce même palais,
Et dans le même instant où l'on m'offre la paix !
Et, pour comble d'horreurs, pour comble d'épouvante,
Barbare, c'est du sang que ta main me présente !
Ô terre, en ce moment, peux-tu nous soutenir ?
Ô de mon songe affreux triste ressouvenir ?
Mon fils, est-ce ton sang qu'on offrait à ton père ?

CRÉBILLON père, *Atrée et Thyeste*, 1709.

Exercice 10

1. À quel mouvement littéraire Zola appartient-il ? Quel registre utilisé dans cet extrait illustre ce mouvement ?

2. Quel autre registre trouve-t-on dans ce texte ? Relevez trois caractéristiques propres à ce registre.

3. Que pensez-vous de la juxtaposition de ces deux registres ?

À Rouen on devait prendre de l'eau ; et l'épouvante glaça la gare, lorsqu'elle vit passer, dans un vertige de fumée et de flamme, ce train fou, cette machine sans mécanicien ni chauffeur, ces wagons à bestiaux emplis de troupiers qui hurlaient des refrains patriotiques. Ils allaient à la guerre, c'était pour être plus vite là-bas, sur les bords du Rhin. Les employés étaient restés béants, agitant les bras. Tout de suite, le cri fut général : jamais ce train débridé, abandonné à lui-même, ne traverserait sans encombre la gare de Sotteville, toujours barrée par des manœuvres, obstruée de voitures et de machines, comme tous les grands dépôts. Et l'on se précipita au télégraphe, on prévint. Justement, là-bas, un train de marchandises qui occupait la voie, put être refoulé sous une remise. Déjà, au loin le roulement du monstre échappé s'entendait. Il s'était rué dans les deux tunnels qui avoisinent Rouen, il arrivait de son galop furieux, comme une force prodigieuse et irrésistible que rien ne pouvait plus arrêter. Et la gare de Sotteville fut brûlée, il fila au milieu des obstacles sans rien accrocher, il se replongea dans les ténèbres, où son grondement peu à peu s'éteignit.

Mais, maintenant, tous les appareils télégraphiques de la ligne tintaient, tous les cœurs battaient, à la nouvelle du train fantôme qu'on venait de voir passer à Rouen et à Sotteville.

ZOLA, *La Bête humaine*, 1890.

Exercice 11

1. Relevez le champ lexical du combat, de la peur et de la mort.

2. Quelle est la valeur du présent ?

3. Relevez des hyperboles et des personnifications.

4. Comment est décrit le monstre qui attaque Hippolyte ?

5. Déduisez de vos réponses le registre qui domine dans ce passage.

Théramène relate à Thésée la mort de son fils Hippolyte.

THÉRAMÈNE

Cependant sur le dos de la plaine liquide,
S'élève à gros bouillons une montagne humide ;
L'onde approche, se brise, et vomit à nos yeux,
Parmi des flots d'écume, un monstre furieux.
Son front large est armé de cornes menaçantes ;
Tout son corps est couvert d'écailles jaunissantes,
Indomptable taureau, dragon impétueux,
Sa croupe se recourbe en replis tortueux ;
Ses longs mugissements font trembler le rivage.
Le ciel avec horreur voit ce monstre sauvage ;
La terre s'en émeut, l'air en est infecté ;
Le flot qui l'apporta recule épouvanté.
Tout fuit ; et sans s'armer d'un courage inutile,
Dans le temple voisin chacun cherche un asile.
Hippolyte lui seul, digne fils d'un héros,
Arrête ses coursiers, saisit ses javelots,
Pousse au monstre, et d'un dard lancé d'une main [sûre,
Il lui fait dans le flanc une large blessure.
De rage et de douleur le monstre bondissant
Vient aux pieds des chevaux tomber en mugissant,
Se roule, et leur présente une gueule enflammée
Qui les couvre de feu, de sang et de fumée.
La frayeur les emporte ; et, sourds à cette fois,
Ils ne connaissent plus ni le frein ni la voix ;
En efforts impuissants leur maître se consume ;
Ils rougissent le mors d'une sanglante écume.
On dit qu'on a vu même, en ce désordre affreux,
Un dieu qui d'aiguillons pressait leur flanc poudreux.
À travers les rochers la peur les précipite ;
L'essieu crie et se rompt : l'intrépide Hippolyte
Voit voler en éclats tout son char fracassé ;
Dans les rênes lui-même il tombe embarrassé.

Racine, *Phèdre*, 1677.

19 Identifier les figures de style

Parmi les procédés d'écriture les plus fréquents en littérature, on trouve les figures de style. Celles-ci correspondent en général à **un écart** que l'on remarque par rapport à l'usage habituel de la langue ou de la pensée, et dont se sert l'auteur pour produire **un effet** qui souligne **une signification** particulière.

On classe les figures de style en **plusieurs catégories,** en fonction de la technique utilisée pour produire tel ou tel effet.

1 Associer et comparer deux idées (figures d'analogie)

Ces figures de style, fondées sur le rapport d'équivalence ou de ressemblance, sont aussi parfois appelées « images ».

• La **comparaison** rapproche une réalité d'une autre à l'aide d'un outil comparatif : un adverbe (*comme*), un adjectif (*tel*), un verbe (*ressembler* à) : l'amour est semblable à un feu.

• La **métaphore** est elle aussi fondée sur une analogie, mais sans qu'il y ait usage d'un outil de comparaison : « les feux de l'amour.

On parle de **métaphore filée** quand cette analogie est développée à travers plusieurs termes :

> Si l'eau pouvait éteindre un brasier amoureux,
> Ton amour qui me brûle est si fort douloureux,
> Que j'eusse éteint son feu de la mer de mes larmes. (Pierre de Marbeuf).

• L'**allégorie** est la représentation concrète d'une idée abstraite : la colombe pour la paix, la balance pour la justice, Marianne pour la République, etc.

• La **métonymie** désigne une réalité par une autre en s'appuyant sur un lien logique qui les unit : le contenu pour le contenant (« boire un verre »), l'objet par sa marque (« porter des Converse »), etc.

2 Remplacer un mot par un autre (figures de substitution)

• La **périphrase** remplace un mot par une expression équivalente, soit pour éviter la répétition, soit pour souligner une caractéristique : Hugo sera appelé l'auteur des Misérables ou le chef de file du romantisme.

• L'**hyperbole** est une expression exagérée : « C'est la Mer Rouge quand il saigne ! », dit Cyrano en parlant de son grand nez (Rostand, *Cyrano de Bergerac*).

• L'**euphémisme** atténue une réalité jugée désagréable ou inconvenante, qu'il faut dissimuler : il est parti pour dire il est mort.

• La **litote** minimise elle aussi, mais pour souligner une réalité que l'on ne peut pas ou veut pas dire clairement : ce n'est pas vilain pour dire « c'est très beau ».

3 Disposer et construire les mots autrement (figures de construction)

• La **répétition** rythmée d'un mot ou d'un groupe de mots souligne l'idée ; en début de vers, de phrase ou de proposition, c'est une **anaphore** (cf. ci-dessus) :

> <u>Mon bras</u> qu'avec respect toute l'Espagne admire,
> <u>Mon bras</u>, qui <u>tant de fois</u> a sauvé cet empire,
> <u>Tant de fois</u> affermi le trône de son roi (Corneille).

•Le **chiasme** croise les termes d'un parallélisme :

> Elle <u>à demi</u> <u>vivante</u> et moi <u>mort</u> <u>à demi</u> (Hugo).

• L'**antithèse** rapproche des mots dont le sens est contraire :

> Je vis, je meurs ; je me brûle et me noie (Louise Labé).

• L'**oxymore** unit grammaticalement des mots aux significations opposées : un jeune vieillard, un silence éloquent.

Exercice 1

Identifiez les figures de style citées dans la leçon en associant les nombres de la première liste aux lettres de la seconde liste.

1. « Des boutiques obscures, basses, écrasées, laissant échapper des souffles froids de caveau » (Zola, *Thérèse Raquin*, 1867)

2. « et l'Angoisse atroce, despotique/Sur mon crâne incliné plante son drapeau noir » (Baudelaire, *Les Fleurs du mal*, 1857)

3. « Et il aimait jusqu'au seuil des marchands de vin garni de paille, jusqu'aux décrotteurs avec leurs boîtes, jusqu'aux garçons épiciers secouant leur brûloir à café. » (Flaubert, *L'Éducation sentimentale*, 1869)

4. « À vaincre sans péril, on triomphe sans gloire. » (Corneille, *Le Cid*, 1637)

5. « Tout automne à la fin n'est plus qu'une tisane froide. Les feuilles mortes de toutes essences macèrent dans la pluie. » (F. Ponge, « La fin de l'automne », *Le Parti pris des choses*, 1942)

6. « Elle nous quitta pour la tombe » (Hugo, « Trois ans après », *Les Contemplations*, 1856)

7. « le soleil noir de la Mélancolie » (Nerval, « El Desdichado », *Les Chimères*, 1854)

8. « Viens m'embrasser/Et je te donnerai/Un frigidaire/Un joli scooter « (Boris Vian, « La Complainte du progrès », 1956)

9. « C'était le même soleil, la même lumière, sur le même sable qui se prolongeait ici. » (Camus, *L'Étranger*, 1942)

10. « Et l'on voit de la flamme aux yeux des jeunes gens/Mais dans l'œil du vieillard on voit de la lumière. » (Hugo, « Booz endormi », *La Légende des siècles*, 1859)

11. « Faut-il pour une mort qu'il en souffre dix mille ? » (La Ceppède, *Théorèmes*, 1613)

12. « Aussi, au bout de dix minutes, tous deux causaient-ils déjà comme de vieilles amies. » (Zola, *Pot-Bouille*, 1883)

13. « CATHOS. – Ma chère, il faudrait faire donner des sièges. [...]

MAGDELON. – Vite, voiturez-nous ici les commodités de la conversation. » (Molière, *Les Précieuses ridicules*, 1659)

14. « Notre adieu ne fut point un adieu d'ennemis » (Corneille, *Suréna*, 1674)

a. la comparaison. **b.** la métaphore. **c.** la métaphore filée. **d.** l'allégorie. **e.** la métonymie. **f.** la périphrase. **g.** l'hyperbole. **h.** l'euphémisme. **i.** la litote. **j.** la répétition. **k.** l'anaphore. **l.** le chiasme. **m.** l'antithèse. **n.** l'oxymore.

Exercice 2

Dans ses *Exercices de style*, Raymond Queneau a écrit de quatre-vingt-dix-neuf manières différentes le même texte, en utilisant à chaque fois une seule figure de style.

1. Identifiez dans ces extraits le procédé stylistique dominant.

2. Puis à votre tour, à la manière de Queneau, rédigez un court texte s'inspirant d'un de ces titres : « Visuel », « Moi je », « En partie double ».

a. Je montai dans un autobus plein de contribuables qui donnaient des sous à un contribuable qui avait sur son ventre de contribuable une petite boîte qui contribuait à permettre aux autres contribuables de continuer leur trajet de contribuable.

b. Au centre du jour, jeté dans le tas des sardines voyageuses d'un coléoptère à l'abdomen blanchâtre, un poulet au grand cou déplumé harangua soudain l'une, paisible, d'entre elles et son langage se déploya dans les airs, humide d'une protestation. Puis, attiré par un vide, l'oisillon s'y précipita.

c. Un jour, vers midi, je montai dans un autobus presque complet de la ligne S. Dans un autobus presque complet de la ligne S, il y avait un jeune homme assez ridicule. Je montais dans le même autobus que lui, et ce jeune homme, monté avant moi dans ce même autobus de la ligne S, presque complet, vers midi, portait sur la tête un chapeau que je trouvai bien ridicule, moi qui étais monté dans le même autobus que ce jeune homme, sur la ligne S, un jour, vers midi.

d. À l'heure où commencent à se gercer les doigts roses de l'aurore, je montai tel un dard rapide dans un autobus à la puissante stature et aux yeux de vache de la ligne S au trajet sinueux. Je remarquai, avec la précision et l'acuité de l'Indien sur le sentier de la guerre, la présence d'un jeune homme dont le col était plus long que celui de la girafe au pied rapide, et dont le chapeau de feutre mou s'ornait d'une tresse, tel le héros d'un exercice de style.

Raymond QUENEAU, *Exercices de style*, © Gallimard, 1947.

Exercice 3

Quelles figures de style voyez-vous dans ce texte ? Nommez puis classez-les en fonction des catégories définies dans la leçon. Recherchez dans le dictionnaire les termes inconnus.

La commère qui fit cela était une gorgone appelée Madame Victurnien, gardienne et portière de la vertu de tout le monde. Madame Victurnien avait cinquante-six ans, et doublait le masque de la laideur du masque de la vieillesse. Voix chevrotante, esprit capricant. Cette vieille femme avait été jeune, chose étonnante. Dans sa jeunesse, en plein 93, elle avait épousé un moine échappé du cloître en bonnet rouge et passé des bernardins aux jacobins. Elle était sèche, rêche, revêche, pointue, épineuse, presque venimeuse ; tout en se souvenant de son moine dont elle était veuve, et qui l'avait fort domptée et pliée. C'était une ortie où l'on voyait le froissement du froc.

Victor HUGO, *Les Misérables*, 1862.

Exercice 4

Repérez dans les exemples ci-dessous les comparaisons et les métaphores : justifiez votre réponse en soulignant pour les comparaisons les outils comparatifs puis en étudiant pour chaque exemple les points communs entre comparé et comparant.

a. « Quand le ciel bas et lourd pèse comme un couvercle » (Baudelaire, « Spleen », *Les Fleurs du mal*, 1857)
b. « Petit-Poucet rêveur, j'égrenais dans ma course/ Des rimes. » (Arthur Rimbaud, « Ma bohème », *Poésies*, 1870)
c. « La lumière a giclé sur l'acier et c'était comme une longue lame étincelante qui m'atteignait au front. [...] Je ne sentais plus que les cymbales du soleil sur mon front et, indistinctement, le glaive éclatant jailli du couteau toujours en face de moi ». (Albert Camus, *L'Étranger*, 1942)
d. « Le dernier lambeau du jour donnait un air de féerie au paysage dans lequel la maison avançait en pointe comme un navire. » (Louis Aragon, *Aurélien*, 1944)

Exercice 5

Deux métaphores sont filées successivement dans cet extrait. Lesquelles ? Relevez-en tous les termes. Comment se combinent-elles pour faire un tableau cohérent ?

À l'intérieur, [...] c'était comme un champ de bataille encore chaud du massacre des tissus. Les vendeurs, harassés de fatigue, campaient parmi la débâcle de leurs casiers et de leurs comptoirs, que paraissait avoir saccagés le souffle furieux d'un ouragan. On longeait avec peine les galeries du rez-de-chaussée, obstruées par la débandade des chaises ; il fallait enjamber, à la ganterie, une barricade de cartons, entassés autour de Mignot ; aux lainages, on ne passait plus du tout, Liénard sommeillait au-dessus d'une mer de pièces, où des piles restées debout, à moitié détruites, semblaient des maisons dont un fleuve débordé charrie les ruines ; et, plus loin, le blanc avait neigé à terre, on butait contre des banquises de serviettes, on marchait sur les flocons légers des mouchoirs. Mêmes ravages en haut, dans les rayons de l'entresol : les fourrures jonchaient les parquets, les confections s'amoncelaient comme des capotes de soldats mis hors de combat [...].

Émile ZOLA, *Au Bonheur des Dames*, 1883.

Exercice 6

1. Soulignez toutes les comparaisons et les métaphores présentes dans le texte, et montrez comment elles se correspondent en se transformant au fur et à mesure.
2. Puis expliquez en quoi ces images donnent ici une expression originale du registre lyrique.

Je vais aller voir Luce. Papa, mon âme a mal aux dents ; vague qui m'emporte de l'intérieur comme des lames de fond, comme des caries impossibles : sensibilité, fragilité, incapacité, peine, peur et colère : tout ça bonbons trop sucrés... Trop d'accélération depuis longtemps me porte pour pouvoir arrêter. Un seul signe de faiblesse et c'est la catastrophe frontale avec une douleur que je ne croyais pas avoir car je me croyais sans cœur. Je me pensais sans cœur papa. Mais quelque chose s'est mis à craquer. Papa, je vais aller rendre visite à Luce. Pour voir, essayer de colmater. Papa, je déballe des mots sans vraiment comprendre ni réfléchir, des mots comme des oiseaux en nuées qui rentrent dans la maison et ne trouvent plus la sortie alors ils se cognent partout. Papa ? Qu'est-ce qui me met en pièces donc ? Me dépèce ?

Wajdi MOUAWAD, *Forêts*, © Editions Actes Sud Papiers, 2006.

Exercice 7

En vous appuyant sur l'usage des majuscules, étudiez la figure de l'allégorie dans ce poème : relevez toutes ses formes, puis expliquez l'effet produit et la signification ainsi mise en évidence par le poète.

RECUEILLEMENT

Sois sage, ô ma Douleur, et tiens-toi plus tranquille.
Tu réclamais le Soir ; il descend ; le voici ;
Une atmosphère obscure enveloppe la ville,
Aux uns portant la paix, aux autres le souci.

Pendant que des mortels la multitude vile,
Sous le fouet du Plaisir, ce bourreau sans merci,
Va cueillir des remords dans la fête servile,
Ma Douleur, donne-moi la main ; viens par ici,

Loin d'eux. Vois se pencher les défuntes Années,
Sur les balcons du ciel, en robes surannées ;
Surgir du fond des eaux le Regret souriant ;

Le Soleil moribond s'endormir sous une arche,
Et, comme un long linceul traînant à l'Orient,
Entends, ma chère, entends la douce Nuit qui marche.

Charles BAUDELAIRE, *Les Fleurs du Mal*, 1857.

Exercice 8

Analysez ces exemples de métonymie en retrouvant le rapport d'analogie.

a. Il a lu tout Baudelaire. **b.** J'ai bu un verre de jus d'orange. **c.** Tous les élèves de cette classe portent des Nike. **d.** À la fin du spectacle, toute la salle s'est levée pour applaudir. **e.** Mon père a une Renault. **f.** Les Bordeaux sont meilleurs que les Bourgogne.

Exercice 9

Étudiez l'utilisation de la figure de la périphrase dans cet extrait : sur quels passages s'appuie-t-elle ? De quelle manière correspond-elle précisément à la situation dramatique mise en scène ici ?

(Fak veut faire entrer Claire avec lui dans le hangar)
CLAIRE.– De toute façon, même sans égalité, jamais je ne le voudrais, parce que je sais, moi, très précisément, que mon frère t'a dit que tu le pouvais, que je le veuille ou non ; alors donc moi, que tu le puisses ou non, jamais je ne le voudrais.

FAK.– Je ne vois pas du tout ce que ça change pour toi que je le peux ou non puisque, ce que je veux maintenant, c'est que tu le veuilles aussi.

CLAIRE.– Et pourquoi, s'il te plaît, il te faudrait en plus que je le veuille alors que tu le peux déjà ?

FAK.– Parce que c'est bien meilleur lorsque tout le monde le veut, et que tu verras toi-même aussi à quel point c'est meilleur.

CLAIRE.– Eh bien figure-toi que, même si je saurais que ce serait meilleur si je le voulais, je ne le voudrais pas quand même avec un garçon parce que les garçons, vous voulez toujours échanger quelque chose contre quelque chose, et vous ne donnez jamais rien, alors je ne veux rien du tout.

Bernard-Marie KOLTÈS, *Quai Ouest*,
© Les Éditions de Minuit, 1985.

Exercice 10

1. Repérez dans ces deux extraits tous les exemples de la répétition et de l'hyperbole.

2. Analysez l'effet produit par ces figures : selon vous, à quel registre participent-elles ? Est-ce le même dans les deux textes ?

Texte A

Ce n'est donc plus aux hommes que je m'adresse, c'est à toi, Dieu de tous les êtres, de tous les mondes, et de tous les temps : s'il est permis à de faibles créatures perdues dans l'immensité, et imperceptibles au reste de l'univers, d'oser te demander quelque chose, à toi qui as tout donné, à toi dont les décrets sont immuables comme éternels, daigne regarder en pitié les erreurs attachées à notre nature ; que ces erreurs ne fassent point nos calamités. Tu ne nous as point donné un cœur pour nous haïr, et des mains pour nous égorger ; fais que nous nous aidions mutuellement à supporter le fardeau d'une vie pénible et passagère ; que les petites différences entre les vêtements qui couvrent nos débiles corps, entre tous nos langages insuffisants, entre tous nos usages ridicules, entre toutes nos lois imparfaites, entre toutes nos opinions insensées, entre toutes nos conditions si disproportionnées à nos yeux, et si égales devant toi [...].

VOLTAIRE, *Traité sur la tolérance*, 1763.

Texte B

Le lendemain, après le dîner, comme on sortait de table, Cunégonde et Candide se trouvèrent derrière un paravent ; Cunégonde laissa tomber son mouchoir, Candide le ramassa, elle lui prit innocemment la main, le jeune homme baisa innocemment la main de la jeune demoiselle avec une vivacité, une sensibilité, une grâce toute particulière ; leurs bouches se rencontrèrent, leurs yeux s'enflammèrent, leurs mains s'égarèrent.

VOLTAIRE, *Candide*, 1759.

Exercice 11

1. À quoi Montaigne compare-t-il les habitants du Nouveau Monde ?

2. Retrouvez tous les termes qui filent cette comparaison tout au long du texte.

3. Identifiez toutes les antithèses qui expriment l'opposition entre la nature et la culture.

[Les habitants du Nouveau Monde] sont sauvages, de même que nous appelons sauvages les fruits que nature, de soi et de son progrès ordinaire, a produits : là où, à la vérité, ce sont ceux que nous avons altérés[1] par notre artifice[2], et détournés de l'ordre commun, que nous devrions appeler plutôt sauvages. En ceux-là sont vives et vigoureuses les vraies et plus utiles et naturelles vertus et propriétés : lesquelles nous avons abâtardies en ceux-ci, les accommodant au plaisir de notre goût corrompu. Et si pourtant[3], la saveur même et délicatesse se trouve à notre goût excellente, à l'envi des nôtres[4], en divers fruits de ces contrées-là sans culture. Ce n'est pas raison que l'art gagne le point d'honneur sur notre grande et puissante mère Nature.

Michel de MONTAIGNE, *Essais* I, 1580.

1. Déformés, corrompus.
2. Nos techniques.
2. Et toutefois cependant.
4. Rivalisant avec les nôtres.

Exercice 12

1. Repérez toutes les formes de répétition ; puis isolez les anaphores.

2. Soulignez toutes les périphrases.

3. Identifiez puis analysez toutes les métaphores par lesquelles le poète évoque l'identité noire ; puis isolez l'allégorie qui revient à plusieurs reprises.

4. Enfin étudiez le jeu des oppositions dans le texte en repérant les antithèses qui séparent le monde noir du monde blanc.

ô lumière amicale
ô fraîche source de la lumière
ceux qui n'ont inventé ni la poudre ni la boussole
ceux qui n'ont jamais su dompter la vapeur ni l'élec–
[tricité
ceux qui n'ont exploré ni les mers ni le ciel
mais ceux sans qui la terre ne serait pas la terre
gibbosité d'autant plus bienfaisante que la terre
déserte davantage la terre
silo où se préserve et mûrit ce que la terre a de plus
[terre
ma négritude n'est pas une taie, sa surdité ruée contre
[la clameur du jour
ma négritude n'est pas une taie d'eau morte sur l'œil
[mort de la terre
ma négritude n'est ni une tour ni une cathédrale

Aimé CÉSAIRE, *Cahier d'un retour au pays natal*, 1939,
© Présence africaine, 1983.

20 Mobiliser les outils d'analyse

Les études littéraires disposent d'un certain nombre d'outils pour aider à l'analyse des textes. Il s'agit de termes précis désignant des phénomènes textuels. Certains sont transversaux aux différents genres (registres, figures de style), d'autres, plus nombreux, sont spécifiques à un certain type de texte.

1 Repérer le type de texte

La première démarche consiste à déterminer le genre du texte étudié. Certains indices peuvent alors vous aider :

- **le paratexte** : introduction, notes, etc. ;
- **le titre de l'œuvre** (*Petits poèmes en prose* indique bien que nous avons affaire à de la poésie, mais attention : *Le Roman inachevé* d'Aragon est lui aussi un recueil de poésie) ;
- **la disposition typographique** (les vers indiquent généralement la poésie ou le théâtre ; les didascalies et les mentions des locuteurs orientent vers la pièce de théâtre ; les paragraphes en prose sont souvent extraits d'essais ou de romans) ;
- **les renseignements internes** (ils permettent de résoudre des ambiguïtés liés au titre ou à la disposition typographique ou de préciser le genre d'un texte : le début des *Confessions* de Rousseau indique certes un début de récit mais les renseignements fournis orientent tout de suite vers l'autobiographie et non vers le roman).

2 Utiliser les outils d'analyse

Une fois déterminé le type de texte, vous devez vous poser les questions qui lui sont plus particulièrement liées. Cela va permettre, comme l'indique le terme « outil », de dégager ensuite le sens du texte.

- **Pour un extrait de roman** (► Outils d'analyse sur le roman, p. 158-173)

Quel point de vue est adopté ? La focalisation change-t-elle au cours de l'extrait ? Ai-je affaire à une description, à un portrait, à un récit, à un dialogue ? Quelle est la progression du passage ? Quelles voix se font entendre (narrateur, personnages) ?

- **Pour un extrait de théâtre** (► Outils d'analyse sur le théâtre, p. 256-267)

À quel moment se situe la scène (exposition, péripéties, dénouement) ? Quelles sont les indications scéniques ? À qui parlent les personnages (à un autre personnage, à eux-mêmes, au public) ? Que savent les personnages ? Que sait le public ?

- **Pour un poème** (► Outils d'analyse sur la poésie, p. 346-353)

À quelle forme ai-je affaire (sonnet, ballade, etc.) ? Le poème est-il en conformité avec l'histoire de cette forme ? Y a-t-il des rimes ou des rythmes frappants ou originaux ?

- **Pour un essai** (► Outils d'analyse sur l'argumentation, p. 428-434)

À quelle forme argumentative peut-on rattacher le texte (pamphlet, éloge, dialogue philosophique, etc.) ? Quels types de raisonnement sont employés ? Sont-ils efficaces ? Quel effet est recherché sur le lecteur ?

De manière générale et pour tout texte, l'élève doit se poser la question des **registres** (► fiche 18. Identifier les registres, p. 476) et des **figures de style** (► fiche 19. Identifier les figures de style, p. 480) :

– bien souvent la recherche du registre montre combien le texte est complexe (il peut s'agir, par exemple, d'un récit romanesque qui use d'un registre tragique ou au contraire d'une tragédie qui use d'un registre épique)

– les **figures de style**, quant à elles, font partie des outils communs à tous les écrivains, qu'ils soient prosateurs ou versificateurs, même si la poésie et la rhétorique les affectionnent plus particulièrement.

Exercice 1

1. Avons-nous affaire dans ce passage à un récit ou à une description ? Justifiez votre réponse.

2. Selon quel point de vue cette scène est-elle racontée ? Pourquoi cela accroît-il l'impression de mystère ?

3. Quel contraste y a-t-il entre l'ensemble du passage et la dernière phrase ?

4. Quelle image de la relation à venir entre de Marsay et Paquita transparaît ici ?

Henri de Marsay, amoureux de l'inaccessible Paquita, se laisse conduire à un rendez-vous secret.

Le mulâtre l'introduisit dans une maison où l'escalier se trouvait près de la porte cochère. Cet escalier était sombre, aussi bien que le palier sur lequel Henri fut obligé d'attendre pendant le temps que le mulâtre mit à ouvrir la porte d'un appartement humide, nauséabond, sans lumière, et dont les pièces, à peine éclairées par la bougie que son guide trouva dans l'antichambre, lui parurent vides et mal meublées, comme le sont celles d'une maison dont les habitants sont en voyage. Il reconnut cette sensation que lui procurait la lecture d'un de ces romans d'Ann Radcliffe[1] où le héros traverse les salles froides, sombres, inhabitées, de quelque lieu triste et désert. Enfin le mulâtre ouvrit la porte d'un salon. L'état des vieux meubles et des draperies passées dont cette pièce était ornée la faisait ressembler au salon d'un mauvais lieu. C'était la même prétention à l'élégance et le même assemblage de choses de mauvais goût, de poussière et de crasse. Sur un canapé couvert en velours d'Utrecht rouge[2], au coin d'une cheminée qui fumait, et dont le feu était enterré dans les cendres, se tenait une vieille femme assez mal vêtue, coiffée d'un de ces turbans que savent inventer les femmes anglaises quand elles arrivent à un certain âge, et qui auraient infiniment de succès en Chine, où le beau idéal des artistes est la monstruosité. Ce salon, cette vieille femme, ce foyer froid, tout eût glacé l'amour, si Paquita n'avait pas été là sur une causeuse dans un voluptueux peignoir, libre de jeter ses regards d'or et de flamme, libre de montrer son pied recourbé, libre de ses mouvements lumineux.

Balzac, *La Fille aux yeux d'or*, 1835.

1. Romancière anglaise, spécialisée dans les romans terrifiants.
2. Velours de laine utilisé pour recouvrir les meubles.

Exercice 2

1. À qui s'adresse Hernani dans cette tirade ? Pourquoi peut-on parler d'un coup de théâtre pour le public et pour le roi ? Est-on, selon vous, au moment du dénouement ?

2. En quoi les gestes et mouvements indiqués par les didascalies sont-ils importants ici ?

3. Relevez les éléments métriques intéressants (rimes, rythmes, rejets). En quoi servent-ils cette tirade d'Hernani ?

Don Carlos, le nouvel empereur, vient de condamner à mort les nobles conjurés contre lui. C'est alors que le brigand Hernani dévoile sa véritable identité.

Hernani, *sortant du groupe des conjurés.*

Je prétends qu'on me compte !
À don Carlos.
Puisqu'il s'agit de hache ici, que Hernani,
Pâtre obscur, sous tes pieds passerait impuni,
Puisque son front n'est plus au niveau de ton glaive
Puisqu'il faut être grand pour mourir, je me lève.
Dieu, qui donne le sceptre et qui te le donna,
M'a fait duc de Ségorbe et duc de Cardona,
Marquis de Monroy, comte Albatera, vicomte
De Gor, seigneur de lieux dont j'ignore le compte.
Je suis Jean D'Aragon, grand-maître d'Avis, né
Dans l'exil, fils proscrit d'un père assassiné
Par sentence du tien, roi Carlos de Castille !
Le meurtre est entre nous affaire de famille.
Vous avez l'échafaud, nous avons le poignard.
Donc le ciel m'a fait duc, et l'exil montagnard.
Mais puisque j'ai sans fruit aiguisé mon épée
Sur les monts, et dans l'eau des torrents retrempée,
Il met son chapeau. Aux autres conjurés.
Couvrons-nous, grands d'Espagne !

Victor Hugo, *Hernani*, IV, 6, 1830.

Exercice 3

1. Repérez les passages de discours rapporté. Comment le poète exprime-t-il par leur usage la domination exercée par le Lion ?

2. Étudiez le rythme du poème, notamment les changements de mètres. Expliquez comment ce rythme exprime la toute-puissance du Lion.

3. Quel son revient de manière insistante dans les paroles du Lion ? Que peut suggérer cet effet sonore ?

4. Il est impossible de réfuter le discours du lion. Relevez les connecteurs et les autres procédés qui donnent l'impression que ses affirmations sont incontestables.

La Génisse, la Chèvre et la Brebis, en société avec le Lion

La Génisse, la Chèvre et leur sœur la Brebis,
Avec un fier Lion, Seigneur du voisinage,
Firent société, dit-on, au temps jadis,
Et mirent en commun le gain et le dommage.
Dans les lacs[1] de la Chèvre un Cerf se trouva pris.
Vers ses associés aussitôt elle envoie.
Eux venus, le Lion par ses ongles compta,
Et dit : « Nous sommes quatre à partager la proie. »
Puis en autant de parts le Cerf il dépeça,
Prit pour lui la première en qualité de Sire :
« Elle doit être à moi, dit-il, et la raison,
C'est que je m'appelle Lion :
À cela l'on n'a rien à dire.
La seconde, par droit, me doit échoir encor :
Ce droit, vous le savez, c'est le droit du plus fort.
Comme le plus vaillant, je prétends la troisième.
Si quelqu'une de vous touche à la quatrième
Je l'étranglerai tout d'abord. »

La Fontaine, *Fables*, 1668.

1. Les filets, c'est-à-dire le piège tendu par la Chèvre.

21 Répondre à une question sur un texte

1 Les types de questions

Il s'agit d'abord de bien comprendre les termes de la question. Elle peut:
• être plutôt **globale**, par exemple interroger le sens du texte: la construction du personnage, la signification du décor romanesque...;

• ou bien porter sur des **points précis**, des questions techniques. Il faut alors bien connaître la définition des notions en question:
– le genre: poésie, roman, théâtre, littérature d'idées; et les sous-genres qui leur sont associés;
– le registre (ou la tonalité): tragique, comique, pathétique, lyrique, ec.;
– la forme: le sonnet, le monologue, le portrait, le dialogue, etc.;
– les procédés d'écriture: les figures de style et leurs effets, le choix du point de vue, le lexique employés.

Toutes les questions, même techniques, tendent à déboucher sur l'**interprétation**. Il faut donc toujours essayer de comprendre la **signification** de tel ou tel procédé relevé.

2 Construire une réponse organisée

• **La phase de repérage**
1. Dans la première étape, il s'agit:
– de déterminer à quel type de question on a affaire et de définir des notions sur lesquelles elle porte;
– si le texte comporte plusieurs questions, celles-ci sont le plus souvent classées selon un ordre progressif qui va de l'observation à l'analyse détaillée. Il s'agira donc de les traiter dans l'ordre, de façon à mener une analyse de plus en plus approfondie du texte.

2. À la seconde étape, on relèvera les indices utiles à la formulation de la réponse au **brouillon** : pour une question qui porte sur le registre lyrique, on sera attentif, dès la première lecture, au lexique de l'affectivité (amour, tristesse...), à la marque de la première personne, à l'interpellation du destinataire, aux thèmes lyriques tels que l'amour, la fuite du temps, la célébration de la nature, etc.

• **La rédaction de la réponse**
La réponse à une question sur un texte se fait en **un paragraphe explicatif.** Comme dans un commentaire ou une dissertation, il s'agit d'une unité explicative ou argumentative, centrée sur une idée. Le paragraphe rédigé se compose:
– **de la formulation claire de la réponse**, qui reprend les termes essentiels de la question (attention: il faut éviter les reprises trop littérales): à la question « Quel est le genre de ce texte ? », on répondra « Ce texte est un roman » ;

– **de l'explication de la réponse**, introduite par un connecteur de cause. Si la question porte sur une notion explicite, l'explication s'appuie sur la définition de celle-ci;

– **de la justification** de la réponse, avec des références au texte. Les citations doivent être courtes et significatives. Un commentaire des citations montre en quoi elles soutiennent effectivement l'idée défendue;

– **d'une phrase de conclusion**, en particulier pour les réponses longues. Elle n'est pas la simple répétition de la réponse, elle propose une caractérisation plus précise du texte: la question: « Comment, dans ce texte (tiré de *Zadig ou la destinée*, de Voltaire), la narration est-elle mise au service d'une thèse ? » appelle la conclusion: « Ce texte est donc un apologue qui présente avec humour les idées de l'auteur sur ce que vise l'éducation d'un enfant. »

Ces différentes étapes sont articulées par des **connecteurs**, exprimant notamment la cause et la conséquence.

Exercice 1

1. Le texte A est l'objet de la question : « Quel est le point de vue employé ? » Le texte B y répond en un paragraphe. Lisez ces deux textes et identifiez dans la réponse toutes les étapes décrites dans la leçon.

2. Expliquez plus précisément à quoi servent les éléments mis en gras dans le texte B.

3. Construisez sur le même modèle un paragraphe qui réponde à la question : « Dans cet extrait des *Trois Mousquetaires*, Dumas propose-t-il, selon vous, un portrait complet de son personnage ? »

Texte A

Un jeune homme… – traçons son portrait d'un seul trait de plume : figurez-vous don Quichotte à dix-huit ans, don Quichotte décorcelé, sans haubert et sans cuissards, don Quichotte revêtu d'un pourpoint de laine dont la couleur bleue s'était transformée en une nuance insaisissable de lie-de-vin et d'azur céleste. Visage long et brun ; la pommette des joues saillante, signe d'astuce ; les muscles maxillaires énormément développés, indice infaillible auquel on reconnaît le Gascon, même sans béret, et notre jeune homme portait un béret orné d'une espèce de plume ; l'œil ouvert et intelligent ; le nez crochu, mais finement dessiné ; trop grand pour un adolescent, trop petit pour un homme fait, et qu'un œil peu exercé eût pris pour un fils de fermier en voyage, sans sa longue épée qui, pendue à un baudrier de peau, battait les mollets de son propriétaire quand il était à pied, et le poil hérissé de sa monture quand il était à cheval.

Alexandre Dumas, *Les Trois Mousquetaires*, 1844.

Texte B

Le point de vue dans cet extrait est externe. **En effet**, le narrateur observe le jeune homme **de l'extérieur**, sans se confondre avec un personnage. En parlant de « portrait » et en s'adressant directement au lecteur, dans l'impératif « figurez-vous » (l.1), il se définit comme narrateur, extérieur au récit. Le portrait comporte certes des éléments sociaux (l'origine géographique, la pauvreté, la noblesse) et psychologiques (l'intelligence), qui peuvent laisser croire à un point de vue omniscient ; mais ces aspects du portrait reposent sur des indices exclusivement physiques : par exemple, le « jeune homme port [e] un béret » (l.6) qui le désigne comme Gascon, et son « œil ouvert » (l.7) révèle son intelligence. **Ainsi**, le narrateur semble découvrir avec son lecteur « un jeune homme » (l.1) qu'il ne connaît pas, puisqu'il emploie l'article indéfini, et sur lequel il focalise son attention ; le lecteur comprend que le narrateur découvre, choisit le personnage principal du roman qui commence.

Exercice 2

Répondez à la question : « Quel modèle d'éducation des filles Rousseau propose-t-il ici ? », en suivant les indications ci-dessous.

1. Dites sur quels types d'activité porte l'éducation de la jeune fille.

2. Montrez qu'il s'agit aux yeux de Rousseau d'une véritable éducation, puis liez ce développement à la réponse précédente par un connecteur.

3. Concluez par le jugement que l'on peut porter aujourd'hui sur ce texte.

Il n'y a pas un ouvrage à l'aiguille qu'elle ne sache faire, et qu'elle ne fasse avec plaisir ; mais le travail qu'elle préfère à tout autre est la dentelle, parce qu'il n'y en a pas un qui donne une attitude plus agréable, et où les doigts s'exercent avec plus de grâce et de légèreté. Elle s'est appliquée aussi à tous les détails du ménage. Elle entend la cuisine et l'office ; elle sait le prix des denrées ; elle en connaît les qualités ; elle sait fort bien tenir les comptes ; elle sert de maître d'hôtel à sa mère. Faite pour être un jour mère de famille elle-même, en gouvernant la maison paternelle, elle apprend à gouverner la sienne ; elle peut suppléer aux fonctions des domestiques, et le fait toujours volontiers. On ne sait jamais bien commander que ce que l'on sait exécuter soi-même : c'est la raison de sa mère pour l'occuper ainsi ; pour Sophie, elle ne va pas si loin. Son premier devoir est celui de fille, et c'est maintenant le seul qu'elle songe à remplir.

Jean-Jacques Rousseau, *Émile*, livre V, 1765.

Exercice 3

En quoi cet extrait est-il caractéristique d'une scène d'exposition de théâtre ?

Octave. – Ah ! fâcheuses nouvelles pour un cœur amoureux ! Dures extrémités où je me vois réduit ! Tu viens, Silvestre, d'apprendre au port, que mon père revient ?

Silvestre. – Oui.

Octave. – Qu'il arrive ce matin même ?

Silvestre. Ce matin même.

Octave. – Et qu'il revient dans la résolution de me marier ?

Silvestre. – Oui.

Octave. – Avec une fille du seigneur Géronte ?

Silvestre. – Du seigneur Géronte.

Octave. – Et que cette fille est mandée de Tarente ici pour cela ?

Silvestre. – Oui.

Octave. – Et tu tiens ces nouvelles de mon oncle ?

Silvestre. – De votre oncle.

Octave. – À qui mon père les a mandées par une lettre ?

Silvestre. – Par une lettre.

Octave. – Et cet oncle, dis-tu, sait toutes nos affaires.

Silvestre. – Toutes nos affaires.

Octave. – Ah ! parle, si tu veux, et ne te fais point, de la sorte, arracher les mots de la bouche.

Molière, *Les Fourberies de Scapin*, I, 1, 1671.

22 Lire une œuvre intégrale

Lorsque vous lisez un ouvrage dans son intégralité, il est nécessaire de prendre des notes au brouillon afin de constituer une fiche de lecture.

1 Avant la lecture : s'informer

Renseignez-vous sur :
– la date de publication de l'œuvre et le **contexte historique** ;
– le **contexte littéraire** : quel mouvement littéraire domine à l'époque ?
– la **biographie** de l'auteur ;
– la **place de l'œuvre** dans sa carrière littéraire : s'agit-il de l'une de ses premières œuvres ? d'un ouvrage écrit alors que l'auteur était déjà reconnu ?

2 Pendant la lecture : prendre des notes

• Dans un récit et une pièce de théâtre, relevez :
– les **principaux événements.** Vous pourrez souvent construire un schéma narratif, comme pour un conte : situation initiale, élément perturbateur, péripéties, élément de résolution, situation finale ;
– des **informations sur les personnages** : établissez une liste de personnages qui apparaissent dans l'ouvrage en précisant leur nom, leur fonction et les pages où ils apparaissent pour les personnages secondaires. Détaillez la notice concernant les personnages principaux en précisant les éléments de description physique et morale, ainsi que les évolutions marquantes de leur situation ou de leur caractère. Un schéma actantiel sera utile pour clarifier les relations entre les personnages et analyser leurs évolutions ;
– les **indications temporelles**, pour établir une chronologie du récit ;
– les **indications de lieux**, pour établir une géographie du récit ;
– les **principaux thèmes abordés**, par exemple l'amour, la guerre, l'argent, la condition des ouvriers au milieu du XIXe siècle, etc.

• Dans un recueil de poèmes, cherchez :
– les **motifs récurrents** : des types de personnages, des objets, des situations présents dans plusieurs poèmes ;
– la **structure du recueil** : y a-t-il des sections ? Comment les poèmes s'enchaînent-ils ?
– les **caractéristiques formelles** des poèmes : vers rimés ou vers libre ? Quels types de vers ? Identifiez-vous des formes fixes ?
– les **mots et les figures de style** préférés du poète.

Relevez aussi les références des passages les plus importants, les plus amusants, les plus émouvants… Vous pourrez ainsi les relire pour vous remettre l'œuvre en mémoire avant un contrôle écrit ou oral.

3 Après la lecture : faire un bilan et mettre en forme

• À la fin de la lecture, déterminez avec précision :
– les **registres dominants** ;
– le **genre littéraire** de l'ouvrage ;
– le **mouvement littéraire** : l'ouvrage est-il conforme au mouvement littéraire dominant au moment de sa rédaction ? Est-il précurseur (il annonce les débuts d'un nouveau mouvement littéraire) ? Occupe-t-il une place à part dans le paysage littéraire de l'époque ?
– le **rapport avec les objets d'étude** au programme.

• Pensez à vous aider de l'appareil critique qui accompagne souvent le texte (préfaces, dossier critique, textes complémentaires).

• Utilisez ces notes prises au brouillon pour établir une fiche récapitulative claire.

Exercice 1

Après avoir lu le récit *Aventure indienne* (p. 402), établissez une fiche de lecture qui comportera au moins les rubriques qui suivent:

a. vie et œuvre de l'auteur (sélectionnez des informations en rapport avec le récit);
b. liste des personnages;
c. le personnage principal: ses caractéristiques physiques, son caractère, son évolution au cours du récit;
d. schéma narratif;
e. thèmes abordés;
f. registre(s) dominant(s);
g. genre du récit;
h. mouvement littéraire;
i. rapport avec l'objet d'étude: « Genres et formes de l'argumentation: XVIIe et XVIIIe siècle ».

Exercice 2

Voici un résumé de *Gobseck*, un bref roman de Balzac.

1. Recherchez le sens des termes « avoué » et « usurier ». À quels milieux professionnels Derville et Gobseck appartiennent-ils?

2. D'après le résumé, quels sont les principaux thèmes abordés dans le roman?

3. Lisez plusieurs notices biographiques et relevez des éléments de la vie et de l'œuvre de Balzac qui peuvent être mis en rapport avec l'intrigue du roman.

4. Quel mouvement culturel domine le paysage littéraire à la date où Balzac écrit *Gobseck*? Pensez-vous que le roman se rattache à ce mouvement littéraire?

La scène débute dans le salon de la vicomtesse de Grandlieu, une dame de l'aristocratie parisienne, en conversation avec un ami de la famille, l'avoué Maître Derville. Derville entend pendant la conversation de Mme de Grandlieu avec sa fille, Camille, que cette dernière est amoureuse du jeune Ernest de Restaud, fils de la comtesse Anastasie de Restaud, née Goriot. Mme de Grandlieu désapprouve cet amour: la mère d'Ernest est dépensière et elle a mauvaise réputation. Elle a gaspillé sa fortune par amour pour Maxime de Trailles, un jeune dandy avec qui elle a entretenu une relation illégitime. Derville intervient en faveur de Camille en racontant une histoire survenue plusieurs années auparavant, dont le personnage central est le mystérieux Gobseck, maître et ami de Derville. Gobseck est un habile usurier, qui connaît tout de la société parisienne, sait observer ses clients, prévoir leurs réactions et les manipuler. Malgré les sommes considérables qu'il amasse, il mène une vie très modeste. La comtesse de Restaud lui a demandé de l'argent pour payer les dettes de son amant Maxime de Trailles, en échange de diamants appartenant à son mari. À la suite de manœuvres financières complexes, Gobseck parvient à récupérer la fortune du comte de Restaud à la mort de ce dernier, déshéritant ainsi Anastasie de Restaud et ses enfants. Mais au moment où Derville raconte cette histoire, Gobseck vient de mourir, en restituant à Ernest de Restaud toute la fortune de son père. À la fin de son récit, Derville a démontré qu'Ernest, désormais riche, sera un bon parti pour Camille. Mme de Grandlieu est alors prête à accepter le mariage.

Exercice 3

Après avoir lu *Britannicus* de Racine, répondez aux questions suivantes et utilisez ces réponses pour compléter votre fiche de lecture.

a. Quels personnages de la pièce ont réellement existé? Racine a-t-il respecté la réalité historique?
b. Expliquez le choix du titre: pourquoi Britannicus est-il le personnage éponyme?
c. Établissez trois schémas actantiels correspondant à la situation des personnages au début de la pièce. Le premier aura pour sujet Néron, le second Agrippine et le troisième Britannicus. Ces schémas actantiels évoluent-ils au cours de la pièce?
d. Établissez un tableau de présence des personnages sur scène: chaque ligne correspond à une scène et chaque colonne à un personnage. Indiquez à l'aide d'une croix quels sont les personnages présents à chaque scène. Que pouvez-vous déduire de l'observation de ce tableau sur l'importance des différents personnages, leurs relations et l'évolution de leur rôle au cours de la pièce?

Exercice 4

Lisez la section « Spleen et Idéal » des *Fleurs du mal* de Baudelaire.

Avant la lecture:

a. Recherchez une définition des termes « spleen » et « idéal ». Que signifient-ils chez Baudelaire?
b. Interrogez-vous sur le titre du recueil. Quels titres Baudelaire avait-il envisagé avant celui-ci? Que peut désigner l'expression « fleurs du mal »?

Pendant la lecture:

c. Faites une liste des poèmes qui sont dominés par le spleen et de ceux qui sont nettement du côté de l'idéal. Quelle évolution remarquez-vous à l'intérieur de la section « Spleen et Idéal »?
d. Sélectionnez parmi les thèmes suivants ceux qui vous semblent importants dans le recueil et relevez tous les poèmes se rapportant à ces thèmes: l'argent, les animaux, la société du XIXe siècle, la guerre, les femmes, la nourriture, l'amour, la politique, la mort, le temps qui passe, la condition des ouvriers, la justice, le voyage, la lecture, l'ennui, la religion, la nature.

Après la lecture:

e. Quels aspects de la poésie de Baudelaire rappellent le romantisme? Lisez quelques textes symbolistes. En quoi Baudelaire est-il un précurseur du symbolisme avec *Les Fleurs du mal*?
f. Choisissez votre poème préféré et apprenez-le par cœur. Expliquez en un paragraphe argumenté pourquoi ce poème vous a plu.

23 Lire l'image fixe

1 Les fonctions de l'image

Une image peut avoir différentes fonctions qui peuvent se combiner entre elles :
– une fonction **informative**. Elle rend compte du réel dans un but pratique : affiche, photographie.

– une fonction **narrative**. Par exemple, le tableau de Nicolas Poussin ci-dessous, *Éliézer et Rébecca*, illustre un épisode biblique de la *Genèse* : Éliézer est chargé par Abraham de trouver la femme destinée à son fils Isaac. Ce sera celle qui donnera à boire au serviteur d'Abraham, Rébecca.

– une fonction **économique**. Elle sert un but commercial : l'affiche publicitaire par exemple.

– une fonction **idéologique**. Elle sert des idées et des valeurs (religieuses, politique...) : portrait d'un roi, affiche électorale.

– une fonction **esthétique**. Elle cherche à plaire et à émouvoir par son harmonie formelle, ses qualités artistiques : un tableau, une photo, un dessin, toute œuvre d'art.

2 La composition de l'image

Nicolas Poussin (1594-1665), *Éliézer et Rébecca*, 1648, 118 cm × 199 cm, Paris, musée du Louvre.

L'organisation du tableau repose sur différents éléments formels :

• **Les plans et la perspective**
On peut distinguer trois plans :
– au **premier plan**, un homme et une femme, Éliézer et Rébecca ;
– au **deuxième plan**, des groupes de femmes ;
– à **l'arrière-plan**, des bâtiments et un paysage.
Notons que la diagonale rencontre la ligne horizontale au point où passe la ligne médiane, au-dessus d'Éliézer.
La **profondeur** est suggérée par la perspective et les différents plans du tableau.

- **Les lignes de force**

– Deux **horizontales**, dont l'une est la ligne de **l'horizon**, découpent le tableau en trois bandes horizontales, la bande centrale rassemblant les personnages qui se déploient en largeur autour des deux personnages du premier plan, Éliézer et Rebecca.
– Des **verticales** : la **médiane**, qui divise le tableau en deux, et sur laquelle est placé Éliézer, le personnage le plus important de la scène ; d'autres, à gauche et à droite (voir le schéma des lignes de force). Ces lignes recadrent l'image sur Éliézer et Rebecca, les deux personnages principaux.

- Une **diagonale** : elle va de l'angle inférieur gauche à la partie supérieure droite du tableau ; elle est suggérée par l'inclinaison de la femme de gauche, la tête d'Éliézer, la sphère.
Toutes ces lignes **rythment** l'œuvre. Leur effet est renforcé par la répartition de la couleur et la lumière.

- **Les couleurs**

– Les couleurs **chaudes** (jaune, orange, rouge, ocres) et les couleurs **froides** (bleu, vert, rose) se distribuent dans tout le tableau.
Éliézer et Rebecca, face à face, portent des vêtements aux couleurs **complémentaires**, le jaune-orangé et le bleu, qui se trouvent être les couleurs dominantes du tableau.
– L'intensité des couleurs est caractéristique du premier plan, alors que la **palette** s'appauvrit vers le fond pour évoquer le lointain ; cette différence vient renforcer l'impression de la profondeur.

- **La lumière**

Le tableau est aussi **structuré** par la répartition de l'**ombre** et de la **lumière**. En renforçant certaines lignes, la diagonale par exemple, avec la robe jaune de la femme de gauche, les cheveux d'Éliézer, et la partie gauche de la sphère, ou l'arête verticale du pilier carré, ainsi que certains objets, comme les amphores et les jarres, la lumière met l'accent sur l'essentiel du tableau et **dirige le regard** du spectateur.

3 L'image comme représentation

De manière plus indirecte, elle produit du sens par le biais d'éléments symboliques : couleur, objets, nombre de personnages… Ici, par exemple, les verticales associées à la lumière, avec les couleurs, bleu et jaune, donnent un sentiment d'élévation qui est une marque de l'univers de Poussin.
De même, certains traits de cette scène de l'Ancien Testament (la main de Rébecca qu'elle porte sur son cœur, la couleur bleue de sa robe, la lumière baignant Éliézer) évoquent une autre scène, du Nouveau Testament, une annonciation : Éliézer et Rébecca préfigurent l'ange Gabriel et Marie.

Exercice 1

1. Repérez dans la photographie, en vous aidant de la leçon :
– les différents plans ;
– les zones d'ombres et de lumières.
2. Dessinez les lignes de force.
3. Comment ces éléments renforcent la perspective ?

Étienne Bertand Weill (1950)

William Turner (1775-1851), *Pluie, vapeur, vitesse*, 1844, 90, 8 cm × 122 cm, Londres, National Gallery.

Exercice 2

1. Quel est le titre de ce tableau ? Que représente-t-il ?
2. En quoi l'organisation des plans et la direction des lignes de force contribuent-elles à l'effet recherché par le peintre ?

Théodore Géricault (1791-1824), *Le Radeau de la Méduse*, 1819, 491 cm × 716 cm, Paris, musée du Louvre.

Exercice 3

1. Combien de plans distinguez-vous ?
2. Comment la lumière, les couleurs sont-elles réparties ? La palette est-elle étendue ?
3. Quelle figure géométrique les lignes de force dessinent-elles ? Quel est le mouvement du regard du spectateur sur la toile ?
4. Quel effet cette composition cherche-t-elle à produire ? À quel registre appartient ce tableau ? (► fiche 25, p. 500-505)

Exercice 4

1. Quelles réflexions pouvez-vous faire ici sur les objets et leur occupation de l'espace pictural ? Quelle impression cela procure-t-il ?
2. Comment le peintre joue-t-il avec les couleurs ?
3. Peut-on se représenter facilement la pièce qui est ici peinte ? Pourquoi ?

Paul Cézanne (1839-1906), *Nature morte aux pommes et aux oranges*, vers 1899, Musée d'Orsay, Paris.

Exercice 5

1. Quelles sont les lignes de force de cette affiche ?
2. Comment les couleurs sont-elles utilisées ?
3. Le couple est en noir et blanc, alors que le film est en couleur. Pourquoi, d'après vous ?
4. Quels sont les éléments de l'affiche qui évoquent la comédie musicale ?

Affiche de **Chica**, pour le film de **Jacques Demy**, *Les Parapluies de Cherbourg*, 1964.

Exercice 6

1. Montrez que la composition de cette photographie s'organise autour du peintre Francis Bacon.
2. Qu'est-ce qui vient troubler cette structure ?

Isabel Rawsthorne, *Francis Bacon, Michel et Louise Leiris*, Londres, avril 1971, coll. part.

24 Lire l'image de film

Le **film** est un spectacle visuel construit en trois temps :
• l'écriture du **scénario**, le récit de l'action, avec les dialogues et des indications concernant les personnages, le décor. Le scénario est l'équivalent de la pièce de théâtre ;

• le **tournage**, préparé par le **découpage** du scénario qui ajoute au texte des indications **techniques**, est réalisé par le **metteur en scène** qui dirige les **prises de vues** ;

• le **montage** qui organise la narration : le monteur y redécoupe et assemble les plans tournés bout à bout ; c'est lui qui donne son rythme au récit et en complète le sens.

Le **sens** du film dépend de ces trois moments.

1 Les unités du récit filmique

« Cinéma » vient d'un mot grec qui signifie « mouvement ». Pourtant le film est fait d'images fixes, de **photogrammes**. C'est le défilement de ces images, dans la caméra et le projecteur, à une certaine vitesse – 24 images par seconde – qui donne l'illusion du mouvement.

• Le **plan**, l'unité de base du film, est formé de la suite d'images enregistrées entre le début et la fin d'une prise de vue – ce qui est tourné entre le mot « action » du metteur en scène et son « cut » de la fin (deux mots empruntés à l'anglais).

• La **séquence** est un ensemble de plans formant une unité narrative définie selon le lieu, le temps et l'action. Par exemple, la séquence de l'escalier dans le film de Serguei Eisenstein, *Potemkine* : quand l'armée tire sur la foule, une femme lâche le landau de son bébé qui dévale tout le grand escalier d'Odessa.
– Lorsqu'une séquence est constituée d'un plan unique, généralement long, on parle de **plan-séquence**. Cet effet vise à accroître l'impression de réalité.
Le film d'Orson Welles *La Soif du mal* s'ouvre ainsi sur un plan séquence qui dure 3 minutes 30. Au début de la scène, on voit un homme placer une bombe dans le coffre d'une voiture, puis les mouvements de caméra suivent la voiture. On ne la perd de vue que quelques secondes avant l'explosion. Le spectateur est ainsi tenu en haleine.
– Une séquence peut être faite d'un long plan-séquence ou du montage de plusieurs plans, avec des durées et des échelles différentes. Le rythme d'abord, l'esthétique et le sens de la séquence ensuite, en seront grandement modifiés.

2 Les images du film

Les règles qui régissent la lecture de l'image fixe restent pertinentes pour le film : lignes de force, ombres et lumières, couleurs… ; mais au cinéma, le sens produit par les images dépend d'autres critères : le cadrage, le champ et le hors-champ, les angles de prise de vue, les mouvements de caméra et le point de vue.

a. Le cadrage

Le cadrage permet de choisir ce que l'on va montrer de l'action, à l'aide de plans d'échelle différente :
• le **plan général** montre tout un paysage ou un lieu : la ville, le désert… ;
• le plan d'ensemble, plus restreint, montre l'ensemble d'un décor ou d'un paysage, dans lequel peuvent être intégrés des personnages : une rue, un salon dans un appartement… ;
• le plan moyen présente le personnage en entier, des pieds à la tête ;
• le plan américain cadre le personnage à mi-cuisse :
On appelle ce plan « plan américain » car il était souvent employé dans les westerns pour cadrer les cowboys avec leur attribut le plus important : le pistolet.

Sergio Leone, *Le Bon, la brute et le truand*, avec l'acteur **Lee Van Cleef**, qui interprète la brute (1966).

James Cameron, *Avatar*, 2009.

• le **plan rapproché** cadre le personnage à la ceinture ou à la poitrine :
Le plan rapproché ci-dessus, permet en réunissant deux personnages à l'intérieur du même cadre, de montrer leur complicité.

• le **gros plan** cadre le personnage au visage :
Il insiste sur les émotions d'un personnage.

• le **très gros plan**, aussi appelé **insert**, isole un détail. Par exemple, *les yeux d'un personnage*, les lunettes brisées dans *Potemkine* ou dans *L'Inconnu du Nord Express* d'Hitchcock...

Chaque dimension de plan produit un effet particulier ; les plans les plus rapprochés sont souvent utilisés pour accroître l'impact émotif des images, par exemple la peur.

b. Le champ et le hors-champ

• Le **champ** est l'espace visible à l'écran.
Le dialogue entre deux personnages peut montrer tour à tour chacun des deux interlocuteurs dans un montage « **champ-contre-champ** ». Le **contre-champ** est la portion d'espace opposée à la précédente.

• Le **hors-champ** comprend ce qui se passe sans être visible : par exemple, ce que voit un personnage sans que le spectateur puisse le voir.
Le son également peut être « **in** » ou « **off** » lorsqu'il émane d'une source située hors-champ, donc non visible à l'écran : par exemple, les paroles du personnage que l'on ne voit pas dans un dialogue filmé en champ-contre-champ.
Dans *M le maudit*, de Fritz Lang, le spectateur devine la présence menaçante du criminel hors-champ grâce au regard de l'enfant levé sur lui et à l'ombre portée sur l'affiche qui cache le mot « mörder » (assassin).

• La **profondeur de champ** montre en perspective un premier plan et un arrière-plan également nets. Il permet par exemple de présenter simultanément des personnages, des objets ou des actions proches et éloignés. Un verre en gros plan est aussi net qu'un personnage du fond de la pièce. Tout ce qui est montré, lieu, objet et personnage, est important.

Fritz Lang, *M. le maudit*, 1931.

c. Les angles de prise de vue

Ils sont définis par l'emplacement de la caméra :

• la visée **horizontale** : la caméra est placée à hauteur d'homme ; elle donne une vision réaliste de la scène ;

• la **plongée** est une prise de vue faite d'un point d'observation plus élevé que le sujet. Ainsi filmé, un sujet est vu d'en haut, surplombé par le regard. Cela peut donner l'impression qu'il est dominé, voire fragile, menacé ;

• au contraire, la **contre-plongée** est une prise de vue faite d'un point d'observation moins élevé que le sujet. Ce dernier est alors vu du dessous.

La contre-plongée peut être utilisée pour montrer quelqu'un en position de force, ou donner une impression de malaise, quand la déformation des perspectives est forte. Par exemple, l'attaquant dans *Princesse Mononoké*.

Hayao Miyazaki, *Princesse Mononoké*, film d'animation, 1997.

d. Les mouvements de caméra

• le **panoramique** : la caméra pivote sur son axe horizontalement (de droite à gauche, de gauche à droite) ou verticalement (vers le haut ou vers le bas) ;

• le **travelling** : la caméra s'avance vers l'objet filmé (travelling **avant**), s'en éloigne (travelling **arrière**) ; il donne l'impression de s'approcher ou de s'éloigner de l'objet filmé. Le travelling **latéral** ou **vertical** suit un objet en mouvement ou parcourt un décor.

Le travelling et le panoramique peuvent faire varier l'échelle des plans à l'intérieur d'un même plan, par exemple lorsque l'on passe d'un plan moyen à un gros plan.

e. Le point de vue

• La caméra objective montre l'action comme vue par une personne extérieure à l'action. Le spectateur y assiste comme s'il était cet observateur ;

• **la caméra subjective** montre l'action comme vue par l'un des personnages. Le spectateur alors est dans la position de ce personnage, il est impliqué dans l'action.

C'est par l'alternance des points de vue, entre autres, que s'opère l'identification du spectateur aux personnages du film.

3 L'adaptation d'un texte à l'écran

Le roman (ou la nouvelle) et le film sont deux formes très différentes, chacune obéissant à ses propres règles et codes. L'adaptation de l'un dans l'autre est un processus complexe.

Le film, par le biais de la mise en scène, comme au théâtre, interprète un texte. Le roman épistolaire *Les Liaisons dangereuses* de Choderlos de Laclos adapté par Roger Vailland pour le cinéaste Roger Vadim ou par Christopher Hampton pour Stephen Frears aboutit à deux films très différents.

– La première étape de cette transposition est le scénario, où s'opèrent les premiers choix : quels éléments va-t-on garder ou supprimer ou transformer : personnages, situations, dialogues, certains épisodes, le dénouement de l'œuvre, l'époque de la narration, etc. ? Jean Renoir a choisi de situer son adaptation de *La Bête Humaine* de Zola dans les années 1930 et non plus à la fin du XIXe siècle.

– Le tournage, puis le montage, complèteront cette réécriture avec leur matière propre (cadrage, point de vue, éclairage, rythme…).

La force du cinéma est d'imposer des images, tandis que le roman laisse le lecteur créer les siennes propres. Jack Torrance, le héros du roman de Stephen King, *The Shining*, a désormais pour tout le monde le visage que lui a donné le réalisateur Stanley Kubrick dans son film *Shining* : celui, inoubliable, de Jack Nicholson.

Exercice 1

1. **Quelle est l'échelle (ou la grosseur) de plan des quatre photogrammes ?**

2. **Pour chaque plan, décrivez ce qui est cadré.**

John Ford, *La Chevauchée fantastique*, 1939.

Vittorio de Sica, *Le Voleur de bicyclette*, 1948.

Henry Fonda, dans *Douze hommes en colère*, de **Sidney Lumet**, 1957.

Clint Eastwood dans *Le Bon, la brute et le truand*, de **Sergio Leone**, 1966.

Janet Leigh, dans *Psychose*, d'**Alfred Hitchcock**, 1960.

Exercice 2

1. **Quel est le point de vue adopté dans ce plan de *Psychose*, d'Alfred Hitchcock ?**

2. **Imaginez le contre-champ et décrivez-le.**

3. **En repensant à des gros plans d'autres films que vous avez vus et à ceux de la fiche, quels sont, d'après vous, les éléments visuels qui ont fait de celui-ci un plan original et célèbre de l'histoire du cinéma ?**

Exercice 3

1. Quel est l'angle de prise de vue adopté dans ce plan ?
2. Quels éléments sont mis en valeur ?
3. Quels effets ce plan cherche-t-il à produire ?

Christopher Lee,
dans *Le Cauchemar de Dracula*, de **Terence Fisher**, 1958.

Exercice 4

Dites tout ce que vous savez sur le plan suivant : composition de l'image, cadrage, point de vue, etc. Commentez l'effet produit par ce gros plan associé au plan lointain.

Sergueï Eisenstein, *Ivan le Terrible*, 1944-1945.

John Carpenter, *Halloween*, 1978.
Le tueur est à l'arrière-plan.

Exercice 5

1. Décrivez le plan. Quelle est son échelle ?
2. Quelle est la particularité de ce plan ?
3. Quel est l'effet recherché ?

Exercice 6

Voici d'une part un extrait d'une lettre du roman épistolaire *Les Liaisons dangereuses*, de Choderlos de Laclos, publié en 1782, d'autre part cinq plans tirés de l'adaptation cinématographique qu'en a faite le cinéaste britannique Stephen Frears (avec son scénariste) en 1988.

Depuis plusieurs mois, le Vicomte de Valmont cherche à séduire Madame de Tourvel. Il raconte ici à son amie la Marquise de Merteuil comment il a enfin vaincu la résistance de la jeune femme.

Par bonheur je me ressouvins que pour subjuguer une femme, tout moyen était également bon; et qu'il suffisait de l'étonner par un grand mouvement, pour que l'impression en restât profonde et favorable. Je suppléai donc, par la terreur, à la sensibilité qui se trouvait en défaut; et pour cela, changeant seulement l'inflexion de ma voix, et gardant la même posture: « Oui, continuai-je, j'en fais le serment à vos pieds, vous posséder ou mourir. » En prononçant ces dernières paroles, nos regards se rencontrèrent. Je ne sais ce que la timide personne vit ou crut voir dans les miens: mais elle se leva d'un air effrayé, et s'échappa de mes bras dont je l'avais entourée. Il est vrai que je ne fis rien pour la retenir: car j'avais remarqué plusieurs fois que les scènes de désespoir, menées trop vivement, tombaient dans le ridicule dès qu'elles devenaient longues ou ne laissaient que des ressources vraiment tragiques, et que j'étais fort éloigné de vouloir prendre. Cependant tandis qu'elle se dérobait à moi, j'ajoutai d'un ton bas et sinistre, mais de façon qu'elle pût m'entendre: « Hé bien ! la mort ! »

Choderlos de Laclos, *Les Liaisons dangereuses*, lettre 125 (extrait), 1782.

Plan 1

Le Vicomte se regarde dans un miroir.
Valmont: Je suis aussi malheureux que vous le désiriez.

Plan 2

La Présidente, les yeux baissés
Tourvel: Je désire votre bonheur.

Plan 3

Valmont aux genoux de Tourvel, si possible quand leurs regards se croisent.
Valmont: Comment l'aurais-je sans vous ? Ah, vous posséder ou mourir !

Plan 4

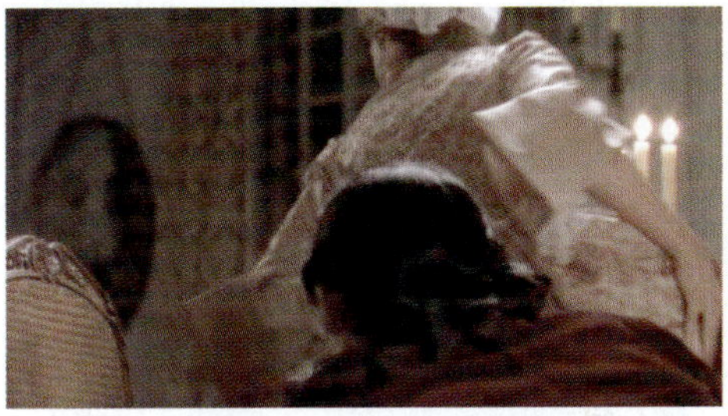

Tourvel de dos s'arrache aux bras de Valmont.

Plan 5

Le visage de Valmont qui émerge du dossier de la chaise
Valmont: Alors... la mort !

1. Quels sont les éléments du texte que vous retrouvez dans les cinq photogrammes précédents ?

2. Relevez les notations « scéniques » de ce passage qui pourraient avoir facilité le travail de transposition du scénariste et du metteur en scène.

3. Valmont est à l'évidence lui-même le metteur en scène de cette entreprise de séduction. Relevez les éléments du texte qui le prouvent.

4. Quel est le point de vue adopté dans la lettre ? Le cinéaste a-t-il adopté le même point de vue ?

5. Stephen Frears a-t-il respecté les indications du texte de Laclos ?

6. Quels sont les éléments du texte que vous ne retrouvez pas dans les cinq photogrammes ? Et quels sont les éléments absents du texte qui ont en revanche été ajoutés dans le film ?

7. Comment Stephen Frears a-t-il transposé certains sentiments, certaines pensées ?
Justifiez votre réponse.

Exercice 7

Extrait de *Douze Hommes en colère* de Sidney Lumet (1957)

Le film raconte le procès d'un jeune homme issu d'un quartier populaire, accusé d'avoir assassiné son père. La totalité de l'action se déroule dans la salle où sont réunis les douze jurés qui doivent décider de la sentence. Lors du premier vote, seul un juré émet des doutes sur la culpabilité du garçon, alors que les onze autres en sont convaincus. Or pour que la sentence soit prononcée, la décision des jurés doit être unanime. Un débat s'engage alors entre le juré qui doute, un architecte interprété par Henry Fonda, et les autres hommes. Au moment où débute cette séquence, les jurés ont demandé à revoir une pièce à conviction importante : l'arme du crime. Un comptable, homme réfléchi, prend la parole pour prouver à l'architecte que cette arme apporte une preuve irréfutable de la culpabilité du garçon.

Plan 1

Le comptable : Croyez-vous que le couteau soit tombé de sa poche […]

Plan 2

Le comptable : […] et que quelqu'un l'ait ramassé pour aller l'essayer sur son père ?
L'architecte : Non, mais il peut l'avoir perdu et on a pu tuer son père avec un autre couteau.

Plan 3

Le comptable : Regardez bien ce couteau.
Il plante le couteau dans la table.

Plan 4

Le comptable : Il n'a rien d'ordinaire. Je n'en ai jamais vu de semblable. Le brocanteur non plus. Devrions-nous croire à une telle coïncidence ?

Plan 5

L'architecte : Une coïncidence est possible.

Plan 6

Un troisième juré, homme impulsif : Moi, je dis que c'est impossible.

Plan 7

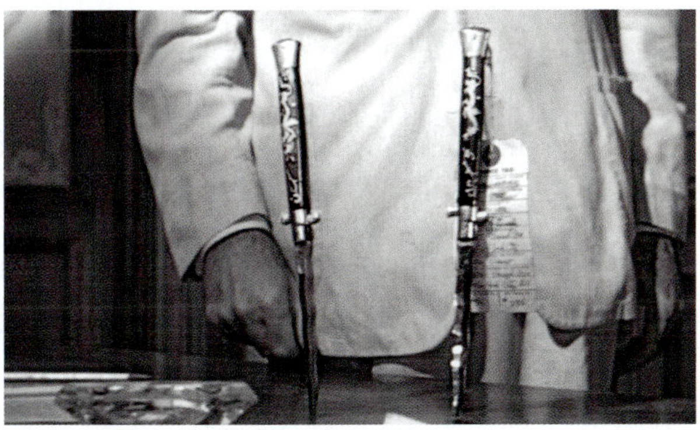

L'architecte se lève, sort de sa poche un autre couteau et le plante dans la table.

Plan 8

Une rumeur de stupéfaction s'élève dans la salle et plusieurs jurés s'approchent pour observer les couteaux. Le comptable : Que faites-vous ?

Plan 9

L'architecte : Je suis sorti hier soir. Dans le quartier du gamin. Je l'ai acheté à un prêteur sur gages. Il m'a coûté six dollars.

1. **Pourquoi peut-on dire qu'il s'agit d'une séquence ? Pourriez-vous lui donner un titre ?**

2. **Combien de plans y-a-t-il ? Pouvez vous repérer : un plan rapproché, un plan moyen, un plan d'ensemble, un champ-contre-champ, une contre-plongée ?**

3. **Qu'est-ce que le champ-contre-champ met en valeur ?**

4. **Par quel mouvement de caméra est-on passé du plan 3 au plan 4 ? Quel est l'effet produit ?**

5. **À quel autre plan le plan 7 répond-il ? Que signifie ce parallélisme ?**

6. **Comment évolue l'échelle de plan utilisée pour cadrer les jurés (plans 1, 2, 3, 5, 6, 7, 9) ? Que peuvent suggérer ces changements ?**

7. **Comment les angles de prise de vue (effets de plongée ou de contre-plongée) sont-ils utilisés dans cette séquence pour illustrer le rapport de force entre les personnages ?**

8. **En utilisant vos réponses aux questions précédentes, récapitulez comment le réalisateur Sidney Lumet a traduit en images l'échange argumentatif.**

25 Identifier les registres de l'image

Les images éveillent des **émotions** chez celui qui les regarde. Chaque registre correspond à l'émotion suscitée : admiration, compassion, rire... On le reconnaît grâce à un ensemble de **procédés** qui le caractérisent, visant un **effet** particulier. Un même procédé peut se retrouver dans différents registres. Voici quelques exemples de registres, illustrés par une image.

1 Le registre fantastique

Ses procédés caractéristiques : incertitude provoquée par des contours indéfinis, des formes confuses, des effets de clair-obscur ; thème du double illustré par des jeux de reflet ou des ressemblances entres les objets et les personnes ; associations inattendues d'éléments qui ne vont pas ensemble habituellement ; représentation d'un être ou d'un objet mystérieux dans un cadre ordinaire.

Dans ce tableau de Magritte, le fantastique tient surtout au contraste entre l'obscurité du bas de l'image et la lumière du haut, comme si la nuit suggérée par les couleurs sombres et les lumières allumées rencontrait le jour du ciel. Le reflet incertain de la maison dans l'eau introduit de plus le thème du double et les lumières suggèrent une présence humaine qui demeure cachée, mystérieuse.

René Magritte (1898-1967), *L'Empire des lumières*, 1954, huile sur toile, 146 cm × 114 cm Bruxelles, Musées royaux des Beaux-Arts de Belgique.

2 Le registre pathétique

Ses procédés caractéristiques : les signes physiques de la douleur ; une composition (lignes, jeux de couleur et de lumière) qui attirent le regard vers les personnages qui souffrent ou vers la cause de la souffrance ; la présence de personnages faibles et sans défense (enfants, femmes vieillards)

Dans ce tableau du Caravage, les postures et les gestes des personnages représentés (têtes baissées, mains sur le visage, corps recroquevillés) suggèrent une peine qui attire la compassion. La lumière et la couleur rouge attirent le regard vers le corps de la Vierge, cause de la souffrance, ainsi que sur la nuque de la jeune femme éplorée à ses côtés.

Caravage (1571-1610), *La Mort de la Vierge*, 1605-1606, huile sur toile, 369 cm × 245 cm, Paris, musée du Louvre.

3 Le registre tragique

Ses procédés caractéristiques : la mise en valeur d'un individu, impuissant face à une force qui le dépasse ; la résistance de l'individu face à cette force écrasante soulignée par ses gestes et par la composition de l'image ; la disproportion entre l'individu et la force à laquelle il s'oppose ; la représentation directe ou indirecte (par exemple sous forme d'allégorie) de la mort ; l'évocation d'une présence divine par la lumière ou par les regards ou les gestes des personnages, dirigés vers le ciel.

La dimension tragique de ce tableau de Goya repose sur la confrontation entre une rangée de soldats armés, prêts à tirer et un groupe de personnages impuissants, dont se détache un individu. Ce dernier est mis en valeur par la clarté de sa tenue et par son geste des bras, tendus vers le ciel. Le sort qui attend inévitablement le groupe de gauche, la mort, est représenté au premier plan avec les cadavres sanglants étendus au sol.

Francisco de Goya (1746-1828), *Tres de Mayo*, 1814, huile sur toile, 266 cm × 345 cm, Madrid, musée du Prado.

4 Le registre épique

Ses procédés caractéristiques : l'exagération ; la mise en valeur d'un personnage ou d'un groupe de personnages par la composition, les jeux de lumière et de couleur ; la présence d'une foule ; la représentation du mouvement ; le recours à des symboles, des allégories.

Dans cette gravure du XVIIᵉ siècle, le héros est mis en valeur par sa taille, puisqu'il paraît immense au premier plan par rapport au paysage et à la foule des combattants. Le mouvement vif du cheval, qui évoque la fougue du jeune guerrier, contraste avec son attitude digne et sereine. Ces procédés sont comparables aux hyperboles des textes littéraires. On note aussi la présence de l'ange comme allégorie de la gloire, qui s'apprête à couronner le futur roi, et de plusieurs objets symboliques : la bannière portant les armes du héros, la couronne de la Renommée et le bâton de commandement qu'il tient dans sa main droite.

Pierre Lombard (1612 ?-1682), *Portrait de Louis II de Bourbon, duc d'Enghien, à cheval, accompagné de la Renommée devant Fribourg*, gravure, (détail), BnF, Estampes et photographie.

Caspar David Friedrich, *Moine au bord de la mer*, huile sur toile, 110 cm × 171 cm, Berlin, Alte Nationalgalerie.

5 Le registre lyrique

Ses procédés caractéristiques: évocation d'un sentiment dominant à travers le choix des couleurs et l'utilisation de la lumière; présence d'un cadre naturel; représentation d'un individu auquel le spectateur peut s'identifier.

Ce tableau de C. D. Friedrich évoque de manière lyrique le sentiment que l'homme est tout petit face à l'immensité de la nature. La silhouette du moine, qui paraît minuscule au cœur du paysage marin, invite d'autant plus à l'identification qu'il semble contempler le même paysage que nous. Si une certaine mélancolie se dégage des couleurs, le ciel clair paraît s'ouvrir et suggère ainsi la majesté de la nature et peut-être la présence de Dieu.

Plantu, « Et comme dit le poète, la femme est l'avenir de l'homme ! », dessin, 1996.

6 Le registre comique

Ses nuances et ses procédés:

L'image peut exprimer tous les types de comique:

- la **caricature**, à travers l'exagération de certains traits, le grossissement de défauts physiques
- l'**humour**, avec par exemple l'apparition d'un élément incongru
- la **parodie**, par l'imitation d'une autre image
- l'**ironie**, par exemple lorsqu'il y a un décalage entre l'image et le texte qu'elle accompagne
- le **satirique**, quand l'image dénonce en s'en moquant les défauts d'une personne ou d'un groupe. Le registre comique est alors au service du **registre polémique**.

Dans ce dessin de Plantu, la satire d'une société machiste est soulignée par l'opposition entre les hommes réunis autour de la table et représentés dans les tableaux d'une part, et la femme d'autre part: contraste entre les costumes sombres et le costume clair, les fauteuils et la chaise, l'inactivité soulignée par la position des mains et le travail studieux, les sourires d'autosatisfaction et l'attitude humble. Le comique provient du décalage entre cette opposition évidente et les paroles prononcées par l'homme.

Exercice 1

1. Recherchez un exemple d'image fantastique, un exemple d'image pathétique, un exemple de caricature et un exemple d'image parodique.
2. Justifiez votre choix en expliquant pourquoi ces images relèvent des registres en question.
3. Trouvez dans chaque image au moins deux procédés caractéristiques du registre dominant.

Exercice 2

1. Déterminez le registre dominant de cette image.
2. Comment pouvez-vous expliquer le choix des couleurs fait par l'affichiste ?
3. Quelles particularités le portrait du dictateur présente-t-il ? Quelle image cela donne-t-il de ce personnage ?
4. Que signifie selon vous la différence de taille entre le dictateur et le coiffeur ?

Affiche du film de **Charlie Chaplin** *Le Dictateur (The Great Dictator)*, 1940.

Photographie de **Jacques Dubois**, *Journée nationale pour le monument de l'Infanterie, 7 mai 1939, Paris.*

Exercice 3

1. Cherchez les lignes de force de cette image. Que soulignent-elles ?
2. À quel procédé d'écriture cela fait-il penser ?
3. Formulez en une phrase la leçon que l'on pourrait tirer de cette image.

Exercice 4

Les images suivantes sont extraites de deux adaptations filmiques du drame romantique de Victor Hugo, *Ruy Blas*. Il met en scène un maître, Don Salluste, et son valet Ruy Blas.

1. Quelles différences observez-vous concernant la représentation des personnages dans les deux images ?

2. Identifiez le registre dominant de chaque image en vous appuyant sur des indices précis.

Plan du film *Ruy Blas*, de **Pierre Billon** (1947), avec **Jean Marais** (Ruy Blas) et **Marcel Herrand** (Don Salluste).

Plan du film *La Folie des grandeurs*, de **Gérard Oury** (1971), avec **Yves Montand** (Ruy Blas) et **Louis de Funès** (Don Salluste).

Exercice 5

1. Observez le cadrage de l'image. Sur quel contraste le photographe joue-t-il ? Que nous donne-t-il à imaginer ?

2. De quel registre cette image relève-t-elle ?

Photographie de **Eliot Erwitt**, *Felix, Gladys and Rover*, New York, 1974.

Photographie de **Josef Koudelka**, *Prague 1968*.

Exercice 6

1. Observez la composition de l'image. Que met-elle en valeur ?
2. Imaginez deux contextes différents donnant à cette image deux significations opposées. Quel est alors, dans chaque cas, le registre dominant de la photographie ?

Jacques-Louis David, *Le Serment des Horace*, 1784-1785, huile sur toile, 330 cm × 425 cm, Paris, musée du Louvre.

Exercice 7

1. Quel est le registre dominant lorsque l'on prête plutôt attention au groupe de femmes à droite ? Quels procédés caractéristiques de ce registre peut-on relever ?
2. Que vont accomplir selon vous les trois hommes placés à gauche ? Quel est le registre dominant quand on observe plutôt le groupe d'hommes ? Quels procédés caractéristiques de ce registre peut-on relever ?
3. Lequel des deux registres la composition du tableau met-elle plutôt en valeur ? Justifiez votre réponse en vous appuyant en particulier sur les lignes de force.

26 Étudier les rapports du texte et de l'image

L'image peut se combiner avec le texte de différentes manières.

1 Le texte comme image

Les lettres, les mots et les phrases fonctionnent comme des images, comme dans :
- la **calligraphie**, où l'écriture est utilisée autant pour son sens que pour son graphisme ;
- les **lettrines médiévales** ;

lettre Q : homme tuant un monstre. « Moralia in Job » de saint Grégoire. Manuscrit du XIIe siècle provenant de l'abbaye de Citeaux.

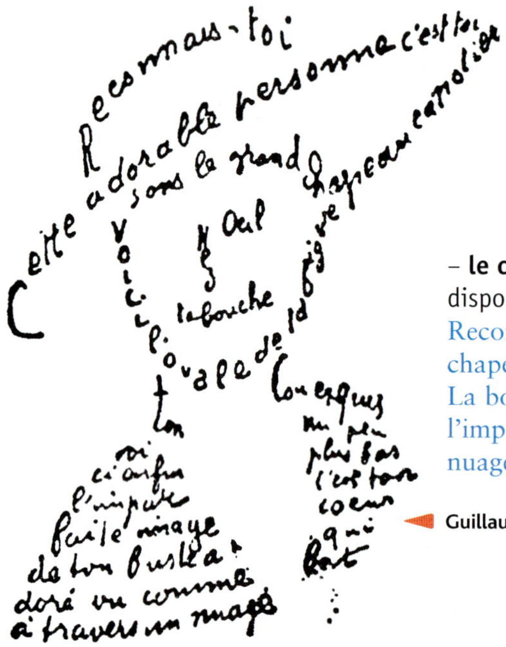

- le **calligramme**. Il s'agit d'un poème dont les mots forment par leur disposition une image, souvent en relation avec ce qu'évoque le texte.
Reconnais-toi / Cette adorable personne c'est toi / Sous le grand chapeau canotier / Œil / Nez /
La bouche / Voici l'ovale de ta figure / Ton cou exquis / Voici enfin l'imparfaite image de ton buste adoré / vu comme à travers un nuage / Un peu plus bas c'est ton cœur qui bat

Guillaume Apollinaire, *Poèmes à Lou*, extrait du poème du 9 février 1915.

2 L'image au service du texte

C'est **le texte** qui **est premier**, et l'image sert à l'illustrer : elle vient en complément du texte, est descriptive et/ou décorative, comme, par exemple, dans les albums de littérature enfantine ou les livres illustrés.

Placé à l'intérieur du chapitre « Le monstre », ce dessin correspond bien à la longue description de la pieuvre : « La nuit, pourtant, et particulièrement dans la saison du rut, elle est phosphorescente. Cette épouvante a ses amours. Elle attend l'hymen. Elle se fait belle, elle s'allume, elle s'illumine, et, du haut de quelque rocher, on peut l'apercevoir au-dessous de soi dans les profonds ténèbres épanouie en une irradiation blême, soleil spectre. » (II, livre quatrième, 2.)

Par l'image, on peut résumer, condenser une histoire en conservant l'essentiel. Par exemple les couvertures de livres qui donnent une idée de ce que l'on va lire.

Les Travailleurs de la mer Illustré par **Victor Hugo**, vers 1866, Paris, BNF, Département des Manuscrits.

3 Le texte au service de l'image

L'image est première, le texte vient préciser ou commenter l'image. Le texte peut être un simple titre, une légende, une analyse – d'un tableau, d'une image d'un critique d'art, etc. –, les cartons d'un film muet.

Ci-dessous l'enluminure est composée de deux parties représentant l'Apocalypse de Saint Jean. L'alternance du rouge et du bleu comme couleurs de fond indique la succession temporelle entre les deux images.

À l'intérieur, des panonceaux de texte reproduisent les passages de la Bible illustrés. Dans la partie haute, ils évoquent l'enfant qui, au moment où il va se faire dévorer par le dragon rouge à sept têtes, est emporté vers Dieu (en haut à droite). Le panonceau du bas dit que l'archange Saint-Michel a triomphé du diable, sous la forme d'un dragon.

Isolée dans le coin en haut à gauche, une case aide le lecteur à identifier l'auteur : celui qui a eu la vision de l'Apocalypse, Saint Jean (Johannes).

L'image est ici première car elle s'adressait au premier chef à un public non lettré.

Le texte, inscrit à l'intérieur de l'image, se présente ainsi comme dans une bande dessinée actuelle. C'est aussi au Moyen Âge que l'on invente les phylactères, c'est-à-dire les bulles : les paroles prononcées par les personnages figurent dans des bandeaux qui sortent de leur bouche ou qu'ils tiennent par la main comme des ballons.

Liber Floridus, de **Lambert de Saint Omer**, *La bête de l'Apocalypse*, Manuscrit du XIIIe siècle, Flandre française, Paris, BnF, Département des manuscrits.

4 Le texte indissociable de l'image

L'image et le texte dépendent l'un de l'autre : on ne peut pas comprendre l'un sans l'autre, comme dans le dessin d'humour, la caricature, la bande dessinée, ou encore l'affiche publicitaire.

Affiche d'**André François**, pour *Le Nouvel Observateur*, 1972.

Honoré Daumier (1808-1879), *Les Parisiens*, Paris, BnF.

5 Le dialogue entre l'image et le texte

Souvent, il est difficile d'établir avec certitude la primauté du texte ou celle de l'image. L'un et l'autre sont **complémentaires** et s'enrichissent mutuellement en un dialogue constant.

L'artiste ou le poète réinvente – interprète – ce que dit le texte ou l'image en en proposant une lecture personnelle. Cela est particulièrement vrai dans les livres d'artiste, souvent le fruit de la collaboration entre un poète et un artiste, par exemple, René Char et Nicolas de Staël.

Dans l'art contemporain, l'écrit est souvent partie intégrante de l'œuvre : la lettre est prise autant pour ses qualités plastiques que pour son sens.

Guillaume Apollinaire illustré par **Raoul Dufy**, *Le Bestiaire ou cortège d'Orphée*, Paris, Deplanche, Editeur d'art, 1911, Bibliothèque Doucet.

Exercice 1

Analysez le calligramme d'Apollinaire ci-dessous :

1. **Quelles différentes formes identifiez-vous ?**
2. **Sur quoi la typographie insiste-t-elle ? Dites pourquoi.**
3. **Récrivez le texte sous forme linéaire.**

LA COLOMBE POIGNARDÉE ET LE JET D'EAU

Douces figures poignardée Chères lèvres fleuries
MIA MAREYE
YETTE LORIE
ANNIE et toi MARIE
où êtes
vous ô
jeunes filles
MAIS
près d'un
jet d'eau qui
pleure et qui prie
cette colombe s'extasie

Tous les souvenirs de naguère
O mes amis partis en guerre
Jaillissent vers le firmament
Et vos regards en l'eau dormant
Meurent mélancoliquement
Où sont-ils Braque et Max Jacob
Derain aux yeux gris comme l'aube
Où sont Raynal Billy Dalize
Dont les noms se mélancolisent
Comme des pas dans une église
Où est Cremnitz qui s'engagea
Peut-être sont-ils mort déjà
De souvenirs mon âme est pleine
Le jet d'eau pleure sur ma peine

CEUX QUI SONT PARTIS A LA GUERRE AU NORD SE BATTENT MAINTENANT
Le soir tombe O sanglante mer
Jardins où saigne abondamment le laurier rose fleur guerrière

Guillaume Apollinaire, *La colombe poignardée et le jet d'eau*, 1918, © éd. Gallimard.

Exercice 2

Voici une publicité faite par l'illustrateur André François pour le magasin Habitat.

1. **Quels éléments reconnaissez-vous ?**
2. **Analysez le sens que veut rendre cette image.**

Publicité réalisée par **André François**, pour Habitat, 1978.

Exercice 3

Ce panneau réalisé par le peintre Jean-Michel Basquiat mêle étroitement peinture et écriture.

1. **Quels éléments textuels identifiez-vous ? Comment les comprenez-vous ?**
2. **Observez les couleurs et la construction de cette peinture. À quel univers renvoie-t-elle ?**
3. **Qu'est-ce qui se dégage de l'ensemble ?**

Jean-Michel Basquiat, *Piano Lesson (For Chiara)*, acrylique, crayon gras et collage sur panneau métallique, Paris, Galerie E. Navarra.

Exercice 4

Jean Siméon Chardin, *Le Bocal d'olives*, 1760, Paris, musée du Louvre.

L'artiste a placé sur une table un vase de vieille porcelaine de la Chine, deux biscuits, un bocal rempli d'olives, une corbeille de fruits, deux verres à moitié pleins de vin, une bigarade avec un pâté.
Pour regarder les tableaux des autres, il semble que j'aie besoin de me faire des yeux ; pour voir ceux de Chardin, je n'ai qu'à garder ceux que la nature m'a donnés et m'en bien servir.
Si je destinais mon enfant à la peinture, voilà le tableau que j'achèterais. « Copie-moi cela, lui dirais-je, copie-moi cela encore. » Mais peut-être la nature n'est-elle pas plus difficile à copier.
C'est que ce vase de porcelaine est de la porcelaine ; c'est que ces olives sont réellement séparées de l'œil par l'eau dans laquelle elles nagent ; c'est qu'il n'y a qu'à prendre ces biscuits et les manger, cette bigarade l'ouvrir et la presser, ce verre de vin et le boire, ces fruits et les peler, ce pâté et y mettre le couteau.
C'est celui-ci qui entend l'harmonie des couleurs et des reflets. O Chardin ! Ce n'est pas du blanc, du rouge, du noir que tu broies sur ta palette : c'est la substance même des objets, c'est l'air et la lumière que tu prends à la pointe de ton pinceau et que tu attaches sur la toile.

Denis DIDEROT, *Salon de 1763*.

1. **Dans quel ordre Diderot décrit-il les différents éléments de ce tableau de Chardin ?**

2. **Sur quelle caractéristique de la peinture de Chardin insiste-t-il ?**

3. **Quel sentiment Diderot ressent-il à l'égard du tableau et du peintre ? Quels procédés d'écriture utilise-t-il pour exprimer ce sentiment ?**

4. **Rédigez un texte de quelques lignes à la manière de Diderot où vous décrirez une œuvre d'art de votre choix avant d'exprimer vos sentiments à son égard.**

Exercice 5

1. **La structure de cette affiche est très découpée. Quelles sont les lignes de force ? Comment les couleurs sont-elles organisées ?**

2. **Quelle relation établissez-vous entre le graphisme choisi et le titre du film ?**

Affiche de **C. de Hurel**, pour le film *À bout de souffle* de **Jean-Luc Godard**, 1960.

Exercice 6

Analysez les différents éléments de l'image :

1. Quel est le thème de l'image ? Que représente l'épée ? les plumes ?

2. Sous quelles formes le texte écrit apparaît-il ?

3. Qu'est-ce que l'image apporte que l'écrit ne dit pas ?

Pilotell, « Suppression de la liberté de la presse par Vinoy... », dans *Actualités*, gravure, 1871, Saint Denis, musée d'art et d'histoire.

Exercice 7

1. Quel est le rapport entre le texte de cette affiche et l'image ?

2. Quels sont les effets produits par l'image ? Servent-ils tous le message transmis par l'affiche ?

3. Le message principal est-il porté par l'image ? par le texte ? par les deux ?

Affiche publicitaire pour la campagne de la sécurité routière contre le téléphone portable au volant, 2008

27 Lire à voix haute

Si l'activité centrale du cours de français est la **lecture**, entendue comme analyse des textes, **la lecture à voix haute** rend également compte de la **compréhension** que l'on a des textes et complète celle-ci. Elle est aussi le lieu d'une **interprétation** dont il faut acquérir les moyens. Découvrir à haute voix un texte, c'est donc orienter l'analyse que l'on fera du texte.

1 Respecter l'écriture du texte

Pour faire entendre le sens, vous devez respecter l'écriture du texte. La ponctuation et les didascalies vous donnent des indications.

• **La ponctuation**
Certains signes sont particulièrement porteurs de signification : les points d'exclamation et d'interrogation peuvent manifester le trouble d'un personnage :
« Au voleur ! au voleur ! à l'assassin ! au meurtrier ! Justice, juste ciel ! Je suis perdu, je suis assassiné ; on m'a coupé la gorge : on m'a dérobé mon argent. Qui peut-ce être ? Qu'est-il devenu ? Où est-il ? Où se cache-t-il ? » (Molière)
Quant aux deux-points et au point-virgule, ils signalent une articulation logique et se substituent parfois à un connecteur.

• Les **didascalies théâtrales**
Notées en italiques, elles donnent des indications de mise en scène et renseignent souvent sur le ton :
VLADIMIR (*accablé*). – C'est trop pour un seul homme. (*Un temps. Avec vivacité.*) D'un autre côté, à quoi bon se décourager à présent, voilà ce que je me dis. (Samuel Beckett)

2 Respecter les effets de rythme

En prose comme en vers, l'auteur produit des effets de rythme, dont votre lecture doit rendre compte. Vous devez être attentif :
• à la **période** : dans la phrase longue, il faut respecter un certain mouvement de la phrase, lié à ses unités rythmiques, que l'on appelle une « période » : la partie ascendante du point de vue de l'intonation, l'acmé (sommet de la courbe mélodique) et la partie descendante ;

• au **rythme binaire ou ternaire** : il met en balancement deux ou trois groupes de mots. Si les groupes sont de longueur croissante, on parle de **cadence majeure**, qui produit un effet d'amplification, dramatique ou enthousiaste ; à l'inverse, la **cadence mineure** produit un effet de fermeture ;

• au retour de **groupes de même longueur** syllabique : il produit un effet musical, dans le vers naturellement, mais aussi dans la prose ;

• **aux coupes de vers** : dans les textes versifiés, certaines **coupes** déséquilibrent le vers ; les **rejets** ou **contre-rejets** mettent en relief le propos, par la contradiction entre la structure du vers et celle de la phrase.

3 Respecter la musicalité des vers

Leur lecture implique une attention particulière :
• aux règles de **prononciation du « -e » final**, élidé devant voyelle et à la fin du vers :
« Heureux qui comm'Ulyss'a fait un beau voyag' » (Joachim du Bellay).

• aux **coupes** principale (//) et secondaires (/), dans les vers de plus de huit syllabes en particulier :
« Je fais souvent/ce rêve étrang(e)/et pénétrant
D'une femme inconnue// et que j'aim(e)/et qui m'aime » (Paul Verlaine).

4 Respecter le sens du texte

Enfin, la lecture tient compte du **registre** qui a été identifié, des **rapports** des personnages, de leur évolution, de la **modalisation** des propos, etc.

Exercice 1

1. Dans cette phrase de la Bruyère, à quel moment le ton change-t-il ?

2. Quelle(s) ponctuation(s) pourrai (en) t rendre compte de ce changement ?

3. Pourquoi La Bruyère emploie-t-il les deux-points ?

Vous êtes homme de bien, vous ne songez ni à plaire ni à déplaire aux favoris, uniquement attaché à votre maître et à votre devoir : vous êtes perdu.

La Bruyère, *Caractères*, 1688, « De la Cour », 40.

Exercice 2

1. Quelle situation le texte qui suit décrit-il ?

2. Quelle idée vous faites-vous des personnages ?

3. Ajoutez des didascalies qui rendent compte de votre interprétation.

Père Ubu – Merdre.

Mère Ubu – Oh ! voilà du joli, Père Ubu, vous estes un fort grand voyou.

Père Ubu – Que ne vous assom'je, Mère Ubu !

Mère Ubu – Ce n'est pas moi, Père Ubu, c'est un autre qu'il faudrait assassiner.

Père Ubu – De par ma chandelle verte, je ne comprends pas.

Mère Ubu – Comment, Père Ubu, vous estes content de votre sort ?

Alfred Jarry, *Ubu Roi*, 1888, Acte I, scène 1.

Exercice 3

1. Lisez le texte qui suit à haute voix, en soulignant les mots que vous accentuez.

2. Identifiez des séquences régulières de syllabes. Décrivez précisément les effets produits par ces régularités et ces irrégularités de rythme.

Or, une nuit, trois mois après le crime, j'eus un affreux cauchemar. Il me sembla que je voyais la main, l'horrible main, courir comme un scorpion ou comme une araignée le long de mes rideaux et de mes murs. Trois fois, je me réveillai, trois fois je me rendormis, trois fois je revis le hideux débris galoper autour de ma chambre en remuant les doigts comme des pattes.

Le lendemain, on me l'apporta, trouvé dans le cimetière, sur la tombe de sir John Rowel, enterré là ; car on n'avait pu découvrir sa famille. L'index manquait.

Guy de Maupassant, *La Main*, 1883.

Exercice 4

1. Lisez cet extrait à haute voix, en faisant apparaître au crayon les coupes principales et secondaires.

2. Quel traitement Racine fait-il subir au vers ? Quel est l'effet produit ?

3. Quel est le registre du texte ?

Folle de jalousie, Hermione a donné l'ordre de tuer Pyrrhus, infidèle à ses serments. Elle médite dans un monologue au début du dernier acte, partagée entre l'amour et la haine.

Hermione

Où suis-je ? Qu'ai-je fait ? Que dois-je faire encore ?
Quel transport me saisit ? Quel chagrin me dévore ?
Errante et sans dessein je cours dans ce palais.
Ah ! ne puis-je savoir si j'aime ou si je hais ?
Le cruel ! de quel œil il m'a congédiée !
Sans pitié, sans douleur au moins étudiée[1] !
L'ai-je vu se troubler et me plaindre un moment ?
En ai-je pu tirer un seul gémissement ?
Muet à mes soupirs, tranquille à mes alarmes,
Semblait-il seulement qu'il eût part à mes larmes ?
Et je le plains encore ! Et pour comble d'ennui,
Mon cœur, mon lâche cœur s'intéresse pour lui !

1. Feinte.

Racine, *Andromaque*, 1667, Acte V, scène 1.

Exercice 5

1. Lisez ces deux quatrains à haute voix. Quelles sont les coupes des vers 1-2 ?

2. Dans les vers 3-8, quel procédé rend la lecture difficile ? Décrivez-le précisément. Quel effet est ainsi obtenu ?

Beauté des femmes, leur faiblesse, et ces mains pâles
Qui font souvent le bien et peuvent tout le mal,
Et ces yeux, où plus rien ne reste d'animal
4 Que juste assez pour dire : « assez » aux fureurs mâles.

Et toujours, maternelle endormeuse des râles,
Même quand elle ment, cette voix ! Matinal
Appel, ou chant bien doux à vêpre, ou frais signal,
8 Ou beau sanglot qui va mourir au pli des châles !....

Paul Verlaine, *Sagesse*, 1880.

Exercice 6

1. Quel est le point de vue, dans le texte qui suit ?

2. Quelles remarques pouvez-vous faire sur la construction syntaxique ? Quel effet contribue-t-elle à produire ?

3. Recherchez la lecture à haute voix la plus adaptée.

La première fois qu'Aurélien vit Bérénice, il la trouva franchement laide. Elle lui déplut, enfin. Il n'aima pas comment elle était habillée. Une étoffe qu'il n'aurait pas choisie. Il avait des idées sur les étoffes. Une étoffe qu'il avait vue sur plusieurs femmes. Cela lui fit mal augurer de celle-ci qui portait un nom de princesse d'Orient sans avoir l'air de se considérer dans l'obligation d'avoir du goût. Ses cheveux étaient ternes ce jour-là, mal tenus. Les cheveux coupés, ça demande des soins constants. Aurélien n'aurait pas pu dire si elle était blonde ou brune. Il l'avait mal regardée. Il lui en demeurait une impression vague, générale, d'ennui et d'irritation. Il se demanda même pourquoi. C'était disproportionné. Plutôt petite, pâle, je crois... Qu'elle se fût appelée Jeanne ou Marie, il n'y aurait pas repensé, après coup. Mais Bérénice. Drôle de superstition. Voilà bien ce qui l'irritait.

Aragon, *Aurélien*, © Gallimard, 1944.

28 Faire une présentation à l'oral

L'épreuve orale du baccalauréat comporte deux parties, précédées d'une préparation de quarante-cinq minutes : un **exposé**, à partir d'un texte et d'une question qui éclaire dans quel sens celui-ci doit être expliqué ; un **entretien** au cours duquel il s'agit de répondre aux questions de l'examinateur en développant ses arguments.

1 La préparation de l'exposé

• Le temps de préparation doit être utilisé à lire attentivement le texte, à noter ses impressions, à rassembler ses connaissances et à réfléchir à la question posée par l'examinateur. L'élève, après avoir fait le constat de la complexité du texte et de ses tensions internes (phase de problématisation) construit un plan qui rende compte de cette complexité.

• Le plan doit comporter :
- une bonne introduction qui définit la singularité du sujet,
- une analyse ordonnée du sujet,
- une conclusion explicite qui en dresse le bilan et ouvre des pistes de réflexion.

• Il est conseillé de ne pas rédiger l'ensemble du commentaire au brouillon mais de faire usage de notes et d'abréviations. Cela permet de gagner du temps dans la préparation et d'éviter de lire son brouillon lors du passage à l'oral. Il est important néanmoins de bien écrire les titres des parties et sous-parties pour avoir un propos clair et organisé.

2 L'exposé

• La phase de lecture du texte en début d'exposé est très importante : elle montre déjà à l'examinateur si vous avez compris certaines données de l'extrait (notamment les jeux sur les registres).

• Il convient ensuite de présenter son exposé calmement et sans trop lire ses notes : se tenir correctement, bien respirer pour se décontracter, parler fort et pas trop vite, bien articuler, ménager des pauses et varier ses intonations.

• Il faut bien mesurer son temps d'exposé qui ne doit pas excéder dix minutes.

3 L'entretien

• L'entretien qui suit la présentation de l'exposé consiste en diverses questions posées par l'examinateur et qui peuvent porter sur :
- l'exposé qui vient d'être fait, afin d'éclaircir certains points ;
- le texte lui-même pour vérifier que certains passages ou certains mots ont été bien compris ;
- l'œuvre entière ou son auteur pour évaluer plus généralement les connaissances du candidat ;
- les lectures ou centres d'intérêt du candidat qui peuvent permettre d'apprécier sa capacité à s'exprimer et la qualité de son analyse.

• L'évaluation des connaissances n'est pas le seul but de l'entretien. Sont aussi pris en compte l'attention qu'il sait porter aux questions qu'on lui pose et la cohérence de sa réflexion. Pour réussir un entretien, il faut donc :
- manifester une attitude d'ouverture en gardant le visage tourné vers la personne qui interroge, sans paraître trop décontracté ni se laisser gagner par l'anxiété ;
- écouter attentivement les questions et bien distinguer si elles font appel à des connaissances générales ou à un jugement personnel ;
- ne pas hésiter à demander la répétition d'une question mal comprise ;
- répondre en soignant son expression et en s'efforçant si nécessaire de recourir au vocabulaire technique correspondant.

Exercice 1

Lisez ce texte à voix basse en repérant où se situent l'humour et l'ironie. Lisez-le ensuite à voix haute en veillant à ce que votre lecture fasse ressortir ces deux composantes.

On appelle tyran le souverain qui ne connaît de lois que son caprice, qui prend le bien de ses sujets, et qui ensuite les enrôle pour aller prendre celui de ses voisins. Il n'y a point de ces tyrans-là en Europe. On distingue la tyrannie d'un seul, et celle de plusieurs. Cette tyrannie de plusieurs serait celle d'un corps qui envahirait les droits des autres corps, et qui exercerait le despotisme à la faveur des lois corrompues par lui. Il n'y a pas non plus de cette espèce de tyrans en Europe.

Sous quelle tyrannie aimeriez-vous mieux vivre ? Sous aucune ; mais s'il fallait choisir, je détesterais moins la tyrannie d'un seul que celle de plusieurs. [...]

Si je n'ai qu'un despote, j'en suis quitte pour me ranger contre un mur, lorsque je le vois passer, ou pour me prosterner, ou pour frapper la terre de mon front selon la coutume du pays ; mais s'il y a une compagnie de cent despotes, je suis exposé à répéter cette cérémonie cent fois par jour, ce qui est très ennuyeux à la longue quand on n'a pas les jarrets souples.

Voltaire, *Dictionnaire philosophique portatif*, article « Tyrannie »

Exercice 2

Réécrivez ce texte au brouillon sous formes de notes et d'abréviations, puis exposez ce paragraphe à voix haute en vous aidant du seul brouillon.

Voici l'extrait d'un commentaire rédigé sur un passage de La Princesse de Clèves.

Nemours est troublé pour de multiples raisons : parce que le secret qu'il avait confié au vidame de Chartres a été révélé, parce que ce secret est venu aux oreilles de la reine Dauphine, courtisée naguère par Nemours, et enfin parce que Mme de Clèves assiste à la scène et qu'elle pourrait apprendre sa présence aux abords du pavillon lors de l'aveu – ainsi que son indiscrétion. Le texte précise également que l'embarras dans lequel il voit Mme de Clèves par sa faute le peine profondément, sans que l'on sache très bien s'il est plus affecté par sa situation à elle ou par sa situation à lui. Le trouble de Nemours est complexe et cela fait toute la richesse de cet épisode à trois. Les lignes 7 à 11 avec leur succession de subordonnées relatives traduisent cet inextricable nœud qui enserre Nemours et l'empêche de répondre.

Exercice 3

Vous êtes dans les conditions d'une explication de texte orale. L'examinateur vous donne la question : « Peut-on parler ici d'un texte bouffon ? »

1. Lisez l'extrait et notez toutes vos impressions indépendamment de la question.

2. Réfléchissez à la question posée. Définissez le terme « bouffon ». Est-ce que certaines de vos impressions préalables permettent de répondre positivement ou négativement à cette question ?

3. Construisez au brouillon une partie dans laquelle vous montrerez l'aspect hautement comique de ce passage et une deuxième dans laquelle vous montrerez que ce comique a une visée avant tout satirique et politique.

Dans ce texte, écrit en français, Casanova relate son arrestation, à Venise, sur ordre des Inquisiteurs, puis les conditions de son emprisonnement. Il passe ici l'une de ses premières nuits en captivité.

Sans bouger, couché comme j'étais sur mon côté gauche, j'ai allongé le bras droit pour prendre mon mouchoir que la réminiscence me rendait sûr d'avoir placé là. En allant à tâtons avec ma main, Dieu ! quelle surprise lorsque j'en trouve une autre froide comme glace. L'effroi m'a électrisé depuis la tête jusqu'aux pieds, et mes cheveux se hérissèrent : jamais je n'ai eu dans toute ma vie l'âme saisie d'une telle frayeur, et je ne m'en suis jamais cru susceptible ; j'ai passé certainement trois ou quatre minutes non seulement immobile, mais incapable de penser ; rendu à moi-même je me suis fait la grâce de croire que la main que j'avais touchée n'était qu'un objet de l'imagination. Dans cette ferme supposition j'allonge de nouveau le bras au même endroit, et je trouve la même main, que jetant un cri perçant et transi d'horreur je serre, et je relâche en retirant mon bras. [...] J'imagine d'abord le corps de quelque innocent malheureux, et peut-être mon ami qu'on avait étranglé, et qu'on avait ainsi placé près de moi pour que je trouvasse à mon réveil devant mes yeux l'exemple du sort qu'on m'avait destiné. Cette pensée me rend féroce : je porte pour la troisième fois mon bras à la main, je la saisis, je la serre, et je veux dans le même instant me lever pour tirer à moi ce cadavre, et me rendre certain de toute l'atrocité de ce fait : mais voulant m'appuyer sur mon coude gauche, la même main froide que je tenais serrée devient vive, se retire, et je me sens dans l'instant avec ma grande surprise convaincu que je ne tenais dans ma main droite aucune main que ma main gauche, qui percluse et engourdie avait perdu mouvement, sentiment et chaleur, effet du lit tendre, flexible et douillet sur lequel mon pauvre individu reposait.

Cette aventure, quoique comique, ne m'a pas égayé. Elle m'a donné matière aux réflexions les plus noires. Je me suis aperçu que j'étais dans un endroit où si le faux paraissait vrai, les réalités devaient paraître des songes, où l'entendement devait perdre la moitié de ses privilèges, où la fantaisie échauffée devait rendre la raison victime ou de l'espérance chimérique ou de l'affreux désespoir.

Casanova, *Histoire de ma fuite des Plombs*, 1787.

29 Défendre son point de vue à l'oral

S'exprimer à l'oral est un exercice particulier: la communication orale répond à des codes et à des techniques différentes de l'écrit. Elle doit être efficace, s'effectuer dans un temps court, face à un public à captiver et à convaincre. C'est donc un apprentissage qui nécessite des qualités spécifiques.

1 Les codes de la communication orale

À l'oral, il faut avoir un impact immédiat sur son auditoire, qui doit comprendre avec clarté le propos tenu. L'orateur s'appuiera donc sur les outils suivants.

- **La voix et le rythme**
Une voix claire, posée, est indispensable à toute intervention orale. Pensez avant tout à votre débit, ni trop lent (il risque d'ennuyer votre auditoire), ni trop rapide (il risque de perdre votre auditoire). Ayez ensuite conscience de vos intonations, qui doivent ponctuer votre discours pour le rendre à la fois convaincant et expressif.

- **L'attitude et les gestes**
Pensez à établir un contact visuel permanent avec votre auditoire, en le regardant, ou en parcourant le public du regard. Votre gestuelle doit appuyer votre discours: pensez notamment à l'usage de vos mains, qui peuvent rythmer votre parole, et doivent être ouvertes plutôt que repliées sur vous-même.

- **Une syntaxe simple**
L'oral n'est pas le lieu d'une syntaxe complexe employant des phrases trop longues à la structure élaborée. Le premier impératif est celui de la clarté: des phrases courtes («une idée par phrase, une phrase par idée») sont bien souvent plus efficaces que des développements trop obscurs. Elles permettent d'éviter à l'orateur de perdre le fil de son discours, et maintiennent avec plus de facilité l'attention du public.

- **Un niveau de langue correct**
Si la rigueur de l'écrit ne peut tout à fait se retrouver à l'oral, le niveau de langue doit en toutes circonstances demeurer correct, voire soutenu. C'est une marque de respect pour l'auditoire, et d'intérêt pour les idées exprimées.

- **La contrainte du temps**
Le temps disponible à l'oral est souvent court. L'orateur doit donc toujours avoir une conscience claire du temps qui lui est accordé, et de la progression de son discours.

2 S'adapter à son auditoire: plusieurs cas de figure

Une intervention orale doit toujours tenir compte de la situation de communication: quel est le public visé, le format exigé? On peut donc distinguer plusieurs cas de figure.

- **Une intervention en classe**
Il s'agit ici, en réponse à une question du professeur, d'intervenir de façon courte, claire et pertinente. Demandez-vous avant tout si votre réponse a un rapport direct avec la question posée. Pensez également à l'adresser non seulement au professeur, mais à l'ensemble de vos camarades.

- **Un exposé**
Vous êtes ici dans la position du professeur, et devez donc répondre aux mêmes exigences: adapter votre débit à la prise de notes de vos camarades, établir avec eux une communication visuelle permanente, insister sur les points importants de votre exposé, en n'hésitant pas à les reformuler, ou les répéter.

- **Un examen oral en temps limité**
La contrainte essentielle est ici celle du temps imparti. Votre prise de parole doit s'adapter au format de l'épreuve (10 mn d'explication et 10 mn d'entretien en classe de Première). Votre grand ennemi est le silence, qui ne doit jamais dominer votre prestation. La structure de votre intervention doit être précisée avec clarté.

Exercice 1

1. Quelle règle régit la prise de parole dans la classe? Observez la réaction du professeur quand cette règle n'est pas respectée.

2. Observez la façon dont le professeur reprend les interventions de Frida (l. 10-12) et de Lydia (l. 18-20). Que cherche-t-il à faire?

Entre les murs *est le récit, par un professeur de français, de la vie d'une classe dans un collège du XIXe arrondissement à Paris.*

– Qu'est-ce que ça veut dire le sens de l'existence?

Frida, Love me Twice en noir sur tee-shirt rose.

– Ça veut dire à quoi on sert.

– On lève le doigt quand on veut parler. Et alors, à quoi on sert?

[...] Frida, est-ce que tu peux nous dire comment on donne un sens à l'existence?

Frida ne cherche pas, elle trouve.

– J'sais pas moi, par'emple si on croit en Dieu et tout.

– Bien, très juste. Les gens qui croient en Dieu, c'est une manière de donner du sens à l'existence. Et ceux qui croient pas, ils font comment?

[...] Lydia a parlé sans lever le doigt.

– Le sens c'est aider les autres aussi.

– On lève le doigt quand on veut parler. Les aider comment, Lydia?

– J'sais pas moi, leur donner à manger.

– Oui c'est ça, c'est bien, on peut par exemple se rendre utile par ce qu'on appelle l'engagement humanitaire, des choses comme ça. Et comment, sinon?

Elle a souri.

– Leur apprendre des choses.

François Bégaudeau, *Entre les murs*, © Verticales, 2006.

Exercice 2

À partir de cet extrait de *L'Enfant*, de Vallès, et des notes ci-dessous, entraînez-vous à exposer oralement la réponse à la question: «Comment comprenez-vous dans cet extrait le passage de «ROBINSON CRUSOÉ» à «Il est nuit»?»

Extrait

Pour le punir, on a enfermé le petit Jacques dans une salle de classe déserte.

Rien, une règle, des plumes rouillées, un bout de ficelle, un petit jeu de dames, le cadavre d'un lézard, une agate[1] perdue.

Dans une fente, un livre: j'en vois le dos, je m'écorche les ongles à essayer de le retirer. Enfin, avec l'aide de la règle, en cassant un pupitre, j'y arrive; je tiens le volume et je regarde le titre:

ROBINSON CRUSOÉ[2]

Il est nuit.

Je m'en aperçois tout d'un coup. Combien y a-t-il de temps que je suis dans ce livre? – quelle heure est-il?

Jules Vallès, *L'Enfant*, 1878.

1. Bille de verre marbré 2. Roman de Daniel Defoe (1719).

Notes

ROBINSON CRUSOÉ: titre en maj. détache/impose l'ouvrage: fascination?

Il est nuit: ellipse — temporelle: la nuit, soudain: cf. sécheresse brutale du constat «Il est nuit.»

— narrative: qu'a fait le garçon après découverte du livre? plongé dedans?

→ perte repères temporels

→ perte conscience de soi

Exercice 3

Après cet extrait de *Le Rouge et le Noir* de Stendhal, suit une réponse entièrement rédigée à la question «Quels éléments opposent Julien à son père et ses frères?»

Réduisez à une page de notes concises et claires cette réponse, puis entraînez-vous à l'exposer oralement.

Texte:

En approchant de son usine, le père Sorel appela Julien de sa voix de stentor[1]; personne ne répondit. Il ne vit que ses fils aînés, espèces de géants qui, armés de lourdes haches, équarrissaient [2] les troncs de sapin, qu'ils allaient porter à la scie. Tout occupés à suivre exactement la marque noire tracée sur la pièce de bois, chaque coup de leur hache en séparait des copeaux énormes. Ils n'entendirent pas la voix de leur père. Celui-ci se dirigea vers le hangar; en y entrant, il chercha vainement Julien à la place qu'il aurait dû occuper, à côté de la scie. Il l'aperçut à cinq ou six pieds[3] plus haut, à cheval sur l'une des pièces de la toiture. Au lieu de surveiller attentivement l'action de tout le mécanisme, Julien lisait. Rien n'était plus antipathique au vieux Sorel; il eût peut-être pardonné à Julien sa taille mince, peu propre aux travaux de force, et si différente de celle de ses aînés; mais cette manie de lecture lui était odieuse, il ne savait pas lire lui-même.

Stendhal, *Le Rouge et le noir*, I, 4, 1830.

1. Voix retentissante. 2. Taillaient à angles droits. 3. Un peu plus d'un mètre cinquante.

Analyse:

Le texte est fondé sur un contraste physique radical entre Julien et les hommes de sa famille: dans le regard du père, sa *taille mince* est explicitement opposée à *celle de ses aînés*. Le père comme les deux frères sont caractérisés par une force colossale, que montre le recours au registre épique: la *voix de stentor* du premier se réfère à un héros (héraut!) de l'*Iliade*, ce qui invite à donner leur pleine résonance mythologique aux *géants* [...] *armés de lourdes haches*. Quant au père, sa force (attestée par la violence des coups qu'il porte à Julien) se combine à l'agilité, et ce *malgré son âge*, souligne Stendhal: sa maîtrise physique est donc totale, et l'oppose à l'activité purement intellectuelle et contemplative de Julien.

30 Étudier un corpus de textes

Un **corpus** est un ensemble de documents qui concernent un même objet d'étude. L'analyse de chaque document invite le lecteur à réfléchir sur le sujet et à établir des **comparaisons**, mais l'approche du corpus doit être avant tout **synthétique**.

1 Identifier l'unité du corpus

• Le corpus est composé de textes, éventuellement accompagnés d'images (reproduction de tableau, photographie) : une première lecture de l'ensemble doit permettre d'identifier ce qui les unit, les angles sous lesquels le thème est abordé.

• Dans le cadre du cours de français, l'unité peut concerner :
- une thématique : la guerre, la première rencontre, l'utopie, etc. ;
- un registre : le lyrique, le tragique, le polémique, etc. ;
- un moment de l'histoire littéraire, notamment autour d'un mouvement ;
- une question littéraire : le personnage ou l'*incipit* pour le roman, le monologue ou la scène d'exposition pour le théâtre, la question de la forme pour la poésie, etc.

2 Étudier et comparer les documents

• Dans le cas des textes notamment, distinguez bien les textes littéraires (extraits de récits, de pièces de théâtre, poèmes) de ceux qui ne le sont pas (essai, analyse critique, notice biographique, article de journal, etc.) ; déterminez leur genre (narratif, argumentatif, polémique...).

• Notez les noms des auteurs, les dates de production, toutes les informations qui permettent de **situer** les documents les uns par rapport aux autres.

• Déterminez **le statut** des documents : souvent, l'un d'entre eux occupe une place centrale dans le corpus, parce qu'il pose le problème explicitement ; les autres ont alors une fonction de nuance, d'illustration. Dans la mesure où le corpus doit être **saisi comme un tout**, il est essentiel, pour bien le comprendre, d'identifier ces rapports.

• Appréciez la façon dont chaque texte traite le thème ou la question qui fait l'unité du corpus. Pour cela, relevez les éléments caractéristiques dans :
- le **registre** (didactique, tragique, lyrique, épique, ironique, satirique, comique, etc.)
- la **forme du discours** utilisé (narratif, descriptif, argumentatif, explicatif) ;
- l'**énonciation** : repérez les indices de personne, de temps, de lieu, pour juger du degré d'engagement du/des locuteur(s).

• À l'aide d'un tableau, qui permettra une confrontation rapide de l'ensemble des documents, repérez **la nature des liens** qui les unissent : complémentarité, approfondissement, nuance, opposition...

3 Construire la synthèse

• La synthèse, guidée à l'écrit du baccalauréat par une ou deux questions posées sur le corpus, doit mettre en évidence les relations qui unissent les textes, avec une rigoureuse objectivité : elle interdit l'expression d'une opinion personnelle (l'emploi du « je » en est donc proscrit) ; elle doit donner au lecteur une information aussi complète et précise que possible sur le contenu du corpus.

• Elle se construit sur une ou deux pages et comprend :
- l'introduction, qui présente rapidement les documents, définit l'enjeu et annonce le plan ;
- le développement, avec une partie pour chacune des pistes identifiées au cours de l'analyse des textes. Le développement s'appuie sur des relevés commentés pour confronter les documents en soulignant leurs convergences, leurs variations ou leurs contrastes ;
- la conclusion qui met en évidence l'éclairage apporté par le corpus sur le thème traité.

Exercice 1

1. Relevez ce qui rapproche ces trois poèmes (circonstances historiques, thème, etc.).
2. Comment dans chacun la présence du locuteur se manifeste-t-elle ? A-t-elle chaque fois la même visée et la même portée ?

A – Pierre Emmanuel (1916-1984), *Jour de colère* (1942)
Poète d'inspiration chrétienne, Pierre Emmanuel publia durant l'Occupation plusieurs recueils exaltant la Résistance à laquelle il participa.

Hymne de la Liberté
(extrait)

O mes frères dans les prisons vous êtes libres
Libres les yeux brûlés les membres enchaînés
Le visage troué les lèvres mutilées
Vous êtes ces arbres violents et torturés
Qui croissent plus puissants parce qu'on les émonde
Et sur tout le pays d'humaine destinée
Votre regard d'hommes vrais est sans limites
Votre silence est la paix terrible de l'éther[1].
Par-dessus les tyrans enroués de mutisme
Il y a la nef silencieuse de vos mains
Par-dessus l'ordre dérisoire des tyrans
Il y a l'ordre des nuées et des cieux vastes
Il y a la respiration des monts très bleus
Il y a les libres lointains de la prière
Il y a les larges fronts qui ne se courbent pas
Il y a les astres dans la liberté de leur essence
Il y a les immenses moissons du devenir
Il y a dans les tyrans une angoisse fatale
Qui est la liberté effroyable de Dieu.

1. Les cieux (mot poétique).

Pierre Emmanuel, *Jour de colère* © Charlot éd., 1942.

B – Louis Aragon (1897-1982), *Les Yeux d'Elsa* (1942)
Poète engagé aux côtés du parti communiste, Aragon rassembla dans ce recueil les poèmes inspirés dans les années de l'Occupation par sa femme et muse Elsa Triolet, inséparable dans son esprit de l'amour de la patrie.

Plus belle que les larmes
(début)

J'empêche en respirant certaines gens de vivre
Je trouble leur sommeil d'on ne sait quels remords
Il paraît qu'en rimant je débouche les cuivres
Et que ça fait un bruit à réveiller les morts

Ah si l'écho des chars dans mes vers vous dérange
S'il grince dans mes cieux d'étranges cris d'essieu
C'est qu'à l'orgue l'orage a détruit la voix d'ange
Et que je me souviens de Dunkerque[1] Messieurs

C'est de très mauvais goût j'en conviens Mais qu'y [faire
Nous sommes quelques-uns de ce mauvais goût là
Qui gardons un reflet des flammes de l'enfer
Que le faro[2] du Nord à tout jamais saoula

Quand je parle d'amour mon amour vous irrite
Si j'écris qu'il fait beau vous me criez qu'il pleut
Vous dites que mes prés ont trop de marguerites
Trop d'étoiles ma nuit trop de bleu mon ciel bleu

Comme le carabin[3] scrute le cœur qu'il ouvre
Vous cherchez dans mes morts la paille de l'émoi
N'ai-je pas tout perdu le Pont-Neuf et le Louvre
Et ce n'est pas assez pour vous venger de moi

Vous pouvez condamner un poète au silence
Et faire d'un oiseau du ciel un galérien
Mais pour lui refuser le droit d'aimer la France
Il vous faudrait savoir que vous n'y pouvez rien […]

1. Lieu de rembarquement des troupes anglaises au moment de la débâcle de 1940.
2. Bière belge.
3. Etudiant en médecine.

Louis Aragon, *Les Yeux d'Elsa*, © Seghers, 1942.

C – René-Guy Cadou (1920-1951), *Pleine poitrine* (1946)
Instituteur et poète de la région nantaise, René-Guy Cadou est marqué, le 22 octobre 1941, par un épisode de la guerre : il voit les corps d'otages fusillés par les Allemands dans la carrière de la Sablière, sur la commune de Châteaubriant, en représailles de l'assassinat d'un officier nazi. Ce poème en est le témoignage.

Les fusillés de Châteaubriant

Ils sont appuyés contre le ciel
Ils sont une trentaine appuyés contre le ciel,
Avec toute la vie derrière eux
Ils sont pleins d'étonnement pour leur épaule
Qui est un monument d'amour
Ils n'ont pas de recommandation à se faire
Parce qu'ils ne se quitteront jamais plus
L'un d'eux pense à un petit village
Où il allait à l'école
Un autre est assis à sa table
Et ses amis tiennent ses mains
Ils ne sont déjà plus du pays dont ils rêvent
Ils sont bien au dessus de ces hommes
Qui les regardent mourir
Il y a entre eux la différence du martyre
Parce que le vent est passé là où ils chantent
Et leur seul regret est que ceux
Qui vont les tuer n'entendent pas
Le bruit énorme des paroles
Ils sont exacts au rendez-vous
Ils sont même en avance sur les autres
Pourtant ils disent qu'ils ne sont plus des apôtres
Et que tout est simple
Et que la mort surtout est une chose simple
Puisque toute liberté se survit.

René-Guy Cadou, *Poésie la vie entière*, © Seghers, 1978.

Exercice 2

1. Quel est le thème commun à ces trois documents ? Quel mot peut le synthétiser ?

2. Quels principes contenus dans la fin de *Candide* (texte B) retrouve-t-on dans les deux extraits de la correspondance de Voltaire (textes A et C) ?

3. Dans quelle mesure ces trois textes sont-ils représentatifs de l'idéal des Lumières (► p. 36-39) ?

A. Voltaire, *Lettre à la marquise du Deffand* (Ferney, 17 sept. 1759)

J'ai été sensiblement affligé de votre état, et je vous jure qu'il n'a pas peu contribué à me persuader que *le meilleur des mondes possibles* ne vaut pas grand-chose. Je crois avoir renoncé, pour le reste de ma vie, à la plus extravagante des villes *possibles*[1]. Ce n'est pas que j'aie la vanité de me croire plus sage que ses habitants, mais je me suis fait une petite destinée à part, avec laquelle je ne puis regretter aucune des folies des autres, attendu que je suis trop occupé des miennes ; je me suis avisé de devenir un être entièrement libre.

J'ai joint à mon petit ermitage des Délices des terres sur la frontière de France, qui avaient autrefois le beau privilège de ne dépendre de personne ; j'ai été assez heureux pour que le roi m'ait rendu tous ces privilèges, malgré le *Journal de Trévoux* et les *Gazettes ecclésiastiques*[2]. J'ai eu l'insolence de faire bâtir un château dans le goût italien ; j'ai fait dans un autre une salle de comédie ; j'ai trouvé de bons acteurs ; et, malgré tout cela, je me suis aperçu, à la fin, que le plus grand plaisir consiste à être particulièrement et utilement occupé.

Je vois que tous les poètes ont eu raison de faire l'éloge de la vie pastorale ; que le bonheur attaché aux soins champêtres n'est point une chimère ; et je trouve même plus de plaisir à labourer, à semer, à planter, à recueillir, qu'à faire des tragédies et à les jouer. Salomon avait bien raison de dire qu'il n'y a de bon que de vivre avec ce qu'on aime, se réjouir de ses œuvres, et que tout le reste est vanité.

Plût à Dieu, madame, que vous puissiez vivre comme moi, et que votre société charmante pût augmenter mon bonheur ! Vous voulez que je vous envoie les ouvrages auxquels je m'occupe quand je ne laboure ni ne sème ; en vérité, madame, il n'y a pas moyen tant je suis devenu hardi avec l'âge. Je ne peux plus écrire que ce que je pense, et je pense si librement, qu'il n'y a guère d'apparence d'envoyer mes idées par la poste.

1. Voltaire fait allusion à Paris.
2. Journaux religieux hostiles à Voltaire.

B. Voltaire : fin de *Candide* (1759)

« Vous devez avoir, dit Candide au Turc, une vaste et magnifique terre ? – Je n'ai que vingt arpents, répondit le Turc ; je les cultive avec mes enfants ; le travail éloigne de nous trois grands maux : l'ennui, le vice, et le besoin. »

Candide, en retournant dans sa métairie, fit de profondes réflexions sur le discours du Turc. Il dit à Pangloss et à Martin : « Ce bon vieillard me paraît s'être fait un sort bien préférable à celui des six rois avec qui nous avons eu l'honneur de souper. […] – Travaillons sans raisonner, dit Martin ; c'est le seul moyen de rendre la vie supportable. »

Toute la petite société entra dans ce louable dessein ; chacun se mit à exercer ses talents. La petite terre rapporta beaucoup. Cunégonde était à la vérité bien laide ; mais elle devint une excellente pâtissière ; Paquette broda ; la vieille eut soin du linge. Il n'y eut pas jusqu'à frère Giroflée qui ne rendît service ; il fut un très bon menuisier, et même devint honnête homme ; et Pangloss disait quelquefois à Candide : « Tous les événements sont enchaînés dans le meilleur des mondes possibles ; car enfin, si vous n'aviez pas été chassé d'un beau château à grands coups de pied dans le derrière pour l'amour de Mlle Cunégonde, si vous n'aviez pas été mis à l'Inquisition, si vous n'aviez pas couru l'Amérique à pied, si vous n'aviez pas donné un bon coup d'épée au baron, si vous n'aviez pas perdu tous vos moutons du bon pays d'Eldorado, vous ne mangeriez pas ici des cédrats confits et des pistaches. – Cela est bien dit, répondit Candide, mais il faut cultiver notre jardin. »

C. Voltaire, *Lettre à Moreau de la Rochette* (1er juin 1767)

J'habite malheureusement un coin de terre dont le sol est aussi ingrat que l'aspect en est riant. Je n'y trouvai d'abord que des écrouelles et de la misère. J'ai eu le bonheur de rendre le pays plus sain en desséchant les marais. J'ai fait venir des habitants, j'ai augmenté le nombre des charrues et des maisons, mais je n'ai pu vaincre la rigueur du climat. M. le Contrôleur général m'invitait à cultiver la garance, je l'ai essayé ; rien n'a réussi. J'ai fait planter plus de vingt mille pieds d'arbres que j'avais tirés de Savoie ; presque tous sont morts. J'ai bordé quatre fois le grand chemin de noyers et de châtaigniers ; les trois quarts ont péri ou ont été arrachés par les paysans ; cependant je ne me suis pas rebuté ; et tout vieux et infirme que je suis, je planterais aujourd'hui, sûr de mourir demain. Les autres en jouiront. Nous n'avons point de pépinières dans le désert que j'habite. Je vois que vous êtes à la tête des pépinières du royaume et que vous avez formé des enfants à ce genre de culture avec succès. Puis-je prendre la liberté de m'adresser à vous pour avoir deux cents ormeaux qu'on arracherait à la fin de l'automne prochain, qu'on m'enverrait pendant l'hiver par les rouliers, et que je planterais au printemps ? Je les paierais au prix que vous ordonnerez.

Exercice 3

1. Quelle est la nature des différents documents qui composent ce corpus ?

2. Quel est le thème qu'ils abordent ? Où est-il exprimé le plus explicitement ?

3. Dégagez les grandes idées développées dans les deux textes. Expriment-ils des points de vue proches ou très différents ? Quel est l'apport de la photographie ?

4. Le premier document parle d'aliénation (l. 26) ; montrez, dans un paragraphe rédigé, que le second, et plus encore le troisième document, nuancent ce point de vue. Commencez par exposer l'idée, puis le point de vue de chacun des textes, appuyé sur des citations précises ; employez des connecteurs qui mettront bien en évidence la nuance.

Proposez deux grands axes de synthèse, que vous illustrerez de références aux textes.

Document A

C'est bien là, en effet, que réside le paradoxe de la révolution industrielle. La machine qui en a été le moteur et le symbole a aussi réduit les savoir-faire, brisé les solidarités anciennes et imposé des rythmes nouveaux. Dans les grands ateliers de filage et de tissage, « toujours toujours, toujours, déplorait Michelet, c'est le mot invariable qui tonne à votre oreille, le roulement automatique dont tremblent les planchers. »

Argumentant, pour fortement nuancer la notion de progrès : « Le travail solitaire du tisserand était bien moins pénible. Pourquoi ? C'est qu'il pouvait rêver. La machine ne comporte aucune rêverie, nulle distraction. Vous voudriez un moment ralentir le mouvement, sauf à le presser plus tard, vous ne le pourriez pas. L'infatigable chariot aux cent broches est à peine repoussé qu'il revient à vous. Le tisserand à la main tisse vite ou lentement selon qu'il respire lentement ou vite ; il agit comme il vit ; le métier se conforme à l'homme. Là, au contraire, il faut bien que l'homme se conforme au métier, que l'être de sang et de chair, où la vie varie selon les heures, subisse l'invariabilité de cet être d'acier. »

À la fin du siècle, la diffusion du chronométrage et la parcellisation des tâches rendra encore plus mutilante la division du travail et plus aliénante la condition du prolétaire, ce héros malgré lui de la révolution industrielle.

Jacques Marseille, « Les ratés de l'âge industriel », *L'Histoire*, n° 239, 2000.

Document B

Engagé dans une usine, le narrateur découvre la chaîne.

Une voiture est-elle faite ? La suivante ne l'est pas, et elle a déjà pris la place, dessoudée précisément là où on vient de souder, rugueuse précisément à l'endroit que l'on vient de polir. Faite, la soudure ? Non, à faire. Faite pour de bon, cette fois-ci ? Non, à faire à nouveau, toujours à faire, jamais faite – comme s'il n'y avait plus de mouvement, ni d'effet des gestes, ni de changement, mais seulement un simulacre absurde de travail, qui se déferait aussitôt achevé sous l'effet de quelque malédiction. Et si l'on se disait que rien n'a aucune importance, qu'il suffit de s'habituer à faire les mêmes gestes, d'une façon toujours identique, dans un temps toujours identique, en n'aspirant plus qu'à la perfection placide de la machine ? Tentation de la mort. Mais la vie se rebiffe et résiste. L'organisme résiste. Les muscles résistent, les nerfs résistent. Quelque chose, dans le corps et dans la tête, s'arc-boute contre la répétition et le néant. La vie : un geste plus rapide, un bras qui retombe à contretemps, un pas plus lent, une bouffée d'irrégularité, un faux mouvement, la « remontée », le « coulage[1] », la tactique de poste ; tout ce par quoi, dans ce dérisoire carré de résistance contre l'éternité vide qu'est le poste de travail, il y a encore des événements, même minuscules, il y a encore un temps, même monstrueusement tiré. Cette maladresse, ce déplacement superflu, cette accélération soudaine, cette main qui s'y reprend à deux fois, cette grimace, ce « décrochage », c'est la vie qui s'accroche. Tout ce qui, en chacun des hommes de la chaîne, hurle silencieusement : « Je ne suis pas une machine ! »

Robert Linhart, *L'Établi*, © Minuit, 1981.

1. L'employé qui gagne du temps sur la chaîne « remonte », celui qui en perd « coule ».

Document C

Charlie Chaplin, *Les Temps modernes*, 1936.

31 Rédiger une synthèse

La synthèse consiste à **rassembler** des éléments de connaissance sur un sujet pour en procurer une **vue d'ensemble.** Un tel exercice peut être demandé à tout moment des études (pour un résumé d'œuvre par exemple) ou lors d'épreuves spécifiques (question sur un corpus de textes dans l'épreuve écrite du baccalauréat).

1 Bien lire le(s) texte(s) d'origine

• Un exercice de synthèse se fait toujours à partir d'un document initial, qu'il s'agisse d'une œuvre longue (roman, pièce de théâtre, etc.), d'un texte court dont il faut **rassembler les points d'analyse les plus intéressants** (en cela, tout commentaire composé exige des qualités de synthèse) ou de plusieurs documents qu'il va falloir comparer sans se perdre dans des détails insignifiants.

• La première étape consistera donc à bien **lire et relire** le texte de départ. Pour que cette lecture soit active, vous pouvez annoter le texte au crayon à papier : à chacun alors de trouver sa propre formule (entourer ou encadrer les mots importants, mettre des remarques dans la marge, relier des termes et des phrases, etc.). Il s'agit en quelque sorte d'un prétravail de sélection qui vous sera d'une grande utilité pour la suite.

2 Sélectionner les éléments importants

Deux cas de figure se présentent à cette étape : soit votre synthèse est guidée par une question précise (comme dans le cas d'une question sur corpus), soit vous êtes libre de déterminer seul quels sont les éléments indispensables à une bonne recension du texte.

• Dans le premier cas, il s'agira alors de relire le(s) texte(s) et de **sélectionner** (en vous aidant des premières annotations) **tous les éléments qui permettent de rendre compte de la question posée.** Si l'on demande d'étudier la présence de la mort dans trois textes différents, il s'agira d'être attentif à ce qui est dit de la mort dans chaque texte et à la manière dont cela est dit.

• Dans le deuxième cas, il faut faire preuve d'encore plus de jugement car vous êtes seul à **déterminer la pertinence des détails relevés.** Tout dépend aussi du nombre de lignes laissé à la synthèse. Un bref résumé de *La Princesse de Clèves* ne pourra et ne devra pas évoquer les intrigues secondaires de la nouvelle (par exemple la relation entre le Vidame de Chartres et la reine).

3 Offrir une vue d'ensemble cohérente

Une synthèse ne rassemble pas seulement des éléments, elle les **ordonne** et les **hiérarchise.** Après avoir ainsi sélectionné les éléments indispensables d'un texte, vous devez les présenter et les mettre en ordre.

• Dans le cas d'une synthèse de documents guidée par une question, il s'agira le plus souvent de présenter les **éléments convergents** des trois textes **puis les éléments divergents.** S'il s'agit d'étudier la présence de la mort dans divers documents, on montrera par exemple comment la mort est omniprésente dans tous les extraits mais que le ton adopté (tragique, lyrique, comique...) est différent.

• Dans le cas d'un résumé d'œuvre, il ne s'agira pas obligatoirement de suivre les événements, tels que l'œuvre nous les donne à lire, mais de leur **redonner leur cohérence logique.** Nombre de romans de Balzac commencent *in medias res* pour ensuite revenir en arrière. Le résumé redonnera le plus souvent sa temporalité chronologique à l'intrigue, essayant d'éviter les détails accessoires.

• Dans le cas d'un compte rendu d'expérience (spectacle, exposition, visite d'un lieu), il faudra procéder en deux temps : d'abord présenter objectivement l'événement, en donnant ses références (lieu, dates, participants) et en en proposant un résumé succinct ; ensuite dégager son intérêt, son originalité et le profit que vous en tirez.

Exercice 1

Lisez ce passage du *Rouge et le Noir* et annotez-le comme expliqué dans la leçon.
Rédigez-en un résumé de 10 lignes.

Enfin, comme le dernier coup de dix heures retentissait encore, il étendit la main et prit celle de Mme de Rênal, qui la retira aussitôt. Julien, sans trop savoir ce qu'il faisait, la saisit de nouveau. Quoique bien ému lui-même, il fut frappé de la froideur glaciale de la main qu'il prenait; il la serrait avec une force convulsive; on fit un dernier effort pour la lui ôter, mais enfin cette main lui resta.

Son âme fut inondée de bonheur, non qu'il aimât Mme de Rênal, mais un affreux supplice venait de cesser. Pour que Mme Derville ne s'aperçût de rien, il se crut obligé de parler; sa voix alors était éclatante et forte. Celle de Mme de Rênal, au contraire, trahissait tant d'émotion, que son amie la crut malade et lui proposa de rentrer. Julien sentit le danger: si Mme de Rênal rentre au salon, je vais retomber dans la position affreuse où j'ai passé la journée. J'ai tenu cette main trop peu de temps pour que cela compte comme un avantage qui m'est acquis.

Au moment où Mme Derville renouvelait la proposition de rentrer au salon, Julien serra fortement la main qu'on lui abandonnait. Mme de Rênal, qui se levait déjà, se rassit, en disant, d'une voix mourante:

- Je me sens, à la vérité, un peu malade, mais le grand air me fait du bien.

Ces mots confirmèrent le bonheur de Julien, qui, dans ce moment, était extrême: il parla, il oublia de feindre, il parut l'homme le plus aimable aux deux amies qui l'écoutaient.

STENDHAL, *Le Rouge et le Noir*, 1830.

Exercice 2

Comparez votre résumé du texte précédent avec celui proposé ci-dessous par Zola. Quelles différences notez-vous ? Comment les expliquez-vous ?

Il y a un épisode célèbre, dans *Le Rouge et le Noir*, la scène où Julien, assis un soir à côté de Mme de Rênal, sous les branches noires d'un arbre, se fait un devoir de lui prendre la main, pendant qu'elle cause avec Mme Derville. C'est un petit drame muet d'une grande puissance, et Stendhal y a analysé merveilleusement les états d'âme de ses deux personnages. Or, le milieu n'apparaît pas une seule fois. Nous pourrions être n'importe où, et dans n'importe quelles conditions, la scène resterait la même, pourvu qu'il fît noir. Je comprends parfaitement que Julien, dans la tension de volonté où il se trouve, ne soit pas affecté par le milieu. Il ne voit rien, il n'entend rien, il ne sent rien, il veut simplement prendre la main de Mme de Rênal et la garder dans la sienne. Mais Mme de Rênal, au contraire, devrait subir toutes les influences extérieures. Donnez l'épisode à un écrivain pour qui les milieux existent, et dans la défaite de cette femme, il fera entrer la nuit, avec ses odeurs, avec ses voix, avec ses voluptés molles. Et cet écrivain sera dans la vérité, son tableau sera plus complet.

Émile ZOLA, *Les romanciers naturalistes*, 1881.

Exercice 3

Lisez ce passage d'Aragon et comparez-le au texte de Stendhal. Synthétisez vos remarques en répondant à la question: « Quelle place la volonté joue-t-elle dans ces deux textes ? »

Il n'avait pas réfléchi, il avait posé sans voir sa main sur la table, et sous sa paume et dans ses doigts il avait emprisonné une petite main dont il n'avait que deviné la présence, et qui voulait se retirer, mais qu'il retint longuement, longuement, tandis que les yeux blancs du nègre[1], et ses bâtons dansaient dans l'air et, comme des farces d'enfant qui fait claquer des amorces, éclataient les cymbales au passage, tandis qu'en sourdine l'orchestre jouait un rag-time, maintenant, un rag-time[2] que Paul Denis[3] reconnut, content de lui-même: « Il est merveilleux ! » soupira-t-il vers Bérénice.

Elle dut avoir peur, Aurélien sentit qu'elle avait peur, il ne lâcha pas la main prisonnière. Il entendit une voix bouleversée, très basse, qui disait: « Vous n'êtes pas raisonnable... »

Et il sentit l'insensé de sa conduite, et il voulut relâcher la main, et il ne le put pas; il lui eût semblé, à le faire renoncer à tout le monde, à tout ce qu'il pouvait y avoir de précieux, à tout ce qui pouvait valoir la peine de vivre. La caisse battue, les cuivres secoués, résonnaient au centre de la salle sur un rythme précipité, et les bras et les pieds de Tommy volaient autour de la caisse, caressaient la batterie, avec des gestes de poule effrayée de faire tant de bruit, le cou roulant sur lui-même dans les plis de graisse sombre blessée par le faux col immaculé.

Aurélien comprit à un moment donné que la main qu'il tenait se résignait, ne s'abandonnait pas, mais se résignait. Il eut honte de sa conduite. Cependant, impossible d'en changer. Allons, bon, il s'était jeté dans cette aventure, comment reculer ? Il lui allait falloir faire la cour à sa voisine. Il chercha à mettre une expression dans la pression de sa main sur la main blottie. Déjà mentir... Elle avait tellement attendu cette danse... Le bruit fantastique, entêtant, enflé, les enveloppait dans des sentiments divers. Elle, avec cette peur inexplicable de la soudaineté, cette crainte d'un geste qui aurait rendu impossible son immobilité. Et lui prêt déjà à ne pas supporter l'échec, le refus, l'affront.

ARAGON, *Aurélien*, 1944.

1. Tommy, un batteur de jazz décrit comme rondouillet.
2. Musique de danse syncopée à l'origine du jazz.
3. Un des familiers de ce cercle de jeunes gens.

32 Écrire selon des consignes

De nombreux exercices d'entraînement ou d'examen sont assortis de consignes. Il faut avant tout se garder des réponses précipitées et faire attention à ce qui est réellement demandé. Bien répondre demande avant tout de **bien lire la question**.

1 Qu'est-ce qu'une consigne ?

• La consigne est une demande spécifique adressée à l'élève, le plus souvent formulée par des verbes. On ne vous pose pas une question générale (par exemple « en quoi ce texte est-il comique ? »), **on vous assigne un but précis** et on vous indique parfois la manière de l'atteindre :
En vous appuyant sur l'étude du champ lexical, **vous montrerez** le comique du texte.
Dans cet exemple, sont en fait assemblées deux consignes aussi importantes l'une que l'autre : 1/s'appuyer sur l'étude du champ lexical 2/pour montrer le comique. La démonstration du comique du texte par la gestuelle des personnages ne serait pas une réponse adéquate à la question, non plus que l'étude des champs lexicaux pour montrer le poids de la fatalité.

• En règle générale, il convient donc de lire plusieurs fois la consigne et de se poser la question de **ce qui est clairement demandé** et de ce qui ne l'est pas : une fois la réponse rédigée, il sera difficile en effet de revenir en arrière.

2 Respecter les consignes

• **Exercices d'analyse**
– Dans des exercices préparatoires à l'étude d'un texte, la consigne peut juste être d'**observer** ou de **relever** tel ou tel élément du texte. Parfois il est demandé aussi de l'**interpréter**, c'est-à-dire d'en dégager le sens.
– Dans la question de synthèse qui accompagne la lecture d'un corpus de textes, l'objectif est en général de *comparer* les deux ou trois textes sur un point précis. Il s'agit alors non seulement d'en dégager les points communs mais aussi les différences.
Les questions peuvent être plus ou moins précises. **La manière de procéder est souvent incluse dans l'intitulé** : *En vous appuyant* sur... (le lexique, le rythme, les figures de styles, etc.), *vous montrerez...*

• **Exercices d'invention**
Le but assigné peut être d'*imaginer* la suite du texte ou ce qui précède, de *développer* un paragraphe (description, portrait, dialogue...), de *réécrire* le passage, etc. Les moyens à mettre en œuvre sont donc différents :
– dans le cas d'une extension ou d'un développement, il faudra en général conserver toutes les caractéristiques du texte de départ (ton, registre, style) :
Imaginez la suite de ce dialogue.
– dans le cas d'une transformation du texte, on demandera au contraire de garder l'intrigue mais de modifier le point de vue, le style, l'époque, le registre :
Transposez à la scène cet épisode de roman.

• **Exercices d'argumentation**
– Pour se préparer à la dissertation, il peut être demandé de **défendre** une thèse ou de la **contester**. Vous défendrez l'idée que le roman est un miroir de la société. Il s'agira alors de proposer des arguments pour ou contre cette thèse. Il est conseillé et parfois spécifié de s'appuyer sur des exemples précis (tel ou tel extrait, telle ou telle œuvre intégrale).
– La consigne *discutez* se veut quant à elle plus générale et demande de prendre en compte à la fois des arguments favorables et d'autres défavorables.

Exercice 1

Regroupez ces consignes de réécriture selon la nature du travail demandé.

a. Écrivez à la manière de. **b.** Transformer ce dialogue théâtral en scène de roman. **c.** Sur le modèle de. **d.** Comment Zola aurait-il décrit les rayons des grandes surfaces d'aujourd'hui ? **e.** Réécrivez les répliques du personnage, en imaginant qu'il sait être écouté. **f.** Adaptez cet extrait à la scène. **g.** Imitez.

Exercice 2

Voici la consigne donnée aux élèves : « En respectant le style de cet extrait, rédigez la suite du passage. »

1. Faites toutes les remarques nécessaires sur l'extrait donné : type de texte, syntaxe, lexique, rythme.

2. À partir de vos réponses, rédigez la suite du passage.

Le général de Montriveau décide d'enlever sa maîtresse, la duchesse de Langeais, devenue religieuse sous le nom de sœur Thérèse.

Le lendemain soir, onze compagnons dévoués se hissèrent dans l'ombre en haut de ces rochers, ayant chacun sur eux un poignard, une provision de chocolat, et tous les instruments que comporte le métier des voleurs. Arrivés au mur d'enceinte, ils le franchirent au moyen d'échelles qu'ils avaient fabriquées, et se trouvèrent dans le cimetière du couvent. Montriveau reconnut et la longue galerie voûtée par laquelle il était venu naguère au parloir, et les fenêtres de cette salle. Sur-le-champ, son plan fut fait et adopté. S'ouvrir un passage par la fenêtre de ce parloir qui en éclairait la partie affectée aux carmélites, pénétrer dans les corridors, voir si les noms étaient inscrits sur chaque cellule, aller à celle de la sœur Thérèse, y surprendre et bâillonner la religieuse pendant son sommeil, la lier et l'enlever, toutes ces parties du programme étaient faciles pour des hommes qui, à l'audace, à l'adresse des forçats, joignaient les connaissances particulières aux gens du monde, et auxquels il était indifférent de donner un coup de poignard pour acheter le silence.

Honoré de BALZAC, *La Duchesse de Langeais*, 1834.

Exercice 3

1. Soit la consigne : « Vous décrirez vous-même, à la manière de Vallès, une expérience de lecture. » Notez d'abord tout ce qu'implique le « à la manière de Vallès », puis, à la lumière de vos remarques, faites l'exercice demandé.

2. Soit la consigne : « Défendez la thèse de Vallès en apportant d'autres arguments en sa faveur. » Notez d'abord quels types d'arguments sont utilisés par Vallès, puis, à la lumière de vos remarques, faites l'exercice demandé.

Qui de nous n'a pas été un peu victime de Robinson ? Qui n'a pas rêvé son petit naufrage et son île déserte ? L'île déserte, avec le canot, la chasse, *son* château, *ses* vignes, du tabac, du melon, la liberté ! Mon Dieu ! de dix à treize ans, que j'ai donc souvent prié le ciel de m'égarer ! – Je ne m'aventurais jamais dans la basse ville ou hors de la barrière que muni de tout ce qui peut être utile à un naufragé. Ficelle, aiguilles, hameçons, ce qu'il faut pour écrire ; un briquet, de peur de ne pouvoir faire de flamme en frottant les morceaux de bois.

Jules VALLÈS, *Les Victimes du Livre*, 1865.

Exercice 4

Voici la consigne donnée : « Vous comparerez dans ces deux poèmes l'appel vers l'ailleurs. »

1. Relevez le champ lexical de l'exotisme. Quels éléments (syntaxe, adjectifs) rendent compte des sentiments du poète à l'égard de cet ailleurs ? Les réactions de Baudelaire et de Mallarmé sont-elles similaires ?

2. Quel rôle la femme joue-t-elle dans les deux poèmes ?

3. À partir de vos réponses aux questions 1 et 2, rédigez un paragraphe argumenté dans lequel vous comparerez les deux poèmes.

PARFUM EXOTIQUE

Quand, les deux yeux fermés, en un soir chaud d'automne,
Je respire l'odeur de ton sein chaleureux,
Je vois se dérouler des rivages heureux
Qu'éblouissent les feux d'un soleil monotone ;

Une île paresseuse où la nature donne
Des arbres singuliers et des fruits savoureux ;
Des hommes dont le corps est mince et vigoureux,
Et des femmes dont l'œil par sa franchise étonne.

Guidé par ton odeur vers de charmants climats,
Je vois un port rempli de voiles et de mâts
Encor tout fatigués par la vague marine,

Pendant que le parfum des verts tamariniers,
Qui circule dans l'air et m'enfle la narine,
Se mêle dans mon âme au chant des mariniers.

BAUDELAIRE, *Les Fleurs du mal*, 1857.

BRISE MARINE

La chair est triste, hélas ! et j'ai lu tous les livres.
Fuir ! là-bas fuir ! Je sens que des oiseaux sont ivres
D'être parmi l'écume inconnue et les cieux !
Rien, ni les vieux jardins reflétés par les yeux
Ne retiendra ce cœur qui dans la mer se trempe
Ô nuits ! ni la clarté déserte de ma lampe
Sur le vide papier que la blancheur défend,
Et ni la jeune femme allaitant son enfant.
Je partirai ! Steamer[1] balançant ta mâture
Lève l'ancre pour une exotique nature !
Un Ennui, désolé par les cruels espoirs,
Croit encore à l'adieu suprême des mouchoirs !
Et, peut-être, les mâts, invitant les orages
Sont-ils de ceux qu'un vent penche sur les naufrages
Perdus, sans mâts, sans mâts, ni fertiles îlots...
Mais, ô mon cœur, entends le chant des matelots !

Stéphane MALLARMÉ, *Poésies*, 1887.

1. Bateau à vapeur.

33 La réécriture d'invention

La réécriture d'un texte consiste le plus souvent soit à l'**amplifier**, soit à l'**imiter**, soit à le **transposer** (modification du cadre temporel ou du point de vue, dans un registre voire un genre particulier). Dans tous les cas, il convient d'avoir d'abord **bien analysé le texte d'appui** pour identifier les éléments à conserver ou à modifier.

1 L'amplification

La réécriture peut consister à ajouter certains éléments au texte original :

- **inventer**, à partir des mêmes contexte, personnages et situations, une suite ou une fin, ou à l'inverse, imaginer ce qui précède ;
- **étoffer** un extrait : détailler un portrait ou une description, développer un résumé ;
- **insérer** à l'intérieur du texte un dialogue ou une description, combler une ellipse narrative.

Il s'agit ici de respecter aussi scrupuleusement que possible le texte de départ, ce qui implique l'identification des caractéristiques de son genre : l'énonciation, les formes du discours, les registres et l'étude du contexte.
Si l'on reprend des personnages, étudier leurs caractéristiques physiques, morales, sociales, leurs idées par l'analyse de leurs paroles, de leurs actions, de leurs gestes...

2 La transposition

La **transposition** est une réécriture par transformation qui consiste à adapter certaines caractéristiques du texte. Il peut s'agir de changer :

- le **contexte** : l'époque, le lieu de l'action, le comportement ou le niveau de langue des personnages ;
- le **point de vue** : par exemple, le narrateur extérieur fait place à un des personnages et donc à un récit à la première personne ; il faut alors veiller à l'adaptation des temps et des pronoms et savoir adopter une autre vision de la scène ;
- le **registre** : passer le plus souvent du comique au tragique, ou inversement, en adoptant les choix lexicaux et stylistiques adaptés ;
- le **genre** : transposer une lettre en essai, un extrait de roman en scène théâtrale, etc. en respectant les contraintes propres du genre.

Transposer un registre implique une modification de la situation des personnages, de leurs paroles, de leurs réactions, de leurs gestes... Transposer un genre implique de tenir compte des contraintes propres à chaque genre : pour transposer un extrait de roman en scène de théâtre, il faut prendre en compte l'absence d'un narrateur à la scène et les contraintes de la représentation.

3 L'imitation

L'imitation consiste à écrire, dans le style d'un auteur, une nouvelle, une poésie, un article critique, une scène comique, un récit épique... Le plus souvent, ce sera sous la forme d'un pastiche ou d'une parodie :

- le **pastiche** consiste à imiter le style d'un texte (« à la manière de ») en s'en approchant le plus possible pour les adapter à un autre sujet ;
- en revanche, la **parodie** joue sur un décalage avec le texte original qu'elle réécrit dans un but comique ou satirique, parfois polémique : cette fois, le sujet est conservé, mais certaines caractéritiques peuvent être exagérées jusqu'à la caricature (comportement des personnages, niveau de langue...).

Ce type d'exercice suppose d'avoir bien identifié les caractéristiques de l'écriture : lexique, syntaxe, rythme..., que ce soit pour les réutiliser (pastiche) ou pour les déformer sans qu'elles cessent d'être reconnaissables (parodie).

Exercice 1

Lisez cette phrase de La Bruyère, qui brosse le portrait d'un égoïste. À votre tour, choisissez un défaut, et rédigez une phrase qui l'exprime à la manière de La Bruyère.

« Non content de remplir à une table la première place, il occupe lui seul celle de deux autres ; il oublie que le repas est pour lui et pour toute la compagnie ; il se rend maître du plat, et fait son propre[1] de chaque service : il ne s'attache à aucun des mets, qu'il n'ait achevé d'essayer de tous ; il voudrait pouvoir les savourer tous tout à la fois. »

La Bruyère, *Les Caractères*, 1688-1696.

Exercice 2

1. Relevez dans le texte ci-dessous les indices montrant que la jeune fille est vue par le peintre.

2. On vous demande : « Réécrivez ces phrases, du point de vue de la jeune fille, en sachant qu'elle est fille de commerçants et qu'elle s'ennuie dans ce milieu. »

- À partir de ces informations, imaginez les émotions et les sentiments qu'elle éprouve en voyant le peintre : Que souhaite-t-elle ? Qu'espère-t-elle ? Peut-elle comparer la vie désirée auprès du jeune homme et la vie vécue chez ses parents ?

- Par quels mots les traduire ? Par quels types de phrase ? Par quelles figures de style ? Quels procédés employer pour raconter cette scène « du point de vue de la jeune fille » ?

3. Réécrivez ces phrases.

Voici un extrait de La Maison du Chat-qui-pelote. *Le narrateur raconte l'apparition d'une jeune fille à une fenêtre et la décrit selon le point de vue du peintre amoureux qui l'observe de la rue.*

En ce moment, une main blanche et délicate fit remonter vers l'imposte la partie inférieure d'une des grossières croisées du troisième étage, au moyen de ces coulisses dont le tourniquet laisse souvent tomber à l'improviste le lourd vitrage qu'il doit retenir. Le passant fut alors récompensé de sa longue attente. La figure d'une jeune fille, fraîche comme un de ces blancs calices qui fleurissent au sein des eaux, se montra couronnée d'une ruche en mousseline froissée qui donnait à sa tête un air d'innocence admirable. Quoique couverts d'une étoffe brune, son cou, ses épaules s'apercevaient, grâce à de légers interstices ménagés par les mouvements du sommeil. Aucune expression de contrainte n'altérait ni l'ingénuité de ce visage, ni le calme de ces yeux immortalisés par avance dans les sublimes compositions de Raphaël : c'était la même grâce, la même tranquillité de ces vierges devenues proverbiales. Il existait un charmant contraste produit par la jeunesse des joues de cette figure, sur laquelle le sommeil avait comme mis en relief une surabondance de vie, et par la vieillesse de cette fenêtre massive aux contours grossiers, dont l'appui était noir. Semblable à ces fleurs de jour qui n'ont pas encore au matin déplié leur tunique roulée par le froid des nuits, la jeune fille, à peine éveillée, laissa errer ses yeux bleus sur les toits voisins et regarda le ciel ; puis, par une sorte d'habitude, elle les baissa sur les sombres régions de la rue, où ils rencontrèrent aussitôt ceux de son adorateur. La coquetterie la fit sans doute souffrir d'être vue en déshabillé, elle se retira vivement en arrière, le tourniquet tout usé tourna, la croisée redescendit avec cette rapidité qui, de nos jours, a valu un nom odieux à cette naïve invention de nos ancêtres, et la vision disparut. Il semblait à ce jeune homme que la plus brillante des étoiles du matin avait été soudain cachée par un nuage.

Balzac, *La Maison du Chat-qui-pelote*, 1829.

Exercice 3

En vous aidant de ce résumé fait par La Grange et de l'extrait p. 222-223 (où figurent des répliques de Magdelon et Cathos), vous composerez les répliques et les didascalies de cette scène manquante.

Voici un extrait de la première scène des Précieuses ridicules, *dans laquelle La Grange et du Croisy se plaignent de la manière dont ils ont été traités par Magdelon et Cathos avant l'ouverture du rideau.*

La Grange. – A-t-on jamais vu, dites-moi, deux pecques provinciales faire plus les renchéries que celles-là, et deux hommes traités avec plus de mépris que nous ? À peine ont-elles pu se résoudre à nous faire donner des sièges. Je n'ai jamais vu tant parler à l'oreille qu'elles ont fait entre elles, tant bâiller, tant se frotter les yeux et demander tant de fois : « quelle heure est-il ? » Ont-elles répondu que oui et non à tout ce que nous avons pu leur dire ? Et ne m'avouerez-vous pas enfin que, quand nous aurions été les dernières personnes du monde, on ne pouvait nous faire pis qu'elles ont fait ?

Molière, *Les Précieuses Ridicules*, 1660, scène première.

Exercice 4

Sujet : De même que Baudelaire a mis en prose beaucoup de ses poèmes en vers, transformez en un sonnet le poème en prose « Les fenêtres » (► p. 229).

1. Relisez la fiche sur les formes poétiques (► Outils d'analyse, p. 346) pour vérifier la structure du sonnet. Observez la composition du texte de Baudelaire, et déterminez-y la limite de chaque strophe.

2. Surlignez les éléments essentiels du poème de Baudelaire et les formules à conserver.

3. Repérez les groupes de mots qui offrent déjà un rythme, à transposer dans votre versification.

4. Relisez la fiche sur la versification (► Outils d'analyse, p. 350), et rédigez votre sonnet.

34 Inventer pour convaincre ou persuader

Tout texte argumentatif défend une prise de position en s'opposant implicitement ou explicitement aux arguments adverses. Polémique ou non, il fait appel à la raison du lecteur (pour le convaincre) ou à ses sentiments (pour le persuader). L'invention d'un texte à visée argumentative impose de s'adapter au thème et au destinataire.

1 Comprendre les enjeux de l'argumentation

• L'écriture d'un discours argumentatif implique d'avoir **bien compris le thème** de l'argumentation.

• **Identifiez quel est le destinataire** de l'argumentation, adversaire ou public, et quelle est la nature du lien avec le locuteur : égalitaire, familier, hiérarchique...

• **Identifiez les objectifs** : s'agit-il de convaincre un auditoire, de répondre à des arguments déjà posés, de dévaloriser un adversaire ?

2 Choisir une stratégie argumentative

• **Impliquez ou non le locuteur** : celui-ci peut s'effacer pour donner une impression d'objectivité mais, en réalité, il est rarement neutre, soit que sa présence soit signalée par le recours fréquent à la 1re personne, soit qu'on le devine derrière des marques de jugement (des modalisateurs), des affirmations catégoriques.
De même, **le destinataire peut être aussi impliqué** dans l'argumentation (choix de la 2e personne, registre et niveau de langue adaptés).

• En fonction de l'objectif et du destinataire, le locuteur peut opter pour :
– **le langage de la raison** (convaincre). Une argumentation rationnelle est exprimée par l'emploi d'arguments clairs et cohérents, de type différent, de références culturelles ou historiques ; d'un type de raisonnement (inductif ou déductif, analogique, concessif ou par l'absurde) rendu explicite par les liens logiques entre les phrases et la construction d'une démonstration ;
– **le langage des émotions** (persuader). Les arguments fondés sur les émotions sont rendus expressifs par un lexique affectif, péjoratif et mélioratif, l'emploi de certaines figures de style imagées comme les comparaisons, les répétitions, une ponctuation expressive.

• À ces deux manières d'argumenter correspondent des **utilisations différentes de registres** variés : polémique, satirique, pathétique, didactique, ironique... Plusieurs **genres** sont aussi possibles : journalistique, théâtral (dialogue), oratoire...

3 Respecter les règles du genre choisi

• Le **genre journalistique** (article de presse) suppose au début un titre et un chapeau, et à la fin une signature (fictive, bien sûr) et le nom du journal (réel ou fictif).

• Le **réquisitoire** s'attache à construire une image dévalorisante de son adversaire, par un vocabulaire péjoratif et d'autres procédés spécifiques.

• Un **dialogue**, théâtral ou inséré dans un récit, impose une présentation et une énonciation spécifiques : les didascalies précisant les gestes, les intonations, les déplacements des personnages rendent plus expressifs leurs échanges et leurs réactions ; l'enchaînement des répliques exprime la progression du débat.
• Un **discours de style oratoire** comporte des marques propres à l'oral : formes d'adresse à l'auditoire, modalisateurs, types de phrase caractéristiques, emploi d'un registre élevé.

Exercice 1

Identifiez les procédés dans les mots soulignés et en gras. En quoi donnent-ils au discours sa puissance émotive ?

L'échafaud est vision. L'échafaud n'est pas une charpente, l'échafaud n'est pas **une mécanique inerte** faite de bois, de fer et de corde. [...] L'échafaud est **le complice** du bourreau ; **il dévore, il mange de la chair, il boit du sang.**

Victor HUGO, *Les Misérables*, I, I, 4, 1862.

Exercice 2

Transformez ces phrases, organisées et rationnelles, en un discours persuasif.

a. Quoi que puisse dire Aristote et toute la Philosophie, il n'est rien d'égal au tabac ; c'est la passion des honnêtes gens et qui vit sans tabac n'est pas digne de vivre. Il réjouit et purge les cerveaux humains, mais encore il instruit les âmes à la vertu, et l'on apprend à devenir avec lui honnête homme.

MOLIÈRE, *Dom Juan*, I, 1, 1665.

b. Nous avons montré que cette destruction [de l'esclavage] ne nuirait ni au commerce, ni à la richesse de chaque nation, puisqu'il n'en résulterait aucune diminution dans la culture.

CONDORCET, *Réflexions sur l'esclavage des nègres*, 1781.

Exercice 3

1. Quel est le ton du personnage ? Dans quel genre de texte trouverait-il sa place ?

2. Comment la lecture de cet extrait peut-elle aider à trouver des idées pour défendre le réalisme au temps de Zola ?

3. Quel exemple de tableau réaliste ou impressionniste pourriez-vous choisir pour illustrer les idées défendues par le personnage ? Proposez-en une analyse succincte.

Claude Lantier, un jeune peintre, expose sa conception artistique avec véhémence.

Est-ce que, en art, il y avait autre chose que de donner ce qu'on avait dans le ventre ? est-ce que tout ne se réduisait pas à planter une bonne femme devant soi, puis à la rendre comme on la sentait ? Est-ce qu'une botte de carottes, oui, une botte de carottes ! étudiée directement, peinte naïvement, dans la note personnelle où on la voit, ne valait pas les éternelles tartines de l'École, cette peinture au jus de chique, honteusement cuisinée d'après les recettes ? Le jour venait où une seule carotte originale serait grosse d'une révolution. [...] « Ah ! tout voir et tout peindre ! reprit Claude, après un long intervalle. »

Émile ZOLA, *L'Œuvre*, 1886.

Exercice 4

Rédigez un texte court pour défendre l'une de ces thèses. Cette argumentation cherchera l'adhésion de l'interlocuteur en visant sa sensibilité. Inventez pour cela une situation d'énonciation, en définissant la personnalité du locuteur et du destinataire, leurs rapports, le contexte du discours, etc.

a. Une pièce de théâtre est plus agréable à voir qu'à lire.

b. Il faut qu'un personnage soit attachant.

c. La lecture des romans permet de mieux comprendre l'homme.

Exercice 5

Ces phrases ouvrent un dialogue théâtral conflictuel. Choisissez l'une d'entre elles, et écrivez la suite. Vous êtes libre d'imaginer la situation (identité des personnages, âge, relations, caractère...), mais, une fois commencé, votre dialogue doit :

– rester cohérent, grâce à une progression réfléchie ;

– proposer l'emploi de procédés d'écriture capables de traduire l'affectivité des protagonistes.

a. « Maintenant, tu files dans ta chambre ! »

b. « De toute façon avec toi c'est toujours la même chose : tu veux pas en acheter ! »

c. « Je t'ai vu(e), avec lui ! »

Exercice 6

Dans son pamphlet *De l'horrible danger de la lecture*, Voltaire prête ironiquement au sultan de Turquie un certain nombre d'arguments destinés à justifier l'interdiction de l'imprimerie.

1. Identifiez les divers arguments *a contrario* en faveur de la libre circulation des idées.

2. Transformez ce réquisitoire ironique en un article politique destiné à convaincre les autorités politiques de supprimer la censure.

[...] 2° Il est à craindre que, parmi les livres apportés d'Occident, il ne s'en trouve quelques-uns sur l'agriculture et sur les moyens de perfectionner les arts mécaniques, lesquels ouvrages pourraient à la longue, ce qu'à Dieu ne plaise, réveiller le génie de nos cultivateurs et de nos manufacturiers, exciter leur industrie, augmenter leurs richesses, et leur inspirer un jour quelque élévation d'âme, quelque amour du bien public, sentiments absolument opposés à la sainte doctrine.

3° Il arriverait à la fin que nous aurions des livres d'histoire dégagés du merveilleux qui entretient la nation dans une heureuse stupidité. On aurait dans ces livres l'imprudence de rendre justice aux bonnes et aux mauvaises actions, et de recommander l'équité et l'amour de la patrie, ce qui est visiblement contraire aux droits de notre place.

4° Il se pourrait, dans la suite des temps, que les misérables philosophes, sous le prétexte spécieux[1], mais punissable, d'éclairer les hommes et de les rendre meilleurs, viendraient nous enseigner des vertus dangereuses dont le peuple ne doit jamais avoir de connaissance. [...]

VOLTAIRE, *De l'horrible danger de la lecture*, 1765.

1. Séduisant et trompeur.

35 Formuler une problématique

1 Qu'appelle-t-on la problématique ?

• Le commentaire de texte doit se présenter comme une argumentation. Vous défendez une thèse, une lecture du texte qui répond à une question que vous avez vous-même posé au départ : la problématique. L'ensemble de votre commentaire répond à cette question. Elle est votre fil conducteur et définit votre projet de lecture.

• Une réponse claire et synthétique à cette question, posée en introduction, doit figurer dans la conclusion.

2 Quand chercher la problématique ?

• Pour formuler une problématique pertinente, il faut avoir parfaitement compris le sens et la visée du texte. Vous pouvez bien sûr essayer de le faire juste après avoir découvert le texte, mais vous serez sans doute amené à corriger votre première idée après avoir mené une étude précise.

• Essayez de définir votre problématique après avoir cerné les enjeux et l'originalité du texte. Vous pourrez alors déduire votre plan de la problématique.

• Si l'on vous propose un parcours de lecture (comme c'est le cas lors des épreuves des séries technologiques), appuyez-vous sur ces indications pour trouver une problématique qui englobe les axes d'étude proposés.

3 Comment trouver une bonne problématique ?

Elle ne doit être ni trop générale, ni trop restreinte.

Les qualités d'une bonne problématique	Les défauts d'une mauvaise problématique
Elle permet de mettre en relation le style et le contenu.	Elle porte seulement sur les thèmes abordés ou seulement sur la forme.
Elle concerne l'ensemble du texte commenté.	Elle ne concerne qu'une partie du texte.
Elle est plus générale que les axes des grandes parties du commentaire.	Elle correspond à l'axe d'une partie du commentaire.
Elle convient à ce texte en particulier et met en évidence son originalité.	Elle vaut pour n'importe quel texte ou pour de nombreux textes (Quel est l'intérêt de ce texte ? Qu'apporte cette scène à la pièce ? En quoi ce poème est-il musical ? Comment le style met-il en valeur les idées de l'auteur ?)
Elle montre que l'on a compris le sens véritable du texte, sa visée.	Elle s'en tient à une lecture évidente, superficielle, sans évoquer le but de l'auteur.

4 Comment formuler la problématique ?

• La problématique doit être clairement formulée en introduction, juste avant l'annonce du plan. Elle est exprimée par une proposition interrogative :
Comment, à travers cette description, Victor Hugo dénonce-t-il le travail des enfants ?

• Efforcez-vous de séparer clairement la problématique de l'annonce du plan. Vous pouvez par exemple utiliser une interrogative directe pour la problématique et réserver les interrogatives indirectes à l'annonce du plan.

• Évitez les questions fermées, auxquelles on peut répondre par oui ou par non (Ce texte est-il polémique ?) ou en une phrase (Que dénonce Victor Hugo dans ce texte ?). Mieux vaut partir d'une question ouverte, puisqu'il faudra un commentaire entier pour y répondre.

• Montrez, par le choix du terme interrogatif qui introduit votre problématique, que vous allez mettre en évidence le lien entre le style et les idées exprimées.
Préférez Comment, Par quels moyens, De quelle manière à Pourquoi, Qui, Que…

Exercice 1

1. Où cet extrait se situe-t-il dans la pièce ? Pourquoi cela est-il important pour expliquer le texte ?

2. On vous demande de rédiger un commentaire où vous montrerez que cette ouverture de *Ruy Blas* :
- donne des informations aux spectateurs sur la situation initiale ;
- leur présente un personnage capital, Don Salluste ;
- annonce le thème principal et le ton de la pièce.
Formulez une problématique à laquelle ce plan en trois parties pourrait répondre.

DON SALLUSTE

Ils dorment encor tous ici, – le jour va naître.
Il se tourne brusquement vers Gudiel.
Ah ! C'est un coup de foudre !... – oui, mon règne [est passé,
Gudiel ! – renvoyé, disgracié, chassé ! –
Ah ! Tout perdre en un jour ! – L'aventure est secrète
Encor, n'en parle pas. – Oui, pour une amourette,
– Chose, à mon âge, sotte et folle, j'en convien ! –
Avec une suivante, une fille de rien !
Séduite, beau malheur ! Parce que la donzelle
Est à la reine, et vient de Neubourg avec elle,
Que cette créature a pleuré contre moi
Et traîné son enfant dans les chambres du roi ;
Ordre de l'épouser. Je refuse. On m'exile.
On m'exile ! Et vingt ans d'un labeur difficile,
Vingt ans d'ambition, de travaux nuit et jour ;
Le président haï des alcades de cour[1],
Dont nul ne prononçait le nom sans épouvante ;
Le chef de la maison de Bazan, qui s'en vante ;
Mon crédit, mon pouvoir ; tout ce que je rêvais,
Tout ce que je faisais et tout ce que j'avais,
Charge, emplois, honneurs, tout en un instant s'écroule
Au milieu des éclats de rire de la foule !

GUDIEL

Nul ne le sait encor, monseigneur.

DON SALLUSTE

Mais demain !
Demain, on le saura ! – Nous serons en chemin.
Je ne veux pas tomber, non, je veux disparaître !
Il déboutonne violemment son pourpoint.
Tu m'agrafes toujours comme on agrafe un prêtre,
Tu serres mon pourpoint, et j'étouffe, mon cher !
Il s'assied.
Oh ! Mais je vais construire, et sans en avoir l'air,
Une sape profonde, obscure et souterraine !

Victor HUGO, *Ruy Blas*, I, 1, 1838.

1. Juges de tribunal criminel.

Exercice 2

Observez la structure du poème : en quoi la dernière strophe se distingue-t-elle des trois premières ?

Quel est le thème principal de ce texte ?

Parmi les problématiques suivantes, choisissez celle qui vous semble la plus pertinente et expliquez quel défaut comporte chacune des problématiques écartées :
- Quelle métaphore structure le poème ?
- Pourquoi Baudelaire a-t-il choisi un jardin pour représenter sa vie ?
- Dans quelle mesure Baudelaire, à travers la description du jardin, évoque-t-il sa vie ?
- Comment, à travers l'image du jardin, Baudelaire exprime-t-il le sentiment d'angoisse dont il est victime ?
- Quelle vision de la vie Baudelaire exprime-t-il ici ?

L'ENNEMI

Ma jeunesse ne fut qu'un ténébreux orage,
Traversé çà et là par de brillants soleils ;
Le tonnerre et la pluie ont fait un tel ravage,
Qu'il reste en mon jardin bien peu de fruits vermeils.

Voilà que j'ai touché l'automne des idées,
Et qu'il faut employer la pelle et les râteaux
Pour rassembler à neuf les terres inondées,
Où l'eau creuse des trous grands comme des tombeaux.

Et qui sait si les fleurs nouvelles que je rêve
Trouveront dans ce sol lavé comme une grève
Le mystique aliment qui ferait leur vigueur ?

– Ô douleur ! ô douleur ! Le Temps mange la vie,
Et l'obscur Ennemi qui nous ronge le cœur
Du sang que nous perdons croît et se fortifie !

Charles BAUDELAIRE, *Les Fleurs du mal*, 1857.

Exercice 3

1. Quels sont les procédés employés pour évoquer un luxe extraordinaire.

2. Relevez les indices de la présence et de l'opinion du locuteur.

3. Ce texte est-il un éloge ou une critique ?

4. En tenant compte des réponses aux questions précédentes, formulez une problématique pour guider le commentaire de cet extrait.

D'Usbek à Rhédi, à Venise

Paris est peut-être la ville du monde la plus sensuelle, et où l'on raffine le plus sur les plaisirs ; mais c'est peut-être celle où l'on mène une vie plus dure. Pour qu'un homme vive délicieusement, il faut que cent autres travaillent sans relâche. Une femme s'est mis dans la tête qu'elle devait paraître à une assemblée avec une certaine parure ; il faut que, dès ce moment, cinquante artisans ne dorment plus et n'aient plus le loisir de boire et de manger : elle commande, et elle est obéie plus promptement que ne serait notre monarque, parce que l'intérêt est le plus grand monarque de la terre.

Cette ardeur pour le travail, cette passion de s'enrichir, passe de condition en condition, depuis les artisans jusques aux grands. Personne n'aime à être plus pauvre que celui qu'il vient de voir immédiatement au-dessous de lui. Vous voyez à Paris un homme qui a de quoi vivre jusqu'au jour du jugement, qui travaille sans cesse et court risque d'accourcir ses jours, pour amasser, dit-il, de quoi vivre.

MONTESQUIEU, *Lettres persanes*, Lettre CVI, 1721.

36 Faire un plan de commentaire

1 Répondre à la problématique

Le plan de votre commentaire se présente comme une réponse à la question posée en introduction. Chaque partie défend une thèse, une lecture du texte et chaque sous-partie présente un argument, illustré par un ou plusieurs exemples.

Problématique : En quoi la fable « Les Obsèques de la lionne » (► p. 375) est-elle une satire des courtisans ?
I Le texte montre la soumission des autres animaux au lion
II Le texte est comique par l'exagération des défauts des personnages
III L'auteur dénonce en réalité l'hypocrisie des courtisans humains

Donnez un titre à chaque partie pour vous rappeler ce que vous voulez démontrer, par exemple :

I Des animaux soumis au roi
II La caricature
III L'hypocrisie des courtisans

2 Regrouper les remarques sur le fond et la forme

• Votre plan ne doit jamais séparer le fond et la forme. Les axes de vos grandes parties seront donc assez larges pour associer des observations sur le sens du texte et sur les procédés d'écriture.

Par exemple, pour un commentaire de « Parfum exotique » de Baudelaire, ne faites pas une partie sur les métaphores : leur étude devra nourrir les différents axes du commentaire.

Choisissez un plan du type :

I Un lieu agréable pour les sens
II Un lieu qui évoque le rêve et l'évasion
III Une image du bonheur humain

Afin de trouver des axes de parties et de sous-parties assez riches, partez de votre analyse du texte au brouillon et regroupez vos remarques.

3 Suivre une progression logique

• Pour la plupart des textes, **une progression méthodique**, en fonction d'axes que vous avez définis, est préférable à une progression linéaire, qui suit l'ordre du texte. Le commentaire linéaire n'est pas interdit, mais il doit être justifié par la structure du texte.
• Hiérarchisez les différentes parties en allant du plus simple au plus complexe, du plus évident au plus implicite.
- Votre première partie mettra en avant des caractéristiques immédiatement repérables de l'extrait : son thème principal, sa structure ou son mouvement, le type de texte (portrait, monologue...), sa situation dans l'œuvre (exposition, dénouement...)
- Dans une deuxième partie, pensez à analyser par exemple le(s) registre(s) dominant(s).
- Réservez à la troisième partie les considérations générales sur la visée de l'auteur, son éventuelle présence dans le texte, la prise en compte du lecteur, ou encore sur les particularités du passage dans un genre donné.
• Pour des textes qui présentent plusieurs niveaux de lecture, par exemple les *Fables* de La Fontaine ou certains textes ironiques des philosophes des Lumières, commencez par un premier niveau d'interprétation, une lecture naïve, avant d'envisager le sens implicite de l'extrait.

Problématique : Comment, à travers cette utopie, l'auteur critique-t-il la société de son temps ?

I Le tableau d'une société idéale
Un cadre naturel
Une société solidaire
Une société juste

II La critique sous-entendue de la société contemporaine
Une société corrompue par le progrès
La dénonciation de la tyrannie
Le règne de l'égoïsme

Cette progression sera mise en valeur par les phrases de transition que vous rédigerez entre les grandes parties et par les connecteurs logiques qui relieront les sous-parties.

Exercice 1

1. Après avoir lu le texte de Zola, regroupez les six sous-parties indiquées à la suite en deux grandes parties auxquelles vous donnerez un titre.

2. Ordonnez-les ensuite pour obtenir un plan détaillé de commentaire.

3. Que démontrera votre commentaire ? Formulez la problématique correspondant au plan proposé.

C'était Maheu qui souffrait le plus. En haut, la température montait jusqu'à trente-cinq degrés, l'air ne circulait pas, l'étouffement à la longue devenait mortel. Il avait dû, pour voir clair, fixer sa lampe à un clou, près de sa tête ; et cette lampe, qui chauffait son crâne, achevait de lui brûler le sang. Mais son supplice s'aggravait surtout de l'humidité. La roche, au-dessus de lui, à quelques centimètres de son visage, ruisselait d'eau, de grosses gouttes continues et rapides, tombant sur une sorte de rythme entêté, toujours à la même place. Il avait beau tordre le cou, renverser la nuque : elles battaient sa face, s'écrasaient, claquaient sans relâche. Au bout d'un quart d'heure, il était trempé, couvert de sueur lui-même, fumant d'une chaude buée de lessive. Ce matin-là, une goutte, s'acharnant dans son œil, le faisait jurer. Il ne voulait pas lâcher son havage[1], il donnait de grands coups, qui le secouaient violemment entre les deux roches, ainsi qu'un puceron pris entre deux feuillets d'un livre, sous la menace d'un aplatissement complet.

1 havage : galerie creusée dans une mine.

ZOLA, *Germinal*, 1885.

a. L'humidité
b. L'intensité et la durée de la souffrance
c. L'enfermement
d. La chaleur
e. L'évocation des sensations du personnage
f. La résistance du personnage

Exercice 2

L'extrait est le dénouement de *Britannicus* de Racine.

1. Parmi les titres proposés à la suite de l'extrait, vous choisirez les trois qui vous semblent les plus pertinents pour commenter cette scène.

2. Vous choisirez ensuite, dans cette liste, des titres de sous-parties que vous classerez à l'intérieur des axes choisis, en éliminant les moins pertinents.

Après l'assassinat de Britannicus qu'elle aimait, la jeune Junie cherche à échapper à Néron qui la désire. C'est Albine, la confidente de la mère de Néron, Agrippine, qui fait ce récit à sa maîtresse et à Burrhus, le vieux précepteur de l'empereur.

ALBINE

Elle a feint de passer chez la triste Octavie[1];
Mais bientôt elle a pris des chemins écartés
Où mes yeux ont suivi ses pas précipités.
Des portes du palais elle sort éperdue.
D'abord elle a d'Auguste aperçu la statue,
Et mouillant de ses pleurs le marbre de ses pieds,
Que de ses bras pressants[2] elle tenait liés :
« Prince, par ces genoux, dit-elle, que j'embrasse,
Protège en ce moment le reste de ta race.
Rome, dans ton palais, vient de voir immoler
Le seul de tes neveux[3] qui te pût ressembler.
On veut après sa mort que je lui sois parjure ;
Mais pour lui conserver une foi toujours pure,
Prince, je me dévoue à ces dieux immortels
Dont ta vertu t'a fait partager les autels. »
Le peuple cependant, que ce spectacle étonne[4],
Vole de toutes parts, se presse, l'environne,
S'attendrit à ses pleurs et plaignant son ennui[5],
D'une commune voix la prend sous son appui.
Ils la mènent au temple, où depuis tant d'années
Au culte des autels nos vierges destinées
Gardent fidèlement le dépôt précieux
Du feu toujours ardent qui brûle pour nos dieux[6].
César[7] les voit partir sans oser les distraire[8].
Narcisse[9], plus hardi, s'empresse pour lui plaire,
Il vole vers Junie ; et, sans s'épouvanter,
D'une profane main commence à l'arrêter.
De mille coups mortels son audace est punie ;
Son infidèle[10] sang rejaillit sur Junie.
César, de tant d'objets en même temps frappé,
Le laisse entre les mains qui l'ont enveloppé.
Il rentre. Chacun fuit son silence farouche ;
Le seul nom de Junie échappe de sa bouche.
Il marche sans dessein ; ses yeux mal assurés
N'osent lever au ciel leurs regards égarés ;
Et l'on craint si la nuit jointe à la solitude
Vient de son désespoir aigrir l'inquiétude,
Si vous l'abandonnez plus longtemps sans secours,
Que sa douleur bientôt n'attente sur ses jours.
Le temps presse : courez. Il ne faut qu'un caprice ;
Il se perdrait[11], Madame.

AGRIPPINE

Il se ferait justice.
Mais, Burrhus, allons voir jusqu'où vont ses trans-
[ports.
Voyons quel changement produiront ses remords,
S'il voudra désormais, suivre d'autres maximes.

BURRHUS

Plût aux dieux que ce fût le dernier de ses crimes !

RACINE, *Britannicus*, 1669.

1. Épouse de Néron. 2. En l'entourant de ses bras. 3. Descendants. 4. Bouleverse. 5. Tourment. 6. Le feu sacré, entretenu par les Vestales, ne devait jamais s'éteindre. 7. L'Empereur. 8. Le détourner. 9. Âme damnée de Néron. 10. Perfide. 11. Se tuerait.

Titres de parties et de sous-parties :
Le récit d'Albine
Les réactions d'Agrippine et de Burrhus
Les champs lexicaux de la mort et du désespoir
Une scène dominée par l'agitation et le désordre
Une fin tragique
L'usage du présent de narration
Les registres dominants
Un dénouement moral, destiné à édifier le spectateur
Le rythme des alexandrins
L'ombre de la mort
La folie de Néron
Le mot de la fin à Burrhus, un bon conseiller
L'affrontement violent entre Narcisse et la foule
La présence des dieux
L'expression du pathétique
Le rôle du peuple
Une fin ouverte
L'opposition entre l'innocente Junie et le traître Narcisse
La punition infligée au tyran Néron

Exercice 3

1. Regroupez les six sous-parties indiquées à la suite de ce poème en trois grandes parties auxquelles vous donnerez un titre.

2. Formulez la problématique correspondant à ce plan.

À LA MUSIQUE

Place de la Gare, à Charleville[1]

Sur la place taillée en mesquines pelouses,
Square où tout est correct, les arbres et les fleurs,
Tous les bourgeois poussifs qu'étranglent les chaleurs
Portent, les jeudis soirs, leurs bêtises jalouses

– L'orchestre militaire, au milieu du jardin,
Balance ses schakos[2] dans la Valse des fifres :
— Autour, aux premiers rangs, parade le gandin[3] ;
Le notaire pend à ses breloques[4] à chiffres

Des rentiers à lorgnons soulignent tous les couacs :
Les gros bureaux[5] bouffis traînent leurs grosses dames
Auprès desquelles vont, officieux cornacs[6],
Celles dont les volants ont des airs de réclames ;

Sur les bancs verts, des clubs d'épiciers retraités
Qui tisonnent le sable avec leur canne à pomme,
Fort sérieusement discutent les traités,
Puis prisent en argent[7], et reprennent : « En somme !.... »

Épatant sur son banc les rondeurs de ses reins,
Un bourgeois à boutons clairs, bedaine flamande,
Savoure son onnaing[8] d'où le tabac par brins
Déborde – vous savez, c'est de la contrebande ; [...]

Arthur RIMBAUD, *Poésies*, 1870.

1. Ville de l'est de la France, où Rimbaud naquit et passa son enfance.
2. Coiffure militaire rigide à visière.
3. Jeune élégant raffiné, plus ou moins ridicule.
4. Breloques : menus objets d'or ou d'argent sur lesquels était gravé le chiffre (les initiales) du possesseur.
5. Employés de bureau.
6. Conducteur d'éléphant.
7. Aspirent le tabac par le nez dans des tabatières en argent.
8. Pipe en terre, très coûteuse.

a. Des êtres réduits aux objets qui les caractérisent
b. Le cadre d'un rituel
c. Le triomphe de la mesquinerie
d. Des personnages chosifiés par leur embonpoint
e. De la généralité au gros plan
f. Une société du paraître

Exercice 4

Développez en trois sous-parties chacun des deux axes suivants :
I. Une fusion des hommes et de la nature
II. Un opéra révolutionnaire
Formulez la problématique que développera ce plan.

Après le coup d'Etat du 2 décembre 1851, un soulèvement a lieu en Provence. Trois mille insurgés républicains descendent de la route de Nice.

La bande descendait avec un élan superbe, irrésistible. Rien de plus terriblement grandiose que l'irruption de ces quelques milliers d'hommes dans la paix morte et glacée de l'horizon. La route, devenue torrent, roulait des flots vivants qui semblaient ne pas devoir s'épuiser ; toujours, au coude du chemin, se montraient de nouvelles masses noires, dont les chants gonflaient de plus en plus la grande voix de cette tempête humaine. Quand les derniers bataillons apparurent, il y eut un éclat assourdissant. *La Marseillaise* emplit le ciel, comme soufflée par des bouches géantes dans de monstrueuses trompettes qui la jetaient, vibrante, avec des sécheresses de cuivre, à tous les coins de la vallée. Et la campagne endormie s'éveilla en sursaut ; elle frissonna tout entière, ainsi qu'un tambour que frappent les baguettes ; elle retentit jusqu'aux entrailles, répétant par tous les échos les notes ardentes du chant national. Alors ce ne fut plus seulement la bande qui chanta ; des bouts de l'horizon, des rochers lointains, des pièces de terre labourées, des prairies, des bouquets d'arbres, des moindres broussailles, semblèrent sortir des voix humaines ; le large amphithéâtre qui monte de la rivière à Plassans, la cascade gigantesque sur laquelle coulaient les bleuâtres clartés de la lune, était comme couvert par un peuple invisible et innombrable acclamant les insurgés ; et, au fond des creux de la Viorne, le long des eaux rayées de mystérieux reflets d'étain fondu, il n'y avait plus un trou de ténèbres où des hommes cachés ne parussent reprendre chaque refrain avec une colère plus haute. La campagne, dans l'ébranlement de l'air et du sol, criait vengeance et liberté. Tant que la petite armée descendit la côte, le rugissement populaire roula ainsi par ondes sonores traversées de brusques éclats, secouant jusqu'aux pierres du chemin.

Émile ZOLA, *La Fortune des Rougon*, ch. 1, 1871.

Exercice 5

1. On veut commenter cet extrait de *Candide* en l'étudiant sous trois aspects: dramatique, idéologique, polémique.

1. Donnez un contenu et donc un titre plus précis à ces trois axes choisis.

2. Dans quel ordre votre plan les placera-t-il? Justifiez votre réponse.

Candide et son ami Cacambo viennent de quitter le royaume d'Eldorado, chargés de richesses et se promettant un avenir de « félicité ». Ils arrivent en vue de Surinam, capitale de la Guyane hollandaise.

En approchant de la ville, ils rencontrèrent un nègre étendu par terre, n'ayant plus que la moitié de son habit, c'est-à-dire d'un caleçon de toile bleue; il manquait à ce pauvre homme la jambe gauche et la main droite. « Eh mon Dieu! lui dit Candide en hollandais, que fais-tu là, mon ami, dans l'état horrible où je te vois? – J'attends mon maître, M. Vanderdendur le fameux négociant, répondit le nègre. – Est-ce M. Vanderdendur, dit Candide, qui t'a traité ainsi? – Oui, monsieur, dit le nègre, c'est l'usage. On nous donne un caleçon de toile pour tout vêtement deux fois l'année. Quand nous travaillons aux sucreries, et que la meule nous attrape le doigt, on nous coupe la main; quand nous voulons nous enfuir, on nous coupe la jambe: je me suis trouvé dans les deux cas. C'est à ce prix que vous mangez du sucre en Europe. Cependant, lorsque ma mère me vendit dix écus patagons sur la côte de Guinée, elle me disait: « Mon cher enfant, bénis nos fétiches, adore-les toujours, ils te feront vivre heureux; tu as l'honneur d'être esclave de nos seigneurs les blancs, et tu fais par là la fortune de ton père et de ta mère. » Hélas! je ne sais pas si j'ai fait leur fortune, mais ils n'ont pas fait la mienne. Les chiens, les singes et les perroquets sont mille fois moins malheureux que nous; les fétiches hollandais qui m'ont converti me disent tous les dimanches que nous sommes tous enfants d'Adam, blancs et noirs. Je ne suis pas généalogiste; mais si ces prêcheurs disent vrai, nous sommes tous cousins issus de germain. Or vous m'avouerez qu'on ne peut pas en user avec ses parents d'une manière plus horrible. »

VOLTAIRE, *Candide*, XIX, 1769.

Exercice 6

1. Répondez d'abord brièvement à ces questions sur l'extrait du *Mariage de Figaro*:

a. Quelles sont les principales critiques adressées par Figaro à la censure?

b. Quelles qualités Figaro manifeste-t-il dans ses épreuves?

c. Que reflètent les indications de gestuelle?

d. Étudiez la variété des tons dans le discours de Figaro.

e. Comment Figaro transforme-t-il la parole en une arme contre l'adversité?

f. Étudiez quelques procédés de caricature.

2. À partir de vos réponses, définissez une problématique pour un commentaire de ce texte, et élaborez un plan détaillé.

Figaro fait un bilan de sa vie agitée, dans un long et célèbre monologue dont voici un court extrait.

Las d'attrister des bêtes malades[1] et pour faire un métier contraire, je me jette à corps perdu dans le théâtre; me fussé-je mis une pierre au cou! Je broche une comédie dans les mœurs du sérail[2]; auteur espagnol, je crois pouvoir y fronder Mahomet sans scrupule; à l'instant un envoyé... de je ne sais où se plaint que j'offense dans mes vers la Sublime Porte[3], la Perse, une partie de la presqu'île de l'Inde, toute l'Égypte, les royaumes de Barca, de Tripoli, de Tunis, d'Alger et de Maroc: et voilà ma comédie flambée pour plaire aux princes mahométans, dont pas un, je crois, ne sait lire, et qui nous meurtrissent l'omoplate en nous disant: « Chiens de chrétiens! » – Ne pouvant avilir l'esprit, on se venge en le maltraitant. – Mes joues creusaient, mon terme était échu; je voyais de loin arriver l'affreux recors[4], la plume fichée dans sa perruque; en frémissant, je m'évertue. Il s'élève une question sur la nature des richesses, et comme il n'est pas nécessaire de tenir les choses pour en raisonner, n'ayant pas un sou, j'écris sur la valeur de l'argent et sur son produit net; sitôt je vois, du fond d'un fiacre, baisser pour moi le pont du château fort, à l'entrée duquel je laissai l'espérance et la liberté. (*Il se lève.*) Que je voudrais bien tenir un de ces puissants de quatre jours, si légers sur le mal qu'ils ordonnent, quand une bonne disgrâce a cuvé leur orgueil! Je lui dirais... que les sottises imprimées n'ont d'importance qu'aux lieux où l'on en gêne le cours; que, sans la liberté de blâmer, il n'est point d'éloge flatteur, et qu'il n'y a que les petits hommes qui redoutent les petits écrits. (*Il se rassied.*) Las de nourrir un obscur pensionnaire, on me met un jour dans la rue; et comme il faut dîner quoiqu'on ne soit plus en prison, je taille encore ma plume, et demande à chacun de quoi il est question: on me dit que pendant ma retraite économique il s'est établi dans Madrid un système de liberté sur la vente des productions, qui s'étend même à celles de la presse; et que, pourvu que je ne parle en mes écrits ni de l'autorité, ni du culte, ni de la politique, ni de la morale, ni des gens en place ni des corps en crédit, ni de l'Opéra, ni des autres spectacles, ni de personne qui tienne à quelque chose, je puis tout imprimer librement, sous l'inspection de deux ou trois censeurs.

BEAUMARCHAIS, *Le Mariage de Figaro*, V, 3, 1784.

1. Figaro vient de faire allusion à son précédent métier, vétérinaire.
2. Une comédie à la mode turque.
3. La Turquie.
4. Huissier.

37 Analyser un sujet de dissertation

1 Situer le sujet

Dans le cadre du cours de français, la dissertation porte toujours sur une question littéraire. La réflexion s'appuie sur le cours et sur une expérience de lecteur. Le sujet de dissertation peut se présenter sous trois formes :

• **Une question totale** qui pose un thème et suggère deux thèses opposées dont il faudra évaluer les mérites. Exemple : La fonction du roman est-elle de représenter le réel ?

• **Une question partielle** introduite par « Comment, En quoi, Pourquoi, etc. » qui se situe à l'intérieur d'une thèse et demande d'en définir le contenu et les limites. Exemple : Pourquoi les hommes ont-ils besoin de la littérature ?
L'implicite du sujet est que les hommes ont besoin de la littérature. Le questionnement porte sur les causes de ce besoin ; mais il faudra aussi s'interroger sur les limites du sujet : ce besoin n'est-il pas discutable ?

• **Une citation** d'auteur ou de critique, qui énonce une thèse sur un mode affirmatif et que le sujet invite à discuter. Un tel sujet revient à l'opposition de thèses, mais face à un interlocuteur qui dispose d'une autorité forte. Exemple : Partagez-vous l'opinion de Molière, qui affirme que « le théâtre n'est fait que pour être vu » ?
Pour traiter un tel sujet, il est nécessaire de prendre en compte le fait que Molière s'exprime en dramaturge et surtout en homme de spectacle ; cette situation donne du poids à sa thèse.

2 Analyser le sujet

Le sujet est recopié au centre d'une feuille de brouillon et progressivement annoté de définitions, de mises en relation des termes, de questions, d'objections. Il s'agit :
• de le comprendre, en **définissant** les notions. Il faut aller de la notion centrale (un genre, un mouvement…) vers celles auxquelles elle est associée ;
• d'en identifier tous les **enjeux**, en se demandant quels problèmes il soulève. Pour comprendre ce que le sujet implique, il faut être attentif à sa formulation, ne pas négliger les verbes employés, les mots qui font le lien entre les notions ;
• d'en établir les limites. Le sujet suscite des **objections**, qui nourriront la discussion.
Ainsi, l'analyse balise le sujet et provoque la réflexion.
Exemple d'analyse : La fonction du roman est-elle de représenter le réel ?
– domaine du roman (genre littéraire) : « roman » est un genre littéraire ;
- « roman » et « réel » renvoient au réalisme, aux mouvements réaliste et naturaliste. Objection : le roman ne se réduit pas à ces mouvements. A-t-il la même fonction en dehors d'eux ?
– « représenter le réel » : rendre présent le réel ? De quelle nature est cette présence ? Quelles techniques permettent de la construire ? Objection : La « représentation » n'est-elle pas plutôt la fonction du théâtre et l'imitation celle du roman ?
– « la fonction » : ce que cherche l'auteur ; ce qu'attend le lecteur. Le roman n'a-t-il qu'une fonction ? toujours la même ? Objection : le roman est défini comme genre libre, sans règles : a-t-il une fonction ?

3 Définir la problématique

La problématique est le problème que la dissertation va permettre de résoudre. C'est **une nouvelle question**, qui n'ouvre pas à d'autres interrogations, mais resserre au contraire le champ de réflexion autour des **enjeux** et des **objections** définis dans l'analyse.
Le sujet sur le roman appelle une problématique du type : comment le roman arrive-t-il à dépasser la simple imitation du réel, pour se faire *représentation* ?

Exercice 1

Répondez aux questions qui vous permettront d'orienter l'analyse des sujets suivants.

Sujet 1 : « La littérature est-elle efficace pour faire passer des idées ? »
De quel autre mot du sujet faut-il rapprocher « littérature » pour restreindre le champ de réflexion ?
Quels auteurs peut-on associer à ce questionnement ?
Qu'entend-on ici par « efficace pour faire passer » ?
Comment mesure-t-on que des idées sont « passées » ?

Sujet 2 : « L'écriture poétique est-elle le fruit d'une inspiration ? »
Qu'est-ce que « l'inspiration » ? À qui faut-il l'attribuer ?
À quoi doit-on l'opposer, dans l'écriture poétique ?
Que sont les formes fixes, en poésie ?

Sujet 3 : « Dans un article publié en 1868 dans le *Figaro*, Zola écrit : « Je suis de l'avis de Stendhal. Je crois qu'un romancier doit d'abord écrire ses œuvres pour lui : le souci du public vient ensuite. » Partagez-vous cette opinion ? »

Qui sont Zola et Stendhal ? À quels mouvements les rattache-t-on ? Qu'a-t-on pu reprocher à leurs œuvres ? Pourquoi le premier fait-il référence au second ? Ont-ils eu, de leur vivant, des renommées comparables ? Quel sens donnez-vous à « d'abord » et « ensuite » ? La thèse de l'auteur vous paraît-elle logique ou paradoxale ?

Sujet 4 : « En quoi le théâtre exige-t-il une participation du public ?
Qu'est-ce qui fait la spécificité du théâtre, en tant que genre littéraire ? Son public est-il d'une seule nature ?
Quels sens peut-on donner à « participation » ?
Comment et de la part de qui peut se manifester l'exigence évoquée ? »

Sujet 5 : « Les moralistes du XVIIe siècle ont-ils eu tort de ne peindre l'homme que sous son jour le plus sombre ? »
À quels auteurs le sujet fait-il référence ? Quelle était leur visée ?
En quoi ont-ils peint l'homme « sous son jour le plus sombre » ?
À quoi cette manière de le représenter pourrait-elle avoir nui ?

Exercice 2

Pourquoi les mots soulignés ne doivent-ils pas être négligés ?

Les romans du XIXe siècle ont-ils encore quelque chose à nous dire ?
Qu'attend-on du roman ?
Les penseurs des Lumières ont-ils réussi à changer l'homme ?
Le poète est-il toujours solitaire ?
Une société peut-elle se passer de théâtre ?

Exercice 3

Analysez deux des sujets suivants au brouillon puis proposez une problématique.

a. Un personnage principal doit-il être un héros ?
b. N'y a-t-il de tragique qu'au théâtre ?
c. En quoi la comédie est-elle propre à « corriger les mœurs » ?
d. Les penseurs des Lumières ont-ils changé l'homme ?

Exercice 4

Sujet : « Le romancier a-t-il pour but de dire le vrai ou peut-il s'en libérer au nom même du romanesque ? ».

1. Définissez les termes « romancier », « vrai » et « romanesque ».
2. Renseignez-vous dans ce manuel sur le mouvement « réaliste ». En quoi les romanciers réalistes cherchent-ils à dire le vrai ? « Vrai » et « réel » peuvent-ils être considérés comme synonymes ?
3. Observez la conjonction « ou » ici. Est-il vraiment impossible de concilier la première proposition et la deuxième ?
4. À partir de tous ces éléments, formulez une problématique.

Exercice 5

Sujet : Êtes-vous d'accord avec cette citation d'Albert Thibaudet : « L'expérience nous montre qu'un certain idéal de « composition » classique, portant sur les caractères et sur l'œuvre, doit être considéré comme un danger et un ennemi du roman ? » (Albert Thibaudet, *Le Liseur de romans*, 1925).

1. Renseignez-vous sur le classicisme dans ce manuel. À quel genre pense particulièrement Thibaudet lorsqu'il parle de « composition classique » ? Quelle opposition générique sous-tend donc cette citation ?
2. Quel sens donnez-vous au terme « composition » dans le domaine littéraire ?
3. Comment expliquez-vous les termes de « danger » et d'« ennemi » ?
4. D'après vos lectures et vos connaissances le roman vous semble-t-il irrémédiablement hostile à un art de la composition ?
5. À partir des remarques précédentes, formulez une problématique.

Exercice 6

Sujet : Pensez-vous, comme Gérard Genette que « le plaisir que l'on prend à une œuvre d'art naît à la fois d'un sentiment de nouveauté et d'un sentiment de reconnaissance » ?

1. Qu'y a-t-il, à première vue, de contradictoire dans cette citation ?
2. Définissez les termes « plaisir » et « sentiment ».
3. En quoi les genres ou les catégories littéraires peuvent-ils être des éléments de reconnaissance pour le lecteur ?
4. Quel pourrait être le rôle du style dans cette configuration ?
5. Formulez une problématique à partir des remarques précédentes.

38 Mobiliser ses connaissances pour la dissertation

La dissertation vous donne l'occasion de mettre en valeur votre connaissance du cours de français et votre culture littéraire.

1 Le rapport entre le sujet et l'objet d'étude

• Les sujets de dissertation proposés sont en relation explicite avec un ou plusieurs objets d'étude. Néanmoins, il faut soigneusement **sélectionner vos connaissances** pour répondre à la question posée, sans dévier vers d'autres genres ou d'autres questions abordées en cours.

Exemple de sujet :
Dans quelle mesure le choix d'un narrateur s'exprimant à la première personne peut-il rendre un récit plus intéressant ? Vous répondrez à cette question, en vous appuyant sur les textes du corpus, sur les textes et les œuvres étudiés en classe, ainsi que sur vos lectures personnelles.

Le terme général « récit » vous permet d'étendre la réflexion aux romans et aux nouvelles. Il ne s'agit pas des romans et des nouvelles en général, mais seulement des romans et nouvelles écrits à la première personne. Ne confondez pas le récit à la première personne et le point de vue interne (un récit en focalisation interne peut être écrit à la troisième personne).

• Pour certains sujets, vous devrez mobiliser vos connaissances sur **plusieurs objets d'étude**.

Exemple de sujet :
En quoi la forme littéraire peut-elle rendre une argumentation plus efficace ?
Le sujet s'inscrit dans l'objet d'étude « l'argumentation », mais l'expression « forme littéraire » inclut tous les genres. Recherchez donc, parmi tous les textes que vous connaissez, ceux qui défendent des idées. Il peut s'agir de formes spécifiquement argumentatives (discours, traité, essai, conte philosophique), mais aussi de récits, de pièces de théâtre et de poèmes engagés.

2 La recherche des arguments et des exemples

• **Ne dissociez pas** la recherche des **arguments et** celle des **exemples.** Vous pouvez commencer par l'une ou l'autre. Lorsque vous trouvez un argument, demandez-vous immédiatement quels exemples pourraient l'illustrer ; après avoir réuni un ou plusieurs exemples, formulez l'argument qui correspond. Tous vos arguments doivent être illustrés et chaque exemple cité doit appuyer un argument.

• **Où chercher ?** Envisagez toutes les ressources dont vous disposez :
– **Les textes du corpus**
N'oubliez pas de les exploiter. Ils présentent un avantage : vous pourrez les citer avec exactitude. Relisez chaque texte en relevant les éléments en rapport avec le sujet.

– **Le cours de français**
– les extraits commentés : même si vous n'avez analysé qu'un passage d'une œuvre, vous pouvez y faire référence. La précision de l'analyse sera un atout ;
– les œuvres étudiées en intégralité ;
– les lectures complémentaires.

– **Vos connaissances personnelles**
– vos lectures en dehors du cours de français : aucune œuvre littéraire n'est à proscrire absolument. Vous pouvez faire référence, par exemple, à des romans de science fiction ou à un best-seller récent, à condition d'avoir aussi (et surtout) des références classiques ;
– les supports autres que les textes littéraires : mises en scène, films, tableaux, photographies, publicités.
Des comparaisons ponctuelles avec d'autres arts peuvent enrichir la réflexion, du moment que les références littéraires demeurent majoritaires.

Exercice 1

Parmi les arguments proposés, lesquels vous semblent pertinents pour traiter le sujet suivant ?

Sujet : « On sait bien que les comédies ne sont faites que pour être jouées », écrit Molière. Expliquez et discutez cette déclaration.

a. Les scènes d'action sont moins impressionnantes au théâtre qu'au cinéma.
b. Il faut voir les acteurs sur scène pour apprécier le comique de gestes.
c. La représentation d'une tragédie peut être une expérience bouleversante pour le spectateur.
d. Les costumes de certains personnages les rendent encore plus caricaturaux.
e. Les comédies et les tragédies classiques se conforment à un ensemble de conventions.
f. Seule la lecture permet d'apprécier pleinement la virtuosité de certains jeux de langage, par exemple dans les scènes de quiproquo.
g. On apprécie mieux la représentation d'une pièce de théâtre après l'avoir lue.
h. La comédie est un moyen efficace de critiquer certains défauts de la société.

Exercice 2

Associez les œuvres suivantes aux sujets qu'elles peuvent illustrer. Complétez ces listes par des exemples personnels.

Sujets :
a. Le théâtre est-il selon vous une bonne tribune pour défendre des idées ?
b. « Les personnages de romans sont plus intéressants par leurs défauts que par leurs qualités. » Expliquez cette affirmation.
c. Lorsque l'on aborde des notions abstraites ou morales, quelles stratégies littéraires vous semblent les plus efficaces pour emporter l'adhésion du lecteur ?

Liste d'exemples :
1. *Le Mariage de Figaro* de Beaumarchais (le valet Figaro critique l'hypocrisie des nobles comme son maître)
2. « Le Corbeau et le Renard », *Les Fables* de La Fontaine (« Tout flatteur vit aux dépens de celui qui l'écoute »)
3. *Ruy Blas* de Victor Hugo (le héros défend les intérêts du peuple face à des dirigeants cyniques)
4. *La Comédie humaine* de Balzac (Rastignac a donné son nom au modèle de l'ambitieux sans scrupule).
5. « J'accuse » d'Émile Zola (lettre ouverte au président de la République pour dénoncer l'injuste condamnation du capitaine Dreyfus)
6. *L'Étranger* d'Albert Camus (le héros est condamné à mort au moment où il commence à s'ouvrir au monde)
7. *Voyage au bout de la nuit* de Céline (l'expression à la première personne des doutes et craintes de Bardamu, permet de s'identifier plus facilement à lui)
8. *L'École des femmes* de Molière (la jeune Agnès est maintenue dans l'ignorance par son tuteur Arnolphe qui veut épouser une femme naïve)
9. *L'Éducation sentimentale* de Flaubert (Frédéric Moreau, le personnage central, est faible et lâche)

Exercice 3

Comment les deux textes proposés peuvent-ils vous aider à traiter le sujet suivant ? Vous formulerez l'argument qu'ils pourraient illustrer et vous relèverez dans chaque texte les éléments les plus significatifs.

Sujet : Pensez-vous que la poésie ait le pouvoir de changer notre vision du monde ?

Texte 1

À mi-chemin de la cage au cachot la langue française a cageot, simple caissette à claire-voie vouée au transport de ces fruits qui de la moindre suffocation font à coup sûr une maladie. Agencé de façon qu'au terme de son usage il puisse être brisé sans effort, il ne sert pas deux fois. Ainsi dure-t-il moins encore que les denrées fondantes ou nuageuses qu'il enferme. À tous les coins de rues qui aboutissent aux halles, il luit alors de l'éclat sans vanité du bois blanc. Tout neuf encore, et légèrement ahuri d'être dans une pose maladroite à la voirie jeté sans retour, cet objet est en somme des plus sympathiques – sur le sort duquel il convient toutefois de ne s'appesantir longuement.

Francis Ponge, « Le cageot », *Le Parti pris des choses*, 1942.

Texte 2

Oui, ce monde est bien plat ; quant à l'autre, sornettes.
Moi, je vais résigné, sans espoir, à mon sort,
Et pour tuer le temps, en attendant la mort,
Je fume au nez des dieux de fines cigarettes.

Allez, vivants, luttez, pauvres futurs squelettes,
Moi, le méandre bleu qui vers le ciel se tord,
Me plonge en une extase infinie et m'endort
Comme aux parfums mourants de mille cassolettes[1].

Et j'entre au paradis, fleuri de rêves clairs
Où l'on voit se mêler en valses fantastiques
Des éléphants en rut à des chœurs de moustiques.

Et puis, quand je m'éveille en songeant à mes vers,
Je contemple, le cœur plein d'une douce joie,
Mon cher pouce rôti comme une cuisse d'oie.

Jules Laforgue, « La Cigarette », *Le Sanglot de la terre*, 1880.

1. Brûle-parfum.

Exercice 4

Trouvez des arguments et des exemples pour étayer les thèses suivantes :

1. Les lecteurs de nouvelles et de romans s'identifient à certains personnages.
2. Les nouvelles et les romans donnent au lecteur des informations sur la société qu'ils évoquent.
3. Les nouvelles et les romans amènent les lecteurs à s'interroger sur le monde dans lequel ils vivent.

39 Choisir le plan en fonction du sujet

Après avoir dégagé une problématique ainsi qu'une liste d'arguments et d'exemples, vous devez trouver un plan pour organiser vos idées.

1 Hiérarchiser

Distinguez clairement :
- **les thèses** : les idées générales défendues, les différentes réponses à la problématique
Par exemple, pour répondre à la problématique « Le comique est-il un registre romanesque ou théâtral ? », l'une de vos parties défendra la thèse suivante : Le comique a partie liée avec la représentation.
- les **arguments** : les preuves apportées pour démontrer la validité d'une thèse
Les costumes des personnages de comédie accentuent le comique.
- les **exemples** : les cas particuliers qui illustrent les arguments
Argan, dans le *Malade Imaginaire*, est encore plus ridicule vêtu d'un pyjama.
Chaque grande partie de la dissertation développe une thèse. Chaque sous-partie correspond à un argument distinct et comprend un ou plusieurs exemples

2 Choisir un type de plan

On peut distinguer deux principaux types de plan. Soyez attentif à la formulation des sujets car elle vous oriente vers l'un de ces types de plan.

a. Le plan analytique : développer une thèse

Il convient aux sujets qui demandent d'expliquer une citation ou aux questions qui commencent par « pourquoi », « en quoi », « de quelle(s) manière(s) », « par quels moyens ».
Pourquoi peut-on dire que le roman est, selon l'expression de Stendhal « un miroir que l'on promène le long du chemin » ?
I Le roman reconstitue la réalité historique et sociale
II À travers ses personnages, le roman reflète au mieux la complexité des êtres humains
III Le roman est un miroir où le lecteur se reconnaît
Les trois parties déclinent la thèse du roman comme miroir, en l'interprétant de plusieurs manières.

b. Le plan dialectique : discuter une thèse

Vous pouvez l'adopter quand la formulation vous invite à évaluer la validité d'une thèse (« dans quelle mesure ») ou à donner votre avis (« pensez-vous que », « partagez-vous ce point de vue »).
Le plan dialectique adopte la forme d'une **concession** : on commence par expliquer la thèse que l'on va attaquer afin de mieux la réfuter dans la seconde partie.

Stendhal a défini le roman comme « un miroir que l'on promène le long d'un chemin ».
Êtes-vous d'accord avec cette définition ?
I Certes, le roman reflète la réalité, comme un miroir (thèse)
II Pourtant, il n'est pas vraiment un miroir car il comporte toujours une part d'invention (antithèse)
III Le roman reflète la réalité avec d'autant plus de vérité qu'il en est un miroir déformé (synthèse, c'est-à-dire dépassement de la contradiction apparente)

Un plan en deux parties suffit, du moment que chaque partie est suffisamment développée :
I Expliquer la thèse à discuter
II Nuancer ou II Réfuter ou II Exposer une thèse opposée

À l'intérieur de chaque grande partie, classez les arguments selon une progression logique : du plus simple au plus complexe, du plus évident au plus subtil, du moins convaincant au plus convaincant…

Exercice 1

Associez chaque sujet au plan qui lui correspond le mieux, en étant attentif à la formulation des sujets.

1. Pensez-vous que le poète doive s'engager dans son temps et mener les hommes au combat ?
2. La poésie est-elle seulement l'expression de sentiments personnels ?
3. Pourquoi la poésie est-elle, selon l'expression de Gabriel Celaya, « une arme chargée de futur » ?

Plan A

I À travers ses textes, le poète exprime ses émotions
II Mais la poésie peut défendre efficacement des idées
III La poésie consiste surtout en une utilisation spéciale du langage

Plan B

I Le poète a une mission sociale
II Mais un poète n'utilise pas le langage comme un homme politique
III La poésie diffuse un message universel et éternel

Plan C

I Le poète sait susciter des émotions chez son lecteur
II La poésie touche le lecteur par sa beauté
III La poésie modifie le regard du lecteur sur le monde

Exercice 2

Parmi les plans suivants, distinguez les plans analytiques et dialectiques. Lequel choisiriez-vous pour traiter le sujet proposé ?
Formulez les sujets auxquels pourraient répondre les plans que vous n'avez pas retenus.

Sujet : « Dans quelle mesure un récit plaisant vous paraît-il la meilleure façon de défendre ses idées ? »

Plan A

I Un récit plaisant est plus agréable à lire qu'un texte théorique
II Un récit plaisant permet de s'identifier à des personnages et touche donc plus facilement le lecteur
III Un récit plaisant, en faisant rire ou sourire, range le lecteur du côté de l'auteur

Plan B

I Un récit plaisant retient l'attention du lecteur et marque sa mémoire
II Le lecteur risque de ne pas prêter suffisamment attention aux idées défendues ou de mal les comprendre
III Les idées défendues par les récits plaisants intéressent d'autant plus le lecteur qu'elles sont formulées de manière indirecte : il faut les deviner, ce qui crée une complicité entre l'auteur et le lecteur

Plan C

I Les récits plaisants séduisent davantage les lecteurs que les discours
II Les idées défendues passent au second plan dans les récits plaisants
III Les discours sont plus efficaces que les récits pour défendre des idées

Exercice 3

Complétez le plan ci-dessous :
– en formulant en une phrase les axes des grandes parties
– en ajoutant un argument par partie

Sujet : « Que peut apporter de nos jours à un spectateur la représentation des tragédies et des comédies composées au XVIIe siècle ? »

I Certes…
1. Les tragédies classiques mettent en scène des héros antiques ou de grands rois.
2. La condition des femmes telle qu'elle apparaît dans les pièces du XVIIe siècle ne correspond pas aux réalités actuelles.

II Pourtant,
1. L'actualité des pièces classiques est mise en évidence par certaines mises en scène qui transposent l'action de nos jours
2. Les dilemmes auxquels sont confrontés les personnages des tragédies rappellent les choix que doit faire l'individu moderne au cours de sa vie

Exercice 4

Voici une liste d'idées permettant de traiter le sujet. Hiérarchisez ces idées en distinguant les axes des grandes parties (thèses) des axes de sous-parties (arguments). Ordonnez-les selon une progression logique pour former un plan.

Sujet : « Pourquoi peut-on dire que les romans offrent aux lecteurs une peinture de la réalité de nature à en favoriser la compréhension ? »

1. Les romanciers modifient librement les personnages et les situations empruntés à la réalité.
2. Le point de vue interne nous donne accès aux motivations secrètes des personnages.
3. Les romans permettent de mieux comprendre la réalité parce qu'ils expriment le point de vue de l'auteur, son interprétation de la réalité.
4. Certains romans ont une valeur documentaire : ils apprennent beaucoup à leur lecteur sur l'histoire ou la société d'une époque.
5. Les romanciers savent faire partager leur enthousiasme pour un lieu, un personnage, un régime politique.
6. Les romans permettent de mieux comprendre la réalité parce qu'ils dévoilent des mystères normalement inaccessibles.
7. Le roman représente des personnages à la psychologie complexe, qui évolue dans le temps, de manière plus précise que les autres genres littéraires.
8. Les romans permettent de mieux comprendre la réalité parce qu'ils en donnent une image fidèle.
9. Grâce à un narrateur omniscient, le lecteur peut en savoir plus sur la situation des personnages que ces personnages eux-mêmes.

40 Utiliser des exemples

Dans toute argumentation, et particulièrement dans la dissertation, l'exemple joue un rôle essentiel. Il permet d'**illustrer** votre propos, en donnant corps à vos idées. Il a aussi un rôle de **preuve**, car sans lui un argument reste vague et théorique. Il manifeste enfin votre culture et votre compétence : il vous permet d'**emporter l'adhésion** de votre lecteur.

1 Les différents types d'exemples

• Pour nourrir votre argumentation dans un devoir, il est possible d'exploiter :
– les textes du corpus, que vous pourrez (et devrez) citer avec exactitude. Relisez chaque texte en relevant les éléments en rapport avec le sujet ;
– les extraits commentés du cours de français, ainsi que les connaissances qu'il vous a dispensées sur l'histoire littéraire (genre, registre, procédés) ;
– les œuvres étudiées en intégralité et vos lectures personnelles ;
– votre expérience de spectateur, indispensable pour une réflexion sur le théâtre.
Ainsi, pour traiter le sujet suivant : « La poésie vous semble-t-elle particulièrement apte à mener un combat social ou politique ? », vous pouvez vous appuyer sur une référence :
– au romantisme, qui prône l'engagement du poète, de Byron à Lamartine ;
– à Victor Hugo, qui paya de vingt ans d'exil l'audace de sa plume ;
– à ses *Châtiments*, qui furent une arme redoutable contre le régime de Napoléon III ;
– à l'un des poèmes de ce recueil, tel « Fable ou histoire » qui dénonce avec ironie l'imposture de l'empereur.

• Il faut citer au moins le titre de l'œuvre et le nom de l'auteur. N'utilisez jamais un exemple que vous ne possédez pas bien.

2 L'emploi des exemples

• Aucun paragraphe ne doit être dépourvu d'exemple. Mais ils peuvent varier en nombre (et donc en approfondissement), selon la stratégie argumentative que vous adoptez.

Dans l'unité d'un paragraphe, vous pourrez employer :
– **un seul exemple**, commenté avec précision, pour étayer l'idée directrice.
Ainsi, dans un paragraphe sur le conflit qui torture le héros tragique, vous pourrez analyser la situation de Rodrigue dans *Le Cid*, en détaillant les termes de son dilemme.
Privilégier un exemple unique lui donne une valeur emblématique ; cela suppose qu'il soit bien choisi Il pourra être conforté par une série d'exemples juste esquissés.

– **deux (ou trois) exemples**, soit complémentaires, soit divergents : dans les deux cas, leur synergie renforce votre idée en la nuançant.
Ainsi, dans un paragraphe sur l'attachement du valet de comédie à son maître, vous pourrez confronter la fascination effrayée de Sganarelle pour Don Juan au dévouement amusé de Scapin pour Léandre.

• L'exemple vient en général à l'appui d'une idée déjà formulée (c'est sa **fonction illustrative**) :
« La littérature raconte souvent la lutte d'un héros contre un ennemi [idée]. Ainsi, dans *Moby Dick*, le chef-d'œuvre d'Hermann Melville [introduction de l'exemple] le capitaine Achab poursuit avec acharnement le cachalot blanc qui l'a estropié lors d'un précédent voyage. »

Mais un exemple peut aussi déboucher sur une idée (c'est sa **fonction déductive**). Ainsi, si l'on poursuit la phrase précédente, on dépasse le constat pour apporter un argument nouveau :
« Mais il ne s'agit pas d'une chasse ordinaire : l'obsession du héros et la taille de l'animal confèrent au récit l'ampleur d'un mythe. »

Exercice 1

Associez chacune des idées (1 à 4) énoncées à l'un des exemples (a à d) proposés. Précisez de quel type d'exemple il s'agit dans chaque cas (un même exemple peut faire référence à la fois à l'histoire et à une forme littéraire).

1. Le dramaturge a une influence sur la mise en scène. **2.** L'écriture peut être un engagement. **3.** Une même vision du monde peut s'exprimer sous différentes formes artistiques. **4.** Le roman est le genre le plus apte à rendre compte de la réalité.

a. *La Comédie humaine* d'Honoré de Balzac. **b.** Victor Hugo, *Châtiments*. **c.** Les didascalies chez Ionesco. **d.** Le romantisme en peinture (Delacroix) et en musique (Chopin).

Exercice 2

Complétez chacune des idées suivantes par un exemple.

a. La poésie propose une vision lyrique de la réalité. – **b.** Connaître la vie de l'écrivain éclaire la compréhension de l'œuvre. **c.** Le lecteur de roman s'identifie facilement au héros. **d.** Les philosophes du XVIIIe siècle ont repensé l'idée de nature. **e.** Le théâtre est un genre qui permet de défendre des idées.

Exercice 3

Rédigez un paragraphe à partir des éléments suivants (idée – exemple – argumentation générale).

a. L'idée : L'autobiographie ne raconte pas toujours un souvenir exact.
L'exemple : Dans les *Confessions* de Rousseau, le vol des pommes est une réécriture de saint Augustin.
L'argumentation : L'autobiographie n'est pas seulement mémoire de faits.

b. L'idée : Le théâtre classique recherche la vraisemblance.
L'exemple : Les auteurs s'imposent des règles d'unité : unité de temps, de lieu et d'action.
L'argumentation : Le spectateur doit pouvoir croire au spectacle qui lui est proposé.

c. L'idée : Le personnage romantique est un orphelin de l'épopée napoléonienne.
L'exemple : Dans *Le Rouge et le noir*, Julien Sorel cherche les signes d'un destin héroïque.
L'argumentation : Le romantisme est un mouvement qui a la nostalgie de la grandeur.

Exercice 4

Complétez ce paragraphe de dissertation ou de commentaire en rédigeant en une ou deux phrases le passage manquant d'après les informations mentionnées entre crochets.

Le réalisme de la première page du roman de Flaubert *L'Éducation sentimentale* tient notamment à la précision des indications de temps et de lieu.
[analyse de l'exemple : première phrase : « Le 15 septembre 1840, vers six heures du matin, *la Ville-de-Montereau*, près de partir, fumait à gros tourbillons devant le quai Saint-Bernard » ; évocation des lieux parisiens contemplés par le personnage (l'île Saint-Louis, la Cité, Notre-Dame) ; la ville d'où il vient (Le Havre) ; la ville où il va (Nogent-sur-Seine)]
En permettant au lecteur de reconstituer l'itinéraire de son personnage, Flaubert le plonge dans un monde qui ressemble beaucoup au monde réel. Il ancre d'emblée son roman dans la réalité de son temps.

Exercice 5

Sujet : « La littérature vous semble-t-elle un moyen efficace de défendre ses idées ? »

Dans une première partie, montrant l'efficacité argumentative de la littérature, vous consacrez une sous-partie aux émotions suscitées chez le lecteur. Vous en trouverez ci-dessous la structure, avec la première et la dernière phrase rédigées. Rédigez l'ensemble en respectant les contraintes mentionnées entre crochets et en développant vos exemples avec précision.

Les textes littéraires touchent d'autant plus le lecteur qu'ils ont le pouvoir d'éveiller chez lui des émotions variées.
[- exemple 1 : la tirade d'Andromaque de l'exercice 6 (« Où fuyez-vous, Madame ? »)
- exemple 2 : un texte de votre choix.]
Les différents genres littéraires mettent ainsi leur force de persuasion au service des idées qu'ils défendent.

Exercice 6

Utilisez les exemples suivants de la tirade ci-dessous pour rédiger un paragraphe de dissertation dans lequel vous en mettrez en évidence le registre pathétique :

1. interjection « hélas ! »
2. métaphore du cœur percé
3. « Hector » et « un fils » mis en valeur avant la césure aux vers 3, 8, 10 et 11
4. manifestations physiques de la douleur (« la veuve d'Hector pleurante à vos genoux », « jalouses larmes »)
5. césure fortement marquée au vers 10

Où fuyez-vous, Madame ?
N'est-ce point à vos yeux un spectacle assez doux
Que la veuve d'Hector pleurante à vos genoux ?
Je ne viens point ici, par de jalouses larmes,
Vous envier un cœur qui se rend à vos charmes.
Par une main cruelle, hélas ! j'ai vu percer
Le seul où mes regards prétendaient s'adresser.
Ma flamme par Hector fut jadis allumée ;
Avec lui dans la tombe elle s'est enfermée.
Mais il me reste un fils. Vous saurez quelque jour,
Madame, pour un fils jusqu'où va notre amour ;
Mais vous ne saurez pas, du moins je le souhaite,
En quel trouble mortel son intérêt nous jette,
Lorsque de tant de biens qui pouvaient nous flatter,
C'est le seul qui nous reste, et qu'on veut nous l'ôter.

RACINE, *Andromaque*, 1667.

41 Introduire des citations

La citation est un emprunt à un texte, signalé par l'emploi des guillemets. Elle est indispensable à la question de synthèse, au commentaire et à la dissertation, et obéit à des règles strictes de présentation.

1 Pourquoi faire des citations

- **Un argument**

Qu'il s'agisse du commentaire ou de la dissertation, tout raisonnement doit s'appuyer sur des citations pertinentes, courtes et judicieusement introduites. Une citation seule n'a pas d'utilité ni de valeur. Elle doit être développée et commentée pour constituer un argument.

- **Dans le commentaire**

La citation répond à la nécessité de rendre un compte précis du texte. Vous devez vous appuyer constamment sur celui-ci, partant des champs lexicaux ou des figures de style pour soutenir votre argumentation.

Verlaine mêle dans une union intime les « âmes », les « cœurs » et les « sens » pour restituer une expérience totale de l'être. (► « En sourdine », p. 303)

- **Dans la dissertation**

La citation est un argument d'autorité, permettant de conforter votre opinion. Elle permet aussi de confronter les points de vue en opposant des thèses.

Pour Zola le romancier doit « appliquer à [sa] besogne la méthode expérimentale » alors que dans sa préface à *La Comédie humaine*, Balzac voit en lui « le secrétaire de l'histoire ».

Dans la mesure du possible, on indiquera la source de la citation (nom de l'auteur et titre de l'œuvre)

2 Comment présenter les citations

- **Citation de mots isolés**

Les termes cités ne doivent pas être alignés en série mais intégrés à une phrase.

N'écrivez pas : Verlaine emploie tout un lexique de la nature (« pins », « arbousiers », « gazon roux », « chênes noirs ») (► p. 303)

Ecrivez : Verlaine emploie tout un lexique de la nature, suggérant le vert « des pins et des arbousiers », précisant la couleur du « gazon roux » et des « chênes noirs ».

- **Citation de phrase entière**

Pour introduire la citation d'une phrase, on emploie des **verbes déclaratifs ou de jugement** : déclarer, affirmer, constater, etc. Le verbe qui introduit la citation peut être placé en incise.

Zola affirme que « l'hérédité a ses lois, comme la pesanteur » (► p. 124)

« L'hérédité, affirme Zola, a ses lois, comme la pesanteur »

- **Citation de vers**

La citation de plusieurs vers se fait soit avec retour à la ligne de l'ensemble, soit, pour quelques vers, en les séparant par une barre oblique (avec reprise de la majuscule en tête de vers s'il y a lieu).

« Fondons nos âmes, nos cœurs/Et nos sens extasiés » (► p. 303)

- **Citation modifiée**

La citation peut être tronquée mais il faut veiller à ce qu'elle conserve un sens cohérent et une syntaxe correcte. La coupure doit être signalée par des points de suspension entre crochets :

Zola définit ainsi son projet : « Je tâcherai de trouver et de suivre [...] le fil qui conduit mathématiquement d'un homme à un autre homme. » (► p. 124)

L'insertion de la citation dans la phrase peut entraîner des modifications pour conserver une syntaxe correcte : les repères de personne, de temps et de lieu changent. Ces modifications sont également signalées entre crochets.

À la fin du poème, le rossignol, « voix de [leur] désespoir », s'oppose au « silence profond » dont les amants voulaient « pénétr[er] bien [leur] amour. (► p. 303)

Exercice 1

Rétablissez les indices qui signalent et délimitent les citations dans ces phrases.

a. J'ai ma vision du monde, écrit Jean Giono dans *Noé*, en l'opposant à une vision ordinaire.
b. Paul Valéry écrit: Le lyrisme est le développement d'une exclamation.
c. Les deux premiers décasyllabes de ce sonnet de Louise Labé traduisent les violents contrastes de la passion amoureuse: Je vis, je meurs: je me brule et me noye. J'aye chaut estreme en endurant froidure.
d. Pour signaler au lecteur l'ironie de son éloge de la guerre, le narrateur de *Candide* désigne les combats par un oxymore: cette boucherie héroïque.

Exercice 2

Intégrez correctement à la phrase les citations soulignées. Des coupures ou des modifications grammaticales sont parfois nécessaires.

a. Figaro déclare dans son monologue: <u>Sans la liberté de blâmer, il n'est point d'éloge flatteur.</u>
b. Dans *La Peste* de Camus, le Père Paneloux décrit métaphoriquement l'épidémie en déclarant à ses fidèles que <u>« vous vous trouvez sous les murailles de la peste »</u>, que <u>« c'est à leur ombre mortelle » « qu'il nous faut trouver notre bénéfice »</u>.
c. Le narrateur du *Temps retrouvé* souligne l'importance de la littérature pour comprendre véritablement nos vies: <u>La vraie vie, la vie enfin découverte et éclaircie, la seule vie par conséquent réellement vécue, c'est la littérature</u>.

Exercice 3

1. En prenant appui sur des éléments significatifs des citations, employez des verbes autres que *dire* et *écrire* dans les propositions introductrices.
2. Réécrivez la phrase en transformant la proposition introductrice en incise.

a. Victor Hugo le <u>dit</u>: « Le théâtre, on ne saurait trop le répéter, a de nos jours une importance immense [...]. Le théâtre est une tribune. Le théâtre est une chaire. »
b. André Breton <u>écrit</u>: « Le merveilleux seul est capable de féconder des œuvres ressortissant à un genre inférieur tel que le roman [...] ».
c. Le romancier Jean Giono <u>dit</u>: « Ma sensibilité dépouille la réalité quotidienne de tous ses masques » et donne naissance à « une réalité magique. »

Exercice 4

Quels problèmes les citations ci-dessous posent-elles ? Quand cela est possible, reformulez-les.

a. L'auteur se dévalorise (« ce crapaud-là c'est moi »).
b. Le chevalier affirme que « je ne me sentais [...] aucun penchant à la jalousie ».
c. Dans la fable « Le Loup et l'Agneau », la morale occupe les deux premiers vers: « La raison du plus fort est toujours la meilleure: nous l'allons montrer tout à l'heure. »
d. Ubu menace sa femme: « que ne vous assom'je », « arracher les yeux ».

Exercice 5

Le texte ci-dessous est suivi de titres de sous-parties. Choisissez-en trois, associez à chacun une citation et rédigez le paragraphe en veillant bien à commenter votre citation pour qu'elle devienne un argument dans votre démonstration.

Je suis obligé de faire remonter mon lecteur au temps de ma vie où je rencontrai pour la première fois le chevalier des Grieux. Ce fut environ six mois avant mon départ pour l'Espagne. Quoique je sortisse rarement de ma solitude, la complaisance que j'avais pour ma fille m'engageait quelquefois à divers petits voyages, que j'abrégeais autant qu'il m'était possible. Je revenais un jour de Rouen, où elle m'avait prié d'aller solliciter une affaire au Parlement de Normandie pour la succession de quelques terres auxquelles je lui avais laissé des prétentions du côté de mon grand-père maternel. Ayant repris mon chemin par Évreux, où je couchai la première nuit, j'arrivai le lendemain pour dîner à Pacy, qui en est éloigné de cinq ou six lieues. Je fus surpris, en entrant dans ce bourg, d'y voir tous les habitants en alarme. Ils se précipitaient de leurs maisons pour courir en foule à la porte d'une mauvaise hôtellerie, devant laquelle étaient deux chariots couverts. Les chevaux, qui étaient encore attelés et qui paraissaient fumants de fatigue et de chaleur marquaient que ces deux voitures ne faisaient qu'arriver. Je m'arrêtai un moment pour m'informer d'où venait le tumulte; mais je tirai peu d'éclaircissement d'une populace curieuse, qui ne faisait nulle attention à mes demandes, et qui s'avançait toujours vers l'hôtellerie, en se poussant avec beaucoup de confusion.

Abbé Prévost, *Histoire du chevalier Des Grieux et de Manon Lescaut*, 1753.

<u>Titres de sous-parties</u>
Un narrateur personnage.
Une chronologie complexe.
Une scène réaliste.
Des différences sociales marquées.
Un effet d'attente.

Exercice 6

Choisissez trois entrées dans la liste suivante et cherchez dans le manuel des citations relatives à celles-ci. Vous expliquerez votre choix. Vous apprendrez ces citations.

a. La didascalie, indication de mise en scène. **b.** Le registre de langue de la tragédie. **c.** Le comique de mots. **d.** La mélancolie romantique. **e.** La structure du vers. **f.** Les fonctions de la poésie. **g.** L'incipit *in medias res*. **h.** La présentation du personnage de roman. **i.** L'ironie. **j.** La fonction de la morale dans la fable.

42 Rédiger une introduction et une conclusion

L'introduction et la conclusion constituent **deux moments clés** du devoir. L'introduction indique les lignes directrices qui vont être suivies : elle donne au correcteur une première idée de la qualité de la copie. La conclusion clôt l'argumentation : c'est la dernière impression que garde le lecteur.

1 L'introduction

Rédigée en un seul paragraphe, une introduction comporte **trois étapes**, qui s'enchaînent rigoureusement :

a. L'entrée en matière

Elle est brève. Elle doit présenter le contexte, amener le texte ou le sujet et conduire vers la problématique.

• **Pour le commentaire**, **présentez-le** brièvement le texte (auteur, titre de l'œuvre, situation dans l'histoire littéraire) et **caractérisez-le**, en expliquant quelle est sa nature au sein de l'œuvre (récit, description, portrait, dialogue, tirade...) et quelles sont les techniques majeures employées (vers, prose, jeu des points de vue, etc.). Tous ces éléments justifieront la problématique choisie.

• **Pour la dissertation**, **replacez** brièvement la citation ou la question posée **dans son contexte** : indications pertinentes sur l'auteur de la citation, éléments d'histoire littéraire, etc.

b. La formulation de la problématique

La problématique est une interrogation, de préférence indirecte.
« Nous nous demanderons donc comment, en quoi, dans quelle mesure, si... » (attention à la syntaxe de l'interrogation indirecte, ► p. 438).

• **Pour le commentaire**, mettez en avant l'**originalité** du texte par rapport à son thème, à sa nature, à l'œuvre dont il est extrait et/ou au genre de cette œuvre ► p. 532.

• **Pour la dissertation**, après avoir rappelé le sujet (citation ou résumé), mettez en avant les **problèmes** et les difficultés qu'il pose si on le pousse au bout de sa logique ► p. 538.

c. L'annonce du plan

Seules les grandes parties sont annoncées. Veillez à ce que l'organisation en parties soit claire. Une structure par les connecteurs « Il est vrai que (I). Pourtant (II). En effet (III) » peut y suffire. (Dans la mesure du possible, on évitera les lourdeurs du style : « *Dans un premier temps nous verrons que... ») ;
On écrira Nous verrons que cette scène relève de la comédie qui met en valeur la dimension d'analyse (et non pas « *Nous verrons une scène de comédie » dont la tournure est très maladroite).

• **Dans un commentaire composé**, chaque partie doit proposer un angle d'approche différent qui permette d'**éclairer le texte dans sa totalité**, chacune venant compléter la précédente. ► p. 534.

• **Dans une dissertation**, la première partie **défend** la thèse indiquée par le sujet, la deuxième en voit les **limites** et les **contradictions** et la troisième essaie de les **résoudre.** ► p. 542.

2 La conclusion

La conclusion comporte deux étapes réunies en un paragraphe :
– le **bilan** : il montre que la question posée dans la problématique a trouvé une réponse dans le développement. Les **étapes du raisonnement**, de partie en partie, sont succinctement **rappelées** ;
– l'**ouverture** : elle pose un problème plus large à partir de ce que le commentaire ou la dissertation a permis d'établir. Ce n'est donc pas une problématique nouvelle. L'emploi de points de suspension ou d'un point d'interrogation est une maladresse.

Exercice 1

À partir de cette introduction de dissertation, retrouvez le sujet posé. Identifiez très précisément et analysez les étapes de cette introduction.

Le genre romanesque a une histoire, avec un début, une apogée… On s'accorde à le faire remonter, dans sa forme moderne, au début du XVIIe siècle. Il ne rencontre véritablement la reconnaissance qu'au XIXe siècle, lorsque sa capacité à peindre fidèlement le monde et les hommes en fait le genre littéraire dominant. Aujourd'hui, chaque rentrée littéraire produit une quantité considérable de romans. Mais on reproche à nombre de romanciers de faire preuve de nombrilisme. Au point que certains doutent qu'ils aient encore quelque chose à dire. Nous nous demanderons donc si le genre demeure capable de parler aux lecteurs de ce qui les concerne. Le roman est sans doute le genre le plus apte à rendre compte de la réalité. Mais le doute historiquement croissant sur le rapport au monde qui nous entoure a rendu la littérature moins capable de traiter des enjeux majeurs de société. Ainsi, c'est la crise de l'individu contemporain qui se révèle à travers la crise du roman, et les auteurs continuent, chacun à sa manière, à dire le monde.

Exercice 2

Identifiez les étapes de cette conclusion. Expliquez en particulier en quoi consiste l'ouverture.

Ainsi, le monologue de Titus, situé à l'avant-dernier acte de la pièce, est un moment de dépassement, qui permet à l'action de se relancer. En effet, si cette scène intervient à un moment d'hésitation, de crise exprimée par le dilemme, et vient interrompre le développement de l'action dramatique, elle se conclut sur une résolution du personnage, qui va guider sa conduite à venir. On voit bien ici qu'un monologue met en péril la pièce, sa vraisemblance, puisqu'il interrompt à la fois l'action (le drame) et le dialogue, également indispensables au genre dramatique. Mais c'est justement dans cette forme limite que le théâtre se montre particulièrement adapté à l'analyse psychologique.

Exercice 3

Quelles étapes d'une introduction sont ici reproduites ? Quelles maladresses ou fautes repérez-vous ?

1. Dans un premier temps, nous verrons un sonnet.
2. La Fontaine a écrit des fables. La fable est un apologue. L'apologue est une narration mise au service d'une argumentation. Nous verrons donc en quoi le récit est ici au service de l'argumentation.
3. La Fontaine est un poète du XVIIe siècle, né le 8 juillet 1621 et mort le 13 avril 1695. Académicien en 1680, il publie des contes mais est surtout connu pour ses fables. « Le Loup et l'Agneau » est l'une des plus célèbres.
4. Premièrement, nous nous intéresserons à la question du point de vue, puis nous montrerons que le lecteur dispose d'une information incomplète.
5. Le naturalisme est un mouvement littéraire du XIXe siècle, dont les auteurs s'efforcent d'appliquer à la littérature une démarche scientifique. Nous nous demanderons donc pourquoi les romans naturalistes ont pu choquer.
6. Nous nous demanderons dans quelle mesure les didascalies sont-elles une contrainte pour le metteur en scène ?

Exercice 4

Voici deux sujets de dissertation, accompagnés de leur problématique et du plan ; rédigez une introduction.

a. Sujet : Le romantisme est-il un égoïsme ?
Problématique : Comment le romantisme, exprimant une expérience personnelle, peut-il s'adresser à chacun ?
Plan : I. Une poésie du moi (lyrisme)
II. Le moi face au monde (engagement)
III. Le romantisme : une expérience universelle parce que personnelle.

b. Sujet : Quel est le travail du poète ?
Problématique : La poésie est-elle une pure expression libre ?
Plan : I. Le travail d'écriture
II. La liberté du poète
III. L'inspiration poétique, entre contrainte et liberté.

Exercice 5

Voici des sujets renvoyant à trois textes du manuel pour lesquels un commentaire vous est demandé. Ils sont accompagnés de leur problématique et du plan. Rédigez une introduction.

a. Sujet : « Paysage » de Baudelaire (► p. 294).
Problématique : En quoi ce paysage paradoxal met-il en valeur la toute puissance du poète ?
Plan : I. Un tableau parisien
II. Une quête de l'idylle
III. Un éloge de la figure du poète.

b. Sujet : *Illusions perdues* de Balzac (► p. 81).
Problématique : En quoi cette saynète caricaturale nous offre-t-elle une version décalée de l'histoire d'amour entre Lucien et Mme de Bargeton ?
Plan : I. Une scène comique
II La satire d'une société
III L'esquisse d'un roman d'amour.

c. Sujet : « De La Cour » de La Bruyère (► p. 378).
Problématique : En quoi cette observation d'un faux explorateur traduit-elle le point de vue d'un moraliste ?
Plan : I. L'acuité d'un regard
II. Une question de point de vue
III. Un moraliste du Grand Siècle.

43 Bâtir une fiche (de lecture, de révision)

Rédiger des fiches en vue d'un examen est un excellent moyen à la fois de fixer ses connaissances, d'ordonner ses idées et de retenir l'essentiel. Une fiche est destinée à être **relue rapidement** et à **favoriser la remémoration** des éléments qu'elle contient. C'est à ces principes qu'obéit sa rédaction.

1 La fiche de révision

• Selon le thème traité, la **structure** d'une fiche peut être très différente :
– une fiche sur les figures de style pourra se résumer à une liste avec pour chaque figure un exemple qui tiendra immédiatement lieu de définition :

oxymore : obscure clarté
litote : il n'est pas peu embarrassé (il est très…)

– de même une fiche de citations groupées par thèmes ;
– une fiche sur un mouvement littéraire devra en revanche être très structurée : contexte, définition, historique, liste des principaux auteurs avec leur œuvre majeure, éventuellement quelques citations…

• Quel que soit son sujet, une fiche doit être **courte et lisible globalement** : on doit donc s'en tenir à l'essentiel. Pour cela, il faut :
– hiérarchiser les informations : titres surlignés en couleur, titres secondaires précédés d'une puce ou d'un tiret, mots encadrés…
– ne pas rédiger : écrire sans faire de phrases et sous forme de liste en créant à chaque fois un alinéa ; privilégier la concision : préférer les mots clés à souligner ou **surligner**, les flèches, les tableaux, les schémas.

• Pour faire des fiches sur des notions - sur la langue, sur les registres, sur les genres, etc. , on peut s'inspirer de celles que l'on trouve dans les manuels. Par exemple, pour faire une fiche sur les registres, on pourra noter, comme ici, les caractéristiques et les effets sous forme de tableau :

Registres	Caractéristiques	Effets
Comique	– jeux sur les mots, calembours – répétitions de mots ou de situations – ruptures, décalages – imitation burlesque (d'un sujet sérieux)	Faire rire ou sourire

2 La fiche de lecture

En dehors de tout examen, la fiche de lecture est un exercice nécessaire qui permet de créer une base de données utilisables aussi bien pour un exposé que pour une dissertation. Elle doit, privilégier la clarté et la lisibilité. On retiendra le plus souvent :
– **Nom de l'auteur – titre – date**
– **Résumé de l'œuvre**
– **Biographie courte de l'auteur** : grandes dates, principales œuvres, famille littéraire
– **Contexte de rédaction de l'œuvre :** biographique, historique, culturel
– **Sources de l'œuvre**
– **Le genre, le registre**
– **Personnages principaux**
– **Thèmes**
– **Caractéristiques de l'écriture**
– **Citations à retenir**
– **Réception de l'œuvre**

Exercice 1

Résumez en une dizaine de lignes le dernier roman que vous avez lu, et ajoutez un court paragraphe sur ce que vous en avez pensé.

Exercice 2

Afin de rédiger une courte fiche sur le sujet : « La philosophie au siècle des Lumières », (► p. 36-39)vous complèterez, sous forme de liste, le schéma suivant :

Caractéristiques	
Écrivains représentatifs	
Principales œuvres	

Exercice 3

Le résumé ci-dessous représente l'ébauche d'une fiche de lecture sur l'œuvre d'un auteur:

1. Identifier l'œuvre.

2. Complétez en quelques lignes les différentes rubriques de la fiche.

Georges Duroy, ancien sous-officier hussard d'Afrique du Nord, décide de monter à Paris pour y faire fortune. Un ancien camarade de régiment, Forestier, lui ouvre une carrière de journaliste à *La Vie française*, et lui permet de découvrir les coulisses de la vie parisienne. Il ne sait pas écrire, mais qu'importe. Séduisant, il profite de son charme auprès des femmes pour gravir les échelons, passant des bras de sa maîtresse Clotilde de Marelle, dont la fille lui donnera son surnom de « Bel-Ami », à ceux de Madeleine Forestier, veuve de son ami décédé entre-temps, qu'il épouse. C'est elle qui lui suggère de changer son nom en Du Roy de Cantel, avant qu'il ne se détache d'elle et ne parvienne à obtenir le divorce en la prenant en flagrant délit d'adultère. Il séduit alors la femme de son patron, Virgine Walter, qui lui révèle les fructueuses spéculations de son mari au Maroc. Devenu baron et richissime, il finira par épouser en grande pompe la fille du couple Walter, Suzanne.

Auteur	
Titre - Date	
Résumé	
Contexte de rédaction de l'œuvre	
Analyse	
Sources	
Personnages principaux	
Thèmes	
Réception de l'œuvre	

Exercice 4

Bâtissez une fiche de lecture sur le fabliau ci-dessous, anonyme et datant du XIIIe siècle en insistant sur le contexte, l'analyse et les thèmes de l'œuvre :

« LA VEILLE QUI GRAISSA LA PATTE AU CHEVALIER »

Une vieille paysanne possédait pour toute richesse deux vaches. Ce n'était certes pas beaucoup, mais c'était là tout son bien. Elle vendait leur lait pour trouver de quoi survivre.

Un matin, les deux bêtes, sans doute mal gardées, fuirent leur enclos et se trouvèrent à vagabonder sur la route. Le prévôt, passant par là, les vit toutes deux et, les jugeant égarées, il les emmena avec lui. La malheureuse femme découvrit bientôt que ses deux bêtes avaient disparu. Ses voisins la renseignèrent : le prévôt les avait recueillies mais il ne voulait pas les rendre. La malheureuse s'en alla trouver l'homme, elle le supplia de lui restituer son unique bien, elle accepta même de payer une amende pour prix de sa coupable négligence. Mais elle ne pouvait prouver que les vaches lui appartenaient, le prévôt fit la sourde oreille.

La paysanne s'en revint chez elle, désemparée. La voyant en grande peine, sa voisine lui dit :

« Le prévôt est un homme cupide. Si tu pouvais graisser la patte au chevalier, il interviendrait sûrement auprès de ce coquin et le convaincrait de te rendre tes deux vaches. »

Voilà la vieille toute rassurée. Elle décrocha un épais morceau de lard suspendu aux poutres de sa cuisine et s'en alla attendre le chevalier. Quand celui-ci parut au loin, elle courut à sa rencontre : elle s'empara de ses paumes et y appliqua plusieurs fois le morceau de gras. L'homme ne dissimula pas sa surprise :

« Que fais-tu donc là ? »

La pauvre femme lui répondit :

« Beau sire, je graisse votre patte car je ne souhaite rien de plus au monde que de récupérer les deux vaches que votre prévôt m'a injustement prises. »

Le noble personnage éclata de rire et prit les courtisans de sa suite à témoins.

« Tu n'as pas compris, brave femme. Mais cela est égal, je te rendrai sur le champ tes bêtes ! »

Ainsi s'achève cette histoire. Mais ne l'avez-vous pas justement remarqué : le pauvre est celui qui paye, toujours, même quand il est dans son bon droit !

Exercice 5

Bâtissez une fiche de lecture sur *Les Précieuses ridicules* de Molière en remplissant les rubriques proposées p. 550.

Exercice 6

Vous devez rédiger une fiche sur le sujet: « le portrait dans le récit réaliste et naturaliste ».

1. Recherchez dans la table des matières du manuel les textes qui vous serviront de référence.

2. Lisez la page sur la description et le portrait p. 162 pour y trouver les rubriques de votre fiche.

3. Rédigez votre fiche.

44 Utiliser les ressources

Lorsqu'on doit préparer un exposé, une dissertation, un dossier..., la première démarche consiste à **exploiter les différentes sources de documentation sur le thème** à étudier.

1 Le cours et les manuels

• Consulter ses cours ou ses fiches (► fiche 42).
• Faire appel aux manuels scolaires : ils comportent tous une **table des matières** et souvent des **index** qui permettent de retrouver facilement un sujet ou un auteur. Dans ce manuel que vous tenez entre vos mains, un Sommaire détaillé en début d'ouvrage vous permet de trouver rapidement l'objet d'étude ; les deux index – des auteurs et des œuvres – de retrouver l'écrivain et/ou le texte que vous cherchez.

• Les manuels d'autres matières – histoire par exemple – proposent parfois des synthèses utiles.

2 CDI et bibliothèques

Un certain nombre d'ouvrages sont facilement consultables, et parfois empruntables, au CDI ou à la bibliothèque. Le documentaliste ou le bibliothécaire pourra en outre vous guider dans votre recherche. Vous pourrez y consulter :
• des **dictionnaires** : au-delà du dictionnaire de langue indispensable à tous les élèves, on trouve au CDI ou à la bibliothèque des dictionnaires spécialisés qui peuvent éclairer sur la biographie d'un auteur et son œuvre, ou le contexte historique et culturel : *Dictionnaire des auteurs* et *Dictionnaire des œuvres* ;

• des **encyclopédies** : générales ou spécialisées, elles offrent souvent des articles très bien documentés sur des auteurs ou des notions. Si vous avez un exposé à préparer sur le surréalisme, vous pouvez commencer par consulter l'article « Surréalisme » de l'*Encyclopédie Universalis* ;

• les **monographies et ouvrages d'histoire littéraire** : ils permettent d'approfondir un sujet et d'enrichir sa recherche de détails intéressants : les collections « Que sais-je », ou « Lire et comprendre » sur les écrivains contemporains ;

• des **périodiques** : les CDI et les bibliothèques sont abonnés à de nombreuses revues dont les thèmes sont en général indexés à leur catalogue, comme par exemple *Le Magazine littéraire* ou *Histoires littéraires* ;

• des **CD et DVD** : un certain nombre de ces supports, dans les médiathèques, offrent des ressources non seulement textuelles, mais aussi visuelles ou auditives qui permettent d'illustrer un exposé ou un dossier : la collection « Un siècle d'écrivains », biographies littéraires de Bernard Rapp, ou la série des émissions *D'Art d'art*, disponible sur le site de France 2.

3 Internet

• Internet est un outil très pratique : il suffit de taper son sujet sur n'importe quel **moteur de recherche** (Google, Yahoo, etc.) Exemple : Le surréalisme

• Mais dans ce cas, on se heurte à un certain nombre de difficultés :

– la documentation y est très abondante : vers quel site aller ? Il vaut mieux préciser sa recherche : surréalisme définition, surréalisme andré breton, surréalisme aragon ;

– il faut utiliser les guillemets quand certains mots ne doivent pas être séparés : pour andré breton, afin d'éviter d'avoir des liens à « andré » et à « breton », on notera « andré breton » afin de limiter la recherche aux termes demandés ;
– les renseignements qu'on trouve sur internet ne sont pas toujours fiables et même parfois contradictoires. Il importe donc **de bien vérifier les sources**, de choisir les plus sûres et ne pas hésiter à recouper les informations : plutôt que de passer par des sites de recherche, on peut directement aborder le sujet par des sites spécialisés qui offrent un certain nombre de ressources comme, par exemple, www.gallica.bnf.fr, le site de la Bibliothèque nationale.

Exercice 1

Vous devez préparer un exposé de vingt minutes qui présente « *L'Assommoir* de Zola ». Rédigez une liste de questions et de thèmes et dites où vous irez prioritairement chercher vos sources.

Exercice 2

Extrayez de cette notice sur le naturalisme une notice biographique sur Émile Zola.

Dans le prolongement du courant réaliste, le naturalisme se constitue autour d'Émile Zola (1840-1902) dans les années 1870-1880. Se réclamant de la science, ces écrivains veulent être les « expérimentateurs » méthodiques et systématiques de la matière humaine dans son interaction avec le corps social et ses divers milieux.

Devenu chef de file des romanciers naturalistes comme Maupassant ou Huysmans, Zola définit leur esthétique en 1880 dans *Le Roman expérimental*. Comparable au laboratoire du savant, le roman est leur espace d'expérimentation : ainsi dans les vingt romans de la « saga » des Rougon-Macquart (1871-1893), Zola s'efforce de combiner les données de l'analyse sociologique et les lois de l'hérédité en suivant, dans sa fiction, la généalogie imaginaire d'une famille sous le second Empire.

La plupart des naturalistes affichèrent une prédilection pour les milieux misérables de l'époque (ouvriers, mineurs, paysans) ou pour les « cas » pathologiques (alcoolisme, folie meurtrière, tares héréditaires, etc.). En quête de renouvellement, le groupe se disloqua à la fin des années 1880 et certains membres, comme Huysmans, évoluèrent vers une sorte de « repentir » idéaliste. Zola lui-même, à la suite de ses enquêtes sur le monde ouvrier, se consacra dès lors, en dehors de ses prises de position politiques lors de l'affaire Dreyfus (1898), à des œuvres de caractère humanitaire : ses derniers romans (*Les Quatre Évangiles*, 1899-1903) sont des hymnes au progrès humain.

D'après *Français 2de, textes, méthode*, Nathan, 2006.

Exercice 4

Le site de la BNF Gallica, offre d'intéressants dossiers thématiques. Cherchez sur gallica. bnf. fr le dossier Gallica Classiques, et extrayez-en la chronologie des événements importants du règne de Henri IV, et plus précisément la liste des ouvrages parus de 1589 à 1610.

Faites une recherche sur le contenu de ces ouvrages. En quoi vous paraissent-ils liés au contexte historique ?

Exercice 5

Voici plusieurs résumés émanant de diverses sources sur le thème suivant : « *Le Mariage de Figaro* de Beaumarchais ».

1. Faites la synthèse de ces résumés.

2. Dans le but de préparer un exposé sur la pièce de Beaumarchais, relevez les éléments qui vous semblent intéressants à développer. Puis cherchez d'autres sources sur lesquelles vous pourriez vous documenter.

3. Rédigez le plan et l'introduction de votre exposé. Illustrez-le d'un portrait de Beaumarchais que vous chercherez sur Internet.

A. « *Le Mariage de Figaro* pousse les thèmes du Barbier de Séville jusqu'au ridicule. L'intrigue se fonde sur une histoire d'amour contrariée autour de laquelle viennent se greffer d'autres intrigues. Figaro veut se marier avec Suzanne, mais il est jaloux du Comte qui réclame le droit de cuissage. Marceline aidée de Bartholo veut empêcher le mariage car elle s'intéresse à Figaro. Chérubin poursuit à la fois la très jeune Fanchette, fille d'Antonio qui surveille sa fille, et la Comtesse dont il est amoureux. Le Comte jaloux s'aperçoit de l'intérêt que Chérubin porte à sa femme. La Comtesse jalouse empêche que son mari séduise Suzanne. Figaro veut protéger sa fiancée, et Suzanne aider sa maîtresse. Tout ce mouvement se traduit en dialogue rapide et souvent très comique et en revirements compliqués. »

B. « Figaro, entré au service du comte Almaviva, doit être fiancé à Suzanne, première caméristе de la comtesse. Mais le comte, qui commence à s'ennuyer avec sa femme, est à la recherche d'aventures galantes. Attiré par Suzanne, il envisage de restaurer le droit de cuissage, qui lui permet de goûter aux charmes de toute jeune mariée avant que le mari ait pu en profiter. Aidé par le peu scrupuleux Bazile, le comte fait à Suzanne des avances de plus en plus claires, qui entraînent celle-ci à tout révéler à Figaro et à la Comtesse. Le comte doit alors faire face à une coalition qui finira par triompher de lui. Ridiculisé lors d'un rendez-vous galant qui était en fait un piège, il se jette à genoux devant sa femme et lui demande pardon devant tout le village rassemblé, tandis que Figaro épouse enfin Suzanne. »

C. « Figaro est le valet du comte Almaviva, un grand d'Espagne, qui reconnaît les mérites de son serviteur. Celui-ci parvient à lui tenir tête grâce à son intelligence et sa gaieté. Mais Figaro va épouser sa chère Suzanne. Et son maître aimerait bien la lui voler. Marceline, elle, aimerait épouser Figaro. La Comtesse voudrait récupérer son époux qui la néglige. Chérubin, de son côté, aime un peu tout le monde : la Comtesse, Suzanne, Fanchette… Manigances, mensonges, tromperies s'entremêlent à plaisir. »

D. « Figaro doit se marier avec Suzanne, alors convoitée par le maître de son futur mari, le Comte, souhaitant jouir du droit de cuissage avant les noces. C'est l'histoire de la lutte de Figaro contre ce droit du seigneur. Une pièce écrite à la veille de la Révolution où les valets triomphent des maîtres. »

Biographies

Anouilh
(1910-1987)

Jean Anouilh a dix-huit ans lorsqu'il assiste ébloui à une représentation de *Siegfried* de Giraudoux. Après quelques échecs, il peut se vouer tout entier au théâtre avec le triomphe du *Voyageur sans bagages*, créé en 1937 par Georges Pitoëff. S'ouvrent quarante-cinq ans de créations, qu'il a lui-même classées en pièces roses (*Le Bal des voleurs*, 1938), noires (*Antigone*, 1944), brillantes (*La Répétition ou l'Amour puni*, 1950), grinçantes (*Pauvre Bitos*, 1956), costumées (*L'Alouette*, 1952) et baroques (*Cher Antoine*, 1969). Mais cette typologie ne doit pas cacher que son univers évolue vers un pessimisme croissant, jusqu'à la misanthropie (*L'Arrestation*, 1975). Il s'est aussi consacré à la traduction et à la mise en scène (Shakespeare, Wilde, Vitrac).

Apollinaire
(1880-1918)

Fils naturel d'un officier italien et d'une jeune fille d'origine polonaise, Wilhelm Apollinaris de Kostrowitsky adopte le pseudonyme de Guillaume Apollinaire. Dans le Paris de 1900, il noue des amitiés littéraires. En Allemagne (1901-1902), il découvre la Rhénanie et s'éprend d'Annie Playden, jeune gouvernante qui le laissera finalement « mal-aimé ». De retour à Paris après un voyage en Europe centrale, tout en travaillant comme employé, il publie contes et articles dans des revues. Installé à Montmartre, il noue une liaison en 1907 avec le peintre Marie Laurencin, et se consacre alors à l'écriture, comme poète et critique de l'avant-garde, proche des peintres cubistes (Picasso, Braque, Derain). Le recueil *Alcools* (1913) marque sa consécration. Engagé en 1914, il fait la guerre sans cesser d'écrire, en particulier des *Calligrammes* et des poèmes inspirés par de nouvelles amours (Lou). Blessé et réformé en 1917, il s'emploie à Paris à promouvoir un « esprit nouveau » dans l'art, mais meurt en 1918 de la grippe espagnole.

Aragon
(1897-1982)

La carrière de Louis Aragon s'ouvre par la rencontre en 1917 avec André Breton, comme lui médecin auxiliaire au Val-de-Grâce. Ils fondent ensemble le mouvement surréaliste, auquel Aragon donne des œuvres majeures, comme *Le Paysan de Paris* (1926), où il élabore une « mythologie moderne » de la capitale. L'adhésion au Parti communiste en 1927 et la rencontre avec Elsa Triolet l'année suivante, après une grave crise personnelle, l'écartent du groupe surréaliste, avec lequel il rompt en 1932. Parallèlement à une activité intense dans les journaux du P.C., il inaugure alors le cycle romanesque du *Monde réel*, peinture critique de la France bourgeoise entre 1890 et 1940 (*Les Beaux Quartiers*, 1936 ; *Aurélien*, 1944). Chantre de la Résistance, il publie des poèmes lyriques qui, sur des mètres traditionnels, exaltent l'amour d'Elsa et la France opprimée (*Les Yeux d'Elsa*, 1942). À partir des années 60, son œuvre tend vers une totalité ambitieuse, mêlant au roman la poésie, le théâtre, la réflexion sur la peinture et sur la littérature elle-même (*Le Mentir vrai*, 1980).

Balzac
(1799-1850)

À vingt ans, Honoré de Balzac abandonne ses études de droit pour se consacrer à la littérature. Il publie sous différents pseudonymes des romans noirs et sentimentaux dans le goût du temps, mais sans succès. Balzac se lance alors dans les affaires et finit endetté. En 1829, il publie *Les Chouans*, premier roman qu'il signe de son nom et qui lui vaut une certaine renommée. Il travaille pour plusieurs journaux et fréquente les salons mondains. À partir de 1832, il noue une relation épistolaire avec une admiratrice polonaise, Mme Hanska, qu'il épousera plus tard. Il travaille désormais nuit et jour et publie plusieurs livres par an. Avec *Le Père Goriot* (1834), il conçoit et applique le système du retour de ses personnages d'un roman à l'autre. Balzac écrit ainsi quatre-vingt-onze romans qui vont constituer le vaste ensemble de *La Comédie humaine*, dont le titre apparaît pour la première fois en 1841. Le retour des personnages lui permet de les éclairer sous différents angles, donnant vie et mouvement à tout un univers fictif qui semble exister par lui-même. Dans cette fresque colossale, divisée en trois grands ensembles (*Études analytiques*, *Études philosophiques*, et surtout *Études de mœurs*), chaque roman figure une « scène » de la grande comédie du monde.

Banville
(1823-1891)

Soutenu dans sa jeunesse par Victor Hugo et Théophile Gautier, Théodore de Banville rejette tout à la fois les platitudes de la poésie officielle et les dérives sentimentalistes de la poésie romantique. Il reste avant tout, pour la postérité, un versificateur ingénieux (on lui doit notamment un *Petit Traité de poésie française*) à l'image de ce « clown admirable » qu'il célèbre dans ses *Odes funambulesques* (1857). Contributeur régulier du Parnasse contemporain, il en vient à faire figure avec Leconte de Lisle de maître de l'école parnassienne.

Barbey d'Aurevilly
(1808-1889)

Né en Normandie dans une famille de noblesse récente, Jules Amédée Barbey d'Aurevilly prône dans sa jeunesse des idées libérales et athées. S'adonnant au dandysme et aux plaisirs de la vie parisienne (*Du Dandysme de George Brummell*, 1845), il opère un retournement radical dans les années 1850 avec un retour au catholicisme et aux idées monarchistes. Son œuvre n'en choque pas moins les bien-pensants, tant elle est attirée par les puissances du mal et par le satanisme (*L'Ensorcelée*, 1854 ; *Les Diaboliques*, 1874). Il offre ainsi, à l'instar de Baudelaire en poésie, les derniers éclats du romantisme français, renouant même dans *Le Chevalier des Touches* (1864) avec le genre du roman historique.

Baudelaire
(1821-1867)

Orphelin de père, Charles Baudelaire passe une enfance mélancolique, puis une jeunesse dissipée à Paris, coupée par un voyage à l'île Bourbon (la Réunion) qui nourrira sa veine exotique. La vie de bohème luxueuse qu'il mène grâce à l'héritage paternel lui permet de se lier avec Jeanne Duval, « la Vénus noire » qui lui inspirera de nombreux poèmes. Contraint par sa famille à restreindre ses dépenses, il se fait connaître comme critique littéraire et critique d'art, dans ses *Salons* (1845-1846) ; il traduit avec ferveur l'Américain Edgar Poe et rencontre Apollonie Sabatier, à qui il dédiera plusieurs poèmes. En 1857, paraissent *Les Fleurs du mal* : le recueil est saisi et condamné en justice pour outrage à la morale publique. La seconde édition (1861) s'enrichira de trente-cinq nouvelles pièces. Après 1859, usé par l'alcool, les « paradis artificiels » et la maladie, accablé de dettes, Baudelaire continue à écrire pour défendre Manet et Constantin Guys, dont il fait le modèle du *Peintre de la vie moderne*, et découvre Wagner. Ses *Petits Poèmes en prose* seront publiés après sa mort. À demi paralysé, aphasique, il meurt en 1867. Formé par le romantisme mais premier des « poètes maudits », Baudelaire dessine un tournant décisif de la poésie française vers la modernité.

Beaumarchais
(1732-1799)

Né à Paris dans un milieu aisé, Pierre Augustin Caron quitte néanmoins l'école à treize ans pour travailler avec son père, horloger. Il s'enrichit et commence à écrire pour le théâtre, notamment un drame bourgeois, *Eugénie* (1767). Dans les années 1770, il est jeté en prison pour avoir frappé un duc et entre en procès contre un haut personnage, le conseiller Goëzman. C'est alors qu'il compose *Le Barbier de Séville*, qui se heurte à la censure. La pièce est un échec, avant que l'auteur ne la remanie. Il connaîtra également des difficultés avec *Le Mariage de Figaro*, dont Louis XVI interdit la représentation, en raison de ses attaques contre l'aristocratie et l'ordre social. Mais Beaumarchais parvient à faire lever l'interdiction royale : la pièce, jouée en 1784, connaît un immense succès. Sous la Révolution, il donnera une suite au *Mariage*, *La Mère coupable* (1792).

Boileau
(1636-1711)

Issu de la bourgeoisie parlementaire parisienne, Nicolas Boileau se consacre très tôt à la littérature. Ami de Molière, de Furetière et des libertins, il fréquente d'abord les salons. Dans ses premières *Satires* (publiées de 1666 à 1716), il porte des attaques violentes contre tous ceux qu'il juge coupables de mauvais goût et de mauvais style (Cotin, Scudéry), alors qu'il vante les mérites de Molière. Plus tard, il soutiendra La Fontaine et Racine. Introduit dans une société moins libertine, il adopte un ton plus serein avec ses *Épîtres* (1674-1683), une œuvre nourrie de réflexions morales. En 1674, il donne parallèlement une traduction du *Traité du sublime* de Longin, les premiers chants du *Lutrin* et son *Art poétique*, où il énonce la doctrine classique. Dans la querelle contre les Modernes, il apparaît comme le chef de file des Anciens, affirmant l'importance de l'imitation et des modèles.

Bossuet
(1627-1704)

Issu d'une famille de parlementaires bourguignons, Jacques-Bénigne Bossuet est ordonné prêtre en 1652. Ses talents de prédicateur le rendent vite célèbre et c'est devant le roi qu'il prêche le Carême en 1662. Protégé par Anne d'Autriche, il obtient, après la mort de celle-ci, en 1669, l'évêché de Condom et devient le précepteur du Dauphin. Son activité se déploie à la fois sur le plan religieux avec la défense de l'Église contre le protestantisme, le quiétisme, le jansénisme… et sur le plan politique avec la défense de l'autorité royale. Membre de l'Académie française à partir de 1671, il est nommé évêque de Meaux en 1681. Ses *Sermons*, *Oraisons funèbres* et son *Discours sur l'histoire universelle* figurent, de par leur style et leur profondeur, parmi les grandes œuvres du XVIIe siècle français.

Breton
(1896-1966)

Principal fondateur du mouvement surréaliste, André Breton en fut l'inlassable animateur, au point de se confondre avec lui. Rompant avec le mouvement Dada, jugé trop nihiliste, il publie en 1924 le premier *Manifeste surréaliste* (un second suivra en 1929). Veillant pendant quinze ans (avec une intransigeance qui lui vaut quelques haines) à préserver l'intégrité du mouvement, il alterne direction de revues (*La Révolution surréaliste*, *Le Surréalisme au service de la révolution*), publications poétiques (*Nadja*, 1928 ; *Le Revolver à cheveux blancs*, 1932 ; *L'Amour fou*, 1937), réflexion sur les arts plastiques (*Le Surréalisme et la peinture*, 1928). Il participe en 1934 au Comité de vigilance des intellectuels antifascistes, mais refuse que l'art soit enrôlé au service d'un parti, fût-il révolutionnaire. Censuré par le régime de Vichy, il s'exile entre 1941 et 1945 aux États-Unis où il fait connaître le surréalisme. À son retour en France en 1946, il s'emploie, par des conférences, des expositions, des rééditions, à approfondir le sens de l'aventure surréaliste.

Byron (lord)
(1788-1824)

Issu d'une famille aristocratique, George Gordon Byron hérite à dix ans du titre de lord. Il ne cessera toute sa vie de voyager. Après avoir visité l'Europe et l'Italie, il rentre en Angleterre pour repartir brusquement en Orient. À son retour, il publie *Le Pèlerinage de Childe Harold* (1812), qui le rend immédiatement célèbre. Son mariage fugitif avec Annabella Milbanke et sa relation incestueuse avec sa demi-sœur Augusta choquent l'Angleterre puritaine et l'obligent à l'exil. Il retrouve Shelley en Suisse puis se rend en Italie. C'est l'époque de *Manfred* (1817), *Mazeppa* (1819), *Don Juan* (1819), *Caïn* (1821). Obligé à nouveau de fuir, il décide d'aider les Grecs dans leur lutte contre les Turcs. C'est son dernier combat et son dernier voyage : il meurt, emporté par la fièvre, à Missolonghi.

Céline
(1894-1961)

Né à Courbevoie dans une famille modeste, Louis-Ferdinand Destouches, qui signera Céline, commence à travailler comme commis puis s'engage dans l'armée. Blessé et réformé en 1914, il cherche fortune en Afrique avant d'opter pour une carrière médicale. Docteur en médecine en 1924, il voyage à l'étranger pour la Société des Nations. De retour en France, il ouvre un cabinet médical à Clichy (1927), où il écrit *Voyage au bout de la nuit* (1932). *Mort à crédit* (1936) confirme l'invention d'une nouvelle langue romanesque qui mêle épopée burlesque et satire sociale. Mais dans ses pamphlets (*Bagatelles pour un massacre*, 1937), Céline évolue vers un antisémitisme outrancier. Ayant soutenu le régime de Vichy et collaboré avec l'occupant, il est emprisonné au Danemark à la fin de la guerre. Amnistié en 1951, il reprend à Meudon sa double activité médicale et littéraire, donnant à son œuvre un nouvel essor, depuis *D'un château l'autre* (1957) jusqu'à *Rigodon*.

Chamfort
(1740-1794)

Enfant naturel, Sébastien-Roch Nicolas, dit Chamfort, se lance très tôt dans une carrière théâtrale avec des comédies (*La Jeune Indienne*, 1764) ou des tragédies (*Mustapha* et *Zéangir*, 1778) et est élu à l'Académie française en 1781. Il se rallie à la Révolution en 1789 et suit de près les événements dans le sillage de Mirabeau, de Talleyrand et de Sieyès. Proche des Jacobins, puis ralliant finalement les Girondins, il se réjouit de la mort de Marat, ce qui lui vaut d'être dénoncé et arrêté en septembre 1793. Relâché, il est de nouveau menacé d'arrestation et tente de se suicider. Soigné, il mourra néanmoins de ses blessures en janvier 1794. C'est l'un de ses amis qui rassemble, après sa mort, ses maximes et pensées.

Claudel
(1868-1955)

Issu de la bourgeoisie provinciale, Paul Claudel a reçu une éducation marquée par le matérialisme et le scientisme qui caractérisent la fin du XIXe siècle. Avec sa famille, il arrive à Paris en 1882 et commence à écrire dès sa quatorzième année. La lecture de Rimbaud constitue chez lui une rupture sentie comme un éveil au surnaturel et à la spiritualité. Marqué par une profonde soif spirituelle, il adhère ardemment à la foi catholique après sa conversion de 1886. En 1893, il entre dans la carrière diplomatique, réalisant de nombreux voyages qui stimulent sa curiosité universelle (*Connaissance de l'Est*, 1900). Mais Claudel n'a cessé de conjuguer l'activité poétique et l'écriture dramatique : ainsi, dès 1890, il écrit pour le théâtre (*Tête d'or*). Devenu ambassadeur, il poursuit son œuvre dramatique qui culmine avec le spectacle total du *Soulier de satin* (1924).

Cocteau
(1889-1963)

Attiré très tôt par la littérature, Jean Cocteau s'initie à l'art moderne au contact de Picasso, du compositeur Darius Milhaud et des Ballets russes de Diaghilev (*Parade*, 1917). Au lendemain d'une guerre qui lui a révélé la fragilité de la vie, il s'accomplit dans la création poétique (*Plain-chant*, 1923) qui lui offre le pouvoir magique de dépasser, par le jeu du langage, les frontières entre le rêve et la vie, la vie et la mort. Sous le signe d'*Orphée*, conjuguant mythe et modernité, il a développé ses talents dans tous les domaines, avec une aisance et un éclectisme que l'on a taxés parfois de superficialité : roman (*Les Enfants terribles*, 1919), théâtre (*La Machine infernale*, 1934), chroniques (*Portraits-Souvenir*, 1935), cinéma (*La Belle et la Bête*, 1945), arts graphiques (fresques de la chapelle de Milly-la-Forêt, 1953). Mais il se voulait poète avant tout, au sens étymologique de créateur, classant son œuvre en poésie, poésie de roman, poésie de théâtre, poésie de cinéma et même poésie critique.

Corneille
(1606-1684)

Fils d'avocat et avocat lui-même, Pierre Corneille est très tôt attiré par la poésie et le théâtre. Dès 1629, *Mélite*, sa première comédie, connaît un grand succès. Puis il s'essaie à la tragi-comédie et à la tragédie avec *Clitandre* (1630) et *Médée* (1635). L'année suivante, il fera représenter *L'Illusion comique*, une comédie dans le goût baroque qui reste la plus féerique de ses œuvres. Mais c'est *Le Cid*, en 1637, qui sera à la fois un triomphe et un motif de scandale. Richelieu, qui voit d'un mauvais œil l'excès des héros de la pièce, fera intervenir la jeune Académie française dans la querelle. Corneille renonce alors à la scène pendant trois ans. *Horace* (1640) et *Cinna* (1641) inaugurent le succès de ses tragédies romaines et politiques, marquées par des conflits héroïques entre honneur, amour et devoir. Parallèlement, son intérêt mystique se révèle dans une tragédie chrétienne, *Polyeucte* (1642). Élu en 1647 à l'Académie française, Corneille semble pourtant éclipsé par le jeune Racine. L'échec de *Pertharite* l'éloigne de la scène pour sept ans. En 1674, il fait ses adieux au théâtre avec *Suréna*.

Cyrano de Bergerac
(1619-1655)

Quoiqu'en dise la pièce que lui a consacrée Edmond Rostand, Savinien de Cyrano n'était pas gascon, mais parisien, le nom de Bergerac étant celui d'une terre familiale dans la vallée de Chevreuse. Il n'avait pas non plus un grand nez, composa peu de poèmes galants, et ne tira guère l'épée que dans son métier de soldat. En revanche, il est exact qu'il participa au siège d'Arras en 1640 (où il fut blessé), et mourut victime d'un accident en effet suspect. Car, libertin au sens intellectuel du terme, il professait une philosophie matérialiste aux forts relents d'athéisme, pour laquelle d'autres connurent le bûcher. Son roman d'anticipation *L'Autre Monde ou les États et Empires de la Lune et du Soleil* (1657) préfigure le conte philosophique des Lumières, avec son mélange de burlesque et d'audace intellectuelle. Dans le cercle de son maître Gassendi, traducteur de Lucrèce, il noua amitié avec Molière, qui emprunta à sa comédie *Le Pédant joué* (1645) la fameuse réplique des *Fourberies de Scapin* « Que diable allait-il faire à cette galère ? »

Daudet
(1840-1897)

Après avoir quitté sa Provence natale, le jeune Alphonse Daudet se lance dans le journalisme avant de commencer une œuvre de romancier réaliste dans le sillage de Flaubert et de Zola : *Fromont jeune et Risler aîné* (1874), *Le Nabab* (1877), *Numa Roumestan* (1881). Son style se distingue néanmoins de celui de ses amis écrivains par une tendance au sentimentalisme (*Le Petit Chose*, 1868 ; *Jack*, 1876) et à l'humour (*Les Lettres de mon moulin*, 1866 ; *Tartarin de Tarascon*, 1872). La postérité semble avoir oublié le romancier très parisien que fut Daudet et n'avoir conservé de lui que l'image du délicieux conteur provençal.

Defoe
(1660-1731)

Daniel Defoe eut une vie mouvementée, rythmée par les soubresauts politiques de l'Angleterre de la fin du XVIIe siècle. Favorable à la révolution anglaise et à l'accession au trône de Guillaume d'Orange, il perd son crédit lors du règne d'Anne. Emprisonné pour ses écrits polémiques, il retrouve la faveur du pouvoir dès 1704 et est envoyé en Écosse pour préparer l'union avec l'Angleterre. De nouveau en disgrâce, c'est à soixante ans qu'il commence une carrière de romancier et enchaîne les succès. *La Vie et les aventures de Robinson Crusoé* (1719) s'impose vite comme un chef-d'œuvre du roman d'aventures, tandis que *Moll Flanders* (1722) ouvre la voie au roman réaliste.

Desbordes-Valmore
(1786-1859)

Après une jeunesse marquée par la ruine de sa famille et la mort de sa mère, Marceline Desbordes-Valmore devient comédienne, en province puis à Paris. Sa liaison avec l'écrivain Henri de Latouche prend fin en 1810 et elle se marie en 1817 avec l'acteur Valmore. Sa vie sera marquée par le deuil puisqu'elle perd successivement le fils qu'elle a eu avec Latouche et les trois filles nées de son union avec Valmore. Elle commence son œuvre de poétesse en 1819 avec *Élégies et romances* et la poursuit à Lyon avec *Les Pleurs* (1833), *Pauvres fleurs* (1839) et *Bouquets et prières* (1843). Ses œuvres au lyrisme délicat lui valent distinctions et honneurs à la fin de sa vie.

Desnos
(1900-1945)

Né à Paris, Robert Desnos se lie dans les années vingt au mouvement Dada puis au surréalisme. Il joue un rôle important au sein du groupe par ses pouvoirs de rêveur, son aptitude au jeu verbal et aux associations « automatiques », son sens de la révolte (*La Liberté ou l'Amour*, 1927 ; *Corps et biens*, 1930). En désaccord avec l'évolution politique du mouvement, il se sépare de Breton et s'oriente, dans les années trente, vers les moyens d'expression du journalisme, de la radio et de la publicité. L'engagement dans la Résistance rejoint les exigences du poète visionnaire (*Fortunes*, 1942). Arrêté par la Gestapo, il est déporté dans un camp de concentration en Tchécoslovaquie, où il meurt du typhus à la fin de la guerre.

Diderot
(1713-1784)

Fils d'un artisan coutelier de Langres, Denis Diderot quitte la maison paternelle pour se marier contre le gré de sa famille et mène à Paris pendant dix ans une vie de bohème. Inclinant vers une doctrine sensualiste qui le conduit à un athéisme matérialiste, le philosophe (*Pensées philosophiques*, 1746 ; *Lettre sur les aveugles*, 1749) explore hardiment des domaines multiples : il esquisse au théâtre les principes du drame bourgeois (*Le Fils naturel*, 1757), se lance dans la critique artistique avec ses *Salons de peinture* (1759-1781), s'intéresse aux sciences de la nature (*Le Rêve de d'Alembert*, 1769). Il dirige l'*Encyclopédie* (1750-1765), œuvre collective monumentale chargée de diffuser les lumières de la connaissance et de la raison. Ses « romans » s'en prennent d'abord à la société contemporaine (*La Religieuse*, 1760), puis explorent le genre lui-même (*Le Neveu de Rameau*, *Jacques le Fataliste*, qui seront connus après sa mort). Toute son œuvre manifeste une sensibilité, une invention et une liberté d'esprit inépuisables.

Eluard
(1895-1952)

De son vrai nom Eugène Grindel, Paul Eluard publie ses premiers poèmes à dix-huit ans, avant de participer aux débuts du surréalisme, auquel il contribue par la nouveauté de son lyrisme amoureux et la liberté de ses images (*Capitale de la douleur*, 1926). Proche des communistes dans la lutte contre le fascisme, Eluard rejoint le Parti pendant la Seconde Guerre mondiale et participe à la Résistance, retrouvant les accents d'une poésie plus conventionnelle et luttant pour la liberté par des textes engagés (*Au rendez-vous allemand*, 1944). Après la guerre, Eluard poursuit jusqu'à sa mort son activité militante sans cesser d'écrire.

Euripide
(480-406 av. J.-C.)

Né à Salamine d'une famille athénienne, il suit vraisemblablement les enseignements des sophistes et peut-être de Protagoras. Remportant le troisième prix pour sa tragédie des *Péliades*, il décide de se consacrer au théâtre et écrit, au cours de sa carrière, quelque 90 pièces dont il reste aujourd'hui moins d'un quart. Plus porté à l'étude des sentiments humains que ses contemporains, il met du temps à être apprécié par le public. Ses plus grandes tragédies connues sont *Alceste* (438), *Médée* (431), *Andromaque* (426), *Ion* (418), *Iphigénie en Tauride* (414), *Électre* (413). En 408, il quitte Athènes et se retire à Archélaos, en Macédoine. Il y meurt en 406 av. J.-C.

Fénelon
(1651-1715)

Issu d'une vieille famille désargentée, François de Salignac de La Mothe-Fénelon fait ses études à Cahors et à Paris avant de devenir prêtre en 1675. Soutenu, au début de sa carrière, par Bossuet, il dirige en 1678 l'Institut des Nouvelles Catholiques, destiné aux jeunes Protestantes converties, et écrit en 1681 un *Traité de l'éducation des filles* (publié en 1687). Avec l'appui de Mme de Maintenon, il devient précepteur du duc de Bourgogne, petit-fils du roi et héritier de la couronne. Il est élu en 1693 à l'Académie française et nommé en 1695 évêque de Cambrai, mais il devient de plus en plus suspect aux yeux du pouvoir par sa défense – contre Bossuet – du quiétisme et par la publication d'un roman, *Les Aventures de Télémaque* (1699), qui peut se lire comme une critique du règne de Louis XIV.

Flaubert
(1821-1880)

Fils d'un chirurgien de Rouen, Gustave Flaubert monte à Paris pour faire des études de droit, mais préfère fréquenter les milieux littéraires. Frappé par la maladie, il interrompt ses études et se retire à Croisset. Il se consacre alors à l'écriture dont il s'entretiendra avec Louise Colet dans une correspondance passionnée. Suivant les conseils de ses amis, il renonce à publier *La Tentation de saint Antoine* (poème dramatique qui ne sera publié qu'en 1874) et s'inspire d'un simple fait divers pour son premier roman, *Madame Bovary*, publié en 1857 au terme de quatre ans et demi d'un travail acharné. Le succès du roman lui vaut la notoriété. Bientôt, il publie *Salammbô* (1862) puis *L'Éducation sentimentale* (1869), qui déçoit le public et la critique par son écriture dépouillée. Ses *Trois Contes*

(1877) seront au contraire très bien accueillis. La fin de sa vie est marquée par la gêne matérielle. Sa dernière œuvre, *Bouvard et Pécuchet*, satire acerbe de l'ambition et de l'esprit bourgeois, est interrompue par la mort, en 1880.

Gautier
(1811-1872)

On peut cerner la personnalité complexe de Théophile Gautier en superposant deux images de lui apparemment contradictoires. Il est « l'homme au gilet rouge » qui fait le coup de poing aux premiers rangs de la « bataille d'Hernani » en 1830 ; c'est aussi le « poète impeccable » auquel Baudelaire dédie ses *Fleurs du mal* en 1857. Car s'il est romantique par son goût du fantastique (les contes de *La Mille et Deuxième Nuit*, 1842) et sa pratique du roman historique (*Le Capitaine Fracasse*, 1863), il a toujours refusé le lyrisme sentimental d'un Lamartine. Ses poèmes d'*Émaux et Camées* (1852) témoignent d'un culte de la perfection formelle. Dès 1835, il professe même, dans la préface de son roman *Mademoiselle de Maupin*, la doctrine de l'art pour l'art qui pose la création comme un absolu coupé de toute autre utilité qu'elle-même. Au-delà du Parnasse, qui s'en réclamera, il fonde toute une conception moderne de la littérature.

Giraudoux
(1882-1944)

Normalien et agrégé d'allemand, Jean Giraudoux serait resté le créateur d'un univers romanesque plein de fantaisie poétique (*Suzanne et le Pacifique*, 1921 ; *Juliette au pays des hommes*, 1924), sans la rencontre en 1928 avec le metteur en scène Louis Jouvet pour qui il adapte son roman *Siegfried et le Limousin* (1922). Cela donne *Siegfried*, premier opus d'une collaboration exceptionnelle entre l'écrivain brillant et l'homme de théâtre rigoureux. Avec une lucidité de plus en plus inquiète, Giraudoux, qui occupe jusqu'en 1940 un poste important dans la diplomatie au Quai d'Orsay, s'interroge sur la place de l'homme dans l'univers et sur la montée des périls dans les années 30, en s'emparant des mythes antiques (*Amphitryon 38*, 1929 ; *La guerre de Troie n'aura pas lieu*, 1935 ; *Électre*, 1937) et germaniques (*Ondine*, 1939), ou bien en proposant une vision subtilement décalée de son époque (*Intermezzo*, 1933 ; *La Folle de Chaillot*, 1945).

Goncourt
Edmond (1822-1896)
Jules (1830-1870)

De petite noblesse lorraine, Edmond et Jules de Goncourt héritent en 1848 de leur mère et commencent une vie d'amateurs d'art. Ils se font dans un premier temps historiens, tentant de redonner vie à la société du XVIIIe siècle (*Histoire de Marie-Antoinette*, 1858 ; *La Femme au XVIIIe siècle*, 1862) et achetant pour leur maison des dessins et aquarelles de Chardin, Boucher ou Watteau. Ils commencent en 1859 un ouvrage intitulé *L'Art au XVIIIe siècle* (publié en 1875) puis se consacrent au roman réaliste avec notamment *Renée Mauperin* (1864), *Germinie Lacerteux* (1865) ou *Madame Gervaisais* (1869). Leur manière se différencie de celle de l'école naturaliste puisqu'ils prônent le maintien d'une « écriture artiste ». Leur *Journal*, publié par morceaux avant la mort des deux frères, ne sera véritablement divulgué qu'au XXe siècle, tant il abonde en passages peu flatteurs sur leurs contemporains et amis.

Heredia
(1842-1905)

Né à Cuba, José Maria de Heredia fait ses études en France. Fixé à Paris à partir de 1861, il suit les cours de la faculté de droit et de l'École des chartes. Il fréquente les poètes du Parnasse et compose son recueil *Les Trophées*, qui ne paraîtra qu'en 1893 et lui vaudra d'être élu à l'Académie française dès 1894. Dédié à Leconte de Lisle, le recueil évoque aussi bien la grandeur de civilisations disparues que des tableaux de paysages familiers, peints dans une langue ciselée. Heredia termine sa vie comme conservateur de la Bibliothèque de l'Arsenal, recevant dans son salon les jeunes poètes de son temps.

Hugo
(1802-1885)

Né à Besançon en 1802, Victor Hugo reçoit à Paris une éducation libre et studieuse. Dès l'âge de dix-sept ans, il fonde un journal monarchiste et se consacre à l'écriture poétique (*Odes et Ballades*, 1822-1828). En 1827, il se tourne vers le théâtre (*Cromwell*, 1827). Dans sa célèbre *Préface de Cromwell*, il prône le mélange des genres et le renouveau du drame, ce qui fera de lui le chef de file des romantiques. En 1830, son *Hernani* fait scandale, donnant lieu à la « bataille d'Hernani » où s'affrontent les romantiques et les partisans du classicisme. D'une prodigieuse fécondité littéraire, il s'impose dans tous les genres, le roman (*Notre-Dame de Paris*, 1831) comme la poésie (*Les Rayons et les Ombres*, 1840). D'abord royaliste, il évolue vers des idées libérales. Après le coup d'État de Louis Napoléon Bonaparte, il doit s'exiler en Belgique puis dans les îles Anglo-normandes, où il redouble son activité politique et littéraire. Soutenant les mouvements républicains, il s'engage contre la misère, le travail des enfants et la peine de mort. En 1856, il publie son plus grand recueil de poésies, *Les Contemplations*, et en 1862 son roman le plus célèbre, *Les Misérables*. En 1870, après la chute de l'Empire, Hugo revient à Paris, où il siège comme sénateur.

Huysmans
(1848-1907)

La vie professionnelle de Joris-Karl Huysmans, fonctionnaire du ministère de l'Intérieur, fut aussi calme que sa vie intellectuelle et spirituelle fut mouvementée. Né d'un père hollandais et d'une mère française, il est d'abord romancier naturaliste dans le sillage de Zola, publiant *Les Sœurs Vatard* en 1879 et participant en 1880 au volume des *Soirées de Médan*. Mais il évolue bientôt vers un symbolisme décadent comme en témoignent *À Rebours* (1884) et son héros Des Esseintes. Sa retraite à la Trappe d'Igny en 1892 et sa conversion au catholicisme achèvent son parcours spirituel. Ses derniers romans (*En route*, 1895 ; *La Cathédrale*, 1898 ; *L'Oblat*, 1903) témoignent de cette évolution et c'est revêtu de la robe de bure de l'ordre bénédictin (dont il était oblat depuis 1900) qu'il meurt d'un cancer de la gorge le 12 mai 1907.

Juvénal
(avant 65 - apr. 130)

La vie du poète latin Juvénal, né sous Néron et mort sous Hadrien, nous est très mal connue. Sans doute vint-il tard à l'écriture, après une première carrière consacrée à l'art oratoire. Profitant de la liberté laissée par le règne libéral de l'empereur Trajan, il publie, entre 103 et 130, des *Satires* dont seize nous sont parvenues. Avec une verve féroce et un réalisme souvent très cru, il y fait un tableau impitoyable de la société de son temps. Il dénonce la loi de l'argent, la perte des valeurs morales, le pouvoir des nouveaux riches – tout ce qui à ses yeux corrompt l'antique vertu romaine. Outrancier et brillant, il est resté le modèle du poète indigné, dont se souviendra Victor Hugo qui place ses *Châtiments* sous son patronage.

La Bruyère
(1645-1696)

Issu de la moyenne bourgeoisie, Jean de La Bruyère, après des études de droit, acquiert une charge de trésorier des Finances à Caen (1673). En 1684, il est nommé précepteur adjoint du petit-fils du Grand Condé, puis secrétaire, vivant ainsi au milieu des grands qui lui inspireront de nombreux portraits. La parution en 1688 des *Caractères*, imités d'une œuvre de l'écrivain grec Théophraste – œuvre constamment rééditée et augmentée jusqu'en 1696 – est un brillant succès. S'appuyant sur l'observation fine de détails pittoresques, le moraliste pénètre dans les tréfonds de l'âme humaine. Sa critique de la société contemporaine – système politique, comportements, savoir-vivre – et sa philosophie pessimiste dénoncent le règne des apparences, de la course aux honneurs et de l'amour-propre. De ces notations souvent provocantes se dégage en filigrane le rêve de « l'honnête homme » selon La Bruyère.

La Fayette (Mme de)
(1634-1693)

Née à Paris, Marie-Madeleine Pioche de La Vergne, dame d'honneur d'Anne d'Autriche puis d'Henriette d'Angleterre, épouse en 1655 le comte de La Fayette. Elle fréquente la cour, qui servira de cadre à ses romans, et reçoit dans son salon Mme de Sévigné et La Rochefoucauld, son conseiller en matière d'écriture, dont la mort en 1680 l'amène à une vie de piété. Le style de ses « nouvelles » (*La Princesse de Montpensier*, 1662 ; *La Princesse de Clèves*, 1678), parfois proche de la préciosité, tranche avec celui des contemporains par la sobriété et la brièveté, la recherche de la vérité historique et psychologique, la netteté de l'intrigue. Son œuvre, essentiellement romanesque, révèle une vision pessimiste de la vie de cour et de la passion amoureuse, où la vertu et l'honneur ne sont plus les garants du bonheur.

La Fontaine
(1621-1695)

C'est à Château-Thierry, auprès d'un père maître des Eaux et Forêts, que Jean de La Fontaine passe son enfance. Il reprend la charge paternelle qui le met au contact de la nature, mais se sent plutôt attiré par l'écriture. En 1657, il fait la connaissance du surintendant des Finances Fouquet, qui devient son protecteur. Il lui restera fidèle malgré son arrestation, implorant vainement la clémence du roi dans l'élégie *Aux nymphes de Vaux*. La Fontaine se consacre désormais à la littérature avec des *Contes et Nouvelles* (1665) – souvent licencieux – puis des *Fables*, au succès immédiat et durable (1668-1694). Reçu chez Mme de La Sablière, sa nouvelle protectrice, il y rencontre Racine, Boileau et Perrault. La mort édifiante de Mme de La Sablière précède sa conversion ; il abjure alors ses contes grivois et finit sa vie dans la piété, traduisant des hymnes et des psaumes.

Lamartine
(1790-1869)

Élevé à Milly, près de Mâcon, Alphonse de Lamartine vit une jeunesse de gentilhomme campagnard, rêveur, croyant, nourri de la lecture de Rousseau, Chénier, Chateaubriand. Ses *Méditations poétiques* (1820), considérées comme le premier recueil lyrique du romantisme, connaissent un succès prodigieux. Il entame alors une carrière diplomatique qui l'amène à Florence, où il compose la plupart de ses *Harmonies poétiques et religieuses*, parues en 1830. Député de 1833 à 1851, grand orateur, à la tête du Gouvernement provisoire en 1848, il proclame la République et obtient, grâce à un discours célèbre, le maintien du drapeau tricolore contre les partisans du drapeau rouge. Candidat malheureux à la présidence de la République, endetté, il est contraint sur la fin de sa vie aux «travaux forcés littéraires»: il écrit des compilations historiques, des biographies... Il meurt dans la pauvreté.

La Rochefoucauld
(1613-1680)

Destiné à la carrière des armes, le duc François de La Rochefoucauld se mêle à des intrigues contre Richelieu, ce qui lui vaut d'être embastillé (1637), avant de participer à la Fronde contre Mazarin (1648). Gravement blessé au combat, il abandonne la lutte politique (1652), se rallie à Louis XIV, et se tourne vers la vie mondaine à la cour et dans les salons. Observateur lucide de ses contemporains, moraliste sans illusions, il écrit d'abord des *Mémoires* (1662), puis des *Maximes* (1664) qu'il ne cessera de remanier (édition définitive en 1678). Ces textes brefs et brillants, dont la densité est un modèle de l'écriture classique, feront sa célébrité: par de fines analyses des ressorts foncièrement égoïstes des passions, ils expriment une morale aristocratique dans la représentation pessimiste du cœur humain.

Leconte de Lisle
(1818-1894)

Né à la Réunion (alors île Bourbon), Charles Leconte de Lisle y passe son enfance au milieu des plantations de son père. Après une période parisienne où il tente de lancer une revue et un journal, il retourne à la Réunion pour revenir définitivement à Paris en 1845. Proche des milieux fouriéristes, il s'engage dans l'action politique en 1848 puis décide, face à ses échecs, de renoncer à toute implication dans les affaires publiques. Vivant pauvrement grâce à des traductions, il constitue peu à peu son œuvre (*Poèmes antiques*, 1852; *Poèmes barbares*, 1862; *Poèmes tragiques*, 1884) et devient le chef de file de la génération parnassienne. Nommé sous-bibliothécaire au Sénat en 1872, il est élu à l'Académie française en 1889.

Mallarmé
(1842-1898)

Professeur d'anglais, Stéphane Mallarmé livre ses premiers vers à une revue parnassienne, compose des poèmes en prose et deux textes destinés au théâtre (*L'Après-midi d'un faune* et *Hérodiade*), publie des articles de critique et traduit Edgar Poe (1888). Orientant sa poésie vers l'hermétisme, il rêve d'une poésie pure, où le poète «cède l'initiative aux mots» (*Poésies* parues en 1887). Ses «mardis» réunissent chez lui une élite de jeunes disciples. La notoriété lui est donnée par Verlaine, qui le cite dans ses *Poètes maudits*, et par Huysmans, qui fait de lui l'un des auteurs préférés de Des Esseintes dans *À rebours*. Dès lors son salon reçoit aussi bien les poètes symbolistes que la génération montante de jeunes auteurs (Valéry, Gide, Claudel) qui voient en lui un Maître.

Malraux
(1901-1976)

Étudiant en langues orientales, le jeune André Malraux connaît très tôt la double passion de l'art et de l'action qui va dominer sa vie. En Asie, il découvre l'art khmer, mais aussi l'Indochine coloniale et la révolution chinoise. Cette expérience inspire ses premiers romans, qui exaltent les valeurs héroïques (*La Condition humaine*, prix Goncourt 1933). La menace fasciste en Europe le conduit à combattre dans le camp républicain pendant la guerre d'Espagne (*L'Espoir*, 1937). Il participe aux combats de la Résistance en 1944-1945 et devient, à la Libération, ministre de l'Information du général de Gaulle, qu'il admire. Ministre de la culture de 1959 à 1969, il crée les maisons de la culture. Son œuvre d'après-guerre est dominée par des ouvrages d'esthétique et des textes autobiographiques: la réflexion sur la condition humaine aboutit à une méditation sur l'art, considéré comme « un anti-destin » (*Les Voix du silence*, 1951) parce qu'il rivalise avec le monde.

Marivaux
(1688-1763)

Fils du directeur de la Monnaie de Riom, Pierre Carlet de Chamblain de Marivaux fréquente les salons parisiens dès son arrivée à Paris, en 1712. Il s'intéresse d'abord au roman, mais ses débuts littéraires restent discrets. L'intérêt du public ne commence à s'éveiller qu'avec la comédie *Arlequin poli par l'amour* (1720). Ruiné lors de la banqueroute de Law, il se consacre alors exclusivement à la littérature, assumant seul la rédaction d'un journal, *Le Spectateur français*. Il innove avec deux de ses romans, *La Vie de Marianne* (1731-1741) et *Le Paysan parvenu* (1735), qui retracent la vie intérieure de deux héros au cours de leur ascension sociale. Mais il doit surtout sa célébrité au théâtre, pour lequel il écrit près d'une quarantaine de pièces (*Le Jeu de l'amour et du hasard*, 1730; *Les Fausses Confidences*, 1737; *La Dispute*, 1744).

Maupassant
(1850-1893)

Originaire de Normandie, Guy de Maupassant occupe un emploi de fonctionnaire à Paris avant d'être formé à l'écriture par Flaubert, qui lui transmet son sens de l'observation réaliste et son culte du style. Introduit dans le cercle d'écrivains et d'artistes qui entoure Zola, il publie sa nouvelle *Boule de suif* dans le recueil des *Soirées de Médan* (1880). Viennent alors le succès et la célébrité : Maupassant peut vivre de sa plume, et connaît une réussite toute particulière dans les genres narratifs brefs. En dix ans, il écrit près de trois cents nouvelles, publiées dans des journaux avant d'être reprises en volumes : *La Maison Tellier* (1881), *Les Contes de la Bécasse* (1883), *Les Contes du jour et de la nuit* (1885)... Ce talent de conteur se confirme dans ses romans : *Une vie* (1883), *Bel-Ami* (1885), *Pierre et Jean (1888)*... Devenu riche, Maupassant mène une vie de luxe et multiplie les voyages sur son yacht personnel. Mais des troubles nerveux, des hallucinations et des obsessions délirantes, sensibles dans certains de ses récits (*Le Horla*, 1887), dégénèrent en folie : il mourra après dix-huit mois d'internement.

Mérimée
(1803-1870)

Prosper Mérimée est élevé dans l'atmosphère voltairienne et esthète d'une famille cultivée. Il se fait connaître par des mystifications littéraires (les courtes pièces satiriques de son *Théâtre de Clara Gazul*, 1825), puis s'oriente vers le roman historique (*Chronique du règne de Charles IX*, 1829). Nommé inspecteur des monuments historiques, il parcourt la France et les pays méditerranéens et utilise son don d'observation dans des nouvelles au style sobre et mordant, qui contraste avec la violence des sentiments exprimés (*Colomba*, 1840 ; *Carmen*, 1845). Il pratique aussi un fantastique qui mêle l'inquiétude et l'humour, comme dans *La Vénus d'Ille* (1837). Déjà malade, il meurt bouleversé par la défaite de 1870 et la chute du Second Empire.

Molière
(1622-1673)

Jean-Baptiste Poquelin, dit Molière, fait des études chez les jésuites et se prépare d'abord à devenir avocat. Mais il préfère le théâtre : dès 1643, il fonde la troupe de « L'Illustre Théâtre », dont les débuts sont désastreux. La troupe doit partir en province où elle connaîtra un destin itinérant. Acteur et metteur en scène, Molière commence alors à écrire ses premières pièces, dont *L'Étourdi* (1655). Rentré à Paris (1658), il joue avec succès devant la cour. Le public réserve un accueil triomphal aux *Précieuses ridicules* (1659). C'est durant les années 1660 que Molière donne à la comédie ses lettres de noblesse, tout en déployant ses talents satiriques. Avec *L'École des femmes* (1662), il irrite les tenants d'une morale traditionaliste. Les réactions hostiles se multiplient lors de la création de son *Tartuffe* (1664) et celle de *Dom Juan* (1665). De la déception qu'il en éprouve naît sans doute *Le Misanthrope* (1666). Par la suite, il se consacre à des comédies proches de la farce (*Les Fourberies de Scapin*, 1671) et à des comédies-ballets : *Le Bourgeois gentilhomme* (1670), puis *Le Malade imaginaire* (1673). Victime d'un malaise lors d'une représentation du *Malade imaginaire*, il meurt quelques heures après avoir quitté les planches.

Montesquieu
(1689-1755)

Issu de la noblesse bordelaise, Charles-Louis de Secondat, baron de Montesquieu et futur baron de La Brède, reçoit une solide formation classique (il poursuivra toute sa vie l'étude de la littérature latine), puis juridique. Née de son expérience parisienne, sa première œuvre majeure, les *Lettres persanes* (1721), qui montre la réalité française vue par des étrangers, connaît d'emblée un extraordinaire succès et lui vaut la réputation d'un homme d'esprit brillant et profond. Il devient une personnalité en vue, et sera élu en 1728 à l'Académie française. Son tour d'Europe (1728-1731) le mène en Italie, en Allemagne puis en Angleterre, haut lieu de formation politique. Revenu dans le Bordelais, il publie en 1734 les *Considérations sur les causes de la grandeur des Romains et de leur décadence*, dont les analyses historiques et politiques annoncent déjà son œuvre maîtresse, *L'Esprit des lois* (1748). Cet ouvrage considérable (31 livres), parfois difficile, se présente comme un immense effort pour comprendre et ordonner les institutions humaines, et fonde toute la réflexion politique et sociologique moderne. Épuisé, presque aveugle, Montesquieu doit se battre pour défendre son ouvrage. Il meurt en 1755, salué par Diderot comme le premier des « philosophes », qui subiront tous son influence, et auxquels son besoin passionné de comprendre a ouvert la voie.

Musset
(1810-1857)

Issu d'une famille cultivée, Alfred de Musset fréquente les cénacles romantiques où il lit ses *Contes d'Espagne et d'Italie* (1830), mais il s'en détache rapidement. Sa carrière d'auteur de théâtre, commencée la même année par l'échec de *La Nuit vénitienne*, s'oriente ensuite vers des comédies pleines de fantaisie ou des drames d'une puissante écriture dramatique, destinés à être lus faute d'être joués : *Les Caprices de Marianne* (1833), *Fantasio*, *On ne badine pas avec l'amour*, *Lorenzaccio* (1834). La rencontre avec George Sand en 1833, et les deux ans de passion tumultueuse qui vont suivre, en Italie, puis en France, vont nourrir le récit tourmenté de sa *Confession d'un enfant du siècle* (1836) et la suite des chefs-d'œuvre poétiques que sont *Les Nuits* (de mai et de décembre, 1835 ; d'août et d'octobre, 1837). À partir de 1840, sa veine créatrice se tarit ; épuisé par la débauche, le jeu, l'alcool, la maladie, Musset meurt quelque peu oublié en 1857. Ce génie dilettante, tourmenté, passionné, incarne le « mal du siècle » qui frappa la génération de 1830, en même temps qu'il annonce dans son théâtre toutes les audaces de la modernité.

Nerval
(1808-1855)

La sensibilité de Gérard Labrunie s'éveille précocement dans le Valois où il est élevé après la mort prématurée de sa mère. Condisciple de Gautier, il fréquente la bohème littéraire, s'initie aux littératures antique et allemande (en particulier les Contes d'Hoffmann), écrit des *Odelettes* (1832-1835) dans le goût de Ronsard. De 1836 à 1838, il connaît une passion malheureuse pour l'actrice Jenny Colon, qui, sous les traits d'Aurélie ou d'Aurélia, représentera dans son œuvre le type de l'éternel féminin, confondu avec des déesses orientales, la Vierge Marie, ou sa propre mère. Il entreprend ensuite un voyage en Orient dont il publiera le récit en 1851, et s'intéresse aux mystères antiques, aux cultes ésotériques, à l'occultisme. Il fait plusieurs séjours en maison de santé pour troubles psychiques, notamment dans le service du docteur Blanche, qui lui conseille de noter ses rêves. Pendant les périodes de répit, il compose et publie (1854) ses œuvres principales, les nouvelles des *Filles du feu*, dont fait partie Sylvie, les poésies des *Chimères*, et *Aurélia*, récit de sa « descente aux enfers » vers la folie. On le retrouve pendu dans une rue de Paris un matin de janvier 1855.

Pascal
(1623-1662)

Né à Clermont-Ferrand, Blaise Pascal est élevé, après la mort de sa mère, par son père, magistrat et percepteur. Venu habiter à Paris en 1631, son père le fait admettre aux réunions de savants de l'abbé Mersenne. Dès son plus jeune âge, il se révèle physicien et mathématicien de génie : en 1639, il rédige son *Essai sur les coniques*, fait des expériences sur le vide et réalise sa « machine arithmétique ». La rencontre du jansénisme développe ses inquiétudes spirituelles. En 1656, il s'engage avec *Les Provinciales* dans la bataille contre les jésuites. Ses *Pensées*, publiées à titre posthume, révèlent la recherche d'un style simple et incisif, où l'expression est entièrement au service de l'idée.

Perec
(1936-1982)

Après des études de lettres, Georges Perec travaille comme documentaliste au C.N.R.S. En 1965, il obtient le prix Renaudot pour *Les Choses*, où sa critique de la société de consommation s'accompagne de nombreuses innovations romanesques. Membre de l'OuLiPo, Perec a su tirer parti des règles les plus contraignantes, comme dans son roman *La Disparition* (1969), écrit sans la lettre e. Dans *W ou le Souvenir d'enfance* (1975), il a clairement renouvelé l'écriture autobiographique. Son œuvre majeure reste néanmoins *La Vie mode d'emploi* (1982), exploration méthodique d'un immeuble parisien, où la construction ludique prend une véritable ampleur romanesque.

Plaute
(v. 255-184 av. J.-C.)

Acteur, dramaturge, directeur de troupe, entrepreneur de spectacles, le latin Plaute est un homme de théâtre complet, comme le sera Molière. Après des opérations commerciales qui le ruinent, il commence à écrire des comédies, qui triomphent entre 200 et 190 : au milieu des difficultés de la seconde guerre punique, les Romains trouvent l'occasion d'oublier leurs soucis dans ces intrigues empruntées à la nouvelle comédie grecque. Farces, comédies d'intrigue, comédies de caractère (*La Marmite*, dont Molière tirera *L'Avare*), l'inspiration de Plaute est variée. Son écriture est caractérisée par une joyeuse invention verbale et par le sens du rythme et du mouvement scénique. Son théâtre est un théâtre populaire qui fait la part belle aux types pittoresques et à la fantaisie bouffonne, parfois jusqu'au délire. Il nous reste vingt pièces sur les cent trente qu'on lui a attribuées.

Proust
(1871-1922)

Dès ses études au lycée Condorcet à Paris, Marcel Proust fait preuve d'une grande curiosité philosophique. Il poursuivra jusqu'à la licence des études de lettres et de droit et fréquentera les milieux littéraires. Il publie alors des chroniques et des critiques littéraires dans des revues. Proust commence également un roman autobiographique, *Jean Santeuil*, qui annonce la *Recherche*. Mais la mort de ses parents en 1903 et 1905 met un terme à sa vie mondaine. Il compose alors ses *Pastiches* et poursuit ses écrits critiques, avant de se consacrer à son chef-d'œuvre, *À la recherche du temps perdu*. Proust ne publiera d'abord qu'une première partie, *Du côté de chez Swann* (1913), réservant pour une publication ultérieure ce qui devait être un deuxième volet, *Le Temps retrouvé*. Mais l'œuvre progresse, ne cessant de s'enrichir et de croître. Du premier volume au dernier, la *Recherche* atteindra finalement trois mille pages, réparties en sept livres. *À l'ombre des jeunes filles en fleurs* obtient le prix Goncourt en 1919. Proust devient célèbre, mais sa santé décline. Il se livre alors à un travail acharné pour achever son œuvre. Les trois derniers volumes de la *Recherche* ne paraîtront qu'après sa mort.

Queneau
(1903-1976)

Raymond Queneau a participé au mouvement surréaliste avant de s'orienter vers la recherche d'un langage romanesque libéré des conventions de l'écrit (*Le Chiendent*, 1933). Son humour inventif et son goût de l'expérimentation littéraire se manifestent dans un « roman en vers », *Chêne et chien* (1937), dans des poèmes qui jouent avec les formes et les thèmes traditionnels, et dans de nombreux romans (*Loin de Rueil*, 1944 ; *Les Fleurs bleues*, 1965). Les *Exercices de style* (1947) et *Zazie dans le métro* (1959) assurent sa notoriété. Élu à l'académie Goncourt en 1951, il crée l'Encyclopédie de la Pléiade chez Gallimard. Passionné par toutes les « potentialités » du langage, curieux de toutes les sciences, il est le fondateur de l'OuLiPo.

Racine
(1639-1699)

Né à La Ferté-Milon, Jean Racine, orphelin de bonne heure, est élevé à l'école de Port-Royal, où il s'imprègne de la culture grecque qui nourrira plus tard ses tragédies. Envoyé à Paris pour apprendre la philosophie, il découvre les salons et les milieux littéraires, et se lie avec La Fontaine et Boileau. Après des débuts difficiles (*La Thébaïde*, 1664), il se brouille avec Molière puis avec Port-Royal, qui condamne son théâtre. Son premier succès, *Andromaque* (1667) est suivi de son unique comédie, *Les Plaideurs* (1668). Le jeune dramaturge s'affirme alors contre le « grand » Corneille. Aliénés par la passion amoureuse, les héros raciniens semblent victimes d'une malédiction, qui rappelle les conséquences de la faute originelle. Le public se reconnaît dans cette vision pessimiste de l'homme, dont l'incarnation la plus achevée reste sans doute *Phèdre* (1677). Nommé historien officiel du roi, il se marie, se réconcilie avec Port-Royal et renonce au théâtre. Sur la demande de Mme de Maintenon, il compose deux tragédies bibliques, *Esther* (1669) puis *Athalie* (1691), destinées aux demoiselles du Collège de Saint-Cyr. Sa vie s'achève dans une retraite édifiante.

Reverdy
(1889-1960)

Né à Narbonne, Pierre Reverdy arrive à Paris en 1910. Il fréquente des peintres et des poètes (Picasso, Matisse, Max Jacob) et écrit ses premières œuvres (*La Lucarne ovale*, 1916). Il exerce une profonde influence sur le mouvement surréaliste, grâce à la revue *Nord-Sud* qu'il fonde en 1917 et où paraissent des textes de Tzara, Soupault et Aragon, et grâce à une conception neuve de l'image poétique, formulée dès 1918, envers laquelle Breton a reconnu sa dette dans le premier *Manifeste du surréalisme* (1924). La poésie de Reverdy, tendue et dépouillée, reste à l'écart des révoltes et des engagements. Converti au catholicisme en 1926, le poète s'installe non loin de l'abbaye de Solesmes pour poursuivre son œuvre dans la solitude et la méditation (*Sources du vent*, 1929).

Rimbaud
(1854-1891)

Né à Charleville, Arthur Rimbaud est élevé par une mère rigide. Excellent élève et poète précoce, il fait plusieurs fugues et conçoit une « méthode » pour développer son génie créateur de « voyant » (lettres à son ami Paul Demeny). Invité à Paris en octobre 1871 par Verlaine à qui il a envoyé quelques poèmes, il l'entraîne avec lui dans son errance. Pendant deux années de vagabondage, de Bruxelles à Londres, entre la faim et l'alcool, Rimbaud continue à écrire, libérant progressivement le vers de la métrique régulière pour aboutir à la poésie en prose des *Illuminations* (1886). Les relations des deux hommes se dégradent : Verlaine d'un coup de feu blesse Rimbaud au poignet. Réfugié dans les Ardennes, celui-ci écrit *Une saison en enfer* (1873), récit inspiré de son expérience récente. Après des séjours en Angleterre, puis en Allemagne, il renonce à la carrière d'écrivain et parcourt le monde (Éthiopie, Égypte) en exerçant tous les métiers et tous les trafics. Atteint d'une tumeur au genou, il est rapatrié à Marseille, où il meurt en 1891. Ce poète de la révolte, ce « Satan enfant », comme l'appela Verlaine, est entré dans le mythe pour avoir abandonné la littérature après avoir inventé une nouvelle langue poétique.

Rodenbach
(1855-1898)

Après des études à Gand (où il se lie au futur poète Émile Verhaeren) et à Paris, Georges Rodenbach revient en Belgique et publie *La Mer élégante* (1881) et *L'Hiver mondain* (1884). Mais c'est surtout *La Jeunesse blanche* (1886) qui le fait connaître. Il permet la diffusion du symbolisme dans son pays grâce à la revue *Jeune Belgique* et à ses invitations de Mallarmé ou Villiers de l'Isle-Adam. Il s'installe à Paris en 1888 et publie son roman *Bruges-la-morte* (1892) dans le *Figaro* puis en volume. C'est l'un des grands succès de l'auteur et du symbolisme, avec la pièce *Le Voile* représentée à la Comédie-Française en 1894.

Rotrou
(1609-1650)

Né à Dreux dans une famille de magistrats, Jean Rotrou devient vite le poète de la troupe de l'Hôtel de Bourgogne. Son œuvre théâtrale est importante et inégale, mêlant comédies, tragi-comédies et tragédies dans le goût baroque de cette première moitié du XVIIe siècle. En 1635, il fait partie, avec Corneille, du groupe des cinq auteurs que Richelieu charge d'écrire des comédies sur des intrigues de son invention. Il s'installe à Dreux comme magistrat en 1639 mais n'en continue pas moins d'écrire pour la scène. C'est l'époque des grandes œuvres : *Le*

Véritable Saint Genest (1646), *Venceslas* (1647), *Cosroès* (1649). Il est emporté par l'épidémie de peste qui s'abat sur sa ville en 1650.

Rousseau
(1712-1778)

Né à Genève, dans un milieu protestant modeste, autodidacte, Jean-Jacques Rousseau connaît très jeune une vie instable : fuite de Genève, longs voyages à pied, emplois divers – laquais, précepteur, maître de musique, secrétaire... Tempérament sensible et ombrageux, révolté par l'injustice sociale, il mène de front des œuvres capitales qui lui attireront aussi bien les foudres des autorités civiles et religieuses que celles de ses anciens amis philosophes : écrits pédagogiques (*Émile*, 1762), politiques (*Du contrat social*, 1762), romanesques (*La Nouvelle Héloïse*, 1761), autobiographiques (*Les Confessions* et *Les Rêveries du promeneur solitaire*, posth.). Il y proclame l'innocence primitive de l'homme, corrompu non par le péché originel, mais par des déterminations historiques et sociales qu'une éducation et un « contrat social » nouveaux doivent combattre pour le rétablir « dans toute la vérité de la nature ». La pensée révolutionnaire et la sensibilité romantique se réclameront de lui.

Schiller
(1759-1805)

Très jeune, Friedrich von Schiller s'intéresse à la littérature. Son premier drame, *Les Brigands* (1781), le rend célèbre, mais l'oblige à interrompre sa carrière militaire. S'engage alors une vie d'errance douloureuse. Après les drames des débuts, influencés par le mouvement poétique *Sturm und Drang*, il évolue vers un style à mi-chemin entre le tumulte shakespearien et le classicisme français. *Don Carlos* (1787) marque cette transition. Ses poèmes comptent parmi les plus populaires d'Allemagne : *Les Ballades* (1797), *Le Chant de la cloche* (1800) ou l'*Ode à la Joie*, reprise par Beethoven dans la IXe Symphonie, expriment un idéalisme généreux. À Weimar, où il mourra à 46 ans, il reprend l'écriture de drames, comme *La Pucelle d'Orléans* (1801) et se lie avec Goethe d'une amitié devenue légendaire.

Sénèque
(4 av. - 65 apr. J.-C.)

Originaire de Cordoue en Espagne, Sénèque est le fils d'un fameux professeur de rhétorique. Après des études brillantes, il est tenté par la vie spirituelle, mais son père le pousse à choisir la carrière politique. Son esprit vif et frondeur lui vaut d'être exilé en Corse par l'empereur Claude, en 41. Il s'y ennuie considérablement, mais en profite pour approfondir la philosophie stoïcienne. Il en est rappelé en 49 par Agrippine : la nouvelle épouse de Claude lui confie l'éducation de son fils Néron, qu'elle destine au trône. C'est à partir de cette époque qu'il compose ses neuf tragédies. Ministre du jeune empereur en 54, accumulant les honneurs et les richesses, il couvre les premiers crimes de Néron (assassinats de Britannicus, puis d'Agrippine), dans l'espoir vain de le tempérer. La fin de sa vie rachète ces compromissions. Il s'éloigne du pouvoir en 62 et approfondit sa quête philosophique (*Lettres à Lucilius*). Impliqué dans un complot contre l'empereur, il se suicide avec une fermeté d'âme saluée même par ses détracteurs.

Shakespeare
(1564-1616)

La vie de William Shakespeare est mal connue. Né à Stratford-upon-Avon (Angleterre), fils d'un commerçant ruiné, il fit à Londres une carrière brillante de comédien et de poète dramatique avant de regagner sa ville natale à la fin de sa vie. On distingue trois temps dans sa production dramatique. D'abord la jeunesse (1590-1600), époque féconde de comédies et de fresques historiques, en accord avec l'éclat de la période élisabéthaine (*Richard III*, 1592-93 ; *Roméo et Juliette*, 1594). Puis une phase plus sombre (1600-1608), marquée par un désenchantement que traduisent de grands drames tragiques (*Hamlet*, 1600 ; *Othello*, 1604 ; *Macbeth*, 1605). Enfin un temps d'apaisement (à partir de 1608), avec des pièces ouvertes au romanesque, à la féerie et au surnaturel (*Conte d'hiver*, 1610 ; *La Tempête*, 1611). En France, il faudra attendre les romantiques (Hugo, Stendhal) pour reconnaître la puissance imaginaire de cette œuvre immense qui place Shakespeare au tout premier plan dans l'histoire du théâtre.

Soupault
(1897-1990)

Dadaïste (1918-1920), puis surréaliste, Philippe Soupault fonde la revue *Littérature*. *Les Champs Magnétiques* (1920), un recueil de textes automatiques, coécrit avec André Breton, est un jalon important de l'histoire poétique du XXe siècle. Exclu du mouvement surréaliste, il quitte la France pour parcourir le monde. Journaliste et romancier – *Le Bon Apôtre* (1923), *Histoire d'un Blanc* (1927) –, il témoigne avec lyrisme et mordant d'une période riche en expériences nouvelles, artistiques et historiques, comme dans *Voyage en URSS* (1930). La poésie ne le quitte pas, à travers des essais sur *William Blake* (1928), *Lautréamont* (1929), *Baudelaire* (1931) et des recueils qui porteront témoignage des épreuves d'une vie : *Il y a un océan* (1936), *Poésies complètes* (1937). Il s'illustrera également à la radio. Cet homme, à l'esprit désinvolte, n'aura jamais éludé les problèmes graves.

Stendhal
(1783-1842)

Né à Grenoble, Henri Beyle devient très tôt orphelin de mère. Ayant étudié les mathématiques, il se destine à l'École polytechnique, mais s'engage finalement dans l'armée napoléonienne (1800) et participe à la bataille d'Italie. Déçu par la carrière militaire, il démissionne en 1802. Il se rengage néanmoins dans l'armée en 1806, participe à la campagne de Russie et tombe avec Napoléon en 1814. Ayant adopté le pseudonyme de Stendhal, il fréquente les salons parisiens, prenant son entourage comme objet d'étude, ce qui lui inspire son essai, *De l'amour* (1822). Après un premier roman passé inaperçu (*Armance*, 1827), il compose *Le Rouge et le Noir* (1830). Nommé consul à Trieste, il doit bientôt quitter son poste à cause de ses idées libérales. Installé en Italie, sa seconde patrie, il entame alors *Lucien Leuwen*, roman inachevé qui paraîtra après sa mort. Entre 1836 et 1839, il renoue avec les salons parisiens et publie les *Chroniques italiennes* (1839) puis *La Chartreuse de Parme* (1839), saluée par Balzac comme un chef-d'œuvre.

Tristan L'Hermite
(1601-1655)

D'une jeunesse aventureuse au service du marquis de Verneuil, marquée par un duel qui l'oblige à fuir, François L'Hermite, dit Tristan L'Hermite, tire un roman autobiographique plein d'esprit, *Le Page disgracié* (1643). En 1649, il devient membre de l'Académie française. Après *Les Plaintes d'Acante* (1633), aux vers imprégnés d'un lyrisme célébrant la nature, ses poèmes ne cessent de chanter l'amour: dans les *Amours de Tristan* (1638), influencés par le pétrarquisme, la douleur amoureuse s'écrit en vers très musicaux. D'ailleurs, l'ode intitulée «Le Promenoir des deux amants» sera mise en musique par Debussy. C'est toutefois avec son théâtre qu'il marquera son temps: en 1636, la tragédie *Mariane* rivalise avec *Le Cid* de Corneille. Certains traits de son théâtre en font un précurseur de Racine.

Vallès
(1832-1885)

De son père, enseignant modeste, et de sa mère issue de la paysannerie pauvre, Jules Vallès reçoit le double héritage de la culture classique et des racines populaires. Témoin enthousiaste de la révolution de 1848, il est à Paris, en 1851, dans les rangs des jeunes républicains qui tentent de résister au coup d'État de Louis Napoléon Bonaparte. Sous le Second Empire, il collabore à divers journaux sans réfréner ses élans polémiques contre le régime, ce qui lui vaut quelques séjours en prison. Ses premiers livres sont des recueils de chroniques (*Les Réfractaires*, 1865). Très engagé dans l'action politique lors de l'effondrement du régime, il fonde un journal, *Le Cri du peuple*, et participe activement à la Commune de Paris (1871). La fin de la Commune, écrasée dans le sang, le contraint à l'exil. C'est à Londres qu'il commence sa grande trilogie romanesque d'inspiration autobiographique, *Jacques Vingtras* (*L'Enfant*, 1879; *Le Bachelier*, 1881; *L'Insurgé*, 1886). Revenu en France après l'amnistie (1880), il relance son journal et reprend jusqu'à sa mort toute sa place dans le débat politique, aux côtés du monde ouvrier.

Verlaine
(1844-1896)

Né à Metz dans une famille de militaires, Paul Verlaine fait ses études à Paris, où il s'adonne à la poésie et contracte le goût de l'alcool. Ses *Poèmes saturniens* (1866), encore influencés par le Parnasse, ses *Fêtes galantes* (1869), fines pièces inspirées de Watteau, révèlent une mélancolie inquiète. Son mariage pendant la guerre de 1870 avec Mathilde Mauté de Fleurville, pour qui il écrit *La Bonne Chanson*, l'assagit un temps. Mais, subjugué par le génie et la révolte du jeune Rimbaud, il abandonne femme et enfant pour le suivre en Belgique et en Angleterre. L'écho de leurs errances se retrouvera dans *Romances sans paroles* (1874). À la suite d'une dispute plus violente, Verlaine tire un coup de revolver sur Rimbaud et le blesse légèrement. Après deux ans de prison en Belgique, Verlaine revient à la religion (*Sagesse*, 1881). En proie à la déchéance physique et morale, et malgré une gloire tardive, il mourra misérablement. Poète de la galanterie charmante comme de la mélancolie fiévreuse, Verlaine est aussi, par sa vie tourmentée, l'archétype du «poète maudit».

Verne
(1828-1905)

Malgré ses études de droit, Jules Verne ne succèdera pas à son père à la tête de son étude d'avoué. Fréquentant les salons, il s'essaie au théâtre, sans grand succès. Sa rencontre avec l'explorateur Jacques Arago lui ouvre des territoires inconnus. Passionné par la science, il étudie la géographie, les mathématiques, la physique. Il fait ainsi son apprentissage en vue du «roman de la science» qu'il rêve d'écrire. En 1863, le manuscrit de *Cinq semaines en ballon* enthousiasme l'éditeur Hetzel. Le succès est immédiat. Pendant quarante ans, il bâtit une œuvre sur laquelle se fonde le roman scientifique. Parmi les titres les plus connus: *Voyage au centre de la Terre* (1864), *De la Terre à la Lune* (1865), *Vingt mille lieues sous les mers* (1870), *Le Tour du monde en quatre-vingts jours* (1870)... L'influence de cet auteur français, le plus traduit, s'est exercée sur des personnalités très diverses, comme le Maréchal Lyautey ou le médecin Charcot.

L'écrivain Raymond Roussel le vénère. L'œuvre de Jules Verne rend bien compte de l'optimisme de l'époque positiviste, mais elle en explore aussi les aspects ambigus et sombres.

Vigny
(1797-1863)

Alfred de Vigny est élevé dans le regret de l'Ancien Régime et le mépris de l'Empire. Déçu par la carrière militaire, il devient membre du Cénacle de Victor Hugo en 1820. Après la parution en 1826 de ses *Poèmes antiques et modernes* et du roman *Cinq-Mars*, il se lance dans l'aventure théâtrale avec entre autres *Chatterton* (1835), drame composé pour sa maîtresse, l'actrice Marie Dorval. Vigny y reprend le thème de la solitude morale du génie déjà abordé dans *Stello* (1832). Lors de la révolution de 1830, déçu par la médiocrité de la monarchie, il se tourne progressivement vers les idées républicaines. À partir de 1838, il écrit de grands poèmes philosophiques qui seront réunis à titre posthume dans *Les Destinées* (1864).

Villiers de l'Isle-Adam (1838-1889)

Héritier d'une des familles les plus illustres de l'aristocratie, jeune homme sensible et fragile, Philippe-Auguste de Villiers de l'Isle-Adam se tourne très tôt vers une quête poétique de l'amour sublime. Il quitte la Bretagne pour Paris en 1855, et se lie rapidement avec Baudelaire, et plus tard avec Mallarmé et Charles Cros. Ses amis et ses proches voient en lui un être au talent prometteur. Il est très influencé par Hegel. Son ambition? Créer « une série d'œuvres où le rêve se baserait sur la logique, une littérature philosophique qui rénoverait les idées ». Pourtant le succès lui échappe. En 1862, son premier roman philosophique paraît, *Isis*, suivi des drames *Elën* (1865) et *Morgane* (1866) qui ne furent pas joués de son vivant. Avec le conte, il découvre un genre qui exalte son talent : les *Contes cruels* (1883) confirment sa quête spirituelle et l'importance du rêve. Malgré ses chefs-d'œuvre des dernières années, comme *L'Ève future* (1886), il mourra dans la solitude en 1889.

Voltaire
(1694-1778)

Issu de la bourgeoisie parisienne aisée, François-Marie Arouet dit Voltaire se signale par ses impertinences à l'égard du Régent et des Grands. Embastillé à deux reprises, contraint à l'exil en Angleterre, poursuivi par la censure mais protégé par Mme de Pompadour, célèbre dans toute l'Europe, il vit en Lorraine chez Mme du Châtelet. Il s'installe plus tard à Ferney, près de Genève (1755), après un séjour humiliant chez le roi de Prusse, Frédéric II. Militant de tous les combats contre le fanatisme religieux et les scandales judiciaires (affaire Calas, 1762), champion de la tolérance, Voltaire laisse une œuvre immense : épopée (*La Henriade*, 1728), tragédies (*Zaïre*, 1732), essais historiques (*Histoire de Charles XII*, 1731 ; *Le Siècle de Louis XIV*, 1751 ; *Essai sur les mœurs*, 1756) et surtout philosophiques (*Lettres philosophiques*, 1734 ; *Dictionnaire philosophique*, 1764). Mais ce sont les œuvres qu'il dédaignait le plus, ses contes, histoires, pamphlets spirituels et piquants, qui l'immortalisent particulièrement : *Zadig*, 1747 ; *Micromégas*, 1752 ; *Candide*, 1759 ; *L'Ingénu*, 1767...

Zola
(1840-1902)

D'origine italienne par son père, mort prématurément, Émile Zola passe son enfance dans des conditions matérielles difficiles. Après des études comme boursier, il travaille au service de publicité de la librairie Hachette. Mais il ne tarde pas à vivre de sa plume, comme journaliste et homme de lettres. Il mène campagne pour le peintre Manet, définit les principes de l'art naturaliste, jette les bases en 1870 de la vaste somme romanesque à venir : le cycle des Rougon-Macquart. C'est *L'Assommoir* qui, en faisant scandale, le rend célèbre (1877). Le romancier, qui regroupe régulièrement ses disciples dans sa maison de Médan, bâtit son œuvre méthodiquement : *Nana* (1880), *Au Bonheur des Dames* (1883), *Germinal* (1885)... En 1898, ayant pris parti publiquement en faveur de la révision du procès lors de l'affaire Dreyfus (*J'accuse*), il est condamné et doit s'exiler un an en Angleterre. Sa dernière œuvre, *Les Quatre Évangiles*, hymne au progrès humain, reste inachevée. Il meurt en 1902 dans des circonstances obscures, peut-être criminelles.

Lexique

► renvoie aux pages où la notion est présentée.

* renvoie à la définition de ce mot dans ce lexique.

Abyme (mise en) : Emboîtement d'un récit dans un récit, d'une pièce de théâtre dans une pièce de théâtre, d'un film dans un film. Ex. : *L'Illusion comique*, de Corneille, théâtre dans le théâtre.

Actant : force agissante (personnage, objet, entité abstraite...) dans une intrigue, une action. Le **schéma actantiel** représente les relations entre les actants (► p. 260).

Alexandrin : vers de douze syllabes, composé de deux hémistiches de 6 syllabes (► p.450).

Allégorie : Représentation concrète d'une réalité abstraite (► p.480).

Allitération : répétition expressive de consonnes. Ex. : « Tout en faisant trotter ses petites bottines » (Rimbaud, « Roman »).

Amplification : procédé qui vise à développer l'expression (► p.528).

Anagramme : jeu poétique créant un mot avec les lettres d'un autre : Marie/aimer.

Anaphore : répétition d'un mot ou d'un groupe de mots en tête de vers ou de phrase (► p.480).

Antiphrase : figure par laquelle une expression laisse entendre l'inverse de ce qu'elle dit.

Antithèse : figure de style qui oppose deux éléments, soulignée par une symétrie (► p.480).

Aparté : Au théâtre, parole que le personnage prononce pour soi et que seuls les spectateurs sont censés entendre (► p. 256).

Aphorisme : vérité générale sous une forme concise. (► p. 428).

Apologie : justification, défense d'une chose, d'une institution, d'une personne.

Apologue : court récit à visée morale, fable (► p. 428).

Apostrophe : adresse à un interlocuteur réel ou fictif.

Art poétique : texte exprimant les principes esthétiques d'un auteur.

Assonance : répétition expressive de voyelles. Ex. : « Tout m'afflige et me nuit et conspire à me nuire » (Racine, *Phèdre*).

Ballade : forme poétique médiévale (► p. 346).

Bienséances : Au théâtre, usages à respecter.

Burlesque : registre comique qui traite familièrement de sujets nobles (► p. 476).

Calligramme : Poème dont les lettres forment le dessin de l'objet évoqué par le poème (► p. 508).

Catharsis : Purgation des passions du spectateur par l'entremise de la représentation dramatique (Aristote).

Césure : coupe forte au milieu d'un vers (► p. 350).

Champ lexical : ensemble de mots liés les uns aux autres par leur appartenance à un même domaine.

Chiasme : figure formée de deux groupes de mots dont l'ordre est inversé (► p. 480).

Commedia dell'arte : forme théâtrale d'origine italienne, caractérisée par l'improvisation, le mime, les jeux de mots, les acrobaties, qui influence le théâtre européen depuis le XVIIe siècle.

Connecteur : terme exprimant un rapport logique (► p. 446).

Connotation : signification secondaire associée au sens principal d'un mot. Voir **dénotation**.

Contre-rejet : cas particulier de l'enjambement*, lorsque l'unité de sens d'un vers commence au dernier mot du vers précédent (► p. 350).

Déduction : type de raisonnement qui, d'un enchaînement de propositions générales, dégage une conséquence logique sous forme de proposition particulière (► p. 432).

Délibératif : genre du discours qui confronte les opinions, pèse le pour et le contre (► p. 371).

Dénotation : signification stable, objective d'un mot dans un dictionnaire. Voir **connotation**.

Dénouement : conclusion de l'intrigue théâtrale (► p. 260).

Dialectique : art de raisonner qui consiste à confronter, dans une sorte de dialogue, deux opinions ou thèses différentes, pour dépasser ensuite leur opposition (► p. 428 et 476).

Didactique : registre du discours qui vise à enseigner (► p. 428 et 476).

Didascalie : indication scénique dans un texte de théâtre, concernant le jeu des acteurs, la mise en scène, le décor (► p. 264).

Diérèse : séparation d'une diphtongue en deux syllabes (►p. 350).

Discours rapportés : reprise ou transcription des paroles, écrits ou pensées d'un autre locuteur. Le discours peut être direct (reproduit tel quel), indirect (reproduit par subordination), indirect libre (intermédiaire), narrativisé : se dit d'un discours rapporté qui ne fait que résumer des propos sans rompre la narration (► p. 170).

Distique : groupe de deux vers.

Dizain : Strophe ou poème de dix vers.

Drame : a) à l'origine, action théâtrale ; b) genre théâtral illustré par les grands écrivains baroques (Shakespeare, Calderón...), inauguré en France au XVIIIe siècle sous la forme du drame bourgeois, et représenté par le drame romantique au XIXe siècle (► p. 46).

Élégie : poème consacré à la déploration, par exemple du malheur amoureux. Le registre* élégiaque est empreint de tristesse ou de mélancolie plaintive (► p. 476).

Ellipse : a) dans la syntaxe, omission d'un ou plusieurs termes que l'esprit doit rétablir ; b) dans la narration, omission d'un épisode.

Enjambement : mouvement d'une phrase qui déborde d'un vers sur le suivant. Le rejet* et le contre-rejet* sont des variantes de l'enjambement (► p. 350).

Énonciation : acte par lequel est produit un énoncé dans une situation précise (à tel moment et en tel lieu), par un locuteur (qui parle ou qui écrit), pour un destinataire (qui écoute ou qui lit). Voir **marques et indices** (► p. 448).

Épidictique : registre* qui concerne le genre de l'éloge ou du blâme (► p. 476).

Épigramme : poème court à visée satirique, se terminant souvent par une pointe.

Épigraphe : inscription sur un édifice ; citation placée en tête d'un livre, d'un chapitre, d'un poème.

Épilogue : discours récapitulatif à la fin d'une œuvre.

Épique : qui appartient ou emprunte à l'épopée ; registre* correspondant (► p. 476).

Épopée : récit d'aventures héroïques remontant au passé d'une collectivité humaine.

Euphémisme : figure visant à atténuer l'expression d'une réalité désagréable ou choquante (► p. 480).

Exposition : partie initiale de l'œuvre théâtrale (parfois romanesque), qui fait connaître les personnages, les circonstances et le propos de l'action.

Exorde : première partie d'un discours oratoire* (► p. 371).

Fantastique : se dit d'un récit où les lois du monde réel sont menacées par un phénomène inexpliqué et qui suscite le trouble, l'inquiétude ou l'angoisse (► p. 155 et 476).

Focalisation : point de vue adopté par le narrateur. Focalisation interne : le narrateur se place dans la conscience d'un personnage ; externe : il n'a pas accès à la conscience du personnage ; zéro (point de vue omniscient) : il connaît les tenants et les aboutissants de l'histoire. (► p. 158).

Gradation : série de termes organisée dans une progression régulière, ascendante ou (plus rarement) descendante.

Grotesque : dans l'esthétique du drame romantique, registre* bas des actions et des sentiments.

Hémistiche : moitié d'un vers, marquée par la césure* (► p. 350).

Homonyme : mot ayant la même prononciation qu'un autre mais un sens différent (*conte*, *comte* et *compte*).

Humour : forme d'esprit qui dégage dans le réel les aspects plaisant et insolites.

Hyperbole : figure de style visant à exagérer ou amplifier l'expression (► p. 480).

Incipit : première page d'un livre, début d'un récit.

Induction : type de raisonnement qui part de propositions particulières pour aboutir à une conclusion générale (► p. 432).

Interjection : mot employé pour traduire une émotion subite (*Ah ! Eh ! Oh !*).

Intertextualité : relation qu'un texte ou une œuvre d'art entretient avec d'autres, par citation, allusion, adaptation, parodie*...

Ironie : registre* consistant à dire le contraire de ce que l'on veut faire entendre (► p. 476). Un de ses procédés principaux est l'antiphrase*. L'ironie dramatique désigne, dans une situation théâtrale, l'écart entre ce que savent et comprennent un ou plusieurs personnages et ce que sait ou comprend le spectateur.

Leitmotiv : thème ou formule revenant à plusieurs reprises dans une œuvre musicale, littéraire, etc.

Litote : figure de style consistant à faire entendre le plus en disant le moins (► p. 480).

Locuteur : la personne qui parle.

Lyrisme : expression vibrante du sentiment personnel (► p. 476).

Machines (pièces à) : pièces à grand spectacle, recourant à des décors installés au moyen d'un mécanisme complexe.

Madrigal : petit poème spirituel à sujet galant.

Marques ou **indices** **(d'énonciation)** : signes (pronoms, temps verbaux, adverbes de lieu et de temps...) qui, dans un énoncé, renvoient à la situation d'énonciation* et correspondent aux questions : qui parle ? à qui ? quand ? où ? (► p. 448).

Mélodrame : genre théâtral né à la fin du XVIIIe siècle, qui vise à susciter des émotions fortes, par des situations violentes ou pathétiques*.

Merveilleux : forme caractérisée par la présence d'éléments surnaturels au cœur même du réel.

Métaphore : figure de style désignant une réalité par une autre, prise à un registre souvent plus concret et liée à elle par un rapport d'analogie (► p. 480).

Métonymie : figure de style désignant une réalité par une autre qui lui est liée par un rapport logique (► p. 480).

Mètre : type de vers, défini (« mesuré ») par le nombre de ses syllabes (► p. 350). Métrique : système de versification.

Mimésis : représentation d'une chose par imitation ; Aristote définit la production artistique, et notamment le théâtre, comme une mimésis de l'action.

Modalisation : marque de jugement du locuteur dans un énoncé (► p. 452).

Mythe : a) récit fabuleux hérité de la tradition (le mythe d'Orphée) ; b) événements ou personnages (fictifs ou réels) transformés par l'imagination collective (mythe de Don Juan, mythe de Napoléon) (► p. 186).

Niveau de langue : usage de la langue variant selon le contexte de la communication (familier, soutenu, etc.) (► p. 450).

Néologisme : mot nouvellement créé, ou emprunté récemment à une langue étrangère, ou dont le sens a changé depuis peu.

Nœud : situation centrale de crise ou de conflit dans une intrigue théâtrale.

Oralité : caractère de ce qui se transmet par la parole.

Oratoire : qui caractérise l'art de l'éloquence.

Oxymore (ou **alliance de mots**) : figure qui associe deux termes incompatibles (► p. 480).

Pamphlet : écrit violemment polémique (► p. 428).

Pantomime : spectacle fondé entièrement sur le jeu du mime.

Paradoxe : énoncé allant à l'encontre de l'opinion communément admise pour provoquer la réflexion. Ex. : « Ce qu'il y a de plus profond dans l'homme, c'est la peau » (P. Valéry).

Parallélisme : figure qui consiste à reprendre une même construction dans deux groupes de mots qui se suivent (► p. 480).

Parodie : imitation plaisante ou moqueuse d'un texte ou d'un genre (► p. 528).

Paronyme : mot qui ressemble à un autre par ses sonorités, quasi-homonyme. La poésie « ravie et ravage notre jugement » (Montaigne).

Pastiche : texte qui imite le style d'un écrivain, souvent comme un hommage (► p. 528).

Pathétique : situation ou registre propre à susciter l'émotion, la compassion, l'attendrissement (► p. 476).

Période : phrase ample et structurée héritée de la prose latine (► p. 514).

Périphrase : groupe de mots (ou locution) utilisé à la place du terme propre (► p. 480).

Péroraison : couronnement final du discours (► p. 371).

Personnification : métaphore appliquant les traits d'une personne humaine à un objet ou une notion abstraite.

Picaresque : se dit d'un roman dont le héros (en espagnol, *picaro* : coquin), de condition modeste, fait le dur apprentissage de la vie au contact de tous les milieux sociaux.

Point de vue (narratif) : Voir **focalisation** (► p. 158).

Pointe : formule brève et frappante, formant la chute d'un texte.

Polysémie : propriété d'un mot possédant plusieurs significations.

Préciosité : mouvement du XVIIe siècle français caractérisé par la recherche du raffinement des manières, de la délicatesse du sentiment amoureux et de la subtilité de l'expression.

Prétérition : figure consistant à dire que l'on ne dit pas ce que l'on dit.

Prologue : Discours introductif au début d'une œuvre.

Prosopopée : figure consistant à donner la parole à un objet inanimé, un absent, un mort ou une abstraction.

Quintil : strophe de cinq vers.

Rationalisme : doctrine philosophique pour laquelle toute connaissance certaine vient de la raison ; par extension, confiance dans la raison.

Registre : mode d'expression d'un texte marquant une attitude par rapport au monde, et visant à susciter une émotion chez le destinataire : registre tragique, comique, etc. (► p. 476 et 502).

Rejet : dans la poésie versifiée, élément bref d'une phrase rejeté au début du vers suivant (► p. 350).

Réquisitoire : discours de mise en accusation.

Rhétorique : a) l'ensemble des techniques de l'argumentation et de la persuasion ; b) les figures du langage.

Satire : genre poétique qui persifle les vices et les travers d'une société (► p. 476).

Scénographie : agencement de l'espace théâtral, incarnant les principes d'une mise en scène (► p. 264).

Signifiant : éléments graphiques et sonores constituant la matérialité d'un mot.

Signifié : sens du mot.

Sizain : strophe de six vers ; dans un sonnet*, ensemble des deux tercets.

Sonnet : forme poétique introduite en France à la Renaissance (► p. 346).

Sophisme : raisonnement séduisant mais faux.

Stichomythie : au théâtre, échange rapide de répliques brèves (► p. 256).

Sublime : dans l'esthétique du drame* romantique, registre* élevé des actions et des sentiments.

Syllogisme : type particulier de raisonnement déductif (► p. 432).

Symbole : signe figurant une réalité par une autre à laquelle elle est habituellement associée.

Synecdoque : figure consistant à remplacer un terme par un autre qui lui est lié par un rapport d'inclusion.

Synérèse : prononciation en une seule syllabe de deux voyelles (► p. 350).

Synesthésie : relation ou correspondance établie entre des perceptions relevant de sens différents.

Tercet : groupe de trois vers.

Tirade : longue suite de phrases prononcée par un personnage de théâtre (► p. 256).

Tonalité : atmosphère d'un texte propre à susciter une émotion chez le lecteur (rire, attendrissement, effroi, admiration, etc.). Le mot peut être synonyme de registre* ; il peut aussi exprimer des nuances à l'intérieur des registres* (► p. 476).

Topos : procédé ou motif habituel dans une tradition littéraire (au pluriel *topoi*).

Vers libre : se dit depuis la fin du XIXe siècle d'un vers libéré de la rime et du compte des syllabes (► p. 346).

Verset : unité rythmique plus ample que le vers, marquée par le retour à la ligne (► p. 346).

Index des auteurs

Les folios **en gras** renvoient aux extraits de textes étudiés ; les folios en couleur à la biographie des auteurs.

Index des œuvres

Les folios en **gras** correspondent aux extraits d'œuvres étudiés ;
les folios en couleur font l'objet d'une page « Vers l'œuvre complète ».

Crédits Photographiques

1re de couv F. Raffaëlli, Portrait de Zola (détail) : BIS/Ph. Coll. Archives Larbor
1re de couv E. Manet, Nana (détail) : BIS/Ph. Ralph Kleinhempel © Archives Larbor
1re de couv J.B.Greuze, L'oiseau mort (détail) : BIS/Ph. Hubert Josse © Archives Larbor
1re de couv E. Manet, Argenteuil (détail) : BIS/Ph. Studios Photorob © Archives Larbor
1re de couv G. Caillebotte, Rue de Paris, temps de pluie (détail) : BIS/© Archives Larbor
18 Ph.© MUSEE DES BEAUX ARTS BEZIERS © Adagp, Paris 2011
20 bas et p. 20 ht, 22 ht, 24 ht, 26 ht, 28 ht, 30 ht Ph. © Collection Jean-Baptiste Leroux/RMN
21 ht Ph. © Gérard Blot/RMN
21 m BIS/Ph. Hubert Josse © Archives Larbor
22 Ph.© Mauro Magliani/Archives Alinari, Florence, Dist RMN
22 bas d et reprise en 1re de couv. et p184, 220 htg, p. 222 ht, 226 ht, 230 ht, 232 ht, 234 ht, 242 ht, 250 ht, 359, 414, 562 bg, BIS/Ph. H. Josse © Archives Larbor
23 ht Ph. © Imagno/LA COLLECTION
23 bas BIS/Ph. © Archives Nathan
24 bas Ph. © RMN (Château de Versailles), DR
25 g Ph.© Gérard Blot/RMN (Château de Versailles)
25 d et p. 225, 232, 240, 252, 370 ht, 564 g BIS/Ph. Canonge © Archives larbor
25 d et p. 364, 555 d BIS/Ph. H. Josse © Archives Larbor
25 d (4,6,7,8) BRIDGEMAN – GIRAUDON
25 d BIS/Ph. H. Josse © Archives Larbor
26 d BIS/Ph. Michel Didier © Archives Larbor
27 Ph. © Compoint/ONLY France
28 Ph. © Jean-Claude Varga/AKG
29 g Ph. © Aisa/LEEMAGE
29 m d Ph. © Jean-Gilles Berizzi/RMN
29 m bd et p561 BIS/Ph. H. Josse © Archives Larbor
29 bas d et p. 563 Ph. © Lee/LEEMAGE
30 et reprise 1re de couv. BIS/Ph. H. Josse © Archives Larbor
31 Ph. © René Mattes/HEMIS
32 bas et p32 ht, 34 ht, 36 ht, 38 ht, 40 ht, 42 ht, Ph. © Photo Josse/LEEMAGE
33 ht Ph. © Photo Josse/LEEMAGE
33 bas Ph. © AKG
34 et reprise 1re de de couv. BIS/© Archives Larbor
35 BIS/© Archives Larbor
36 BIS/Ph. © Archives Nathan
37 ht g Ph. © Erich Lessing/AKG
37 d et p. 400 ht, 402, 420, 567 m BIS/© Archives Larbor
37 d et reprise 1re de couv. et p. 394 g, 558 ht BIS/Ph. Scala © Archives Bordas
37 ht d et reprise 1re de couv., p. 567 mm BIS/Ph. © Archives Larbor
37 d et p. 418, 565 htd BIS/Ph. Jean Tarascon © Archives Larbor
37 d BIS/Ph. Hubert Josse © Archives Larbor
38 Ph. © Erich lessing/AKG
39 BIS/Ph. Jeanbor © Archives Bordas
40 Ph. © AKG
41 g BIS/Ph. Musée Calvet © Archives Larbor
41 d BIS/Ph. Coll. Archives Larbor
41 d BIS/Ph. S. Guiley-Lagache © Archives Larbor
42 BIS/Ph. Coll. Archives Nathan
43 BIS/© Archives Larbor
44 ht et p. 46ht, p. 48 ht, 50 ht, 52 ht, 54 ht, 56 ht, 58 ht, 60 ht, 62 ht Ph. © Erich Lessing/AKG
44 bas BIS/Ph. J. Loup Charmet © Archives Larbor
45 ht Ph. © Photo Josse/LEEMAGE
45 bas BIS/© Archives Larbor
46 Ph. © AKG
47 ht g BIS/Ph. Hubert Josse © Archives Bordas
47 d et p. 273, 560 bd BIS/Ph. J. Denave © Archives Larbor
47 d et reprise première de couv., et p. 276h, 280 ht, 331, 559d Ph. © BIS Archives Nathan
47 d Théodore Gericault Ph. © Erich Lessing/AKG
47 d Frédéric Chopin : IAM/AKG/World history Archive
47 d Franz Liszt : Ph. © Dagli Orti/THE PICTURE DESK
47 BIS/© Archives Nathan
47 d et p. 567 g BIS/Ph. Jeanbor © Archives Larbor
47 d et p. 279, 284 ht, 562. d BIS/Ph. Hubert Josse © Archives Larbor
47 d et p. 287, 563 htg BIS/Ph. Coll. Archives Larbor
48 ht d et p. 278 Ph. © Dagli Orti/THE PICTURE DESK
49 Ph. © Photo Josse/LEEMAGE
50 bas BIS/Ph. Studio Basset © Archives Larbor
51 g Ph. © Erich lessing/AKG
51 ht d et reprise 1re de couv. et p. 81,86, 101, 120,122, 554, 566 BIS/Ph. Jeanbor © Archives Larbor
51 bas d Ph. © Collection Dupondt/AKG
51 d et p 94 ht, 102 ht, 566 BIS/Ph. H. Josse © Archives Larbor
51 d BIS/Ph. © Ordrupgaard Museum, Copenhague – Archives Larbor
51 bas d Jean-François Millet Ph. © ADOC-PHOTOS
51 bas d Honoré Daumier/PH. © Erich Lessing/AKG
51 d et p. 88 ht, 104 ht, 134, 140, 558 bd BIS/Ph.© Archives Nathan
51 d et p. 106ht, 559mht BIS/Ph. Coll. Archives Larbor
52 d Ph. © The Philadelphia Museum of Art/Art Resource/ SCALA
52 g Ph.© RMN (Château de Versailles)
52 bas g Ph. © RMN (Château de Versailles)
53 Ph. © AKG
54 BIS/Ph. O'Sughrue © Archives Larbor
55 d BIS/Ph. Josse © Archives Larbor
55 g Ph. © Photo Josse/LEEMAGE
56 Ph. © Albert Harlingue/ROGER-VIOLLET
57 ht et p. 57 mb, 82 h, 108,114,124,126, 567d BIS/© Archives Larbor
57 bas et p116 ht, 560 BIS/Ph. H. Josse © Archives Larbor
57 bas et reprise en 1re de couv., et p. 90ht, 110, 143,152, BIS/© Archives Larbor
58 ht Ph. Émile Zola Coll. Archives Bordas
59 et reprise 1re de couv. Ph.© Aisa/ROGER-VIOLLET
60 bas Ph. © The Metropolitan Museum of Art, Dist. RMN/ image of the MMA
61 ht g Ph.© AKG © Adagp, Paris 2011
61 ht et reprise en 1re de couv., p. 300, 339 ht, 564 Rimbaud BIS/Ph. © Archives Larbor
61 bas g BIS/Ph. Jeanbor © Archives Larbor
61 d et p302g, 566 Ph. © BIS/Ph. © Archives Larbor
61 d BIS/Ph. Jeanbor © Archives Larbor © Adagp, Paris...
61 d BIS/Ph. © Archives Nathan
61d et p306ht, 561 Ph. © Philipp Bernard/RMN
61 Gustave Moreau Ph. © ROGER-VIOLLET
62 Ph.© Dagli Orti/THE PICTURE DESK
63 BIS/Ph. © Archives Larbor © Adagp, Paris, 2011
64 et p. 64 ht, 66 ht, 68 ht, 70 ht, 72 ht BIS/Ph. Hubert Josse © Archives Larbor – DR
65 ht BIS/Ph. Hubert Josse © Archives Bordas © Adagp Paris 2011
66 Ph. © Georges Meguerditchian/Collection Centre Georges Pompidou, Dist. RMN
67 ht BIS/Ph. Coll. Archives Larbor © Succession Picasso 2011
67 bas Ph. © ARTEDIA
68 Ph. © AKG © Adagp, Paris 2011
69 M. Ernst Ph. Man Ray/Coll. Archives Bordas © Adagp, Paris 2011
69 ht g Ph. © AKG © Adagp, Paris2011
69 bas d et reprise en 1re de couv. et p556ht Ph. © BRIDGEMAN – GIRAUDON
69 d et p. 322g, 565 d Ph. © Henri Martinie/ROGER-VIOLLET
69 bas d et p. 316 htg, 341 htd, 558, Ph. © Henri Martinie/ ROGER-VIOLLET
69 d Ph. © Henri Martinie/ROGER-VIOLLET
70 BIS/Ph. Coll. Archives Larbor © Adagp, Paris 2011
71 Ph. © BRIDGEMAN – GIRAUDON © Demart Pro Arte B.V., Genève/Adagp, Paris 2011
72 et p561 mb Ph. © L'Humanité/Keystone-France/GAMMA RAPHO
73 BIS/Ph. Coll. Archives Larbor – Adagp, Paris 2011
74 BIS/Ph. Coll. Archives Larbor © Adagp, Paris 2011
76 BIS/© Archives Larbor
78 ht Ph. © Hervé Lewandowski/RMN (Musée d'Osay)
78 bas g BIS/Ph. Hubert Josse © Archives Larbor
78 bas m Ph. © AKG
78 bas d BIS/Ph. © Archives Nathan
79 ht d BIS/© Archives Larbor
79 bas BIS/Ph. Jeanbor © Archives Bordas
80 et reprise en 1re de couv. BIS/© Archives Larbor
82 bas Album/Oronoz/Akg-images
84 ht m et p. 566mht BIS/Ph. Hubert Josse © Archives Bordas
87 © Le Livre de Poche
88 bas Thierry Le Mage/RMN
90 bas Musée Carnavalet/ROGER-VIOLLET
92 bas Burstein Collection/CORBIS
93 ht Aisa/LEEMAGE
95 bas Electa/LEEMAGE
97 Hervé Lewandowski/RMN
98 © Fonds Futuropolis/Editions Gallimard
100 BIS/Coll. Archives Larbor
102 bas AKG-images/Erich Lessing
105 Photo Josse/Leemage
107 Adélaïde Beaudoin/MBA, Rennes/RMN distr.
108 bas Gérard Blot/RMN
111 Illustration Olivier Tallec © le livre de poche jeunesse, 2008 (32 2575 2)
112 ht -113 : BIS/Ph. H. Josse © Archives Larbor
112 bas Agence Bulloz/RMN
114 bas Electa/LEEMAGE
119 © Nouvelles Editions de Film-DR/Prod DB
120 De Agostini/LEEMAGE
122 bas BNF
124 bas Hervé Lewandowski/RMN
126 bas Hervé Lewandowski/RMN
127 Archives Charmet/BRIDGEMAN-GIRAUDON
128 -129 : Hervé Champollion/AKG-images
128 bas Ministère de la Culture-Médiathèque du Patrimoine/RMN distr.
129 bas BIS/Ph. Coll. Archives Larbor
130 ht g et p. 566 d BIS/Ph. Nadar – Coll. Archives Larbor
130 bas North Wind Pictures/LEEMAGE
132 et p567BIS/Ph. Coll. Archives Larbor
133 © Gallimard
134 bas AKG-images
135 © Starfilm-DR/Prod DB
136 Coll. Perron/Kharbine-Tapabor
138 Franck Raux/RMN
139 et p562 BIS/Ph. Jeanbor © Archives Larbor
140 bas BIS/Coll. Archives Larbor
141 © Le Livre de Poche
142 Ph. Coll. Archives Bordas
143 bas Aisa/LEEMAGE
144 ht g et p286, 293, 559ht g Ph. © BRIDGEMAN – GIRAUDON
144 bas Lee/LEEMAGE
146 Hervé Lewandowski/RMN
147 BRIDGEMAN-GIRAUDON
148 bas BIS/Ph. Adam Rzepka/MNAM, Centre Georges-Pompidou, Paris © Adagp, Paris 2011
148 m bas et p557mb BIS/Ph. Nadar © Archives Photographiques, Paris – Archives Larbor
150 AKG-images
153 Photo Josse/LEEMAGE
154 et p555m BIS/Ph. © Archives Nathan
156 © Photohèque R. Magritte-ADAGP, Paris 2011
157 BIS/© Archives Larbor
162 et page 37d BNF
163 g © Archives Gallimard
163 d Apic/GETTY-IMAGES
174 Ph. Colette Masson/ROGER-VIOLLET
176 ht BIS/Ph. Luc Joubert © Archives Larbor
176 bas BIS/Ph. H. Josse © Archives Larbor
177 BIS/Ph. Françoise Polist © Archives Larbor
177 bas Ph. © Erich Lessing/AKG
178 Pascal Victor/ARTCOMART
179 ht g et p199, 201ht, 208, 219, 246, 248, 360ht, 557 g BIS/Ph. H. Josse © Archives Larbor
179 bas Karin März/BPK, Berlin/RMN distr.
180 Ramon Senera/CIT'ENSCENE
182 et 183 : Benoîte Fanton/WIKISPECTACLE
182 g et p564 Ph. Coll ARCHIVES BORDAS
185 © BORDAS
186 ht Raffael/LEEMAGE
186 bas Les frères Chuzeville/RMN
187 ht Scala
187 bas Luisa Ricciarini/LEEMAGE
188 et p. 192, 204, 210224 239, 240, 252 h BIS/Ph. Canonge © Archives larbor
189 Marc Enguérand/CDDS
191 BIS/Ph. Jeanbor/Coll. Archives Larbor
193 Brigitte Enguérand/CDDS
196 Pascal Gély/Enguérand-Bernand/CDDS
198 Pascal Gély/Enguérand-Bernand/CDDS
200 ht et p566 Ph. Coll ARCHIVES BORDAS
200 bas Scala
201 bas Ramon Senera/Enguérand-Bernand/CDDS
202 Ramon Senera/Enguérand-Bernand/CDDS
203 © Gallimard
204 bas Enguérand/CDDS
206 ht g Raffaello Bencini/Archives Alinari, Florence/RMN distr.
206 bas d BIS/Ph. Gianni Dagli Orti/Archives Bordas
207 g Scala
207 d Les frères Chuzeville/RMN
209 Alfredo Dagli Orti/The Picture Desk
210 bas Pacôme Poirier/WikiSpectacle
211 Vincent Pontet/WikiSpectacle
212 Pacôme Poirier/WikiSpectacle
214 etp. 565mb BIS/Ph. © Archives Nathan
215 BNF
216 Studio Lipnitzki/Roger-Viollet
218 et reprise en 1re de couv. Ph.© Pascal MAINE
220 Ph. © ENGUERAND/BERNAND (CDDS)
223 Ph. © Laurent Cerino/CIT'EN SCENE
224 m © Jean Dubout, www.dubout.fr
225 g BIS/Ph. Coll. Archives Bordas
226 bas Ph. © Pascal MAINE
227 © Livre de Poche
228 ht Fotografica Foglia/SCALA
228 bas Gianni Dagli Orti/The Picure Desk
229 ht g Hervé Lewandowski/RMN
229 ht d Hervé Lewandowski/RMN

229 bas Erich Lessing/akg-images
230 bas Ph. © Brigitte Enguerand/ENGUERAND/BERNAND (CDDS)
233 Ph. © Brigitte Enguerand/ENGUERAND/BERNAND (CDDS)
235 BIS/Ph. Coll. Archives Nathan
237 Ph. © Brigitte Enguerrand/ENGUERAND/BERNAND (CDDS)
238 Ph. © Brigitte Enguerand ENGUERAND/BERNAND (CDDS)
241 Ph. © Livre de Poche
242 bas Ph. © Véronique Bédouin/ENGUERAND/BERNAND (CDDS)
244 ht Erich Lessing/akg-images
244 bas Raffael/Leemage
245 ht BIS/Ph. Pedicini/Archives Larbor
245 bas g De Agostini/LEEMAGE
245 bas d Photo Josse/LEEMAGE
247 Ph.© ramon Senera/ENGUERAND/BERNAND (CDDS)
248 Ph.© Pascal Gely/ENGUERAND/BERNAND (CDDS)
251 et reprise en 1re de couv. Ph. © Pacome Poirier/ WIKISPECTACLE
252 bas Ph. © Marc Enguerand/ENGUERAND/BERNAND (CDDS)
254 Ph. © Pascal Gely/ENGUERAND/BERNAND (CDDS)
268-269: Akg-images
270 ht d Ph. © AKG
271 Ph. © Jean Vigne/KHARBINE-TAPABOR © Adagp, Paris, 2011
272 Agence Bulloz/RMN
274 bas Superstock/LEEMAGE
276 bas Jean-Claude N'Diaye/La Collection
279 bas Daniel Arnaudet/RMN
280 bas Akg-images
281 Francis G. Mayer/Corbis
281 ht et p. 557bd Ph. © Bianchetti/LEEMAGE
282 FineArtImages/LEEMAGE
283 Elke Walford/BPK, Berlin/RMN distr.
284 bas akg-images
287 bas René-Gabriel Ojéda/RMN
288 ht Ph Coll. Archives Bordas
288 bas Oronoz/photo12.com
290 Hervé Lewandowski/RMN
292 et reprise en couv.: Photo Josse/LEEMAGE
294 et p298, 555bg BIS/Ph. E Carjat © Archives photographiques – Archives Larbor
295 ht et p561 BIS/Ph. Coll. Archives Larbor
295 bas The Metropolitan Museum of Art/image of the MMA/RMN distr.
296 ht et p555htg BIS/Ph. Félix Tournachon dit Nadar © Archives Larbor
296 bas René-Gabriel Ojéda/RMN
297 Fratelli Alinari/Archives Alinari, Florence/RMN distr.
299 Photo Bonhams, Londres/Bridgeman-Giraudon
300 bas © Adagp, Paris 2011
301 © L & M Services B.V. La Hague 20110220/BIS/Ph. Coll. Archives Nathan
302 d Hervé Lewandowski/RMN
304 ht et page 61: René-Gabriel Ojéda/RMN
304 bas Hervé Lewandowski/RMN
305 René-Gabriel Ojéda/RMN
306 bas BIS/Coll. Archives Larbor
307 ht BIS/Ph. Nadar © Archives photographiques, Paris
307 bas akg-images
308 et p564htd Ph. © ADOC-PHOTOS
309 Bridgeman-Giraudon
310 Victor Tonelli/Artcomart
312 Peter Willi/Bridgeman-Giraudon © Adagp, Paris 2011
313 et p334 ht, 554d BIS/Ph. Coll. Archives Nathan
315 g et p. 324,558 htg BIS/Ph. Raymond Lalance © Archives Larbor
315 d Luisa Ricciarini/Leemage © Man Ray Trust-Adagp, Paris 2011
316 bas The Museum of Modern Art, New York/Digital Image/Scala © Man Ray Trust-Adagp, Paris 2011
317 © Gallimard
318 et p. 326 ht, 342ht, 554 m BIS/Ph. Martinie Coll. Archives Larbor
319 Image Centre Pompidou/Collection Centre Pompidou, distr. RMN © Man Ray Trust-Adagp, Paris 2011
320 Bridgeman-Giraudon © Adagp, Paris 2011
321 © Photothèque R. Magritte-Adagp, Paris 2011
322 bas Luisa Ricciarini/Leemage © Adagp, Paris 2011
323 Gérard Blot/RMN © Estate Brassaï-RMN
324 bas Philippe Migeat/Collection Centre Pompidou// RMN distr. © Succession Mirō-Adagp, Paris 2011
325 New York, The Museum of Modern Art/Digital Image/ Scala, Florence © Adagp, Paris 2011 © DR
326 bas Domingie & Rabatti/La Collection © Adagp, Paris 2011 © D.R.
328 Pascal Gély/Enguérand-Bernand/CDDS
330 Image SKD/BPK, Berlin/RMN distr.
332 Patrick Lorette/Bridgeman-Giraudon
333 bas Gianni Dagli Orti/The Picture Desk
333 ht et p559mb BIS/Ph. Hubert Josse © Archives Larbor – DR
334 bas BHVP/Roger-Viollet
335 akg-images © Adagp, Paris 2011
336 ht et reprise 1re couv.: BIS/Ph. Hubert Josse/Coll. Archives Larbor
336 bas René-Gabriel Ojéda/RMN
337 Thierry Le Mage/RMN
338 et p565g BIS/Ph. Goethemuseum, Francfort © Archives Bordas
339 bas BIS/Ph. H. Josse/Coll. Archives Larbor
340 ht et p564ht Ph. © ROGER-VIOLLET
340 bas Pascal Segrette/musée de l'Armée, Paris/RMN distr.
341 bas US National Archives/Roger-Viollet
342 bas RMN/Gérard Blot © Adagp, Paris 2001
345 © Fondation Gilles Caron/Contact Press Images
346 © Editions Gallimard
356 -357: René-Gabriel Ojéda/RMN
356 ht BIS/Ph. H. Josse © Archives Larbor
356 bas BIS/Ph. Hubert Josse © Archives Larbor
357 ht Ph. © Fototeca/LEEMAGE
357 bas BIS/Ph. Coll. Archives Larbor
358 et reprise en couverture: Electa/Leemage
360 bas Ramon Senera/Enguérand-Bernand/CDDS
362 g et p555 BIS/Ph. Jeanbor © Archives Larbor
362 bas Daniel Arnaudet-Gérard Blot/RMN
365 Bridgeman-Giraudon
366 ht Bridgeman-Giraudon
366 bas Gianni Dagli Orti/The Picture Desk
367 ht g Electa/Leemage
367 ht d akg-images
367 bas Luisa Ricciarini/LEEMAGE
368 et p560bm Ph. © MP/LEEMAGE
369 AGF/LEEMAGE
370 bas Marc Enguérand/CDDS
372 Selva/LEEMAGE
374 Hervé Lewandowski/RMN
375 g et p560htd BIS/Ph. J. Arland © Archives Larbor
375 bas Coll. Dom/Kharbine-Tapabor
376 et reprise 1re couv. © Martine Franck/Magnum Photos
378 ht etp381g, 560mht BIS/Ph. Hubert Josse © Archives Larbor
378 bas BIS/Ph. Coll. Archives Bordas
379 © Le Livre de Poche
380 ht et 383ht, p561htg BIS/Ph. H. Josse © Archives Larbor
380 bas Gérard Blot/RMN
381 d Photo Josse/Leemage
383 bas Photographic Department/National Gallery, Londres/RMN distr.
384-385 et reprise 1re couv. Artothek/La Collection
387 Hervé Lewandowski/RMN
388 Coll. Kharbine-Tapabor
390 Hervé Lewandowski/RMN
391et p557 htm Ph. © BRIDGEMAN – GIRAUDON
392 et p558 BIS/Ph.© Archives Nathan
393 Photo Josse/LEEMAGE
394 bas Artothek/La Collection
396 René-Gabriel Ojéda/RMN
397 Hervé Lewandowski/RMN
398 ht et p. 562mm BIS/Ph. H. Josse © Archives Larbor
398 bas et reprise 1re couv. Photo Josse/LEEMAGE
400 bas BIS/Coll. Archives Larbor
401 © Le Livre de Poche
403 Aisa/LEEMAGE
404 Jean-Gilles Berizzi/RMN
406 Coll. Christophel
408 Photo Josse/LEEMAGE
410 ht Ph. © Photo Josse/LEEMAGE
410 bas National Maritime Museum, Greenwich/Leemage
412 BIS/Ph. Coll. Archives Larbor
413 Michèle Bellot/RMN
415 Chantal Depagne-Palazon/Enguérand/CDDS
416 Philipp Bernard/RMN
418 Photo Josse/LEEMAGE
421 BIS/Ph. Jeanbor/Coll. Archives Larbor
422 ht Nick Meers/National Trust Photographic Library/ Bridgeman-Giraudon
422 bas Picture Fund/Bridgeman-Giraudon
423 Gérard Blot/RMN
424 ht et p. 557 htd Ph. © Costa/LEEMAGE
424 bas Coll. Jonas/Kharbine-Tapabor
426 Coll. Christophel
436 Ph. © Yves Bresson/MUSEE D'ART MODERNE de SAINT-ETIENNE METROPOLE © Adagp, Paris 2011
466 Coll. part./©Agora SA Yves de Buhren Architecte/ Atelier Larroche-Chorao
490 et page 491 BIS/© Archives Larbor
492 ht © Etienne Bertrand Weill
492 m BIS/Ph. Eileen Tweedy © Archives Larbor
492 bas Bridgeman-Giraudon
493 ht BIS/© Archives Larbor
493 bas g BIS/Ph. Coll BIFI/Coll Archives Bordas
493 bas d © D.R.
494 BIS/Ph. Coll. Archives Larbor
495 ht © Twentieth Century-Fox Film Corporation-Giant Studios-Lightstorm Entertainment-D.R./Prod DB
495 bas BIS/Ph. Coll. Archives Larbor
496 © Ghibli-Tokuma-Dentsu-D.R./Prod DB
497 ht g © Walter Wanger-D.R./Prod DB
497 ht d BIS/Ph. Coll. Archives Larbor – DR
497 m d BIS/Ph. Coll. Archives Larbor
497 bas © Shamley Productions-D.R./Prod DB
498 ht g © Hammer Films-D.R./Prod DB
498 ht d © Mosfilm-D.R.//Prod DB
498 bas © Falcon Film-D.R./Prod DB
499 © Lorimar-Warner Bros-D.R./Prod DB
500 -501 et page 496 mg: © United Artists-D.R./Prod DB
502 ht © Photohèque R. Magritte-Adagp, Paris 2011
502 bas BIS/© Archives Nathan
503 ht BIS/Ph. © Archives Larbor
503 bas BNF
504 ht Jörg P. Anders/BPK, Berlin/RMN distr.
504 bas © Plantu
505 ht © United Artists-D.R./Prod DB
505 bas © Jacques Dubois
506 ht g © Orion Films-Mars Films-Coral Films-Gaumont-D.R./Prod DB
506 ht d © André Paulvé et Georges Legrand-D.R./Prod DB
506 bas © Elliott Erwitt/Magnum Photos
507 ht © Josef Koudelka/Magnum Photos
507 bas BIS/Ph. © Archives Nathan
508 ht Gianni Dagli Orti/The Picture Desk
508 m © Editions Gallimard
508 bas BIS/Ph. Coll. Archives Larbor
509 BNF
510 ht g BIS/Ph. © Musée de la Publicité, Paris – Archives Larbor – © Adagp, Paris 2011
510 ht d BIS/Ph. Coll. Archives Nathan
510 bas Selva/Leemage © Adagp, Paris 2011
511 g © Éditions Gallimard
511 ht d © Adagp, Paris 2011
511 bas d © The Estate of Jean-Michel Basquiat-Adagp, Banque d'Images, Paris 2011
512 ht Stéphane Maréchalle/RMN
512 bas © Bela-D.R./Prod DB
513 ht Ph. Irène Andréani/Musée d'art et d'histoire, Saint-Denis
513 bas Ph Jean-Yves Lemoigne/Lowe Stratéus
523 Photo Coll. Prod DB. © Association Chaplin
554 ht g Ph. © Denise Bellon/AKG
555 m m BIS/Ph. Guiley-Lagache © Archives Larbor
556et p. 556 m Ph. © Bianchetti/LEEMAGE
556 BIS/Ph. Coll. Archives Larbor
556 ht d Ph. © Dagli Orti/THE PICTURE DESK
556 bas g Ph. © The Granger Coll. NYC/RUE DES ARCHIVES
556 bas d BIS/Ph. P. Vals – Coll. Archives Larbor
558 bas m Ph. © BRIDGEMAN – GIRAUDON
559 bas g BIS/Ph. Archives Lipnitzki © Archives Larbor
560 bas g Ph. © Lee/LEEMAGE
561 ht d BIS/Ph. H. Josse © Archives Larbor
563 ht m BIS/Ph. P. Pascal © Archives Larbor
563 ht d BIS/Ph. Luc Joubert © Archives Larbor © Adagp, Paris.
563 bas m Ph. © Costa/LEEMAGE
563 bas Ph. © Studio Lipnitzki/ROGER-VIOLLET
565 ht m Ph. © Luisa Ricciarini/LEEMAGE

MIXTE Papier issu de sources responsables FSC® C022030

N° projet : 10173087
Dépôt légal : avril 2011
Imprimé en Italie
par Stige